WASSERGEFLÜGEL

Ein Bestimmungsbuch
der Schwäne, Gänse und
Enten der Welt

WASSERGEFLÜGEL

Ein Bestimmungsbuch der Schwäne, Gänse und Enten der Welt

Von Steve Madge
Illustriert von Hilary Burn

Übersetzt und bearbeitet von
Dr. Heinrich Hoerschelmann
Zoologisches Museum der Universität Hamburg

Mit 710 farbigen Vogeldarstellungen,
154 farbigen Verbreitungskarten
und 23 einfarbigen Abbildungen im Text

Verlag Paul Parey · Hamburg und Berlin

Die Originalausgabe erschien unter dem Titel
WILDFOWL, An identification guide to the ducks, geese and swans of the world
im Verlag Christopher Helm Ltd., Bromley, Kent
© 1988 Steve Madge and Hilary Burn

CIP-Titelaufnahme der Deutschen Bibliothek

Wassergeflügel: e. Bestimmungsbuch d. Schwäne, Gänse u. Enten der Welt / von Steve Madge. Ill. von Hilary Burn. Übers. u. bearb. von Heinrich Hoerschelmann. - Hamburg; Berlin; Parey, 1989
   Einheitssacht.: Waterfowl <dt.>
   ISBN 3-490-19018-1
NE: Madge, Steve [Mitverf.]; Burn, Hilary [Ill.]; Hoerschelmann, Heinrich [Bearb.]; EST

Das Werk ist urheberrechtlich geschützt. Die dadurch begründeten Rechte, insbesondere die der Übersetzung, des Nachdruckes, des Vortrages, der Entnahme von Abbildungen und Tabellen, der Funksendung, der Mikroverfilmung oder der Vervielfältigung auf anderen Wegen und der Speicherung in Datenverarbeitungsanlagen, bleiben, auch bei nur auszugsweiser Verwertung, vorbehalten. Eine Vervielfältigung des Werkes oder von Teilen dieses Werkes ist auch im Einzelfall nur in den Grenzen der gesetzlichen Bestimmungen des Urheberrechtsgesetzes der Bundesrepublik Deutschland vom 9.September 1965 in der Fassung vom 24.Juni 1985 zulässig. Sie ist grundsätzlich vergütungspflichtig. Zuwiderhandlungen unterliegen den Strafbestimmungen des Urheberrechtsgesetzes.

Für die deutsche Ausgabe © 1989 Verlag Paul Parey, Hamburg und Berlin.
Anschriften: Spitalerstraße 12, D-2000 Hamburg 1;
Lindenstraße 44 - 47, D-1000 Berlin 61.
Printed in Great Britain.

Satz: Dr. H. Hoerschelmann, Hamburg, auf Macintosh DTP
Belichtung: CAP, DTP Full Service, Hamburg
Lithographie: Thames Colour Scanning, Acton (GB)
Druck: Jolly and Barber Ltd., Rugby (GB)
Umschlaggestaltung: Jan Buchholz und Reni Hinsch, Hamburg, unter Verwendung des Umschlages der englischen Originalausgabe.

ISBN 3-490-19018-1

Vorwort zur englischen Ausgabe

Schwäne, Gänse und Enten haben auf uns Menschen immer eine besondere Faszination ausgeübt. In der frühgeschichtlichen Kunst sind sie die am häufigsten abgebildeten Vögel, sie hatten, und haben immer noch, als Jagdwild eine große Bedeutung und stellen einige der wichtigsten Haustiere.

Obwohl die Einsicht in die Notwendigkeit eines umfassenden Naturschutzes wächst, nehmen doch die Bestände einiger Arten in geradezu dramatischer Weise ab. Ihre Zukunft kann nur gesichert werden, wenn es gelingt, ihnen großflächige Lebensräume zu erhalten. Der Vielfältigkeit der Arten entsprechend, muß auch die Beschaffenheit dieser Lebensräume sehr verschieden sein. Weltweit ist die Bedrohung der Wasservögel noch nie zuvor so groß gewesen. Feuchtgebiete sind in gewaltigem Ausmaße trockengelegt worden. Die Rodung der Wälder erhöht die Gefahr von Sturzfluten, die nicht allein die Nester zerstören, sondern durch ihre erodierende Kraft auch die Lebensgemeinschaften der Gewässer vernichten. Staudämme zur Elektrizitätsgewinnung, veränderte Anbaumethoden in der Landwirtschaft, Gewässerverschmutzung und die Einbürgerung ortsfremder Feinde und Konkurrenten haben viele Arten in schwere Bedrängnis gebracht.

In mehreren Ländern sind größere Wasservogelhaltungen entstanden. Sie tragen nicht nur dazu bei, die Vielfalt und Schönheit dieser Vögel einem breiten Publikum nahezubringen, sondern helfen durch die Zucht besonders gefährdeter Arten auch dabei mit, sie der Nachwelt zu erhalten. Leider haben wir inzwischen schon zu viele Arten auf immer verloren. Die Rosenkopfente und die Schopfkasarka, zwei außergewöhnlich schöne Arten, sind in der jüngsten Vergangenheit mit größter Wahrscheinlichkeit ausgestorben. Wenn wir nicht handeln, werden ihnen zweifellos bald weitere Arten folgen.

Die Kenntnis über die speziellen Lebensansprüche einer jeden Art kann nur durch die intensive Freilandbeobachtung erworben werden. Den Entenvögeln galten in den letzten Jahrzehnten zahlreiche Untersuchungen, aber je mehr wir über diese Vögel lernen, um so mehr wird uns auch deutlich, wie wenig wir letztlich die Zusammenhänge verstehen.

Für jeden engagierten Freilandbeobachter ist eine gute Bestimmungshilfe, die über die jeweilige Heimatregion hinausgeht, eine grundlegende Notwendigkeit. Es sind zwar im Verlauf der Jahre mehrere Bücher über das Wassergeflügel der Welt erschienen, aber keines von diesen war ein handliches und doch umfassend informierendes Bestimmungsbuch, das man leicht mit sich führen konnte.

Hilary Burn und Steve Madge haben mit dem Buch, das wir nun in der Hand halten, diese Lücke geschlossen. Es faßt in gestraffter Form die Vielfalt der Informationen über die 154 Arten der Enten, Gänse und Schwäne der Welt in einem kompakten Band zusammen. Beide, die Künstlerin und der Autor, sind für die präzise und knappe Darstellung, die nur ein Minimum wissenschaftlicher Terminologie benutzt, zu beglückwünschen.

Hilary Burn ist heute unter den jungen Künstlern Britanniens eine der Besten. Ihre wunderbaren Werke sprechen für sich. Mit wahrer Könnerschaft hat sie die Entenvögel in allen wichtigsten Kleidern abgebildet. In ihrer Arbeit spiegelt sich die besondere Zuneigung wider, die sie offensichtlich für diese Gruppe schöner Wasservögel hegt. Diese Zuneigung wird glücklicherweise von vielen geteilt.

Steve Madge hat mit dem Wissen eines ausgewiesenen Experten einen Einblick in das Leben der Vögel gegeben. Dieses Wissen hat er durch eigene Feldforschung in vielen Weltgegenden selbst erarbeitet und durch umfangreiche Literaturstudien erworben. Der Text vermittelt nicht nur Bestimmungsmerkmale, sondern vergleicht auch schwierig zu unterscheidende Kleider und Formen im Detail. Er beschreibt die Verbreitung der Arten, die durch übersichtliche Karten zusätzlich veranschaulicht wird, und gibt einen Einblick in deren Status.

Das Buch wird nicht allein dem Weltreisenden und dem Besucher von Tiergärten und Vogelhaltungen von großem Nutzen sein, sondern sich auch für die Bestimmung einer seltsam aussehenden Ente auf dem heimischen Gewässer als unverzichtbar erweisen. Sogar diejenigen, die das Buch lediglich in der warmen Stube zur Hand nehmen, werden ihre Freude daran haben, über das vielgestaltige Aussehen und das Leben aller der bekannten und weniger bekannten Entenvögel, die auf unserem Globus umherschwimmen, Näheres zu erfahren.

Roger Tory Peterson

Vorwort zur deutschen Ausgabe

Auf die Schönheit der Schwäne, Gänse und Enten, die unser ästhetisches Empfinden in so besonderer Weise anspricht, und auf ihre große wirtschaftliche Bedeutung ist schon hinreichend aufmerksam gemacht worden. Die hohe Wertschätzung hat ihnen aber leider in ihrem Überlebenskampf kaum etwas genützt. Als Bewohner der am meisten gefährdeten Lebensräume unserer Erde sind viele von ihnen in höchstem Maß in ihrer Existenz bedroht. Auch in einem Buch, das eigentlich der reinen Vermittlung von Erkennungsmerkmalen dient, darf dieser traurige Tatbestand nicht schweigend übergangen werden.

Bei der sonst nicht sonderlich erregenden Arbeit des Übersetzens und Bearbeitens haben mich die Angaben zum Bestand der einzelnen Arten doch ausgesprochen betroffen gemacht. Wenn es eine der Enten- oder Gänsearten auf einen Weltbestand von wenigen Millionen bringt, was gerade der Größenordnung einer mittleren Großstadt entspricht, gilt sie schon als besonders häufig. Die Anzahl aller Individuen der annähernd 160 Entenvogelarten zusammengenommen, wird kaum die Einwohnerzahl eines der kleineren europäischen Länder übertreffen. Diese Relationen machen das krasse Mißverhältnis zwischen unserer expandierenden, ja geradezu explodierenden Art und der Vielfalt aller anderen Lebewesen deutlich. Das Problem der alles um sich herum erdrückenden Menschenmasse wird, wenn sie nicht an sich selbst ersticken soll, in den nächsten Generationen gelöst werden müssen. Alle noch so aktiv vorangetriebenen Bemühungen zum Erhalt von dem, was wir, uns selber ausgrenzend, Natur nennen, werden ohne die Lösung dieses Problems der Versuch bleiben, mit dem Teelöffel ein Meer auszuschöpfen.

Gerade die Enten und Gänse zeigen uns aber auch, daß es einzelne Tierarten gibt, die von sich aus in der Lage sind, Verhaltensweisen zu entwickeln, die es ihnen nicht nur ermöglichen, in den vom Menschen überbeanspruchten Lebensräumen Fuß zu fassen, sondern sich diese übermächtigen Mitbewohner und Konkurrenten sogar dienstbar zu machen. Stockenten, die sich fast ausschließlich auf Kosten der Parkbesucher ernähren, gibt es inzwischen sicher in fast jeder größeren Siedlung ihres Verbreitungsgebietes und durch künstliche Ansiedlung begünstigt aus weit darüber hinaus. In Europa dringen Reiher- und mancherorts auch Tafelenten immer mehr auf die Parkgewässer vor. Graugänse und Kanadagänse lassen sich relativ leicht ansiedeln. Auch bei ihnen gibt es in mancher Stadt frei fliegende Bestände, die auf wenige als Ziergeflügel gehaltene Vorfahren zurückgehen. Diese Beispiele ließen sich noch vermehren. Sie betreffen zwar insgesamt nur eine Minderheit, sind aber doch ein Zeichen dafür, daß die evolutive Kraft der Anpassung vor den von uns geschaffenen Zuständen nicht gänzlich kapitulieren muß.

Auch die „wilden" Wasservögel können sich dort, wo sie nicht behelligt werden, bald erstaunlich vertraut benehmen. Auf manchem Großstadtgewässer, wie z.B. der Alster in meiner Heimatstadt Hamburg, tummelt sich in den Herbst- und Wintermonaten eine erstaunliche Vielfalt von aus nah und fern zusammengeströmten Arten. Dazu kommen oft auch noch die verschiedensten zur Zierde gehaltenen, nicht selten frei fliegenden Enten, Gänse und Schwäne ferner Länder, so daß sich dem Beobachter schon vor der Haustür reichlich Gelegenheit bietet, sein Wissen mit Hilfe dieses Buches zu erweitern.

Sicher ist es nicht üblich, in einem Vorwort auf Mängel hinzuweisen. Ein Mangel, für den weder der Verleger noch der Bearbeiter verantwortlich gemacht werden kann, muß aber doch entschuldigend erwähnt werden. Bei den Tafeln darf man sich nicht darauf verlassen, daß der zugehörige Text immer den Abbildungen einer Art genau gegenübersteht. Leider wurden offensichtlich, was die systematische Reihung anbelangt, während der Fahrt die Pferde gewechselt. Die Reihenfolge der Abbildungen ist daher manchmal eine andere als die der Abbildungstexte. Dieser ärgerliche Umstand ließ sich aus drucktechnischen Gründen nicht beheben. Man muß sich daher schon streng nach der Numerierung richten.

Da die heutigen technischen Möglichkeiten das Herstellen eines Buches am häuslichen Arbeitsplatz mit dem Personal Computer erlauben, ist der Bearbeiter in diesem Fall nicht nur für.die Übersetzung, sondern auch in sehr erheblichem Umfang für die Gestaltung verantwortlich.

Ich hoffe, dieses Buch trägt wesentlich zur Erweiterung des Kreises der Freunde, Bewunderer und Beschützer der hier vorgestellten, wirklich einladend schönen Vogelgruppe bei.

Heinrich Hoerschelmann

Inhalt

Einführung 13

Zur Benutzung des Buches 15

Das Beobachten im Freiland 18

Tafeln, Tafeltexte und Verbreitungskarten 26-119

Systematischer Teil 123-286

1 Spaltfußgans 123
Anseranas semipalmata

2 Tüpfelpfeifgans 124
Dendrocygna guttata

3 Gelbfußpfeifgans 125
Dendrocygna eytoni

4 Gelbbrustpfeifgans 126
Dendrocygna bicolor

5 Wanderpfeifgans 127
Dendrocygna arcuata

6 Javapfeifgans 128
Dendrocygna javanica

7 Witwenpfeifgans 129
Dendrocygna viduata

8 Kubapfeifgans 130
Dendrocygna arborea

9 Rotschnabelpfeifgans 131
Dendrocygna autumnalis

10 Weißrückenente 132
Thalassornis leuconotus

11 Hühnergans 133
Cereopsis novaehollandiae

12 Schwanengans 134
Anser cygnoides

13 Saatgans 135
Anser fabalis

14 Kurzschnabelgans 136
Anser brachyrhynchus

15 Bläßgans 137
Anser albifrons

16 Zwerggans 138
Anser erythropus

17 Graugans 139
Anser anser

18 Streifengans 141
Anser indicus

19 Schneegans 142
Anser caerulescens

20 Zwergschneegans 143
Anser rossii

21 Kaisergans 144
Anser canagicus

22 Hawaiigans 145
Branta sandvicensis

23 Kanadagans 146
Branta canadensis

24 Nonnengans 147
Branta leucopsis

25 Ringelgans 148
Branta bernicla

26 Rothalsgans 149
Branta ruficollis

27 Coscorobaschwan 151
Coscoroba coscoroba

28 Trompeterschwan 151
Olor buccinator

29 Singschwan 152
Olor cygnus

30 Pfeifschwan 154
Olor (columbianus) columbianus

31 Zwergschwan 155
Olor (columbianus) bewickii

32 Höckerschwan 156
Cygnus olor

33 Schwarzschwan 157
Cygnus atratus

34 Schwarzhalsschwan 158
Cygnus melanocoryphus

35 Affenente 158
Stictonetta naevosa

36 Sporengans 159
Plectropterus gambensis

37 Glanzente 161
Sarkidiornis melanotus

38 Rostgans 162
Tadorna ferruginea

39 Graukopfkasarka 163
Tadorna cana

40 Halsbandkasarka 164
Tadorna tadornoides

41 Paradieskasarka 165
Tadorna variegata

42 Schopfkasarka 165
Tadorna cristata

43 Brandgans 166
Tadorna tadorna

44 Radjahgans 167
Tadorna radjah

45 Spatelschnabelente 168
Malacorhynchus membranaceus

46 Nilgans 169
Alopochen aegyptiacus

47 Orinocogans 170
Neochen jubata

48 Andengans 171
Chloephaga melanoptera

49 Magellangans 171
Chloephaga picta

50 Kelpgans 172
Chloephaga hybrida

51 Graukopfgans 173
Chloephaga poliocephala

52 Rotkopfgans 174
Chloephaga rubidiceps

53 Blauflügelgans 175
Cyanochen cyanopterus

54 Saumschnabelente 176
Hymenolaimus malacorhynchos

55 Sturzbachente 177
Merganetta armata

56 Langflügel-Dampfschiffente 179
Tachyeres patachonicus

57 Magellan-Dampfschiffente 180
Tachyeres pteneres

58 Weißkopf-Dampfschiffente 180
Tachyeres leucocephalus

59 Falkland-Dampfschiffente 181
Tachyeres brachypterus

60 Hartlaubente 182
Pteronetta hartlaubi

61 Moschusente 182
Cairina moschata

62 Weißflügelente 183
Cairina scutulata

63 Brautente 184
Aix sponsa

64 Mandarinente 185
Aix galericulata

65 Schopfente 187
Lophonetta specularioides

66 Halsband-Zwerggans 188
Nettapus pulchellus

67 Weißbauch-Zwerggans 189
Nettapus coromandelianus

68 Rotbrust-Zwerggans 190
Nettapus auritus

69 Salvadoriente 190
Salvadorina waigiuensis

70 Schwarzente 192
Anas sparsa

71 Pfeifente 193
Anas penelope

72 Amerikanische Pfeifente 194
Anas americana

73 Chilenenpfeifente 195
Anas sibilatrix

74 Sichelente 196
Anas falcata

75 Schnatterente 198
Anas strepera

76 Gluckente (Baikalente) 199
Anas formosa

77 Krickente 200
Anas crecca

78 Südamerikanische Krickente 201
Anas flavirostris

79 Kapente 202
Anas capensis

80 Bernierente 203
Anas bernieri

81 Weißkehlente 204
Anas gibberifrons

82 Kastanienente 205
Anas castanea

83 Aucklandente 206
Anas aucklandica

84 Stockente 207
Anas platyrhynchos

85 Hawaiiente 210
Anas wyvilliana

86 Laysanente 210
Anas laysanensis

87 Floridaente 211
Anas fulvigula

88 Dunkelente 212
Anas rubripes

89 Madagaskarente 213
Anas melleri

90 Gelbschnabelente 214
Anas undulata

91 Augenbrauenente 214
Anas superciliosa

92 Fleckschnabelente 215
Anas poecilorhyncha

93 Philippinenente 217
Anas luzonica

94 Kupferspiegelente 218
Anas specularis

95 Spießente 219
Anas acuta

96 Spitzschwanzente 219
Anas georgica

97 Bahamaente 220
Anas bahamensis

98 Rotschnabelente 221
Anas erythrorhyncha

99 Silberente 222
Anas versicolor

100 Hottentottenente 223
Anas hottentota

101 Knäkente 224
Anas querquedula

102 Blauflügelente 225
Anas discors

103 Zimtente 227
Anas cyanoptera

104 Fuchslöffelente 228
Anas platalea

105 Kaplöffelente 229
Anas smithii

106 Halbmondlöffelente 230
Anas rhynchotis

107 Löffelente 231
Anas clypeata

108 Rotschulterente 232
Callonetta leucophrys

109 Mähnengans 233
Chenonetta jubata

110 Amazonasente 234
Amazonetta brasiliensis

111 Marmelente 235
Marmaronetta angustirostris

112 Rosenkopfente 236
Rhodonessa caryophyllacea

113 Kolbenente 237
Netta rufina

114 Rotaugenente 238
Netta erythrophthalma

115 Peposakaente 239
Netta peposaca

116 Vallisneriaente 241
Aythya valisineria

117 Tafelente 242
Aythya ferina

118 Rotkopfente 244
Aythya americana

119 Halsringente 245
Aythya collaris

120 Tasmanmoorente 246
Aythya australis

121 Baerente 247
Aythya baeri

122 Moorente 248
Aythya nyroca

123 Madagaskarmoorente 249
Aythya innotata

124 Maoriente 249
Aythya novaeseelandiae

125 Reiherente 250
Aythya fuligula

126 Bergente 252
Aythya marila

127 Veilchenente 253
Aythya affinis

128 Scheckente 254
Polysticta stelleri

129 Eiderente 256
Somateria mollissima

130 Prachteiderente 257
Somateria spectabilis

131 Plüschkopfente 259
Somateria fischeri

132 Kragenente 260
Histrionicus histrionicus

133 Labradorente 261
Camptorhynchus labradorius

134 Trauerente 261
Melanitta nigra

135 Brillenente 263
Melanitta perspicillata

136 Samtente 264
Melanitta fusca

137 Eisente 265
Clangula hyemalis

138 Büffelkopfente 267
Bucephala albeola

139 Spatelente 267
Bucephala islandica

140 Schellente 269
Bucephala clangula

141 Zwergsäger 270
Mergellus albellus

142 Kappensäger 272
Lophodytes cucullatus

143 Dunkelsäger 273
Mergus octosetaceus

144 Mittelsäger 273
Mergus serrator

145 Schuppensäger 275
Mergus squamatus

146 Gänsesäger 276
Mergus merganser

147 Aucklandsäger 277
Mergus australis

148 Kuckucksente 278
Heteronetta atricapilla

149 Maskenente 278
Nomonyx dominica

150 Schwarzkopfruderente 279
Oxyura jamaicensis

151 Weißkopfruderente 281
Oxyura leucocephala

152 Maccoaente 282
Oxyura maccoa

153 Bindenruderente 283
Oxyura vittata

154 Schwarzkinnruderente 284
Oxyura australis

155 Lappenente 285
Biziura lobata

Glossar 287

Literatur 288

Register der deutschen Namen 293

Register der wissenschaftlichen Namen 294

Register der englischen Namen 296

Einführung

Die Schwäne, Gänse und Enten, die den wesentlichen Anteil der Ordnung Anseriformes ausmachen, gehören zu den bekanntesten Vögeln. Das vielfach ausgesprochen hübsche Gefieder beeindruckt nicht nur die Besucher von Tiergärten und Gehegen, sondern auch den Beobachter in der freien Natur. Um den Entdeckereifer des Feldbeobachters anzustacheln, gibt es beim Wassergeflügel aber auch eine Vielzahl unscheinbar aussehender Kleider und schwer unterscheidbarer Gruppen.

An dieser Ordnung läßt sich ein guter Einblick in die Evolution der Vögel gewinnen. Unter den annähernd 160 Arten sind alle Grade unterschiedlicher Verwandtschaftsbeziehungen festzustellen. Einige der Arten sind leicht in gut definierten Gattungen zusammenzufassen, bei anderen haben schon Generationen von Forschern über die richtige Zuordnung gerätselt. Allein schon die Entwicklungsgeschichte der verschiedenen Inselformen wäre ein äußerst interessanter Forschungszweig. Zur Ordnung Anseriformes gehören auch die entfernt hühnerähnlichen Wehrvögel (Anhimidae). Sie werden aber, da sie durch ihr völlig anderes Aussehen bei der vergleichenden Bestimmung der eigentlichen Entenvögel keine Rolle spielen, in diesem Buch nicht behandelt.

Enten, Gänse und Schwäne haben den Menschen von jeher fasziniert. Sie waren wichtige Nahrungsquelle, regten durch das Geheimnis ihres Zuges die Phantasie an und inspirierten durch ihre Schönheit die Kunst. Sicher war und ist das Wassergeflügel mehr als jede andere Vogelgruppe Gegenstand der Forschung. Von Phillips' herrlichem vierbändigen Werk über die Enten (Phillips 1922-26) bis heute ist eine Fülle von Büchern und Aufsätzen über nahezu jeden Aspekt der Wassergeflügelforschung erschienen. Dennoch bleiben immer noch viele Fragen offen. So sind z.B. die Nester einer so weit verbreiteten Art wie der der Hartlaubente noch nie aus dem Freiland beschrieben worden.

„Wassergeflügel" ist ein Bestimmungsbuch für alle Entenvögel der Welt. Zum ersten Mal werden alle wichtigen Kleider und Unterarten in einem einzigen, handlichen Buch beschrieben und farbig abgebildet. Da ein einfach zu benutzendes, jedoch verläßliches Werk geschaffen werden sollte, mußte der Umfang der „nicht wesentlichen" Information zu den Arten etwas eingeschränkt werden. Obgleich das Verhalten und die Brutbiologie bei den Entenvögeln intensiv, wenn auch zumeist in Gefangenschaft erforscht worden sind, ist ihre Bedeutung für die reine Bestimmung gering. Der eng bemessene Raum erlaubt nicht einmal einen kurzgefaßten Überblick über die komplexe Vielfalt der Verhaltensweisen der Enten und ihrer Verwandten. Der Leser, der sich über diese hier ausgesparten Bereiche aus der Biologie der Entenvögel genauer informieren will, sollte Johnsgard (1965) heranziehen. Vorzügliche und gut lesbare Darstellungen über die verschiedenen Aspekte des Lebens der Entenvögel geben auch Kear (1985) und Todd (1979).

Die Schwäne, Gänse und Enten sind überwiegend Vögel der Feuchtgebiete. Ihre Lebensräume erstrecken sich von den Sümpfen der arktischen Tundra bis zu den Gewässern des tropischen Regenwaldes. Sie sind ebenso auf der offenen See wie an hochgelegenen Bergseen zuhause. Wo immer sie auch leben, überall werden sie von den Menschen verfolgt und bedrängt. Sie werden geschossen, gefangen oder durch die Veränderung und Zerstörung ihrer Biotope der Lebensgrundlagen beraubt. Jeder von uns sollte daher die regionalen und internationalen Naturschutzorganisationen unterstützen, die sich zum Ziel gesetzt haben, die natürlichen Lebensräume zu erhalten. Speziell dem Wassergeflügel kann durch den Beitritt zum weltweit tätigen „Wildfowl Trust" (Slimbridge, Gloucester, GL2 7BT, England) geholfen werden.

Bei der Fülle der Arbeiten in den verschiedensten Zeitschriften kann durchaus wichtige Literatur übersehen worden sein. Der Autor ist für jeden Hinweis auf Auslassungen oder Fehler dankbar, um sie bei späteren Auflagen berücksichtigen zu können. Alle Zuschriften sind bitte an den Verleger zu richten.

Zur Benutzung des Buches

Die meisten Bestimmungsbücher sind so aufgebaut, daß sich die Abbildungen und die erläuternden Texte mit den Verbreitungskarten gegenüberstehen. Eine solche Anordnung erfordert eine sehr komprimierte Darstellung. Die Information muß auf ein Mindestmaß beschränkt werden.
Auch dieses Buch ist als Feldführer konzipiert. Es hat aber zwei Hauptteile: 1. die Tafeln mit den daneben stehenden Karten und Tafeltexten und 2. die Beschreibungen der Arten, die ebenfalls vorwiegend der Bestimmung dienen sollen. Die kurzen Tafeltexte nennen nur die allerwichtigsten Sachverhalte und geben einige Hinweise auf Merkmale, die aus den Abbildungen nicht ersichtlich sind. Die Beschreibungen enthalten einen Vergleich mit ähnlichen Arten und einige für die Freilandbeobachtung wesentliche Fakten aus der Biologie.
Die folgenden Abschnitte geben Erläuterungen zu den einzelnen Teilen des Buches, zu ihrem Aufbau und Inhalt.

Die Tafeln

Es werden alle wichtigen Kleider und bei stark variierenden Arten zusätzlich die extremen Formen dargestellt. Der Versuch, Gruppen ähnlicher Arten aus jeweils der selben geographischen Region zusammenzustellen, konnte natürlich nicht überall voll gelingen. So zeigen einige Tafeln auch eine etwas seltsame Mischung von ungewöhnlich aussehenden oder systematisch isolierten Arten. Die zu einer Gattung bzw. zu einer Gruppe ähnlicher Gattungen gehörenden Arten sind im gleichen Maßstab abgebildet. Die Arten sind fortlaufend numeriert. Diese Numerierung findet sich auf den Tafeln, in den Tafeltexten und den Beschreibungen wieder. Die kurzen Tafeltexte sollen und können die längeren Beschreibungen nicht ersetzen. Sie sollen lediglich das Augenmerk auf bestimmte Besonderheiten der abgebildeten Vögel richten.

Die Karten

Die Brutgebiete und die gesamte Verbreitung einer jeden Art sind auf einer Karte dargestellt. Natürlich kommen die Zugvögel während des Zuges nicht nur in den Brut- und Überwinterungsgebieten, sondern auch in den dazwischenliegenden, nicht farbig angelegten Regionen vor. Die Karten können nur die räumliche Verteilung wiedergeben, über die Häufigkeit bzw. Seltenheit einer Art sagen sie nichts aus. Diese Werte sind von der Verfügbarkeit geeigneter Lebensräume und/oder der Populationsgröße bzw. Siedlungsdichte abhängig. Auf diese speziellen Verhältnisse wird im beschreibenden Text näher eingegangen.

Die Farben bedeuten:
Gelb - Das derzeitige Gebiet mit regelmäßigem Brutvorkommen. Wo in der letzten Zeit das Brutgebiet erheblich geschrumpft ist, wird in der Beschreibung auch die ehemalige Verbreitung angegeben.
Grün - Die Region, in der die Art das ganze Jahr über anzutreffen ist, also im allgemeinen die Gesamtverbreitung von Standvögeln oder Teilziehern.
Blau - Winterquartiere bzw. Regionen, in denen sich die Art außerhalb der Brutsaison regelmäßig für längere Zeit aufhält. Die Gegenden, die auf dem Zuge passiert werden oder in denen die Art gelegentlich als Irrgast auftreten kann, sind nicht gekennzeichnet.

Beschreibung der Arten

Die Beschreibung folgt einer bestimmten Anordnung und Abfolge, die anschließend genauer erläutert werden.

Die Ordnung der Arten

Die Reihung der Arten und ihre Zusammenfassung zu Gattungen folgt der von Livezey (1986) vorgenommenen Anordnung. Die einzige Ausnahme ist die Salvadorente, für die eine monotypische Gattung eingerichtet wurde. Da Livezey das Untersuchungsmaterial fehlte, konnte er diese Art nicht begründet in sein System einordnen. Seine Zuordnung von *Salvadorina* zur Gattung *Anas* ist daher als ein vorläufiger Versuch anzusehen. Die Reihenfolge der Arten in den Gattungen richtet sich nach Johnsgard (1978). Die Vorstellungen über die Systematik der Anseriformes haben sich in der letzten Zeit mehrfach geändert. Auch die von Livezey nach abstrahiert morphologischen Kriterien vorgenommene Neuordnung wird nicht der letzte Versuch einer Klassifizierung bleiben. Für ein Buch wie dieses ist aber als grundlegende Gliederung eine moderne und begründete systematische Reihung notwendig. Eine Diskussion über die Evolution der Ordnung kann hier nicht vorgenommen werden. Dazu sei auf die entsprechende Literatur verwiesen. Neben der Arbeit von Livezey ist hier auch noch die Studie von Lack (1974) zu nennen. Einige gut charakterisierbare Unterarten und die Unterarten, die auch als selbständige Arten angesehen werden können, werden im Rahmen der entsprechenden Art gesondert behandelt.

Die Numerierung der Arten

Die Numerierung der Arten dient der Ordnung und besseren Übersicht. Es handelt sich also nicht um eine streng sytematische Reihenfolge.

Die Trivialnamen

Deutsche Namen für sämtliche Entenvögel der Welt finden sich erstmalig bei Klös (1961). Für die „exotischen" Arten sind dies die unter Liebhabern und Tiergärtnern gebräuchlichen Bezeichnungen oder auch Neuschöpfungen, die teilweise noch ein wenig lang und unbeholfen geraten sind. Wolters (1975-82) hat sich bemüht, die langen, zusammengesetzten Namen zu vermeiden. Aber auch seine oft an die englischen Namen angelehnten Bezeichnungen sind nicht in allen Fällen so überzeugend, daß man sie alle unbesehen übernehmen möchte. Dennoch wurde hier weitgehend Wolters gefolgt. Für die allgemeine Verständigung ist es einfach notwendig, sich auf ein Benennungssystem zu einigen. Weitere, vielleicht sogar zutreffendere Namensgebungen könnten nur Verwirrung stiften. In seltenen Fällen, wo sich eine zweite oder andere Bezeichnung eingebürgert hat, wurde diese in Klammern hinzugefügt.

Die Unterarten werden im allgemeinen mit den wissenschaftlichen Namen bezeichnet. Nur dort, wo eine Unterart gesondert behandelt wird, wird auch ein deutscher Name aufgeführt.

Die englischen Namen entsprechen denen in der Originalfassung dieses Buches. Für einen weltweit zu gebrauchenden Feldführer wären vielleicht auch die jeweils ortsüblichen Bezeichnungen sinnvoll. Aber allein für die südamerikanischen Arten einigermaßen verbindliche, im gesamten Verbreitungsgebiet verstandene Namen zu finden, ist kaum möglich. Im asiatischen Raum wird das noch schwieriger. Da Englisch inzwischen auch in der ornithologischen Literatur zur Weltsprache geworden ist, wird man mit den englischen Namen wohl fast überall weiterkommen.

Einige Schwierigkeiten bereiten die Bezeichnungen, die einerseits eine einzelne Art andererseits aber auch eine Gruppe ähnlicher Arten benennen, z.B. Löffelente und Löffelenten oder Eiderente und Eiderenten. Auf einen Zusatz wie „Nordische", „Europäische" oder dgl. zur genaueren Charakterisierung der Art wurde gewöhnlich verzichtet, da eine solche Benennung im Deutschen bisher nicht gebräuchlich ist. Aus dem Text wird aber wohl genügend deutlich, was in dem einzelnen Falle gemeint ist.

Feldkennzeichen

Die Gesamtlänge von der Schnabel- bis zur Schwanzspitze des ausgestreckten Vogels wird als Anhaltswert für die Größe in Zentimetern angegeben. Dieser Abschnitt enthält die wichtigsten Merkmale, die für die Bestimmung **„Am Boden"**, d.h. natürlich auch auf dem Wasser, und **„Im Flug"** notwendig sind. Auf Alters- und Geschlechtsmerkmale wird hier nur dann näher eingegangen, wenn sie für die Unterscheidung von anderen ähnlichen Arten bedeutsam sind.

Sehr markante Arten können hier kurz dargestellt werden. Bei schwer unterscheidbaren Artengruppen, die eine eingehende, vergleichende Diskussion erfordern, ist dieser Abschnitt entsprechend umfangreich.

Stimme

Das Lautinventar der meisten Arten ist umfangreicher, als hier aufgeführt. Viele Rufe und Laute sind aber nur bei speziellen Anlässen, z. B. bei der Balz, am Nest oder beim Kontakt mit den Jungen zu hören. Hier werden vorwiegend die typischen, das ganze Jahr über beim Schwimmen, Auffliegen oder im Flug geäußerten Rufe wiedergegeben.

Beschreibung

Die Beschreibung ist zwar so genau, wie auf dem zur Verfügung stehenden Raum möglich, sie soll aber nicht jedes Detail der Gefiederstruktur und -zeichnung wiedergeben. Die wesentlichen, auch im Freiland erkennbaren Färbungs- und Zeichnungsmerkmale werden dargestellt, so daß über die bei den Feldkennzeichen aufgeführten Hauptmerkmale hinausgehend ein Gesamteindruck möglich wird. Hier wird auch auf die Geschlechts- und Altersunterschiede eingegangen. Die Bezeichnungen für die einzelnen Körperpartien, die bei der Gefiederbeschreibung verwandt wurden, lassen sich den Abbildungen auf Seite 19-20 entnehmen. Für die Bezeichnung der Kleider, d.h. des von einer bestimmten Altersgruppe oder einem Geschlecht zu einer bestimmten Zeit getragenen Gefieders, werden folgende Begriffe benutzt:

Juv. (juvenilis) = jugendlich - Jugendkleid, erstes vollständiges Gefieder.

Imm. (immaturus) = unreif, unausgefärbt - weitere dem Jugendkleid folgende Kleider, die noch nicht dem Alterskleid entsprechen.

Ad. (adultus) = erwachsen, geschlechtsreif - Alterskleid.

Brutkleid: Kleid, das vom Spätwinter bis zum Ende der Fortpflanzungszeit getragen wird. Da es bei den ♂ vielfach ausgesprochen bunt und prächtig ist, wird es auch oft Prachtkleid genannt.

Ruhekleid: Kleid, das vor allem von den ♂ nach Abschluß der Fortpflanzungszeit vor der Schwingenmauser angelegt wird.

Schlichtkleid - Alle im Unterschied zum Brut- bzw. Prachtkleid schlichten Kleider, also die Ruhekleider der ♂ und die Kleider der ♀ und Juv.

Die in den Beschreibungen benutzten Bezeichnungen der einzelnen Körper- bzw. Gefiederpartien richten sich weitgehend nach Niethammer (1937) sowie Bauer und Glutz (1968,69). Die Abbildungen auf S. 19 und 20 zeigen die genaue Lage der benannten Körper- und Gefiederabschnitte.

Federlose Partien

In diesem Abschnitt wird die Färbung von Schnabel, Füßen und Iris einer jeden Art angegeben. Mit Fuß ist hier, wie allgemein üblich, der Lauf und die Zehen mit den Schwimmhäuten gemeint. Anatomisch gesehen gehört der Lauf der Vögel noch zum Fuß. Bein bezeichnet die ganze Hinterextremität.

Maße

Bei der Bestimmung sehr ähnlicher Arten können Maßangaben auch im Freiland hilfreich sein. Sie erlauben es z.B. Schnabel- oder Lauflängen vergleichend zu betrachten. Alle Maße dieses Abschnitts werden in Millimetern angegeben. Die Flügellänge ist am gefalteten Flügel vom Bug bis zur Spitze der längsten Handschwinge, die Lauflänge von der Mitte des Intertarsalgelenks (Gelenk zwischen Lauf und Unterschenkel) bis zum Ansatz der Mittelzehe und die Schnabellänge vom Beginn der Stirnbefiederung bis zur Schnabelspitze gemessen. Die Einheit der Gewichtsangaben ist Gramm. Da die Gewichte der

Entenvögel im Verlauf des Jahres erheblich schwanken, wurde, wo irgend möglich, ein mittleres Gewicht angegeben. Für einen Feldführer sind Gewichtsangaben vielleicht nicht sonderlich wichtig. Sie können aber doch einen Eindruck von der Größe und Massigkeit eines Vogels vermitteln. Alle Maße und Gewichte beziehen sich auf adulte Vögel. Die Juvenilen, oft auch die Immaturen, sind im allgemeinen kleiner und leichter als die Adulten. Alle Maß- und Gewichtsangaben wurden der Literatur, insbesondere Delacour (1954-64) und Johnsgard (1978), entnommen.

Geographische Variabilität

Die Mehrzahl der Arten mit großem Verbreitungsgebiet zeigen eine geographische Variabilität. Diese Unterschiede erlauben es, Unterarten zu unterscheiden. In diesem Abschnitt werden die Unterarten mit ihren Merkmalen und ihrer Verbreitung vorgestellt. Oft sind die Kennzeichen der Unterarten nur geringe Größen- oder Färbungsdifferenzen. In manchen Fällen sind die Unterartmerkmale aber so deutlich, daß sie auch im Freiland leicht zu erkennen sind. Einige dieser stark differenzierten Unterarten können durchaus auch als selbständige Arten angesehen werden. Sie werden im Rahmen der Artbeschreibung gesondert behandelt. Der Begriff „Nominatform" wird für die Unterart verwendet, die den vollen Artnamen trägt, z.B. ist die Nominatform der Ringelgans *Branta bernicla bernicla* oder abgekürzt *B.b.bernicla*. Der dritte Name bezeichnet die Unterart. *Branta bernicla hrota* (*B.b.hrota*) ist also eine später als die Nominatform beschriebene, weitere Unterart der Ringelgans.

Lebensweise

Eine eingehende Beschreibung der Lebensweise würde den Rahmen eines Feldführers sprengen. Auf die Brutbiologie, die Nahrung und das Balzverhalten wird nicht eingegangen, da sich daraus keine für die Freilandbestimmung wesentlichen Fakten ableiten lassen. Die hier aus der Biologie der Arten ausgewählten Aspekte sind das Ausmaß der Geselligkeit und die Tendenz zur Schwarmbildung, das Verhalten bei der Nahrungssuche, der Zeitpunkt der Paarbildung und die Brutperiode, die Neststandorte und das Zugverhalten. Alle diese Angaben können für die spezielle Arterkennung nützlich sein.

Biotop

Es werden nur die Lebensräume genannt, in denen sich die Arten mit großer Wahrscheinlichkeit aufhalten. Einzelne und versprengte Entenvögel können, vor allem während des Zuges, auch an sehr ungewöhnlichen Orten erscheinen. Eine Meerente kann durchaus mitten im Binnenland auf einem Baggersee und eine Gründelente auf hoher See anzutreffen sein. Man sollte in den Biotopangaben also nur einen Hinweis auf die von der jeweiligen Art bevorzugten Lebensräume sehen.

Verbreitung

Die auf den Karten dargestellte Verbreitung wird in diesem Abschnitt genauer beschrieben. Während des Zuges können häufig oder sogar, wenn auch in geringer Zahl, regelmäßig Regionen erreicht werden, die nicht zum normalen Verbreitungsgebiet der Art gehören. Das Auftreten von Irrgästen zeigt die potentielle Gesamtverbreitung einer Art an.

Bestand

In diesem Abschnitt wird die Häufigkeit einer Art dargestellt. Es werden regionale Bestandsangaben wiedergegeben und, wo irgend möglich, auch eine Schätzung des jeweiligen Gesamtbestandes vorgenommen. Auf die Tendenzen der Bestandsentwicklung wird hingewiesen und, insbesondere bei den seltenen und bedrohten Arten, auf die Ursachen der Gefährdung eingegangen.

Literatur

Hier werden die vom Autor bei der Artbeschreibung wesentlich benutzten Quellen genannt, die bei den heimischen Arten durch den Hinweis auf das grundlegende „Handbuch der Vögel Mitteleuropas" (Bauer und Glutz 1968,1969) ergänzt werden. Weitere Literaturangaben finden sich am Ende des Buches auf S.288.

Das Beobachten im Freiland

Die genaue Kenntnis der häufigeren einheimischen Arten bildet den Grundstock für jeden weiteren Bestimmungs- und Beobachtungserfolg. Diese Kenntnisse können am besten erworben werden, wenn man die Gewässer der näheren Umgebung regelmäßig aufsucht und die dort vorkommenden Wasservögel auf unterschiedliche Entfernungen und unter verschiedenen Sichtverhältnissen an ihrer Gestalt, ihrem Verhalten und der Zeichnung und Färbung ihres Gefieders anspricht. Dabei wird man auch den jahreszeitlichen Wandel der Kleider kennenlernen und nicht überrascht sein, dort, wo im Winter und Frühling noch die bunten ♂ zu sehen waren, im Sommer nur noch einheitlich unscheinbar braune Enten anzutreffen. Bei einiger Übung wird es auch dann noch möglich sein, die einzelnen Arten und die jetzt sehr ähnlich aussehenden ♀, herangewachsenen Jungen und ♂ im Ruhekleid auseinanderzuhalten. Das inzwischen eingeprägte Bild der allgemeinen Erscheinung, der Größen und Proportionen kann jetzt besonders hilfreich sein.
Mit den Beobachtungen sollte man schon im Mittwinter beginnen, da die ♂ dann ihr prächtiges Brutkleid tragen und gewöhnlich von ihren ♀ begleitet werden. In den Trupps können sich dann auch seltenere überwinternde oder durchziehende Arten aufhalten. Es besteht also die Möglichkeit, Neues zu entdecken und neue Erfahrungen zu sammeln.
Der Besuch von Tiergärten und anderen Wasservogelhaltungen bietet die Gelegenheit zu einem gründlichen Studium der feinen Unterschiede zwischen ähnlichen Arten. Auch diese Besuche sind im Winter und zeitigen Frühjahr, dann, wenn die ♂ ihr Prachtgefieder tragen, am lohnendsten. Die Beobachtung in der Gefangenschaft kann aber die Freilandbeobachtung nicht ersetzen. Die typischen Gestaltsmerkmale und die Besonderheiten der Haltung und Bewegung werden weit besser auf größerer Entfernung als aus unmittelbarer Nähe sichtbar. Andererseits lassen sich aus der Nähe Feinheiten erkennen, die für die spätere Freilandbestimmung sehr nützlich sein können.
Wasservögel halten sich im allgemeinen in weithin offenem, gut überschaubaren Gelände oder auf größeren Wasserflächen auf. Normalerweise sind sie wachsam und scheu. Für die Beobachtung empfiehlt es sich daher, ein Fernrohr mit Stativ zu benutzen. Die Vergrößerung eines Fernglases reicht für gewöhnlich nur aus, die allernächsten Vögel genauer zu erkennen. Weit draußen schwimmende Trupps lassen sich nur mit dem Fernrohr durchmustern. Bei der Beobachtung sollte man vor allem jede Störung der Vögel vermeiden. Auch die geeignetsten Wasservogellebensräume, die ständig von übereifrigen "Vogelfreunden" heimgesucht werden, haben bald jede Anziehungskraft für die Vögel verloren. Auch dann kann man aus sicherer Entfernung das ungestörte Treiben der Enten und Gänse in Ruhe betrachten. Auch dann sollte man möglichst jede sich bietende Deckung nutzen, um die Beunruhigung der Vögel auf ein Minimum zu beschränken.
Anschließend werden einige Besonderheiten der Entenvögel und einige Problemfälle behandelt, die zu kennen für ein stets erfolgreiches Bestimmen notwendig ist.

Die Gefiederfolgen

Die Kenntnis der zeitlichen Abfolge der verschiedenen Kleider bildet die Grundlage für eine sichere Freilandbestimmung. Alle Entenvögel schlüpfen in einem Dunenkleid aus dem Ei. Im Verlauf weniger Wochen entwickeln sie dann ihr erstes vollständiges Gefieder. Dieses Jugendkleid gleicht bei einigen Arten dem Kleid der Adulten, bei den meisten weicht es aber vom Alterskleid deutlich ab. Das Jugendkleid der ♂ ist oft dem Kleid der adulten ♀ ähnlich. Auch dieses juvenile Gefieder wird nur wenige Wochen getragen. Im Verlaufe des Herbstes und Winters wird das 1. Jahres- oder Brutkleid ausgebildet. Kopf- und Körpergefieder sehen dann schon wie bei den Altvögeln aus, die Flügelfedern des Jugendkleides werden aber erst in der folgenden Sommermauser (Brutmauser) gänzlich ausgetauscht. Nach dieser Mauser, bei der oft sämtliche Federn gewechselt werden, sind die vorjährigen Jungvögel nicht mehr von den Altvögeln zu unterscheiden. Nicht bei allen Arten verläuft die Entwicklung so schnell. Dem 1. Jahres- bzw. Brutkleid können noch ein weitere, Übergangsmerkmale zeigende Kleider folgen.
Die Adulten vieler Arten machen im Sommer nach der Brut eine vollständige Mauser durch (Brutmauser). Dabei werden die Schwingen gleichzeitig abgeworfen. Die Vögel werden für einige Wochen flugunfähig. In dieser Zeit sind sie für alle ihre Feinde eine leichte Beute. Um ihnen zu entgehen, sammeln sie sich vor Mauserbeginn in großen Scharen auf möglichst sicheren Gewässern. Zum Erreichen der Mausergründe werden oft weite Wanderungen unternommen. Viele Entenarten wechseln vor der Schwingenmauser in ein Ruhekleid. In diesem unscheinbaren Kleid sehen die ♂ den ♀ sehr ähnlich. Nur das Flügelmuster des Brutkleides bleibt weitgehend erhalten. Kurz nach beendetem Schwingenwechsel setzt dann die Mauser ins Brutkleid (Ruhemauser) ein. Im Mittwinter tragen die Enten-♂ wieder ihr prächtiges Brutkleid.
Diese allgemeine Darstellung trifft natürlich nicht auf alle Entenvögel zu. Sie bezieht sich mehr auf Arten der nordischen und gemäßigten Zonen. Auf der Südhemisphäre und in den Tropen ist die Mauserfolge im allgemeinen weniger aufwendig.

Sonderbare Vögel

Hin und wieder wird man auf Entenvögel treffen, die zu keiner der hier beschriebenen Arten passen wollen. Vögel mit stark abgenutztem oder während der Mauser stark fleckig wirkendem Gefieder können recht seltsam aussehen. In solchen Fällen kann der Vergleich von Gestalt, Größe und Struktur mit in der Nähe sitzenden oder umherschwimmenden Vögeln weiterhelfen. Es kommen aber auch vererbbare Gefiederabweichungen vor. Bei partiellem Albinis-

Körper– und Gefiederpartien einer typischen Ente: Körper und Kopf

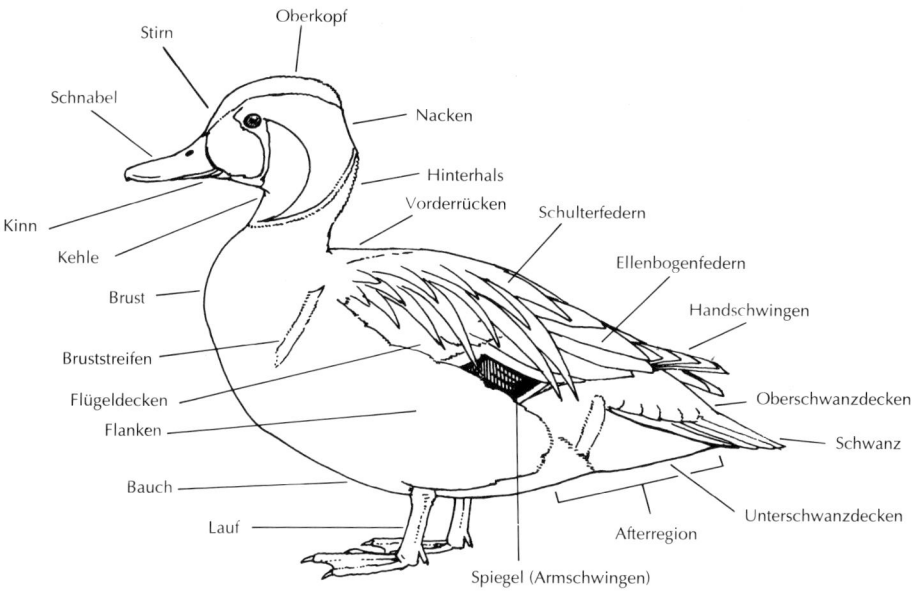

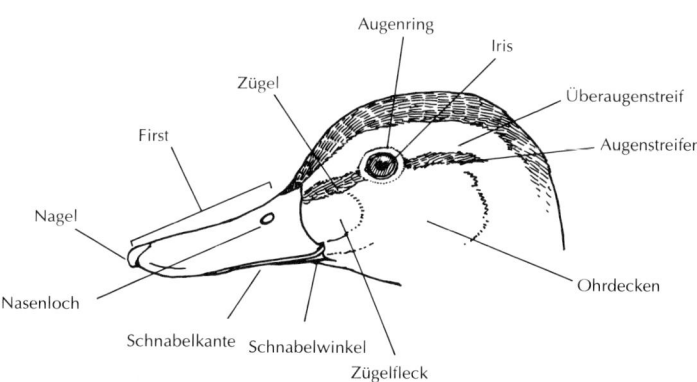

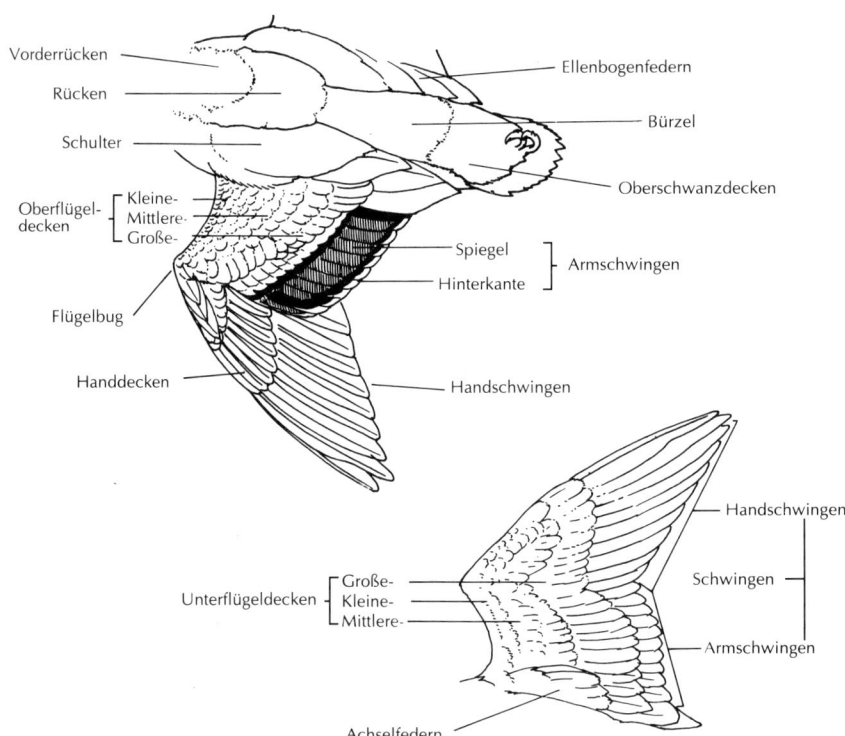

Körper- und Gefiederpartien einer typischen Ente: Oberseite und Flügel

mus sind Teile des Gefieders weiß. Echte Albinos, bei denn alle Federn weiß und die federlosen Partien mehr oder weniger rosa gefärbt sind, sind ausgesprochen selten. Melanismus zeigt sich an einer stark dunklen bis schwärzlichen und Leuzismus an einer fahlen, verwaschenen Färbung. Unter den Entenvögeln stellen die leuzistischen Individuen wohl die häufigste Farbabweichung dar.

In den Stockentenpopulationen der Städte sind „fehlfarbene" Enten besonders häufig. Solche Stockenten sind aber zunehmend auch im Freiland anzutreffen. Sie können ganz weiß, schwarz mit weißer Brust, fahlbraun, gescheckt und gefleckt, klein und zierlich oder groß und massig sein. Alle zeigen sie aber die typische Stockentengestalt. Die ♂ haben gewöhnlich ausgeprägte Schwanzlocken. Auch Haus-Moschusenten können sich weiter von den Siedlungen entfernen. Sie schließen sich aber kaum jemals den Trupps wilder Enten an.

Das weiße Kopf-, Hals- und Bauchgefieder von Schwänen, Gänsen und Enten kann von eisenhaltigem oder moorigem Wasser eine hell rostfarbene bis braune Tönung annehmen.

Bastarde

In der freien Natur sind Bastarde selten, es ist aber doch immer mit dem Auftreten solcher Vögel zu rechnen. Die Bastard-♂ zeigen im allgemeinen Merkmale beider Eltern. Manche Bastarde sind aber auch von den Eltern deutlich verschieden. Bastarde zwischen der Pfeifente und der Chilenenpfeifente gleichen in bemerkenswerter Weise der Amerikanischen Pfeifente und solche zwischen der Stockente und Krickente entwickeln eine Gesichtszeichnung, die der der Gluckenten-♂ sehr nahekommt. Aus dem Aussehen läßt sich die Abstammung von Bastarden also nicht mit Sicherheit schließen, es sei denn, sie zeigen wie die Bastarde von Stockente x Spießente eindeutig die Elternmerkmale. Das Aussehen der Bastarde kann auch verschieden sein, wenn ♂ oder ♀ der einen oder der anderen Art angehören. So unterscheiden sich z.B. die Bastarde der Reiherenten-♂ x Tafelenten-♀ deutlich von denen der Reiherenten-♀ x Tafelenten-♂.

In Gefangenschaft sind Bastarde weit häufiger als im Freiland. In manchen Wasservogelhaltungen ist geradezu eine verwirrende Vielfalt verschiedenster, zumeist gattungsgleicher Bastarde zu bewundern. Die meisten in Freiheit beobachteten Bastarde sind aus der Gefangenschaft entflogen. Bei der Entdeckung einer außergewöhnlichen Ente sollte diese Möglichkeit immer im Auge behalten werden. Bastard-♀ sind sehr schwer anzusprechen. Es ist also kaum erstaunlich, daß sie leicht übersehen werden.

Gefangenschaftsflüchtlinge

Die Mehrheit der Entenvogelarten wird irgendwo auch in Gefangenschaft gehalten, und viele pflanzen sich hier erfolgreich fort. Aus Gefangenschaftszuchten konnten in zahlreichen Fällen bedrängte Bestände im Freiland unterstützt oder lokal ausgestorbene Arten wieder angesiedelt werden. In vielen Wasservogelhaltungen können einzelnen Individuen oder ganze Gruppen frei umherfliegen. Solche Vögel können dann auch in weiterer Entfernung auftauchen und dem Vogelfreund wie den Vogelkundlern, die sich der Registrierung von Seltenheiten verschrieben haben, manche Kopfschmerzen bereiten. In Europa und Nordamerika stammen viele als sogenannte Irrgäste gemeldete „exotische" Entenvögel aus der Gefangenschaft. Da sie nicht unbedingt zahm sein müssen, sich vielmehr für gewöhnlich wie echte Wildvögel verhalten und auch nicht immer Ringe tragen, fällt die Beurteilung, ob es sich um echte Irrgäste oder um Gefangenschaftsflüchtlinge handelt, nicht leicht. Sie können sich auch den Trupps einheimischer Arten anschließen und mit ihnen in abgelegene Gegenden ziehen. Andererseits sind einige Arten auch ausgesprochen wanderfreudig. Sie sind auch in entlegenen Gegenden nachgewiesen worden, wo mit „Flüchtlingen" nicht zu rechnen ist. Ortstreue Arten oder solche aus weit entfernten Regionen, die viel in Gefangenschaft gehalten werden, stammen mit sehr großer Wahrscheinlichkeit aus der Obhut des Menschen.

Über das Durchmustern der Schwärme

Außerhalb der Brutzeit sind die meisten Entenvögel gesellig. Auf Seen, Flußmündungen und geschützten Buchten sammeln sich gemischte Schwärme. Diese Schwärme sollte man in Ruhe und mit Geduld durchmustern. Jedes etwas ungewöhnlich aussehende Individuum sollte genau betrachtet werden. Im Normalfall wird es sich dabei um keine Seltenheit, sondern um eine der „gewöhnlichen" Arten handeln. Auf diese Weise kann man die ganze Variationsbreite der häufigeren Arten kennenlernen. Oft wird die Geduld des Beobachters auf eine harte Probe gestellt. Entweder steckt der eben genauer in Augenschein genommene Vogel den Kopf zum Schlafen unter den Flügel oder er taucht und ist aus dem Blickfeld verschwunden. Manchmal wird die Geduld aber auch belohnt. Insbesondere dann, wenn man sich die feinen, jedoch charakteristischen Unterschiede in der Gestalt, Haltung, Bewegung und im Verhalten durch häufiges Beobachten eingeprägt hat.

Die meisten Tauchenten legen die Flügel beim Tauchen dem Körper eng an, einige „fliegen" aber auch unter Wasser. Sie heben die Flügel beim Abtauchen in typischer Weise an.

Körperhaltungen von Gründelenten bei der Nahrungssuche

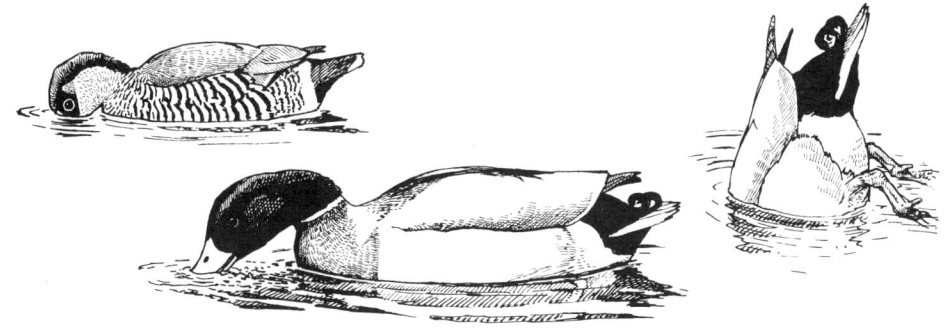

Das durch weiße Felder auf dem Oberflügel gebildete Muster ist eine wichtige Bestimmungshilfe. Drei typische Muster: a - weißer Vorderflügel (Handflügeldecken); b - weißes Band über die Großen Decken und weiße Spiegelkante; c - weiße Armschwingen und innere Handschwingen

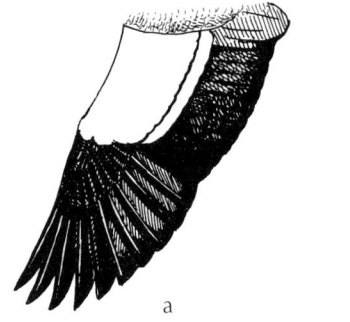
a

b

c

Die Lage und Ausdehnung weißer Zonen am Unterflügel ist für das Erkennen im Flug bedeutsam. Drei typische Unterflügelmuster: a - weiße Unterflügeldecken; b - weißes Mittelband und weiße Achselfedern; c - weiße Armschwingen

a

b

c

Die meisten Enten, die ihre Nahrung schwimmend suchen, können sprungartig vom Wasser auffliegen. Die meisten Tauchenten können sich erst nach einem Anlauf in die Luft erheben.

Es ist nicht möglich alle diese subtilen Kennzeichen im einzelnen aufzuführen, die folgenden Merkmale sollten aber ganz besonders beachtet werden:

Auf dem Wasser: Größe, möglichst im Vergleich mit einer gut bekannten Art; gestreckte oder gedrungene Gestalt; längerer, gut sichtbarer oder kurzer bzw. nicht aufgerichteter Schwanz; Farbmuster der Körperseiten und des Hinterendes; Kopfform und Schnabel-Kopf-Profil. Liegt der Vogel hoch auf dem Wasser oder schwimmt er tiefer eingetaucht? Taucht er oder gründelt er? Taucht er mit geschlossenen oder mit teilweise geöffneten Flügeln?

Beim Ruhen am Ufer: Gestalt gestreckt oder gedrungen und Haltung leicht aufgerichtet oder waagerecht; Ausdehnung weißer oder sehr heller Färbung an Brust und Bauch; Färbungsmuster von Flanken und Hinterende; Kopf- und Schnabelform; Fußfarbe.

Im Flug: Gestalt; Zeichnung und Färbung von Ober- und Unterflügel. Ist der Bauch genau so dunkel wie das übrige Gefieder oder heller? Fliegt der Vogel mühelos vom Wasser auf oder muß er erst einen Anlauf nehmen? Flugrufe.

Gänsetrupps: Einzelne seltene Gänse schließen sich gern häufigeren Arten an. Um sie beobachtend auszusondern, sollte man auf folgende Merkmale achten: Farbkontrast zwischen Kopf-Hals und Brust; Schnabel- und Beinfärbung; allgemeiner Farbeindruck des Gefieders; Verhältnis von Hals- zu Körperlänge; Größe und Form von Kopf und Schnabel.

Beitrag zum Arten- und Naturschutz

Durch die genaue Beobachtung und das Erfassen der Bestände kann jeder dazu beitragen, die Kenntnis über die Entenvögel zu erweitern. Eine genaue Protokollierung der Arten und Zahlen sowie der räumlichen und zeitlichen Verteilung der Wasservögel auf dem heimischen See oder Fluß kann für den Schutz dieser Vögel äußerst wichtig werden. In den meisten Ländern bestehen Organisationen, die Wasservogelzählungen durchführen und die Daten weitergeben. Hier wird man über jeden Helfer, der bereit ist, sich vor Ort für die Sache tätig einzusetzen, freuen. In der Bundesrepublik werden die Zählungen von den staatlichen Vogelschutzwarten und den im Dachverband Deutscher Avifaunisten zusammengeschlossenen ornithologischen Arbeitsgemeinschaften durchgeführt. Die weltweite Erfassung der Entenvögel wird vom International Waterfowl Research Bureau (IWRB) koordiniert. In vielen Regionen der Erde kann diese Arbeit aus Mangel an Interesse und Mitarbeitern noch nicht hinreichend geleistet werden. Jede Hilfe ist hier sehr erwünscht. Auch einzelne Beobachtungen auf Reisen können manchen Hinweis liefern und sehr nützlich sein. Das IWRB kann über den Wildfowl Trust in Slimbridge (England) oder über die örtlichen Organisationen benachrichtigt werden.

Tafeln 1 - 47

Tafel 1   Pfeifgänse

2 Tüpfelpfeifgans *Dendrocygna guttata*   S. 124

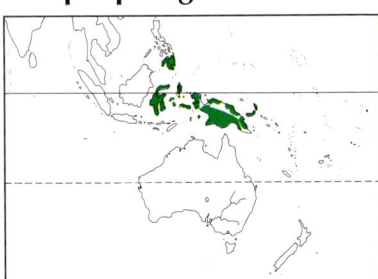

Ostindische Inseln und Neuguinea. Lokal in Sümpfen, an Seen. Oft mit 5 vergesellschaftet. Sehr dunkel, mit weißlich gefleckter Unterseite. Schnabel und Füße rosa getönt. Düsterer Augenfleck. Oberflügel einheitlich dunkel. Alle Kleider ähnlich. Gefiederzeichnung ähnlich 8, aber kleiner und mit völlig anderer Verbreitung.
a **Ad.**
b **Juv.**: Blasser, Zeichnung auf Brust und Flanken streifig.

3 Gelbfußpfeifgans *Dendrocygna eytoni*   S. 125

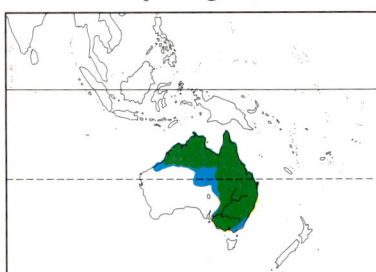

Nördliches und östliches Australien. Tropische Steppen. Schlanke, fahle Pfeifgans mit verlängerten, zugespitzten Flankenfedern. Alle Kleider ähnlich.
a **Ad.**
b **Juv.**: Vordere Flanken schwach gezeichnet, hintere Flankenfedern kürzer.

5 Wanderpfeifgans *Dendrocygna arcuata*   S. 127

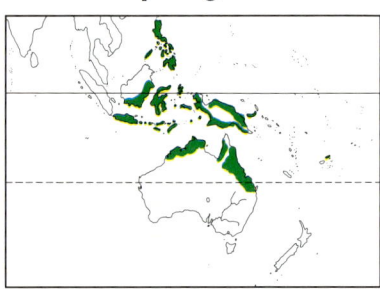

Ostindische Inseln sowie nördliches und östliches Australien. Sumpfland und Seen. Dunkle Kappe, die bis zum Auge reicht. Brust dunkel gepunktet. Am oberen Flankenrand ein helles Band, das bis auf die Oberschwanzdecken zieht. Alle Kleider ähnlich. Drei im Gefieder gleiche Unterarten. Nominatform abgebildet. Verbreitung überschneidet sich mit der der ähnlichen 6; 5 aber deutlich größer mit markanter Flankenzeichnung.
a **Ad.**
b **Juv.**: Matter gefärbt. Oberflügeldecken weniger kastanienbraun. Bauchmitte heller.

8 Kubapfeifgans *Dendrocygna arborea*   S. 130

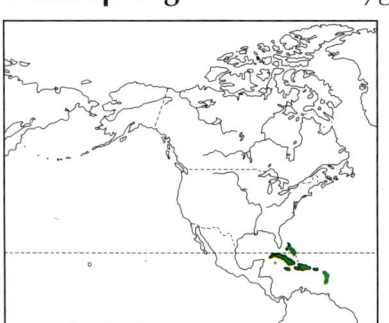

Karibische Inseln. Sumpfwald. Größte Pfeifgans. Hält sich bevorzugt in den Kronen von Palmen auf. Am aktivsten während der Abenddämmerung. Sehr dunkel. Alle Kleider ähnlich. Erinnert an 2, Verbreitungsgebiete aber weit getrennt. Größer als 2, Schnabel und Füße dunkler, fast schwarz, Oberflügel deutlich heller und grauer.
a **Ad.**
b **Juv.**: Matter gefärbt. Unterseitenzeichnung streifig.

Tafel 2 Pfeifgänse

4 Gelbbrustpfeifgans *Dendrocygna bicolor*   S. 126

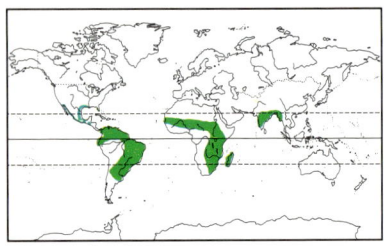

Kommt in drei Kontinenten vor: Tropisches Amerika, Afrika und Indien. In Asien überschneidet sich das Verbreitungsgebiet mit dem von 6. Unterschiede: Größer, weiße Oberschwanzdecken, Hinterhals auf ganzer Länge dunkel, Unterseite kräftiger gefärbt. Alle Kleider ähnlich.
a **Ad.**
b **Juv.**: Matter gefärbt. Flankenzeichnung und Oberschwanzdecken weniger auffällig.

6 Javapfeifgans *Dendrocygna javanica*   S. 128

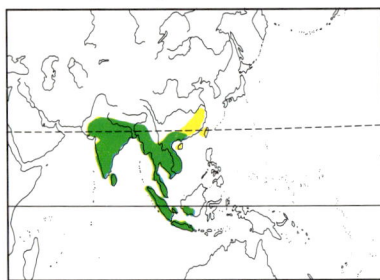

Tropisches Asien und Ostindische Inseln. Sümpfe, Seen und Flüsse. Verbreitungsgebiet überschneidet sich in Indien mit dem von 4 und auf den Ostindischen Inseln mit dem von 5. Unterschiede zu 4: Kleiner, Scheitel dunkler, rotbraune Oberschwanzdecken. Zu 5: Rotbrauner Oberschwanz, dunkle Färbung des Oberkopfs reicht nicht bis zum Auge, Brust ungefleckt, keine auffällige Flankenzeichnung. Alle Kleider ähnlich.
a **Ad.**
b **Juv.**: Blasser gefärbt.

7 Witwenpfeifgans (Witwenente) *Dendrocygna viduata*   S. 129

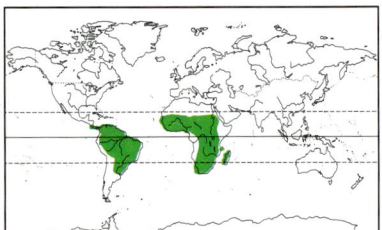

Im tropischen Amerika und Afrika weit verbreitet. Seen und Flüsse. Markanter Kontrast zwischen dem dunklen Körper und weißen Kopf. Kleider ähnlich, Juv. aber weniger kontrastreich.
a **Ad.**
b **Juv.**: Matter gefärbt, mit hell gräulichgelbem Gesicht und braunem Hals.

9 Rotschnabelpfeifgans (Herbstente) *Dendrocygna autumnalis*   S. 131

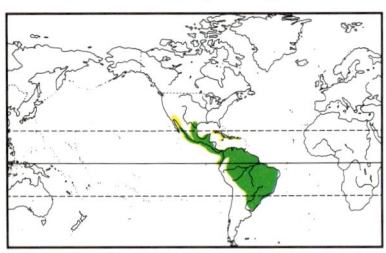

Im tropischen Amerika weit verbreitet. Locker bewaldete Landschaft mit Sümpfen und Seen. Kopf und Hals heben sich hell von der schwarzen Unterseite ab. Im Flug mit breiter, weißer Flügelbinde. Ad. mit rotem Schnabel und rosa Füßen. Zwei Unterarten, Nominatform abgebildet.
a **Ad.**
b **Juv.**: Matter und auf der Unterseite brauner, Schnabel und Füße blaugrau.

Tafel 3   Spaltfuß-, Hühner- und Sporengans

1 Spaltfußgans *Anseranas semipalmata* S. 123

Nordaustralien und Südneuguinea. Uferzonen von Flüssen und Seen und offene Landschaft. Große Schwärme. Großer, schwarzweißer, gänseähnlicher Vogel. Juv. und ♀ kleiner als ♂.
a ♂ **ad.**
b **Juv.**: Dunkle Gefiederpartien schwärzlichgraubraun.

11 Hühnergans *Cereopsis novaehollandiae* S. 133

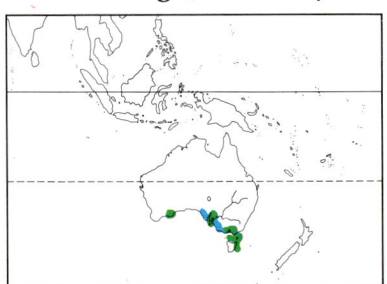

Südliches Australien. Inseln und Grasland an der Küste. Massige, graue Gans mit dunkel getupfter Oberseite. Der kurze, schwarze Schnabel weitgehend von einer gelbgrünen Wachshaut bedeckt. Alle Kleider ähnlich. Zwei wenig verschiedene Unterarten. Ad. der Nominatform abgebildet.

36 Sporengans *Plectropterus gambensis* S. 159

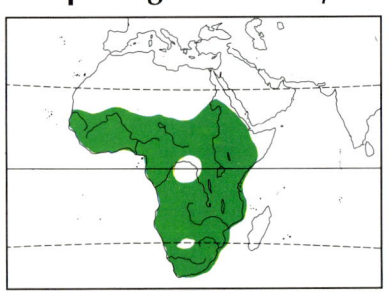

Tropisches Afrika. An Flüssen und Seen. Große Gans mit schwarzweißen Flanken und hellem Gesicht. Schnabel und Füße rosarot. ♂ größer als ♀. Alle Kleider ähnlich, aber individuell variabel. Mischzone mit Übergangsformen zwischen den Unterarten. Zwei Unterarten, beide abgebildet.
a ♂ **ad. *P.g.gambensis*** : Tropisches Afrika ohne das südliche Afrika.
b ♂ **ad. *P.g.niger*** : Südliches Afrika.
c ♀ **juv. *P.g.niger***

Tafel 4 Graue Gänse

12 Schwanengans *Anser cygnoides* S. 134

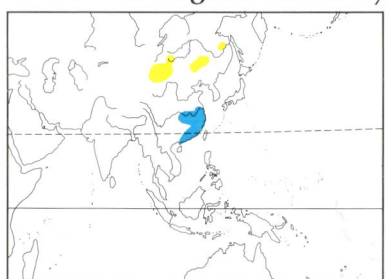

Ostasien. Selten. Steppenseen und Sumpfgebiete. Kennzeichnend sind der lange, schwarze Schnabel und die kräftige Zeichnung an Kopf und Hals. ♂ größer als ♀. Alle Kleider ähnlich. Stammform der zahmen Höckergans.
a **Ad.**
b **Juv.**: Matter gefärbt, Oberkopf und Hinterhals brauner.

13 Saatgans *Anser fabalis* S. 135

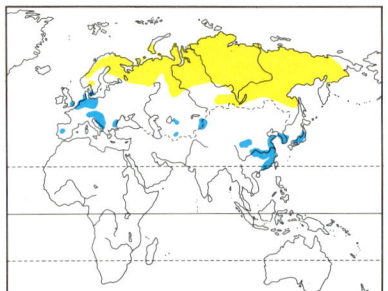

Europa und Asien. Brütet in Feuchtgebieten der Tundra und Taiga. Überwintert auf Grün- und Ackerland. Größer und dunkler als 14. Schnabelbinde und Füße orange. Fünf Unterarten, die sich in der Größe sowie der Form und Färbung des Schnabels unterscheiden. Verbreitung und Mischzonen s. Text. Alle Kleider ähnlich.
a **Ad. *A.f.fabalis***
b **Juv. *A.f.fabalis***: Matter. Oberseite wirkt mehr geschuppt als gebändert.
c **Ad. *A.f.rossicus***: Klein, mit kurzem Schnabel.
d **Ad. *A.f.middendorffii***: Größte Unterart.

14 Kurzschnabelgans *Anser brachyrhynchus* S. 136

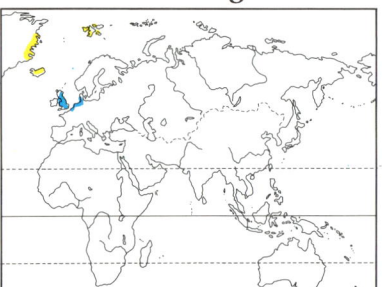

Brütet in bergigen Regionen Ostgrönlands, Islands und Spitzbergens. Überwintert im nordwesteuropäischen Tiefland auf Grün- und Ackerland. Wird auch als Unterart von 13 angesehen. Ist kleiner als 13. Schnabelbinde und Füße rosa.
a **Ad.**
b **Juv.**: Matter und brauner. Oberseite wirkt geschuppt.

Tafel 5   Graue Gänse

15 Bläßgans *Anser albifrons* — S. 137

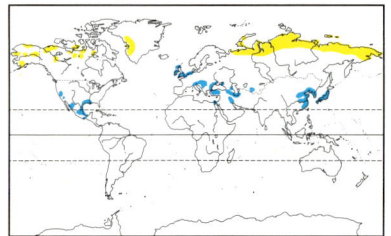

Nördliche Hemisphäre. Brütet in der Taiga und Tundra und überwintert auf Grün- und Ackerland. Sehr ähnlich 16, aber größer (s. Text). Ad.: Weiße Stirnblesse, schwarze, bandartige Flecke am Bauch, Schnabel rosa oder orange, Füße orange. Vier bis fünf Unterarten, die sich in der Intensität der Gefiederfärbung und der Färbung des Schnabels unterscheiden.
a **Ad. *A.a.albifrons*** : Westliche Paläarktis.
b **Juv. *A.a.albifrons*** : Ohne Blesse und Bauchflecke.
c **Ad. *A.a.flavirostris*** : Grönland. Dunkel, Schnabel orange.
d **Ad. *A.a.gambelli*** : Alaska und Nordwestkanada. Groß und dunkel.

16 Zwerggans *Anser erythropus* — S. 138

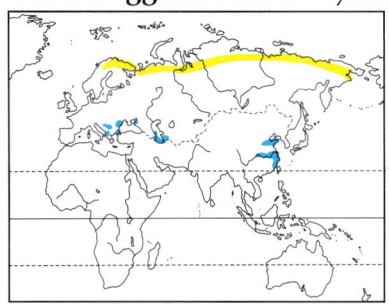

Nordeuropa und Nordasien. Brütet in der Taiga und überwintert auf der Steppe sowie auf Grün- und Ackerland. Das Überwinterungsgebiet überschneidet sich teilweise mit dem von 15. Sehr ähnlich 15, aber kleiner, mit kleinem, rosa Schnabel, bis über die Augen reichender Blesse und gelbem Augenring. Weitere Unterschiede, s. Text. Keine Unterarten.
a **Ad.**
b **Juv.**: Ohne Blesse und Bauchflecke.

17 Graugans *Anser anser* — S. 139

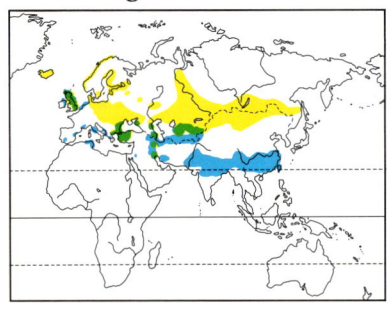

Am weitesten südlich brütende „Graue Gans". In Europa und Asien weit verbreitet. Im Tiefland in Feuchtgebieten und auf Grün- und Ackerland. Überwintert vom gemäßigten Westeuropa an bis Nordafrika. Groß und massig, mit hellem Kopf und Hals, hell bläulichgrauen Vorderflügeln, rosa Beinen und rosa oder orangefarbenem Schnabel.
a **Ad. *A.a.anser*** : Europa.
b **Ad. *A.a.rubirostris*** : Asien. Heller, mit leuchtendrosa Schnabel.

Tafel 6 Schneegänse

19 Schneegans *Anser caerulescens* S. 142

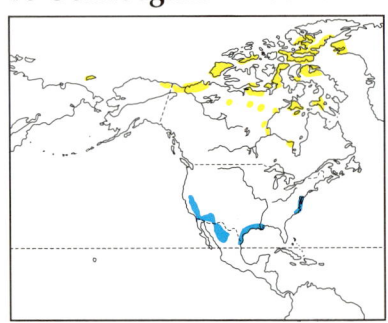

Nordamerika. Brütet in der arktischen Tundra und überwintert an Seen auf Farmland. Zwei Farbphasen. Ähnlich 20, aber größer, mit klobigerem Schnabel und seitlich „grinsend" klaffenden Schnabelrändern. Juv. oberseits gräulichbraun. Zwei Unterarten. Blaue Phase bei *A.c.caerulescens* lokal häufig, tritt dagegen bei *A.c.atlanticus* kaum auf. Vergleiche auch 27.

a **Ad. Weiße Phase *A.c.atlanticus*** : Östliches Nordamerika. Größer als *A.c.caerulescens*.
b **Ad. Blaue Phase *A.c.caerulescens*** : Mittleres Nordamerika, im Winter auch im Südosten der USA.
c **Ad. Weiße Phase *A.c.caerulescens***
d **Juv. Blaue Phase *A.c.caerulescens***
e **Juv. Weiße Phase *A.c.caerulescens***

20 Zwergschneegans *Anser rossii* S. 143

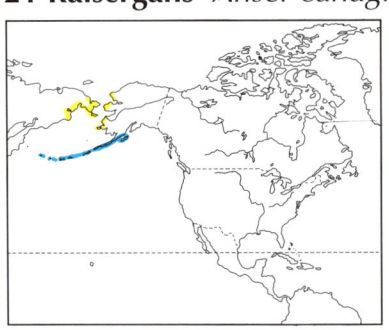

Brütet in der Tundra des mittleren, arktischen Kanada und überwintert im Westen der USA auf Farmland. Verbreitung überschneidet sich mit der von 19. Sehr ähnlich 19, aber kleiner, mit relativ kürzerem Hals und kleinerem Schnabel, der seitlich nicht klafft. Blaue Phase sehr selten (s.Text).

a **Ad. Weiße Phase**
b **Ad. Blaue Phase**: Sehr selten.
c **Juv. Weiße Phase**: Viel weißer als Juv. von 19.

21 Kaisergans *Anser canagicus* S. 144

Standvogel in Alaska und Nordwestsibirien. Küsten und Inseln. Wirkt sehr gedrungen. Ad.: Körper dunkel blaugrau mit heller Schuppenzeichnung, Kopf und Hals weiß, Kopf gewöhnlich rostgelb getönt. Juv. insgesamt rußgrau. Im Verbreitungsgebiet von 21 ist die Blaue Phase von 19 sehr selten.

a **Ad.**
b **Juv.**: Untersetzter und kurzbeiniger als Juv. von 19.

Tafel 7 Streifen-, Hawaii- und Kanadagans

18 Streifengans *Anser indicus* S. 141

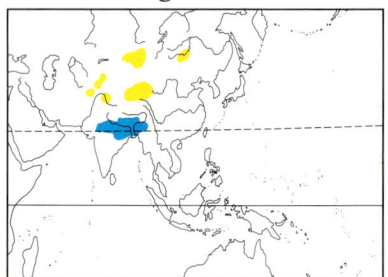

Brütet im südlichen Asien an Hochlandseen. Überwintert hauptsächlich in Feuchtgebieten des nördlichen Indien. Für Ad. ist die Kopfzeichnung kennzeichnend. Juv. sind am einheitlich grauen Körpergefieder erkennbar.
a **Ad.**
b **Juv.**

22 Hawaiigans *Branta sandvicensis* S. 145

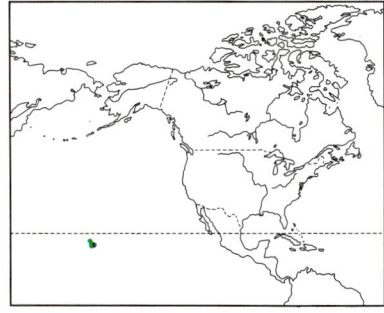

Endemische Gans einiger Hawaii-Inseln. Lebt an Hängen von Vulkanen. Alle Kleider ähnlich. Ad. abgebildet. Neben der Hawaiigans können auf den Inseln als Irrgäste auch noch 15, 21, 23 und 25 auftreten.

23 Kanadagans *Branta canadensis* S. 146

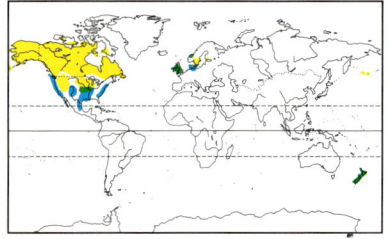

In Nordamerika weit verbreitet und in Westeuropa sowie Neuseeland eingebürgert. An Seen und Flüssen in offener Landschaft. Zwölf Unterarten, die sich in Größe und Färbung unterscheiden. Verbreitung s. Text. Extreme abgebildet. Mischpopulationen machen die Zuordnung oft schwierig. Alle mit schwarzem Kopf und Hals, weißem Wangenfleck und braunem Körper. Juv. gleichen weitgehend Ad.
a **Ad. *B.c.maxima*** : Größte Unterart. Färbung für die östlichen Formen typisch.
b **Ad. *B.c.occidentalis*** : Dunkelste Unterart. Färbung für die westlichen Formen typisch.
c **Ad. *B.c.minima*** : Eine der kleinsten Unterarten. Größe für die atlantischen Formen typisch.

Tafel 8 Meergänse

24 Nonnengans *Branta leucopsis* S. 147

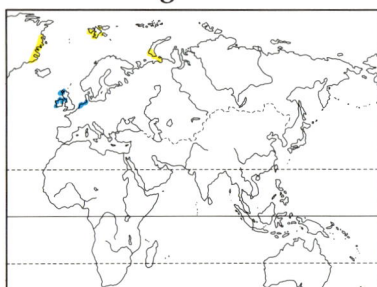

Arktische europäische Inseln und Küsten. Überwintert an den Küsten Nordwesteuropas auf Grünland. Das Schwarz von Hals und Brust kontrastiert mit dem weißen Gesicht und dem grauen Körper. Alle Kleider ähnlich.
- a **Ad.**
- b **Juv.**: Dunkle Sprenklung im Gesicht, Oberseitengefieder bräunlich getönt mit gelblichbraunen Endsäumen.

25 Ringelgans *Branta bernicla* S. 148

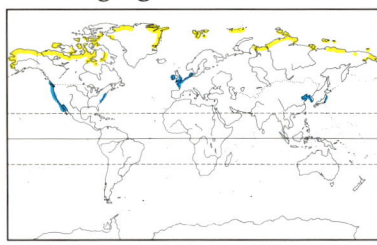

Verbreitung holarktisch. Brütet in der Tundra. Überwintert an Küsten in der Gezeitenzone und auf Grasland. Klein, dunkel, mit weißem Hinterende. Juv. ab Mittwinter mit Halsfleck. Drei Unterarten, alle abgebildet. Juv. schwerer zu unterscheiden als Ad.
- a **Ad. *B.b.bernicla*** : Dunkelbäuchige R.- Westsibirien und Europa.
- b **Ad. Juv. *B.b.bernicla*** : Ohne Halsfleck, mit auffällig gebändertem Flügel.
- c **Ad. *B.b.hrota*** : Hellbäuchige R.- Von Kanada bis Spitzbergen. Überwintert im atlantischen Nordamerika und in Westeuropa.
- d **Ad. *B.b.nigricans*** : Pazifische R.- Ostsibirien und Westkanada. Überwintert an der pazifischen Küste. Flanken schwarzweiß, Halsring vorne geschlossen.

26 Rothalsgans *Branta ruficollis* S. 149

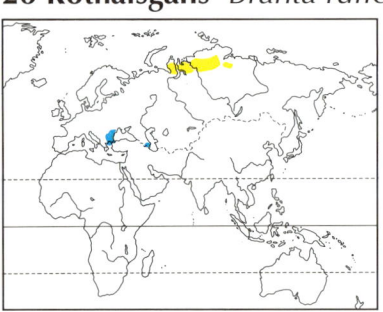

Brütet in der Tundra des mittleren, arktischen Sibirien. Überwintert hauptsächlich in Südosteuropa auf Steppen und Grasland. Klein, reich gemustert, erscheint aber aus der Ferne gesehen schwarzweiß. Alle Kleider ähnlich.
- a **Ad.**
- b **Juv.**: Wirkt matter, Kopfseiten heller und mehrere feine, weiße Bänder auf dem Flügel.

Tafel 9 Schwäne der Südhemisphäre und Höckerschwan

27 Coscorobaschwan *Coscoroba coscoroba* S. 151

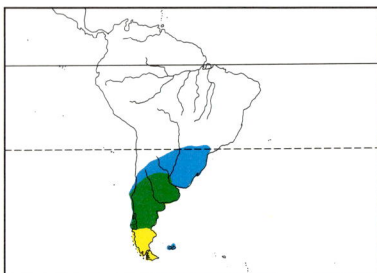

Südliches Südamerika und Falklandinseln. Seen und Sümpfe. Wirkt gänseähnlich. Ad.: Karminroter „Entenschnabel", rosa Füße, schwarze Flügelspitzen. Im gleichen Gebiet kommt nur noch 34 vor, dessen Hals und Kopf sind aber immer schwarz. Vergleiche in Gefangenschaft auch mit 19 (Tafel 6).
a **Ad.**
b **Juv.**

32 Höckerschwan *Cygnus olor* S. 156

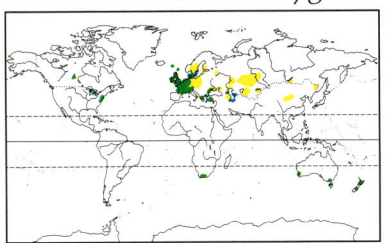

Europa und Zentralasien auf Teichen und Seen. Parkschwan Europas. In mehreren Kontinenten eingebürgert. Ad. kenntlich an dem schwarzen Höcker auf der Basis des orangefarbenen Schnabels und an dem relativ langen, spitzen Schwanz. Juv. sind an der schwarzen Schnabelwurzel und an dem langen Schwanz von den nordischen Schwänen (Tafel 10) zu unterscheiden.
a **Ad.**
b **Juv.**

33 Schwarzschwan *Cygnus atratus* S. 157

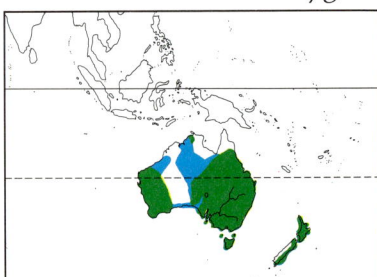

In Australien und Neuseeland auf Seen. Oft in großer Zahl. Wirkt schwimmend gänzlich schwarz. Die weißen Handschwingen sind nur im Flug sichtbar. Unverwechselbar.
a **Ad.**
b **Juv.**

34 Schwarzhalsschwan *Cygnus melanocoryphus* S. 158

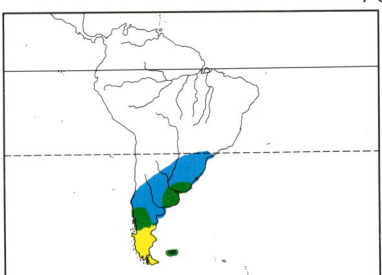

Südliches Südamerika und Falklandinseln. Seen und Sümpfe. Der einzige weiße Schwan mit schwarzem Kopf und Hals, daher unverwechselbar.
a **Ad.**
b **Juv.**

Tafel 10 Nordische Schwäne

28 Trompeterschwan *Olor buccinator*   S. 151

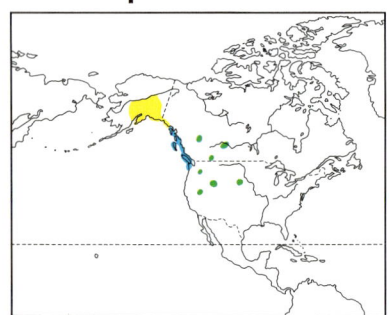

Westliches Nordamerika. Seen, Flüsse, überschwemmtes Land. Die Verbreitung überschneidet sich mit der von 30. Größer als 30, Hals relativ länger und Stirn flacher. Schnabel lang, mit fast geradem First. Weitere Unterschiede, s. Text.
- a **Ad.:** Von 30 durch Schnabelform, Fehlen des gelben Flecks vor dem Auge und gut sichtbare, rote Schnabelkanten unterschieden.
- b **Juv.:** Dunkler als 30b. Schnabelwurzel schwarz. Gefieder, im Unterschied zu 30, bis in den ersten Frühling hinein bräunlich.

29 Singschwan *Olor cygnus*   S. 152

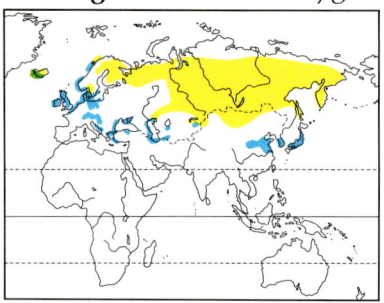

Europa und Asien. Seen, Flüsse, überschwemmtes Land. Die Winterquartiere von 29 und 31 überschneiden sich. Größer als 31, mit relativ längerem Hals, größerem Kopf sowie längerem und an der Basis höheren Schnabel. Weitere Unterschiede s. Text.
- a **Ad.:** Schnabelmuster einheitlicher als bei 31. Schnabel wirkt gelb mit schwarzer Spitze. Gelb zieht an der Schnabelseite keilförmig nach vorne. Schnabel von 31 fast zu gleichen Teilen gelb und schwarz. Gelb hier gegen Schwarz stumpf abgesetzt.
- b **Juv.:** In Färbung von Gefieder und Schnabel ähnlich 31b. Schnabelmuster im ersten Frühling wie bei Ad., wenn auch noch nicht rein gelb.

30 Pfeifschwan *Olor columbianus*   S. 154

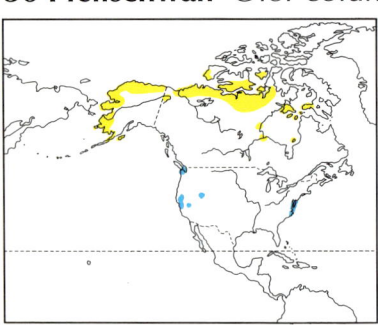

Nordamerika. Seen, Flüsse, überschwemmtes Land. 30 und 31 vielleicht eine Art: „Tundraschwan". Sehr ähnlich 28, jedoch kleiner, mit relativ kürzerem Hals und Schnabel sowie leicht konkavem Schnabelfirst. Weitere Unterschiede s. Text.
- a **Ad.:** Schnabel schwarz, mit mehr oder weniger ausgeprägtem, gelben Fleck vor dem Auge. Schnabelränder schwächer rot als bei 28.
- b **Juv.:** Heller als 28b und, im Unterschied zu diesem, im Frühling schon weitgehend weiß. Schnabelwurzel, wie auch bei 31b, nicht schwarz.

31 Zwergschwan *Olor columbianus bewickii*   S. 155

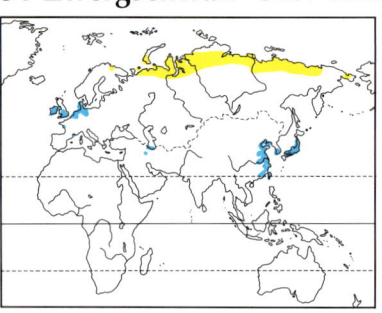

Europa und Asien. Seen, Flüsse, überschwemmtes Land. Wird heute mehrheitlich mit 30 zu einer Art vereint („Tundraschwan"). Winterquartiere von 29 und 31 überschneiden sich. Kleiner als 29, mit relativ kürzerem Hals, kleinerem Kopf und kürzerem Schnabel. Weitere Unterschiede, s. Text.
- a **Ad.:** Ausdehnung von Gelb an der Schnabelbasis recht variabel. Gelb gegen Schwarz stumpf abgesetzt.
- b **Juv.:** Ein wenig heller und grauer als 29b. Von diesem am besten an der Größe und Gestalt zu unterscheiden.

Tafel 11 Graukopfkasarka, Rost- und Brandgans

38 Rostgans *Tadorna ferruginea* S. 162

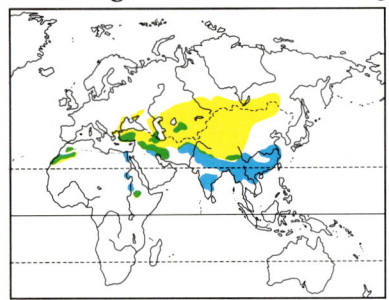

Europa, Asien und Nordafrika. Einzige rostfarbene Halbgans der Nordhemisphäre. Seen und Flüsse in offener Landschaft. Ähnlich 39, aber nur in Gefangenschaft mit ihr zusammen. Unterschiede: Kopffärbung bei 38 stets hell rostgelb, nie grau oder grau-weiß, Brust und Unterschwanzdecken stets so dunkel wie das übrige Körpergefieder, nie aufgehellt. Vergleiche auch mit 41b (Tafel 12).
a ♂ **ad. Brutkleid**: Ruhekleid ohne Halsring.
b ♀ **ad.**: Weißliches Gesicht, kein Halsring.
c **Juv.**: Wie b, Gefieder aber matter und graubraun getönt.

39 Graukopfkasarka *Tadorna cana* S. 163

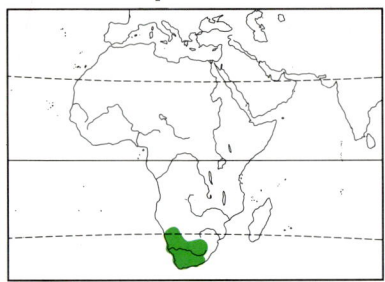

Südliches Afrika. Dort die einzige rostfarbene Halbgans. Seen und Flüsse in offener Landschaft. Ähnlich 38, aber nur in Gefangenschaft mit ihr zusammen. Unterschiede: Kopf bei 39 grau (♂) oder grau-weiß (♀), Brust und Unterschwanzdecken heller als das übrige Körpergefieder.
a ♂ **ad. Brutkleid**
b ♀ **ad.**
c **Juv.**: Heller und matter als a.

43 Brandgans *Tadorna tadorna* S. 166

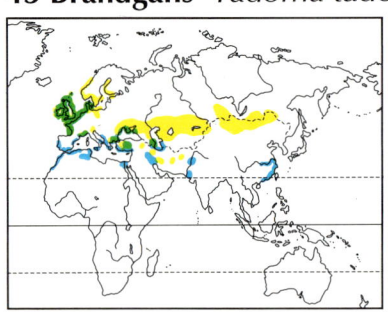

Europa, Asien, Nordafrika. Küste und Salzseen. Ad. leicht an dem schwarzweißen Gefieder mit dem breiten, rostbraunen Brustband zu erkennen. Juv. weit unscheinbarer.
a ♂ **ad. Brutkleid**: Schnabelhöcker wird nach der Brutzeit zurückgebildet.
b ♀ **ad.**: Färbung nicht so intensiv wie bei a, mit schmalerem Brustband und um die Schnabelwurzel oft weißlich.
c **Juv.**: Ohne Brustband, oben schwärzlichgraubraun unten weiß. Ruhekleider ähnlich Juv. (s. Text).

Tafel 12 Halbgänse der australischen Region

40 Halsbandkasarka *Tadorna tadornoides*   S. 164

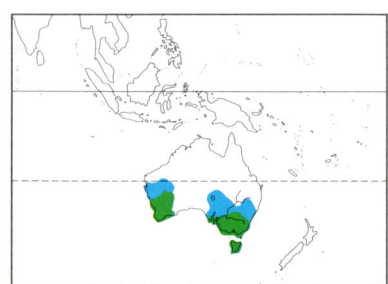

Südliches Australien. Seen und Flüsse in offener Landschaft. Wirkt insgesamt dunkel. Kenntlich am weißen Halsring, der rostbraunen Brust und im Flug an dem weißen Vorderflügel. Kopf des ♂ ganz schwarz. Das ♀ oft ohne Halsring und um das Auge und den Schnabel weiß. Die individuelle Variabilität erschwert das Ansprechen der Geschlechter (s.Text). Vergleiche in Gefangenschaft mit 41d.
a ♂ ad.
b ♀ ad.
c **Juv.**: Insgesamt matter gefärbt und ohne Halsring. ♀ mit schwacher, weißer Kopfzeichnung.

41 Paradieskasarka *Tadorna variegata*   S. 165

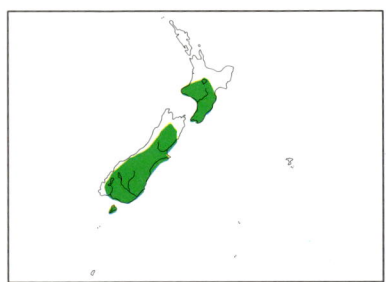

Neuseeland. Seen, Flüsse und Küsten. Einzige Halbgans Neuseelands. Im Flug ist der leuchtendweiße Vorderflügel sehr auffällig. ♂ insgesamt schwärzlich. ♀ dunkel rostbraun mit weißem Kopf. Vergleiche b in Gefangenschaft mit 38 und 39 (Tafel 11).
a **♂ ad.**: Kleider nur wenig verschieden.
b **♀ ad.** Brutkleid
c **♀ ad.** Ruhekleid
d **♀ juv.**: Brust beginnt sich rostbraun und Kopf sich weiß zu färben. In diesem Zustand ähnlich ♀ von 40.

44 Radjahgans *Tadorna radjah*   S. 167

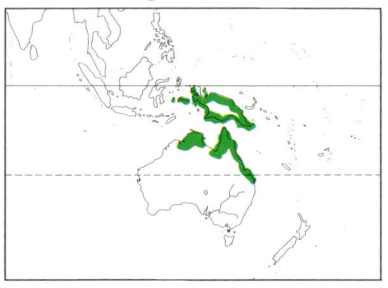

Nördliches Australien und Neuguinea. Küstensümpfe und Flüsse. Die dunkle Oberseite und das dunkle Brustband kontrastieren mit der weißen Unterseite und dem weißen Kopf. Alle Kleider ähnlich. Zwei Unterarten, beide abgebildet.
a **♂ ad. *T.r.rufitergum*** : Nördliches Australien. Oberseite dunkel rötlichbraun.
b **♂ ad. *T.r.radjah*** : Neuguinea. Oberseite schwarzbraun.
c **Juv. *T.r.rufitergum*** : Färbung und Zeichnung nicht so kräftig wie bei den Ad.

Tafel 13 Schopfkasarka, Nil- und Orinocogans

42 Schopfkasarka *Tadorna cristata* S. 165

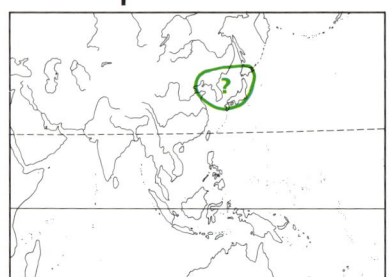

Früher im nördlichen Ostasien. Sehr wahrscheinlich ausgestorben. 1971 das letzte Mal gesehen. Brütete in bewaldeten Flußtälern und überwinterte in der Küstenregion. ♂ insgesamt dunkel, mit hellen Kopf- und Halsseiten. ♀ heller und grauer, mit brillenartiger Kopfzeichnung. Schnabel und Füße rot. Im möglichen Verbreitungsgebiet unverwechselbar. Alle Beobachtungen sollten mitgeteilt werden (s. Text).
a ♂ ad.
b ♀ ad.

46 Nilgans *Alopochen aegyptiacus* S. 169

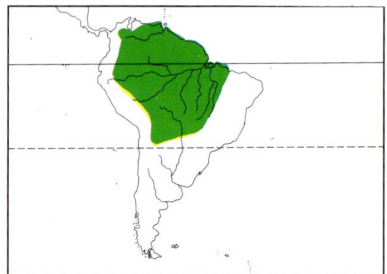

Tropisches Afrika. In England eingebürgert. Flüsse, Seen, Acker- und Grünland. Massige, hellbraune „Gans" mit rosa Schnabel und Füßen, dunklem Augenfleck und weißen Vorderflügeln. Die Färbung der Ad. ist variabel. Einige sind mehr grau, andere mehr braun.
a **Ad. (♀) Grauer Typ**
b **Ad. (♂) Brauner Typ**
c **Juv.:** Insgesamt düsterer als die Ad., Oberkopf und Hinterhals dunkelbraun.

47 Orinocogans *Neochen jubata* S. 170

Südamerika. Flüsse im tropischen Wald. Kopf und Hals hell, Flanken rotbraun, Oberseite dunkel und Flügel oben wie unten schwärzlich. Unverwechselbar. Alle Kleider ähnlich.
a **Ad.**
b **Juv.:** Blasser als a, Schnabel und Füße matter.

Tafel 14   Südamerikanische Halbgänse

49 Magellangans *Chloephaga picta*   S. 171

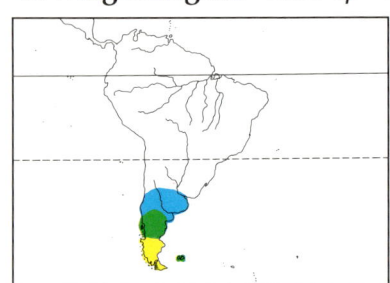

Südliches Südamerika und Falklandinseln. Offene Landschaft und Weideland. Oft große Schwärme. Handflügel schwarz. Armflügel weiß und auf der Oberseite von einer dunklen Längsbinde durchzogen. ♂ weiß und grau, mit dichter, dunkler Bänderung. Körperfärbung variabel. Unterseite, die gebänderten Flanken ausgenommen, entweder weiß oder gänzlich gebändert. ♀ statt weiß rostbraun und damit ähnlich wie 51 und 52 (Tafel 15). Geographische Variabilität komplex. Möglicherweise zwei Arten (s.Text).

- a ♂ **ad. Weiße Phase *Ch.p.picta*** : Südamerikanisches Festland.
- b ♂ **juv. Weiße Phase *Ch.p.picta*** : Ad. ♂ der Dunklen Phase diesem juv. ♂ sehr ähnlich.
- c ♀ **ad. *Ch.p.picta*** : Im Unterschied zum ♂ keine Farbphasen. Dunkle Bänder breiter als die hellen. Afterregion dunkel.
- d ♀ **juv. *Ch.p.picta*** : Düster und weniger kräftig gebändert als c.
- e ♂ **ad. *Ch.p.leucoptera*** : Falklandinseln. Ad. nicht variabel. Juv. ♂, wie bei b, unterseits gebändert.
- f ♀ **ad. *Ch.p.leucoptera*** : Größer als c. Dunkle Bänder schmaler als die hellen. Afterregion weißlich.
- g ♀ **juv. *Ch.p.leucoptera*** : Düsterer als f.

50 Kelpgans *Chloephaga hybrida*   S. 172

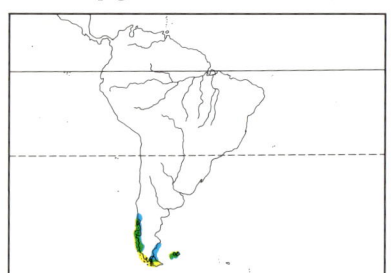

Südliches Südamerika und Falklandinseln. Felsige Küsten. Unverwechselbar. ♂ gänzlich weiß, mit schwarzem Schnabel und gelben Füßen. ♀ rußbraun, mit weißem Hinterende und weiß gebänderter Unterseite. Flügel des ♀ wie bei 49. Zwei wenig verschiedene Unterarten. Nominatform abgebildet.

- a ♂ **ad.**
- b ♀ **ad.**
- c ♂ **juv.**: Übergangskleid mit beginnender Weißfärbung. In diesem Zustand ähnlich dem ♂ von 49.
- d **Juv.**: Wie b, Bänderung aber unregelmäßig und Afterregion dunkel meliert.

Tafel 15   Südamerikanische Halbgänse und Blauflügelgans

48 Andengans *Chloephaga melanoptera*   S. 171

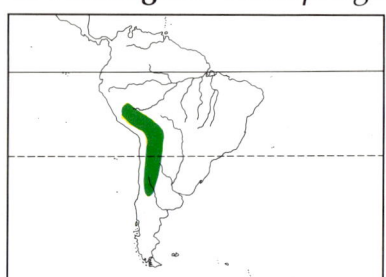

Westliches Südamerika. An Gewässern im Hochland der Anden. Massige, weiße „Gans" mit teilweise schwarzen Flügeln und sehr kleinem Schnabel. Im Flug weiß mit schwarzen Flügelfeldern und schwarzem Schwanz. Alle Kleider ähnlich. ♀ wesentlich kleiner als ♂. Unverwechselbar.
a   **Ad.** (♂)
b   **Juv.** (♀): Färbung matter als bei den Ad.

51 Graukopfgans *Chloephaga poliocephala*   S. 173

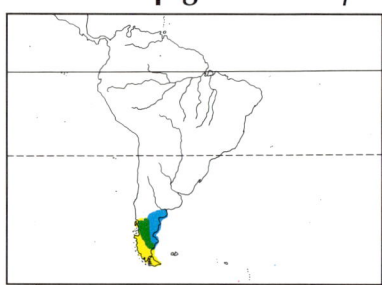

Südliches Südamerika. Offene, auch locker bewaldete Landschaft mit Seen und Sümpfen. Erinnert an das ♀ von 49 (Tafel 14), ist jedoch kleiner und hat einen von der rostbraunen Brust grau abgesetzten Kopf. Flanken schwarzweiß gebändert und Bauch weißlich. Alle Kleider ähnlich.
a   ♂ **ad.:** Brust kann gebändert oder rein rostbraun sein.
b   ♀ **ad.:** Kleiner als a, mit gebänderter Brust.
c   **Juv.:** Färbung matter, Kopf hellbraun getönt.

52 Rotkopfgans *Chloephaga rubidiceps*   S. 174

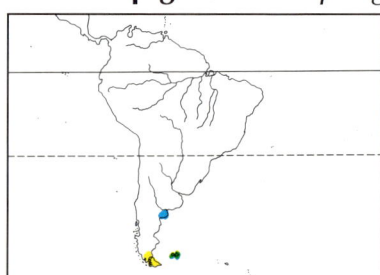

Südliches Südamerika (selten) und auf den Falklandinseln (noch häufig). Offene Landschaft, bevorzugt küstennahes Grasland. Erinnert an das ♀ von 49 (Tafel 14), ist jedoch wesentlich kleiner und heller sowie feiner gebändert. Alle Kleider ähnlich.
a   **Ad.**
b   **Juv.:** Etwas matter als Ad.

53 Blauflügelgans *Cyanochen cyanopterus*   S. 175

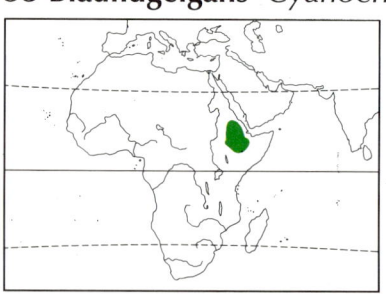

Äthiopien. Seen und Flüsse im Hochland. Eine untersetzte bräunlichgraue „Gans" mit schwarzen Füßen und schwarzem Schnabel. Der hellblaue Vorderflügel ist im Flug gut sichtbar. In der Normalhaltung wird der Kopf auf die Schultern zurückgelegt und die Brust vorgewölbt. Alle Kleider ähnlich. Recht unscheinbar gefärbt, aber doch unverwechselbar. Ad. ♂ abgebildet.

Tafel 16 Affen-, Saumschnabel-, Sturzbach- und Lappenente

35 Affenente *Stictonetta naevosa* S. 158

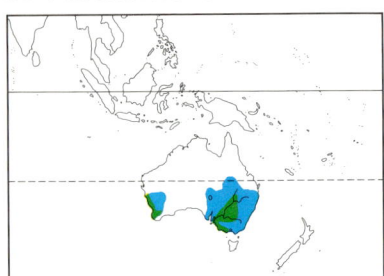

Vorwiegend im Südosten und Südwesten Australiens, streicht aber auch weiter umher. Süßwassersümpfe. Eine fast einheitlich dunkle Gründelente mit schlankem, an der Basis hohen Schnabel und kleiner Nackenholle. Die Schnabelbasis der ♂ ist in der Fortpflanzungszeit rot. Alle Kleider ähnlich.
a ♂ **ad.**: Schnabel zeitweilig ohne rote Basis.
b ♀: Bräunlicher als a, sonst aber sehr ähnlich.

54 Saumschnabelente *Hymenolaimus malacorhynchos* S. 176

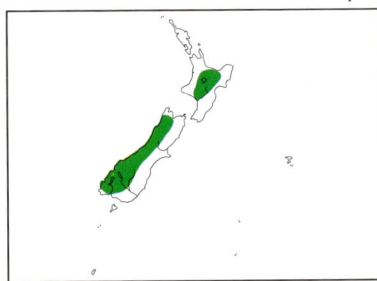

Neuseeland. Schnell fließende Flüsse im bewaldeten Bergland. Eine massige, dunkel aschgraue Ente mit auffällig hellem Schnabel und hellem Auge. Die Schnabelspitze wirkt durch die seitlich herabhängen Lappen eckig verdickt. Hält sich schwimmend und tauchend in der reißenden Strömung auf und sitzt gern auf umspülten Felsbrocken. Alle Kleider ähnlich.
a **Ad.**
b **Juv.**: Gefieder, vor allem auf den Flügeln, bräunlich getönt und ein schwarzer Streifen auf dem Schnabelfirst.

55 Sturzbachente *Merganetta armata* S. 177

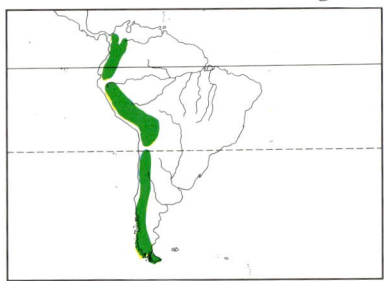

Westliches Südamerika. Schnell fließende Gebirgsflüsse der Anden. Kopf des ♂ reich schwarzweiß gemustert. Körpergefieder der peruanischen Unterart, *M.a.leucogenis*, variabel (s.Text). ♀ aller Unterarten gleich, oben grau und unten rotbraun. Schwimmt und taucht in Stromschnellen und sitzt gerne mitten im Strom auf Felsbrocken. Drei Unterarten, zwei abgebildet.
a ♂ **ad.** *M.a.armata* : Nordchile bis Feuerland.
b ♀ **ad.** *M.a.armata* : ♀ aller Unterarten weitgehend gleich.
c **Juv.** *M.a.armata* : Juv. aller Unterarten weitgehend gleich.
d ♂ **ad.** *M.a.columbiana* : Nordekuador bis Venezuela.

155 Lappenente *Biziura lobata* S. 285

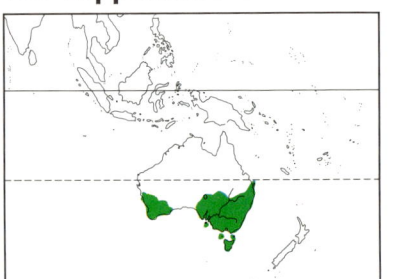

Südosten und Südwesten Australiens. Seen, Sümpfe und manchmal auch Flußmündungen. Große, insgesamt dunkle Tauchente mit langem, steifen Schwanz. Dem ♂ hängt unter dem Kinn ein gewaltig großer Hautlappen. Unverwechselbar. (Vgl. mit den Ruderenten Tafel 46 und 47).
a ♂ **ad.**: Maximale Körper- und Lappengröße werden erst im Verlauf mehrerer Jahre erworben (s.Text).
b ♀ **ad.**: Immature ♂ gleichen in Größe und Ausbildung des Lappens zeitweilig den ♀.

Tafel 17   Dampfschiffenten

Die Bestimmung im Freiland ist ausgesprochen schwierig. Die Brutgebiete der drei flugunfähigen Arten überschneiden sich nicht. 56 kommt dagegen mit allen dreien gemeinsam vor und ist von ihnen nur sehr schwer zu unterscheiden. Die Gefiederentwicklung und die saisonale Abfolge der Kleider sind vielfach noch unzureichend bekannt (s.Text).

56 Langflügel-Dampfschiffente *Tachyeres patachonicus*   S. 179

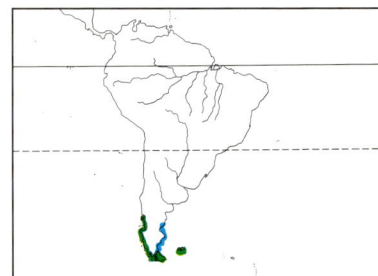

Südliches Südamerika und Falklandinseln. Brütet vorwiegend an Binnenseen, lokal auch an der Küste. Überwintert an der Küste. Ein wenig kleiner als die flugunfähigen Arten, mit weniger klobigem Kopf und Schnabel. Flügelspitzen reichen bis über die Oberschwanzdecken. Fliegt im allgemeinen gut und kommt bis weit in das Binnenland hinein vor. Einzelne Individuen und sogar ganze Populationen scheinen aber nicht fliegen zu „wollen" oder zu können. Die Abfolge der Kleider ist recht verwickelt. Einige werden abgebildet.

a ♂ **ad. Brutkleid**: Hellköpfiger Typ.
b ♀ **ad.**
c **Juv.**
d ♂ **ad. „Ruhekleid"**

57 Magellan-Dampfschiffente *Tachyeres pteneres*   S. 180

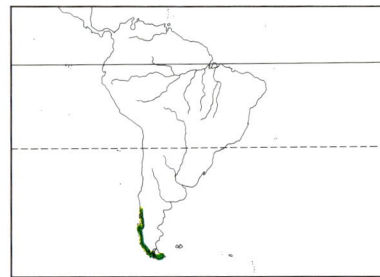

Südliches Südamerika. Nur an der Küste. Kann mit 56 gemeinsam vorkommen. Kopf und Schnabel massiger als bei 56. Färbung von Schnabel und Gefieder bei ♂ und ♀ gleich. Schnabel orange. Bei 56 hat nur das ♂ einen orangefarbenen Schnabel. Kopf im allgemeinen grau, kann aber bei ♂ in der Brutzeit auch licht hellgrau werden. Flugunfähig, jedoch Ansätze zum Fliegen (s.Text).

a ♂ **ad. Brutkleid**
b ♀ **ad.**
c **Juv.**

58 Weißkopf-Dampfschiffente *Tachyeres leucocephalus*   S. 180

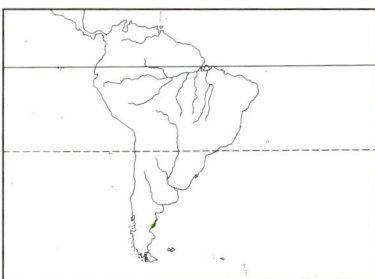

Auf die Küste der argentinischen Provinz Chubut beschränkt. 56 kommt höchstens im Winter im Gebiet von 58 vor. Kopf des ♂ das ganze Jahr über weißlich hell. Beim ♀ von 58 ist der weiße, vom Auge ausgehende Kopfseitenstreifen breiter als beim ♀ von 56. Juv. dunkel, aber an den Halsseiten doch etwas heller als die der anderen Arten. Flugunfähig (s.Text).

a ♂ **ad. Brutkleid**: Kopf, im Unterschied zu den ♂ anderer Arten, auch außerhalb der Brutzeit hell.
b ♀ **ad.**

59 Falkland-Dampfschiffente *Tachyeres brachypterus*   S. 181

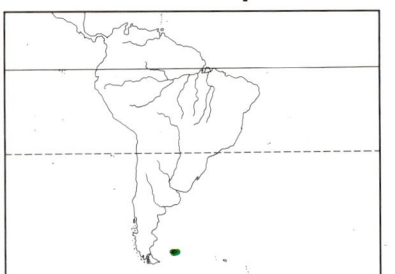

Auf die Falklandinseln beschränkt. Nur an der Küste, kann aber bis zu 1 km landeinwärts wandern und so auch auf küstennahen Binnengewässern anzutreffen sein. 56 kommt ebenfalls auf den Falklandinseln vor. Gefieder beider Arten fast identisch, 59 ist aber größer und massiger. Flügelspitzen reichen gerade bis an die Oberschwanzdecken heran. Flugunfähig (s.Text).

a ♂ **ad. Brutkleid**
b ♀ **ad.**
c **Juv.**

Tafel 18   Glanz-, Moschus- und Weißflügelente

37 Glanzente   *Sarkidiornis melanotos*   S. 161

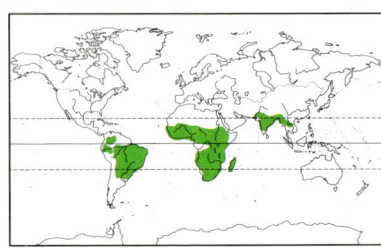

Über drei Kontinente verbreitet: Mittel- und Südamerika, Afrika und südliches Asien. Seen und Sümpfe in locker bewaldeter Landschaft. Recht groß, Kopf, Hals und Unterseite hell, Oberseite und die Flügel dunkel. Zwei Unterarten, möglicherweise auch Arten (s.Text). Beide abgebildet.

a   ♂ ad. *S.m.melanotos* : Afrika und Asien. Schnabelaufsatz im Winter kleiner.
b   ♀ ad. *S.m.melanotos* : Kleiner als a, ohne Schnabelaufsatz, Flanken düster.
c   ♀ juv.: Blaß bräunlich, erinnert an das ♀ von 109 (Tafel 19).
d   ♂ ad. *S.m.sylvicola* : Mittel- und Südamerika. Flanken schwarz.
e   ♀ ad. *S.m.sylvicola* : Kleiner als d und ohne Schnabelaufsatz.

61 Moschusente   *Cairina moschata*   S. 182

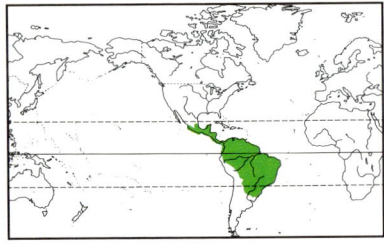

Mittel- und Südamerika. Sümpfe und Seen im tropischen Wald. Stammart der domestizierten Moschusente. Große, massige, schwarze Ente mit leuchtendweißem Vorderflügel. Unverwechselbar.

a   ♂ ad.
b   ♀ ad.: Kleiner und matter gefärbt als a. Kein Schnabelhöcker.
c   **Juv.**: Noch matter als b. Zumeist ganz schwarz, also ohne weißen Vorderflügel.

62 Weißflügelente   *Cairina scutulata*   S. 183

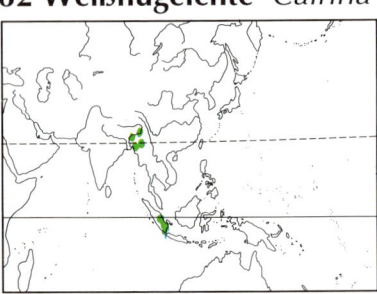

Südöstliches Asien. Seen und Teiche im tropischen Wald. Selten und gefährdet. Heutige Verbreitung s. Karte. Früher weiter verbreitet. Vorwiegend nachtaktiv, wird daher leicht übersehen. Große dunkle Ente mit leuchtendweißem Vorderflügel und weißlichem bis ganz weißen Kopf. Alle Kleider ähnlich, partiell albinotische Individuen sind jedoch nicht selten (c).

a   ♂ ad.
b   ♀ ad.: Ähnlich a, jedoch matter. Juv. wie b.
c   ♂ ad.: Variante mit ausgedehnt weißem Vorderkörper. Derartige Enten kommen nicht, wie früher vermutet, allein auf Sumatra, sondern auch in Assam vor.

Tafel 19 Mähnengans, Braut- und Mandarinente

63 Brautente *Aix sponsa* S. 184

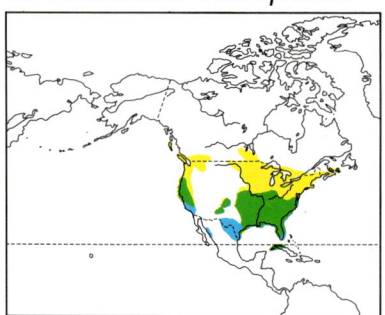

Nordamerika. Seen und Sümpfe im Waldland. ♂ auffällig bunt und reich gezeichnet. ♀ gleicht dem von 64. Die angestammten Brutgebiete überschneiden sich zwar nicht, beide kommen aber in Gefangenschaft oder aus dieser entflogen nebeneinander vor (s. Text).
- a ♂ **ad. Brutkleid**
- b ♂ **ad. Ruhekleid**: Wie c, jedoch mit dem angedeuteten Kehlmuster des Brutkleides und kräftiger gefärbtem Schnabel.
- c ♀ **ad.**: Ähnlich 64c, Kopf aber dunkler, mit großem Augenfleck und ungestreiften Wangen, Nagel schwarz, Flügeldecken blau glänzend und Spiegel blau. Gleicht im Sommer d.
- d **Juv.**: Wie c, aber insgesamt brauner und auf der Unterseite kräftiger gestreift. Am Kopf ein angedeuteter Überaugenstreif.

64 Mandarinente *Aix galericulata* S. 185

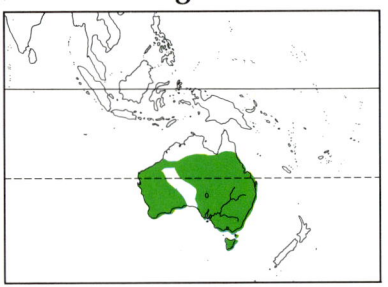

Ostasien. In England eingebürgert. Flüsse und Seen im Waldland. ♂ bunt und unverwechselbar. ♀ ähnlich den ♀ von 63 (s.o.).
- a ♂ **ad. Brutkleid**
- b ♂ **ad. Ruhekleid**: Wie c, Schnabel aber rötlichrosa.
- c ♀ **ad.**: Ähnlich 63c, Kopf jedoch heller, mit brillenartiger Augenzeichnung und feinen Wangenstreifen, Nagel weißlich, Oberflügeldecken matt, Spiegel grün. Gleicht im Sommer d.
- d **Juv.**: Wie c, Kopf aber fast ohne weiße Zeichnung, Unterseite streifig und Bauch gefleckt.

109 Mähnengans *Chenonetta jubata* S. 233

Australien, vor allem im Osten und Westen. Seen und Sümpfe im Waldland. Gänseähnliche Gestalt. ♂ grau mit dunklem Kopf und gefleckter Brust. ♀ mit gänzlich gefleckter Unterseite und hellen Streifen am Kopf. Im Flug wird der leuchtendweiße Spiegel sichtbar. Verwechslungen unwahrscheinlich, s. aber auch 37c (Tafel 18).
- a ♂ **ad.**
- b ♀ **ad.**: Juv. heller, sonst wie das ♀

Tafel 20 Zwerggänse

66 Halsband-Zwerggans *Nettapus pulchellus* S. 188

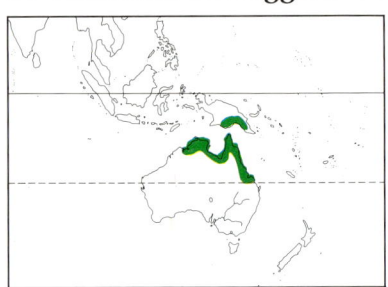

Nordaustralien und südliches Neuguinea. Seen, Teiche und Sümpfe. Eine sehr kleine, zierliche Ente mit hellen Wangen und hellgrauer, fein gebänderter Unterseite. Der Vorderhals des ♂ ist dunkel. Auf größere Entfernung könnten in Australien ♀ von 66 und 67 verwechselt werden. Flügelmuster im Flug verschieden. Bei 66 sind nur die Armschwingen (Spiegel) weiß (67 s. unten).
a ♂ **ad. Brutkleid**
b ♂ **ad. Ruhekleid**: Wie c, jedoch an den Halsseiten dunkler.
c ♀ **ad.**
d **Juv.**: Kopfseiten und Vorderhals dichter gefleckt als beim ♀.

67 Weißbauch-Zwerggans *Nettapus coromandelianus* S. 189

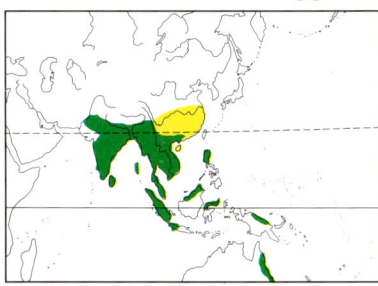

Tropisches Asien und Australien, wo sich die Verbreitung mit der von 66 überschneidet. Seen und Sümpfe. Kopf, Hals und Unterseite des ♂ wirken sehr weiß. Das ♀ ist dagegen bräunlich, mit dunklem Augenstreif. Eine Verwechslung mit dem ♀ von 66 ist möglich. Flügelmuster verschieden: Flügel beim ♂ mit breiter, weißer Längsbinde, beim ♀ mit schmaler, weißer Hinterkante (66, s. oben). Zwei Unterarten, Nominatform abgebildet. *N.c.albipennis* aus Australien gleich, nur ein wenig größer.
a ♂ **ad. Brutkleid**
b ♂ **ad. Ruhekleid**: Ähnlich c, jedoch heller und mit dem Flügelmuster des Brutkleides.
c ♀ **ad.**
d **Juv.**: Wie c, aber matter mit kräftigem Augenstreif.

68 Rotbrust-Zwerggans *Nettapus auritus* S. 190

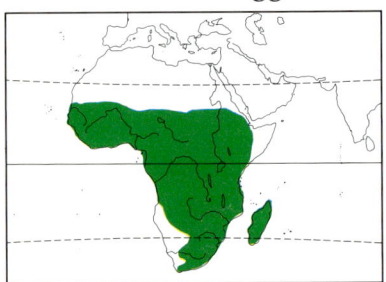

Tropisches Afrika. Im Süden häufiger als im übrigen Verbreitungsgebiet. Seen und Teiche. Sehr klein, mit rostbrauner Unterseite. Das Gesicht des ♂ ist markant weiß. Das ♀ ist etwas matter, aber doch recht auffällig. Im Flug erkennbar an dem weißen Spiegelfleck auf dem schwarzen Flügel.
a ♂ **ad. Brutkleid**: Im Ruhekleid wie b, Schnabel aber gelber.
b ♀ **ad.**: Juv. dem ♀ sehr ähnlich.

Tafel 21 Afrikanische Gründelenten

60 Hartlaubente *Pteronetta hartlaubi* S. 182

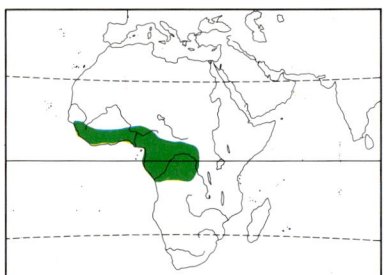

Tropisches Westafrika. Teiche und Flüsse im Wald. Kastanienbraun, mit schwarzem Kopf und Hals. Wirkt im Waldesschatten ganz dunkel, nur die weißen Kopfpartien der ♂ bilden dann noch einen gewissen Kontrast. Im Flug mit recht hellem, blaugrauen Vorderflügel.

a ♂ **ad. Brutkleid**
b ♀ **ad.**: Matter gefärbt als a und kein Weiß am Kopf. Schnabel teilweise rosa.
c **Juv.**: Blasser als b, Gefieder der Unterseite mit hellen Rändern.
d ♂ **ad. Färbungsvariante**: In Zaire treten solche partiell albinotischen ♂ am häufigsten auf.

70 Schwarzente *Anas sparsa* S. 192

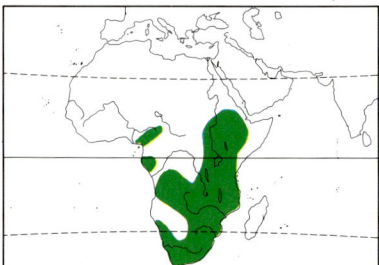

Östliches und südliches Afrika. Bäche und Flüsse im bewaldeten Bergland. Schwärzlich, mit großen weißlichen, bandartig angeordneten Halbmondflecken auf Oberseite und Schwanz. Zwei, möglicherweise auch drei Unterarten, zwei abgebildet.

a **Ad. *A.s.sparsa***: Südliches Afrika. ♂ und ♀ gleich.
b **Juv. *A.s.sparsa***: Blasser und schwächer gefleckt als a.
c **Ad. *A.s.leucostigma***: Östliches Afrika. Bänderung der Oberseite bräunlicher und helle Partien am Schnabel rosa getönt.

90 Gelbschnabelente *Anas undulata* S. 214

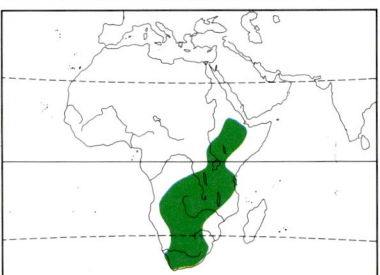

Südliches und östliches Afrika. Feuchtgebiete in offener Landschaft. Kenntlich an dem dunklen, hell schuppig gezeichneten Gefieder und an dem teilweise leuchtendgelben Schnabel. Oberseite, anders als bei 70, nicht hell gebändert. Zwei Unterarten, beide abgebildet.

a **Ad. *A.u.undulata***: Südliches Afrika. ♂ und ♀ gleich.
b **Juv. *A.u.undulata***: Blasser und brauner als a.
c **Ad. *A.u.rueppelli***: Nordöstliches Afrika. Dunkler als a, Federsäume schmaler und Schnabelfärbung kräftiger.

Tafel 22   Südamerikanische Gründelenten

65 Schopfente *Lophonetta specularioides*   S. 187

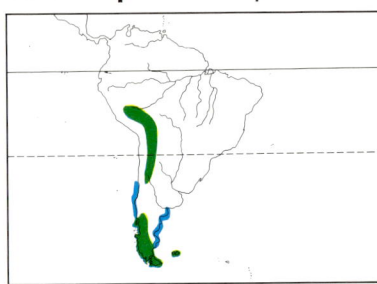

Südliches Südamerika und Falklandinseln. Bergseen und buchtenreiche Küsten. Eine gestreckte, hell gelblichbraune Ente mit dunklem Augenfleck und dunklem, recht langem, spitzem Schwanz. Zwei Unterarten, Nominatform abgebildet. Die Unterart der Anden, *L.s.alticola*, ist auf der Unterseite weniger gefleckt und hat gelbe, nicht orangefarbene Augen. Alle Kleider ähnlich. Vergleiche in Gefangenschaft mit 111 (Tafel 34).
a   **Ad. *L.s.specularioides*** : Südliches Südamerika und Falklandinseln.
b   **Juv. *L.s.specularioides*** : Ohne Schopf, blasser als a und die dunkle „Gesichtsmaske" weniger ausgeprägt.

94 Kupferspiegelente *Anas specularis*   S. 217

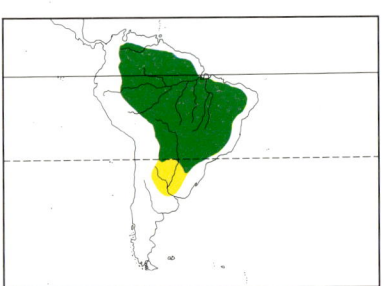

Südliches Südamerika. Flüsse in offener oder bewaldeter Landschaft. Erkennbar an der auffälligen, weißen Gesichtszeichnung und im Flug am dunklen Flügel mit dem großen, bronzefarben glänzenden Spiegel.
a   **Ad.**
b   **Juv.**: Matter gefärbt als a, und die weißen Flecke am Kopf kleiner.

110 Amazonasente *Amazonetta brasiliensis*   S. 234

Südamerika. Flüsse und Seen im tropischen Wald. Düster braun mit karminroten Füßen. Der Schnabel des ♂ ist ebenfalls rot, der des ♀ aber bläulichgrau. Der Kopf kann teilweise hell sein. Juv. gleichen den ♀. Eine dunkle und eine helle Farbphase. Zwei Unterarten, beide abgebildet. Vergleiche auch 108 (Tafel 34).
a   ♂ **ad. *A.b.brasiliensis*** : Nördlicher und mittlerer Teil des Verbreitungsgebietes. Dunkle Phase.
b   ♂ **ad. *A.b.brasiliensis*** : Helle Phase.
c   ♀ **ad. *A.b.brasiliensis*** : Helle Phase.
d   ♂ **ad. *A.b.ipecutiri*** : Südlicher Teil des Verbreitungsgebietes. Größer als a. Dunkle, für diese Form typische Phase.

Tafel 23 Pfeifenten

71 Pfeifente *Anas penelope*   S. 193

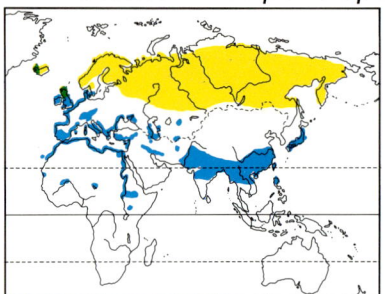

Nördliches Europa und Asien. Im Winter südwärts bis Afrika. Feuchtgebiete in offener Landschaft, Flußmündungen und Marschen an der Küste. Erkennungsmerkmale des ♂: Rotbrauner Kopf mit gelber Stirn, weinrote Brust, grauer Rumpf und schwarzweißes Hinterende. ♀ weitgehend einheitlich braun mit leuchtendweißem Bauch. Das ♀ dem von 72 sehr ähnlich (s.Text), Unterflügel jedoch einfarbig grau. Juv. gleichen den ♀.
- a ♂ **ad. Brutkleid**
- b ♂ **ad. Ruhekleid**: Gefieder rötlicher als beim ♀ und Vorderflügel weiß.
- c ♀ **ad.**: Rotbrauner Typ.
- d ♀ **ad.**: Grauer Typ. Zwischen diesen beiden Extremen gibt es Übergänge, von denen einige an die ♀ von 72 erinnern.

72 Amerikanische Pfeifente *Anas americana*   S. 194

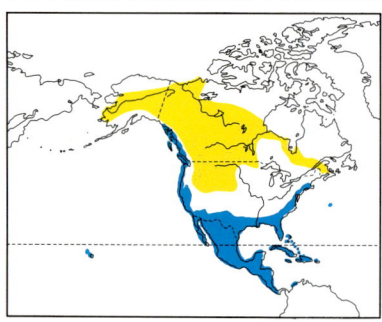

Nord- und Mittelamerika. Feuchtgebiete in offener Landschaft. Erkennungsmerkmale des ♂: Kopf hell mit dunklen Seiten, Körper weinrötlichbraun, Hinterende schwarzweiß. Das ♀ dem von 71 ähnlich, der gräuliche Kopf und Hals jedoch von den rostbraunen Flanken abgesetzt und der Unterflügel mit weißlichem Mittelfeld (s.Text).
- a ♂ **ad. Brutkleid**
- b ♂ **ad. Ruhekleid**: Dunkler rotbraun als c, mit weißem Vorderflügel.
- c ♀ **ad.**

73 Chilenenpfeifente *Anas sibilatrix*   S. 195

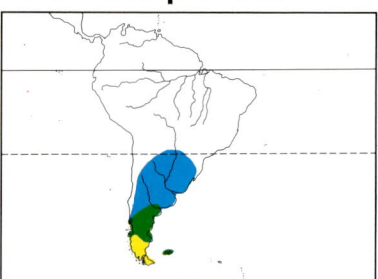

Südliches Südamerika und Falklandinseln. Feuchtgebiete in offener Landschaft. Der dunkle Kopf mit weißem Gesicht, die schuppig gezeichnete Brust und die rostbraunen Flanken sind für beide Geschlechter kennzeichnend. Alle Kleider ähnlich.
- a ♂ **ad.**
- b ♀ **ad.**: Im allgemeinen matter als a, die Färbungsintensität jedoch bei ♂ und ♀ variabel.
- c **Juv.**: Düsterer als die Ad., Wangenfleck kaum sichtbar, Färbung variabel.

Tafel 24 Sichel-, Schnatter- und Gluckente

74 Sichelente *Anas falcata*   S. 196

Ostasien. Feuchtgebiete in offener Landschaft. Merkmale des ♂: Großer, dunkel glänzender Kopf mit Nackenmähne und weißer Kehle, grauer Körper, lange, gebogen herabhängende Ellenbogenfedern und weißes Hinterende. Das ♀ ähnlich dem von 75, jedoch mit dunklem Schnabel und dunklen Füßen, farblich nicht abgesetztem Kopf und Hals und nur schwach gezeichneten Flanken. Juv. gleichen den ♀ (s.Text).
a ♂ ad. Brutkleid
b ♂ ad. Ruhekleid: Dunkler als c, mit grauem Vorderflügel.
c ♀ ad.

75 Schnatterente *Anas strepera*   S.198

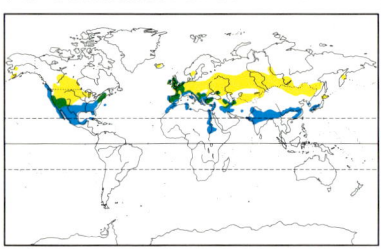

Gesamte nördliche Hemisphäre. Feuchtgebiete in offener Landschaft. Weißer, auch oft beim Schwimmen sichtbarer Flügelspiegel. ♂ grau, mit schwarzem Hinterende. ♀ und Juv. erinnern an die von 84, sind jedoch kleiner, haben einen dunklen, an den Seiten orangefarbenen Schnabel, einen ausgedehnt weißen Bauch und keinen bzw. einen mehr oder weniger ausgedehnt weißen Spiegel.
a ♂ ad. Brutkleid
b ♂ ad. Ruhekleid: Grauer als a, Flügel aber wie bei a.
c ♀ ad.
d Juv.: Bräunlicher und weniger deutlich gezeichnet als c.

76 Gluckente (Baikalente) *Anas formosa*   S. 199

Ostasien. Feuchtgebiete in offener Landschaft. ♂ durch das aufwendige, bunte Kopfmuster unverwechselbar. ♀ größer als die von 77, mit rotbraun getöntem Gefieder, deutlichem, weißen Zügelfleck und unterbrochenem Überaugenstreif. Unterschiede, z.B. am Oberflügel, zu anderen kleinen Gründelenten des Gebiets, s. bei 77 und 101 (Tafel 29) und im Text.
a ♂ ad. Brutkleid: Frisches Kopfgefieder zu Beginn des Winters noch matt bräunlich.
b ♂ ad. Ruhekleid: Oft bleiben einzelne Ellenbogenfedern des Brutkleides erhalten.
c ♀ ad.
d Juv.: Matter, weniger rötlichbraun als c.

Tafel 25 Stockenten

84 Stockente *Anas platyrhynchos*   S.207

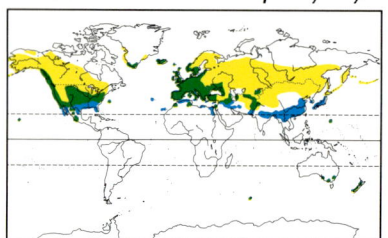

Gesamte Nordhemisphäre. In Australien und Neuseeland eingebürgert. Feuchtgebiete aller Art. Merkmale des ♂: Grüner Kopf, kastanienbraune Brust, grauer Rumpf, schwarzes Hinterende. ♀ braun, mit orange u. schwärzlich gefärbtem Schnabel, blauem Spiegel. Andere Gründelenten-♀, insb. die von 75, sehen ähnlich aus (s.Text). In Städten erhebliche Färbungsvariation. Unterschiede zu 87 und 88 s. Text. Bastarde - mit 88 und 91. Vier Unterarten, drei abgebildet (s.auch Tafel 27).
- a ♂ **ad. Brutkleid** *A.p.platyrhynchos*: Verbreitetste Form.
- b ♂ **ad. Ruhekleid** *A.p.platyrhynchos*: Brust rötlichbraun und Schnabel einfarbig.
- c ♀ **ad.** *A.p.platyrhynchos*
- d **Juv.** *A.p.platyrhynchos*: Unterseite mehr fleckig als schuppig gezeichnet und Schnabel rötlichbraun.
- e ♂ **ad.** *A.p.diazi*: Südliche USA und Mexiko. Gleicht c, ist jedoch dunkler, hat einen gänzlich dunklen Schwanz und gelben Schnabel.
- f ♀ **ad.** *A.p.diazi*: Düsterer als d, mit matt bräunlichem Schnabel.

87 Floridaente *Anas fulvigula*   S. 211

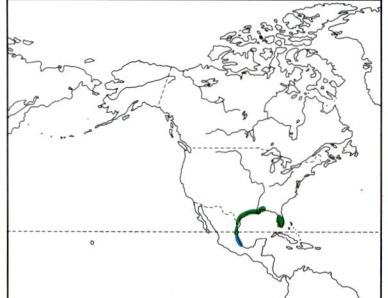

Florida bis Texas. Küstensümpfe. Gleicht dem ♀ von 84, ist jedoch dunkler, hat einen gelberen Schnabel und fast keine weißen Spiegel–kanten. Von 88 an der helleren Färbung und am grünen Spiegel zu unterscheiden. Zwei wenig verschiedene Unterarten, eine abgebildet. Alle Kleider ähnlich. Bestimmung recht schwierig, s. Text.
- a ♂ **ad.** *A.f.fulvigula*: Florida.
- b ♀ **ad.** *A.f.fulvigula*: Etwas matter gefärbt als a, Schnabel dunkler.

88 Dunkelente *Anas rubripes*   S. 212

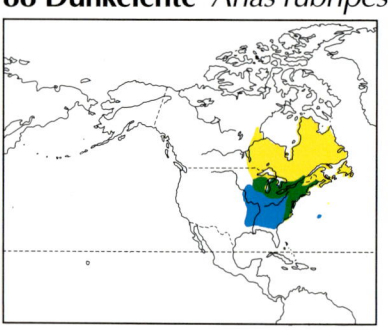

Östliches Nordamerika. Feuchtgebiete in offener Landschaft, vor allem Küstenmarschen und Flußmündungen. Gleicht sehr dunklen ♀ von 84 und 87, ist aber fast rußbraun, mit hell abgesetztem Kopf und Hals. Spiegel purpurblau, ohne weiße Kanten und Schwanz ohne hellen Rand. Der weißliche Unterflügel ist im Flug sehr auffällig. Bestimmung schwierig (s. Text). Bastarde mit 84.
- a ♂ **ad. Brutkleid**
- b ♀ **ad.**
- c **Juv**

Tafel 26 Inselstockenten

85 Hawaiiente *Anas wyvilliana* S. 210

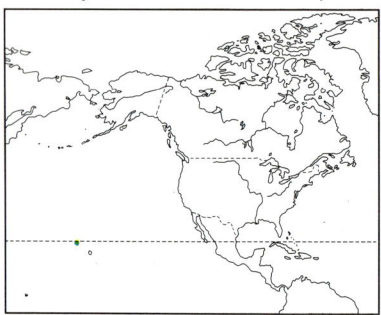

Hawaii-Inseln Kauai und Oahu. Gleicht kleinen 84 (Tafel 25), die ♂ bilden aber nie das volle Brutkleid aus. Kann auch als kleine Unterart von 84 (Tafel 25) angesehen werden.
a ♂ ad.: Buntere Variante.
b ♂ ad.: Mattere Variante.
c ♀ ad.

86 Laysanente *Anas laysanensis* S. 210

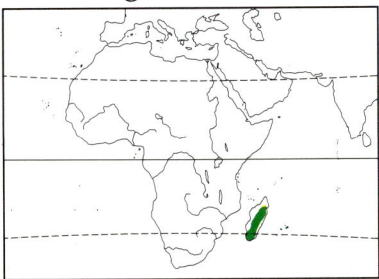

Endemische Ente der Laysan-Inseln (nördliche Inseln der Hawaiigruppe). Noch kleiner als 85, mit weißlichem Augenfleck. Kann auch als kleine Unterart von 84 (Tafel 25) angesehen werden.
a ♂ ad.
b ♀ ad.

89 Madagaskarente *Anas melleri* S. 213

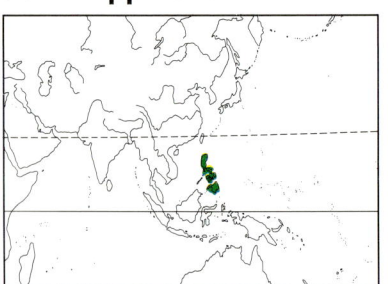

Auf Madagaskar (Malagasy) und Mauritius endemisch. Gleicht dem ♀ von 84 (Tafel 25), hat jedoch einen einheitlich gefärbten Kopf und einen langen, grauen Schnabel. Alle Kleider ähnlich.

93 Philippinenente *Anas luzonica* S. 217

Endemische Ente mehrerer Inseln der Philippinen. Kenntlich am rostbraunen Kopf und bräunlichgrauen Körper. Alle Kleider ähnlich.

Tafel 27   Marianen-, Augenbrauen- und Fleckschnabelente

84 Marianenente *Anas platyrhynchos oustaleti*   S. 209

Wahrscheinlich ausgestorben. Letzte Beobachtung 1979. Endemische Ente der Marianen-Inseln im westlichen Pazifik. Möglicherweise eine in sich variable Bastardpopulation zwischen 84 (Tafel 25) und 91, die meisten gleichen aber doch mehr 91. Weder 84 noch 91 sind auf den Inseln jemals gesehen worden. Wird im allgemeinen als Unterart von 84 angesehen, diese Zuordnung ist jedoch anfechtbar (s.Text).
g   ♂ **ad.**: Matt gefärbte Variante.
h   ♀ **ad.**

91 Augenbrauenente *Anas superciliosa*   S. 214

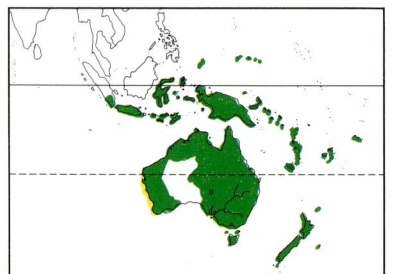

Australasien und westlicher Pazifik. Feuchtgebiete in offener Landschaft. Kopf markant schwärzlich und gelblichbraun längsgestreift, Körper und Schnabel dunkel. Alle Kleider ähnlich. Drei nicht sonderlich verschiedene Unterarten. In Australien Bastarde mit eingebürgerten 84 (Tafel 25). Vergleiche auch 92d.
a   ♂ **ad. *A.s.rogersi*** : Australien.
b   ♀ **ad. *A.s.rogersi*** : Blasser als a.

92 Fleckschnabelente *Anas poecilorhyncha*   S. 215

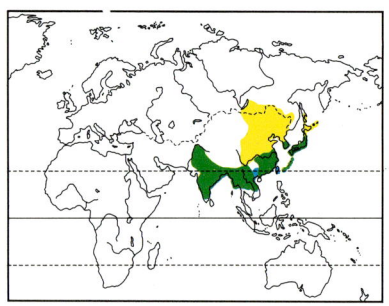

Tropisches und östliches Asien. Binnenseen, Sümpfe und Flüsse. Die leuchtendgelbe Schnabelspitze ist allgemein kennzeichnend. Der weißliche Kopf und Hals kontrastiert mit dem schwärzlichen Körper. Die weißen Ellenbogenfedern sind, d ausgenommen, sehr charakteristisch. Drei Unterarten, zwei abgebildet. Die Unterart *A.p.haringtoni* aus Burma vermittelt zwischen diesen beiden, steht der Nominatform aber doch näher. d sehr ähnlich 91, jedoch mit gelber Schnabelspitze.
a   ♂ **ad. *A.p.poecilorhyncha*** : Indischer Subkontinent.
b   ♀ **ad. *A.p.poecilorhyncha*** : Kleiner und blasser als a, roter Fleck an der Schnabelbasis klein und unscheinbar.
c   **Juv. *A.p.poecilorhyncha*** : Matter und brauner als b, kein roter Schnabelfleck.
d   ♂ **ad. *A.p.zonorhyncha*** : Ostasien. Dunkler und brauner als a, ohne roten Fleck an der Schnabelbasis, fast völlig dunkle Ellenbogenfedern und kurzer dunkler, vom Schnabelwinkel auf die Wange ziehender Streifen (vgl. 91).

Tafel 28   Bernier-, Weißkehl-, Kastanien- und Aucklandente

80 Bernierente *Anas bernieri*   S. 203

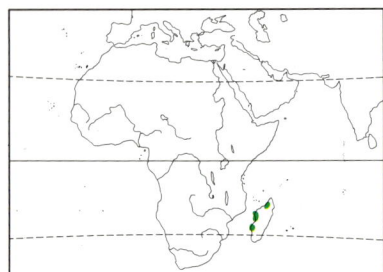

Endemische Ente des westlichen Madagaskar (Malagasy). Brackwasserlagunen und verlandende Seen. Selten. Einheitlich rötlichbraun mit dunkler Fleckung und breitem, weißen Band über dem Flügelspiegel. Gleicht keiner anderen Ente der Insel. Alle Kleider ähnlich (s.Text).
a **Ad.**: ♂ und ♀ gleich.
b **Juv.**: Etwas matter als a.

81 Weißkehlente *Anas gibberifrons*   S. 204

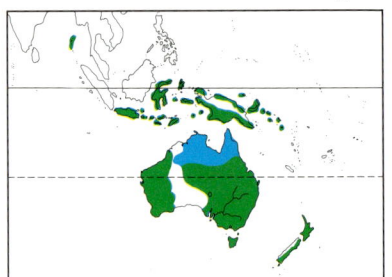

Ostindische Inseln und Australien. Feuchtgebiete in offener Landschaft. Die Verbreitung überschneidet sich mit der von 82 und 83. Eine kleine, graubraune Gründelente mit weißlicher Kehle und hoher, runder Stirn. Die Flügel wirken im Flug sehr dunkel, haben aber in der Mitte eine breite, weiße Längsbinde. Vier wenig verschiedene Unterarten, eine ausgestorben, zwei abgebildet.
a **Ad. *A.g.gracilis*** : Australasien.
b **Juv. *A.g.gracilis*** : Heller als a, vor allem an Kopf und Hals.
c **Ad. *A.g.albogularis*** : Andamanen.
d **Ad. *A.g.albogularis*** : Extreme Variante mit viel Weiß an Kopf und Hals.

82 Kastanienente *Anas castanea*   S. 205

Südliches Australien. Feuchtgebiete in offener Landschaft, vorwiegend an der Küste. Merkmale des ♂: Dunkelgrüner Kopf, rotbrauner Körper und schwarzweißes Hinterende. Das ♀ ähnlich dem von 81, das Gefieder aber mehr rötlichbraun und die untere Kopfpartie nicht weißlich wie bei 81, sondern bräunlich.
a ♂ **ad. Brutkleid**: Im Ruhekleid wie b, Flanken aber mehr rostbraun.
b ♀ **ad.**

83 Aucklandente *Anas aucklandica*   S. 206

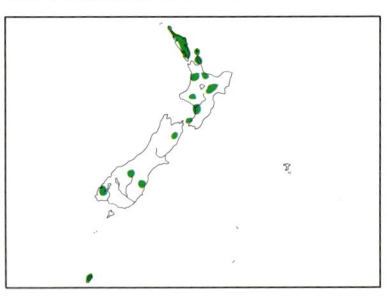

Neuseeland. Sümpfe im Binnenland, Flußmündungen und flache Küsten. Weit dunkler als 81, auch der Kopf ist einheitlich dunkel, um das Auge ein schmaler, weißer Ring. Gefiedertönung bei den einzelnen Unterarten verschieden. Drei Unterarten, alle selten und gefährdet, zwei abgebildet, die dritte, *A.a.nesiotis*, ist auf Campbell Island beschränkt (nicht auf der Karte). *A.a.aucklandica* und *A.a.nesiotis* sind weitgehend flugunfähig (s.Text).
a ♂ **ad. Brutkleid *A.a.chlorotis*** : Neuseeland. Gleicht im Ruhekleid b, Flankenende jedoch mit schwachem hellem Fleck.
b ♀ **ad. *A.a.chlorotis*** : Kopf einheitlich braun, kein heller Fleck am Flankenende.
c **Juv. *A.a.chlorotis*** : Weitgehend wie b, dunkle Zeichnung der Unterseite etwas kräftiger.
d ♂ **ad. *A.a.aucklandica*** : Auckland-Inseln. Sehr dunkel, flugunfähig.
e ♀ **ad. *A.a.aucklandica*** : Matter gefärbt als d, Flanken fleckig und nicht gebändert, Augenring schmaler.

Tafel 29 Krick-, Knäk-, Blauflügel- und Zimtente

77 Krickente *Anas crecca* S. 200

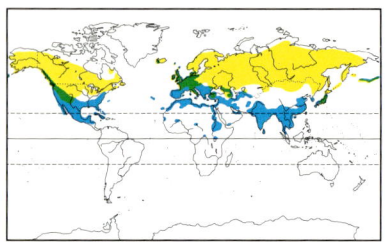

Nördliche Hemisphäre. Süßgewässer. Sehr klein. Merkmale des ♂: Kopf rotbraun und dunkelgrün, Körper grau, Hinterende gelbschwarz. Alle hier abgebildeten ♀ ähneln sich. Das ♀ von 77 hat einen schwach gezeichneten Kopf, kleinen Schnabel, dunkle Vorderflügel und grünen Spiegel. Vergleiche auch 76 (Tafel 24). Drei Unterarten, zwei abgebildet, die dritte, *A.c.nimia* von den Aleuten, gleicht der Nominatform.
- a ♂ **ad. Brutkleid** *A.c.crecca*: Europa und Asien. Im Winter bis Afrika.
- b ♂ **ad. Ruhekleid**: Wie c, aber insgesamt dunkler, mit kaum sichtbarem Augenstreif.
- c ♀ **ad.**
- d **Juv.**: Wie c, jedoch düsterer, mit dunkel geflecktem Bauch.
- e ♂ **ad.** *A.c.carolinensis*: Nordamerika. Ähnlich a, aber mit weißer Brustbinde und ohne weißen Streifen am oberen Flankenrand.

101 Knäkente *Anas querquedula* S. 224

Europa und Asien. Überwintert in den nördlichen Tropen. Süßgewässer. Die Verbreitung überschneidet sich mit der von 77. Merkmale des ♂: Weißer, breiter Überaugenstreif, Kopf, Hals und Brust braun, Flanken hellgrau. Im Flug ist der hellgraue Vorderflügel sehr auffällig. Das ♀ hat einen kräftig gezeichneten Kopf, weißen Bauch (bei Juv. gefleckt) und einen recht hellen, gräulichbraunen Oberflügel mit breiter, weißer Hinterkante am matt grünlichen Spiegel.
- a ♂ **ad. Brutkleid**
- b ♂ **ad. Ruhekleid**: Wie c, Oberflügel jedoch wie bei a.
- c ♀ **ad.**
- d **Juv.**: Wie c, Bauch aber gefleckt.

102 Blauflügelente *Anas discors* S. 225

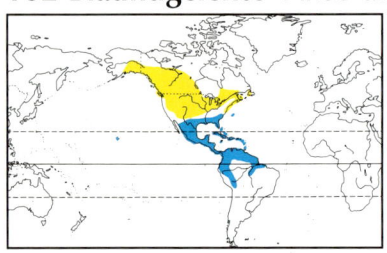

Nord- und Südamerika. Süßgewässer. Die Verbreitung überschneidet sich mit der von 103. Merkmale des ♂: Dunkelgrauer Kopf mit großem weißen Halbmondfleck vor dem Auge, Unterseite dunkel gepunktet, Hinterende schwarzweiß. Das ♀ ähnlich dem von 101, die Kopfzeichnung aber weniger klar, mit weißem Zügelfleck, geflecktem Bauch und blauem Vorderflügel (s.Text).
- a ♂ **ad. Brutkleid**
- b ♂ **ad. Ruhekleid**: Wie c, Oberflügel aber wie bei a.
- c ♀ **ad.**
- d **Juv.**: Wie c, Füße jedoch grauer.

103 Zimtente *Anas cyanoptera* S. 227

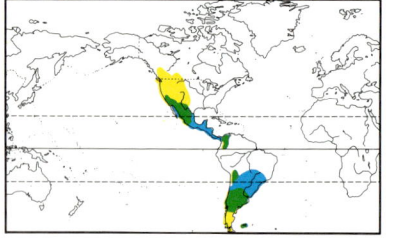

Nord- und Südamerika. Süßgewässer. Die Verbreitung überschneidet sich mit der von 102. Das leuchtend rostbraune ♂ ist unverkennbar. Die Schlichtkleider denen von 102 recht ähnlich, der Kopf aber noch weniger gezeichnet und das Gefieder rötlichbraun getönt (s.Text). Oberflügel wie bei 102. Fünf wenig verschiedene Unterarten. Nördliche Unterart, *A.c.septentrionalium*, abgebildet, weitere s. Text.
- a ♂ **ad. Brutkleid**
- b ♂ **ad. Ruhekleid**: Wie c, Gefieder aber rötlicher und Oberflügel wie bei bei a.
- c ♀ **ad.**
- d **Juv.**: Wie c, Füße aber grauer.

Tafel 30   Südamerikanische Krick-, Bahama- und Rotschnabelente

78 Südamerikanische Krickente *Anas flavirostris* S. 201

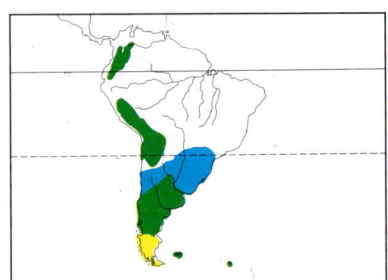

Südamerika. Feuchtgebiete in offener Landschaft und Hochlandseen. Zwei Formengruppen, die eine mit gelben, die andere mit blaugrauen Schnabelseiten, möglicherweise auch zwei Arten. Die einzige kleine Gründelente Südamerikas mit einfarbigem Kopf und hellen Flanken. Vergleiche mit der größeren, gestreckteren und stärker gefleckten 96 (Tafel 31). Vier Unterarten, drei abgebildet (s.Text).
a ♂ ad. *A.f.oxyptera* : Seen im Hochland der Anden von Peru bis Nordargentinien.
b ♀ ad. *A.f.oxyptera* : Matter als a.
c ♂ ad. *A.f.flavirostris* : Tiefland im Süden Südamerikas, Falklandinseln und Südgeorgien. Flanken grauer als bei a.
d ♂ ad. *A.f.andinum* : Ekuador und Kolumbien. Düsterer und grauer als a und c, mit blaugrauen Schnabelseiten.
e ♀ ad. *A.f.andinum* : Wie d, nur noch dunkler.

97 Bahamaente *Anas bahamensis* S. 220

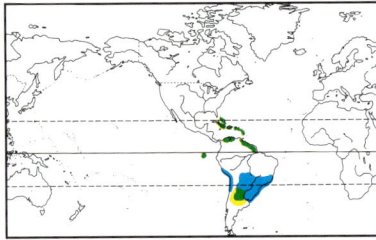

Karibische Inseln, Galapagos-Inseln, Südamerika. Feuchtgebiete in offener Landschaft, insbesondere an der Küste. Kenntlich an der leuchtendroten Schnabelbasis, den weißen Kopfseiten und dem gelblichbraunen, langen, spitzen Schwanz. Alle Kleider ähnlich. Vergleiche in Gefangenschaft auch mit 98. Drei wenig verschiedene Unterarten, die Nominatform abgebildet. *A.b.galapagensis* von den Galapagos-Inseln ist matter gefärbt als die beiden anderen (s. Text).
a ♂ ad.
b ♀ ad.: Kleiner, matter, mit etwas kürzerem Schwanz.
c **Leuzistische Variante**: Wird viel gehalten und ist daher ein häufiger Gefangenschaftsflüchtling.

98 Rotschnabelente *Anas erythrorhyncha* S. 221

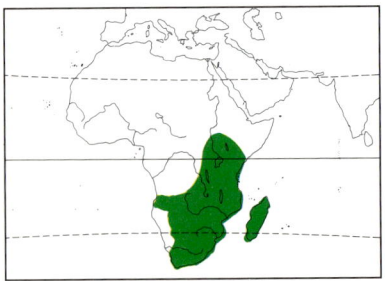

Südliches und östliches Afrika. Feuchtgebiete in offener Landschaft. Kenntlich am roten Schnabel, dem dunklen Oberkopf und den hellen Kopfseiten. Alle Kleider ähnlich. Vergleiche in Gefangenschaft auch mit 97.
a **Ad.**
b **Juv.**: Matter und bräunlicher, mit schmutzigrotem Schnabel.

Tafel 31 Spieß- und Spitzschwanzente

95 Spießente *Anas acuta*   S. 218

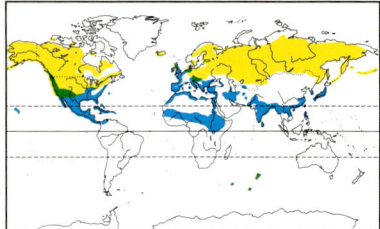

Nördliche Hemisphäre und Inselpopulationen im südlichen Indischen Ozean. Feuchtgebiete in offener Landschaft. Merkmale des ♂: Dunkelbrauner Kopf, weiße Brust, grauer Körper, gelblich-schwarzes Hinterende und langer Schwanz. Das ♀ wirkt schlanker u. eleganter als andere *Anas*-♀, hat einen ungezeichneten Kopf, einen spitzen Schwanz und graue Füße. Im Flug erkennbar an dem langen Hals und Schwanz und am grau marmorierten Unterflügel. Drei Unterarten, zwei abgebildet. Die Inselformen sind vielleicht selbständige Arten (s.Text).

a ♂ ad. **Brutkleid** *A.a.acuta* : Eurasien und Amerika.
b ♂ ad. **Ruhekleid** *A.a.acuta* : Grauer als c, mit Flügel von a.
c ♀ ad. *A.a.acuta*
d **Juv.** *A.a.acuta* : Wie c, Oberseite jedoch dunkler und Flankenzeichnung kräftiger.
e ♂ ad. *A.a.eatoni* : Kerguelen, auf Neu-Amsterdam und St. Paul eingebürgert. Kleiner und dunkler als c. ♂ entwickeln kein volles Brutkleid. *A.a.drygalskyi* von den Crozet-Inseln ähnlich.
f ♂ ad. *A.a.eatoni* : Sehr kräftig gefärbtes Individuum.
g ♀ ad. *A.a.eatoni* : Kleiner und dunkler als c.

96 Spitzschwanzente *Anas georgica*   S. 219

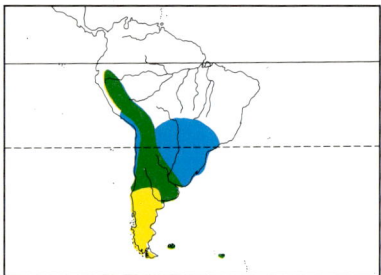

Südamerika, Falklandinseln und Südgeorgien. Feuchtgebiete in offener Landschaft. Neben einigen Unterarten von 78 (Tafel 30), die einzige südamerikanische Ente mit gelbem Schnabel. Unterscheidet sich von 78 durch größeren, gestreckteren Körper, insgesamt braunes Gefieder, dunkel gefleckte Flanken und spitzen Schwanz. Alle Kleider ähnlich. Drei Unterarten, zwei abgebildet, eine ausgestorben (s.Text).

a ♂ ad. *A.g.spinicauda* : Südamerika, Falklandinseln. Groß.
b ♀ ad. *A.g.spinicauda* : Matter als a, mit kürzerem Schwanz.
c ♂ ad. *A.g.georgica* : Südgeorgien. Kleiner, relativ kürzer und dunkler als a.

Tafel 32 Kap-, Silber- und Hottentottenente

79 Kapente *Anas capensis*   S. 202

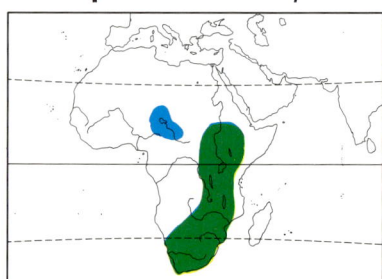

Afrika südlich der Sahara. Feuchtgebiete in offener Landschaft. Sehr blaß, mit einfarbigem Kopf, gepunkteten Flanken und roter Schnabelbasis. Alle Kleider ähnlich.
a **Ad.**
b **Juv.**: Flankenzeichnung unklarer als bei a.

99 Silberente *Anas versicolor*   S. 222

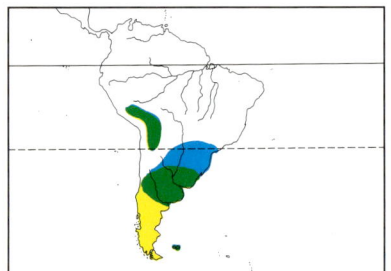

Südamerika. Feuchtgebiete in offener Landschaft und Bergseen. Im Verbreitungsgebiet an den blauen Schnabelseiten, dem schwärzlichen Oberkopf und den sehr hellen Kopfseiten erkennbar. Vergleiche in Gefangenschaft auch mit 100. Alle Kleider ähnlich. Drei Unterarten, zwei abgebildet. *A.v.puna* vielleicht eine selbständige Art (s. Text).
a ♂ **ad. *A.v.versicolor*** : Südbrasilien bis Mittelargentinien.
b ♀ **ad. *A.v.versicolor*** : Matter als a, Schnabelbasis weniger gelb und Ellenbogenfedern kürzer.
c **Juv. *A.v.versicolor*** : Brauner als b, Ellenbogenfedern kürzer.
d ♂ **ad. *A.v.puna*** : Seen im Hochland von Peru, Bolivien und Nordchile. Groß, kein Gelb am Schnabel, Flanken fein gebändert.
e ♀ **ad. *A.v.puna*** : Matter und unterseits brauner als d, Flankenbänderung breiter und heller.

100 Hottentottenente (Pünktchenente) *Anas hottentota*   S. 223

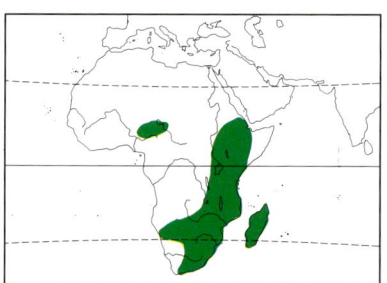

Afrika und Madagaskar. Süßwassersümpfe. Sehr klein, mit blauen Schnabelseiten, dunklem Oberkopf und Nackenfleck, hellen Kopfseiten und gepunkteter Unterseite. Alle Kleider ähnlich. Im Verbreitungsgebiet unverkennbar. Vergleiche in Gefangenschaft mit der größeren, helleren 99.
a ♂ **ad.**: ♀ matter, mit weniger intensiv gefärbtem Flügelspiegel.
b **Juv.**: Wie das ♀, aber noch matter. Der Spiegel ist kaum ausgebildet.

Tafel 33 Löffelenten

Gründelenten mit großem, löffelartig verbreiterten Schnabel. Größe und Gestalt sind bei allen vier Arten fast gleich. Das Brutkleid der ♂ ist charakteristisch verschieden. Die Schlichtkleider sind dagegen nur schwer zu unterscheiden. Die Verbreitungsgebiete überschneiden sich im allgemeinen nicht. Die Juv. aller Arten gleichen ad. ♀, die Färbung und Zeichnung des Oberflügels ist jedoch schwächer (s.Text).

104 Fuchslöffelente *Anas platalea*   S. 228

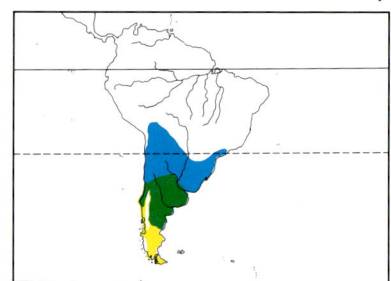

Südliches Südamerika. Dort die einzige Löffelente. Schlanker als andere Löffelenten, mit längerem Schwanz. Das ♂ kenntlich durch den einheitlich hellen Kopf, rostbraunen, stark dunkel gepunkteten Köper und die weißen Schwanzkanten. Die Gefiederzeichnung des ♀ ist vergleichsweise kräftig. Sein Schnabel ist sehr dunkel und der Schwanz spitz. Vergleiche mit dem ♂ im Ruhekleid von 103 (Tafel 29), das ein sehr ähnliches Oberflügelmuster besitzt.
- a ♂ ad.
- b ♀ ad.

105 Kaplöffelente *Anas smithii*   S. 229

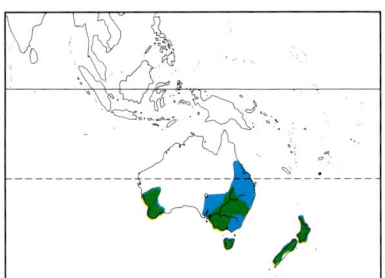

Südliches Afrika. 107 kann hier als Irrgast auftreten. Gedrungener als 107b, Schnabel, Körper und Schwanz sind dunkler und die Füße gelber.
- a ♂ ad.
- b ♀ ad.

106 Halbmondlöffelente *Anas rhynchotis*   S. 230

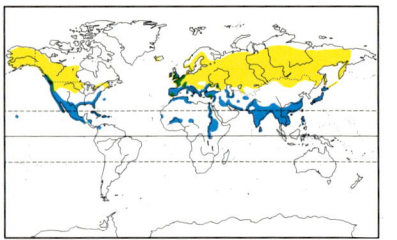

Einzige Löffelente Australiens und Neuseelands. 107 kann in Australien als Irrgast auftreten. Vergleiche auch mit 45 (Tafel 34). Das ♂ ist 107c ähnlich (s.Text). Das ♀ ist dunkler als 107b, mit matter gefärbten Füßen. Zwei Unterarten, beide abgebildet.
- a ♂ ad. **A.r.rhynchotis** : Australien.
- b ♀ ad.
- c ♂ ad. **Ruhekleid**: Flanken rötlicher als bei b und Vorderflügel rein hellblau.
- d ♂ ad. **A.r.variegata** : Neuseeland. Heller und kräftiger gefärbt als a. Der weiße Halbmondfleck vor dem Auge ist deutlicher. Die Flanken sind schwächer gezeichnet.

107 Löffelente *Anas clypeata*   S. 231

Die einzige Löffelente der Nordhemisphäre. Als Irrgast in den Verbreitungsgebieten von 105 und 106 nachgewiesen. Das ♂ ist an dem dunklen Kopf, der weißen Brust und den rotbraunen Flanken erkennbar. Das ♀ ist an dem riesigen Schnabel leicht von dem ♀ von 84 (Tafel 25) zu unterscheiden. Der orangefarbene Schnabelwinkel und die hellen Schwanzkanten sind Merkmale, die bei anderen Löffelenten-♀ nicht so deutlich sind.
- a ♂ ad. **Brutkleid**: Das Ruhekleid unterscheidet sich von b durch den rein hellblauen Vorderflügel.
- b ♀ ad.
- c ♂ ad. **Übergangskleid**: Im Herbst, bei der Mauser vom Ruhe- in das Brutkleid, 106a und 106d bemerkenswert ähnlich.

Tafel 34 Spatelschnabel-, Salvadori-, Rotschulter- und Marmelente

45 Spatelschnabelente *Malacorhynchus membranaceus* S. 168

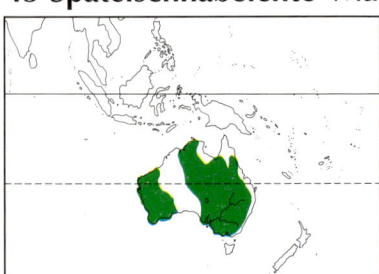

Australien. Flache Süßgewässer. Unverwechselbar. Der große Schnabel erinnert an 106 (Tafel 33). 45 ist jedoch weit kleiner und heller, hat kräftig gebänderte Flanken und einen dunklen Augenfleck. Die Unterseite wirkt im Flug ausgesprochen hell. Alle Kleider ähnlich.
a **Ad.**
b **Juv.:** Etwas blasser als a.

69 Salvadoriente *Salvadorina waigiuensis* S. 190

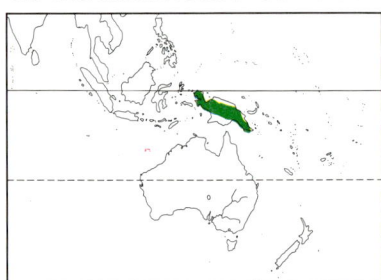

Neuguinea. Flüsse und Seen im Gebirge. Erkennbar an dem langen, graubraun gebänderten Körper, dem dunklen Kopf und dem gelben Schnabel (Ad.). Sitzt gern auf umströmten Felsbrocken. Alle Kleider ähnlich.
a **Ad.**
b **Juv.:** Matter als a, mit schmutziggelbem Schnabel.

108 Rotschulterente *Callonetta leucophrys* S. 232

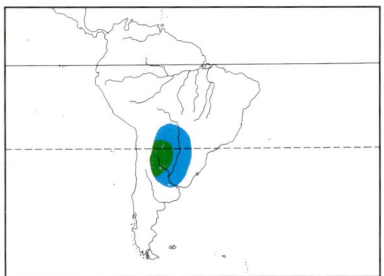

Südamerika. Seen und Teiche im Wald. Klein. Merkmale des ♂: Scheitel und Nacken dunkel, Kopfseiten hell, Brust rosa mit dunklen Punkten, Hinterende schwarzweiß. Das nicht so bunte ♀ ist braun, mit hell gezeichnetem Kopf und gebänderter Unterseite. Der Oberflügel ist in allen Kleidern schwärzlich, mit weißem Fleck in der Mitte. Vergleiche mit dem ♀ von 110 (Tafel 22).
a ♂ **ad.**
b ♀ **ad.:** Juv. gleicht dem ♀, das Gesicht aber nicht so kräftig gezeichnet und die Flanken schwächer gebändert.
c **Immatures ♂**

111 Marmelente *Marmaronetta angustirostris* S. 235

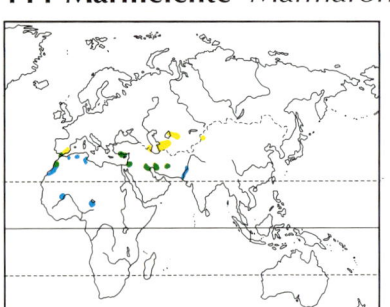

Mittelmeergebiet und westliches Asien. Seen. Hellbraun, mit rahmweißer Tüpfelung und dunklem, maskenartigem Augenfleck. Im Flug sehr hell, mit einfarbigen Flügeln. Alle Kleider ähnlich. Vergleiche in Gefangenschaft mit der größeren, dunkleren 65 (Tafel 22).
a **Ad.:** ♂ und ♀ gleich.
b **Juv.:** Bräunlicher als a, an den Flanken schwächer gefleckt und ohne Schopf.

Tafel 35   Kolben-, Rotschnabel- und Peposakaente

113 Kolbenente *Netta rufina*   S. 237

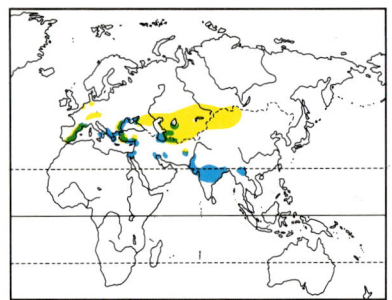

Europa und Asien. Süßwasserseen. Merkmale des ♂: Roter Schnabel, rostbrauner Kopf, schwarze Brust, dunkelbraune Oberseite, weiße Flanken, schwarzes Hinterende. Das ♀ fällt durch den Kontrast zwischen dem dunklen Oberkopf und den hellen Kopf- und Halsseiten auf. Vergleiche mit dem ♀ von 134 (Tafel 42). Am Flügel immer viel Weiß.
a ♂ **ad. Brutkleid**
b ♂ **ad. Ruhekleid**: Wie c, aber mit rotem Schnabel.
c ♀ **ad.**: Juv. den ♀ sehr ähnlich, der Schnabel ist aber ganz dunkel.

114 Rotaugenente *Netta erythrophthalma*   S. 238

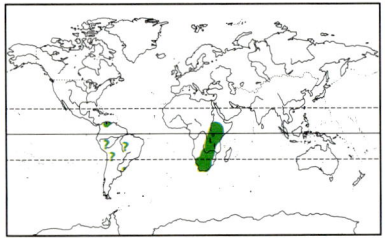

Afrika und auch Südamerika, hier aber inzwischen sehr selten geworden. Das ♂ ist sehr dunkel, mit breiter, weißer Flügelbinde, relativ langem, hellgrauen Schnabel und beulenartiger Erhebung am Hinterkopf. Das ♀ ist dem von 115 ähnlich, jedoch dunkler, mit kräftiger, weißer Gesichtszeichnung und dunklen Unterflügeln. Zwei wenig verschiedene Unterarten. Die afrikanische Unterart *N.e.brunnea* ist abgebildet.
a ♂ **ad.**
b ♀ **ad.**
c **Juv.**: Heller als b und am Kopf weniger Weiß.

115 Peposakaente *Netta peposaca*   S. 239

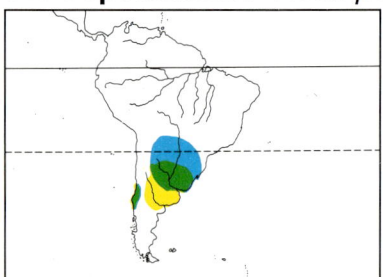

Südamerika. Binnenseen und Sümpfe. Das ♂ ist mit dem roten Schnabel und dem, die hellgrauen Flanken und die weißen Unterschwanzdecken ausgenommen, schwarzen Gefieder unverkennbar. Das ♀ ist dem von 114 ähnlich, das Braun des Gefieders ist aber heller, der Unterflügel weißer und der Kopf im allgemeinen weniger weiß gezeichnet.
a ♂ **ad.**
b ♀ **ad.**: Kopf oft ganz braun. Juv. wie das ♀.
c **Immatures** ♂

Tafel 36 Vallisneria-, Tafel- und Rotkopfente

116 Vallisneriaente *Aythya valisineria* S. 241

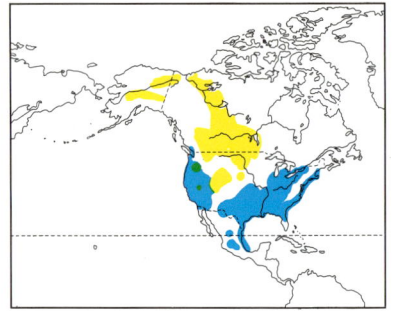

Nordamerika. Feuchtgebiete in offener Landschaft. Das Verbreitungsgebiet überschneidet sich mit dem von 118. 116 ist größer, mit langem, schwarzen Schnabel, der ohne Absatz in die schräge Stirn übergeht. Das ♂ ist denen von 117 und 118 ähnlich, aber mit viel hellerem, fast weißen Körper und nahezu schwarzer Stirn. Die Schlichtkleider gleichen denen von 117 und 118, sind aber im allgemeinen heller. Am besten an der Größe und an dem typischen Kopfprofil zu erkennen.
a ♂ ad. Brutkleid
b ♂ ad. Ruhekleid
c ♀ ad.
d uv.

117 Tafelente *Aythya ferina* S. 242

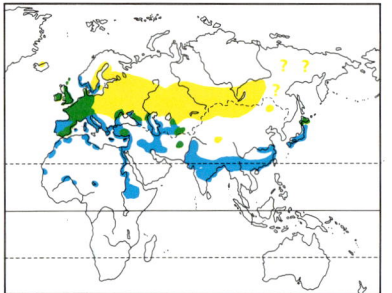

Europa und Asien. Feuchtgebiete in offener Landschaft, vorwiegend auf Süßwasser. Das Schnabel-Kopf-Profil in etwa zwischen dem von 116 und 118. Die Verbreitungsgebiete überschneiden sich nicht. Das ♂ ist kleiner und am Körper ein wenig dunkler als das von 116, mit zweifarbigem Schnabel und gänzlich rotbraunem Kopf. Das ♀ dunkler als das ♀ von 116, mit heller Schnabelbinde, die sehr dunklen ♀ aber auch fehlen kann (s.Text). Vergleiche auch mit ♀ von 119 (Tafel 38).
a ♂ ad. Brutkleid
b ♂ ad. Ruhekleid
c ♀ ad.
d Juv.

118 Rotkopfente *Aythya americana* S. 244

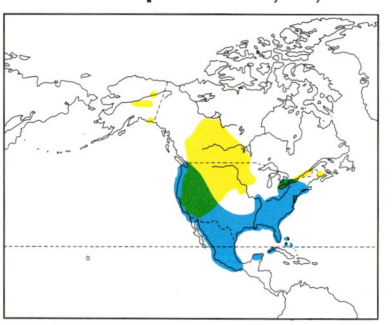

Nordamerika. Feuchtgebiete in offener Landschaft. Die Verbreitung überschneidet sich mit der von 116; 118 ist jedoch kleiner, mit hoher, runder Stirn und zweifarbigem Schnabel. Das ♂ ist, mit denen von 116 und 117 verglichen, am Körper dunkler grau, mit gänzlich rotbraunem Kopf und gelber - nicht roter - Iris. Die Färbung des ♀ ist einheitlicher und kräftiger als bei den ♀ von 116 und 117. Eine Altersbestimmung ist schwierig (s.Text). Vergleiche auch mit dem ♀ von 119 (Tafel 38).
a ♂ ad. Brutkleid
b ♂ ad. Ruhekleid
c ♀ ad.
d Juv

Tafel 37   Baer-, Moor- und Madagaskarmoorente

Die ♂ der vier Moorentenarten (120-123) sind rot- oder kastanienbraun, haben weiße Unterschwanzdecken, breite, weiße Flügelbinden und weißliche Augen. Die ♀ und Juv. sind nicht so kräftig gefärbt wie die ♂, haben dunkle Augen und erinnern an 125 im Schlichtkleid (Tafel 39), sind von dieser aber an der Kopfform und der Färbung der Unterschwanzdecken zu unterscheiden (s.Text). Die Verbreitungsgebiete der Moorenten überschneiden sich nicht, nur 121 und 122 können gelegentlich nebeneinander vorkommen.

121 Baerente *Aythya baeri*   S. 247

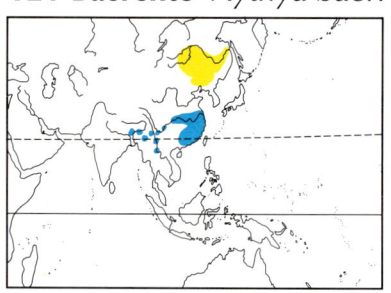

Ostasien. Seen und Flüsse. Trifft sich im Winter in Randgebieten mit 122. Größer als 122. Der weiße Bauch ist über der Wasserlinie sichtbar. Wenn die Enten aber tiefer als abgebildet im Wasser liegen, ist nur wenig Weiß erkennbar. Der Oberkopf ist flacher und der Schnabel größer als bei 122. Das ♂ hat im Brutkleid einen dunkelgrünen Kopf. Vergleiche auch mit 125 (Tafel 39).
- a ♂ **ad. Brutkleid**
- b ♂ **ad. Ruhekleid**: Kopf wie der von c rötlich, das Auge aber weiß.
- c ♀ **ad.**: Heller, mit braunem Zügelfleck, der dem ♀ von 122 fehlt.
- d **Juv.**: Matter gefärbt als c.

122 Moorente *Aythya nyroca*   S. 248

Südliches Europa und Asien. Im Winter südwärts bis Nordafrika. Binnenseen und Sümpfe. Trifft sich am Rand der Verbreitung mit 121. Kleiner als 121 und satt kastanienbraun. Der Oberkopf ist hoch gewölbt und der Schnabel relativ klein. Der weiße Bauch ist beim Schwimmen gewöhnlich nicht sichtbar. Das Weiß der Unterseite reicht nie bis zum Flügelbug. ♀ und Juv. erinnern an die von 125 (Tafel 39), das Kopfprofil ist aber markant verschieden. Der Schnabel hat eine helle Binde (s.Text).
- a ♂ **ad. Brutkleid**
- b ♂ **ad. Ruhekleid**: Dunkler als a, aber mit weißem Auge.
- c ♀ **ad.**: Kopf einfarbig (vgl. 121).
- d **Juv.**: Dunkler als c, Kopf und Flanken leicht gefleckt.

123 Madagaskarmoorente *Aythya innotata*   S. 249

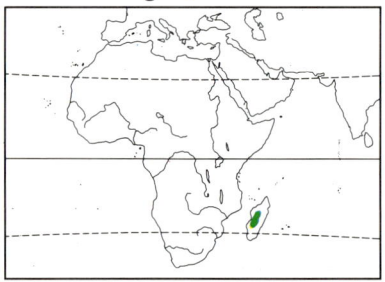

Zentralmadagaskar (Malagasy). Seen auf dem Hochplateau. Möglicherweise ausgestorben. Letzte Beobachtung 1970. Größer und dunkler als 122. Einzige *Aythya*-Art Madagaskars und kaum mit einer anderen Art zu verwechseln. Wird nicht in Gefangenschaft gehalten.
- a ♂ **ad. Brutkleid**
- b ♂ **ad. Ruhekleid**
- c ♀ **ad.**
- d **Juv.**

Tafel 38 Tasmanmoor-, Maori- und Halsringente

119 Halsringente *Aythya collaris* S. 245

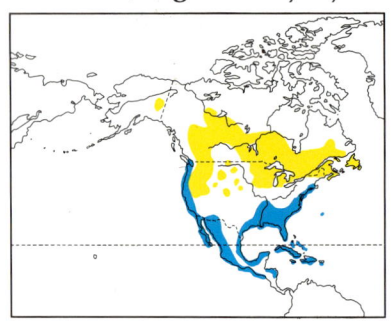

Nordamerika. Feuchtgebiete in offener Landschaft. Vorwiegend auf Süßgewässern. Die markante Schnabelbinde und der hohe Hinterkopf sind für alle Kleider kennzeichnend. Das ♂ ist dem von 125 (Tafel 39) recht ähnlich, Kopfprofil und Schnabelfärbung sind jedoch deutlich verschieden. ♀ erinnern an dunkle ♀ von 117 und 118 (Tafel 36), an der Kopfform und Schnabelzeichnung sind sie aber gut von diesen zu unterscheiden. Im Flug ohne die weiße, für 125 kennzeichnende Flügelbinde. Altersbestimmung, s.Text.
a ♂ ad. Brutkleid
b ♂ ad. Ruhekleid
c ♀ ad.
d Juv.
e ♂ im ersten Winter

120 Tasmanmoorente *Aythya australis* S. 246

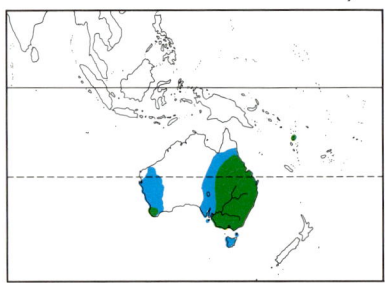

Australien. Süßgewässer. Dringt gelegentlich invasionsartig in weitere Umgebung vor (s.Text). Die einzige *Aythya*-Art Australiens. Körper und Hals sind länger als bei anderen Moorenten (vgl. Tafel 37). Die weiße Schnabelbinde ist bei den ♂ am breitesten.
a ♂ ad.
b ♀ ad.: Dunkler als a, mit braunem Auge und schmaler Schnabelbinde.
c Juv.: Wie b, jedoch blasser und mit gefleckten Bauch.

124 Maoriente *Aythya novaeseelandiae* S. 249

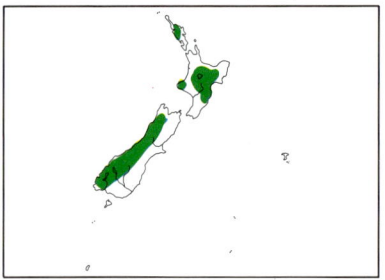

Neuseeland. Bergseen und Küstenlagunen. ♂ und ♀ sind sehr dunkel und haben eine steile, runde Stirn. Mit dem weißen Gefieder um die Schnabelwurzel erinnert das ♀ an die ♀ von 126 und 127, die Verbreitungsgebiete überschneiden sich jedoch nicht. In Gefangenschaft an dem dunkleren Gefieder und der über den Nagel hinaus schwarzen Schnabelspitze zu erkennen.
a ♂ ad.
b ♀ ad.
c Juv.: Ohne Weiß um den Schnabel, mit hellem Bauch.

Tafel 39 Reiher-, Berg- und Veilchenente

125 Reiherente *Aythya fuligula* S. 250

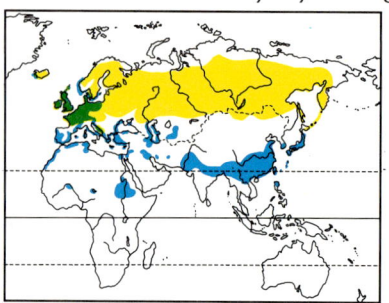

Europa und Asien. Im Winter südwärts bis Afrika. Süßgewässer. Merkmale des ♂: Bis auf die weißen Flanken schwarz, mit langem, herabhängenden Schopf. Im Schlichtkleid mit mehreren anderen *Aythya*-Arten verwechselbar. Typische Kopfform: hohe Stirn, flacher Oberkopf und „ausgefranster" Hinterkopf (vgl. mit 122 (Tafel 37) und 119 (Tafel 38). ♀ und Juv. sind variabel, haben oft weißliche Unterschwanzdecken (vgl. 122) und Weiß um die Schnabelwurzel (vgl. 126 und 127). Diskussion, s. Text.

a ♂ **ad. Brutkleid**
b ♂ **ad. Ruhekleid**
c ♀ **ad.**: Variante mit Weiß im Gesicht.
d ♀ **ad.**: Variante mit weißen Unterschwanzdecken.
e **Juv.**: Schopf noch kaum sichtbar, Zügelregion aufgehellt und Flanken hell gezeichnet.

126 Bergente *Aythya marila* S. 252

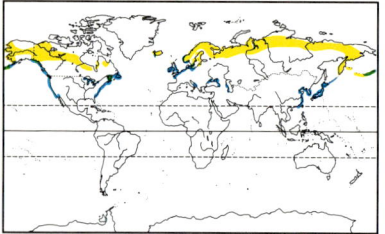

Nördliche Hemisphäre. Seen und Küstengewässer. Sehr ähnlich 127 (s. u.), außerhalb der Brutzeit aber vorwiegend marin. Das ♂ hat einen schwarzen Vorderkörper, eine hellgraue Oberseite und weiße Flanken. ♀ und Juv. erinnern an 125, sind jedoch größer, haben klobigere Schnäbel, oberseits runde Köpfe ohne Schopf und oft weißliche Flecke auf den Ohrdecken. Das Körpergefieder wirkt grau bereift. Drei wenig verschiedene Unterarten, Nominatform abgebildet. Altersunterschiede, s.Text.

a ♂ **ad. Brutkleid**
b ♂ **ad. Ruhekleid**
c ♀ **ad.**: Ohrfleck im frischen Gefieder verdeckt.
d ♀ **ad.**: Ohrfleck wird mit der Gefiederabnutzung deutlicher.
e **Juv.**

127 Veilchenente *Aythya affinis* S. 253

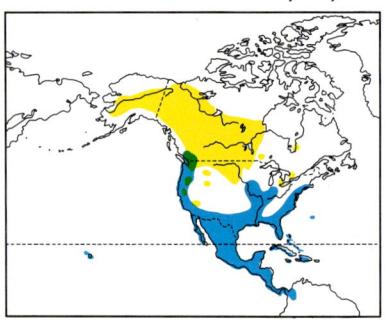

Nordamerika. Feuchtgebiete in offener Landschaft. Sehr ähnlich 126, jedoch kleiner, mit kleiner Holle am Hinterkopf und kurzem, am First konkav gebogenem Schnabel. Oberseite des ♂ durch kräftige Querwellung recht dunkel. Kopf mit purpurnem und nur selten, wie bei 126, grünem Glanz. Im Schlichtkleid am besten an der Gestalt zu erkennen. ♀ haben oft einen schwachen, hellen Ohrfleck. Das Weiß am Oberflügel ist auf die Armschwingen beschränkt und greift nicht, wie bei 126, auf die Handschwingen über. Weitere Unterschiede s. Text. Die in Europa gelegentlich auftretenden Bastarde zwischen 117 und 125 können 127 bemerkenswert gleichen.

a ♂ **ad. Brutkleid**
b ♂ **ad. Ruhekleid**: Dunkler als 126b.
c ♀ **ad.**: Im abgenutzten Gefieder, mit schwachem Ohrfleck.
d **Juv.**

Tafel 40 Eiderenten

Große Meerenten der nördlichen Küsten. Im Brutkleid sind die ad. ♂ charakteristisch verschieden. Die Schlichtkleider aller Arten gleichen sich dagegen weitgehend. Die ♂ brauchen, um das volle Brutkleid zu entwickeln, mindestens zwei Jahre. Dadurch ergibt sich eine etwas verwirrende Kleidervielfalt. Die Kopfform und die Schnabelstruktur, insbesondere die Befiederung auf der Schnabelwurzel, sind für die Bestimmung wichtig.

129 Eiderente *Somateria mollissima* S. 256

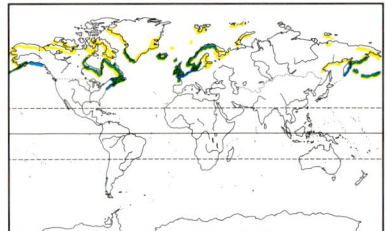

Nördliche Hemisphäre. Küstengewässer. Merkmale des ♂: Oberkopf, Unterseite und Hinterende schwarz, Kopfseiten, Brust und Oberseite weiß. Schlichtkleider wie die von 130 und 131. ♂ sind im Übergangskleid auf den Schultern (nicht bei 130) und an der Brust (nicht bei 131) weiß. Die Flanken der ♀ sind, wie bei 131, gebändert (vgl. 130). Die Befiederung zieht seitlich am Schnabel in spitzem Winkel bis an das Nasenloch (vgl. 130). Innerartliche Variabilität und zwischenartlicher Vergleich s. Text. Sechs Unterarten, drei abgebildet.
- a ♂ **ad. Brutkleid** *S.m.mollissima* : Europa.
- b ♂ **ad. Ruhekleid** *S.m.mollissima* : Nicht voll vermausert.
- c ♀ **ad.** *S.m.mollissima* : Färbung variiert, je nach Unterart, von gräulich- bis rötlichbraun.
- d **Juv.** *S.m.mollissima*
- e **Immatures** ♂ *S.m.mollissima*
- f ♂ **ad. Brutkleid** *S.m.borealis* : Kanada bis Spitzbergen. Schnabel auch im Ruhekleid orange (vgl. 130b). Östliche Populationen mit grauerem Schnabel.
- g ♂ **ad. Brutkleid** *S.m.dresseri* : Nordöstliches Nordamerika. Der vom Schnabel zum Auge ziehende Hautwinkel ist breit und abgerundet.

130 Prachteiderente *Somateria spectabilis* S. 257

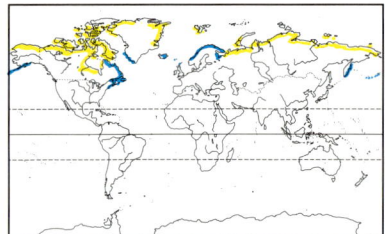

Nördliche Hemisphäre. Arktische Küsten. Merkmale des ♂: Roter Schnabel mit großem orangefarbenen Stirnschild, blauer Kopf, weiße Brust, schwarze Ober- und Unterseite. Flankenzeichnung des ♀ gewinkelt (vgl. 129 und 131). Der Gefiederwinkel an der Schnabelseite endet rund und reicht nicht bis zum Nasenloch. Der hochgezogene Schnabelspalt durchzieht am Schnabelwinkel einen hellen Fleck. Die Unterflügel wirken im Flug heller als bei den ♀ von 129 und 131 (vgl. auch 128 (Tafel 41)).
- a ♂ **ad. Brutkleid**
- b ♂ **ad. Ruhekleid**: Vergleiche mit 129f.
- c ♀ **ad.**
- d **Juv.**
- e **Immatures** ♂

131 Plüschkopfente *Somateria fischeri* S. 259

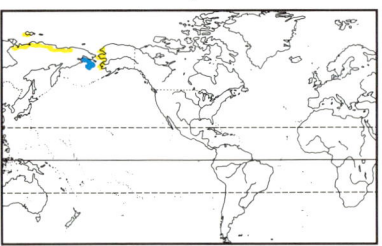

Alaska und östliches Sibirien. Arktische Küsten. Schnabelwurzel von Gefieder überdeckt und um die Augen eine große, helle, runde „Brille". Merkmale des ♂: Kopf moosgrün, Oberseite weiß, Brust und Unterseite schwarz. Das ♀ hat eine dunkelbraune Stirn, eine helle „Brille" und ein vergleichsweise helles, gelblich- bis rötlichbraun getöntes Gefieder. Die Unterflügel wirken im Flug dunkler als bei den anderen ♀. Weitere Diskussion, s. Text.
- a ♂ **ad. Brutkleid**
- b **ad. Ruhekleid**
- c ♀ **ad.**
- d **Juv.**

Tafel 41   Scheck-, Kragen- und Eisente

128 Scheckente *Polysticta stelleri* S. 254

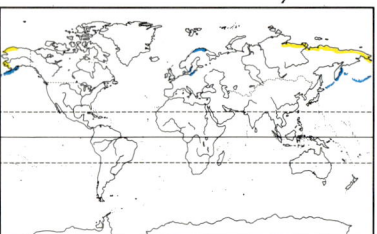

Ostsibirien und Alaska. Arktische Küsten. Die kleinste Eiderente mit „herkömmlicher" Schnabel- und Kopfform. Merkmale des ♂: Kopf weiß mit schwarzem Kragen, Unterseite gelblich- bis kastanienbraun, Oberseite schwarzweiß, Hinterende schwarz. Das ♀ wirkt einheitlich dunkel rostbraun. Die Zeichnung ist weniger deutlich als bei den großen Eiderenten. Das Übergangskleid der immaturen ♂ ist stark hell-dunkel gefleckt und gesprenkelt. Weitere Besonderheiten, s. Text.
- a ♂ **ad. Brutkleid**
- b ♂ **ad. Ruhekleid**
- c ♀ **ad.**
- d **Juv.**
- e **Immatures ♂**

132 Kragenente *Histrionicus histrionicus* S. 260

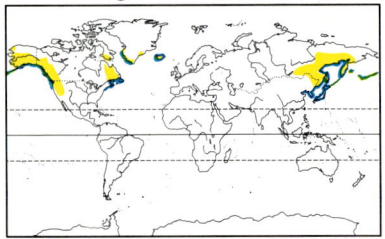

Ostasien, Nordamerika, Grönland und Island. Gebirgsflüsse und Küsten. Das ♂ ist aus der Nähe gesehen charakteristisch bunt, wirkt aber auf einige Entfernung dunkel, mit weißem Gesicht und weißen Streifen am Körper. Die ♀ und Juv. sind ebenfalls sehr dunkel mit weißen Flecken am Kopf. Ausgesprochen dunkle Juv. von 137 können ähnlich aussehen, sie haben aber immer weißliche Flanken.
- a ♂ **ad. Brutkleid**
- b ♂ **ad. Ruhekleid**
- c ♀ **ad.**

137 Eisente *Clangula hyemalis* S. 265

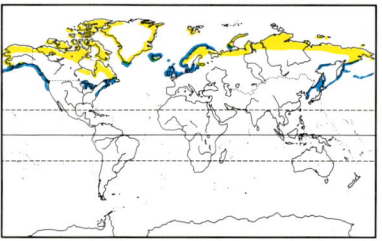

Nördliche Hemisphäre. Seen und Küsten. Eine kleine Meerente mit rundem Kopf und sehr kleinem Schnabel. Die Mauserverhältnisse und die Kleiderabfolge sind verwickelt und die Altersbestimmung ist schwierig (s.Text). Ad. ♂ sind unverkennbar. Die ♀ und Juv. sind recht variabel. Typisch sind eine dunkle Oberseite, eine dunkle Brust, weiße Flanken und ein heller Fleck um das Auge. Sehr dunkle 137 sind am ehesten mit 132 zu verwechseln, die aber immer dunkle Flanken haben.
- a ♂ **ad. Sommer**
- b ♂ **ad. Winter**
- c ♀ **ad. Sommer**
- d ♀ **ad. Winter**
- e **Juv.**
- f **Immatures ♂**

Tafel 42 Trauer-, Brillen- und Samtente

134 Trauerente *Melanitta nigra*   S. 261

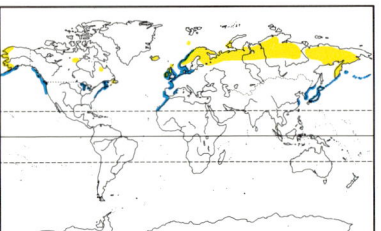

Nördliche Hemisphäre. Küstengewässer, zur Brut auch Binnenseen. Das ♂ ist, bis auf das Gelb am Schnabel, gänzlich schwarz (vgl. 135 und 136). Das ♀ ist dunkelbraun, mit hellen Kopf- und Halsseiten. Es erinnert an das ♀ von 113 (Tafel 35), die Gestalt ist jedoch charakteristisch verschieden, zudem hält sich 113 fast nie auf dem Meer auf. Die Juv. gleichen den ♀, sind aber blasser und haben einen weißlichen Bauch. Zwei Unterarten, die auch als gesonderte Arten betrachtet werden können.

a ♂ ad. *M.n.nigra* : Europa und westliches Asien.
b ♀ ad.
c **Immatures** ♂ *M.n.nigra* : Helle Wangen durch beginnende Schwarzfärbung teilweise verdeckt. Gleicht in diesem Zustand den ♀ und Juv. von 135 und 136.
d ♂ ad. *M.n.americana* : Ostasien und Nordamerika. Schnabel überwiegend gelb, mit schwarzer Spitze.

135 Brillenente *Melanitta perspicillata*   S. 263

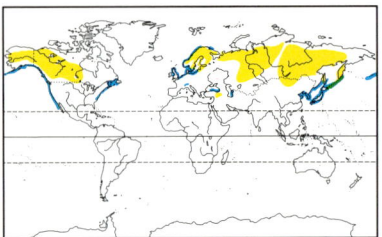

Nordamerika. Küstengewässer, manchmal auch auf Seen. Der Kopf ist klobig. Das Schnabel-Kopf-Profil erinnert an 129 (Tafel 40). Das ♂ ist schwarz, mit farbigem Schnabel und weißen Flecken am Kopf. ♀ und Juv. sind dunkel graubraun mit zwei hellen Flecken an der Kopfseite (vgl. 136). Gedrungener als 136 und ohne Weiß am Flügel. Beachte auch 134c.

a ♂ ad.
b ♀ ad.: Zumeist mit hellem Nackenfleck und dunklem Bauch.
c **Juv.**: Brauner als b, Nacken dunkel und Bauch hell.
d **Immatures** ♂: Weniger Weiß am Kopf als bei a.

136 Samtente *Melanitta fusca*   S. 264

Nördliche Hemisphäre. Küstengewässer und Seen. Größte der schwarzen Meerenten. Markantester Unterschied zu 134 und 135 ist der weiße Flügelspiegel, der beim Schwimmen aber kaum zu sehen ist. Die Kopfform erinnert an 125 (Tafel 40). Der Kopf ist aber nicht so klobig wie der von 135. Das ♂ ist schwarz mit schwarz-gelbem oder schwarz-orangem Schnabel. Das ♀ ist dunkelbraun mit hellen Wangenflecken. Es erinnert an das ♀ von 135 und an das immature ♂ von 134, ist aber größer und hat einen weißen Flügelspiegel. Drei Unterarten, zwei abgebildet (s.Text).

a ♂ ad. *M.f.fusca* : Europa und westliches Asien.
b ♀ ad.: Wangenflecke im frischen Gefieder verdeckt. Juv. ähnlich, jedoch blasser.
c **Immatures** ♂ *M.f.fusca* : Bräunlicher als a und ohne weißen Augenfleck.
d ♂ ad. *M.f.stejnegeri* : Ostasien. Großer, schwarzer Schnabelhöcker. Die amerikanische Unterart, *M.f.deglandi*, hat bräunlichschwarze Flanken. In der Schnabelform und -färbung vermittelt sie zwischen den beiden Extremen.

Tafel 43   Büffelkopf-, Spatel- und Schellente

138 Büffelkopfente *Bucephala albeola*   S. 267

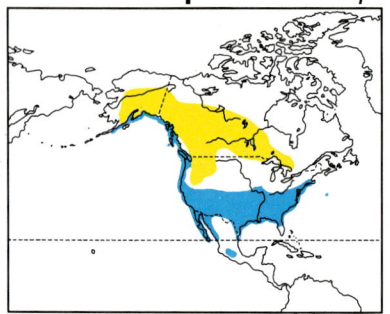

Nordamerika. Seen und Küstengewässer. Klein. Das ♂ ist an dem enorm großen, runden, schwarzweißen Kopf leicht zu erkennen. Der Schnabel ist zierlicher als der von 142 (Tafel 44). Die Flanken sind immer weißlich. Keine Brustbinden. ♀ und Juv. sind graubraun. Ihr Kopf ist dunkelbraun, mit einem großen, weißen Fleck auf den unteren Seiten. Das Flügelmuster ähnlich dem von 140.
a   ♂ **ad. Brutkleid**
b   ♂ **ad. Ruhekleid**: Weiße Partien an Kopf und Flügel größer als bei c.
c   ♀ **ad.**: Juv. gleichen dem ♀, sind aber blasser gefärbt.
d   **Immatures ♂**: Weißer Fleck am Kopf zum Ende des ersten Winters größer als bei c. Vollständiges Ad.-Gefieder erst nach dem zweiten Winter.

139 Spatelente *Bucephala islandica*   S. 267

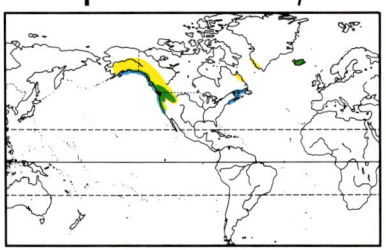

Nordamerika und Island. Seen und Küstengewässer. Größer als 140, mit hoher, steiler Stirn. Das ♂ hat zwischen Schnabel und Auge einen großen, weißen Halbmondfleck und eine nahezu gänzlich schwarze Oberseite. ♀ und Juv. sind von 140 am besten an der Größe und der Kopfform zu unterscheiden. ♀ der westlichen Populationen haben einen gelben Schnabel. Bei 140 kommt diese Schnabelfärbung höchst selten vor. Weitere Unterschiede, s. Text.
a   ♂ **ad. Brutkleid**
b   ♂ **ad. Ruhekleid**: Übergang. Volles Ruhekleid wie c, jedoch mit ganz schwarzem Schnabel und dem Flügelmuster von a.
c   ♀ **ad.**: Schnabel im Westen gelb.
d   ♀ **ad.**: Schnabel im Osten wie der von 140c.
e   **Juv.**: Dunkler als c und d.
f   **Immatures ♂**: Ende des ersten Winters.

140 Schellente *Bucephala clangula*   S. 269

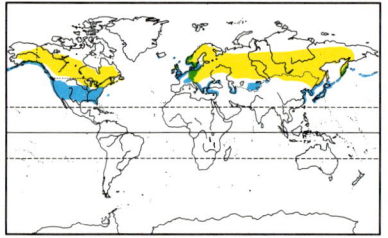

Nördliche Hemisphäre. Seen und Küstengewässer. Kleiner als 139. Der Kopf erhält durch die fliehende Stirn einen nahezu dreieckigen Umriß. Der weiße Zügelfleck des ♂ ist rund und seine Oberseite nur in der Mitte schwarz. ♀ und Juv. unterscheiden sich von 139 vor allem in der Größe und der Kopfform. Weitere Unterschiede s. Text. Zwei wenig verschiedene Unterarten, Nominatform abgebildet.
a   ♂ **ad. Brutkleid**
b   ♂ **ad. Ruhekleid**: Übergang. Volles Ruhekleid wie c, Flügelmuster aber wie bei a.
c   ♀ **ad.**
d   **Juv.**: Düsterer als c, mit grauer Brust und gänzlich dunklem Schnabel.
e   **Immatures ♂**: Ende des ersten Winters. Beginnende Ausbildung des Brutkleides.

Tafel 44 Zwerg-, Kappen- und Dunkelsäger

141 Zwergsäger *Mergellus albellus* S. 270

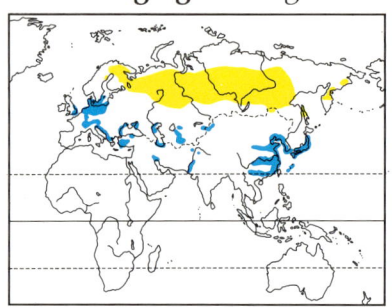

Europa und Asien. Seen und Küstengewässer. Kleine Tauchente. Auf große Entfernung wirken die ♂, bis auf den schwarzen Fleck im Gesicht, ganz weiß. ♀ und Juv. sind graubraun, haben einen kastanienbraunen Kopf und eine weiße Wangen-Kehl-Partie. Juv. gleichen weitgehend den ♀, sind aber am Zügel nicht schwärzlich. Im Freiland Bastarde mit 140, s. Text.
- a ♂ **ad. Ruhekleid**: Wie c, das weiße Feld auf den Flügeldecken jedoch größer.
- c ♀ **ad.**
- d **Immatures ♂**: Ende des ersten Winters. Das Brutkleid ist erst nach dem zweiten Winter vollständig.

142 Kappensäger *Lophodytes cucullatus* S. 272

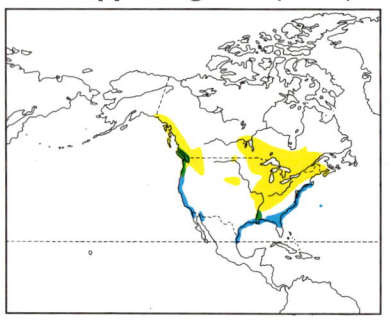

Nordamerika. Seen und langsam fließende Flüsse. Klein, mit großer Haube und schlankem Schnabel. Das ♂ erinnert an 138 (Tafel 43), die Flanken aber rostbraun, der Schnabel lang und schlank und an der Brust eine schwarzweiße Binde. ♀ und Juv. ähneln 144 (Tafel 45), sind aber kleiner und gedrungener und haben eine geschlossene Haube. Der Oberflügel zeigt im Flug nur wenig Weiß. Beim ruhigen Schwimmen wird der Schwanz aufgestellt (vgl. 150 (Tafel 47))
- a ♂ **ad. Brutkleid**: Die weiße Haube kann noch weiter als abgebildet gespreizt oder zu einem Band zusammengelegt werden.
- b ♂ **ad. Ruhekleid**: Wie c, jedoch mit hellem Auge und schwarzem Schnabel.
- c ♀ **ad.**: Juv. gleichen ♀, haben aber eine kürzere Haube.
- d **Immatures ♂**: Erster Winter. Im zweiten Winter wie die Ad.

143 Dunkelsäger *Mergus octosetaceus* S. 273

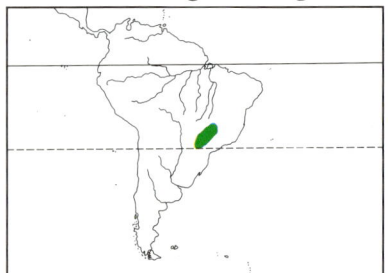

Östliches Südamerika. Reißende Flüsse im tropischen Wald. Selten. Eine langgestreckte, schlanke, dunkle Tauchente mit spitzem Schopf und langem, dünnen Schnabel. Der einzige Säger Südamerikas. Unverwechselbar. Alle Kleider ähnlich (s.Text). Vergleiche im Flug mit 110 (Tafel 22).
- a ♂ **ad.**
- b ♀ **ad**: Weitgehend wie a, Schnabel und Schopf aber kürzer.

Tafel 45 Mittel-, Schuppen- und Gänsesäger

144 Mittelsäger *Mergus serrator* S. 273

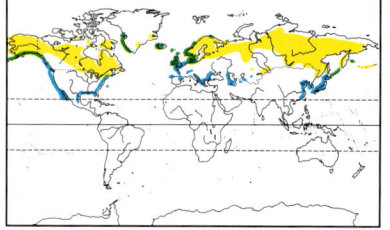

Nördliche Hemisphäre. Seen, Flüsse und Küstengewässer. Die Verbreitung überschneidet sich mit der von 145 und 146. Schlank und langgestreckt, mit zottigem Schopf und dünnem Schnabel. Merkmale des ♂: Dunkler Kopf, weißer Kragen, rostbraune Brust, schwarze Brustseiten, graue Flanken, großes, weißes Feld auf dem Handflügel. ♀ und Juv. sind graubraun mit heller Brust und rostbraunem Kopf. Die braune Kopf- und graue Halsfärbung gehen ineineinander über (vgl. 145 und 146).
a ♂ **ad. Brutkleid**: Ruhekleid wie b, Vorderrücken aber dunkler und Flügel wie von a.
b ♀ **ad.**
c **Immatures** ♂: Ende des ersten Winters.
d **Juv.**: Wie b, aber matter gefärbt, mit grauer Brust und grauem Bauch.

145 Schuppensäger *Mergus squamatus* S. 275

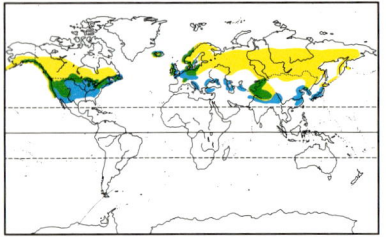

Ostasien. Flüsse im Bergwald. Die Verbreitung überschneidet sich mit der von 144 und 145. Schlanker als 146. Die Gestalt gleicht eher der von 144. Der Schopf ist sehr lang und „haarig". Das ♂ hat, wie das von 146, eine weiße Brust, aber schuppig gezeichnete Flanken. Das ♀ unterscheidet sich von 144 durch eine hellere Färbung und geschuppte Flanken. Die Juv. (vielleicht auch die ♀ im Sommer) ohne Schuppenzeichnung und daher 144 sehr ähnlich. Die Nasenlöcher bei 145 in der Schnabelmitte, bei 144 dagegen nahe der Basis (s.Text).
a ♂ **ad. Brutkleid**: Ruhekleid wie b, auf dem Vorderrücken aber dunkler und Flügel wie bei a.
b ♀ **ad.**: Juv. ähnlich, aber ohne Schuppenzeichnung. ♀ Ruhekleid (Sommer) wahrscheinlich auch ungeschuppt (s.Text).
c **Immatures** ♂: Fast noch juv., Flankenzeichnung s.Text und oben.

146 Gänsesäger *Mergus merganser* S. 276

Nördliche Hemisphäre. Seen und Flüsse. Die Verbreitung überschneidet sich mit der von 144 u. 145. Größer und massiger als die beiden anderen großen Säger, mit vergleichsweise glatter Mähne. Kopf und Rückenmitte des ♂ schwarz, Brust und Unterseite weiß mit lachsfarbener Tönung. Kopf und Oberhals von ♀ und Juv. dunkler rotbraun als bei 144 und 145. Das Braun ist gegen das helle Grau der Brust und das Weiß der Kehle scharf abgesetzt. Die Oberseite ist einfarbig grau. Drei wenig verschiedene Unterarten, Nominatform abgebildet (s. Text).
a ♂ **ad. Brutkleid**: Ruhekleid wie b, aber unterseits heller und mit dem Flügelmuster von a.
b ♀ **ad.**
c **Juv.**: Matter und bräunlicher gefärbt als b, mit hellem Zügelstreif.
d **Immatures** ♂: Ein den Ad. ähnliches Gefieder wird im Verlauf des ersten Winters ausgebildet. Der Flügel wird aber erst im Sommer gemausert.

Tafel 46 Weißrückenente und Ruderenten der Alten Welt

10 Weißrückenente *Thalassornis leuconotus*   S. 132

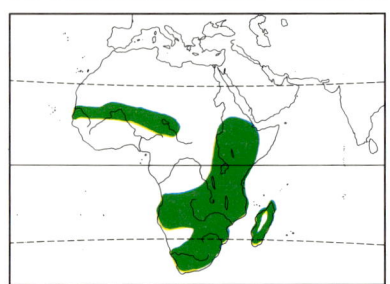

Afrika. Sümpfe und Seen. Eine seltsame Tauchente, die wie ein kleiner Lappentaucher aussieht. Auf dem dünnen Hals sitzt ein großer Kopf. Der schwanzlos wirkende Körper ist beim Schwimmen tief eingetaucht. Der oberseits dunkle Kopf hat am Zügel einen weißen Fleck. Der Körper ist dunkelbraun und gelblichbraun gebändert. Alle Kleider ähnlich. Zwei Unterarten, Nominatform abgebildet.
a **Ad.**
b **Juv.:** Dunkler als a, mit stärker gesprenkelten Kopfseiten und kleinerem Zügelfleck.

151 Weißkopfruderente *Oxyura leucocephala*   S. 281

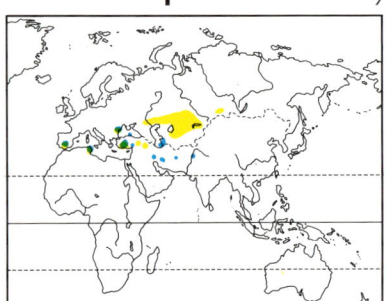

Mittelmeerregion und westliches Asien. Süßwasserseen. Die einzige Ruderente der Region. 150 (Tafel 47) in England eingebürgert, daher können beide Arten in Europa auftreten. Die Schnabelbasis ist blasig verdickt. Das ♂ ist am weißen Kopf erkennbar. Die übrigen Kleider recht komplex (s. Text).
a **♂ ad. Brutkleid**
b **♂ ad. Ruhekleid:** Körper blasser und Kopf schwärzer als a.
c **mmatures ♂ Brutkleid:** Der Kopf ist im ersten Frühling intensiv dunkel gefleckt und kann ganz schwarz erscheinen. Die Gefiederfärbung sonst wie bei a.
d **♀ ad.:** Schnabelbasis aufgetrieben, Wangenband breit und zum Schnabel hin abwärts gebogen.
e **Juv.:** Matter gefärbt als d. Schwanzfederenden abgenutzt.

152 Maccoaente *Oxyura maccoa*   S. 282

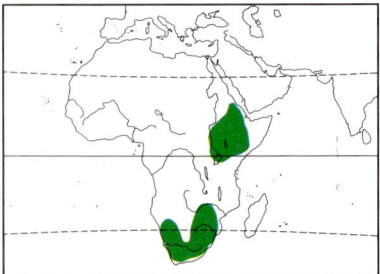

Afrika. Süßwasserseen. Die einzige Ruderente Afrikas. Das ♂ gleicht 150f, 153a und 154a, was die Bestimmung in Gefangenschaft schwierig macht. Der Schnabel vergleichsweise klobig, mit größerem Nagel, aber kürzer als der von 150f. Vorderhals im Unterschied zu 153a und 154a rotbraun. Bürzel gesprenkelt und der Schwanz etwas kürzer als der von 153a. Zur Diskussion der Unterschiede, s. Text.
a **♂ ad. Brutkleid**
b **♂ ad. Ruhekleid:** Gleicht c, Kopf aber dunkler.
c **♀ ad:** Ähnlich 151d, Schnabelbasis aber weniger aufgetrieben, Oberseite nicht gesprenkelt, sondern schwach gebändert.
d **Juv.:** Gleicht c, Färbung blasser und Schwanzenden abgenutzt.

154 Schwarzkinnruderente *Oxyura australis*   S. 284

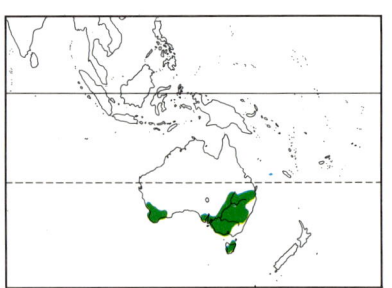

Australien. Die einzige Ruderente der Region. Das ♂ ist 150f, 153a (Tafel 47) und 152a ähnlich, was die Bestimmung in Gefangenschaft erschwert. Von 152a und 150f an dem ganz schwarzen Hals zu unterscheiden. Der kleinere Schnabel und kürzere Schwanz ermöglichen die Trennung von 153a. Eingehendere Diskussion, s. Text. Vergleiche auch mit 155 (Tafel 16).
a **♂ ad. Brutkleid**
b **♂ ad. Ruhekleid:** Wie c, Kopf und Hals aber schwärzer und Schnabel kräftiger gefärbt.
c **♀ ad:** Kopf weitgehend einfarbig, ohne Wangenzeichnung.
d **Juv.:** Wie c, jedoch blasser, mit düster grünlichgrauem Schnabel.

Tafel 47   Kuckucksente und Ruderenten der Neuen Welt

148 Kuckucksente *Heteronetta atricapilla*   S. 278

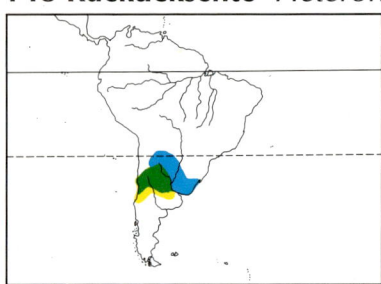

Südamerika. Überwachsene Teiche und Seen. Eine kennzeichnende Gestalt: Schnabel lang, Oberkopf flach, Körper gestreckt, Schwanz kurz. Das ♂ ist dunkelbraun, mit schwärzlichem Kopf, blaugrauem – in der Fortpflanzungszeit an der Basis rotem – Schnabel und leicht gesprenkelten oder gewellten Flanken. Das ♀ ist dunkel graubraun mit angedeutetem Überaugenstreif, aufgehellten Wangen und schwach quergewellter Unterseite. Am besten sind beide an der Gestalt zu erkennen.
- a ♂ **ad. Brutkleid**: Schnabel im „Ruhekleid" ganz grau.
- b ♀ **ad.**: Schnabelbasis wird in der Fortpflanzungszeit gelblich oder rosa. Juv. sind von ♀ nicht zu unterscheiden.

149 Maskenente *Nomonyx dominica*   S. 278

Mittel- und Südamerika. Süßwassersümpfe. Die Verbreitung überschneidet sich mit der von 150 und 153. Im Flug an dem weißen Feld im Oberflügel erkennbar. Das ♂ hat einen gedrungenen blauen Schnabel mit schwarzer Spitze, eine schwarze Gesichtsmaske und ein rotbraunes, dunkel gepunktetes Gefieder. Die Altersbestimmung ist schwierig (s.Text).
- a ♂ **ad. Brutkleid**
- b ♂ **ad. Ruhekleid**: Wie c, Kopf aber bräunlicher, Flanken kräftiger gefleckt und das weiße Flügelfeld größer.
- c ♀ **ad**: Zwei dunkle Streifen auf der hellen Kopfseite.
- d **Juv.**: Wie c, aber etwas matter und die Schwanzenden abgenutzt.

150 Schwarzkopfruderente *Oxyura jamaicensis*   S. 279

Nord- und Südamerika. In England eingebürgert. Die Verbreitung überschneidet sich mit der von 149, 151 (selten) und 153. Die große schwarzköpfige Unterart der Anden (f) kann mit 153 verwechselt werden. In Gefangenschaft s. auch 152 und 154 (Tafel 46). Drei Unterarten, alle abgebildet. Diskussion, s.Text.
- a ♂ **ad. Brutkleid** *O.j.jamaicensis* : Nordamerika und Europa
- b ♂ **ad. Ruhekleid** *O.j.jamaicensis*
- c ♀ **ad.** *O.j.jamaicensis*
- d **Juv.** *O.j.jamaicensis* : Wie c, jedoch matter, Wangenstreifen weniger deutlich und Schwanzfederenden abgenutzt.
- e ♂ **ad. Brutkleid** *O.j.andina* : Kolumbien. Wangenzeichnung variabel (s.Text).
- f ♂ **ad. Brutkleid** *O.j.ferruginea* : Südkolumbien bis Feuerland. Groß, mit schwarzem Kopf und langem Schnabel (vgl.153a).
- g ♀ **ad.** *O.j.ferruginea* : Groß, sehr dunkel, mit nur schwacher Wangenzeichnung (vgl. 153c).

153 Bindenruderente *Oxyura vittata*   S. 283

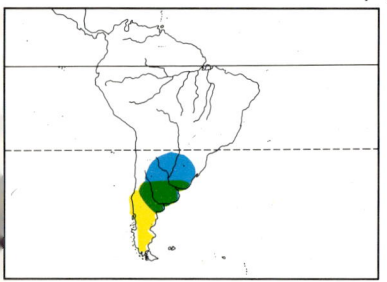

Südliches Südamerika. Süßwasserseen im Tiefland. Kommt im Süden der Verbreitung lokal gemeinsam mit 150f/g vor. 153 ist kleiner, hat einen kürzeren Schnabel und längeren Schwanz. Der Hals des ♂ ist ganz schwarz. Die Kopfzeichnung des ♀ ist breit und kräftig. Vergleiche in Gefangenschaft auch mit 152 und 154 (s.Text).
- a ♂ **ad. Brutkleid**
- b ♂ **ad. Ruhekleid**: Wie c, Gefieder aber oft rötlicher.
- c ♀ **ad.**: Wie 150c, aber vor allem an den Flanken dunkler.
- d **Juv.**: Wie c, jedoch heller, Federränder gelblicher und Schwanzfederenden bis auf den Schaft abgenutzt.

Systematischer Teil

Familie Anseranatidae (Spaltfußgänse)

Eine ungewöhnliche „Gans", die mit den Sporengänsen Afrikas (36) eine gewisse Ähnlichkeit besitzt. Sie vermittelt zwischen den echten Entenvögeln und den landbewohnenden, hühnerähnlichen Wehrvögeln (Anhimidae) Südamerikas. Die Sonderstellung dieser seltsamen Vögel zeigt sich an der langen Hinterzehe, den nur angedeuteten Schwimmhäuten, der sukzessiven Schwingenmauser ohne Verlust der Flugfähigkeit, der stark verlängerten Luftröhre und den häufigen „Familientrios" (ein ♂ und zwei ♀).

1 Spaltfußgans   Tafel 3
Anseranas semipalmata
Englisch: Magpie Goose

Weicht unter den Entenvögeln am stärksten von dem gemeinsamen Typus ab. Verbindet die Schwäne, Gänse und Enten mit ihren weitgehend landlebenden Verwandten, den Wehrvögeln.

Feldkennzeichen: Länge 75 - 85 cm. *Am Boden* - Die gänseähnliche Gestalt und Größe, verbunden mit dem schwarz-weißen Gefieder schließen eine Verwechslung mit anderen australischen Wasservögeln aus. Kopf, Hals, ein großer Flügelanteil und die Schultern sind schwarz. Das übrige Gefieder ist weiß. Bei Juv. ist das Schwarz matter und stumpfer als bei Ad. Kein saisonaler Kleiderwechsel. Während der Trockenzeit kann das Gefieder vom stehenden Wasser eine rostfarbene Tönung annehmen. *Im Flug* - Die Flügel werden ziemlich langsam und wuchtig bewegt. Sie sind breit, am Ende gerundet und deutlich gefingert. Von unten gesehen ergibt sich ein starker Kontrast zwischen dem Schwarz von Schwingen, Kopf, Hals und Schwanz und dem Weiß der Unterflügeldecken und des Körpers. Von oben erscheinen die Flügel überwiegend schwarz. Durch den Gegensatz zwischen der Weißfärbung von Rücken, Kleinen Flügel- und Oberschwanzdecken sowie der Schwarzfärbung von Schwanz, Bürzel, Hals und Kopf ergibt sich ein bezeichnendes Schwarzweißmuster.
Stimme: Beide Geschlechter sind recht stimmfreudig. Sie rufen sowohl am Boden als auch im Flug. Der laute, gänseartige Schrei klingt beim ♂ lauter und höher als beim ♀. Im typischen Fall wird der Ruf eines ♂ von einem oder mehreren ♀ beantwortet. Spaltfuß. rufen am Boden mit erhobenem Kopf zumeist in langsamer Folge. Schnelle Rufreihen regen andere Mitglieder des Trupps zum Mitschnattern an.
Beschreibung: Geschlechter gleich gefärbt. ♂ deutlich größer als ♀, mit ausgeprägterem Scheitelhöcker. Der Höcker entwickelt sich mit zunehmendem Alter. Die jungen ♂ sind daher im Freiland schwer anzusprechen. *Ad.-* Kopf, Hals, Vorderbrust, großer Flügelanteil, Bürzel, Schwanz und Schenkel schwarz. Unterseite, Vorderrücken, Unterflügeldecken, Kleine Oberflügeldecken und Oberschwanzdecken weiß. *Juv.* - Gleichen den Ad., die schwarzen Gefiederanteile sind aber mehr stumpf rußfarben. Die weißen Gefiederpartien erscheinen graubraun beschmutzt.
Federlose Partien: Schwimmhäute zwischen den Zehen nur angedeutet. Schnabel recht lang und gerade mit gut ausgebildetem Nagel. Schnabelfärbung fleischfarbengelblich oder -rötlich mit schwärzlichem Vorderabschnitt und grauem Nagel. Die bis zum Auge reichende nackte Haut der Schnabelwurzel ist gewöhnlich matt fleischfarben, in der Brutzeit aber rot. Läufe und Zehen mattgelb. *Juv.-* Kein Scheitelhöcker. Schnabel schwärzlichgrau. Füße mehr fleischfarben, weniger gelblich.
Maße: ♂ merklich größer als ♀. ♂- Flügel 368-450; Lauf 90-105; Schnabel 72-92; mittleres Gewicht 2766. ♀- Flügel 356-418; Lauf 80-92; Schnabel 63-82; mittleres Gewicht 2071.
Geographische Variabilität: Keine.
Lebensweise: Das ganze Jahr hindurch ausgesprochen gesellig. Gewöhnlich in Familienverbänden, in bevorzugten Lebensräumen kann es aber auch zu gewaltigen Ansammlungen kommen. Grast vorwiegend an Land, kann aber auch watend, schwimmend und gründelnd Nahrung suchen. Schwimmt mit auffällig hohem Hinterkörper. Baumt mühelos auf, hat dazu aber im Freiland selten Gelegenheit. Brutbeginn mit dem Einsetzen der Regenzeit (Oktober/November). Einige ♂ verpaaren sich mit zwei ♀. Die Eier werden dann von beiden in dasselbe Nest gelegt. Paarbindung anscheinend von lebenslanger Dauer. Brütet kolonieartig. Die Nestabstände sind von den jährlich wechselnden Nistplatz- und Ernährungsbedingungen abhängig.
Biotop: Überflutete und trockene Niederungen tropischer Flüsse, Sümpfe und feuchtes Grasland. Gewöhnlich nicht weiter als 80 km von der Küste entfernt.
Verbreitung: Brütet in weiten Bereichen Nordaustraliens und im südlichen Neuguinea. Recht seßhaft. Streicht während der Trockenzeit auf der Suche nach geeigneten Feuchtgebieten umher. In einigen Gegenden auch ausgedehntere Wanderungen. Nordaustralische Vögel ziehen z.B. nach Neuguinea, wo dann die Bestände zeitweilig stark anwachsen. In Zeiten ungewöhnlicher Trockenheit kann es zu weiten, ungerichteten Wanderungen kommen. Dann können Spaltfußgänse in fast ganz Australien auftreten. Wenige erreichen auch Südaustralien. Irrgäste sind sogar auf Tasmanien gesichtet worden. Es ist aber anzunehmen, daß es sich bei der Mehrzahl dieser Beobachtungen um Gefangenschaftsflüchtlinge handelt. In jüngster Zeit sind in Victoria Versuche zur Wiederansiedlung unternommen worden, bisher aber noch mit geringem Erfolg.
Bestand: In Nordaustralien örtlich häufig. Hier werden die Spaltfußgänse legal bejagt. Im übrigen Australien sind sie geschützt. Die Brutvorkommen im südlichen Australien sind wegen anhaltend starker Bejagung erloschen. Die bevorzugten Lebensräume werden durch Entwässerung und intensive landwirtschaftliche Nutzung zunehmend gefährdet. In den Flußniederungen zwischen Darwin und Arnhem Land wurde der Bestand 1955-58 auf 350.000 geschätzt. Der Gesamtbestand ist bisher noch nicht erfaßt worden.
Literatur: Frith 1967, Tulloch und McKean 1983.

Familie Anatidae (Entenvögel)
Unterfamilie Dendrocygninae (Pfeifgänse)

Tropische Entenvögel. Der ebenfalls gebräuchliche Name „Baumenten" ist irreführend, da einige der hier zusammengefaßten Arten niemals aufbaumen. Entenartige Vögel mit recht langen Beinen und Hälsen und einem kurzen Körper. Mehrere Arten sind gleichermaßen auf dem trockenen Land wie auf dem Wasser zuhause. Zumeist sind sie ausgesprochen gesellig. Auf den Nahrungsgründen und an den Schlafplätzen versammeln sich große Scharen. Die Paarbindung ist oft von lebenslanger Dauer. Im Flug sind die Pfeifgänse an ihrer eigentümlichen Gestalt verhältnismäßig leicht zu erkennen. Sie wirken etwas bucklig. Der Hals ist auffällig lang. Die Flügel sind breit mit schwärzlicher Unterseite. Der Flügelschlag ist flach. Die Beine sind so lang, daß die Zehen den Schwanz überragen. Von den meisten Arten sind im Flug schrill pfeifende Rufe zu hören. Es gibt keine geschlechtsspezifisch oder saisonal verschiedenen Kleider. Die Juv. sind nur in den ersten Wochen an einem eintönigeren, matteren Jugendkleid erkennbar. Die Immaturen erlangen recht schnell das Aussehen der Ad.

2 Tüpfelpfeifgans   Tafel 1
Dendrocygna guttata
Englisch: Spotted Whistling Duck

Eine verhältnismäßig unbekannte Pfeifgans der Ostindischen Inseln und Neuguineas. Sie ist, trotz einer gewissen Ähnlichkeit mit der Kubapfeifgans (8), doch wohl am nächsten mit der Gelbfußpfeifgans (3) Australiens verwandt.

Feldkennzeichen: Länge 43-50 cm. **Am Boden** - Eine dunkle, mittelgroße Pfeifgans, die der Kubapfeifgans von den Karibischen Inseln ähnlich sieht. Sie unterscheidet sich von dieser durch die geringere Größe, die verschwommen rötliche Färbung von Füßen und Schnabel, den schwärzlichen Zügel und die Fleckung auf Brust und Flanken. Ihr Verbreitungsgebiet überschneidet sich mit dem der Wanderpfeifgans (5). Diese ist jedoch an Kopf, Hals und Flanken weit heller. Ihr Bauch und ihre Flanken sind rötlich gelbbraun und an den Flanken hat sie einen auffälligen weißgelben Streifen. Ihr Schnabel und ihre Füße sind schwarz. Beide Arten treten gelegentlich in gemischten Schwärmen auf. Beachte: In Neuguinea ist auch die Gelbfußpf. beobachtet worden. **Im Flug** - Von typischer Pfeifgansgestalt. Erscheint sehr dunkel und weitgehend einheitlich gefärbt. Die lichteren Kopfseiten und die hellere Bauchmitte bilden mit den dunklen, weißgefleckten Flanken und der dunklen Brust einen gewissen Kontrast. Die Flankenfleckung ist nur aus der Nähe erkennbar. Bei der Wanderpf. heben sich der helle Kopf und Hals deutlich von der fuchsroten Unterseite ab. Junge Wanderpf. haben jedoch ebenfalls eine hellere Bauchmitte. Die auffallend weißlichen Oberschwanzdecken der Wanderpf., die am besten sichtbar werden, wenn sie vor dem Beobachter aus dem Wasser auffliegen, sind ein sehr brauchbares Unterscheidungsmerkmal. Die Oberschwanzdecken der Tüpfelpf. erscheinen, obgleich sie gesprenkelt sind, im Flug doch einheitlich schwärzlich.

Stimme: Im allgemeinen weniger ruffreudig als die anderen Pfeifgänse. Im Flug erzeugen die Flügel ein stark schwirrendes Geräusch. Die Partner eines Paares halten, zumindest in der Gefangenschaft, durch stetig wiederholte Pfeiflaute miteinander Kontakt. Weitere Lautäußerungen sind ein pfeifendes „whie-au", eine Rufreihe „whie-e-whju-whju-" und einige tiefe, rauhe Laute.

Beschreibung: Geschlechter gleich. **Ad.-** Oberkopf, Oberhals, Kragen, Augenfleck und Zügel schwärzlich. Kopf- und Halsseiten, Überaugenstreif und Kehle schmutzig grauweiß. Brust und Flanken rotbraun und dicht mit weißen, schwarzgerandeten Flecken übersät. Die Fleckung ist auf den schwärzlichen Flanken am auffälligsten. Die Zeichnung erstreckt sich bis auf die Ober- und Unterschwanzdecken. Die Bauchmitte bis zur Afterregion matt weißlich. Oberseite und Schwanz dunkelbraun. Die Federn hier mit rostfarbenen Säumen. Auf der Oberseite sind diese Säume am breitesten. Die Federn erscheinen daher warm braun mit dunkler Mitte. **Juv.-** Gleichen den Ad., sind aber blasser, weniger rötlichbraun und ohne Fleckung an der Brust. Die Zeichnung ist allgemein weniger ausgeprägt, da die weißlichen, dunkelgerandeten Flankenfedern mehr den Eindruck einer Streifung als einer Fleckung ergeben.

Federlose Partien: Schnabel immer dunkelgrau und an der Basis wie an den Rändern reichlich fleischfarben gesprenkelt. Füße dunkelgrau mit fleischfarbenem Anflug auf Lauf und Zehen. Schwimmhäute einfarbig dunkelgrau. Iris dunkelbraun.

Maße: Geschlechter gleich. Flügel 212-223; Lauf 47-51; Schnabel 41-46; mittleres Gewicht ca. 800.

Geographische Variabilität: Keine.

Lebensweise: Trotz des ziemlich ausgedehnten Verbreitungsgebietes sind die Tüpfelpf. im Freiland noch wenig untersucht worden. Gewöhnlich sind sie paarweise oder in kleineren Trupps anzutreffen. Gerne sitzen sie auf aus dem Wasser ragenden Ästen oder Bäumen. An bevorzugten Schlafplätzen können sich Ansammlungen mehrerer Hundert Tüpfelpf. bilden. Auf den Kronen großer, abgestorbener Bäume fallen hier bis in die Dunkelheit hinein ständig kleinere Flüge ein. In Gegenden, wo die Tüpfelpf. besonders zahlreich sind, kann es auch auf den Nahrungsgründen zu größeren Konzentrationen kommen. Auf Neuguinea bilden sich an solchen Stellen nicht selten gemischte Schwärme aus Tüpfel- und Wanderpf. Da im südlichen Neuguinea im März Jungenschofe gesehen, im April ♀ mit legereifen Eiern erbeutet und im September Bruten beobachtet wurden, scheint die Brutperiode zeitlich nicht festgelegt oder zumindest nicht ausgedehnt zu sein. Einigermaßen sicher ist, daß die Hauptbrutzeit im September mit dem Einsetzen der Regenfälle beginnt. Zum Nisten werden hohle Bäume aufgesucht. Das Brutverhalten ist bisher noch wenig bekannt.

Biotop: Sumpf- und Marschland der Niederungen sowie Seen mit ausgedehnten, grasbewachsenen Ufern und Baumbestand.

Verbreitung: Ein lokal recht häufiger Standvogel. Auf den größeren Ostindischen Inseln ziemlich weit verbreitet. Tüpfelpf. kommen ebenfalls auf den Philippinen (Mindanao, Basilan), in Neuguinea und auf dem Bismarckarchipel vor.

Bestand: Über den derzeitigen Status ist kaum etwas bekannt. Zweifellos auf einigen Inseln durch die Intensivierung der Landwirtschaft bedroht. Um die Mitte der 60er Jahre im Flachland Neuguineas noch recht häufig und weit verbreitet. Die Art ist wohl noch nicht akut gefährdet.
Literatur: Delacour 1954-64, Johnsgard 1978.

3 Gelbfußpfeifgans Tafel 1
Dendrocygna eytoni
Englisch: Plumed Whistling Duck

Eine elegante Pfeifgans der tropischen Steppen des nördlichen und östlichen Australien. Die fahle Färbung und die verlängerten Flankenfedern bilden eine einzigartige Merkmalskombination.

Feldkennzeichen: Länge 40-45 cm. **Am Boden** - Langbeinige, zierliche Pfeifgans, die sich oft in großen Scharen an Seeufern in offener Landschaft aufhält. Allgemeiner Farbeindruck fahlbraun. Die Oberseite ist matt graubraun. Hals und Unterseite sind mehr hellbraun. Das wohl markanteste Merkmal sind die verlängerten, aufgebogenen, strohfarbenen Flankenfedern, die gewöhnlich bis über die Rückenlinie hinausragen. Durch den rotbraunen, schwarz gebänderten vorderen Flankenbereich wird die Wirkung der Flankenzeichnung noch betont. Das Verbreitungsgebiet überschneidet sich nur mit dem der Wanderpfeifgans (5). Deren Haltung ist aber sowohl an Land als auch auf dem Wasser weniger aufgerichtet. Sie hat keine verlängerten Flankenfedern, schwarze - nicht rosa - Füße und eine intensiver gefärbte, fast einheitlich rötlichgelbbraune Unterseite. Diese Unterschiede können, vor allem beim Schwimmen, auf größere Entfernung schwer auszumachen sein. Die Gelbfußpf. liegt im allgemeinen hoch im Wasser und hält ihren Hals hochgereckt. Die Wanderpf. schwimmt tiefer eingetaucht mit mehr angezogenem Kopf. Ihr heller Flankenstreifen verläuft dicht über der Wasserlinie. **Im Flug** - Von typischer Pfeifgansgestalt. Die Flügel sind länger und enden spitzer als bei der Wanderpf. Mit dieser verglichen, erscheint die Gelbfußpf. auf der Unterseite fast eintönig hell. Auch die Flügelunterseiten sind hellbraun. Der Körper und die Flügel der Wanderpf. wirken von unten gesehen wesentlich dunkler. Hals und Kopf sind deutlich hell abgesetzt. Das beim Auffliegen gut sichtbare weiße Band auf den Oberschwanzdecken ist bei der Wanderpf. besonders auffällig.
Stimme: Im Schwarm sowohl am Boden als auch im Flug sehr ruffreudig. In das anhaltende schnatternde Zwitschern sind immer wieder Pfiffe eingestreut. Der typischste Ruf ist ein schrilles, hohes „wä-tschu", das zu einem pfeifenden Zwitschern wiederholt werden kann. Die Flügel erzeugen ein pfeifendes Fluggeräusch.
Beschreibung: Geschlechter weitgehend gleich. Die ♂ scheinen ein wenig längere Flankenfedern zu besitzen. **Ad.**- Oberkopf, Oberhals und Brust sandfarben braun. Die Färbung der Brust am hellsten. Flanken rotbraun mit vertikaler, schwarzer Bänderung. Die hinteren Flankenfedern hell bräunlichgelb mit schmalem schwarzen Saum. Sie sind stark verlängert und zugespitzt. Afterregion und Unterschwanzdecken gelblichweiß. Oberschwanzdecken braungelb mit dunkler Sprenkelung. Bürzel und Schwanz dunkelbraun. Oberseite oliv braungrau, auf dem Flügel am dunkelsten. Unterflügeldecken blaßbraun. **Juv.**- Matter als die Ad., Flankenfedern nicht so lang und mit breiterem schwarzen Saum. Der vordere Flankenabschnitt heller und kaum gezeichnet.
Federlose Partien: Schnabel immer fleischfarbenrosa mit dunkler Fleckung. Füße fleischfarben rosa. Iris blaßgelb oder blaßorange.
Maße: Geschlechter gleich. Flügel 215-245; Lauf 53-56; Schnabel 37-49; mittleres Gewicht ca. 790.
Geographische Variabilität: Keine.
Lebensweise: Ein Bewohner der offenen, baumlosen Landschaft. Gesellig und zumeist in gewaltigen Schwärmen. Einzelne vergesellschaften sich gern mit Wanderpf. Nahrungssuche bei Nacht. Sie ruhen bei Tage dicht gedrängt an Seeufern. Der Strich zu den Nahrungsgründen setzt am späten Nachmittag ein und dauert bis in die Dunkelheit. Die Nahrungsplätze können bis zu 30 km von den Ruhegewässern entfernt sein. Rückkehr zu den Ruheplätzen in der Morgendämmerung. Nahrungssuche an Land auf trockenem oder feuchterem Grasland. Außer in der Brutzeit die meiste Zeit an Land. Schwimmt nicht sonderlich gerne. Kann gründeln, taucht aber niemals. Die Schwärme lösen sich bei Beginn der Regenzeit zunehmend auf. Die Gelbfußpf. verteilen sich dann über weite Landstriche. In manchen Regionen entsteht so der Eindruck eines mehr oder weniger nomadischen Verhaltens. Das Nest ist eine flach ausgescharrte Mulde unter einem Busch oder im hohen Gras. Neststand gewöhnlich im feuchten und üppigen Grasland nicht weit vom Wasser entfernt. In dem geschlossenen Brutgebiet Nordaustraliens beginnt die Brutperiode im Februar oder März, in den mehr lokalen, südlicheren Populationen dagegen im September oder Oktober. Die Brutbereitschaft ist in hohem Maß von der Ergiebigkeit der Regenfälle abhängig. In sehr trockenen Jahren verzögert sich der Brutbeginn. Oft schreitet dann auch nur ein Teil der Population zur Brut.
Biotop: Offenes Grasland mit eingestreuten Tümpeln und Seen, Randbereiche von Sümpfen und Buchten in Flußmarschen, künstlich angelegte Wasserbecken.
Verbreitung: Im nördlichen und nordöstlichen Australien weit verbreitet. Dringt in jüngster Zeit weiter nach Ostaustralien vor. Das Hauptbrutgebiet erstreckt sich vom nordöstlichen Westaustralien über die Ebenen der Nordterritorien und von Queensland bis zum nordöstlichen New South Wales. Innerhalb dieses Gebietes kommt es zu saisonalen Wanderungen. Die Gelbfußpf. verhalten sich, zumindest zeitweilig, nomadisch. In Jahren mit starken Regenfällen können sie weit außerhalb ihres normalen Verbreitungsgebietes erscheinen. Hier können sich dann sporadische Brutvorkommen entwickeln. In der Mitte der 50er Jahre kam es im äußersten Südosten des Landes, am Murry River, zu einer Einwanderung, aus der sich inzwischen eine lokale Brutpopulation entwickelt hat. Während anhaltender Dürreperioden im tropischen Australien fliegen viele Gelbfußpf. weit nach Süden. Derartige Wanderungen sind auch die Erklärung dafür, daß einzelne Individuen sehr weite Flüge unternehmen können. 1959 und 1961 wurden während einer anhaltenden Trockenheit in Nordaustralien im südlichen Neuguinea mehrere Gelbfußpf. erbeutet. Irrgäste sind auf Tasmanien und sogar auf Neuseeland (eine Beobachtung) gesehen worden.
Bestand: Der Gesamtbestand ist bisher noch nicht erfaßt worden. Im Hauptbrutgebiet besteht für die Art sicher keinerlei Gefahr. Die Dichte menschlicher Siedlungen ist dort gering. Die Jagd hat daher auf die

Bestandszahlen kaum einen Einfluß. Die vereinzelten südlichen Vorkommen sind geschützt. Dennoch können sich diese lokalen Kleinpopulationen wohl nur begrenzte Zeit erhalten. Ihr Erlöschen ist eher auf natürliche Faktoren als auf die Verfolgung durch den Menschen zurückzuführen.
Literatur: Frith 1976.

4 Gelbbrustpfeifgans Tafel 2
Dendrocyga bicolor
Englisch: Fulvous Whistling Duck

Das enorm große Verbreitungsgebiet dieser Pfeifgans erstreckt sich über vier Kontinente. In dieser Hinsicht ist sie mit der Glanzente (37) vergleichbar.

Feldkennzeichen: Länge 45-53 cm. *Am Boden* - Gleicht einer großen „Ausgabe" der Javapfeifgans (6). Beide Arten kommen aber nur in Asien nebeneinander vor. Der Oberkopf ist sattbraun und nur wenig dunkler als die rötlichgelbbraunen Kopfseiten. Entlang der Mitte des Hinterhalses verläuft ein dunkles Band. Die Javapf. hat einen deutlich dunkleren Oberkopf, der einer flachen Kappe gleicht. Der Hinterhals ist bei ihr nur wenig dunkler als die Halsseiten und niemals schwärzlich. Die Halsseiten der Gelbbrustpf. sind heller als der Kopf und mit feinen dunklen Streifen gezeichnet. Bei der Javapf. sind Hals und Kopf gleich gefärbt. Am Hinterkörper der Gelbbrustpf. fallen die weißlichen Oberschwanzdecken auf. Bei der Javapf. sind sie rotbraun. Die Gelbbrustpf. ist wesentlich größer und hagerer als die Javapf. Sie ist weniger gesellig und schließt sich, zumindest in Indien, nicht zu großen Schwärmen zusammen. Einzelne Gelbbrustpf. können sich aber unter die Schwärme der Javapf. mischen. Die Juv. beider Arten sind blasser als die Ad. Juv. Gelbbrustpf. kann die helle Oberschwanzzeichnung fehlen. Ein brauner, kaum jemals schwärzlicher Oberkopf ist dann eine wertvolle Erkennungshilfe. Normalerweise sind die so gefärbten Juv. noch in der Begleitung von Ad., was die Bestimmung natürlich erleichtert. Auch mit jungen Glanzenten, die ebenfalls gelegentlich aufbaumen, ist eine Verwechslung möglich. Deren Gestalt ist aber gedrungener. Ihre Kappe und ihr Überaugenstreif sind dunkel. An Kopf und Unterseite sind sie schmutzigbraun gefärbt. In Südamerika und Afrika ist auch auf junge Witwenpfeifgänse (7) zu achten. Diese haben einen schwarzen Oberkopf, eine ausgedehnte Flankenbänderung, eine rostfarbene Brust und schwarze Oberschwanzdecken. *Im Flug* - Von typischer Pfeifgansgestalt. Von unten gesehen heben sich die dunklen Unterflügel von der einheitlich hell gelbbraunen Unterseite ab. Die Oberseite erscheint weitgehend dunkel. Das einzige wirklich auffällige Merkmal ist hier der hufeisenförmige, weiße Fleck am Schwanzansatz. Daran ist die Gelbbrustpf. sofort von der Javapf. mit ihren satt rotbraunen Oberschwanzdecken zu unterscheiden.
Stimme: Am Boden wie im Flug äußerst rufreudig. Der typische Flugruf ist ein an Watvögel erinnernder, feiner Pfiff „k-wieu", der gewöhnlich mehrfach wiederholt wird. Bei Auseinandersetzungen erklingt ein rauhes, wiederholtes „kie". Aus dem Schwarm sind beide Rufe zu hören. Im Flug erzeugen die Flügel ein dumpfes Geräusch.
Beschreibung: Geschlechter gleich. **Ad.**- Oberkopf und Nacken satt rotbraun. Hinterhals schwärzlichbraun. Kopfseiten, Hals und nahezu die ganze Unterseite rötlich gelbbraun. Halsseiten in der Mitte fast weißlich mit feiner dunkler Streifung. Federn am oberen Flankenrand gelblichweiß mit schwarzen Außenfahnen, wodurch der Eindruck einer schwachen Streifung entsteht. Oberschwanzdecken und Afterregion gelblichweiß. Gefieder der Oberseite dunkelbraun, am dunkelsten auf dem Flügel und Bürzel, mit rötlichbraunen Säumen. Unterflügel schwärzlich. Schwanz schwärzlich und dadurch deutlich gegen die weißen Oberschwanzdecken abgesetzt. **Juv.**- Den Ad. ähnlich, aber deutlich blasser und grauer. Das Flankenmuster noch kaum ausgebildet. Die Oberschwanzdecken zunächst grau und nicht weiß.
Federlose Partien: Schnabel und Füße immer dunkelgrau. Iris dunkelbraun.
Maße: ♂ im Mittel ein wenig größer als ♀. Flügel 203-225; Lauf 55-61; Schnabel 44-48; mittleres Gewicht ca. 680.
Geographische Variabilität: Trotz der Verbreitung über drei verschiedene Faunenregionen lassen sich keine Unterarten unterschieden.
Lebensweise: Gesellig, bildet aber gewöhnlich weit kleinere Flüge als die Javapf. Vergesellschaftet sich gern mit anderen Entenarten. Wo Gelbfußpf. häufig sind, kann es auch zu größeren Schwärmen kommen. Nahrungssuche bevorzugt bei Nacht auf seichten Seen und Tümpeln mit dichtem Röhrichtgürtel. Manchmal auch auf überfluteten Reisfeldern. Ernährt sich gründelnd oder von der Oberfläche schnatternd. Kann erstaunlich gut tauchen. Trupps tauchen oft gemeinsam. Baumt selten auf, ist aber gut zu Fuß. Ruht am Tage gemeinschaftlich an Land oder auf dem Wasser nicht weit von den Nahrungsgründen entfernt. Allgemein scheu und wachsam. Bei der großen Ausdehnung des Verbreitungsgebietes ist es nicht erstaunlich, daß der Brutbeginn variiert. Brütet in Indien vorwiegend während der Zeit des Sommermonsuns im Juli und August. Im südlichen Afrika wird ebenfalls die Regenzeit bevorzugt. Dagegen wird nördlich des Sambesi mehr in den trockenen Monaten gebrütet. Eine Auswahl afrikanischer Brutangaben: Ghana und Nigeria - Juli bis September, Uganda - Mai und Juni, Südafrika - Dezember bis März. Diese Angaben deuten schon an, daß die Situation in Afrika recht komplex ist. Brutperioden auf dem amerikanischen Doppelkontinent: Argentinien - November bis Februar, Kolumbien - Januar und Februar, südliche USA - April bis September. Brütet kolonieartig. Nester recht nah beieinander an Süßgewässern im Röhricht. In Indien angeblich vorwiegend Baumbrüter, der in hohlen Bäumen nistet. Soll auch verlassene Nester größerer Vögel wie Milan oder Krähe übernehmen.
Biotop: Verschiedenste Süßwasserfeuchtgebiete in der offenen Landschaft des Flachlandes. Dichter bewaldete Regionen werden gemieden. Lokal auch an Sümpfen und Seen des Hochlandes. Bevorzugt Gewässer mit dichtem Röhrichtgürtel und reichlich Wasserpflanzen. Auch auf Reisfeldern, z.B. in den südlichen USA.
Verbreitung: Ein lokal verbreiteter Standvogel. In Nord und Südamerika, Afrika und auf dem Indischen Subkontinent können aber auch recht ausgedehnte Wanderungen beobachtet werden. In Amerika erstreckt sich das Brutgebiet von den Tiefländern im nördlichen Südamerika (Nordargentinien im Süden, Kolumbien im Osten), über Mittelamerika bis in den Süden der USA, wo in jüngerer Zeit weitere Flachlandgebiete besiedelt wurden. Die Gelbbrustpf. dringt

auch weiter auf die Karibischen Inseln vor. Sie brütet inzwischen auf Kuba und einigen der Großen Antillen. In Afrika südlich der Sahara ist sie über die Sahelzone vom Senegal bis nach Äthiopien und südwärts über den ganzen Osten des Kontinents bis nach Südafrika verbreitet. Sie kommt auch auf Madagaskar vor. In Afrika handelt es sich aber nicht um ein geschlossenes Vorkommen, sondern um lokale Populationen mit saisonalen Fluktuationen und Wanderungen. Nördlich der Sahara sind nur ganz selten Irrgäste gesichtet worden. Wahrscheinlich kamen diese aus Westafrika. 1977 erreichte ein Flug Marokko, wo es möglicherweise auch zur Brut kam. Je eine Meldung auch aus Südspanien und Südfrankreich. Die indische Population ist überall kleinflächig verbreitet und wenig seßhaft. Ansiedlungen hängen von den örtlichen Niederschlägen ab. Die Hauptverbreitungszone umfaßt das nordöstliche Bangladesch. Es liegen aber von dem ganzen Subkontinent, Burma und Pakistan eingeschlossen, Brutbeobachtungen vor. Irrgäste sind im Süden bis nach Sri Lanka und im Norden bis nach Nepal gelangt.

Bestand: Überall mehr lokal verbreitet. Das ausgedehnte Verbreitungsgebiet und die örtlich hohe Siedlungsdichte weisen darauf hin, daß die Gelbbrustpf., einige Populationen Indiens vielleicht ausgenommen, nirgendwo ernsthaft bedroht ist. In Afrika muß die zunehmende Austrocknung der Sahelzone auf die dortigen Bestände verheerend gewirkt haben. Immerhin hat aber eine Zählung in den wichtigsten Feuchtgebieten Westafrikas, bis hin zum Tschad, im Januar 1984 einen Bestand von etwa 70.000 ergeben.

Literatur: Ali und Ripley 1968, Brown et al. 1982, Jepson und Baker 1984, Roux und Jarry 1984.

5 Wanderpfeifgans   Tafel 1
Dendrocygna arcuata
Englisch: Wandering Whistling Duck

Eine verbreitete, an das Wasser gebundene Pfeifgans des nördlichen Australien und der Ostindischen Inseln. Sie zeigt eine Kombination von Merkmalen der Java- (6) und der Gelbbrustpfeifgans (4). Ihr Verbreitungsgebiet überschneidet sich aber nur mit dem der Javapf.

Feldkennzeichen: Länge 40-45 cm. *Am Boden* - Eine sehr gesellige Pfeifgans, die weitgehend im gleichen Gebiet wie die Gelbfußpf. (3) vorkommt. Im Unterschied zu dieser hält sich die Wanderpf. vorwiegend auf dem Wasser auf und taucht auch gelegentlich. Beim Schwimmen ist der Körper tiefer eintaucht und der Kopf weniger aufgerichtet als bei der Gelbfußpf. Sie wirkt untersetzter als die Gelbfußpf., hält sich an Land weniger aufrecht, hat einen kürzeren Hals und kürzere Beine. Sie besitzt keine stark verlängerten Flankenfedern sondern nur ein helles Flankenband, das sich von der hell fuchsroten Unterseite gut absetzt. Die dunkle Färbung von Oberkopf und Oberhals und die blassen Kopf- und Halsseiten lassen sie, verglichen mit der fast einfarbigen Gelbfußpf., weit stärker gemustert erscheinen. Ihr Schnabel und ihre Beine sind schwärzlich, nicht rosafleischfarben. Oberflächlich ähnelt sie der Javapf., mit der sie auf einigen ostindischen Inseln gemeinsam vorkommt. Diese hat aber keinen dunklen Hinterhals und einen nur in der Kopfmitte dunklen Oberkopf, also keine bis zum Auge reichende Kappe. Die Flankenzeichnung der Javapf. ist weniger ausgeprägt. Ihr fehlt auch die für die Wanderpf. bezeichnende verschwommen dunkle Schuppung der Brust. Ebenso ist die Färbung der Oberschwanzdecken verschieden. Bei der Javapf. sind sie kastanienbraun und bei der Wanderpf. gelblichweiß. Vergleiche auch mit der Tüpfelpf. (2).

Im Flug - Von typischer Pfeifgansgestalt. Die hellen Kopf- und Halsseiten, die hell fuchsrote Unterseite sowie die schwärzliche Färbung von Oberkopf, Oberhals und Unterflügel ergeben, von unten gesehen, ein kontrastreiches Bild. Von oben gesehen setzen sich die weißen Oberschwanzdecken deutlich von dem dunklen Schwanz und Bürzel ab. Bei guter Sicht kann auch die kastanienbraune Vorderkante des Flügels erkennbar sein. Die Gelbfußpf. hat vergleichsweise längere Flügel. Sie ist, vor allem von unten gesehen, einheitlicher gefärbt. Ihre Unterflügel sind heller, auch wenn sie im Schatten ausgeprägt dunkel erscheinen können. Die Unterseitenzeichnung der Javapf. ist ähnlich der der Wanderpf. Ihre Oberschwanzdecken sind aber satt rotbraun. Vergleiche auch mit der Tüpfelpfeifgans (2).

Stimme: Im Schwarm sowohl auf dem Wasser als auch im Flug sehr ruffreudig. Der pfeifende Ruf gleicht dem der Gelbfußpf., ist aber ein wenig leiser. Er wird einzeln geäußert oder zu einem schrillen Zwitschern wiederholt. Die Flügel erzeugen ein pfeifendes Fluggeräusch.

Beschreibung: Geschlechter gleich. *Ad.*- Oberkopf und Oberhals schwärzlichbraun. Die schwärzliche Kappe reicht bis zum Auge. Kopf-, Hals- und Brustseiten hell gelblichbraun. Brust und Halsansatz dunkel geschuppt. Flanken und Bauch hell fuchsrot. Die schwach verlängerten Flankenfedern hell bräunlichgelb mit schwarzen Außenfahnen. Die hinteren Bauchfedern, die Unter- und die äußeren Oberschwanzdecken gelblichweiß. Schwanz, mittlere Oberschwanzdecken und Bürzel schwärzlich. Rücken und Oberflügel dunkelbraun. Vorderrücken- und Schulterfedern mit rostroten, die Kleinen Flügeldecken mit kastanienbraunen Säumen. Unterflügel schwärzlich. *Juv.*- Matter als die Ad., mit nicht so auffälliger Flankenzeichnung. Unterseite weniger rötlichbraun. Bauch heller als die Flanken.

Federlose Partien: Schnabel und Füße immer grauschwarz. Iris braun.

Maße: Geschlechter gleich. *D.a.australis* : Flügel 196-231; Lauf 44-48; Schnabel 39-52; mittleres Gewicht ca. 735. *D.a.arcuata* : Flügel 180-203; Lauf 43-45; Schnabel 42-48. *D.a.pygmaea* : Flügel 173-183; Schnabel 41-44.

Geographische Variabilität: Verhältnismäßig gering. Nach Größendifferenzen (s.o.) werden drei Unterarten unterschieden. Die größte ist *D.a.australis* aus Australien und Neuguinea. Die Nominatform, *D.a.arcuata*, von den Ostindischen Inseln ist ein wenig kleiner. Die kleinste ist die auf Neubritannien und den Fidschiinseln isoliert vorkommende *D.a.pygmaea*. Einige Populationen mehr südlich gelegener Ostindischer Inseln sind im Mittel größer als die von weiter nördlich gelegenen. Sie nähern sich damit *D.a.australis*.

Lebensweise: Eine gesellige Pfeifgans der Seen, Sümpfe und Flußbuchten in offener Landschaft. Auf seichten Gewässern oft in großen Konzentrationen. Anders als die Gelbfußpf., mit der sie sich oft vergesellschaftet, ein ausgesprochener Wasservogel, der sich gründelnd und tauchend ernährt. Die Trupps tauchen oft gemeinsam. Nahrungssuche vorwiegend bei Tage. In den Schwärmen herrscht ein reges Treiben. Kleinere Gruppen fliegen immer wieder von hinten an die Front des Schwarmes, so daß sich dieser anhaltend vorwärts bewegt. Während der heißen Tageszeit ziehen sich die Wanderpf. auf Flachgewässer oder Ufer zurück, wo sie dichtgedrängt ruhen. Sie sind im allgemeinen scheu und vorsichtig. Beim Einsetzen der Regenzeit lösen sich die großen Ansammlungen auf. Die Paare suchen geeignete Brutplätze auf. Die Brutaktivität ist von der Ergiebigkeit der Regenfälle abhängig. Diese bestimmen auch das Ausmaß der saisonalen Wanderungen und die Brutvorkommen in normalerweise nicht besiedelten Gebieten. Wie viele australische Vogelarten, nomadisiert auch die Wanderpf. Ihr Nest besteht lediglich aus einer ausgescharrten Mulde. Es liegt gewöhnlich nahe am Wasser im Grasland. Die Brutperiode variiert in Abhängigkeit von der Niederschlagsmenge. In sehr nassen Jahren kann sie weit länger dauern als in trockenen. Im südlichen Neuguinea und nördlichen Australien dauert die Brutperiode allgemein von Dezember bis Mai und auf den Phlippinen von Januar bis Mai.

Biotop: Buchten, Seen und Sümpfe mit verhältnismäßig tiefem Wasser und reichlich Wasserpflanzen. Zeitweise auch überflutetes Grasland.

Verbreitung: In einigen Gegenden ein häufiger Stand- oder auch Gastvogel. Die isolierte Unterart *D.a.pygmaea* ist auf Neubritannien beschränkt. Die Nominatform ist auf den Philippinen, in Südborneo und Indonesien (Java, Bali, Sulawesi, Sumba, Ambon, Timor, Roti) Standvogel bzw. Teilzieher. Die Wanderpf. des nördlichen Neuguinea vermitteln zwischen der Nominatform und der Unterart *D.a.australis* aus dem südlichen Neuguinea und Nordaustralien. Im tropischen Flachland Australiens von Kimberley im Westen bis zu der zentralen Küstenregion von Queensland im Osten ist die Wanderpf. an permanenten Gewässern weitgehend Standvogel. Weiter im Süden ist sie weniger seßhaft. Ihr Auftreten ist hier weitgehend durch Dürreperioden im Norden bedingt. Gelegentlich dringt sie dann bis zum Murry River im Südosten vor. Die Ansicht, daß sie in Neuguinea nur ein Wintergast sei, hat sich nicht bestätigt. Heute weiß man, daß die Wanderpf. in der Südregion ein durchaus weit verbreiteter Standvogel ist. Dennoch gibt es zwischen den Populationen Australiens und Neuguineas einen Austausch. Dieser Zug erfolgt vorwiegend bei Nacht über die Torres Straße.

Bestand: Der Gesamtbestand ist bisher nicht erfaßt worden. *D.a.pygmaea* war auf den Fidschiinseln lange verschollen, wurde aber 1959 wiederentdeckt. Heute ist sie durch die eingebürgerten Mungos wahrscheinlich endgültig ausgerottet worden. Informationen über ihren jetzigen Status und auch über den der Population Neubritanniens sind sehr erwünscht. Die Unterart *D.a.pygmaea* ist sicher eine ernsthaft gefährdete Form. Von vielen Inselpopulationen der Nominatform gibt es nur unzureichende Berichte. Immerhin ist sie auf einigen Inseln der Philippinen noch häufig anzutreffen. Die Population Neukaledoniens scheint ausgestorben zu sein. In einigen Gebieten Neuguineas und Australiens ist die Wanderpf. örtlich häufig. Es kann aber angenommen werden, daß ihr Verbreitungsgebiet im Osten des australischen Kontinents seit dem Ende des vorigen Jh. erheblich geschrumpft ist. Die 1964 an den zwei wichtigsten Konzentrationspunkten des Nordens durchgeführte Zählung ergab für den Mary River 30.000 und für den Daly River (Northern Territory) 40.000. Zur gleichen Zeit waren in dieser Region weitere, weniger große Ansammlungen bekannt.

Literatur: Firth 1967, RAOU 1984.

6 Javapfeifgans   Tafel 2
Dendrocygna javanica
Englisch: Lesser Whistling Duck

Eine kleine, in Südostasien weit verbreitete Pfeifgans.

Feldkennzeichen: Länge 38-40 cm. **Am Boden** - Eine kleine, sehr gesellige, an das Wasser gebundene Pfeifgans des tropischen Asien. Das Verbreitungsgebiet überschneidet sich mit dem der oberflächlich ähnlichen Arten Gelbbrust- (4) und Wanderpfeifgans (5). Gewöhnlich kommt sie in größeren Schwärmen vor. Deutlich kleiner und untersetzter als die Gelbbrustpf. Von dieser ist sie am besten an den rotbraunen - nicht weißen - Oberschwanzdecken, der dunkel graubraunen Färbung auf Oberkopf und Nacken, die auf dem Oberhals und an den Halsseiten in ein helles Graubraun übergeht, dem Fehlen des weißlichen, fein gestreiften „Kragens" und dem matter und grauer erscheinenden Körper zu unterscheiden. Die Wanderpf. hat eine ausgedehntere, bis zum Auge reichende dunkle Kappe, ein dunkle Schuppung auf der Brust, eine deutlichere Flankenstreifung und weißliche Oberschwanzdecken. **Im Flug** - Von typischer Pfeifgansgestalt. Vorderflügel und Oberschwanzdecken sind, im Unterschied zur Gelbbrustpf. satt rotbraun. Der Oberflügel ist ähnlich wie bei der Wanderpf. gefärbt. Diese hat aber nicht rotbraune, sondern seitlich weiße und in der Mitte dunkle Oberschwanzdecken, ein Merkmal das beim Auffliegen besonders gut sichtbar wird. Die Flugbereitschaft der Javapf. ist verhältnismäßig gering. Aufgescheuchte Trupps fliegen gewöhnlich nicht weit, sondern kreisen in der Umgebung so, als warteten sie nur darauf, daß sie sich wieder niederlassen können.

Stimme: Ziemlich laut, insbesondere im Flug. Aus kreisenden Flügen ist unaufhörlich ein klarer, tiefer Pfiff, „whei-whie", zu hören. Daneben ertönt manchmal auch ein gedämpftes Quaken. Die Flügel erzeugen im Flug ein pfeifendes Geräusch.

Beschreibung: Geschlechter gleich. **Ad.**- Stirn und Oberkopf schwärzlich graubraun. Der übrige Kopf, der Hals und die Brust gräulich gelbbraun. Die Kehle fast weißlich. Die Halsseiten werden nach hinten zu dunkler. Flanken und Bauch sind hell rötlich gelbbraun. Entlang der oberen Flankengrenze verläuft ein unscharfer, gelblichweißer Streifen. Unterschwanzdecken und Afterregion sind weißlich. Oberseite dunkelbraun mit rotbraunen, schmalen Federsäumen. Die Kleinen Flügeldecken rotbraun. Bürzel schwärzlich. Oberschwanzdecken satt rotbraun. Schwanz dunkelbraun. Unterflügel schwärzlich. **Juv.**- Matter gefärbt, mit blasseren Federsäumen auf der Oberseite. Unterseite dunkler, weniger intensiv rötlichbraun. Oberkopf oft heller als bei Ad.

Federlose Partien: Schnabel immer schwärzlichgrau. Läufe und Zehen dunkel blaugrau. Iris dunkelbraun. Schmaler gelber Augenring.

Maße: Geschlechter gleich. Flügel 170-204; Lauf 40-50; Schnabel 38-42; Gewicht 450-600.

Geographische Variabilität: Keine.

Lebensweise: Eine gesellige kleine Pfeifgans tropischer Süßwasserseen und -teiche. Nahrungssuche in kleinen Gruppen im dichten Wasserpflanzenbewuchs. Auf dem Wasser oft daran auszumachen, daß

die hochgereckten Köpfe aus dem Bewuchs sichernd herauslugen. Die Nahrung wird zumeist schnatternd von der Oberfläche, oft aber auch tauchend aufgenommen. Weidet manchmal auch an Land, dann aber immer in Gewässernähe. Nahrungssuche, je nach Ausmaß der Störungen, bei Tag oder bei Nacht. Ruht immer nahe den Nahrungsgründen auf Bäumen, überfluteten Ästen oder auch kleinen Inseln. In einigen Gegenden ziehen sich die Javapf. zum Ruhen auf geschützte Meeresbuchten oder Lagunen zurück und fliegen von dort aus am Abend zur Nahrungssuche auf die Reisfelder. Sie werden daher in manchen Reisbaugebieten als Schadvogel angesehen und entsprechend stark verfolgt. Auch wenn sie eine besondere Vorliebe für Reis haben sollten, werden von ihnen sicher auch eine Menge Insekten vertilgt, was den eventuellen Schaden zumindest aufwiegen dürfte. Normalerweise in Flügen von 20-50. Bei häufigerem Vorkommen können auch Schwärme von bis zu 1.000 beobachtet werden. Beim Einsetzen der Regenzeit lösen sich die Trupps auf. Das geschieht in Indien und Burma gewöhnlich im Juli/August. Der Brutbeginn variiert aber in Abhängigkeit von der Ergiebigkeit der Niederschläge. In Indien sind Bruten vom Juni bis in den Oktober hinein registriert worden. Auf der Malaiischen Halbinsel ist die Brutperiode noch ausgedehnter. Sie dauert vom August bis zum Januar oder Februar. Von Sri Lanka sind sowohl aus dem Januar und Februar als auch aus dem Juli und August Bruten bekannt geworden. Neststandorte sind recht verschieden. Das Nest, eine Plattform aus Zweigen, Blättern und Halmen, wird manchmal im Röhricht, zumeist aber in einer Astgabel aufgeschichtet. Auch alte Nester größerer Vögel, z.B. von Milan oder Krähe, werden übernommen. Nistet nicht selten in Baumhöhlen. Das Nest gewöhnlich kaum mehr als 5 m über dem Boden und manchmal recht weit von dem nächsten Gewässer entfernt.
Biotop: Süßwassertümpel, Seen und Sümpfe des Flachlandes mit reichlich Wasserpflanzen, im Wasser stehenden Bäumen und dichter Uferdeckung. Meidet größere, vegetationsarme Flüsse und Seen. Sucht in einigen Gegenden auch Reisfelder auf. Wo die Javapf. oft gestört wird, weicht sie zum Ruhen auf geschützte Meeresbuchten und Lagunen aus.
Verbreitung: Im tropischen Asien, von Pakistan im Westen bis Ostchina im Osten, ein verbreiteter Brutvogel. Südwärts erstreckt sich das Verbreitungsgebiet über Südostasien bis nach Westborneo, Sumatra und Java. Sie besiedelt im Indischen Ozean die Andamanen und Nikobaren. In China ist sie nordwärts bis zum Yangtse verbreitet. Hier, Hainan und Taiwan eingeschlossen, Zugvogel, weiter südlich, in den Tropen, dagegen Standvogel. Lokale Wanderungen zu den jeweils verfügbaren Wasserstellen. In Dürrejahren können die Javapf. auf der Suche nach geeigneten Biotopen weit umherstreichen.
Bestand: Gesamtbestand nicht bekannt. Heute können in Indien nicht mehr so riesige Schwärme beobachtet werden, wie es sie, nach Berichten aus dem vorigen Jh., dort einst gegeben haben muß. Im allgemeinen aber eine häufige Art, die höchstens örtlich bedroht ist. Einige Inselpopulationen sind in Gefahr auszusterben. Das trifft vor allem auf die in den Randbereichen der Verbreitung zu, wo eine Wiederbesiedlung oder ein Populationsausgleich durch Zuwanderung unwahrscheinlich ist. Das Vorkommen auf den japanischen Riukiuinseln und auf Okinawa scheint inzwischen erloschen zu sein. Die Javapf. wird nirgendwo in größerem Umfang gejagt, aber als „Schadvogel" auf Reisfeldern intensiv bekämpft.
Literatur: Ali und Ripley 1968.

7 Witwenpfeifgans (Witwenente) Tafel 2
Dendrocygna viduata
Englisch: White-Faced Whistling Duck

Eine markante Pfeifgans, die sowohl im tropischen Afrika als auch in Südamerika weit verbreitet ist. Sie ist vielleicht am nächsten mit der Rotschnabelpfeifgans (9) verwandt.

Feldkennzeichen: Länge 43-48 cm. *Am Boden* - Durch den Kontrast zwischen dem durchweg dunklen Körper und dem weitgehend weißen Kopf von allen Pfeifgänsen am leichtesten zu erkennen. Der weiße, vordere Kopfabschnitt ist scharf gegen den schwarzen Hinterkopf abgesetzt. Hals, Brust und Vorderrücken sind kastanienbraun. Die Flanken sind dicht bräunlichweiß und schwarz gebändert. Bauch und Schwanz sind schwarz. Die restliche Oberseite ist dunkel gelblichbraun mit helleren Federsäumen. Das Verbreitungsgebiet der Witwenpf. überschneidet sich mit dem der Gelbbrust- (4) und der Rotschnabelpf. (9), sie ist aber kaum mit einer der beiden zu verwechseln. Nur bei den Juv. ist Vorsicht geboten. Die weniger kontrastreich gefärbten Juv. unterscheiden sich von juv. Gelbbrustpf. durch schwarze - nicht weiße - Oberschwanzdecken, einen schwarzen - nicht - braunen Oberkopf, eine deutliche Flankenbänderung und eine matt rotbraune Brust. Juv. Rotschnabelpf. haben viel Weiß am Flügel. *Im Flug* - Von typischer Pfeifgansgestalt. Erscheint, vom weißen Kopf abgesehen, vollkommen dunkel. Die Unterflügel sind durchweg dunkel, die Oberflügel dagegen ein wenig heller. Bei guter Sicht sind die rotbraunen Flügeldecken zu erkennen. Sie heben sich schwach von dem helleren Rücken ab. Rotschnabelpf. haben ein großes, weißes Flügelfeld. Gelbbrustpf. sind an Hals und Unterseite hell. Ihre Ober- und Unterschwanzdecken sind weiß. Ihr Bauch ist nicht schwarz.
Stimme: Recht ruffreudig. Die gängigste Lautäußerung ist ein klarer, dreiteiliger Pfiff „tri-tri-tsrieo". Der Schrecklaut brütender Vögel ein einfaches „whie".
Beschreibung: Geschlechter gleich. *Ad.* - Die vordere Kopfhälfte bis hinter die Augen, das Kinn und die Kehle weiß. Der Hinterkopf ist, von einem oft nicht geschlossenen Ring unter der Kehle abgesehen, schwarz. Hals und Brustansatz sind satt rotbraun. Mitte der Unterseite von der Brust bis zum Schwanz, Ober-, Unterschwanzdecken und Bürzel schwarz. Brustseiten und Flanken fein schwärzlich und bräunlichweiß quergebändert. Rücken hellbraun. Schulterfedern dunkelbraun mit breiten, hellbraunen Säumen. Oberflügel sehr dunkel, nur die Kleinen Flügeldecken rotbraun. Unterflügel schwärzlich. *Juv.* - Blasser als die Ad. Kopf vorne nicht weiß, sondern hellgrau. Hinterkopf schwarzgrau. Das Rotbraun an Hals und Brust matter und weniger ausgedehnt. Anfänglich an der Brust sogar nahezu hellgrau und mit hellem Bauch. Das Ad.-Kleid ist erst nach dem vierten Lebensmonat voll ausgebildet. Sie sind aber nach wenigen Wochen an Kopf, Hals und Bauch schon ausgeprägt dunkel.
Federlose Partien: Schnabel immer schwarz mit hellgrauem Band hinter dem Nagel. Füße grauschwarz. Iris braun.

Maße: ♂ allgemein ein wenig kleiner als ♀. Flügel 216-240; Lauf 48-55; Schnabel 45-49; Gewicht ca. 670.
Geographische Variabilität: Trotz der weiten Trennung der beiden Populationen ist zwischen ihnen kein Unterschied festzustellen.
Lebensweise: Gleichermaßen auf dem Wasser wie auf dem Lande zuhause. Verbringt den Tag in dichten, großen Schwärmen auf offenen Gewässern. Gelbbrustpf. werden bereitwillig in diese Schwärme integriert. Baumt, im Unterschied zu anderen Pfeifgänsen, selten auf, ist aber gut zu Fuß. Schwimmt gut und taucht gelegentlich. Nahrungssuche auf verschiedene Weise. Im seichten Wasser watend und dabei von der Oberfläche schnatternd, in tieferem Wasser gründelnd, manchmal sogar tauchend. Vorwiegend nachts auf den Nahrungsgründen, in den Wintermonaten aber auch am Tage. Liegt beim Schwimmen hoch auf dem Wasser. Der Kopf wird dabei hochgereckt. Brutbeginn örtlich verschieden. Die günstige Regenzeit wird aber allgemein bevorzugt. Die genauesten Angaben über die Brutperiode gibt es für die afrikanischen Populationen: Südliches Afrika - Oktober bis März, nördlichere Bereiche der Verbreitung - Juli und August, Senegal - auch September und Oktober, Madagaskar - angeblich September und November und nochmals Januar und Februar. Neststand zumeist am Boden in hohem Gras, manchmal aber auch im Röhricht und gelegentlich sogar in der Astgabel eines am Wasser stehenden, niedrigen Baumes. Aus Südafrika wird auch von Bruten in Baumhöhlen berichtet.
Biotop: Süßwasserseen, künstliche Wasserbecken, große Flüsse, Sümpfe, Überschwemmungsgebiete und Flußmündungen. Offenere Gewässer werden, auch dann, wenn diese recht klein sind, dichter bewachsenen vorgezogen.
Verbreitung: Sowohl in Afrika als auch Südamerika weit verbreitet. In Afrika erstreckt sich das Verbreitungsgebiet über die tropischen Niederungen südlich der Sahara vom Senegal bis nach Ostafrika und über die gesamte Ostseite des Kontinents. Die Witwenpf. kommt auch auf Madagaskar und auf den Komoren vor. Sie fehlt, bis auf gelegentliche Irrgäste, auf der Westseite Afrikas von Zaire bis zum Kap. Sie kann recht ausgedehnte saisonale Wanderungen unternehmen, die von den jeweiligen Wasserständen und Ernährungsbedingungen abhängig sind. Normalerweise betragen die Zugentfernungen nicht mehr als 500 km. Da aus Spanien Irrgäste gemeldet wurden, besteht die Möglichkeit, daß, vergleichbar der Gelbbrustpf., einzelne Individuen aus dem tropische Afrika nordwärts ziehen. Da die Art gern in Gefangenschaft gehalten wird, sind derartige Beobachtungen schwer zu beurteilen. Die Witwenpf. ist in Südamerika recht fleckenhaft verbreitet. Sie kommt von Costa Rica an südwärts bis Nordargentinien vor, hält sich dabei aber weitgehend an die tropischen Niederungen. Im Südosten reicht das Vorkommen bis nach Paraguay und Uruguay und im Westen bis in die Amazonasregion Kolumbiens. Irrgäste sind auf verschiedenen Karibischen Inseln gesichtet worden.
Bestand: Lokal häufig. Die Witwenpf. sind recht anpassungsfähig und nehmen bereitwillig auch künstlich geschaffene Gewässer an. Der Bestand erscheint gesichert, auch wenn lokal Rückgänge festzustellen sind. In Panama, wo die Witwenpf. früher recht zahlreich war, kann sie inzwischen nicht mehr nachgewiesen werden.
Literatur: Brown et al. 1982.

8 Kubapfeifgans Tafel 1
Dendrocygna arborea
Englisch: Black-billed Whistling Duck

Die Kubapf. ist auf die Karibischen Inseln beschränkt. Im Unterschied zu den meisten anderen „Baumenten", ist sie wirklich ein Baumbewohner.

Feldkennzeichen: Länge 48-58 cm. **Am Boden** - Die größte und massigste Pfeifgans. Die engbegrenzte Verbreitung macht eine Verwechslung mit anderen Pfeifgänsen unwahrscheinlich. Nur die Rotschnabel- und Gelbbrustpfeifgans kommen regelmäßig auf einigen der Inseln vor. Die allgemein dunkle Färbung wird durch die ausgedehnte schwarzweiße Fleckung der Flanken sowie die fahlbraune Farbe an Kopf und Kehle aufgelockert. Eine gewisse Ähnlichkeit besteht mit der Tüpfelpfeifgans. Schnabel und Füße sind aber nicht rosa. Außerdem fehlt der ausgeprägte, dunkle Augenfleck. Eine Verwechslung ist ohnehin nur in Gefangenschaft möglich, da Verbreitungsgebiete weit voneinander entfernt sind. Ganz junge Kubapf. können aber mit Gelbbrustpf. verwechselt werden. Die juv. Kubapf. sind aber weit massiger, haben gefleckte Flanken und schwarze Oberschwanzdecken. Auf dem Kopf und auf der Oberseite sind sie dunkler. **Im Flug** - Von typischer Pfeifgansgestalt. Sowohl von oben als auch von unten gesehen ausgesprochen dunkel. Bei guter Sicht ergeben sich durch die weißen Flecke der Unterseite und die grauen Oberflügeldecken merkliche Kontraste. Das Flügelmuster ist aber keineswegs so ausgeprägt, daß sich ein ähnlicher Eindruck wie bei der Rotschnabelpf. mit ihren leuchtendweißen Flügelfeldern ergeben könnte.
Stimme: Im Vergleich zu anderen Pfeifgänsen wenig ruffreudig. Der Ruf ist ein schriller, ziemlich rauher Pfiff „wisisi". Er gleicht dem der Rotschnabelpf.
Beschreibung: Geschlechter gleich. **Ad.** - Oberkopf und Hinterkopf schwärzlich. Kopfseiten und Hals hellbräunlichweiß. Kehle weißlich. Wangen undeutlich, dunkel gezeichnet. Halsseiten mit feiner schwarzer Streifung, die zum Halsansatz hin kräftiger wird und hier einen dunklen Kragen bildet. Brust rotbraun. Sie erscheint durch dunklere Federzentren fleckig. Die Brustzeichnung geht in die Schwarzweißfleckung der Unterseite über. Flecke an der hinteren Flankenregion am größten, so daß hier der Eindruck einer Bänderung entsteht. Hinterer Bauch und Afterregion weißlich und kaum gefleckt. Die Unterschwanzdecken aber wieder schwarz gepunktet. Bürzel, Oberschwanzdecken und Schwanz schwärzlich. Die Federn auf Rücken und Oberflügel schwärzlichbraun mit rotbraunen Säumen. Diese Federränder auf Rücken und Schultern am breitesten. Oberflügeldecken heller, mehr grau. Unterflügel schwärzlich. **Juv.** - Kopf und Hals blasser und weniger gestreift. Wangen ohne dunkle Zeichnung. Stirn und Kopfseiten mehr braun. Das Gefieder allgemein mehr mattbraun, weniger rötlich. Die schwarze Zeichnung der Unterseite schwächer. Sie kann bei ganz jungen Juv. auch gänzlich fehlen.
Federlose Partien: Schnabel und Füße schwärzlichgrau. Iris dunkelbraun.
Maße: Geschlechter gleich. Flügel 230-270; Lauf 62-75; Schnabel 45-53; Gewicht ca. 1150.
Geographische Variabilität: Keine.
Lebensweise: Im Freiland wenig untersucht. Hält sich nur wenig auf dem Wasser auf. Verbringt einen Großteil des Tages versteckt im Sumpfgelände. Kleine Trupps sitzen hier auf Uferbänken oder auf Ästen

im Wasser stehender Bäume. Baumt viel und gerne auf. Nahrungssuche hauptsächlich bei Nacht. Fällt in der Dämmerung auf hohen Palmen ein und frißt deren Früchte. Wahrscheinlich werden auch Felder aufgesucht. Die Kubapf. wird daher mancherorts für schädlich gehalten. Sie soll nicht sonderlich scheu oder wachsam sein. Durch die nächtliche Lebensweise ist sie aber ziemlich unauffällig. Brutperiode anscheinend von Juni bis Oktober. Da die Kubapf. auf Puerto Rico aber von Oktober bis Dezember brüten soll, gibt es wahrscheinlich lokale Unterschiede. Nistet meistens nahe bei Gewässern. Nester sind in hohlen Bäumen, im Geäst von Palmen und in Bromelienhorsten gefunden worden. Neststand gewöhnlich hoch über dem Boden, manchmal aber auch zwischen den Wurzeln umgestürzter Bäume und im Gebüsch.

Biotop: Bewaldete Sümpfe, auch Küstenmangroven.
Verbreitung: Vorkommen auf den Bahamas, Kuba, den Kaymaninseln, Jamaica, Hispaniola, Puerto Rico, den Jungferninseln und Martinique. Hier vorwiegend Standvogel und auf einigen dieser Inseln lokal recht zahlreich. Ein Irrgast wurde auf den Bermudas beobachtet.
Bestand: Obgleich die Art auf vielen Inseln als gefährdet angesehen werden muß, ist bisher keine Erhebung des Gesamtbestandes erfolgt. Hauptgefahren sind die Jagd, Lebensraumzerstörungen und ausgesetzte Mungos. Auf den Bahamas, Kuba, Jamaica, Puerto Rico und den Jungferninseln zwar offiziell geschützt, aber vielfach doch weiter durch Abschuß und Eierraub bedroht. Durch den Schutz haben sich die Bestände auf Kuba wieder merklich erholt. Auf Hispaniola, den Kaymaninseln und einigen Inseln der Bahamas ist die Kubapf. noch recht häufig. Sie wurde in letzter Zeit auch auf Puerto Rico und Jamaica wieder bestätigt.
Literatur: Bond 1985, Johnsgard 1978, Kear 1978,1979.

9 Rotschnabelpfeifgans (Herbstente)
Dendrocygna autumnalis **Tafel 2**
Englisch: Black-bellied Whistling Duck

Eine Pfeifgans des tropischen Amerika mit sehr charakteristischem, weißen Flügelfeld.

Feldkennzeichen: Länge 48-53 cm. *Am Boden* - Eine gesellige Pfeifgans, die sich häufig an Land aufhält. Unverkennbare Farbkombination: Schnabel und Füße rötlich, Flügel mit großem, weißen Feld, Unterseite schwarz, Kopf grau. Am gefalteten Flügel erscheint das Weiß als langes Band über dem schwarzen Bauch. Die blasseren Juv. mit ihren grauen Schnäbeln und Füßen unterscheiden sich von juv. Witwenpfeifgans (7) durch den helleren Schnabel und das auch am Boden deutlich sichtbare, weißliche Flügelfeld. *Im Flug* - Von typischer Pfeifgansgestalt. Insgesamt dunkel. Über die Mitte des Oberflügels zieht sich in ganzer Länge ein auffälliges, weißes Band, das an den Handschwingenbasen am reinsten ist und zum Körper hin zunehmend bräunlicher wird. Mit den schwarzen Schwingen bildet es einen starken Kontrast. Körper und Flügel wirken zwar von unten gesehen sehr dunkel, bei jedem Flügelabschlag leuchtet es aber weiß auf.
Stimme: Ruffreudig, vor allem im Fluge. Der Flugruf ist ein sehr bezeichnendes, lautes, pfeifendes, mehrsilbiges „pä-tschju" oder „wä-tschju-wi-wi-tschju".

Beschreibung: Beschreibung der Nominatform: Geschlechter gleich. *Ad.-* Oberkopf, Nacken, Unterhals und Brust kastanienbraun. Diese Färbung an Hals und Brust am intensivsten. Unterseite vom Brustansatz an tiefschwarz. Afterregion weiß gesprenkelt. Oberhals und Kopfseiten hell bräunlichgrau. Ein auffälliger, weißer Augenring. Vorderrücken, Schultern und Rücken kastanienbraun. Die Färbung wird zum Ende der Schulterfedern hin matter und dunkler. Die Kleinen Oberflügeldecken gelblichbraun, die Mittleren grau und die Großen weiß. Schwingen schwarz mit weißen Basen. Bürzel, Oberschwanzdecken, Schwanz und Unterflügel schwarz. *Juv.-* Wesentlich blasser als die Ad. Das Gefieder grau getönt, insbesondere die Unterseite. Bei ganz jungen Vögeln ist der Bauch gänzlich hell mit undeutlicher Querbänderung.
Federlose Partien: *Ad.-* Schnabel leuchtend rosarot, unmittelbar am Ansatz oft mehr gelblich. Füße rosa. Iris dunkelbraun. *Juv.-* Schnabel und Füße gelblich- bis bläulichgrau.
Maße: Geschlechter und Unterarten gleich. Flügel 229-248; Lauf 51-65; Schnabel 49-56; mittleres Gewicht ca. 830.
Geographische Variabilität: Zwei Unterarten. Die Nominatform (s. o.) ist von Südtexas über Mittelamerika bis Panama verbreitet. Von Panama an südwärts lebt *D.a.discolor*. Sie ist im Mittel etwas kleiner als *D.a.autumnalis*. An Brust und Vorderrücken ist sie mehr grau als braun. Im östlichen Panama mischen sich beide Formen.
Lebensweise: Eine vergleichsweise große, langhalsige Pfeifgans. Sie ist mehr Land- und Baum- als Wasserbewohner. Da sie ausgesprochen nachtaktiv ist, läßt sie sich am besten beobachten, wenn die großen, lärmenden Flüge von den Schlafplätzen zu den Nahrungsgründen streichen. Sie ruht am Tage auf Sand- und Schlammbänken oder auch auf niedrig über dem Wasser hängenden Ästen. Die Nahrung wird auch auf kultiviertem Land gesucht. Gern werden Reisfelder, aber auch Getreidefelder aufgesucht, wo ihre Fähigkeit zum Aufbaumen es ihr ermöglicht, die Halme niederzudrücken. In einigen Gegenden treten Schwärme von mehreren Tausend auf. Sie brütet örtlich zu verschiedenen Zeiten. In Südamerika ist die Brutperiode zumeist unzureichend bekannt. Einige Angaben: Texas - Juni und Juli; Surinam - Juli und August, vielleicht auch länger; Brasilien - Juli bis September. Sie nistet gewöhnlich in Gewässernähe in einem hohlen Baum, seltener auch versteckt am Boden.
Biotop: Locker bewaldetes natürliches und kultiviertes, tropisches oder subtropisches Tiefland in der Umgebung von Lagunen. Auch im Inland an Seen, Teichen und Viehtränken, in Sümpfen und Marschen. Meidet tiefe Gewässer ohne ausgedehnte, flache Uferzonen.
Verbreitung: Tiefländer des tropischen Amerika vom südlichen Texas bis Nordargentinien im Osten und Ekuador im Westen. Stößt gelegentlich bis in die Küsten- und Amazonasniederungen Perus vor. Die Wanderungen in diesem ausgedehnten Verbreitungsgebiet lassen sich bisher nur unzureichend durchschauen. Die nördlichsten Populationen ziehen zum Überwintern nach Mittelamerika. Rotschnabelpf. erscheinen regelmäßig und fast zu allen Jahreszeiten auf den Karibischen Inseln. Irrgäste sind nordwärts bis nach Kalifornien gelangt. Zur Verbreitung der Unterarten s. Geographische Variabilität.
Bestand: Örtlich durchaus häufig. Die weite Verbrei-

tung und die Anpassung an menschlich geprägte Lebensräume lassen eine Bedrohung unwahrscheinlich erscheinen. Die Rotschnabelpf. wird in einigen Gegenden, z.B. in Mexiko, wegen Schäden an landwirtschaftlichen Kulturen stärker verfolgt. Die Besiedlung des äußersten Südens der USA wird auf die vermehrte Anlage künstlicher Viehtränken zurückgeführt.
Literatur: Johnsgard 1975.

Unterfamilie Thalassorninae (Weißrückenenten)

Diese Unterfamilie umfaßt nur eine einzige afrikanische Tauchente, die früher in die Nähe der Ruderenten (Oxyurini) gestellt wurde. Heute wird die nahe Verwandtschaft mit den Pfeifgänsen, die sich mehr auf anatomische Merkmale als auf die äußere Erscheinung gründet, allgemein anerkannt.

10 Weißrückenente   Tafel 46
Thalassornis leuconotus
Englisch: White-Backed Duck

Eine ungewöhnliche, an Lappentaucher erinnernde, afrikanische Tauchente. Die systematische Stellung war lange zweifelhaft. Heute besteht weitgehende Übereinstimmung in der Zuordnung zu den Pfeifgänsen.

Feldkennzeichen: Länge 38-40 cm. **Am Boden** - Kaum mit irgendeiner anderen Ente zu verwechseln. Die abfallende Rückenlinie, der oft hochgereckte Hals und die braune Färbung lassen eher einen größeren Zwergtaucher als eine Ente vermuten. Die allgemein mattbraune Erscheinung wird durch einen markanten weißen Fleck an der Schnabelbasis belebt, der sich deutlich von dem dunklen Kopf, dem hell gelbbraunen Hals und den betont schwarz-gelbbraun gebänderten Flanken abhebt. Die einzige entfernt ähnliche Ente im gleichen Gebiet ist das ♀ der Maccaoente (152), die beim Schwimmen aber oft den langen Schwanz hochstellt, dicker ist, einen aufgetriebenen Schnabel und keinen Gesichtsfleck hat. **Im Flug** - Fliegt nur selten. Durch weitgehend fehlenden Schwanz, die nach hinten ragenden Füße und die relativ kurzen Flügel entsteht ein eigentümliches Flugbild. Die Weißrückene.wirkt, bis auf den auffällig weißen Rücken, insgesamt dunkel. Zum Auffliegen braucht sie einen längeren, wassertretenden Anlauf. Sie fliegt mit tief ausholendem Flügelschlag zumeist niedrig und nie sonderlich weit.
Stimme: Ruft sowohl auf dem Wasser als auch im Flug. Der typische Ruf ist ein Doppellaut, der wie „tüt-wiet" klingt und dem einer Pfeifgans ähnelt.
Beschreibung: Geschlechter gleich. **Ad.**- Oberkopf und Nacken sind schwärzlich mit braungelber Sprenklung. Die Kopfseiten sind intensiv schwarz und braungelb gefleckt. Zwischen Auge und Schnabel ein ovaler, weißer Fleck. Der Hals ist vorne und seitlich ungezeichnet hell sandfarben. Die Brust und die ganze Unterseite sind hell gelbbraun. Die Färbung wird am Unterbauch und zum Schwanz hin düsterer. Die Brust mit feiner, die Flanken mit grober schwarzer Bänderung. Oberseite gelbbraun und schwarz gebändert. Vorderrücken, Bürzel und Oberschwanzdecken sind schwärzlich, mit schmaler, weißer Bänderung. Hinterrücken weiß. Oberflügeldecken und Schulterfedern sind dunkelbraun mit mattgelber bis weißer Streifung und Fleckung. Schwungfedern mattbraun und die Innenfahnen der Handschwingen recht hell. Die Armschwingen haben schmale, weißliche Endsäume. Die Unterflügel sind gelblichbraun. Der Schwanz ist sehr kurz. **Juv.-** Den Ad. sehr ähnlich, aber insgesamt dunkler. Der Schnabelfleck ist kleiner und matter und die Halsseiten gesprenkelt.

Federlose Partien: Schnabel verhältnismäßig groß mit ausgeprägtem Nagel. Färbung insgesamt schwärzlich und an den Seiten fleischfarben oder grünlichgelb gefleckt. Füße grünlichgrau. Iris dunkelbraun.
Maße: ♂ zumeist ein wenig größer als ♀. *Th.l.leuconotus*: Flügel 150-180; Lauf 35-41; Schnabel 35-45; Gewicht 625-790. *Th.l.insularis* : Flügel 135-150; Schnabel 32-37.
Geographische Variabilität: Zwei Unterarten, *Th.l.leuconotus* in Afrika und *Th.l.insularis* auf Madagaskar. Die madagassische Form ist kleiner als die Nominatform (s. Maße) und stärker gezeichnet. Sie hat einen dunkleren Kopf und eine ausgeprägtere schwarz-gelbbraune Bänderung.
Lebensweise: Eine eigenartige Tauchente der Süßwasserseen und -teiche. Sie ist ganz an ein Leben auf dem Wasser angepaßt, an Land sehr unbeholfen. Die Beine setzen, wie bei Tauchern, weit hinten an. Gewöhnlich in kleinen Trupps. Auf bevorzugten Seen auch Ansammlungen von 100 und mehr. Ruht tagsüber lange versteckt im Röhricht, hat aber doch keine rein nächtliche Lebensweise. Am aktivsten während der Morgen- und Abenddämmerung. Ernährt sich überwiegend tauchend. Nahrung wird gelegentlich auch von der Wasseroberfläche aufgenommen. Schwimmt bei Störungen mit tief eingetauchtem Körper und aufgerichtetem Hals davon. Fliegt nur im äußersten Notfall. Paarbindung möglicherweise von lebenslanger Dauer. Brutperiode veränderlich und ausgedehnt. Bruten sind zu allen Jahreszeiten festgestellt worden. Der bestimmende Faktor ist wohl der jeweilige Wasserstand. Nistet unmittelbar am oder im Wasser. Das Nest ist manchmal eine schwimmende, an Röhricht verankerte Plattform. Auch alte Taucher- oder Rallennester werden übernommen. Die großen glänzendbraunen Eier sind unter den Entenvögeln einmalig.
Biotop: Mit Röhricht bewachsene, flache Süßwasserseen und -teiche, Staubecken und ruhige Flußbuchten, Überschwemmungsgebiete, Marschen und Sümpfe.
Verbreitung: Im tropischen Afrika und auf Madagaskar weit verbreitet. Tritt überall mehr lokal auf und ist nirgendwo sehr häufig. Kommt in Westafrika nur in einem schmalen Gürtel vor, der sich vom Senegal über Nigeria zum Tschad hinzieht. Im östlichen Afrika von Äthiopien bis nach Südafrika verbreitet. Meidet die Region des tropischen Regenwaldes. Die saisonalen Wanderungen werden noch ungenügend durchschaut. Breitet sich während der Regenzeit weiter aus, um die sich neu bildenden Flachgewässer zu nutzen.
Bestand: Es liegen nur wenige Zahlenangaben vor. Aus Kenya und Sambia Berichte von Ansammlungen bis 500. An geeigneten Gewässern allgemein nicht zahlreich aber doch regelmäßig anzutreffen, daher

wohl in keiner Weise direkt bedroht. Wird, da nicht sonderlich schmackhaft, nur selten gejagt. Die Unterart von Madagaskar mit ihrem eingeschränkten Verbreitungsgebiet ist am ehesten gefährdet. Über ihren Status gibt es keine neueren Informationen.
Literatur: Brown et al. 1982, Wintle 1981.

Unterfamilie Anserinae (Gänse und Schwäne)
Tribus Anserini (Gänse)

Große Entenvögel, deren Zusammengehörigkeit durch ihre Gestalt, ihre trompetenden Rufe und ihr geselliges Verhalten erkennbar wird. Die meisten Arten halten sich viel an Land auf, sind aber dennoch gute Schwimmer. Alle *Anser-* und *Branta*-Arten sind ausgesprochene Zugvögel. Viele brüten in der offenen Tundra und überwintern in gemäßigten und wärmeren Zonen auf Grün- und Ackerland. In den Herbst- und Winterschwärmen halten die Familienverbände eng zusammen. Die Paare finden sich zumeist in den Winterquartieren. Die Nichtbrüter bilden auch den Sommer über Schwärme, zu denen später die Brutvögel hinzustoßen. Um sichere Mausergewässer zu erreichen, unternehmen einige Arten einen mehr oder weniger weiten Mauserzug. Im Winter verhalten sich die meisten Arten grundsätzlich gleich. In weithin offenen Landschaften versammeln sich große Scharen, die im tageszeitlichen Wechsel ihre bevorzugten Ruhe- und Nahrungsplätze aufsuchen. Der Zug, der festgelegten Routen folgt, wird an traditionell angeflogenen Rastplätzen unterbrochen, auf denen die Schwärme sich auch mehrere Wochen lang aufhalten können. Einige Gänsearten ziehen erst dann weiter in die Winterquartiere, wenn sie durch die Witterungsbedingungen dazu gezwungen werden. Auch das Eintreffen auf den nördlichen Brutplätzen wird durch das Wetter beeinflußt. Der Zug wird so lange auf südlicher gelegenen Rastplätzen unterbrochen, bis die Brutgebiete weitgehend schneefrei sind. Gänse fliegen oft sehr hoch. Bei längeren Flügen ordnet sich der Schwarm zur V-Formation oder Schrägreihe.

11 Hühnergans   Tafel 3
Cereopsis novaehollandiae
Englisch: Cape Barren Goose, Cereopsis

Eine primitive, australische Gans, die zeitweilig auch zur Verwandtschaft der Halbgänse gezählt bzw. in einem monotypischen Tribus, Cereopsini, in die Nähe der Schwäne gestellt wurde.

Feldkennzeichen: Länge 75-100 cm. **Am Boden** - Als einziger gänseähnlicher Vogel des Gebiets ist sie unverwechselbar. Eine große, kompakte, einheitlich graue Gans. Der Schnabel ist gedrungen und kurz und wird fast ganz von einer blaßgrünen Wachshaut überzogen. Aus der Nähe sind auf den Flügeln schwarze Tropfenflecke zu erkennen. Sie grast an Land in Familienverbänden oder kleinen Trupps. Auf dem Wasser ist sie nur selten anzutreffen. **Im Flug** - Von typischer Gänsegestalt, mit gedrungenem Körper und verhältnismäßig breiten Flügeln. Der allgemeine Farbeindruck ist einheitlich grau. Sowohl von oben als auch von unten gesehen heben sich der schwarze Schwanz und der schwarze Hinterrand der Flügel von dem hellen Körper deutlich ab. Die Flugbewegung ist kraftvoll, mit flachen, schnellen Flügelschlägen. Die Hühnerg. fliegt in lockeren Reihen oder losen Gruppen.
Stimme: Bei Beunruhigung und beim Imponieren recht laut. Die ♂ trompeten laut und rauh „ärk,ärk-ärk, ärk-ärk". Die ♀ äußern ein tiefes, schweineähnliches Grunzen. Die Kontaktlaute der Juv. sind schrill und pfeifend.
Beschreibung: In allen Kleidern gleich. **Ad.-** Fast gänzlich aschgrau. Der Scheitel hell, beinahe weiß. Schulterfedern und Flügeldecken mit subterminalen, schwarzgrauen Flecken. Schwingenenden, Schwanz und Oberschwanzdecken schwarz. **Juv.-** Gleichen den Ad., sind aber insgesamt blasser und mit ausgeprägterer Fleckung auf den Flügeln.
Federlose Partien: *Ad* - Schnabel schwarz und weitgehend von einer grünlichgelben Wachshaut überdeckt. Füße hell fleischfarben bis dunkelrötlich und an dem unteren Lauf, den Zehen und Schwimmhäuten schwärzlich getönt. Iris rötlichbraun. **Juv.-** Weitgehend wie die Ad., Füße aber anfangs mehr grünlich oder schwärzlich. Iris dunkelbraun.
Maße: ♂ im allgemeinen ein wenig größer als ♀. Flügel 450-490; Lauf 100-110; Schnabel, Wachshaut einbezogen, 48-53; mittleres Gewicht ♂ 5290, ♀ 3770.
Geographische Variabilität: Zwei unterscheidbare Populationen. Die kürzlich beschriebene Unterart, *C.n.grisea*, von der Recherche Inselgruppe im Westen Australiens hat einen helleren Scheitel und ist insgesamt untersetzter als die im übrigen Verbreitungsgebiet vorkommende Nominatform.
Lebensweise: Lebt an den Küsten und auf den Inseln Südaustraliens. Gesellig, bildet aber zumeist nicht so große Schwärme wie die nordischen Gänse. Nur ausnahmsweise Ansammlungen bis zu 300. Zieht sich zum Brüten (April-Oktober) auf kleine, mit Horstgras bewachsene Inseln zurück. Nest am Boden, manchmal aber auch in Büschen oder auf niedrigen Bäumen. Brütet kolonieartig, die Nester aber nicht sonderlich nah beieinander. Die Nistterritorien werden gegen Eindringlinge heftig verteidigt. Nach dem Flüggewerden schließen sich die Juv. zu kleineren Trupps zusammen, die zu benachbarten Inseln oder sogar zum Festland fliegen. Hühnergänse sind wachsam und scheu. Ihre Hauptnahrung sind Gräser. Die östlichen Populationen sind, da sie zunehmend auf Viehweiden grasen, örtlich zu einem Problem geworden. Hühnerg. schwimmen kaum jemals aus freien Stücken. Sie ziehen sich aber auf das Wasser zurück, wenn den noch flugunfähigen Jungen Gefahr droht. Paarbindung wahrscheinlich von lebenslanger Dauer. Während der Mauser, wie andere Entenvögel, zeitweilig flugunfähig.
Biotop: Während der Brutperiode auf vorgelagerten Inseln mit horstartigem Graswuchs und kurzrasigen Weideflächen. Nahrungssuche in geringem Umfang auch am Strand. Nach der Brut auch auf flachem Grasland an der Küste oder auf Uferwiesen von Brack- und Süßwasserseen.
Verbreitung: Auf Südaustralien beschränkt. Hier vier Brutgebiete: Furneaux Inseln in der Bass Straße, Inseln vor Wilson's Promontory in Victoria, Inseln und Küsten der Spencer Bucht und Recherche Insel-

gruppe vor Westaustralien. Außerhalb der Brutperiode Wanderungen zu benachbarten größeren Inseln und Küstenregionen. An diesen Zügen sind vorwiegend Jungvögel beteiligt. Nach Abschluß der Mauser gesellen sich auch einige Altvögel dazu. Zumindest einige der Altvögel bleiben aber ganzjährig auf den Brutinseln. Fernwanderungen sind gelegentlich beobachtet worden. Die bisher weiteste, durch Ringfund belegte Flugstrecke betrug 800 km.
Bestand: Z.Z. recht hoch. Es besteht ein weitgehender Schutz. Den östlichen Populationen kommt die Gewöhnung an Weideland zugute, was jedoch von den Viehzüchtern nicht gerne gesehen wird. Auf Tasmanien ist daher versuchsweise eine kurze Jagdzeit eingeführt worden. Gleichzeitig werden den Sommerschwärmen Weideflächen angeboten, auf denen sie ungestört grasen können. 1967 wurde der Bestand auf 5.300 geschätzt. Inzwischen ist die Zahl so weit angewachsen, daß von ca. 15.000 ausgegangen werden kann. Jüngste Erhebungen ergaben für Südaustralien 10.000 und für Tasmanien 5000 und dazu weitere 1000 der Unterart *C.n.grisea* in Westaustralien.
Literatur: Doward et al. 1980, Frith 1967, RAOU 1984.

12 Schwanengans Tafel 4
Anser cygnoides
Englisch: Swan Goose, Chinese Goose

Die domestizierte Form, die Höckergans, ist weit verbreitet. Die Wildform ist dagegen nur wenig bekannt und wahrscheinlich gefährdet.

Feldkennzeichen: Länge 81-94 cm. **Am Boden -** Unter den „Grauen Gänsen" eine auffällige Erscheinung, die mit dem schlanken, langen Hals, dem relativ großen Kopf und dem langgestreckten, flachen, schwarzen Schnabel leicht kopflastig wirkt. Die Zeichnung von Kopf und Hals ist ebenfalls kennzeichnend. Das Dunkelbraun von Oberkopf und Hinterhals kontrastiert scharf mit dem Lichtbraun von Kehle, Kopfseiten und Vorderhals. Die Körperfärbung ist unauffällig und entspricht weitgehend derjenigen anderer *Anas*-Arten. Bei den Ad. ist an der Nähe an der Schnabelbasis ein schmales, weißes Band erkennbar. Den Juv.fehlt es. Die Füße sind orange. Die domestizierten Höckergänse gleichen in der Färbung der Wildform, sind aber weit schwerer und dicker und haben vor der Stirn einen charakteristischen Höcker. **Im Flug -** Das typische Flugbild einer „Grauen Gans". Die Flügelzeichnung ähnlich wie bei der Bläßgans (15). Bei einigermaßen günstigen Sichtbedingungen bilden der langgestreckte, schwarze Schnabel und der schlanke, helle Hals gute Erkennungsmerkmale. Die ♂ haben einen „schwereren" Kopf als die ♀. Da die Schwaneng. inzwischen recht selten geworden sind, sind größere Ansammlungen heute nicht zu erwarten. Einzelvögel oder Familienverbände schließen sich oft den Trupps anderer Gänse, z.B.denen von Saatgänsen (13), an.
Stimme: Trompetende und schnatternde Laute, die vor allem im Flug zu hören sind. Die Lautäußerungen der Wildform gleichen fast denen der zahmen Höckergans, sie sind nur nicht ganz so lärmend. Der typische Ruf ist ein langgezogenes, klingendes, zum Ende ansteigendes „aang", das als Warnruf zwei- bis dreimal kurz und rauh wiederholt wird.
Beschreibung: Geschlechter weitgehend gleich. ♂ größer als ♀, mit längerem Hals und klobigerem Schnabel. **Ad.-** Der dunkel kastanienbraune Oberkopf und Hinterhals ist gegen die bräunlichweiße Färbung von Kehle, Kopfseiten, Vorderhals und Halsseiten deutlich abgesetzt. Eine schmale weiße, unterschiedlich ausgeprägte Binde um die Schnabelbasis. Flanken und Oberseite dunkel graubraun. Die Federsäume an den Flanken werden nach oben zu zunehmend weißlich. Am oberen Flankenrand ein weißes Band. Die Brust blaß- bis mittelbraun, dunkler als der Hals, aber heller als die Flanken. Afterregion und Oberschwanzdecken weiß. Bürzel dunkelgrau. Schwanz dunkelgrau, seitlich und am Ende weiß gesäumt. Oberflügeldecken graubraun. Handflügel- und Große Armflügeldecken heller als Kleine und Mittlere Armflügeldecken. Armschwingen schwärzlich. Handschwingen dunkelgrau, mit blasseren Innenfahnen. Unterflügel schwärzlichgrau. **Juv.-** Gleicht den Ad., aber ohne weiße Binde um die Schnabelbasis. Oberkopf und Hinterhals matter dunkelbraun. Die hellen Federränder an den Flanken und auf der Oberseite erzeugen, wie bei anderen „Grauen Gänsen", einen schuppigen Eindruck.
Federlose Partien: Schnabel schwarz und lang, mit leicht aufgetriebener Basis. Füße sattorange. Iris rötlichbraun, bei Juv. matter.
Maße: ♂ deutlich größer als ♀. ♂- Flügel 450-460; Lauf 80-82; Schnabel 87-98; Gewicht ca. 3500. ♀- Flügel 375-440; Schnabel 75-85; Gewicht ca. 3000.
Geographische Variabilität: Keine.
Lebensweise: Vielleicht schon vor 3000 Jahren in China domestiziert. Dennoch ist die wilde Schwanengans immer noch einer der am wenigsten bekannten Entenvögel der Paläarktis. Brütet an Seen in der Steppe und in Gebirgstälern. Die Altvögel kehren im April in das Brutgebiet zurück und besetzen auf Ufer- und Sumpfwiesen ihre Brutterritorien. Brütet nicht in Kolonien, in bevorzugten Uferbereichen können sich aber mehrere Paare nebeneinander ansiedeln. Nistet auf trockenem Untergrund, gern auf einer kleinen Erhebung. Nest in dichtem Bewuchs und zumeist in Ufernähe. Die Brutperiode beginnt gegen Ende April. Abzug aus den Brutgebieten ab Mitte August bis Mitte September. Es bilden sich dann kleinere Mauserschwärme. Auch in Zeiten, als die Schwanengänse noch zahlreicher waren, sind kaum jemals Konzentrationen von über 100 Individuen beobachtet worden. Im allgemeinen ein Vogel ufernaher Feuchtwiesen, der wahrscheinlich vorwiegend Riedgräser abweidet. Genauere Nahrungsuntersuchungen fehlen. Manchmal auch in der offenen Steppe weit ab vom Wasser anzutreffen. Da die Schwaneng. sowohl im Brut- als auch Überwinterungsgebiet intensiv verfolgt werden, sind sie sehr scheu und wachsam. Sie schwimmen wenig, eigentlich nur, um sich während der Brut und der Mauser in Sicherheit zu bringen.
Biotop: Brütet auf feuchtem Grasland in der offenen oder baumbestandenen Steppe. Es werden, je nach der Gegend, verschiedene Lebensräume besiedelt, z.B. Flußdeltas, weite Flußtäler mit Wiesen, Uferzonen von Süß- und Salzwasserseen und in Gebirgen sogar engere Täler schnell fließender Flüsse. Überwintert im Flachland auf Uferwiesen von Seen oder auf Reisfeldern und anderem feuchten Kulturland.
Verbreitung: Das Brutgebiet reichte früher vom südlichen Altai über die Mongolei bis nach Sachalin und an die nordchinesische Küste. Es umfaßte einen breiten Gürtel, der von der Steppe bis hinein in die locker bewaldete Taiga reichte. Heute sind von die-

sem Brutvorkommen nur noch Fragmente erhalten geblieben (s. Bestand). Die Winterquartiere lagen früher in Japan, Korea und in weiten Bereichen des östlichen China. Gesicherte Wintervorkommen gibt es z.Z. nur noch in Ostchina. Irrgäste sind im Osten bis nach Taiwan und im Westen bis nach Usbekistan gelangt.

Bestand: Gesamtbestand bisher nicht erfaßt. Während des 20. Jh. starke Bestandseinbuße. In der UdSSR wahrscheinlich nicht mehr als 300-400 Paare. Die westlichen Populationen wurden durch die Jagd und die Zerstörung der Brutgebiete stark dezimiert. Das Hauptvorkommen befindet sich heute wahrscheinlich in der Mongolei, wo im Sommer 1977 an einem See der nördlichen, zentralen Steppenregion eine Ansammlung von etwa 1000 festgestellt wurde. Auch wenn die Winterbestände im östlichen und südlichen China noch recht beachtlich sind, wird der Rückgang doch durch die Situation in Japan und Korea belegt, wo die Art nur noch als gelegentlicher Gast auftritt. Wegen des zersplitterten Brut- und Wintervorkommens wird ein umfassender Schutz schwer durchzusetzen sein. Zur Erhaltung dieser wertvollen Gans müssen dennoch dringend wirksame Schritte unternommen werden.

Literatur: Dementiew und Gladkow 1952, Kear 1978, Kitson 1978.

13 Saatgans Tafel 4
Anser fabalis
Englisch: Bean Goose

Die Saatg. ist, in mehrere Unterarten aufgespalten, über die gesamte nördliche Paläarktis verbreitet.

Feldkennzeichen: Länge 66-84 cm. **Am Boden** - Körpergröße, Schnabelfärbung und -form sind individuell und geographisch bemerkenswert verschieden (s. Geographische Variabilität). Eine große, „Graue Gans" mit langem Hals, langem, schwarz und dunkel gefärbten Schnabel, dunklem Kopf und orangefarbenen Beinen. Die Schnabelfärbung variiert von fast ganz schwarz bis weitgehend orange. Der Schnabel juv. Bläßgänse (15) hat ebenfalls oft einen dunklen Nagel und eine verschwommen dunkle Fleckung. Saatgänse haben aber stets einen dunklen, von der hellen Brust abgesetzten Hals und Kopf. Ihr Schnabel ist, *A.f.rossicus* ausgenommen, lang, mit klar begrenzter Schwarzfärbung. Am ehesten ist die Saatg. mit der Kurzschnabelgans (14) zu verwechseln, deren Schnabel dem der kleinen Unterart *A.f.rossicus* sehr ähnlich ist. Kurzschnabelg.sind aber kleiner, haben einen runderen Kopf, eine grauere Oberseite und rosafleischfarbene Füße. Ausnahmsweise können auch Saatgänse mattfleischfarbene Füße haben, daher ist vor allem bei den schwächer gefärbten Juv. eine exakte Unterscheidung schwierig. Einige Saatgänse haben um die Schnabelbasis eine feine weiße Binde, die aber nie so auffällig ist, daß es zu Verwechslungen mit Bläßgänsen kommen könnte. **Im Flug** - Eine große, dunkle „Graue Gans" mit relativ langem Hals. Es ist aber zu beachten, daß *A.f.rossicus* kleiner und gedrungener ist als die anderen Unterarten. Die Flügel sind dunkler als die anderer „Grauer Gänse", mit geringen Helligkeitsunterschieden zwischen Deck- und Schwungfedern. Es fehlt also die für die Kurzschnabel- und Graugans (17) bezeichnende hellgraue Tönung.

Stimme: Weniger ruffreudig als andere „Graue Gänse". Die Lautäußerungen sind bei allen Angehörigen der Gattung im Prinzip gleich. Bei einiger Übung lassen sich die Arten aber an der Stimmlage erkennen. Die Stimmen von Saat- und Kurzschnabelgans sind ähnlich. Die Rufe der Saatgans klingen aber tiefer und rauher, mehr wie „gang-gang".

Beschreibung: Geschlechter gleich. Beschreibung der Nominatform: **Ad.**- Kopf und Hals dunkelbraun, Kopf am dunkelsten. Oft um die Schnabelbasis eine feine, weiße Linie. Brust und Unterseite hell graubraun. Flankenfedern dunkel mit hellem Saum. Am obereren Flankenrand ein schmales, weißes Band. Die hellen Ränder der dunkelbraunen Vorderrücken- und Schulterfedern bilden ein markantes Muster. Rücken, Bürzel und Schwanz dunkelbraun. Oberschwanzdecken, Schwanzkanten und Afterregion weiß. Oberflügeldecken dunkel aschgrau. Handflügel- und Kleine Armflügeldecken heller als die übrigen. Schwingen schwarz. Unterflügel schwärzlichgrau. **Juv.**- Wie die Ad., Kopf und Hals jedoch blasser, die Zeichnung von Oberseite und Flanken schuppig und die hellen Federränder mehr bräunlich. Kein Weiß an der Schnabelbasis. Vom Mittwinter an weitgehend wie die Ad., Bürzel und Schwanz aber oft dunkler.

Federlose Partien: Alle Unterarten, beide Geschlechter: **Ad.**- Schnabel unterschiedlich gelborange und schwarz gemustert (s. Geographische Variabilität). Füße sattorange oder gelborange. Iris dunkelbraun. In Ausnahmefällen an Schnabel und Füßen auch rosa, dann der Kurzschnabelgans sehr ähnlich. Solche Farbvarianten werden auch „Suschkin-Gänse" genannt. **Juv.**- Wie die Ad., Orange an Schnabel und Füßen aber zunächst noch matt. Die Färbung wird im Verlauf des Winters immer intensiver.

Maße: ♂ im Mittel größer als ♀. *A.f.fabalis* : Flügel 434-520 (M. ♂ 481, ♀ 460); Lauf 73-90; Schnabel 55-70 (M. ♂ 64, ♀ 60); Mittleres Gewicht ♂ 3198, ♀ 2843. *A.f.johanseni* : Flügel 425-520 (M. ♂ 479, ♀ 451); Schnabel 58-72 (M. ♂ 67, ♀ 62). *A.f.middendorffii* : Flügel 440-558 (M. ♂ 492, ♀ 488); Schnabel 64-81 (M. ♂ und ♀ 73). *A.f.rossicus*: Flügel 405-478 (M. ♂ 454, ♀ 433); Schnabel 49-63 (M ♂ 58, ♀ 55); mittleres Gewicht ♂ 2668, ♀ 2374. *A.f.serrirostris* : Flügel 420-524 (M. ♂ 474, ♀ 449); Schnabel 58-72 (M. ♂ 66, ♀ 63).

Geographische Variabilität: Da Schnabelzeichnung und Göße individuell stark variieren, sind die Unterarten außerhalb des Brutgebietes im Felde nicht sicher anzusprechen. In groben Zügen lassen sich zwei Gruppen unterscheiden, die in der Tundra und die in der Taiga brütenden Formen. Mischzonen erschweren aber in viele Fällen die eindeutige Zuordnung. Die Nominatform ist von Skandinavien bis zum Ural verbreitet. Sie ist groß, mit langem Hals und Schnabel. Die Grundfarbe ihres Schnabels ist orange. Die Schnabelspitze, der First und die Basis sind mehr oder weniger schwarz. Zumeist überwiegt die Orangefärbung. Am Ural befindet sich eine Mischzone zwischen *A.f.fabalis* und der wenig größeren und am Schnabel dunkleren *A.f.johanseni*, die in der Taiga und Waldtundra zwischen dem Ural und dem Baikalsee brütet. In der Baikalregion trifft *A.f.johanseni* auf die größte, besonders lang- und dunkelschnäblige Form *A.f.middendorffii*. Bei ihr ist das Orange am Schnabel auf eine subterminale Binde beschränkt. Ihr Brutgebiet umfaßt die Taiga Ostasiens. Das Brutareal der Tundrapopulationen schließt sich nach Norden an das der Taigaformen an. In der Waldtundra besteht eine Mischzone. Zwischen der Kanin- und Taimyr Halbinsel erstreckt sich das Verbreitungsgebiet von *A.f.rossicus*. Sie ist kleiner als die Nominatform, hat einen kürzeren Hals und einen kürzeren, gedrungeneren Schnabel, der in Form und Färbung an den der Kurzschnabelg. erinnert. Er ist aber, bis auf eine schmale, orangefarbene Binde hinter dem Nagel, gänzlich schwarz. Im Süden ihrer Verbreitung mischt sich *A.f.rossicus* mit *A.f.fabalis* und im Osten mit der größeren, starkschnäbligen *A.f.serrirostris*, die die Tundra zwischen dem Lenadelta und dem Anadyr besiedelt.

Lebensweise: Der Brutbeginn variiert lokal. Die Brutterritorien werden zwischen Mitte und Ende Mai besetzt. Durch schlechte Wetterbedingungen während des Zuges kann die Ankunft im Brutgebiet verzögert werden. Nistet auf niedrigen, trockenen Erhebungen. Abzug aus dem Brutgebiet in der ersten Septemberhälfte nach der Mauser. Ankunft im Winterquartier ab Ende September bis spät in den Oktober. Im Winter sehr gesellig, schließt sich aber nicht, wie andere „Graue Gänse", zu sehr großen, dichten Scharen zusammen. Überwintert im Flachland auf Äckern und Wiesen. Einzelne Familienverbände sind oft mit anderen Gänsearten vergesellschaftet. Hält sich nur wenig auf dem Wasser auf. Scheu und wachsam. Typisch ist die aufgerichtete Haltung mit sichernd hochgerecktem Kopf. Übernachtet zumeist in der Nähe der Nahrungsgründe, daher kein so ausgeprägter Abend- und Morgenstrich wie bei den meisten anderen Gänsen.

Biotop: Brutbiotop je nach Unterart verschieden. Die Tundraformen des Nordens nisten in der offenen, feuchten Tundra, in Küstenregionen und auf arktischen Inseln. Die Taigaformen brüten vorwiegend in der subarktischen Region. Sie bevorzugen den niedrigen Birkenwald, sind aber auch auf sumpfigen Lichtungen im dichten Nadelwald anzutreffen. Zwischen beiden Formengruppen besteht in der Waldtundra eine weite Überschneidungszone. Überwintert auf feuchten Steppen sowie auf Äckern und Wiesen in weithin offener, freier Landschaft.

Verbreitung: Brütet zerstreut im gesamten nördlichen Eurasien. Brutgebiete der Unterarten s. Geographische Variabilität. Hauptüberwinterungsgebiete sind die gemäßigten Flachlandregionen Europas und entsprechende Landschaften in Ostasien. In den Überwinterungsgebieten kommt es zu einer gewissen Durchmischung der Unterarten. *A.f.fabalis* und *A.f.rossicus* überwintern in Europa. In Mitteleuropa sind auch einige *A.f.johanseni* nachgewiesen worden, deren wichtigstes Überwinterungsgebiet aber im westlichen China liegt. Aus dieser Region ist auch *A.f.rossicus* bekannt. Mischpopulationen dieser beiden Formen haben jahrelang für einige Verwirrung gesorgt. Die ostasiatischen Winterbestände setzen sich wohl hauptsächlich aus den Unterarten *A.f.serrirostris* und *A.f.middendorffii* zusammen. Früher gab es im Schwarzmeergebiet regelmäßige Wintervorkommen. Es wird angenommen, daß diese Populationen nun weiter nach Westen ziehen. Auf den Britischen Inseln früher recht häufig, heute nur noch selten. Winterkonzentrationen in Europa vornehmlich an den südlichen Küsten von Nord- und Ostsee und in Zentraleuropa (Österreich, Ungarn, Jugoslawien). Irrgäste sind südwärts bis nach Nordafrika, Nigeria, Nordindien und Burma, westwärts bis nach Island, Madeira und die Azoren und ostwärts bis nach Alaska und Iowa gelangt.

Bestand: Eine weit verbreitete Gans. Keine der Populationen scheint z.Z. ernsthaft bedroht zu sein. Die Abnahme von Winterbeständen, z.B. auf den Britischen Inseln und in der Schwarzmeerregion, wird auf die Verlegung der Winterquartiere zurückgeführt. Dabei spielt die veränderte landwirtschaftliche Nutzung wohl die entscheidende Rolle. Rodung und Jagd führen in einigen Brutgebieten, z.B. Skandinavien, zu Einbußen. Ermittelter Winterbestand Europas (*A.f.fabalis* und *A.f.rossicus*): Spanien - 4.000, Nord- und Ostseeregion - 40.000, Zentraleuropa - 100.000-150.000. Die Winterbestände Ostasiens sind weniger gut bekannt. In Japan um 5.000, vorwiegend *A.f.serrirostris*. Seit etwa 1970 hier ein merklicher Anstieg der Zahlen.

Literatur: Bauer und Glutz 1968, Cramp und Simmons 1977, Ogilvie 1978.

14 Kurzschnabelgans Tafel 4
Anser brachyrhynchus
Englisch: Pink-footed Goose

Die Kurzschnabelg. wird auch als Unterart der Saatgans (13) angesehen.

Feldkennzeichen: Länge 60-75 cm. **Am Boden** - Eine „Graue Gans" mit dunklem Kopf und Schnabel. Füße und Schnabelbinde sind tief rosa. Von der nah verwandten Saatgans an dem kürzeren Hals, runderen Kopf und relativ kleinen Schnabel zu unterscheiden. Einige Saatg. der Unterart *A.f.rossicus* sind jedoch gestaltlich sehr ähnlich. In diesem Fall ist die Färbung von Schnabel und Füßen entscheidend. Bei Beobachtungen außerhalb der normalen Verbreitung ist aber zu bedenken, daß einige Saatg., sogen. Suschkin Gänse, ebenfalls an Schnabel und Füßen rosa gefärbt sind. Die Kurzschnabelg. ist allgemein heller als die Saatg. Kopf und Flanken sind daher stärker abgehoben. Bei gutem Licht schimmert die Schulterregion silbergrau, was bei frisch vermauserten Ad. am auffälligsten ist. Einige haben, wie die Saatg., an der Schnabelbasis eine feine, weiße Linie. Wenn sie nicht von Ad. begleitet werden, sind die oberseits mehr bräunlichen Juv. mit ihren manchmal fast gelblichfleischfarbenen Beinen schwer zu erkennen. Eine Verwechslung mit anderen „Grauen Gänsen", außer der Saatg., ist höchstens auf große Entfernung möglich. **Im Flug** - Der Oberflügel ist vorne auffällig grau, wenn auch nicht so hell wie bei der Graugans (17). Der Hals ist vergleichsweise kurz. Er wirkt wie eine taillenartige Verjüngung zwischen dem runden Kopf und dem Körper. Von der Graugans ist die Kurzschnabelg. an dem kürzeren Hals, dem dunkleren Kopf, den dunklen Unterflügeln und Flanken sowie an der Stimme zu unterscheiden.

Stimme: Sehr ruffreudig. Schnattert im Flug andauernd. Die Rufe klingen höher und schriller als bei den größeren „Grauen Gänsen", mit bezeichnenden Doppel- und Dreifachlauten wie „ai-qui" oder „ang-ang-ang".

Beschreibung: Geschlechter gleich. **Ad.-** Dunkelbrauner Kopf und Oberhals. Die Schnabelbasis am dunkelsten. Halsansatz, Brust und vordere Flanken hell graubraun, so daß sich der dunkle Kopf und die dunklen hinteren Flanken deutlich abheben. Hintere Flanken dunkelbraun mit blassen Federsäumen. Am oberen Flankenrand ein schmales, weißes Band. Oberseite mittelbraun mit leicht rosagrauem Anflug, der im frischen Gefieder auf den Schultern eine silbergraue Tönung annimmt. Federn der Oberseite

schmal hellbräunlich gerandet. Rücken und Bürzel dunkelgrau. Schwanz dunkelgrau mit weißem Rand. Oberschwanzdecken und Afterregion weiß. Schwingen schwarz. Handschwingen mit feinem, weißen Saum. Handschwingendecken dunkel aschgrau. Große und äußere Mittlere Decken grau, innere Mittlere und Kleine Decken graubraun. Unterflügel dunkel aschgrau. Er wirkt im Flug schwärzlich. **Juv.-** Gleichen den Ad., das Gefieder aber matter und brauner ohne Grautönung auf der Oberseite. Die hellen Federränder ergeben auf der Oberseite einen mehr schuppigen und nicht, wie bei den Ad., einen gebänderten Eindruck. Brust und Bauch sind oft schwach gefleckt. Nach dem ersten Winter sehen sie weitgehend wie die Ad.aus.
Federlose Partien: Ad.- Schnabel schwarz mit rosa Binde hinter dem Nagel. Die Ausdehnung der Rosafärbung ist individuell verschieden. Füße sattrosa, sehr selten auch orange. Fußfärbung von ♂ oft intensiver als von ♀. Iris dunkelbraun. **Juv.-** Wie die Ad., aber allgemein matter. Füße sind zunächst blaß gräulichrosa, manchmal auch gelblichgrau und werden während des Winters zunehmend rosa.
Maße: ♂ im Mittel größer als ♀. Flügel 405-460 (M. ♂ 443, ♀ 420); Lauf 65-80; Schnabel 40-52 (M. ♂ 47, ♀ 43); mittleres Gewicht ♂ 2620, ♀ 2352.
Geographische Variabilität: Keine. Die Kurzschnabelg. wird auch als Unterart der Saatg. angesehen, mit der sie offensichtlich nah verwandt ist. Diese Verwandtschaft wird u.a. dadurch deutlich, daß gelegentlich rosafüßige Saat- und orangefüßige Kurzschnabelg. auftreten. Die kleinste Unterart der Saatg., A.f.rossicus, ist der Kurzschnabelgans recht ähnlich.
Lebensweise: Sehr gesellig. Brütet in der nördlichen Tundra. Ankunft im Brutgebiet ab Mitte Mai bis Anfang Juni. Nest auf kleinen Erhebungen in schneefreien Flächen der offenen Tundra, in einigen Gegenden auch an Klippen oder auf steilen Felsen (z.B. auf Island). Die Paare besetzen eigene Brutterritorien, können sich aber zu losen Kolonien zusammenschließen. Zum Mausern ziehen einige Nichtbrüter von Island nach Grönland. Nach der Mauser bilden sich größere Verbände, die von Ende August an bis Mitte September den Zug in die Winterquartiere antreten. Ankunft in den Überwinterungsgebieten ab Mitte September, vorwiegend aber im Verlauf des Oktober. Überwintert vorwiegend im Flachland auf landwirtschaftlich genutzten Flächen. Weidet auf Wiesen und Saatfeldern, auf den Britischen Inseln auch auf Stoppel- und Kartoffeläckern. Schlaf- und Ruheplätze auf ausgedehnten Seichtwasserflächen, die von den Nahrungsgründen recht weit entfernt sein können. Scheu und wachsam. Schwimmt gut und gerne. Neigt nicht dazu, sich mit anderen Gänsen zu vergesellschaften. Einzelne Individuen oder Familien können sich zeitweilig anderen Arten anschließen.
Biotop: Brütet in der offenen Tundra oft in bergigen Regionen mit tiefen Schluchten und steilen Graten. Überwintert im Flachland an der Küste und an weiten Flußmündungen. Weidet dort auf Salzwiesen und intensiv landwirtschaftlich genutzten Flächen.
Verbreitung: Drei Brutgebiete: Ostgrönland, Island und Spitzbergen. Wurde im Juni 1914 auf Franz Josef Land erbeutet, Brut dort aber nicht belegt. Nach Abschluß der Brutperiode ziehen die grönländischen Gänse nach Island. Beide Populationen fliegen dann zum Überwintern gemeinsam weiter nach Schottland und Nordostengland. Die Population Spitzbergens zieht über Westskandinavien in den Nordseeraum. Nach längerer Zwischenrast an der dänischen und deutschen Küste überwintert sie schließlich in den Niederlanden. Gelegentlich auch kleinere Gruppen an der Ostseeküste im südlichen England und Irland. Im Osten sind Irrgäste bis nach Finnland und in die westliche UdSSR, im Süden nach Rumänien, Italien, Spanien, auf die Kanarischen Inseln, Madeira und die Azoren und im Westen bis nach Neufundland sowie in den Norden der USA gelangt.
Bestand: Die Populationsgrößen sind vergleichsweise gut bekannt. Der britische Winterbestand umfaßt um 100.000 (Herkunft Grönland und Island). Er schwankt in jüngster Zeit zwischen 70.000 und 85.000. Die Spitzbergenpopulation zählt nach Erhebungen in Dänemark, Deutschland und Holland 25.000 bis 28.500. Schätzungen des Brutbestandes ergaben in Grönland ca. 1.000 und auf Island um 10.000 Paare. An den Winterzählungen läßt sich ein deutliches Ansteigen beider Populationen feststellen. Durch Eindeichung und veränderte landwirtschaftliche Nutzung ist aber die Verlegung einiger Rast- und Überwinterungsgebiete erzwungen worden. Der Rastbestand an der deutschen Nordseeküste ist daher auf etwa 1.000 gesunken.
Literatur: Bauer und Glutz 1968, Cramp und Simmons 1977, Madsen 1984, Ogilvie 1978.

15 Bläßgans   Tafel 5
Anser albifrons
Englisch: White-fronted Goose

Die Bläßg. ist in mehreren Unterarten über fast die gesamte nördliche Hemisphäre verbreitet.

Feldkennzeichen: 66-86 cm. Vergleiche auch mit der sehr ähnlichen Zwerggans (16). **Am Boden -** Diese vergleichsweise untersetzte, orangefüßige Gans ist von anderen „Grauen Gänsen" leicht an der ausgedehnten, weißen Blesse und den großen, schwarzen Bauchflecken zu unterscheiden. Von vorne gesehen ist die Blesse am auffälligsten. Die Ausdehnung, wie auch die der Bauchflecke, ist individuell verschieden. Juv. haben keine Blesse und Bauchflecke. Zudem ist ihr Schnabel oft dunkel schattiert, was zu Verwechslungen mit Saatgänsen (13) führen kann. Bläßg. sind aber dicklicher, haben kürzere Hälse, „eckigere" Köpfe und kürzere Schnäbel, denen die deutlich begrenzten, schwarzen Bereiche fehlen. Graug. (17) sind größer und massiger, haben längere Hälse, stärkere Schnäbel und rosa Füße. Ihre Flügeldecken sind auffällig hellgrau, was aber am Boden nicht gut zu sehen ist. Zu beachten ist, daß die Füße der Bläßg. manchmal auch mehr fleischfarben erscheinen können. Färbung und Zeichnung von Schnabel und Gefieder sind bei den einzelnen Unterarten verschieden. **Im Flug -** Eine recht kompakte „Graue Gans" mit ziemlich dunklen Oberflügeln. Bei guter Sicht ist zu erkennen, daß die Flügeldecken heller als die Schwingen sind. Die Handdecken sind am hellsten. Der Oberflügel ist immer deutlich dunkler als bei der Kurzschnabel- und Graug., aber nicht so dunkel wie bei der Saatg. Direkt von unten gesehen sind die großen, schwarzen Bauchflecke gut zu erkennen. Sie fehlen den Juv. Kopf und Hals wirken stärker als bei der Kurzschnabelg. Der Hals ist nicht, wie bei dieser, taillenartig eingeschnürt. Vergleiche auch mit der Zwergg., da diese im Flug von der Bläßg. nur schwer zu unterscheiden ist.
Stimme: Ruffreudig. Die Flugrufe bestehen aus mehr-

fach wiederholten, wohlklingenden Doppellauten wie „qui-qui", „kiau-liau" oder sehr hoch „klili". Sie klingen allgemein höher als die der Saat- und Graug. und weniger schrill als die der Kurzschnabelg.
Beschreibung: Geschlechter gleich. Beschreibung der Nominatform: **Ad.-** Um die Schnabelbasis eine recht ausgedehnte, weiße Blesse. Kopf und Hals sind dunkel graubraun und direkt hinter der Blesse am dunkelsten. Halsansatz, Brust und Unterseite sind weißlichgraubraun. Auf Brust und Bauch unregelmäßige, bandartige schwarze Flecke. Die Flanken sind dunkelbraun. Die Flankenfedern haben weiß gerandete Außenfahnen. Der obere Flankenrand mit einer feinen, weißen Linie. Vorderrücken und Schultern sind graubraun. Die hellen Federsäume bilden eine Querbänderung. Rücken, Bürzel und Schwanz sind dunkelgrau. Oberschwanzdecken, Schwanzkante und Afterregion sind weiß. Die Oberflügeldecken sind aschgrau, am hellsten an der Hand. Die Schwingen sind schwarz. Der Unterflügel ist dunkelgrau. **Juv.-** Zunächst ohne Blesse und schwarze Bauchflecke. Wie bei anderen „Grauen Gänsen", ist die Oberseite mehr schuppig und nicht streifig gezeichnet. Das Ad.-Kleid entwickelt sich vom Spätwinter an bis in den ersten Sommer hinein.
Federlose Partien: Beschreibung der Nominatform (s. auch Geographische Variabilität): **Ad.-** Schnabel fleischfarbenrosa, zur Spitze hin zunehmend gelb. Nagel weiß. Füße orange oder gelborange. Iris dunkelbraun. Einige ♂ mit schwach ausgebildetem, schmalen, gelben Augenring. **Juv.-** Schnabel matter als bei der Ad., mit gräulichem Nagel, manchmal auch mit grauer Schattierung an den Seiten. Füße dunkel, oft gräulichgelb oder sogar fleischfarben gelb. Im Verlauf des ersten Winters zunehmend wie die Ad.
Maße: Außer bei A.a.flavirostris, ♂ größer als ♀. A.a.albifrons : Flügel 393-444 (M. ♂ 428, ♀ 404); Lauf 63-80; Schnabel 39-50 (M. ♂ 46, ♀ 43); mittleres Gewicht ♂ 2290, ♀ 2042. A.a.flavirostris : Flügel 389-463 (M. ♂ 426, ♀ 423); Lauf 63-84; Schnabel 44-60 (M. ♂ 53, ♀ 52); mittleres Gewicht ♂ 2543, ♀ 2526. A.a.frontalis : Flügel 389-445; Schnabel 45-57. A.a.gambelli : Flügel 403-474; Schnabel 52-63.
Geographische Variabilität: Es lassen sich vier, vielleicht auch fünf Unterarten unterscheiden. Das Brutgebiet von A.a.albifrons (Beschreibung s.o.) erstreckt sich über das arktische Sibirien von der Kanin Halbinsel bis zur Kolyma. Die Brutverbreitung der etwas größeren, dunkleren und langschnäbligeren A.a.frontalis umfaßt Nordostsibirien von der Kolyma an ostwärts und Alaska. In Nordkanada vom Mackanzie bis zur Hudson Bay brütet mit stark fleckenhafter Verteilung die noch größere und dunklere A.a.gambelli. A.a.flavirostris von Westgrönland ist größer und dunkler als die Nominatform und hat einen überwiegend orangegelben Schnabel, der zur Spitze hin rosa wird. Aus der Umgebung von Anchorage (Alaska) ist jüngst eine weitere Unterart, A.a.elgasi, beschrieben worden. Sie ist noch größer und dunkler als A.a.gambelli und zeigt die Tendenz zur Ausbildung eines gelben Augenringes. Die Validität dieser Form wird aber angezweifelt.
Lebensweise: Entspricht weitgehend der anderer „Grauer Gänse". Die Ankunft im Brutgebiet ist stark von den jeweiligen Bedingungen abhängig. In das arktische Sibirien kehren die Bläßg. ab Mitte Mai bis Anfang Juni zurück. Die Nester sind im allgemeinen weit verstreut. In einigen günstigen Gegenden bilden sich auch lose Kolonien. Nest auf einem kleinen Hügel oder Grashorst an trockenen Stellen nahe beim Wasser. Nach Abschluß der Brutperiode und Mauser versammeln sich große Zuggemeinschaften. Abzug aus dem Brutgebiet ab Ende August bis weit in den September hinein. Da auf dem Zug für längere Zeit Rastplätze aufgesucht werden, Ankunft im Winterquartier erst spät im Herbst. Außerhalb der Brutzeit sehr gesellig. In den Überwinterungsgebieten oft gewaltige Scharen. Scheu und wachsam. Vielleicht scheuer als andere Gänse.
Biotop: Brütet in der flachen Tundra, oft in der Nähe von Seen oder Flüssen. Überwintert in der offenen Steppe oder auf weitem Gras- und Ackerland. Bevorzugt ausgedehnte Salzwiesen an der Küste und an Flußmündungen. Als Schlaf- und Ruheplätze dienen große, windgeschützte Wasserflächen.
Verbreitung: Brutgebiete der Unterarten s. Geographische Variabilität. Die Nominatform überwintert hauptsächlich in Europa und im Mittleren Osten. Überwinterungsgebiete in Europa: England, Wales, Niederlande, Belgien und in harten Wintern auch die französische Atlantikküste. In größerer Zahl im Winter auch in den Steppen der Türkei, an der westlichen Schwarzmeerküste und in Südosteuropa. Im Spätherbst und zeitigen Frühjahr werden Rastplätze in den Ebenen Österreichs und Ungarns aufgesucht. In kalten Wintern fliegen einzelne Gruppen bis ins Nildelta. Eine andere Population überwintert entlang der Südküste des Kaspischen Meeres und zieht von dort aus bis in den Irak. A.a.flavirostris zieht von Grönland über Island nach Irland und Westschottland, erscheint aber gelegentlich auch an der nordamerikanischen Ostküste. Die pazifische Unterart, A.a.frontalis, überwintert in China, Japan und im Südwesten der USA bis hin nach Nordmexiko. Die Überwinterungsgebiete von A.a.gambelli liegen in den Küstenebenen von Texas, Louisiana und Ostmexiko. A.a.elgasi verbringt den Winter im zentralen Kalifornien. Irrgäste verschiedener Unterartzugehörigkeit sind in Spanien, Portugal, auf Madeira, den Azoren und in den meisten Ländern Nordafrikas beobachtet worden, ebenso auch in Oman, Afghanistan, Nordindien, Burma und auf Hawaii. In manchen dieser Länder ist die Bläßg. eher ein seltener als ein gelegentlicher Gast.
Bestand: Bestandszahlen nach Winterzählungen: A.a.albifrons : Nordwesteuropa 100.000-130.000, in den letzten Jahren in Frankreich und Westengland abnehmend; Südosteuropa 65.000-100.000, in Italien deutlicher Rückgang; Westliche Schwarzmeerregion 100.000, aber in einigen Jahren auch bis 500.000, wahrscheinlich Zuzug aus Südosteuropa und vielleicht auch aus der Türkei; Türkei 100.000; Kaspisches Meer 10.000-40.000. A.a.flavirostris : Britische Insel und Irland 12.000. A.a.frontalis : Nordamerika 200.000; Japan 3.500 und dazu eine unbekannte Anzahl im östlichen China. A.a.gambelli: An der Golfküste der USA und Mexikos mindestens 2.000. A.a.elgasi : Zentralkalifornien 5.000.
Literatur: Bauer und Glutz 1968, Cramp und Simmons 1977, Johnsgard 1975, Ogilvie 1978, Wege 1984.

16 Zwerggans Tafel 5
Anser erythropus
Englisch: Lesser White-fronted Goose

Der Bläßg. sehr ähnlich, mit der sie im Winter oft vergesellschaftet ist. Noch relativ unbekannt.

Feldkennzeichen: Länge 53-66 cm. Siehe auch Bläßgans (15). **Am Boden** - Schwer von der Bläßgans zu unterscheiden, insbesondere in gemischten Schwärmen. Im typischen Fall kleiner und zierlicher als die Bläßg. (*A.a.albifrons*), wenn es auch zwischen kleinen Bläßg. und großen Zwergg. eine gewisse Überschneidung gibt. Mit *A.a.albifrons* und *A.a.frontalis* verglichen, ist der Schnabel der Zwergg. kürzer und stärker rosa gefärbt. Ihr Kopf erscheint runder. Ihr Hals und ihr Körper sind kürzer. Ihre Beine sind ein wenig kürzer, und ihre Flügel, die nicht, wie bei der Bläßg., gerade die Schwanzspitze erreichen, sondern etwas über sie hinausragen, sind länger. Der leuchtendgelbe Augenring ist nur aus der Nähe zu erkennen. Auch bei einigen Bläßg. kann ein Augenring ausgebildet sein. Er ist aber niemals so ausgeprägt wie bei der Zwergg. Die Ad. haben eine weiße Blesse. Sie zieht recht weit und spitz zulaufend auf die Stirn hinauf, was dann am besten zu sehen ist, wenn die grasende Gans sichernd den Kopf hebt. Die schwarzen Bauchflecke sind allgemein kleiner als bei der Bläßg., aber bei beiden Arten individuell variabel. Zwergg. wirken allgemein dunkler und kontrastreicher als Bläßg. Kopf und Hals sind dunkler. Die weiße Flankenlinie ist ausgeprägter. Die Juv. Zwerg- und Bläßg. sind nur schwer auseinanderzuhalten. Ihnen fehlen die Blesse und die Bauchflecke. Oft haben sie einen schwärzlich schattierten Schnabel mit dunklem Nagel. Am ehesten sind juv. Zwergg. noch an dem allgemein dunkleren Gefieder und an der Gestalt anzusprechen. Die Zwergg. sind agiler als Bläßg. Sie bewegen sich beim Grasen schneller, was bei der Bestimmung einzelner Individuen in Bläßgansschwärmen hilfreich sein kann. Alle die genannten Merkmale sind, da beide Arten in der Größe, in der Ausprägung der Blesse und in der Haltung individuell stark variieren, im Feld nicht leicht auszumachen. Bei längerer Beobachtung einer „verdächtigen" Gans werden sie aber zunehmend deutlicher. Wie bei der Bläßg. können auch bei der Zwergg. die Füße manchmal ausgesprochen fleischfarben wirken. **Im Flug** - Die Flügelzeichnung fast wie bei der Bläßg. In kleinen Gruppen fliegender Bläßg. kann eine Zwergg. an der geringeren Größe, dem kürzeren Hals, dem kleineren Schnabel, den relativ langen Flügeln, dem etwas schnelleren Flügelschlag und den höheren Rufen erkannt werden.
Stimme: Einige Rufe, vor allem die am Brutplatz, sind recht laut. Der Alarmruf ist ein fast schneidend schrilles „quiji-up". Die wie „kjü-jü-jü" klingenden Flugrufe sind höher als bei der Bläßg. Sie werden in rascherer Folge geäußert. ♀ rufen etwas tiefer als ♂.
Beschreibung: Siehe auch Feldkennzeichen. Geschlechter gleich. **Ad.-** Gleicht sehr der Nominatform der Bläßg., das gesamte Gefieder aber dunkler braun, vor allem der Kopf, der Hals und die Oberseite. Die Blesse zieht gewöhnlich weit auf die Stirn und endet dort zugespitzt. Die schwarzen Bauchflecke sind vergleichsweise klein. **Juv.-** Gleichen denen der Bläßg., sind aber insgesamt dunkler. Vom ersten Spätwinter an bis in den Sommer hinein nehmen sie zunehmend das Aussehen der Ad. an.
Federlose Partien: Wie bei der Nominatform der Bläßg., der Schnabel aber mehr leuchtendrosa, ohne gelblichen Anflug. Augenring auffällig „geschwollen" und leuchtendgelb.
Maße: ♂ allgemein größer als ♀. Flügel 361-388 (M. ♂ 378, ♀ 373); Lauf 57-68; Schnabel 29-37 (M. ♂ 37, ♀ 31); Gewicht ♂ 1950-2300, ♀ 1400-2150 (nur wenige Angaben).

Geographische Variabilität: Keine Unterarten. Die Körpergröße scheint nach Osten zu anzuwachsen.
Lebensweise: Im Vergleich mit den größeren Verwandten nur unzureichend bekannt, was zweifellos mit den Schwierigkeiten bei der Bestimmung zusammenhängt. Ankunft im Brutgebiet im Verlauf des Mai. Die Paare besetzten isolierte Brutterritorien. Nest auf niedriger Erhebung, oft im Gestrüpp und zumeist nah beim Wasser. Beginn des Herbstzuges nach der Mauser Ende August oder Anfang September. Der Zug wird auf bestimmten Rastplätzen für längere Zeit unterbrochen. Ankunft in den Überwinterungsgebieten ab Mitte Oktober (nur wenige) bis Mitte Dezember. Da Zwergg. außerhalb der Brutperiode sehr gesellig sind, schließen sich vereinzelte leicht anderen Gänsen wie Saat- (13) und Bläßg. an. Die Ruhe- und Schlafplätze befinden sich während des Winters auf großen Seen oder Flüssen. Sowohl am Boden als auch in der Luft lebhafter und agiler als die Bläßg. Kürzere Strecken werden oft laufend zurückgelegt. Gelegentlich treten auch im Freiland Mischpaare von Zwerg- und Bläßg. auf. Wildlebende Bastarde sind zwar vermutet, aber nie nachgewiesen worden.
Biotop: Brütet in der Tundra an Küsten und auf Inseln. Das Brutgebiet reicht südwärts bis in die Strauchtundra. Lokal auch auf hochgelegenen Brutplätzen am Fuße von Gebirgen und an Bergseen. Siedelt allgemein weiter südlich als die meisten Populationen der Bläßg. und seltener in der freien Tundra. Überwintert in der Salzsteppe, auf Wiesen und auf Ackerland. Bevorzugt, stärker als die Bläßg., semiaride Gebiete.
Verbreitung: Das Brutgebiet zieht sich über das nördliche Eurasien von Nordskandinavien bis nach Nordostsibirien. Das wichtigste Winterquartier ist das Tiefland am südlichen Kaspischen Meer. Zwergg. überwintern in geringerer Zahl auch in Südosteuropa, am unteren Euphrat (Irak/Iran), in der Kasachischen SSR und in Ost- und Südchina. Einzelne, zumeist mit Bläßg. vergesellschaftete, halten sich im Winter regelmäßig in Westeuropa auf. Überwinterungen sind auch aus Zentraleuropa, der Türkei, Ägypten, Pakistan, Indien und Japan bekannt. Irrgäste sind auf Nowaja Semlija und in Spanien beobachtet worden. Bei den wenigen Nachweisen in Nordamerika handelt es sich wahrscheinlich zur Hauptsache um Gefangenschaftsflüchtlinge.
Bestand: 1965 wurde der Weltbestand auf 100.000 geschätzt. Inzwischen ist ein deutlicher Rückgang festzustellen. Die Brutpopulation Skandinaviens ist fast erloschen. In Japan war die Zwergg. früher ein regelmäßiger und häufiger, jetzt ist sie ein äußerst seltener Wintergast. Das gleiche läßt sich von den ehemaligen Rastgebieten am westlichen Schwarzen Meer und von den Winterquartieren in China sagen, auch wenn die Angaben aus China unzureichend sind. In der kaspischen Region Irans sind die derzeitigen Zahlen ebenfalls bedeutend niedriger als noch in der Mitte der 50er Jahre.
Literatur: Bauer und Glutz 1968, Cramp und Simmons 1977, Dementiew und Gladkow 1952, Jonsson 1978.

17 Graugans   Tafel 5
Anser anser
Englisch: Greylag Goose

Die „Graue Gans" mit dem am weitesten südlich gelegenen Brutgebiet. Die Stammart der Mehrzahl der Hausgänse.

Feldkennzeichen: Länge 75-90 cm. **Am Boden** - Die größte „Graue Gans", mit schwerem Kopf und Schnabel, massigem Körper und relativ dickem, langen Hals. Die Füße sind rosa. Der Schnabel ist, je nach Unterart, orange oder rosa. Die allgemeine Gefiederfärbung graubraun. Kopf und Hals sind, im Unterschied zu den anderen „Grauen Gänsen", nicht dunkler als der Körper. Alle Kleider sehen weitgehend gleich aus. Auch die Kurzschnabelg.(14) hat rosa Füße. Sie ist aber wesentlich kleiner, hat einen dunklen Schnabel, einen kleineren, dunkleren Kopf und einen kürzeren Hals. Juv. Bläß- und Zwergg. haben zwar, wie die Graug., keine weiße Blesse, sind aber an Kopf und Hals weit dunkler und haben orangefarbene Füße. Eine Verwechslung mit anderen Arten ist kaum möglich. Graug. wurden in einigen Gebieten der Britischen Inseln und Norddeutschlands wieder eingebürgert. Die einzige in Europa auch im Sommer außerhalb arktischer Regionen regelmäßig anzutreffende „Graue Gans". Einzelne, oft flugbehinderte, arktische Gänse können jedoch ganzjährig in den Überwinterungsgebieten bleiben.
Im Flug - Gut an den auffallend hellgrauen Vorderflügeln und den grauweißen, im Sonnenschein fast weiß wirkenden Unterflügeln anzusprechen. Die Kurzschnabelg.hat noch die ähnlichsten Flügel. Ihre Flügelober- und -unterseiten sind aber niemals so hell. Außerdem hat sie einen kürzeren Hals, einen kleineren Schnabel, einen dunkleren Kopf und eine höhere Stimme. Das typische Flugbild der Graug. ist durch den massigen Schnabel und Kopf sowie den langen, recht dicken Hals bestimmt. Sie erscheint fast einfarbig hell graubraun. Charakteristische Farbkontraste fehlen. Sie hat also, im Unterschied zu den beiden Arten mit einer Blesse, auch keine Bauchflecke.
Stimme: Wie die der Hausgans. Allgemein tiefer und schallender als die anderer „Grauer Gänse". Der Flugruf ist ein lautes, klingendes „ahng-ang-ang". Vor dem Auffliegen sind lange „ga-ga-Reihen" zu hören. Der Kontaktlaut ist ein leises „gogo..".
Beschreibung: Geschlechter gleich. Beschreibung der Nominatform: **Ad.-** Kopf, Hals, Brust , Flanken und Oberseite sind bräunlichgrau. Die Färbung ist insgesamt recht einheitlich, an der Brust ein wenig blasser und an den hinteren Flanken dunkler. Die Federn haben hier aber helle Ränder. Oft zieht um die Schnabelbasis eine schmale, undeutliche, weiße Linie. Der obere Flankenrand ist durch ein klares, weißes Band abgegrenzt. Der Bauch mit variabler, wenig auffälliger, dunkler Fleckung. Die hellen Federsäume der Oberseite ergeben eine feine Querbänderung. Rücken, Bürzel und Schwanz sind grau. Oberschwanzdecken, Schwanzkante und Afterregion sind weiß. Die blaß bläulichgrauen Oberflügeldecken heben sich deutlich von den dunkleren Schwingen ab. Die hellgrauen Unterflügeldecken kontrastieren ebenfalls mit den dunklen Schwingen.
Juv.- Sehen wie die Ad. aus, haben aber am Bauch keine Fleckung. Die Oberseite ist, wie die der anderen juv. „Grauen Gänse", schuppig gezeichnet. Im Verlauf des ersten Winters zunehmend wie Ad. gefärbt, Bauchflecke treten aber erst ab dem zweiten Winter auf.
Federlose Partien: Beschreibung der Nominatform (s. auch Geographische Variabilität): **Ad.-** Schnabel orange, mit dem weißlichen Nagel aber oft mehr fleischfarbenrosa. Füße fleischfarbenrosa. Iris dunkelbraun. Der schmale Augenring schwach rosa oder gelblich. **Juv.-** Schnabel und Füße blasser, oft mit grauem Anflug. Augenring weißlich. Die Farben werden während des ersten Winters zunehmend kräftiger.
Maße: ♂ gewöhnlich größer als ♀. *A.a.anser*: Flügel 412-480 (M. ♂ 465, ♀ 442); Lauf 71-93 (M. ♂ 85, ♀ 79); Schnabel 58-74 (M. ♂ 67, ♀ 62); mittleres Gewicht ♂ 3612, ♀ 3138. *A.a.rubrirostris*: Flügel 395-515 (M. ♂ 468, ♀ 448); Schnabel 47-78 (M. ♂ 69, ♀ 64); mittleres Gewicht ♂ 3455, ♀ 2921.
Geographische Variabilität: Zwei Unterarten, die sich im östlichen Europa und in der westlichen UdSSR durchmischen. *A.a.anser* brütet in Europa, wenn hier auch einige eingebürgerte Populationen, z.B. in Belgien, mehr dem *Rubrirostris*-Typ gleichen. Die Brutverbreitung von *A.a.rubrirostris* ist die mittlere UdSSR und Zentralasien. Mit der Nominatform verglichen, erscheint *A.a.rubrirostris* allgemein blasser. Ihr Schnabel ist einheitlich leuchtendrosa. Auch die Augenringe sind rosa. Der Schnabel der Juv. ist zunächst auf der Basis noch gelblich. Graugänse aus Island, Schottland und Norwegen haben im allgemeinen einen recht kurzen Schnabel. Sie sind auch als gesonderte Unterart, „*A.a.sylvestris*", abgetrennt worden.
Lebensweise: Wie die anderen „Grauen Gänse", ein typischer Vogel des offenen Grünlandes. Ernährt sich grasend. Im allgemeinen weniger scheu als die anderen Arten. Aus Wiedereinbürgerungen entstandene Populationen brüten oft in der Nähe von Siedlungen und auch an künstlich angelegten oder stärker beunruhigten Gewässern. Die einzelnen Paare besetzen zumeist getrennte Brutterritorien. Manchmal bilden sich auch lockere Kolonien. Das Nest ist in Gewässernähe in Schilf oder anderer hoher Vegetation versteckt. Gelegentlich nisten Graug. auch in einem niedrigen Baum. Außerhalb der Brutperiode sind sie sehr gesellig.Sie sammeln sich auf Seen und weiden gemeinsam auf dem umliegenden Acker- und Weideland. Beim Auffliegen sind sie schwerfälliger als andere „Graue Gänse". Sie brauchen dazu oft einen längeren Anlauf. Sie halten sich häufiger als andere Gänse auf dem Wasser auf.
Biotop: Vom Rande der nördlichen Tundra bis in die Steppen Zentralasiens in recht unterschiedlichen Landschaften, aber stets in der Nähe weitgehend offener Feuchtgebiete. Überwintert auf weiten, landwirtschaftlich genutzten Flächen an Flußmündungen, Seen und Staubecken.
Verbreitung: Die Brut- und Überwinterungsgebiete liegen im allgemeinen weiter südlich als die der anderen „Grauen Gänse". Das Brutgebiet erstreckt sich von Island, den Britischen Inseln und Skandinavien über Mittel- und Osteuropa und die südlichere UdSSR bis in die Mongolei und nach Nordchina. Die isländische Population überwintert gemeinsam mit der dort ansässigen auf den Britischen Inseln. Die skandinavischen und norddeutschen Populationen ziehen über Frankreich bis auf die Iberische Halbinsel. Die Graugänse aus Zentral- und Südeuropa überwintern am Mittelmeer und ziehen teilweise bis nach Nordafrika. Die Brutvögel der westlichen UdSSR überwintern am Schwarzen- und Kaspischen Meer. Sie wandern auch bis in den Irak und Iran. Weiter östlich gelegene Überwinterungsgebiete sind Nordindien bis Burma und die Niederungen Südchinas. Wenige Graug. überwintern auch im zentralasiatischen Bereich der UdSSR. Auf den Britische Inseln, in Belgien und Deutschland waren Wiedereinbürgerungen erfolgreich. Irrgäste sind im Norden bis nach Spitzbergen und Jan Mayen, im Süden bis nach

Kuwait, Israel, Sri Lanka, Madeira, die Azoren und die Kanarischen Inseln und im Osten bis nach Japan gelangt.
Bestand: Graug. werden in dem gesamten Verbreitungsgebiet mehr oder weniger intensiv bejagt. Früher wurden sie auch durch Nestraub und das Erschlagen flugunfähiger Jung- und Mauservögel erheblich dezimiert. Die Trockenlegung von Feuchtgebieten hat zum Erlöschen mancher Population geführt. Dagegen stehen erfolgreiche Wiedereinbürgerungen (s.o.). Auch wenn die osteuropäische Population relativ klein und unzusammenhängend ist, kann doch in einigen Ländern ein Ansteigen beobachtet werden. In Nordeuropa eine erhebliche Bestandszunahme, z.B. auf Island von 3.500 Paaren (1960) auf über 18.000 Paare (1973). Die Bestandsentwicklung von A.a.rubrirostris verlief genau entgegengesetzt. Auch wenn genaue Zahlen fehlen, ist doch zweifelsfrei, daß die heutige Verbreitung nicht mehr zusammenhängt, sondern in kleinere Einzelvorkommen aufgespalten ist.
Literatur: Bauer und Glutz 1968, Cramp und Simmons 1977, Ogilvie 1978.

18 Streifengans Tafel 7
Anser indicus
Englisch: Bar-headed Goose

Eine recht attraktive Gans, die auf den Hochebenen Zentralasiens in Kolonien brütet.

Feldkennzeichen: Länge 71-76 cm. **Am Boden** - Die Ad. sind mit dem weißen Kopf und dem weißen Längsstreifen auf den Halsseiten unverkennbar. Der Hinterhals und zwei Querbänder am Hinterkopf sind schwarz. Der Körper ist allgemein lichtgrau, am Vorderhals und an den Flanken dunkler. Die Juv. sind ein wenig unauffälliger. Bei ihnen zieht die Schwarzfärbung des Hinterhalses bis auf den Kopf. Sie haben aber keine Kopfbänder. Eine Verwechslung der Ad. mit anderen Gänsen ist unwahrscheinlich. Die Juv. erinnern an juv. Schneegänse (19), sind von diesen aber leicht an den gelblichen Schnäbeln und Füßen sowie an der hellgrauen Unterseite zu unterscheiden. **Im Flug** - Im Unterschied zu den „Grauen Gänsen" ohne gut sichtbaren Kontrast zwischen den Flügeldecken und dem übrigen Gefieder. Die Schwingen sind jedoch dunkel. Nur die Graug. (17), mit denen die Streifeng. in Indien gemeinsam überwintern, haben ähnlich hellgraue Unterflügeldecken. Von unten gesehen sind aber der dunkle, von dem weißen Kopf abgesetzte Vorderhals und die grauenicht bräunliche - Unterseite gute Erkennungsmerkmale.
Stimme: Die Flugrufe sind typische Gänserufe, die aber, im Unterschied zu denen der anderen Arten, aus recht tiefen, weniger klingenden, mehr nasalen und in langsamerer Folge geäußerten Lauten bestehen.
Beschreibung: Geschlechter gleich. **Ad.**- Kopf, Kehle und ein über die gesamte Halsseite verlaufender Längsstreifen weiß. Über den Hinterkopf ziehen zwei schwarze Querbinden. Die vordere reicht von einem Auge zum anderen. Hinterhals schwarz. Vorderhals dunkelgrau. Brust, Flanken und gesamte Oberseite silbergrau, an den hinteren Flanken am dunkelsten. Schultern mit unscharfer, heller Querbänderung. Afterregion, Oberschwanzdecken und eine schmale Schwanzkante weiß. Schwanz sonst grau. Ober- und Unterflügeldecken silber- bis hellgrau. Schwingen schwarzgrau. **Juv.**- Den Ad. ähnlich, Scheitel und Hinterhals aber dunkel bräunlichgrau ohne Querbinden. Stirn weißlich. Von dem Auge zieht ein dunkler Streifen zum Schnabel. Im Verlauf des ersten Winters weitgehend wie die Ad. Das vollständige Ad.-Gefieder aber erst im zweiten Winter.
Federlose Partien: Ad.- Schnabel tiefgelb, fast orangegelb und zum schwarzen Nagel hin leicht rosa getönt. Füße gelblichorange. Iris dunkelbraun. **Juv.**- Schnabel und Füße blasser, mehr hellgelb. Die Färbung wird während des Winters zunehmend intensiver.
Maße: ♂ allgemein größer als ♀. Flügel 406-482 (M. ♂ 454, ♀ 424); Lauf 63-80; Schnabel 47-63; Gewicht 2.000-3.200.
Geographische Variabilität: Keine.
Lebensweise: Brütet auf den Hochebenen Zentralasiens und überwintert im Tiefland Nordindiens. Das ganze Jahr über äußerst gesellig. Ankunft im Brutgebiet ab Ende März bis Mitte April. Dichte Brutkolonien an Seeufern. Nester auf Schnabelreichweite voneinander entfernt. Nistet manchmal auch auf Felsen und niedrigen Bäumen. Bevorzugte Neststandorte liegen in der Nähe von Horsten des Hochlandbussards. Dadurch ist ein gewisser Schutz vor Bodenräubern gegeben. Aufbruch ins Winterquartier nach der Mauser ab Ende August bis Ende September. Zug über die Gipfel des Himalaja. Ziehende Trupps sind schon in 9.375 m Höhe über dem Mount Everest angetroffen worden. Ankunft in den indischen Überwinterungsgebieten ab Mitte Oktober. Überwintert auf Kulturland und in unkultiviertem Sumpfgelände. Weidet in dicht gedrängten Trupps. Schlaf- und Ruheplätze auf Seen und Sandbänken großer Flüsse. Morgenlicher und abendlicher Strich zwischen der Nahrungs- und Ruheplätzen. Im Winter sehr scheu und wachsam. Am Brutplatz weniger scheu. Schwimmt gut. Erscheint am Boden, da der schlanke Hals gebogen dem Körper aufgelegt wird, ausgesprochen untersetzt. Wirkt außerdem kurzbeinig, was durch den watschelnden Gang noch verstärkt wird.
Biotop: Hochgelegene Brutgebiete. Brutvorkommen bis in 5.000 m Höhe. Bevorzugt die moorige und sumpfige Umgebung von Süß- und Salzwasserseen in offener Landschaft. Überwintert auf Seemarschen, an Flüssen und Seen.
Verbreitung: Früher über weite Gebiete Zentralasiens verbreitet. Das Brutgebiet erstreckte sich vom Tien Schan im Westen bis in die Mongolei im Norden, in das nordwestliche Heilong-Jiang (Mandschurei), Ningxia und Qinghai im Osten und über das Tibetanische Hochland bis nach Ladakh und Wakhan (Nordostafghanistan) im Süden. Abgesehen von wenigen Gänsen, die den Winter im südlichen China verbringen, überquert die Masse den Himalaja um die Überwinterungsgebiete in Nordindien, zwischen Pakistan im Westen und Nordburma im Osten, aufzusuchen. Der Zug verläuft über Nepal und Assam. Einzelne fliegen bis nach Südindien. Da sie viel und gern in Gefangenschaft gehalten werden, kann man in Europa und Nordamerika häufig entflogene Streifeng. beobachten. In Schweden gab es zeitweilig frei brütende Paare. Die gehäuften Feststellungen in Mitteleuropa machen Brutansiedlung auch in anderen Gebieten wahrscheinlich.
Bestand: Da weder aus Pakistan noch aus Burma aktuelle Meldungen vorliegen, ist der Bestand wahrscheinlich wesentlich zurückgegangen. Der Brutbestand der UdSSR wird auf 1.500-1.600 geschätzt.

Die Streifeng. brütet hier vorwiegend in der Usbekischen, Kirgisischen und Tadschikischen SSR. Der Bestand der Mongolei ist wahrscheinlich noch recht hoch. Aus China gibt es nur wenige verläßliche Angaben. Für den Rückgang werden Zerstörungen der Brutgebiete durch Fluten usw. und die starke Verfolgung verantwortlich gemacht. Der gegenwärtige Weltbestand wird auf etwa 10.000 geschätzt.
Literatur: Dementiew und Gladkow 1952, Gole 1982, Kitson 1978, Ogilvie 1978, Ouweneel 1984.

19 Schneegans   Tafel 6
Anser caerulescens
Englisch: Snow Goose, Blue Goose

Eine schöne arktische Gans, die in zwei Farbphasen auftritt.

Feldkennzeichen: Länge 65-84 cm. Da die beiden Arten sehr ähnlich sind, vergleiche auch mit der Zwergschneegans (20). Zwei stark verschiedene Farbphasen, eine weiße und eine dunkle bzw. blaue, und dazu individuelle Zwischenformen. **Am Boden - Weiße Phase -** Die Ad.sind bis auf die schwarzen Handschwingen, die beim Stehen durch die verlängerten Schulterfedern weitgehend überdeckt werden, völlig weiß. Kopf und Hals sind oft rostfarben getönt. Schnabel und Füße sind rosa. Außer mit der Zwergschneeg., kaum mit einer anderen Gans zu verwechseln. Gelegentlich treten bei „Grauen Gänsen" Albinos auf. Diese haben aber keine schwarzen Schwingen und auch keine verlängerten, zugespitzten Schulterfedern. Vergleiche auch mit dem Coscorobaschwan (27). Die Juv. sind auf der Oberseite, am Nacken und am Scheitel blaß graubraun. Stirn, Kopfseiten, Vorderhals und Halsseiten sowie die gesamte Unterseite sind weiß mit graubraunem Anflug. Die Handschwingen sind schwarz. Der Schnabel und die Füße sind bleigrau. Sie sind eigentlich nur mit juv. Zwergschneeg. zu verwechseln. Man beachte aber, daß leuzistische „Graue Gänse" ähnlich gefärbt sein können. Siehe auch juv. Streifeng. (18). **Blaue Phase -** Kopf und Hals der Ad. sind weiß. Sie heben sich von dem dunkel- bis schwarzgrauen Gefieder des Körpers scharf ab. Die Flügeldecken sind blaugrau. Die Gefiedertönung ist individuell erheblich verschieden. Die dunkelsten Gänse haben oft weißliche Unterschwanzdecken. Schnabel und Füße sind rosa. Die Kaiserg. (21) ist weit untersetzter, hat einen rein weißen Schwanz, gelbe Füße und ein deutlich gebändertes Gefieder. Siehe auch die sehr seltene Blaue Phase der Zwergschneeg. Die Juv. sind anfangs fast völlig rußbraun mit gräulichen Schnäbeln und Füßen. Im Verlauf des ersten Herbstes und Winters wird zunehmend das Ad.-Kleid ausgebildet. Juv. Kaiserg. sehen ähnlich aus, sind aber untersetzter, an Kopf und Hals heller und oberseits hell geschuppt. **Im Flug -** Die Weiße Phase ist fast unverkennbar, nur die Unterscheidung von der Zwergschneeg. kann einige Schwierigkeiten bereiten. Die Ad. sind reinweiß mit schwarzen Handschwingen. Die Juv. sehen weitgehend gleich aus, haben aber auf der Unterseite und an den Flügeldecken einen grauen Anflug. Die Blaue Phase ist dunkel, mit abgehoben grauen Flügeldecken und ebenfalls blasserem Bürzel und Schwanz. Die Ad. haben dazu noch einen weißen Kopf. Kaiserg. wirken untersetzter, haben keine kontrastierenden Flügeldecken und einen weißen Schwanz.

Stimme: Wie alle Gänse, sehr ruffreudig. Sie rufen im Flug fast ununterbrochen. Der Flugruf, wenig melodisch, rauh und schrill „hauk" oder „kähk", klingt aus der Ferne wie das Bellen kleiner Hunde.
Beschreibung: Geschlechter gleich. **Ad. Weiße Phase -** Bis auf die grauen Handdecken und die schwarzen Handschwingen völlig weiß. **Ad. Blaue Phase -** Kopf und Oberhals weiß. Unterhals und die gesamte Unterseite tief dunkelgrau. Afterregion oft heller, manchmal sogar weiß. Nacken und Schultern tief dunkelgrau. Rücken und Bürzel grau. Oberschwanzdecken weißlichgrau. Die Schwanzfärbung ist variabel, entweder dunkelgrau mit weißlichen Federrändern oder mehr oder weniger gänzlich weiß. Die verlängerten Schulterfedern schwarzgrau mit weißlichen Säumen. Oberflügeldecken bläulichgrau. Schwingen schwarz. Unterflügeldecken hellgrau, manchmal auch dunkelgrau. **Juv. Weiße Phase -** Scheitel, Oberhals, Nacken und Schultern bräunlichgrau. Stirn, Vorderhals, Halsseiten und die gesamte Unterseite weißlich mit diffuser graubrauner Fleckung oder graubraunem Anflug. Rücken, Bürzel und Oberschwanzdecken weißlich mit graubrauner Sprenklung. Schwanz graubraun mit weißlicher Kante. Die verlängerten Schulterfedern dunkelgrau mit weißlichen Säumen. Oberflügeldecken graubraun, weißlich marmoriert und gesäumt. Unterflügel weißlich. Handschwingen schwarz. Im Verlauf des ersten Winters und Sommers wird zunehmend das Ad.- Gefieder ausgebildet. **Juv. Blaue Phase -** Insgesamt dunkel schiefergrau, auf der Oberseite mehr braun getönt und an der Afterregion oft heller. Zu Beginn des Winters zeigt sich am Kopf die erste weiße Fleckung. Ab Spätwinter sehen die Juv. weitgehend wie Ad.aus. **Mischphasen -** Intermediäre Färbungen sind recht häufig. Zumeist gleichen sie mehr der Blauen Phase, haben aber auf der Unterseite ausgedehnte weiße Partien. Oft sind nur die Oberseite und ein Brustband dunkel.
Federlose Partien: Gilt für alle Phasen. **Ad.-** Schnabel rosarot mit weißem Nagel und schwarzen Kanten. Füße rosarot. Iris dunkelbraun. **Juv.-** Schnabel und Füße bleigrau.
Maße: ♂ zumeist größer als ♀. *A.c.caerulescens* : Flügel 380-460 (M. ♂ 430, ♀ 420); Lauf 75-91; Schnabel 50-62 (M. ♂ 58, ♀ 56); mittleres Gewicht ♂ 2744, ♀ 2517. *A.c.atlanticus* : Flügel 425-485 (M. ♂ 450, ♀ 445); Lauf 80-97; Schnabel 57-73 (M. ♂ 67, ♀ 62); mittleres Gewicht ♂ 3626, ♀ 3065.
Geographische Variabilität: Zwei Unterarten, die sich vorwiegend in der Größe unterscheiden (s. Maße). *A.c.caerulescens*, die „Kleine Schneegans", ist im gesamten Verbreitungsgebiet von der Wrangelinsel (UdSSR) ostwärts bis Baffinland (Kanada) Brutvogel. Ihre Blaue Phase war früher in der Minderzahl, hat aber in den letzten Jahrzehnten merkbar zugenommen. *A.c.atlanticus*, die „Große Schneegans", hat einen stärkeren Schnabel. Sie brütet auf Inseln in der nördlichen Baffin Bay und im nordwestlichen Grönland. Ihre Blaue Phase ist äußerst selten.
Lebensweise: Ganzjährig sehr gesellig. Brütet auf der arktischen Tundra in dichten Kolonien. Ankunft im Brutgebiet mit der Schneeschmelze. Gelege ab Juni. Bei der Bildung der Brutpaare wird die gleiche Farbphase bevorzugt. Bei gemischten Paaren überwiegen die „blauen" Jungen. Einige Populationen sind, da weiße Partner kaum mehr zu Verfügung stehen, fast völlig „blau". Wenn nach der Mauser, ab Ende August, die kalte Witterung einsetzt, werden die Brutgebiete verlassen. Zug von und zu den Winterquartieren

verläuft über festgelegte Zugrouten. Die Ankunft der einzelnen Populationen in den Überwinterungsgebieten ist zeitlich recht verschieden. Einige legen längere Zwischenrasten ein, andere ziehen ohne wesentlichen Aufenthalt. Allgemein verläuft der Frühjahrszug langsamer als der Herbstzug. Die Winterscharen, die sich auf küstennahem Weide- und Ackerland sammeln, umfassen oft mehrere Zehntausend. Die Schneeg. schwimmt gern. Schlaf- und Ruheplätze sind größere Wasserflächen. Sie weidet bei der Nahrungssuche die Pflanzen nicht nur ab, sondern reißt sie mit der Wurzel aus. Sie mischt sich zwanglos unter andere Gänse. Größere Trupps halten sich aber getrennt. Sie nistet oft in unmittelbarer Nachbarschaft anderer arktischer Gänse. Gelegentlich sind auch wilde Bastarde mit der Zwergschnee., Bläß. (15) und Kanadag. (23) festgestellt worden.

Biotop: Brütet auf der flachen Tundra, meistens nicht mehr als 10 km von einem Gewässer entfernt. A.c.atlanticus ist auch auf felsigem Untergrund oder feuchter Tundra im Windschatten von Bergen anzutreffen. Überwintert bevorzugt im küstennahen Flachland auf Weiden, Saat- und Stoppelfeldern.

Verbreitung: Das Brutgebiet liegt im arktischen Nordamerika mit einem Vorposten auf der Wrangelinsel vor der Küste Nordostsibiriens. Brutverbreitung der Unterarten siehe Geographische Variabilität. A.c.caerulescens überwintert hauptsächlich entlang der Golfküste in Louisiana und Texas. Die weiter westlich brütenden Populationen, in denen die Blaue Phase fehlt oder doch selten ist, ziehen zum Überwintern in das mittlere Kalifornien, das nördliche zentrale Mexiko und in die angrenzenden Gebiete der südlichen USA. A.c.atlanticus verbringt den Winter an der Atlantikküste zwischen Maryland und North Carolina. Gelegentlich erscheinen einige im Winter auf Hawaii, im östlichen China und in Japan. Dort aber nach dem Zusammenbruch der sibirischen Population ein seltenerer Gast. Schneeg. werden viel in Gefangenschaft gehalten. Bei den meisten Beobachtungen in Europa handelt es sich wohl um „Flüchtlinge". Auf Island und Irland sind die einzelnen Schneeg. zumeist mit Bläßgänsen aus Grönland vergesellschaftet. Sie werden mit einiger Sicherheit echte Wildvögel sein. Schneeg. wurden in den meisten europäischen Ländern gesehen, im Süden sogar auf den Azoren und im Osten in Finnland. Zahlreiche „Irrgäste" außerhalb des üblichen Vorkommens haben sich aber als Albinos verschiedener „Grauer Gänse" herausgestellt.

Bestand: Der Winterbestand der Nominatform wird in den USA auf ca. 2 Millionen geschätzt. Die einzige verbliebene Population der UdSSR auf der Wrangelinsel soll 1976 um 87.000 umfaßt haben, es wurden aber nur 6.000 Nester gezählt. Nach der Besiedlung der Insel durch Menschen traten empfindliche Verluste ein. Die Herden eingebürgerter Rentiere richten in den Kolonien Schaden an. Durch Verwertung der Abfälle aus der Rentierzucht haben sich die Eisfüchse stark vermehrt. Entsprechend ist auch der Feinddruck auf die Gänse gestiegen.Um die Situation für diese Population zu verbessern, wurde in den Winterquartieren der USA die Jagd eingeschränkt. Nach zeitweiligem Rückgang ist der Bestand von A.c.atlanticus durch die Einrichtung von Schutzgebieten und die Beschränkung der Jagd wieder von 90.000 (1969) auf 400.000 (1984) angewachsen.

Literatur: Bousfield und Syroechkovskiy 1985, Ogilvie 1978,1985.

20 Zwergschneegans Tafel 6
Anser rossii
Englisch: Ross's Goose

Eine verkleinerte „Ausgabe" der Schneegans (19), mit weit begrenzterem Brut- und Überwinterungsgebiet.

Feldkennzeichen: Länge 53-66 cm. **Am Boden** - Der Weißen Phase der Schneeg. sehr ähnlich, jedoch wesentlich kleiner. Der Schnabel ist kurz. Seine Basis ist hoch und hat, vor allem bei alten ♂, bläuliche, warzenartige Auswüchse. Die Schnabelkanten sind nicht dunkel. Der Kopf ist kleiner und runder, der Hals kürzer und dicker und der Körper gedrungener als bei der Schneeg. Die Trupps beider Arten halten sich gewöhnlich voneinander getrennt. Einzelne Zwergschneeg. oder Familiengruppen mischen sich aber oft unter Schneegänse. Das macht es, insbesondere an der Golfküste der USA, schwer, die vereinzelten Zwergschneeg. aus großen, in sich variablen Scharen von Schneeg. herauszukennen. Die Blaue Phase der Zwergschneeg. ist sehr selten (s. Lebensweise). Zwergschneeg. neigen weniger als Schneeg. dazu, an Kopf und Hals eine rostfarbene Tönung anzunehmen. Die Juv. unterscheiden sich von juv. Schneeg. durch ein weit weißeres, an Hinterhals und auf den Schultern leicht grau getöntes Gefieder. **Im Flug** - Von der Schneeg. nur schwer zu unterscheiden. Zwergschneeg. können bei einiger Übung an der Kombination von geringer Größe, relativ kurzem Hals, kleinem Kopf und Schnabel sowie ziemlich schnellem Flügelschlag erkannt werden. Diese Eigenheiten werden am deutlichsten, wenn einzelne Zwergschneeg. in kleinen Trupps von Schneeg. fliegen.

Stimme: Alle Rufe klingen höher als bei der Schneeg. Im Flug sind ein kurzes, rauhes Grunzen, „kork" und hohe Rufreihen, „kiek-kiek..`" oder „ki-gak..", zu hören.

Beschreibung: Geschlechter gleich. **Ad.Weiße Phase** - Entspricht in Färbung und Zeichnung des Gefieders weitgehend der Weißen Phase der Schneeg. **Ad. Blaue Phase** - Sehr selten. Wie die Blaue Phase der Schneeg., aber anscheinend immer mit weißem Bauch. **Juv.**- Weitgehend wie Juv. weißer Schneeg., die graubraunen Bereiche sind aber blasser und weniger ausgedehnt. Lediglich der Hinterhals und die Schultern sind blaß graubraun getönt.

Federlose Partien: Ad.- Schnabel tief rosarot mit hellem Nagel. Schnabelbasis mit blauer, warziger Zone, die bei den alten ♂ am ausgeprägtesten ist und bei den ♀ und juv. weitgehend fehlt. Füße rosarot. Iris dunkelbraun. **Juv.**- Schnabel und Füße grünlichgrau. Sie werden während des ersten Winters zunehmend rosa.

Maße: ♂ deutlich größer als ♀. ♂- Flügel 360-380; Lauf 61-70; Schnabel 40-46; mittleres Gewicht 1315. ♀- Flügel 345-360; Schnabel 37-40; mittleres Gewicht 1224.

Geographische Variabilität: Keine.

Lebensweise: Mit der Schneegans nah verwandt und ihr auch in der Lebensweise sehr ähnlich. Das blaue, warzige Schnabelfeld wird als ein artspezifisches Merkmal angesehen, das auf den gemeinsam genutzten Brutplätzen eine Bastardierung mit der Schneeg. verhindert. Zwergschneeg. treffen zudem, wie andere Gänse auch, schon verpaart im Brutgebiet ein. Dennoch sind inzwischen zahlreiche Bastarde und Mischpaare bekannt geworden. Das gelegentliche Auftreten einer Blauen Phase könnte auf Erbanteile von Schneeg. hinweisen. Die genaue Untersuchung solcher Individuen hat aber ergeben, daß sie in Struktur und Maßen den Zwergschneeg. gleichen. Sowohl am Brutplatz als auch in den Überwinterungsgebieten ausgesprochen gesellig. Ankunft im Brutgebiet ab Mitte bis Ende Mai. Sofortiger Brutbeginn. Nistet auf der flachen Tundra oder auf Inseln. Nester oft dicht beieinander im schützenden Gestrüpp oder im Lee von Felsen. Aufbruch zum Herbstzug im September nach der Mauser. Die Masse trifft um Mitte Oktober in den Winterquartieren ein. Der Herbstzug verläuft recht schnell, der Frühjahrszug dagegen langsamer mit mehreren Zwischenrasten. Aufbruch in die Brutgebiete gegen Anfang März. Die Brutverbreitung erstreckt sich teilweise mit der der Schneeg. In dem gemeinsamen Überwinterungsgebiet halten sich beide Arten gewöhnlich getrennt. Einzelne und Familienverbände schließen sich aber Schneeg. an und werden daher in deren großen Scharen leicht übersehen.

Biotop: Brütet in Küstenniederungen der Tundra. Bevorzugt dabei Inseln. Überwintert im Flachland auf Weiden und Ackerland. Sucht auf dem Herbstzug auch Reis- und Stoppelfelder auf.

Verbreitung: Brütet hauptsächlich in der Region um den Perry River in den Nordwest Territorien Kanadas. Außerdem auf Banks- und Southampton Island und entlang des McConnell River. Überwinterte früher ausschließlich im Sacramentotal Kaliforniens. Heute, wahrscheinlich wegen geänderter Landnutzung, im Winter weiter verbreitet. Zieht durch Oregon, das nordwestliche Montana und entlang der Grenze von Alberta und Saskatchewan. Kommt im Winter in geringer Zahl bis ins südliche New Mexico und sogar bis nach Nordmexiko hinein vor. Stellt sich neuerdings regelmäßig in kleineren Trupps an der Golfküste von Louisiana und Texas ein und mischt sich hier unter die riesigen Schwärme der Schneeg. Diese Zwergschneeg. müssen zweifellos zusammen mit den Schneeg. über die Mississippizugroute gezogen sein. Irrgäste treten in den USA häufiger an der West- und seltener an der Ostküste auf. Einzelne in Nordwesteuropa, bevorzugt auf den Britischen Inseln, aber auch in den Niederlanden und auf Island beobachtete Zwergschneeg. stammen höchstwahrscheinlich aus Gefangenschaft. Ein Paar, das auf Island brütete und im Herbst mit Kurzschnabelg. nach England zog, stammte nachweislich aus einer englischen Vogelhaltung.

Bestand: Bei dem begrenzten Brutgebiet ist der Bestand recht gut bekannt. Die Brutpopulation wurde 1976 auf 77.300 geschätzt. Obwohl die Zwergschneeg. weiterhin bejagt wird, nimmt ihre Zahl anscheinend doch zu. Eine große Gefahr resultiert aus der räumlichen Enge der wenigen Brutplätze und aus den dichten Schwarmkonzentrationen. Beides macht diese Gans in besonderem Maße krankheitsanfällig.

Literatur: McLandress 1979,1983, Melinchuk und Ryder 1980, Ryder 1967

21 Kaisergans Tafel 6
Anser canagicus
Englisch: Emperor Goose

Eine hübsche, dickliche Verwandte der Schneeg. (19) aus dem westlichen Alaska und dem nordwestlichen Sibirien, die sich im Unterschied zu den Schneegänsen vorwiegend am Meer aufhält.

Feldkennzeichen: Länge 66-89 cm. *Am Boden* - Eine dunkelgraue Gans mit weißem Kopf von den arktischen Küsten des Nordpazifik. Das aus geringerer Entfernung schwarz geschuppt erscheinende blaugraue Gefieder kontrastiert mit dem weißen Kopf, Hinterhals und Schwanz sowie mit dem schwarzen Vorderhals. Die Füße sind sattgelb. Diese untersetzte, relativ kleine und kurzhalsige Gans kann höchstens mit einer „Blauen Schneegans" verwechselt werden. Die Blaue Phase der Schneeg. kommt aber in der westlichen Population der Schneegans kaum vor. Sie hat zudem einen längeren Schnabel, rosa Füße, einen weißen Vorderhals und oft eine weißliche Unterseite. Wie viele andere weißköpfige arktische Vögel, ist auch die Kaiserg. oft am Kopf und Hals rostfarben getönt. Die Juv. sind, wie auch die Juv. der Blauen Schneeg., völlig dunkel gefärbt. Am besten sind sie an der Gestalt zu erkennen. Aus der Nähe wird eine feine Bänderung sichtbar. Kopf und Hals wirken dunkler als das übrige Gefieder und am Kinn fehlt der für die Schneeg. bezeichnende helle Fleck. Das Ad.-Kleid ist schon recht früh im ersten Winter ausgebildet. *Im Flug* - Körper massig, Hals kurz und Flügel breit. Das Gefieder allgemein dunkelgrau mit abgesetzt weißem Kopf, Hinterhals und Schwanz. Der Flügelschlag flach. Die Kaiserg. fliegt, im Unterschied zu anderen Gänsen, oft ziemlich niedrig.

Stimme: Der Flugruf ist ein markantes, hohes aber rauhes, wiederholtes „klä-hä". Beim Flug über kurze Entfernungen ist auch ein klingendes „jäng-jäng" zu hören. Die Kontaktlaute sind allgemein nicht so wohltönend wie bei anderen Gänsen.

Beschreibung: Geschlechter gleich. **Ad.**- Kopf und Hals weiß, bei Wildvögeln zumeist stark orange bis rostbraun getönt. Kinn und Vorderhals schwarz. Körperober- und -unterseite sowie Flügel blaugrau. Jede Feder schwarzweiß gerandet. Das Gefieder wirkt dadurch reich geschuppt. Schwanz weiß. Schwingen schwarzgrau. Unterflügel grau. **Juv.**- Das gesamtes Gefieder rußgrau und brauner als das der Ad. Kopf und Hals schwärzlichgrau, Vorderhals am schwärzesten. Kopf undeutlich weiß gepunktet. Körper nicht so deutlich geschuppt wie bei den Ad. Schwanz hellgrau. Gleicht den Ad. schon recht früh im ersten Winter, ist aber bis in den Sommer hinein auf dem weißen Kopf und Hals dunkel gesprenkelt.

Federlose Partien: Ad.- Schnabel rosa, um die Nasenlöcher und an den Kanten aber schwarz. Schnabelbasis mit blauem Anflug. Füße tief orangegelb. Iris braun. **Juv.**- Schnabel schwärzlich. Füße dunkelolivbraun oder gelblichgrün. Ab Ende des ersten Winters zunehmend wie die Ad. gefärbt, aber mindestens bis in den Frühling hinein noch blasser und grauer.

Maße: ♂ gewöhnlich größer als ♀. ♂- Flügel 380-400; Lauf 66-72; Schnabel 40-49; mittleres Gewicht 2812. ♀- Flügel 350-385; Schnabel 35-40; mittleres Gewicht 2766.

Geographische Variabilität: Keine.

Lebensweise: Eine maritime Art, die in der küstennahen Tundra brütet und den Winter an felsigen Küsten und auf Inseln verbringt. Weniger gesellig als andere Gänse. Weidet im Sommer auf der nassen Tundra und ernährt sich im Winter von Algen und Seegras. Zumeist in Familienverbänden, während der Mauser und im Winterquartier auch größere Scharen. Ankunft auf den Brutplätzen in der zweiten Maihälfte. Nistet zerstreut in losen Kolonien in der Nähe von Gewässern. Nach beendeter Brut mausern die Ad. im Brutgebiet. Die Nichtbrüter, die einen wesentlichen Anteil der Population auszumachen scheinen, suchen in großer Zahl bestimmte Mauserplätze auf. Die Mausergänse Alaskas versammeln sich auf der St. Lorenz Insel und die weniger zahlreichen, sibirischen Kaiserg. an verschiedenen Küstenstreifen der nördlichen Tschuktschen-Halbinsel. Die Winterquartiere liegen, dem Brutgebiet relativ nah, auf den Aleuten. Wegen der weitgehenden Bindung an Küsten nur selten mit anderen Arten vergesellschaftet. Einzelne oder Familientrupps können sich gelegentlich anderen Gänsen anschließen.

Biotop: Brütet in der Tundra an Küstenseen und Lagunen, manchmal auch weiter landeinwärts auf mit Tümpeln durchsetztem Gelände. Überwintert an felsigen Küsten mit ausgedehnten Algen- und Seegraswiesen und auf Schlickflächen in Flußmündungen.

Verbreitung: An den Küsten Nordostsibiriens nur in geringer Zahl. Das Hauptbrutgebiet ist die Küstenregion Alaskas. Die Nichtbrüter ziehen zum Mausern auf die St. Lorenz Insel. Überwinterungsgebiet sind die Aleuten und Kodiak. Einige ziehen bis nach Kamtschatka. Im Winter sind vereinzelte Kaiserg. entlang der nordamerikanischen Westküste südwärts bis Kalifornien anzutreffen. Einzelne halten sich auch zusammen mit anderen Gänsen im Inland auf. Irrgäste sind bis auf die Wrangelinsel (UdSSR) und sogar bis nach Japan und Hawaii gelangt.

Bestand: Die sibirische Population war wohl niemals groß. Jetzt nimmt sie weiter ab. Das Brutgebiet reichte früher westwärts bis zur Kolyma. Heute brütet die Kaiserg., mit einem Bestand von mindestens 12.000, nur noch am Anadyr Golf und auf der Tschuktschen-Halbinsel. Die Population Alaskas wurde 1976 auf etwa 150.000 geschätzt, die Bestandszahlen sind inzwischen aber wohl rückläufig.

Literatur: Dementiew und Gladkow 1952, Kistchinski 1971, Petersen und Gill 1982

22 Hawaiigans   Tafel 7
Branta sandvicensis
Englisch: Hawaiian Goose, Néné (Hawaii)

Eine der „Erfolgsarten" des Artenschutzes. Diese einzige Gans Hawaiis wurde durch Gefangenschaftszucht vor dem Aussterben gerettet und wieder im Ursprungsgebiet ausgesetzt.

Feldkennzeichen: Länge 56-71 cm. **Am Boden -** Unverkennbar. Auf den Hawaii-Inseln endemisch. Dort normalerweise die einzige Gans. Es sind aber schon Irrgäste verschiedener anderer Gänsearten auf den Inseln beobachtet worden. Der Körper ist braungrau. Die Kopf- und Halsseiten sind gelbbraun. Gesicht, Oberkopf und Hinterhals sind schwarz. Das Halsgefieder hat ausgeprägte Längskerben, die den Eindruck einer schwachen Streifung hervorrufen. Kaum mit einer anderen Art zu verwechseln, auch nicht in Gefangenschaft. **Im Flug -** Das Gefiedermuster erinnert im Flug an die Kanadagans (23), deren Hals ist aber ganz schwarz.

Stimme: Nicht so ruffreudig wie andere Gänse. Der typische Ruf ist ein tiefes, leises klagendes „ne-ne", von dem der auf den Inseln gebräuchliche Name abgeleitet ist. Während der Balz klingen die Rufe stimmhafter und rauher.

Beschreibung: Geschlechter gleich. **Ad.-** Das Gesicht vom Schnabel bis hinter das Auge, Oberkopf und Hinterhals schwarzbraun. Kopf- und Halsseiten sind gelbbraun. Der Hals mit längs verlaufenden Kerben. Am Halsansatz ein schmaler, dunkler Ring. Oberseite, Brust und Flanken sind graubraun. Flanken- und Schulterfedern mit dunklem Zentrum und hellbräunlichen Endsäumen, wodurch auf der Oberseite eine Querbänderung entsteht. Bürzel und Schwanz sind schwarz. Afterregion und Oberschwanzdecken sind weiß. Flügeldecken braun mit dunkler Mitte. Schwingen schwarzbraun. Unterflügel braun. **Juv.-** Gleichen den Ad., die Färbung aber insgesamt weniger intensiv, am Kopf und Hals mehr braun als schwarz und oberseits eher schwach geschuppt als gebändert. Nach der ersten Mauser weitgehend wie die Ad.

Federlose Partien: Schnabel und Füße immer schwarz. Iris dunkelbraun. Zehen nur teilweise durch Schwimmhäute verbunden.

Maße: ♂ ein wenig größer als ♀. ♂- Flügel 351-404; Lauf 76-90; Schnabel 36-43; mittleres Gewicht 2165. ♀- Flügel 347-368; Lauf 74-83; Schnabel 32-40; mittleres Gewicht 1930.

Geographische Variabilität: Keine.

Lebensweise: Ein seltener Vogel des vulkanischen Hochlandes und der Berghänge einiger Hawaii-Inseln. Die Schwimmhäute zwischen den kräftigen Zehen sind, im Unterschied zu den meisten anderen Entenvögeln, nur schwach entwickelt. Wohl eine Anpassung an das Landleben und die Nahrungssuche auf spärlich bewachsenen Lavafeldern. Die meiste Zeit über im Familienverband. Von Juni bis September schließen sich die Familien zu „Wintertrupps" zusammen. Die Paare sondern sich im Verlauf des September ab und beginnen mit der Brut. Die Kopulation findet, wie bei der ebenfalls weitgehend landlebenden Hühnergans Australiens, auf dem Lande statt. Nest in Pflanzenhorsten auf Lavafeldern. Wenn die Jungen flügge werden, verlieren die Ad. ihre Flugfähigkeit und schließen sich zu Mausertrupps zusammen. Ortstreu, kein Zug.

Biotop: Vulkanische Berghänge zwischen 1525 und 2440 m Höhe mit spärlichem Bewuchs.

Verbreitung: Endemisch. Nur auf zwei Inseln der Hawaiigruppe und zwar auf Hawaii an den Hängen des Mauna Loa, Hualalai und Mauna Kea sowie, in kleinerem Bestand, auf Maui am Haleakala Krater.

Bestand: Gegen Ende des 18. Jh. mit vielleicht 25.000 Individuen noch recht häufig. Die intensive Jagd, vor allem aber die Verfolgung durch eingebürgerte Räuber wie Mungos, Katzen, Schweine und Hunde, denen die Gelege, die Jungen und zeitweilig auch die flugunfähigen Altvögel zum Opfer fielen, hatten eine fast völlige Vernichtung zur Folge. 1952 waren nur noch an 30 Gänse übriggeblieben. Mit der gezielten Vermehrung in Gefangenschaft wurde 1949 begonnen. 1960 konnten die ersten Hawaiig. wieder in die Freiheit entlassen werden. Inzwischen sind auf Hawaii über 1.000 und auf Maui um 400 Gänse ausgewildert worden. Auf Hawaii hat sich wieder eine einigermaßen gesicherte Brutpopulation etabliert. Auf Maui blieb der Bruterfolg weitgehend aus. 1976 wurde der wilde Bestand von Hawaii auf etwa 600 und der von Maui auf rund 100 geschätzt. Das Programm wird, bei gleichzeitiger Bekämpfung der eingeführten Räuber, fortgesetzt. Glücklicherweise ist die Hawaiigans in Gefangenschaft leicht zu züchten. Der Gefangenschaftsbestand ist daher recht groß. Große Zuchten befinden sich vor allem in Slimbridge (England) und auf Hawaii, so daß z.Z. nicht mehr die Gefahr des Aussterbens besteht. Gesetzlich vollkommen geschützt.

Literatur: Kear und Berger 1980, King 1981.

23 Kanadagans Tafel 7
Branta canadensis
Englisch: Canada Goose, Unterarten s. Geographische Variabilität.

Eine Gans mit enormer innerartlicher Variabilität. Die größten Kanadag. sind annähernd fünfmal so schwer wie die kleinsten.

Feldkennzeichen: Länge 55-110 cm. Sehr erhebliche Größenunterschiede. Die Kleinsten nur ungefähr so groß wie eine Stockente (84) und die Größten fast schwanengroß. Dazu kommen noch erhebliche Gestalt- und Färbungsunterschiede (s. Geographische Variabilität). **Am Boden -** Trotz der Größendifferenzen doch immer leicht an dem typischen Färbungsmuster zu erkennen. Der Körper ist braun. Kopf und Hals sind schwarz. Von der Kehle bis hinter das Auge zieht ein großer, weißer Fleck. Die Körperfärbung variiert von rotbraun bis graubraun. Die Brust kann hell oder auch genau so dunkel wie die Flanken sein. Die Nonnengans (24) hat zwar ebenfalls einen schwarzen Hals und ein weißes Gesicht, bei ihr ist der Kopf aber fast gänzlich weiß und die Brust schwarz. **Im Flug -** Eine charakteristische Kombination von braunem Körper, schwarzem Kopf und Hals sowie weißem Kehlfleck. Einige Unterarten sind insgesamt dunkel und haben auffällig weiß abgesetzte Unter- und Oberschwanzdecken.

Stimme: Im Flug sehr ruffreudig. Die Rufe der einzelnen Unterarten sind leicht verschieden. Die großen Formen rufen tief, nasal, trompetend „ah-honk", wobei die zweite Silbe ansteigt. Die Rufe kleinerer Formen klingen eher höher, kläffend oder gackernd, „jilk jilk a-lick..".

Beschreibung: Geschlechter gleich. Beschreibung der Nominatform (s. auch Geographische Variabilität).
Ad.- Kopf und Hals schwarz mit einer breiten weißen Kehlbinde, die an den Kopfseiten bis in Augenhöhe reicht und manchmal durch ein dunkles, oft nur angedeutetes Band in der Mitte von Kinn und Kehle zweigeteilt ist. Die Brust sehr hell, fast weiß und zu den Flanken hin zunehmend gelblichbraun. Oberseite graubraun. Die hellen Federsäume ergeben eine allgemein schwache, auf den Schultern aber stärker sichtbare Bänderung. Rücken, Bürzel und Schwanz sind schwarz. Afterregion und Oberschwanzdecken sind weiß. Die Oberflügeldecken sind braun mit hellem Rand. Die Schwingen sind dunkelbraun und die Unterflügeldecken hellbraun.
Juv.- Weitgehend wie die Ad., aber auf der Oberseite weniger deutlich gebändert. Der Kehlfleck ist hellbraun getönt und der Hals mehr schwarzbraun. Gegen Ende des Winters sind sie von den Ad. kaum mehr zu unterscheiden. Im Sommer vor der Mauser wirkt ihr Gefieder frischer als das der Ad.

Federlose Partien: Schnabel und Füße immer schwarz und Iris immer dunkelbraun.
Maße: ♂ gewöhnlich größer als ♀, s. Geographische Variabilität.
Geographische Variabilität: Da die Unterarten sich weiträumig durchmischen, sind die Unterschiede zwischen ihnen nicht so scharf, wie es nach der folgenden Aufstellung den Anschein haben könnte. Allgemein gesehen, besteht die Tendenz, daß die Färbung des Gefieders nach Westen zu immer kräftiger wird und daß die Größe nach Süden zu ansteigt. Die kleinsten Formen sind daher in hocharktischen Regionen und die hellsten im Osten zu finden. Für gewöhnlich sind die dunkelsten Kanadag. mehr rotbraun mit dunkler Brust. Die mehr blaßgrauen oder heller braunen Gänse haben dagegen eine helle Brust und dunklere Flanken. Die kleineren Formen haben einen relativ kürzeren Hals, runderen Kopf und kleineren Schnabel als die großen.
Die folgenden Unterarten werden unterschieden:
B.c.canadensis - Beschreibung s.o. Flügel 450-550, Lauf 78-95, mittleres Gewicht ♂ 4880, ♀ 4390. Brütet in Südostkanada und im Nordosten der USA. Überwintert an der Atlantikküste der USA. Winterpopulation hier ca. 36.000. In Europa eingebürgerte Kanadag. gehören weitgehend dieser Form an, einige gleichen aber doch mehr *B.c.maxima*.
B.c.interior - Wenig kleiner und dunkler als die Nominatform. Helle Federränder der Oberseite schmaler. Flügel 410-549, Lauf 75-91, Schnabel 43-64, mittleres Gewicht 3859. Brütet südlich und östlich der Hudson Bay. Überwintert in den südöstlichen USA. Bestand ca. 1.250.000.
B.c.maxima (Giant C.G.) - Größte Unterart. Etwas blasser, sonst wie die Nominatform gefärbt. Hals und Schnabel deutlich länger. Flügel 480-550, Lauf 90-106, mittleres Gewicht 5200. Standvogel der Great Plains im Norden der USA. Bestand ca. 27.000.
B.c.moffitti - Weitgehend wie *B.c.maxima*, aber mit untersetzterem Körper, relativ kurzem Schnabel und kurzen Beinen. Flügel 455-520, Lauf 82-101, Schnabel 48-59, mittleres Gewicht 4086. Brutverbreitung von der Great Basin Region Südwestkanadas bis nach Nordost-USA. Überwintert in den westlichen USA. Bestand ca. 115.000.
B.c.parvipes (Lesser C.G.) - Gleicht im Gefieder *B.c.moffitti*, ist aber merklich kleiner. Flügel 410-442, Lauf 73-88, Schnabel 36-49, mittleres Gewicht 2730. Brütet in der arktischen Region von der Hudson Bay bis Westalaska. Überwintert im Süden der USA, vor allem in Zentralkalifornien, zieht aber auch an die Golfküste und nach Texas, einzelne sogar bis nach Mexiko hinein.
B.c.hutchinsii (Richardson's C.G.) - Kleinste der hellen Formen, mit sehr heller Brust und kleinem Schnabel. Flügel 350-408, Lauf 65-75, Schnabel 31-39, mittleres Gewicht 2270. Brutgebiet im hocharktischen Kanada (Melville Halbinsel, Southampton-, Ellesmere- und Baffin Land). Im Winter an der Golfküste von Texas und Mexiko.
B.c.fulva - Große, einheitlich dunkel rotbraune Form. Flügel 432-513, Lauf 84-100, Schnabel 45-60, mittleres Gewicht ca. 4200. Brütet entlang der Küste von British Columbia bis Alaska. Dort weitgehend Standvogel, zieht aber auch bis ins nördliche Kalifornien. Bestand 80.000.
B.c.occidentalis (Dusky C.G.) - Dunkler und kleiner als *B.c.fulva* mit kürzerem, höheren Schnabel. Gewöhnlich ohne Halsring. Flügel 395-460, Lauf 70-84, Schnabel 41-48, mittleres Gewicht 3800. Brütet an der Küste Südalaskas. Überwintert in Vancouver und Oregon. Bestand um 20.000.
B.c.leucopareia (Aleutian C.G.).- Sehr klein. Schnabel zierlich, mit hoher Basis. Etwas heller als andere westlichen Formen, mit recht ausgeprägtem, weißem Halsring. Flügel 358-405, Lauf 66-81, Schnabel 31-36, mittleres Gewicht 2270. Brütet auf einigen Inseln der Aleuten. Überwintert in Mittelkalifornien. Bestand 1.600. Bedroht.
B.c.minima (Cackling C.G.).- Von den kleinen die dunkelste und von allen die kleinste Form. Schnabel zierlich und klein. Hals kurz. Einige mit feinem, weißen Halsring. Flügel 330-370, Lauf 60-70, Schnabel 26-32, mittleres Gewicht 1590. Brütet an der

Küste Westalaskas. Im Winter hauptsächlich in Zentralkalifornien, aber auch südwärts bis Nordmexiko. Bestand um 150.000.

Einige Taxonomen sind der Meinung, daß diese in sich so variable Art in vier selbständige Arten aufgeteilt werden sollte. Sicher unterscheiden sich die hocharktischen, in der Tundra brütenden kleinen Formen im Aussehen und in der Stimme recht beachtlich von den anderen Unterarten. Die Tatsache, daß vielfach ausgedehnte Mischgebiete bestehen, ist aber ein gewichtiges Gegenargument. So ist z.B. „*B.c.taverneri*" nichts weiter als eine Mischform zwischen der dunklen, kleinen *B.c.minima*, der großen, dunklen *B.c.occidentalis* und der hellen *B.c.parvipes*.

Lebensweise: Sehr gesellig, mit enger Bindung an den Geburtsort und lebenslanger Paarbindung, was zweifellos zur Entstehung der vielen verschiedenen Unterarten beigetragen hat. Die nördlichen Formen brüten in der offenen Tundra, die südlicheren an Flüssen und Seen der offenen und bewaldeten Landschaft. Die Brutperiode variiert je nach Brutgebiet. Die großen, südlichen Formen beginnen am frühesten mit der Brut. Neststand auf trockenem Untergrund in Gewässernähe. Nistet im allgemeinen isoliert, bildet in einigen Gebieten aber auch lockere Kolonien. Teilweise ausgedehnter Mauserzug, bei *B.c.maxima* z.B. bis zu 1500 km. Einige südliche Populationen sind Standvögel oder Teilzieher, die anderen dagegen ausgeprägte Zugvögel. Schwimmt bereitwillig, hält sich aber zumeist an Land auf. Schläft und ruht auf dem Wasser, daher ein ausgeprägter morgendlicher und abendlicher Strich zu und von den Nahrungsgründen. Vergesellschaftet sich im Winter zwanglos mit anderen Gänsen. Die in Europa eingebürgerten Kanadag. haben sich weitgehend an ein Leben in einer landwirtschaftlich stark genutzten Landschaft angepaßt. Sie brüten auch an künstlich angelegten Wasserflächen und oft in der Nähe von Siedlungen. Aus dem Freiland sind einige Kreuzungen mit „Blauen Schneegänsen" (19) und Graugänsen (17) bekannt geworden.

Biotop: Brütet in Flachland verschiedenster Ausprägung, von der Tundra bis zu den Feuchtgebieten der Great Plains sowie an Seen und künstlichen Gewässern in Ackerbaugebieten. Überwintert in den USA sowohl an der Küste als auch im Binnenland auf Stoppelfeldern und Grasland.

Verbreitung: Das Brutgebiet umfaßt das gesamte nördliche Nordamerika von den Aleuten und Alaska ostwärts bis an die Atlantikküste. Überwintert im südlichen Nordamerika. Kommt gelegentlich auf Grönland vor, wo *B.c.hutchinsii* gebrütet hat. Irrgäste gelangten bis nach Jamaica, auf die Bahamas, nach Hawaii, Nordostsibirien und Japan. Die in England, Irland und Neuseeland eingebürgerten Populationen sind weitgehend ortstreu. Zumindest einige der skandinavischen Populationen.(Norwegen, Schweden, Finnland) ziehen südwärts und überwintern im deutschen Ost- und Nordseeraum. Die in vielen europäischen Ländern beobachteten Einzelvögel oder kleinen Gruppen stammen wohl hauptsächlich aus der Gefangenschaft. Auf Island, in Westengland und Irland oft mit Bläßgänsen (15) und grönländischen Kurzschnabelgänsen (14) vergesellschaftet. Weil hier auch kleinere Formen vorkommen, handelt es sich wahrscheinlich um echte Wildvögel

Bestand: Als Art häufig. *B.c.leucopareia* von den Aleuten ist gefährdet. Sie brütet nur noch auf den zwei kleinen Inseln, Buldir und Chagulak. Auf Aggatu wurde sie wieder ausgesetzt. Die Population überwintert im zentralen Kalifornien, wo 1977 1.630 dieser Gänse gezählt wurden. Die Unterart war früher auf den Aleuten weit verbreitet, ebenso auf den vor Sibirien liegenden Kommandeur Inseln und Kurilen. Die Population der letztgenannten Inseln überwinterte früher in Japan, wo die Kanadag. heute nur noch ein seltener Irrgast ist. Für die anderen Unterarten siehe Bestandsangaben bei „Geographische Variabilität".

Literatur: Bailey und Trapp 1984, Delacour 1954-64, Johnsgard 1975, Kear 1979, Lack 1974, Terres 1980.

24 Nonnengans (Weißwangengans)
Branta leucopsis Tafel 8
Englisch: Barnacle Goose

Der deutsche Name bezieht sich auf die „Nonnentracht". Der englische Name beruht auf einer gewissen Ähnlichkeit mit der Entenmuschel (Goose Barnacle), die früher, als die Brutgebiete der Gänse noch unbekannt waren, für junge „Barnacle Geese" gehalten wurden.

Feldkennzeichen: Länge 58-71 cm. **Am Boden -** Eine auffällige, kleinere Gans, die fast ausnahmslos in Nordwesteuropa überwintert. Sie wird gern in Gefangenschaft gehalten. Das nahezu ganz weiße Gesicht, der schwarze Kopf und Hals sowie die stahlgraue, gebänderte Oberseite machen sie unverwechselbar. Die Färbung von Kopf und Hals ergibt eine entfernte Ähnlichkeit mit der Kanadag. Bei dieser ist aber nur das Kehlband weiß. Zudem hat sie eine helle oder braune, nie aber eine schwarze Brust, und dunkelbräunliches Körpergefieder. **Im Flug -** Auch auf große Entfernung an dem weißen Kopf, dem schwarzen Hals, der schwarzen Brust und der hellen Unterseite leicht zu erkennen. Von hinten gesehen gleicht sie mit dem schwarzen Bürzel und Schwanz und dem weißen „U" auf den Oberschwanzdecken der Kanadag.

Stimme: Im Schwarm lärmend. Aus weidenden Scharen ist ständig ein plauderndes „hoog.." zu hören. Im Flug bellend ‚einsilbig „guak" oder „gock",das aus der Ferne wie eine Meute kläffender Hunde klingt.

Beschreibung: Geschlechter gleich. **Ad.-** Kehle, Kopfseiten und Stirn weiß oder gelblichweiß. Zügel mehr oder weniger schwarz. Einige auch mit schwarzer Stirn. Oberkopf, Hals und Brust schwarz. Flankenfedern weißlich mit grauer Mitte. Afterregion und Oberschwanzdecken weiß. Schulterfedern graublau mit breitem schwarzen Endband und schmalem weißen Saum. Oberseite dadurch breit schwarz und schmal weiß gebändert. Rücken- und Bürzelfedern schwärzlich mit helleren Rändern. Schwanz schwarz. Oberflügeldecken wie Schulterfedern. Schwingen schwarzgrau. Unterflügeldecken aschgrau. **Juv.-** Gleichen Ad., aber insgesamt matter. Schwarz an Kopf und Hals braun oder grau durchsetzt. Weiß am Kopf dunkel gesprenkelt. Oberseite mehr braun und weniger stark gezeichnet. Flankenfedern bräunlichgelb getönt und ohne ausgeprägt weißlichen Saum. Schon im Frühwinter weitgehend wie die Ad., auf der Oberseite bleiben jedoch einzelne Federn des Jugendkleides bis in den ersten Sommer hinein erhalten.

Federlose Partien: Schnabel und Füße schwarz. Iris dunkelbraun.

Maße: ♂ im allgemeinen größer als ♀. Flügel 376-429 (M. ♂ 410, ♀ 392); Lauf 64-80; Schnabel 27-33 (M. 29); mittleres Gewicht ♂ 1827, ♀ 1619.
Geographische Variabilität: Keine.
Lebensweise: Eine seehr gesellige Gans. Sie weidet im Winter in dichten, großen Scharen an der Küste auf Salzwiesen und auf Weiden im küstennahen Marschland. Sie brütet in kleinen, aber oft recht geschlossenen Kolonien. Die Paare treffen ab Mitte bis Ende Mai im Brutgebiet ein. Das Nest befindet sich oft zwischen Felsgeröll oder an steilen Klippen , aber auch auf ebenen, kleinen Inseln, manchmal sogar in Seevogelkolonien. Nonneng. brüten auf Nowaja Semlja gern in der Nähe von Gerfalkenhorsten, wahrscheinlich, um einen gewissen Schutz vor Bodenfeinden zu haben. Während der Mauser schließen sich die Familien schon im Brutgebiet zu Trupps zusammen. Der Aufbruch zum Herbstzug findet nach der Mauser ab Ende August bis Mitte September hinein statt. Ankunft in den Winterquartieren zwischen Ende September und Ende Oktober. Auf der Zugroute traditionell aufgesuchte Rastplätze. Schwimmt gut, Nahrungssuche aber fast ausschließlich an Land auf Küstenwiesen. Wo sie nicht bejagt werden, im allgemeinen weniger scheu als andere Gänse. Fliegt in den Winterquartieren mehr umher als andere Gänse. Die Schwärme steigen häufig auf, drehen einige Runden, fallen wieder ein und grasen weiter. Ruht auf Wasserflächen von Seen und Flüssen oder auf küstennahen Untiefen und Sandbänken.
Biotop: Brütet an den Küsten in hocharktischen Regionen. Überwintert an Küsten und auf Inseln auf weitem, flachen Grünland.
Verbreitung: Drei Brutpopulationen: Ostgrönland, Spitzbergen und Nowaja Semlja (auch auf der Insel Waigatsch und gelegentlich auf der benachbarten Jugorskij-Halbinsel). Die Population Grönlands zieht über Island nach Westschottland (Hebriden) und Irland. Die Spitzbergenpopulation fliegt die norwegische Küste entlang und dann quer über die Nordsee in ihr Winterquartier im Soloway Firth (Südwestschottland und Nordwestengland). Von Nowaja Semlja geht der Zug über das Weiße Meer und die Ostsee nach Dänemark und weiter an die Nordseeküste, wo die Hauptmenge der Gänse in den Niederlanden überwintert. Im Winter gelegentlich auch im Bereich der Ostsee und an der englischen wie französischen Kanalküste. Da die Gans gern und viel gehalten wird, kann es sich bei allen Beobachtungen außerhalb des Hauptvorkommens auch um Gefangenschaftsflüchtlinge handeln. Irrgäste sind in den meisten europäischen Ländern beobachtet worden, auch in Ägypten, Marokko und auf den Azoren. Viele dieser Vögel werden aber entflogen sein. Ein Paar, das auf Island gebrütet hat, stammte sehr wahrscheinlich auch aus der Gefangenschaft. Gelegentlich auch Meldungen aus dem Nordosten Nordamerikas. Unter diesen sind mit Sicherheit einige echte Wildlinge.
Bestand: Trotz der recht begrenzten Verbreitung ist der Gesamtbestand doch stabil, er wächst sogar. Bestandsschätzungen beruhen auf Zählungen in den Winterquartieren: Grönland - 1959 um 8.000, 1974 Höhepunkt mit 33.800, 1983 Rückgang auf um 25.000. Spitzbergen - 1970 ca. 3.000, 1985 auf 10.400 angewachsen. Nowaja Semlja - zu Beginn der 80er Jahre um 50.000.
Literatur: Bauer und Glutz 1968, Cramp und Simmons 1977, Ebbinge et al. 1986, Mehlum und Ogilvie 1984, Ogilvie 1983, Ryff 1984.

25 Ringelgans   Tafel 8
Branta bernicla
Englisch: Brent Goose, Brant (Nordamerika)

Kleine, sehr dunkle, arktische Gans, die im Winter an der Küste auf Seegras- und Salzwiesen weidet.

Feldkennzeichen: 55-66 cm. **Am Boden** - Ausgesprochen dunkel. Kopf, Hals und Brust sind schwarz und nur wenig von der schwarzbraunen Oberseite abgesetzt. Bei *B.b.bernicla* ist nur die Afterregion leuchtend weiß. Der kleine, weiße Fleck an den Halsseiten ist nur aus der Nähe zu sehen. Den Juv. fehlt er zunächst völlig. Die meisten Ad. können durch die Färbung der Unterseite einer der drei Unterarten zugeordnet werden. Beim Juv. fällt das, bis zur Ausbildung des vollen Ad.-Gefieders, nicht so leicht. Die dunkelbäuchige Nominatform hat recht dunkle, mattbraune Flanken. Die der hellbäuchigen *B.b.hrota* sind nahezu weißlich. Die schwarze *B.b.nigricans* ist an dem oberen Flankenrand weiß, auf der Unterseite aber fast schwarz. Sie hat einen relativ großen, den Hals vorne umgreifenden Halsfleck. Beim Schwimmen ist *B.b.nigricans*, da die schwarze Unterseite verdeckt ist, nicht so leicht zu erkennen. An Land sind die Schwarzweißkontraste jedoch sehr auffällig. **Im Flug -** Eine sehr dunkle, kleine, kurzhalsige Gans mit abgesetztem, weißem Hinterende. Der schwarze Schwanz wird fast von den weißen Oberschwanzdecken überdeckt. Die hellen Flanken der hellbäuchigen Unterart heben sich im Flug deutlich von den dunklen Unterflügeln ab.
Stimme: Der typische Ruf ist ein tiefes, rollendes „rott rott..", das sowohl im Fug als auch aus grasenden Scharen zu hören ist.
Beschreibung: Geschlechter gleich. Beschreibung der Nominatform: **Ad.-** Kopf, Hals und Brust sind schwarz. Auf den oberen Halsseiten ein weißer halbmondförmiger Fleck. Flanken und Bauch dunkel graubraun. Die hinteren und oberen Flankenfedern haben helle Säume. Die Flanken werden dadurch aber nie so aufgehellt, daß es zur Verwechslung mit anderen Unterarten kommen könnte. Rücken, Schultern und Oberflügeldecken dunkel schieferbraun, mit schwacher, feiner, heller Bänderung. Schwingen schwarz. Oberschwanzdecken und Afterregion sindweiß. Die Unterflügel sind dunkelbraun. **Juv.-** Ähnlich den Ad., Kopf, Hals und Brust matter, mehr bräunlich und ohne Halsfleck. Flanken einheitlicher gefärbt und nicht so dunkel wie bei den Ad. Die Oberseite etwas heller, brauner und deutlicher gebändert als bei Ad. Der Halsfleck erscheint während des ersten Winters. Die stärkere Bänderung der Oberseite ist bis in den Sommer hinein erkennbar.
Federlose Partien: Schnabel und Füße schwarz. Iris dunkelbraun.
Maße: Gilt für alle Unterarten: ♂ gewöhnlich größer als ♀. Flügel 317-353 (M. ♂ 340, ♀ 324); Lauf 56-67; Schnabel 29-38; mittleres Gewicht 1464.
Geographische Variabilität: Drei gut getrennte Unterarten. *B.b.bernicla* brütet im arktischen Sibirien ostwärts bis zur Taimyr-Halbinsel, wo sie sich mit *B.b.nigricans* mischt. Deren Brutgebiet erstreckt sich weiter nach Osten über Ostsibirien, Alaska und Nordkanada bis zum Perry River. *B.b.nigricans* ist wesentlich dunkler als die Nominatform. Das Weiß des oberen Flankenrandes und des hinteren Flankenabschnitts bildet mit der sehr dunklen Ober- und Unterseite einen scharfen Kontrast. Die Halsflecke sind groß. Sie treffen sich oft auf der Vorderseite, so

daß ein „Halbkragen" entsteht. *B.b.hrota* brütet im östlichen Nordkanada, auf Grönland, Spitzbergen und Franz Josef Land. Im mittleren arktischen Kanada besteht offensichtlich eine Mischzone mit *B.b.nigricans*. *B.b.hrota* ist unterseits wesentlich heller als die Nominatform. Die Bauch- und Flankenfedern haben breitere, weißliche Ränder, von denen die braunen Federbasen weitgehend überdeckt werden. Diese sind nur im dunkleren, hinteren Flankenabschnitt sichtbar. Die Juv. sind aber der Nominatform ähnlich. Bauch und Flanken sind bei ihnen bräunlich. Auch wenn die Federn gelbliche Säume haben und insgesamt braun getönt sind, ist doch die Oberseitenfärbung bei den Juv. der einzelnen Unterarten charakteristisch verschieden.

Lebensweise: Brütet in der hocharktischen Tundra. Ankunft im Brutgebiet Anfang Juni. Bildet in der küstennahen Tundra, oft auch auf kleinen Inseln, lockere Kolonien. Die zur Mauser versammelten Scharen brechen Anfang September zum Herbstzug auf. Einige Populationen erreichen die Winterquartiere schon gegen Mitte September, andere legen auf dem Zug längere Rasten ein. Im Winter halten sie sich viel in der Gezeitenzone auf und sind dort oft mit Pfeifenten vergesellschaftet. Weitgehend auf Seegras (*Zostera*) spezialisiert, das auf dem Watt ausgedehnte Wiesen bildet. Als in den 30er Jahren das Seegras durch eine Krankheit vernichtet wurde, kam es bei den Ringelg. zu einem drastischen Zusammenbruch der Bestände. Die Überlebenden gingen dazu über, auch auf Salzwiesen zu weiden. Inzwischen macht Gras einen wesentlichen Anteil der Winternahrung aus. Wo sie nicht bejagt werden, sind Ringelg. nicht sonderlich scheu. Vor allem einzelne Gänse oder kleine Familienverbände sind oft recht vertraut. Die Scharen fliegen, im Unterschied zu anderen Gänsen, ungeordnet oder in langgezogenen Ketten und nur selten in V-Formation. Ringelg. fliegen auf dem Zug über See gewöhnlich sehr niedrig. Ihre Ruhe- und Schlafplätze sind geschützte Meeresbuchten oder das überflutete Watt. Bei auflaufendem Wasser werden von dort aus die Nahrungsgründe angeflogen. Selten mit anderen Gänsen vergesellschaftet. Die Überwinterungsgebiete werden ab Mitte März verlassen. An der Nordsee trifft man rastende und durchziehende Schwärme bis Ende Mai.

Biotop: Brütet in der flachen Küstentundra mit Süßwassertümpeln, kleinen Buchten und Inseln. Im Winter im Watt, auf Salzwiesen und Marschland. Nur selten an Süßgewässern.

Verbreitung: Brütet in der hocharktischen Tundra (s. Geographische Variabilität). *B.b.nigricans*, aus Ostsibirien und dem westlichen Nordamerika, überwintern vorwiegend entlang der Pazifikküste von British Columbia bis zur Baja California. Wenige streifen auch im Inland umher und erscheinen dann in Texas und an der Atlantikküste. Wahrscheinlich sind einige dieser Gänse mit *B.b.hrota* südwärts gezogen. Fast alljährlich treten neuerdings vereinzelte *B.b.nigricans* in Europa auf (Island, Irland, England, Niederlande, Deutschland, Schweden, Finnland). In Irland sind sie mit *B.b.hrota*, sonst mit *B.b.bernicla* vergesellschaftet. Auf der asiatischen Seite des Pazifik, an der Küste des Gelben Meeres und im südlichen Japan, ist die Zahl der überwinternden Ringelg. gering. Irrgäste sind in der chinesischen Provinz Schansi und auf Hawaii beobachtet worden. Die Winterquartiere von *B.b.hrota* aus Kanada liegen vorwiegend an der Atlantikküste der USA zwischen Cape Cod und North Carolina. Einzelne ziehen auch weiter südwärts bis Barbados. Andere fliegen zusammen mit der Population Grönlands nach Irland. Die Masse der Populationen Spitzbergens und von Franz Josef Land ziehen über Dänemark nach Nordostengland, wenige auch noch weiter bis nach Nordwestfrankreich. Ein Irrgast dieser Unterart ist auf den Azoren gesehen worden. *B.b.bernicla* verbringt den Winter in Nordwesteuropa, in den Niederlanden, Südengland und Westfrankreich und in geringerer Zahl auch an der Deutschen Bucht und in Dänemark. Irrgäste sind in Zentral- und Südeuropa sowie in Nordafrika, ostwärts bis nach Ägypten, beobachtet worden.

Bestand: Die Bestandsangaben beruhen ausschließlich auf Winterzählungen: *B.b.nigricans* -Pazifikküste der USA 140.000, Asien keine Zahlenangaben, China nur kleiner Winterbestand, Japan Anfang der 70er Jahre bei Winterzählung 340. *B.b.bernicla* - Nach Tiefpunkt in den 30er Jahren (Vernichtung der Seegraswiesen durch Krankheit) enormer Zuwachs, Mitte der 50er Jahre 16.500, Mitte der 60er Jahre 30.500, Mitte der 70er Jahre 110.000, Anfang der 80er Jahre 150.000. *B.b.hrota* - Mitte der 80er Jahre Grönland um 24.000, Spitzbergen und Franz Josef Land 7.000 (Dänemark 4.000, England 3.000), 1981 Nordamerika ca. 100.000. In allen Populationen erhebliche, vom jeweiligen Bruterfolg abhängige Fluktuationen. In einigen Jahren werden nur sehr wenige Junge großgezogen.

Literatur Bauer und Glutz 1968, Cramp und Simmons 1977, Mehlum und Ogilvie 1984, van Berg et al. 1984.

26 Rothalsgans Tafel 8
Branta ruficollis
Englisch: Red-breasted Goose

Wohl die hübscheste aller Gänse. Brütet im arktischen Mittelsibirien und überwintert am Schwarzen Meer.

Feldkennzeichen: Länge 53-55 cm. **Am Boden -** Eine kleine, unverkennbar gemusterte Gans mit rundem Kopf und zierlichem Schnabel. Die Buntheit des Gefieders kann in einiger Entfernung erstaunlich unauffällig werden. Die Gans wirkt dann insgesamt schwarz mit abgesetzt weißem Flankenstreifen und weißer Afterregion. Aus der Nähe gesehen ist die rotbraune, weiß gerandete Kopf- und Brustzeichnung ein untrügliches Merkmal. Die vereinzelt in Westeuropa auftretenden Rothalsg. ist zumeist mit Bläß- (15) oder dunkelbäuchigen Ringelgänsen (25) vergesellschaftet. **Im Flug -** Eine kleine Gans mit kurzem Hals. Sie wirkt insgesamt dunkel schwarz mit weißem Flankenband und Hinterende. Die Farbmuster von Kopf und Hals sind im Flug kaum zu erkennen. Kann eigentlich nur mit der Ringelg.verwechselt werden, insbesondere mit *B.b.nigricans*, die auch ein dunkles Gefieder und weißes Flankenband besitzt. Das Körpergefieder der Rothalsg. ist aber tiefschwarz. Ihr Flankenband ist schmaler. Das Weiß der Afterregion reicht nach vorne bis auf den Bauch. Der Schwanz ist schwarz und nicht, wie bei Ringelg., weitgehend von weißen Oberschwanzdecken überdeckt.

Stimme: Schrille Stakkatorufe wie „ki-kwi", „ti-tschi" oder „a-ik", die keine besondere Ähnlichkeit mit den Rufen anderer Gänse haben.

Beschreibung: Geschlechter gleich. **Ad.-** Gesicht, Oberkopf und Hinterhals schwarz. Zwischen Schna-

bel und Auge ein ovaler, weißer Fleck. Kopfseiten kastanienbraun mit weißer Umrahmung. Vorderhals und Brust rötlich kastanienbraun, gegen das Schwarz des Hinterhalses durch ein weißes, nach unten zu schmaler werdendes Band abgegrenzt. Um den Vorderkörper ebenfalls ein weißes Band, das vom Vorderrücken um den Brustansatz verläuft. Flanke und Oberbauch schwarz. Am oberen Flankenrand ein breites, weißes Längsband, das hinten, schwarz durchsetzt, bis an den Beinen hinabreicht. Körper- und Flügeloberseite schwarz. Die weißen Enden der Mittleren und Großen Flügeldecken bilden auf dem Flügel zwei parallele, weiße Streifen. Hinterbauch, Afterregion und Oberschwanzdecken weiß. Unterflügel schwarz. **Juv.-** Wie der Ad., aber insgesamt matter gefärbt. Das Schwarz des Gefieders leicht bräunlich getönt, das Kastanienbraun matter, die weißen Bänder an Kopf und Hals weniger scharf begrenzt und an Kopfseiten so breit, daß der Eindruck eines weißlichen Flecks entsteht. Die hellen Ränder der Oberflügeldecken ausgeprägter aber schmaler, daher sind auf dem Flügel nicht nur zwei, sondern mehrere feine, helle Linien. Schwanzende mit schmalem, weißlichem Rand. Das Ad.-Gefieder wird im Verlauf des ersten Winters ausgebildet.
Federlose Partien: Schnabel und Füße schwarz. Iris dunkelbraun.
Maße: ♂ gewöhnlich größer als ♀. Flügel ♂ 355-379 (M. 367), ♀ 332-352 (M. 343); Lauf 54-65; Schnabel 22-27; mittleres Gewicht ♂ 1375, ♀ 1094.
Geographische Variabilität: Keine.
Lebensweise: Brütet in der Tundra der Taimyr Halbinsel. Ankunft im Brutgebiet um Anfang Juni. Zwei bis sechs Paare schließen sich zu einer kleinen Kolonie zusammen. Brutplätze sind steile Ufer oder niedrige Klippen, die von Strauchwerk überwuchert sind. Nistet zumeist nahe bei Wanderfalken, Rauhfußbussarden oder großen Möwen, wodurch ein gewisser Schutz vor Nesträubern gegeben ist. Geringster festgestellter Abstand zu einem Wanderfalkenhorst 1,5 m. Die Trupps brechen in der ersten Septemberhälfte nach der Mauser in die Winterquartiere auf. Der Zug in das Hauptüberwinterungsgebiet am westlichen Schwarzen Meer folgt dem Verlauf großer Flußtäler. Ankunft dort, nach einigen Zwischenaufenthalten, während des November. Im Winter ausgesprochen gesellig. Weidet oft zusammen mit Bläßgänsen auf der offenen Steppe oder auf weitem Ackerland. Versprengte Individuen tauchen alljährlich mit anderen Gänsen vergesellschaftet in Westeuropa auf. Fliegt gewöhnlich in dichten, ungeordneten Schwärmen und seltener in V-Formation. Bei der Nahrungssuche ausgesprochen lärmend. Die schrillen Rufe sind ständig zu hören. Bewegt sich flink. Weidet mit schnellen, ruckhaften Kopfbewegungen. Schwimmt gut, ernährt sich aber fast ausschließlich grasend. Ruht auf Meeresbuchten und Süßwasserseen. Aufbruch zum Frühjahrszug im Verlauf des März.
Biotop: Brütet auf der Strauchtundra in der Nähe von Flußtälern und Schluchten. Überwintert auf der offenen, ebenen oder flach hügeligen Steppe und weidet hier auch auf Salzwiesen, Stoppeln und Saatfeldern.
Verbreitung: Das Brutgebiet ist fast ausschließlich die Taimyr Halbinsel im zentralen, arktischen Sibirien. Die Zugroute folgt zunächst den Tälern von Tas und Ob, führt dann weiter zum nördlichen Kaspischen Meer, schwenkt am Kaukasus westwärts und erreicht schließlich das Schwarze Meer. Die Hauptwinterquartiere sind die Tieflandgebiete im Norden und Westen des Schwarzen Meeres. Kam vor noch nicht langer Zeit im Winter auch am Aralsee und Kaspischen Meer vor, von wo aus einige bis in den Irak zogen. Heute in diesen Regionen selten geworden. In sehr kleiner Zahl auch Einflug nach Südosteuropa und in die Türkei. Irrgäste sind in fast ganz Zentral- und Westeuropa, in Italien, Spanien, allen skandinavischen Ländern, auf Cypern, in Israel und Ägypten beobachtet worden. Darstellungen auf altägyptischen Wandbildern lassen vermuten, daß die Rothalsg. dort früher ein regelmäßiger Gast war. Die Berichte über Beobachtungen in Ostsibirien, der Gegend um Irkutsk, Hupeh (China) und Nordindien stammen alle aus früherer Zeit und zeigen, daß die Zahlen inzwischen stark abgenommen haben müssen. Diese hübsche Gans wird gern und viel in Gefangenschaft gehalten. Einige der „Irrgäste" werden daher mit höchster Wahrscheinlichkeit „Flüchtlinge" sein.
Bestand: Zumindest bis in die 60er Jahre ein erheblicher Rückgang, die Art scheint sich inzwischen aber zu stabilisieren. Der Bestand wurde in den 50er Jahren noch auf über 40.000 geschätzt. 1963 waren es nur noch ca. 25.000. Zu diesem Rückgang haben vor allem Störungen und Verfolgungen im Brutgebiet beigetragen. Dort wurden in verstärktem Maß Eier gesammelt und Mauservögel verfolgt. Ein weiterer Grund könnte im Zusammenbruch der Wanderfalkenpopulation bestehen, der durch den enormen Einsatz von Pestiziden verursacht wurde. Den Gänsen fehlte so der während der Brut notwendige Schutz. Die Jagd in den Überwinterungsgebieten, die zuvor recht intensiv war, wurde 1959 eingestellt. Kurz danach verlegten die Gänse ihr Winterquartier von der kaspischen Region und dem Irak an das Schwarze Meer. Jüngste Zählungen in Rumänien lassen hier auf eine Winterpopulation von etwa 6.000 schließen. 1975 wurden auf dem Zug zwischen dem Kaspischen und Schwarzen Meer 15.000 gezählt. Weitere Winterzählungen ergaben 1980 in Bulgarien 16.000 und 1985 in Griechenland 2.000. Eine 1972 und 1973 im Brutgebiet durchgeführte Erhebung ergab einen Gesamtbestand von ca. 25.000 Individuen. Davon waren 15.000 Brutvögel und der Rest Nichtbrüter und Junge. Obgleich Rothalsg. viel gehalten werden, ist der Bruterfolg in Gefangenschaft doch ungenügend. Zur Sicherung der Art sollte eine effektive Gefangenschaftszucht entwickelt werden.
Literatur: Bauer und Glutz 1968, Cramp und Simmons 1977, Kear 1979.

Tribus Cygnini (Schwäne)

Große, langhalsige Entenvögel, die mit Ausnahme des Schwarz- und Schwarzhalsschwanes ein reinweißes Ad.-Kleid besitzen. Auch wenn sie zeitweise an Land weiden, verbringen die Schwäne doch die meiste Zeit auf dem Wasser. Bei der Nahrungssuche tauchen sie den Kopf und Hals tief ein, gründeln auch gelegentlich, tauchen normalerweise aber nicht. Alle Arten sind, wenn auch in unterschiedlichem Maß, Zugvögel, die auf dem Zug ähnlich wie Gänse in V-Formation fliegen. Zum Auffliegen vom Wasser benötigen sie einen längeren Anlauf. Schwäne gehen eine lebenslange Paarbindung ein. Die Familien bleiben während des Zuges und im Winterquartier zusammen. Das volle Ad.-Kleid wird erst im Verlauf des zweiten Winters ausgebildet. Die

Geschlechter sehen weitgehend gleich aus. Obgleich die Jugendkleider von denen der Ad. stark abweichen, gibt es doch keinen saisonalen Kleiderwechsel. Die untereinander sehr ähnlichen, „nordischen" Schwäne sind im Flug schwer anzusprechen. Hier wird der von Livezey (1986) vorgeschlagenen Klassifikation gefolgt, die zwei Gattungen, *Cygnus* und *Olor*, unterscheidet, zumeist werden aber alle diese Arten in der Gattung *Cygnus* vereint.

27 Coscorobaschwan   Tafel 9
Coscoroba coscoroba
Englisch: Coscoroba Swan

Ein ungewöhnlicher südamerikanischer Schwan, dessen systematische Zuordnung fraglich ist. Er wird auch in die Verwandtschaft der Pfeifgänse (2-9) gestellt, allgemein aber doch als echter Schwan angesehen, der zu den Gänsen (11-26) in engerer Beziehung steht.

Feldkennzeichen: Länge 90-115. **Am Boden -** Der einzige, gänzlich weiße Schwan Südamerikas. Seine Verbreitung überschneidet sich nur mit der des Schwarzhalsschwans (34). Kleiner und kurzhalsiger als andere Schwäne. Er wirkt mit angelegten Flügeln völlig weiß. Der Schnabel ist glänzend rot. Die Zügelregion ist gänzlich befiedert. Ein Schnabelhöcker ist nicht ausgebildet. Die Füße sind rosa. Die Juv. sind weißlich mit graubraunem Oberkopf, Rücken und Flügel. Schnabel und Füße sind grau. **Im Flug -** Die schwanenartige Gestalt und das weiße Gefieder mit den schwarzen Flügelspitzen ergeben eine in Südamerika einzigartige Merkmalskombination. Die Juv. unterscheiden sich von juv. Schwarzhalsschw. durch den teilweise hellen Kopf und Hals. Die Enden ihrer Handschwingen sind schwarz abgesetzt. Bei juv. Schwarzhalsschw. sind sie dagegen nur grau.
Stimme: Der laute Ruf klingt wie eine Kindertrompete, „kos-ko-ruh". Die erste Silbe ist lauter und höher als die beiden anderen. Die Rufe der ♀ sind höher als die der ♂. Der Name ist von dem Ruf abgeleitet.
Beschreibung: Geschlechter gleich. **Ad.-** Bis auf die schwarzen Handschwingenspitzen, völlig weiß. **Juv.-** Dunkler als Ad., mit graubraunen Flächen auf Oberkopf, Rücken und Flügeldecken. Ab erstem Winter werden sie zunehmend weißer. Das Ad.-Gefieder ist im zweiten Herbst vollständig.
Federlose Partien: **Ad.-** Schnabel entenähnlich, glänzend rot, mit blasserem Nagel. Füße sattrosa. Iris gelblich bis rötlichorange. Eine Geschlechtsbestimmung nach der Irisfärbung ist nicht möglich. **Juv.-** Schnabel blaugrau. Kanten und Nagel weißlich. Füße blaugrau. Iris dunkelbraun. Ad.-Färbung ab dem ersten Sommer.
Maße: ♂ deutlich größer als ♀. Flügel: 427-480; Lauf 88-98; Schnabel 63-70; mittleres Gewicht ♂ 4600, ♀ 3800.
Geographische Variabilität: Keine.
Lebensweise: Bis zu einem gewissen Grade gesellig. In den Trupps, dort wo häufig, kaum über 100. Paare brüten zumeist einzeln, seltener in kleinen, lockeren Kolonien. Die großen Nester werden im hohen Uferbewuchs oder auf kleinen Inseln aufgeschichtet. Brutperiode örtlich verschieden, z.B. Chile - Oktober bis Dezember, südliches Argentinien - Juni bis November. Trägt die Jungen, im Unterschied zu den Schwänen der Gattung *Cygnus*, nicht auf dem Rücken. Während der Mauser kann es auf bestimmten Gewässern zu Ansammlungen von mehreren Hundert kommen. Da die Brutperiode nicht einheitlich ist, sind die Wanderungen schwer durchschaubar. Einzelne verstreichen nach der Mauser weiter nach Norden. Die Nahrung wird gründelnd oder im flachen Wasser watend gesucht. Manchmal grasen Coscorobaschw. auch auf Uferwiesen. Mit ihren langen Beinen sind sie gut zu Fuß. Sie fliegen leichter auf als andere Schwäne und brauchen dazu keinen Anlauf. Im allgemeinen sind sie scheu und wachsam.
Biotop: Flache Süßwasserseen und Teiche mit Röhrichtgürtel, Sümpfe und Meeresarme.
Verbreitung: Brütet im südlichen Südamerika von Feuerland bis etwa 45° S. Die Verbreitung ist lückenhaft. Das Zentrum des Vorkommens liegt in Südchile. Nach der Brutperiode weitere Ausbreitung nach Norden bis Mittelchile, Nordargentinien, Paraguay, Uruguay und Südostbrasilien. Auf den Falklandinseln ein zunehmend häufiger werdender Gast. Brut dort möglich, aber noch nicht nachgewiesen.
Bestand: Das verstreute Vorkommen, der ungerichtete Zug und die Unzugänglichkeit vieler Brutgebiete machen eine Erfassung der Bestände schwierig. Der Bestand Chiles wurde Ende der 70er Jahre auf weniger als 1000 geschätzt. Er ist auf den äußersten Süden des Landes beschränkt. Da diese Gegend als das Kerngebiet des Vorkommens gilt, sollte dringend eine Erhebung im gesamten Verbreitungsgebiet durchgeführt werden.
Literatur: Kear 1979, Scott and the Wildfowl Trust 1972, Todd 1979.

28 Trompeterschwan   Tafel 10
Olor buccinator
Englisch: Trumpeter Swan

Der größte und seltenste Schwan. Das amerikanische Gegenstück zum eurasischen Singschwan (29).

Feldkennzeichen: Länge 150-180 cm. **Am Boden -** Sehr großer Schwan aus dem nordwestlichen Nordamerika. Von dem weit häufigeren Pfeifschwan (30) ist er am besten durch den Vergleich von Größe und Gestalt zu unterscheiden. Die Brut- und Überwinterungsgebiete beider Arten überschneiden sich kaum. Der Trompeterschw. ist größer, hat einen längeren Hals und Körper sowie einen längeren, stärkeren Schnabel. Der Schnabel ist schwarz mit roten Kanten, die aus geringerer Entfernung gut zu sehen sind. Der Schnabel des Pfeifschw. kann auch eine solche rote Linie besitzen, sie ist aber immer weniger auffällig. Dafür hat er vor dem Auge einen mehr oder weniger ausgeprägten, gelben Fleck. Beim Trompeterschw. verläuft der Schnabelfirst gerade. Beim Pfeifschw. ist er dagegen leicht konkav gebogen, was aus einiger Entfernung gesehen den Eindruck einer „Juhunase" erweckt. Die Stirnbefiederung läuft beim Trompeterschw. langgezogen spitz aus. Beim Pfeifschw.ist sie kürzer und abgerundet. Da dieses Merkmal aber nur auf Ad. zutrifft, sollte es mit Vorsicht herangezogen werden. Die Nasenlöcher befinden sich beim Trompeterschw. in der Mitte zwischen Auge und Schnabelspitze, beim Pfeifschw. dagegen näher am Auge. Der unbefiederte Zügel des Trompeterschw. ist so breit wie das Auge. Beim Pfeifschw. läuft er spitz auf das Auge zu. Der Pfeifschw. hat

einen vergleichsweise kurzen und oberseits stärker gerundeten Kopf, ein nicht gerade markantes, aber doch wichtiges Merkmal, um auch Pfeifschw. ohne gelben Schnabelfleck von Trompeterschw. unterscheiden zu können. Ungestört beugt der Trompeterschw. die untere Halsbiegung recht weit auf die Schultern. Der Hals scheint sich in gerader Linie vom Rücken zu erheben. Die Brust ist weit vorgewölbt. Der Pfeifschw. legt den Hals nicht so weit zurück und hat auch eine weniger gewölbte Brust. Juv. Trompeterschw. sind dunkler als juv. Pfeifschw. und haben eine schwarze Schnabelbasis. Sie behalten ihre braune Jugendfärbung bis in den ersten Frühling hinein. Juv. Pfeifschw. werden dagegen schon während des Winters immer weißer. Vom Singschw., der als seltener Gast in Alaska auftreten kann, sind Trompeterschw. leicht an dem völlig schwarzen Schnabel zu unterscheiden. Die juv. Singschw. sind heller als juv. Trompeterschw. Ihr Schnabel ist nur an der Spitze schwarz. Kopf und Hals der Trompeterschw. sind oft rostrot getönt. *Im Flug* - Sehr groß, mit ganz schwarzem Schnabel. Einzelne sind im Flug nur schwer von Pfeifschw. zu unterscheiden, in gemischten Trupps fallen die Trompeterschw. aber durch ihre Körpergröße sofort auf. Der Flugruf ist ebenfalls deutlich verschieden.
Stimme: Der Flugruf klingt tiefer und hallender als der des Singschw. Das einfach- oder doppeltonige Trompeten, „ko-hoh", erinnert an den Kranich. Der Ruf des Pfeifschw. ist dagegen höher, gänseähnlich, fast bellend.
Beschreibung: Geschlechter gleich. *Ad.-* Völlig weiß, Kopf und Hals aber oft durch die Nahrungssuche in eisenhaltigem Wasser rostbraun getönt. *Juv.-* Insgesamt hell graubraun. Die Färbung auf Kopf und Hinterhals ein wenig dunkler und die Unterseite mehr blaßgrau. Schwingen und Schwanz weißlich. Das Ad.-Kleid ist nach dem zweiten Winter vollständig. Im ersten Sommer insgesamt schon weißer, aber an Kopf, Hals und Flügeln noch graubraun.
Federlose Partien: *Ad.-* Schnabel und unbefiederter Zügel schwarz. Manchmal vor dem Auge ein unauffälliger, hellerer Fleck. Entlang der Oberschnabelkante ein feiner, roter Streifen. Füße schwarz. Iris dunkelbraun. *Juv.-* Schnabel rosa, an Nagel, Nasenlöchern, Basis und Zügel schwarz. Die Ausdehnung der Schwarzfärbung ist variabel. Füße graurosa. Die Ad.-Färbung entwickelt sich im ersten Winter.
Maße: ♂ gewöhnlich größer als ♀. ♂- Flügel 605-680; Lauf 120-140; Schnabel 107-120; mittleres Gewicht 11900. ♀- Flügel 604-636; Lauf 110-125; Schnabel 105-118; mittleres Gewicht 9400.
Geographische Variabilität: Obgleich Population Alaskas im Mittel größer ist, werden keine Unterarten unterschieden. Trompeter- und Singschw. wurden zeitweilig als artgleich angesehen. Wegen der zweifelsfrei sehr engen Verwandtschaft von Trompeter-, Sing- Pfeif- und Zwergschw. wird auch vorgeschlagen, sie alle zu einer Art, dem „Nordschwan", zu vereinen.
Lebensweise: Die Standvögel können die Brutterritorien schon ab Februar besetzen. Die Population Alaskas trifft erst im März oder April im Brutgebiet ein. Brütet vereinzelt in einem großen Territorium. Nester dicht am Wasser entweder am Ufer oder auf kleinen Inseln und sogar auf Bisamratten- und Biberbauten. Legebeginn gegen Ende April, in Alaska einen Monat später. Die Ad. mausern vor und während der Brut. Die Trompeterschw. Alaskas verlassen die Brutgebiete im Oktober, sobald die Jungen voll flügge sind. Außerhalb der Brutperiode in kleinen Trupps. Der geringe Bestand läßt keine großen Ansammlungen zu. Die Nahrung wird zumeist schwimmend gesucht. Kopf und Hals werden dabei tief eingetaucht. In tiefem Wasser wird auch regelrecht gegründelt.
Biotop: Feuchtgebiete an Flußläufen, Seen, Teichen und Sümpfe in offener oder locker bewaldeter Landschaft. Überwintert in der Gezeitenzone von Flußmündungen.
Verbreitung: Früher über das nördliche Nordamerika von Alaska bis Mittelkanada und südwärts bis Idaho und Illinois verbreitet. Nach der starken Verfolgung im vorigen Jh. nur noch zwei Populationen unterschiedlicher Lebensweise erhalten geblieben. Die Trompeterschw. Alaskas sind Zugvögel, die entlang der Pazifikküste vom südöstlichen Alaska im Norden bis zur Mündung des Columbia River im Süden überwintern. Die kleinen Restbestände, die quer durch die Great Basin Region in Alberta, Washington, Oregon, Nevada, Wyoming, South Dakota und Minnesota brüten, sind Standvögel. Einige, z.B. die aus Alberta, könnte man auch als Strichvögel bezeichnen. Die meisten der letztgenannten Populationen sind aus erfolgreichen Wiedereinbürgerungen in frühere Brutgebiete entstanden. In den letzten Jahren sind sogar südwärts bis Kalifornien einzelne Irrgäste beobachtet worden.
Bestand: Früher weit verbreitet, wurde aber von den Siedlern als Nahrung und wegen der Federn in großer Zahl getötet. Um 1930 nur noch 66 Überlebende im Yellowstone Park. Das Aussetzen in andere Gebiete hat, zusammen mit der Entdeckung der Population Alaskas, zu einem erstaunlichen „Comeback" geführt. 1975 wurde der Gesamtbestand auf 6.000 geschätzt, der Anteil Alaskas betrug dabei um 4.500. Die Art ist völlig geschützt.
Literatur: Banko 1960, Hansen 1973, Terres 1980.

29 Singschwan Tafel 10
Olor cygnus
Englisch: Whooper Swan

Trotz der ähnlichen Schnabelfärbung ist der Singschw. nicht mit dem Zwergschwan (31), sondern mit dem Trompeterschwan (28) Nordamerikas näher verwandt.

Feldkennzeichen: Länge 140-165 cm. *Am Boden -* Dem Zwergschw. sehr ähnlich, aber größer, mit längerem Körper und Hals. Der Kopf hat ein flaches Profil und erscheint dadurch wie ein langgezogenes Dreieck. Der Schnabel der Ad. ist charakteristisch schwarz und gelb gefärbt. Die gleiche Farbkombination findet sich auch beim Zwergschw., aber in deutlich anderer Verteilung. Beim Singschw. wirkt der Schnabel gelb mit schwarzer Spitze. Beim Zwergschw. erscheint er dagegen eher schwarz mit gelber Basis oder doch mit zumindest gleichen Farbanteilen. Das Gelb der Basis zieht beim Singschw. auf den Schnabelseiten in spitzem Winkel nach vorne. Das Schnabelmuster der Zwergschw. ist individuell verschieden. Einige können in diesem Merkmal Singschw. gleichen. Die östlichen Populationen des Zwergschw. sind im allgemeinen größer und haben kräftigere Schnäbel als die westlichen. An ihrem Schnabel ist der schwarze Anteil zumeist sehr ausgedehnt. Bei den Singschw. ist das Schnabelmuster insgesamt konstanter als bei den Zwergschw. Die Juv. gleichen juv. Zwergschw. und sind von diesen am ehesten an der Gestalt zu unterscheiden. Zunächst wirken sie ein wenig dunkler als Zwergschw. Im Verlauf des ersten Winters werden sie aber heller und zunehmend großflächig weiß gefleckt. Dann ist auch die Schnabelfärbung schon der der Ad. weit ähnlicher, das Gelb ist aber immer noch hell weißlich. Juv. Zwergschw. bleiben bis in den Frühling hinein dunkel. Die Juv. beider Arten unterscheiden sich von juv. Höckerschw. (32) durch die blassere, zimtgraue Färbung, rosa Schnäbel ohne Schwarz an der Basis und abgerundete, nicht spitze Schwänze. Sing- und Zwergschw. halten beim Schwimmen den Hals gerade und suchen ihre Nahrung im Winter häufiger an Land als der zumeist mit gebogenem Hals schwimmende Höckerschw. **Im Flug -** Von typischer Schwanengestalt. Mit dem Zwergschw. an dem zweifarbigen Schnabel und abgerundeten Schwanz zu erkennen. Die Füße reichen bis zur Schwanzspitze. Einzelne sind nicht leicht anzusprechen. Wenn die beiden sehr ähnlichen Arten zusammen fliegen, ist deutlich zu sehen, daß der Singschw. größer ist, einen längeren Hals und kräftigeren Schnabel hat und erkennbar langsamer mit den Flügeln schlägt. Beim Starten und Landen ist er schwerfälliger als der Zwergschw. Auf das Wasser geht er in flacherem Winkel nieder und gleitet dabei eine Strecke „wasserskifahrend" über die Oberfläche. Zum Auffliegen braucht er einen längeren Anlauf. Im Unterschied zu dem Höckerschw. ist der Flügelschlag weitgehend geräuschlos. Er ruft beim Fliegen.

Stimme: Verschiedene hupende oder trompetende Rufe, die im allgemeinen lauter und tiefer als beim Zwergschw. klingen. Der typische Flugruf ist ein tiefes, läutendes „guh-hug", bei dem die zweite Silbe ansteigt.

Beschreibung: Geschlechter gleich. **Ad.-** Völlig weiß. Kopf und Hals oft vom Wasser gelb bis rostbraun getönt. **Juv.-** Fast vollständig graubraun. Kopf und Hals ein wenig dunkler. Unterseite, Schwanz und Schwingen etwas heller. Das Gefieder wird im Verlauf des ersten Winters immer blasser und während des Sommers zunehmend weißer. Vom zweiten Winter an wie die Ad. gefärbt.

Federlose Partien: Ad.- Schnabel leuchtend hellgelb und an den Kanten, an der Spitze und auf dem Spitzenabschnitt des Firstes schwarz. Manchmal ist fast der ganze First schwarz. Füße schwarz. Iris dunkelbraun, seltener bläulich. **Juv.-** Schnabel rosa, zur Basis hin blasser. Spitze und Kanten dunkelbraun. Füße grau mit rosa Tönung. Schnabel vom Spätwinter an bis in den Frühling hinein zunehmend wie bei den Ad. gefärbt. Zunächst ist er aber noch weiß statt gelb. Im ersten Sommer voll ausgefärbt.

Maße: ♂ gewöhnlich größer als ♀. Flügel 562-635 (M. ♂ 610, ♀ 583); Lauf 104-130; Schnabel 92-116 (M. ♂ 106, ♀ 102); mittleres Gewicht ♂ 10800, ♀ 8100.

Geographische Variabilität: Keine Unterarten. Die ausgestorbene Population Grönlands war vergleichsweise klein. Die Inselpopulation Islands ist als eigene Unterart angesehen worden. Ob eine solche Abtrennung gerechtfertigt ist, müßte aber noch genauer untersucht werden. Die östlichen Populationen haben im allgemeinen mehr Gelb am Schnabel als die westlichen. Es wird auch die Ansicht vertreten, daß Sing- und Trompeterschw. zu einer Art gehören.

Lebensweise: Außerhalb der Brutperiode sehr gesellig. Rückkehr in das Brutgebiet in der zweiten Maihälfte. Die Paare besetzen große Brutterritorien. Nistet an Teichen und Seen. Nest am Ufer oder auf kleiner Insel, stets dicht am Wasser. Mauser im Hochsommer nach der Brut. Familien oder kleine Trupps verlassen die Brutgebiete in der zweiten Septemberhälfte. Fliegt auf dem Zuge ständig rufend in langen Reihen oder in V-Formation. Ankunft im Winterquartier ab Oktober bis in den November hinein. Dort Bildung kleinerer Schwärme. Manchmal finden auch bis zu 300 zusammen. Sing- und Zwergschw. rasten und überwintern zumeist in verschiedenen Gebieten. Wo sich die Gebiete überschneiden, können beide Arten in gemischten Verbänden auftreten. Weidet im Winter auf trockenen oder überschwemmten Wiesen und Weiden, gern auch auf Saat- und Rapsfeldern. Läuft besser als der Höckerschw. Ruht auf großen Wasserflächen in der Nähe der Weidegründe. Im Unterschied zum Höckerschw. scheu und wachsam. Einzelne, die sich zu einer schwimmenden Gruppe gesellen, werden mit aufgeregtem Rufen begrüßt. Aufbruch aus dem Winterquartier zwischen Mitte März und Ende Mai. Auf dem Frühjahrszug in kleineren Trupps oder Familienverbänden.

Biotop: Brütet an den verschiedenartigsten freien Flachgewässern wie Steppenseen, Seen und Teichen in der nördlichen Taiga, Flüssen und Flußmündungen und örtlich auch an geschützten Meeresbuchten. Meidet im allgemeinen die Tundra, die vom Zwergschw. besiedelt wird. Überwintert an Küsten oder in Flußniederungen auf weit offenem, flachen Grün- und Ackerland. Während des Zuges manchmal auf geschützten Meeresbuchten.

Verbreitung: Das Brutgebiet erstreckt sich über die gesamte nördliche Paläarktis von Island bis nach Nordostsibirien. In Europa reicht es südwärts bis Südschweden und Polen und in Asien bis in die Mongolei. Gelegentliche Brut in Schottland. Früher auch auf Grönland. Überwintert in Küstenebenen Europas und Ostasiens. Einige Brutvögel Islands verbringen den Winter im Lande an der Küste oder an eisfreien Thermalgewässern. Die Mehrzahl zieht jedoch nach Schottland und Irland. Die Populationen Skandinaviens und der westlichen UdSSR überwintern an den Küsten der Ostsee, Norwegens und der südlicheren Nordsee. Einige ziehen auch südwärts bis Zentraleuropa. Weitere wichtige Überwinterungsgebiete sind die Küstenniederungen des Schwarzen und Kaspischen Meeres. In geringerer Zahl im Winter auch in Südosteuropa, in der Türkei und am Aralsee. Aus dem östlichen Sibirien geht der Zug in die Küstengebiete Ostasiens von Japan und Korea bis zum mittleren China. Wenige überwintern auch auf den Aleuten. Irrgäste sind in den USA (Alaska, Kalifornien, Neuengland Staaten), auf Spitzbergen, Jan Mayen, der Bäreninsel, in den meisten südeuropäischen Ländern, in Algerien, Tunesien, Ägypten, Cypern, Afghanistan, Indien und Nepal gesehen worden.

Bestand: Das enorm ausgedehnte Brutgebiet erschwert eine Gesamtübersicht. Entwässerungsmaßnahmen und Jagd haben lokal zu Bestandsminderungen geführt. Das asiatische Vorkommen ist daher sicher stark inselartig zergliedert. Der Bestand Grönlands wurde durch das Töten der flugunfähigen Mauservögel ausgerottet. Nach Winterzählungen umfaßt die derzeitige Population Islands 16.700. In der Nord- und Ostseeregion überwintern ca. 14.000, am Schwarzen und Kaspischen Meer um 25.000. In Asien ist mit ca. 11.000 nur der Winterbestand Japans bekannt. Der Weltbestand wird auf rund 100.000 geschätzt.

Literatur: Bauer und Glutz 1968, Brazil 1981, Cramp und Simmons 1977, Scott and the Wildfowl Trust 1972.

30 Pfeifschwan   Tafel 10
Olor (columbianus) columbianus
Englisch: Whistling Swan

Das nordamerikanische Gegenstück zum Zwergschw. (31). Wird mit diesem auch zu einer Art, dem „Tundraschwan", vereint. Im Feld sind beide eindeutig zu unterscheiden

Feldkennzeichen: Länge 120-150 cm. **Am Boden -** Kann mit dem sehr ähnlichen Trompeterschw. (28) im gleichen Gebiet vorkommen. Die Unterscheidungsmerkmale sind bei dieser Art eingehend dargestellt. Der Pfeifschw. ist bedeutend kleiner und hat einen kürzeren Körper und Hals. Der Schnabel erscheint im Profil leicht aufgebogen. Die Schnabelfärbung ist schwarz mit feiner rötlicher Seitenlinie und zumeist einem gelben Fleck vor dem Auge. Dieser Fleck ist aber oft sehr klein und kann auch gänzlich fehlen (s. S. 156). Aus größerer Entfernung ist er schwer zu erkennen. Die Juv.sind, vor allem im Spätwinter, heller als juv. Trompeterschw. und haben keine schwarze Schnabelbasis. Ad. Sing- und Zwergschw., die als Irrgäste in Alaska und den westlichen USA auftreten können, lassen sich an ihrer schwarz-gelben Schnabelfärbung (s. S. 156) leicht ansprechen. Bei den Juv. ist das schon schwieriger. Juv. Singschw. sind immerhin an der Größe, am gestreckten Kopf, dem langen, geraden Schnabel und dem längeren Hals zu erkennen. Juv. Zwergschw. sind von juv. Pfeifschw. nicht sicher zu unterscheiden. Da in einigen Gegenden Nordamerikas der Höckerschw. eingebürgert wurde, vergleiche auch mit diesem. **Im Flug -** Wie der Trompeterschw. mit schwarzem Schnabel, aber kleiner, kurzhalsiger. Der Flügelschlag ist sichtbar schneller. Das reicht für eine sichere Bestimmung natürlich keineswegs aus. Das beste Unterscheidungsmerkmal ist der deutlich verschiedene Flugruf.
Stimme: Pfeift nicht, auch wenn der Name das vermuten läßt. Verfügt über verschiedene hupende und läutende Rufe, die alle höher als beim Trompeterschw. klingen und mehr an die der Kanadagans (23) als an die von Kranichen erinnern. Der Flugruf ist ein hohes, kläffendes, dreisilbiges „wuh-wuh-wuh".
Beschreibung: Geschlechter gleich. **Ad.-** Völlig weiß, Kopf und Hals jedoch manchmal rostbraun getönt. **Juv.-** Insgesamt hell graubraun, an Kopf und Hals ein wenig dunkler und auf der Unterseite, am Schwanz und an den Schwingen heller. Ab Spätwinter zunehmend weißer. Im zweiten Winter wie die Ad.
Federlose Partien: Ad.- Schnabel und unbefiederter Zügel schwarz. Auf dem Zügel ein mehr oder weniger ausgeprägter, gelber Fleck, der manchmal auch gänzlich fehlen kann. Entlang der Oberschnabelkanten eine rötliche Linie, die aber weniger deutlich als beim Trompeterschw. ausgebildet ist. Füße schwarz. Iris dunkelbraun. **Juv.-** Schnabel rosa, zur Basis hin heller. Spitze, Nasenlöcher und Kanten schwärzlich. Die Schwarzfärbung nimmt vom ersten Frühling an zu. Schnabel im zweiten Winter ausgefärbt. Füße grau mit fleischfarbener Tönung.
Maße: ♂ zumeist größer als ♀. Flügel 501-569; Lauf 95-115; Schnabel 92-107; Mittleres Gewicht ♂ 7100, ♀ 6200.

Geographische Variabilität: Keine, wird aber oft mit dem Zwergschw. zu einer Art, dem „Tundraschwan", vereint.
Lebensweise: Außerhalb der Brutperiode ausgesprochen gesellig. Trifft in der zweiten Maihälfte im Brutgebiet ein. Die Paare besetzen in der Küstentundra größere Brutterritorien. Nest an Ufern oder auf kleinen Inseln von Teichen und Seen, immer dicht am Wasser. Mauser nach Beendigung der Brut. Aufbruch zum Herbstzug im Verlauf des Oktober. Ankunft in den Winterquartieren im November und Dezember. Der Zug folgt festgelegten Zugrouten (s. Verbreitung), auf denen bestimmte Rastplätze angeflogen werden. An den Niagarafällen geraten die Schwäne manchmal in eine so starke Strömung, daß sie nicht mehr in der Lage sind aufzufliegen und in die Tiefe gerissen werden. Sucht in den Überwinterungsgebieten die Nahrung vorwiegend im flachen Wasser, ist aber in einigen Gegenden immer mehr dazu übergegangen, an Land auf abgeernteten Feldern und Wintersaaten zu weiden. Ruft, wie die anderen nordischen Schwäne, im Flug ständig und fliegt, vor allem in größeren Höhen, oft in V-Formation. Auch auf dem Wasser recht laut. Neuankömmlinge und Abfliegende werden lärmend begrüßt bzw. verabschiedet. Bewegt sich bei der Nahrungssuche schneller und wirkt im Schwarm lauter und „aufgeregter" als der Trompeterschw. Beginn des Frühjahrszuges ab Anfang März. Aufbruch in kleineren Gruppen. Während des Fluges in die arktischen Brutgebiete werden mehrere Rastgebiete aufgesucht.
Biotop: Brütet in der küstennahen Tundra und flußaufwärts auch weiter im Binnenland. Überwintert zur Hauptsache in Küstenregionen auf weiten Fluß- und Küstenmarschen. Geht in einigen Gegenden auch auf Ackerland.
Verbreitung: Das Brutgebiet erstreckt sich über die arktische Tundra Nordamerikas von den Küsten Alaskas über Nordkanada bis Baffinland. Zwei Überwinterungsgebiete: Die Population Westalaskas überwintert entlang der Pazifikküste von Südalaska bis Kalifornien. Sie zieht auch landeinwärts in verschiedene Täler und Sumpfgebiete, insbesondere in das Central Valley Kaliforniens. Kleinere Gruppen sind ostwärts bis Utah anzutreffen. Alle Populationen, die östlich von Westalaska brüten, ziehen durch Kanada bis in die Region der Großen Seen und fliegen dann weiter nach Südosten an die Atlantikküste, wo sie in den Marschen zwischen Maryland und South Carolina überwintern. Einzelne gelangen bis nach Florida, Texas und Nordmexiko. Irrgäste sind auf den Bermudas, in Cuba, Puerto Rico und auf Hawaii, in Irland, England, Schweden, Nordostsibirien und Japan gesehen worden. In Sibirien soll ein gemischtes Paar (Zwergschw. x Pfeifschw.) mit Jungen beobachtet worden sein.
Bestand: Überall häufiger als Trompeterschw. 1972 wurde der Gesamtbestand auf etwa 146.000 geschätzt. Die Zahlen schwanken aber in Abhängigkeit vom Bruterfolg. Um 60% der Population brütet in Alaska. Die höchste Brutdichte ist dort im Bereich der Westküste zu finden. In den beiden Winterquartieren halten sich annähernd gleich viele Pfeifschw. auf. Vielleicht ist ihre Zahl an der Ostküste ein wenig größer. Obgleich in einigen Staaten eine begrenzte Jagdzeit besteht, ist die Art doch im allgemeinen ausreichend geschützt. Von der Urbevölkerung wird der Pfeifschw. auch in den Brutgebieten verfolgt. Mauservögel werden zusammengetrieben und ihres Fleisches und ihrer Daunen wegen „geerntet".

Literatur: Gunn 1973, Scott and the Wildfowl Trust 1972, Sladen 1973.

31 Zwergschwan Tafel 10
Olor (columbianus) bewickii
Englisch: Bewick's Swan, Tundra Swan

Wenn Zwerg- und Pfeifschwan als Unterarten einer gemeinsamen Art, des „Tundraschwans", angesehen werden, dann dessen paläarktischer Vertreter. Da beide Formen deutlich verschieden sind, werden sie hier getrennt behandelt.

Feldkennzeichen: Länge 115-140 cm. *Am Boden* - Der kleinste aller nordischen Schwäne, aber nur wenig kleiner und kurzschnäbliger als der nahverwandte Pfeifschw. Am ehesten mit dem größeren Singschw. (29) zu verwechseln, der ebenfalls einen schwarz-gelben Schnabel hat. Der Zwergschw. ist aber kleiner. Er hat einen kürzeren, dickeren Hals, einen stärker abgerundeten Kopf und einen kürzeren Schnabel. Die Unterschiede werden beim Singschw. eingehend beschrieben. Einzelne Ad. beider Arten lassen sich am besten am Schnabelmuster bestimmen. Im typischen Fall ist der Schnabel des Zwergschw. nur an der Basis gelb. Das Gelb ist auch nicht, wie bei dem Singschw., an den Schnabelseiten spitz ausgezogen, sondern gegen das Schwarz stumpf abgesetzt. Die Schnabelfärbung variiert jedoch individuell recht erheblich (s. Abb. S. 156). Einige sind daher nur schwer anzusprechen. Der Pfeifschw. hat an der Schnabelbasis zumeist nur einen kleinen gelben Fleck. Die Gefahr einer Verwechslung besteht daher kaum. Juv. von Zwerg- und Singschw. sind nur schwer zu unterscheiden. Juv. Zwergschw. sind im allgemeinen bis in den Spätwinter hinein einheitlich graubraun. Vom ersten Frühling an können beide Arten am Schnabelmuster unterschieden werden. Im zweiten Winter hat der Zwergschw. an Hals und Kopf immer noch graue Federn, während der Singschw. schon ganz weiß ist. *Im Flug* - Kleiner und untersetzter als der Singschw., mit kürzerem, dicker wirkenden Hals und vergleichsweise raschem Flügelschlag. Beim Starten und Landen geschickter als Singschw. Er fällt ziemlich steil auf dem Wasser ein und hebt ohne langen Anlauf ab.
Stimme: Ruffreudiger als der Singschw. Verfügt über verschiedene hupende, bellende und trompetende Rufe, die an Land, auf dem Wasser und im Flug zu hören sind. Ruft zumeist höher und in schnellerer Folge als der Singschw. Der Flugruf ist ein tiefes „guhk- guhk..", das mehr bellend, aber doch weicher und weniger nasal posaunend als beim Singschw. klingt
Beschreibung: Geschlechter gleich. *Ad.*- Völlig weiß. Kopf und Hals manchmal rostbraun getönt, jedoch seltener als beim Singschw. *Juv.*- Insgesamt hell graubraun, ein wenig blasser als juv. Singschw., sonst aber gleich. Behält das Juv.-Gefieder bis in den ersten Frühling hinein. Das Ad.-Kleid ist im zweiten Winter weitgehend ausgebildet. An den grauen Kopf- und Halsfedern ist jedoch eine Altersbestimmung bis in den zweiten Winter hinein möglich.
Federlose Partien: Schnabelbasis gelb. Das Ausmaß des gelben Abschnitts ist variabel, er ist aber immer gegen das Schwarz des vorderen Schnabelanteils stumpf gerundet abgesetzt. Der First ist im gelben Feld dunkel gefleckt. Oft ist er auch ganz schwarz. Füße schwarz, sehr selten auch gelblich. Iris dunkelbraun. *Juv.*- Schnabel rosa, zur Basis hin heller. Schnabelspitze und -kanten schwarz. Vom ersten Frühling an nimmt die dunkle Fleckung zu. Bei Beginn des zweiten Winters voll ausgefärbt. Füße fleischfarbengrau.
Maße: ♂ gewöhnlich größer als ♀. Westliche Population: Flügel 469-548 (M. ♂ 519, ♀ 504); Lauf 92-116; Schnabel 82-102 (M. ♂ u. ♀ 91); mittleres Gewicht ♂ 6400, ♀ 5700.
Geographische Variabilität: Wird vielfach als die Unterart *O.c.bewickii* des „Tundraschwans", *O.columbianus*, angesehen. Keine weitere Untergliederung. Die ostsibirischen Populationen östlich des Lenadeltas wurden früher als gesonderte Unterart, „*O.c.jancowskii*", abgetrennt. Sie sind im Durchschnitt größer als die westliche Zwergschw. und haben einen längeren, kräftigeren Schnabel, dessen Schwarzfärbung zumeist auch ausgedehnter ist. Eine Trennung ist aber in vielen Fällen nicht möglich.
Lebensweise: Außerhalb der Brutperiode sehr gesellig. Trifft ab Mitte Mai bis Anfang Juni im Brutgebiet ein. Die Paare besetzen in der küstennahen Tundra ihre Brutterritorien. Nest in der offenen Tundra auf trockenen Erhebungen an Gewässern. Manchmal Bildung weit gestreuter „Kolonien". Die Ad. mausern, während sie die Jungen führen. Die Brutgebiete werden, sobald die Jungen flügge sind, im September oder Anfang Oktober verlassen. Auf dem Zug zunächst in Familienverbänden, die sich unterwegs zu größeren Gruppen zusammenschließen. Ankunft im Winterquartier ab Mitte Oktober. Manche bleiben auch so lange in den Rastgebieten, bis sie durch kaltes Wetter vertrieben werden. Die entferntesten Gebiete werden daher oft erst während des Winters aufgesucht. In den Winterquartieren bilden sich große Scharen, die in flachem Wasser oder auch an Land weiden. Kleine Trupps können sich Singschw. anschließen. Laut und lebhaft. Beim Schwimmen ein ständiges „Läuten", das, sobald kleinere Gruppen beim Schwarm eintreffen oder ihn verlassen, laut anschwillt. Aufbruch in die Brutgebiete ab Mitte Februar. Auf dem Zug, der über mehrere Zwischenaufenthalte verläuft, wieder Trennung in einzelne Familiengruppen.
Biotop: Brütet in offenen Niederungen der Tundra an Teichen, Seen und Flüssen. Überwintert im Flachland auf feuchten oder überschwemmten Wiesen, auch auf Wintersaaten. Während des Zuges Rast auf geschützten Meeresbuchten und im Binnenland auch an hochgelegen Gewässern.
Verbreitung: Das Brutgebiet erstreckt sich über fast das gesamte arktische Sibirien. Die westlich der Taimyr Halbinsel brütenden Populationen ziehen über das Weiße Meer und die Ostsee nach Südwesten, um in den Küstenregionen Nordwesteuropas, in Dänemark, den Niederlanden, Südengland und Irland zu überwintern. In geringerer Zahl im Winter in Deutschland, Belgien und Frankreich. Die östlichen Populationen überwintern in den Küstenniederungen Japans und Koreas sowie an der chinesischen Küste südwärts bis Kwangtung und ausnahmsweise auch bis Taiwan. Kleinere Populationen unbekannter Herkunft verbringen den Winter entlang der Südküste des Kaspischen Meeres im Iran, früher auch in der südlichen UdSSR, z.B. am Aralsee. Rastet auf dem Zuge in der Mongolei und in Nordchina. Irrgäste wurden auf Island, Spitzbergen, der Bäreninsel, in fast ganz Europa, Algerien, Libyen, Israel, Irak, Pakistan, Nordwestindien, Nepal, auf der Volcanoinsel (Westpazifik), in den westlichen USA (Alaska, Ore-

Schnabelzeichnung adulter „nordischer" Schwäne

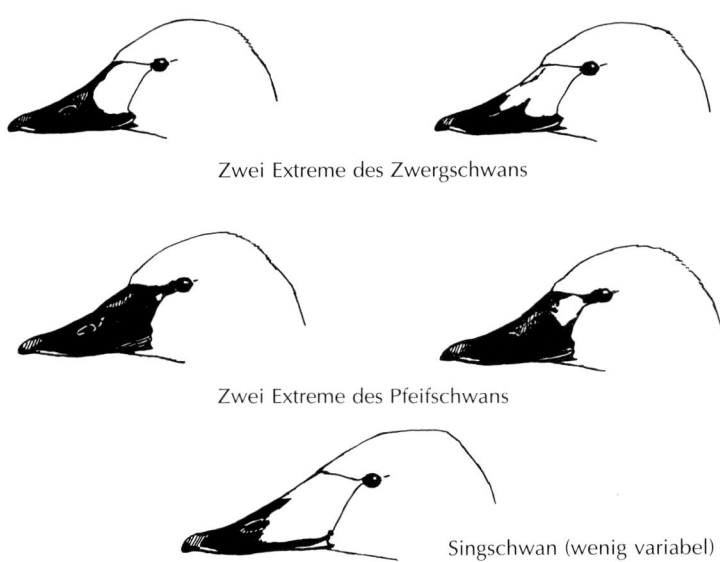

Zwei Extreme des Zwergschwans

Zwei Extreme des Pfeifschwans

Singschwan (wenig variabel)

gon, Kalifornien) und Kanada (Saskatchewan) festgestellt.
Bestand: Obwohl in fast dem gesamten Verbreitungsgebiet geschützt, werden doch ständig einzelne geschossen. Bei 44% der zum Markieren in England gefangenen Zwergschw. wurden durch Röntgenuntersuchung Schrote festgestellt. Die westliche Population, die in Europa regelmäßig gezählt wird, wird auf 16.000 geschätzt. Die Zahlen schwanken abhängig vom Bruterfolg. Die ostasiatische Winterpopulation ist weniger gut bekannt. Es dürften etwa 20.000 sein. Der kleine Winterbestand Irans zählt nur um 100. Im kalten Winter 1968/69 wurden hier aber über 800 festgestellt, was vermuten läßt, daß es in Zentralasien noch weitere überwinternde Gruppen gibt.
Literatur: Bauer und Glutz 1968, Beekmann et al. 1985, Cramp und Simmons 1977, Scott 1981, Scott and the Wildfowl Trust 1972.

32 Höckerschwan   Tafel 9
Cygnus olor
Englisch: Mute Swan

Echte Wildschwäne gibt es wohl nur noch auf den Steppenseen Zentralasiens, als zahmer Parkvogel oder von diesen abstammender Wildling ist der Höckerschw. aber weit verbreitet.

Feldkennzeichen: Länge 125-155 cm. **Am Boden -** Als mehr oder weniger zahmer Schwan der Parkgewässer allgemein bekannt. Der Schnabel der Ad. ist orangerot, mit schwarzer Basis und markantem, schwarzen Höcker vor der Stirn. Unterscheidet sich von anderen weißen Schwänen durch den langen, zugespitzten Schwanz, den gebogenen Hals und die charakteristische Imponierhaltung mit aufgestellten Flügeln. Juv. sind graubraun und dunkler als die von Sing- (29) und Zwergschw. (31). Ihr Schnabel ist rosagrau mit schwarzer Basis. Die Juv. der nordischen Schwäne (28-31) sind alle heller. Ihr Schnabel ist an der Basis hell (ausgenommen Trompeterschw.). Ihr Schwanz ist kurz und gerundet. **Im Flug -** Am leichtesten am lauten, sausenden Flügelgeräusch, „krau-krau..", zu erkennen. Außer gelegentlichem leisen Knurren im Flug still. Nordische Schwäne fliegen ohne Fluggeräusch, rufen aber ständig. Die Füße werden von dem langen spitzen Schwanz deutlich überragt. Bei den nordischen Schwänen reichen sie gerade bis zum Schwanzende.
Stimme: Der am wenigsten stimmbegabte Schwan, aber doch keineswegs stumm. Zur Brutzeit gurgelnd „uiar" auch lauter, fast trompetend „quiurr" und ein gereiztes Zischen.
Beschreibung: Geschlechter gleich. **Ad.-** Völlig weiß. Kopf und Hals manchmal vom Wasser gelb verfärbt. **Juv.-** Gefieder insgesamt bräunlichgrau, an Schwingen, Schwanz und Unterflügel etwas heller. Wird im Verlauf des ersten Jahres immer weißer, gleicht den Ad. aber erst im zweiten Winter. Nicht selten treten auch völlig weiße Juv. (Immutabilis-Mutanten) auf.
Federlose Partien: Schnabelhöcker zur Brutzeit beim ♂ deutlich größer als beim ♀. **Ad.-** Schnabel orangerot, an Nagel, Kanten, Nasenloch, Basisrand, federlosem Zügel und Höcker schwarz. Füße schwarz, bei „Immutabilis" graurosa. Iris braun. **Juv.-** Kein Höcker. Schnabel bleigrau bis gräulichrosa. Schwarze Bereiche wie bei den Ad. Während des ersten Winters nimmt die rötliche Färbung zu. Im zweiten Winter ausgefärbt. Füße grau, oft leicht rosa, bei „Immutabilis" fleischfarbenrosa.
Maße: ♂ größer als ♀. Flügel 533-623 (M. ♂ 606, ♀ 562); Lauf 99-118; Schnabel bis Höcker 69-88 (M. ♂ 81, ♀ 74); mittleres Gewicht ♂ 11070, ♀ 8850.
Geographische Variabilität: Keine. Die Immutabilis-Mutanten sind schon als Juv. weiß, mit heller Schnabel- und Fußfärbung. Sie treten auch in sonst normal gefärbten Familien auf.
Lebensweise: An allen nicht zu kleinen und nicht zu

schnell fließenden Gewässern der freien Landschaft, oft innerhalb von Siedlungen. Wirklich wilde Höckerschw. (Asien) sind wachsam und geradezu unnahbar. In der Umgebung von Menschen (Europa) ist der Höckerschw. aber oft sehr wenig scheu. Wurde früher, z.B. in England (ab 12. Jh.), wie ein Haustier gehalten, ist aber nie völlig domestiziert worden. Die Paare besetzen während der Brutzeit große Territorien, die sie vehement verteidigen. Selten, nur bei ausgesprochen günstigen Ernährungsbedingungen, kommt es auch zur Bildung lockerer Kolonien. Nest aus hoch aufgeschichteten Pflanzenteilen dicht am Wasser, oft im Röhricht versteckt. Brutbeginn im April. Die in Südafrika eingebürgerten Höckerschw. brüten im September und Oktober. Kleine Junge werden von den ♀ auf dem Rücken getragen. Die ♂ imponieren und drohen mit segelartig aufgestellten Flügeln und gebogenem bzw. weit auf den Körper zurückgelegten Hals. Nach der Brut in größeren Trupps auf bestimmten Mausergewässern. Teilzieher. Winteransammlungen an Flachküsten und auf Binnengewässern. Lebt hauptsächlich von Wasserpflanzen, die mit tief eingetauchtem Kopf und Hals heraufholt werden. Geht zum Weiden auch an Land.
Biotop: Süßgewässer aller Art (Seen, Teiche, Staubecken, Kiesgruben, langsam fließende Flüsse usw.) vorzugsweise im Flachland. Auch an der Küste auf Lagunen, geschützten Buchten und Flußmündungen.
Verbreitung: Im gemäßigten Europa weit verbreitet. Fehlt weitgehend im Norden und Süden Europas. Alle europäischen Population stammen heute mehr oder weniger von Parkvögeln ab. Die Populationen Skandinaviens überwintern zu einem erheblichen Anteil an der südwestlichen Ostsee. In Westeuropa zumeist Standvogel. In Asien stark lückenhaft über Zentralasien bis Nordchina verbreitet. In einigen dieser Gegenden gibt es auch „Parkpopulationen". Überwinterungsgebiete sind die Küsten des Schwarzen und Kaspischen Meeres sowie der Türkei und Niederungen in China. Im östlichen Nordamerika, Südafrika, Australien und Neuseeland eingebürgert. Alle diese Populationen sind relativ klein. Irrgäste sind auf den Azoren, in Algerien, Ägypten, Israel, Jordanien, Irak, Afghanistan, Pakistan, Nordindien und Japan gesehen worden.
Bestand: In Europa ab etwa 1950 ein erheblicher Zuwachs. Heute sind vielfach maximale Bestandsdichten erreicht. Die Zahlen stagnieren oder gehen wegen der Verschlechterung der Umweltbedingungen, in England z.B. Bleivergiftungen durch Aufnahme von Angelblei, zurück. In Asien nur noch weit verstreute Reliktpopulationen. Sicher sind einige dieser Vorkommen wegen der Zerstörung der Biotope und intensiver Jagd gefährdet. Genauere Angaben fehlen.
Literatur: Bauer und Glutz 1968, Birkhead und Perrins 1986, Scott and the Wildfowl Trust 1972.

33 Schwarzschwan Tafel 9
Cygnus atratus
Englisch: Black Swan

Ein rein australischer Schwan, der auch in Neuseeland eingebürgert wurde.

Feldkennzeichen: Länge 115-140 cm. **Am Boden -** Unverkennbar. Schwarz mit weißen Schwingen und einer weißen Binde auf dem roten Schnabel. Die Federn des Oberflügels sind am Ende lockig gebogen. Beim Schwimmen sind die weißen Schwingen zumeist nicht zu sehen. Juv. sind grauer als die Ad., aber immer wesentlich dunkler als andere juv. Schwäne. Nach wenigen Monaten gleichen sie den Ad. **Im Flug -** Unverwechselbar. Das schwarze Gefieder und die weißen Schwingen bilden einen scharfen Kontrast. Die Schwingen der Juv. haben dunkel getönte Spitzen.
Stimme: Der typische Ruf, der beim Schwimmen und im Flug geäußert wird, ist ein hohes, klingendes, aber nicht weit tragendes Trompeten. Von schwimmenden Vögeln sind verschiedene, leisere Kontaktlaute zu hören.
Beschreibung: Geschlechter gleich. **Ad.** - Fast gänzlich rußschwarz. Körper und Flügelfedern mit etwas hellerem Rand, am ausgeprägtesten auf der Oberseite. Innere Flügeldecken und Schulterfedern am Ende gekrümmt. Handschwingen und äußere Armschwingen völlig weiß. **Juv.-** Grauschwarz und auf der Unterseite etwas heller. Federn mit breiteren, aufgehellten Säumen. Die weißen Schwingen haben dunkel getönte Spitzen. Die Juv. gleichen den Ad. nach der ersten Mauser. Bei manchen bleiben aber die dunklen Schwingenspitzen bis in das dritte Jahr erhalten.
Federlose Partien: Ad.- Der Schnabel und federlose Zügel sind orangerot bis rot. Hinter dem rosa Nagel eine weiße Binde. Füße schwarz. Iris weiß oder rötlich. **Juv.-** Schnabel dunkelgrau, mit blasserem Nagel, im Verlauf weniger Monate voll ausgefärbt. Füße dunkelgrau. Iris braun.
Maße: ♂ gewöhnlich größer und mit längerem Hals als ♀. Flügel: 416-543 (M. ♂ 489, ♀ 461); Lauf 90-105; Schnabel 56-79 (M. ♂ 69, ♀ 63); mittleres Gewicht ♂ 6270, ♀ 5100.
Geographische Variabilität: Keine.
Lebensweise: Ausgesprochen gesellig. Auf bestimmten Seen im südlichen Australien Ansammlungen von einigen Zehntausend. Die Brutperiode ist lokal leicht unterschiedlich, z.B. Nordostqueensland - Februar bis Mai und Westaustralien - Juni bis August. Bruten sind aber, wenn die örtlichen Bedingungen günstig waren, in fast allen Jahreszeiten beobachtet worden. Nester nah am Wasser in der Ufervegetation oder auf kleinen Inseln. Im typischen Fall brüten Schwarzschw. in so dichten Kolonien, daß sich der Nachbar gerade außer Schnabelreichweite befindet. Nach der Brut bilden sich auf den bevorzugten Mausergewässern große Ansammlungen. Streicht außerhalb der Brutzeit weiter umher und ist in ganz Australien beobachtet worden. Da nach lokalen Regenfällen kurzfristig neue, geeignete Brutplätze entstehen können, sind diese ungerichteten Wanderungen durchaus sinnvoll. Neben diesen nomadischen Schwarzschw. gibt es in den Populationen aber immer auch einen gewissen Anteil ortstreuer Paare. Die Nahrung besteht vorwiegend aus Wasserpflanzen, die mit tief eingetauchtem Kopf und Hals, seltener auch gründelnd heraufgeholt werden. Weidet auch in Ufernähe an Land.
Biotop: Brütet an großen, flachen Süß- und Brackwasserseen. Hält sich an der Küste auch auf Lagunen, Flußmündungen und sogar auf geschützten Buchten auf.
Verbreitung: Das Verbreitungsgebiet umfaßt West-, Ost- und Südostaustralien sowie Tasmanien. Die größte Siedlungsdichte in Victoria, im südlichen New South Wales, in Südwestaustralien und Tasmanien. Einzelne wandern auch über den ganzen Kontinent. Wurde auch im südlichen Neuguinea beobachtet.

Der Schwarzschw. wurde 1864 in Neuseeland eingebürgert und ist heute auf beiden Inseln weit verbreitet.
Bestand: Häufig. In Australien sowohl durch Gesetz als auch durch emotionale Wertschätzung geschützt. In Victoria und Tasmanien verursachen Massenansammlungen Ernteschäden. Daher wurde dort eine kurze Jagdzeit eingeführt. Der Bestand ist schwer zu erfassen. 1957 wurden in Südaustralien auf dem Coorong um 50.000 gezählt. Diese Zahl kann einen Eindruck von den gewaltigen, lokalen Ansammlungen vermitteln. Die Population Neuseelands wird durch das Absammeln der Eier und durch Jagd kontrolliert. 1968 vernichtete ein Sturm einen Großteil der 60.000 bis 80.000 auf dem Lake Ellesmere (Südinsel) versammelten Schwäne. Derzeitige Gesamtpopulation Neuseelands um 60.000.
Literatur: Frith 1967, IWRB 1981, RAOU 1984.

34 Schwarzhalsschwan   Tafel 9
Cygnus melanocoryphus
Englisch: Black-necked Swan

Ein ausgesprochen attraktiver Schwan aus dem südlichen Südamerika.

Feldkennzeichen: Länge 102-124 cm. **Am Boden** - Hat die typische Gestalt eines weißen Schwanes, aber einen schwarzen Kopf und Hals. Auf dem Schnabel ist ein großer, roter Höcker. Juv.am sind Körper grau getönt und an Hals und Kopf dunkel schwärzlich. **Im Flug** - Etwas gedrungener als andere Schwäne. Der schwarze Kopf und Hals vom weißen Körper scharf abgehoben. An diesem Farbkontrast leicht zu erkennen. Die Flügel erzeugen ein pfeifendes Fluggeräusch.
Stimme: Der typische Ruf ist ein leiser, schnaufender Pfiff, der beim Schwimmen und im Flug zu hören ist.
Beschreibung: Geschlechter gleich. **Ad.**- Kopf und Hals samtschwarz. Von der Stirn geht eine feine, weiße Linie aus, die das Auge umschließt und sich dahinter noch ein wenig fortsetzt. Körper und Flügel weiß. **Juv.**- Farbverteilung wie bei den Ad., Kopf und Hals aber matter und brauner. Oberseite und Flanken braungrau überflogen. Handschwingen mit schwärzlichen Spitzen. Zum Ende des ersten Jahres weitgehend ausgefärbt. Die Schwingen haben jedoch bis in das dritte Jahr hinein dunkle Spitzen.
Federlose Partien: **Ad.**- Schnabel blaugrau mit rosaweißem Nagel. Federlose Gesichtshaut und großer Höcker vor der Stirn leuchtendrot. Füße rosa. Iris dunkelbraun. **Juv.**- Ohne Schnabelhöcker. Schnabel grau mit mattrötlicher Basis. Füße grau. Iris braun. Gegen Ende des ersten Jahres Färbung wie bei den Ad. Höcker entwickelt sich im dritten oder sogar erst im vierten Jahr.
Maße: ♂ größer als ♀ und mit längerem Hals. ♂- Flügel 435-450; Lauf 85-88; Schnabel 82-86; mittleres Gewicht 5400. ♀- Flügel 400-415; Lauf 78-80; Schnabel 71-73; mittleres Gewicht 4000.
Geographische Variabilität: Keine.
Lebensweise: Außerhalb der Brutzeit gesellig. Während der Brut im allgemeinen ausgesprochen territorial und aggressiv. Es sind aber auch mehrere näher beieinander liegende Nester festgestellt worden. Brutperiode je nach geographischer Lage verschieden: Mittelchile und Argentinien - Juli und August, auf den Falklandinseln - Anfang August bis Mitte September. Nester an Seen in der dichten Ufervegetation, auch auf kleinen Inseln oder sogar aufgeschichtet im Wasser. Die Ad. tragen die Jungen auf dem Rücken. Die ♂ sind in Nestnähe aggressiv, imponieren und drohen aber nicht, wie Höcker- und Schwarzsch., mit aufgestellten Flügeln. Nach der Brut größere Mauseransammlungen, die 5.000 bis 6.000 Schwäne umfassen können. Wandert im März und April weiter nordwärts. Diese Wanderungen müssen aber noch genauer untersucht werden. Kommt selten an Land. Geht mit seinen kurzen Beinen recht schwerfällig. Startet und landet, wahrscheinlich aus dem gleichen Grund, mühsamer als andere Schwäne. Nahrungssuche überwiegend im flachen Wasser. Wasserpflanzen und Algen werden mit tief eingetauchtem Kopf und Hals heraufgeholt.
Biotop: Süßwassersümpfe und flache Seen, Küstenlagunen, Flußmündungen und geschützte Meeresbuchten.
Verbreitung: Südliches Südamerika. Brütet von Feuerland und den Falklandinseln an nordwärts bis Mittelchile, Südparaguay und Südostbrasilien. Die südlicheren Populationen ziehen im Winter weiter nach Norden. Nördlichstes Wintervorkommen in Nordparaguay. Die nördlichen Populationen sind weitgehend ortstreu. Irrgäste sind bis auf die Juan Fernandes Inseln (vor Chile) und die Süd-Shetland-Inseln gelangt.
Bestand: Nur wenige Angaben. Obwohl in einigen Ländern die Trockenlegung großer Feuchtgebiete zur Gewinnung von Viehweiden die Bestände beeinflußt haben muß, doch nicht akut bedroht. In Chile, nach zeitweilig stärkerer Verfolgung und entsprechendem Rückgang, wieder steigende Tendenz.
Literatur: Scott and the Wildfowl Trust 1972.

Unterfamilie Stictonettinae (Affenenten)

Eine außergewöhnliche australische Ente, die auf Grund einiger anatomischer Merkmale in die Nähe der Schwäne gestellt werden könnte. Sie ist sicher die einzige rezente Art einer Gruppe ursprünglicher Entenvögel.

35 Affenente   Tafel 16
Stictonetta naevosa
Englisch: Freckled Duck

Die Verwandtschaftsverhältnisse dieser ungewöhnlichen Ente konnten bisher nicht geklärt werden. Heute wird angenommen, daß sie den Schwänen und Gänsen näher steht als den typischen Enten.

Feldkennzeichen: Länge 50-55 cm. **Am Boden** - In Australien endemisch. Eine mittelgroße, einheitlich dunkle Ente mit markanter Kopfform. Kopf relativ groß, mit angedeutetem Schopf, der den Hinterkopf eckig erscheinen läßt. Schnabel lang, flach und leicht aufgebogen. ♂ mit roter, hoher Schnabelbasis. Aus der Nähe ist zu erkennen, daß das Gefieder dicht bräunlichgelb bis weißlich gesprenkelt ist. Von den

australischen Gründelenten an der Kopf- und Schnabelform zu unterscheiden. Da der ganze Kopf einheitlich dunkel ist, sind Verwechslungen mit der Augenbrauen- (91) und Weißkehlente (81) kaum möglich. **Im Flug -** Erinnert in Gestalt und Flugweise an die Augenbraune., doch sind Kopf, Brust und die gesamte Oberseite einheitlich dunkel. Bauch und Unterflügel sind davon weißlich abgesetzt. Der Kopf wirkt groß und schwer. Der Hals hängt ein`wenig durch. Die Flügel sind relativ klein und spitz.
Stimme: Weniger ruffreudig als die meisten anderen Enten. Der Warnlaut ist ein weiches, flötendes „whieju". Aus der Gefangenschaft ist vom ♀ ein lautes, mißtönendes Quaken und vom ♂ ein kurzes, heiseres Schnaufen bekannt. Alle diese Rufe sind ausgesprochen unauffällig.
Beschreibung: Alle Kleider grundlegend gleich. **♂ ad.-** Das gesamte Gefieder schwarzbraun. Da jede Feder hellbräunlich oder weißlich gezeichnet ist, entsteht eine feine Sprenklung. Diese Sprenklung ist am Kopf und Hals am unauffälligsten und auf der Unterseite am stärksten. Die Schwingen sind einheitlich dunkelbraun. Die Kleinen und Mittleren Unterflügeldecken sind weiß. Der Vorderrand des Unterflügels ist unregelmäßig braun gefleckt. Die Großen Unterflügeldecken sind weitgehend graubraun. Die Schwingen sind auf der Unterseite gänzlich mattbraun. **♀ ad -** Wie das ♂, aber insgesamt mehr bräunlich. **Juv.-** Wie die Ad., aber noch heller als das ♀. Die Grundfarbe ist ein helleres Braun. Die Sprenklung ist in warmem Gelbbraun.
Federlose Partien: Schnabel an der Basis hoch, oberseits abgeflacht und allgemein schiefergrau. Die Schnabelbasis der ad. ♂ ist während der Brutzeit leuchtendrot. Da aber auch außerhalb der Brutperiode ♂ mit Rot am Schnabel beobachtet wurden, ist der Zusammenhang noch unklar. Füße schiefergrau. Iris braun.
Maße: ♂ zumeist größer als ♀. ♂- Flügel 519-591 (M. 556); Lauf 40-45; Schnabel 50-59; mittleres Gewicht 969. ♀- Flügel 480-533 (M. 508); Lauf 40-44; Schnabel 46-53; mittleres Gewicht 842.
Geographische Variabilität: Keine.
Lebensweise: Noch relativ unbekannt. Streicht während längerer Dürreperioden, wenn die Feuchtgebiete im Inneren des Kontinents austrocknen, weit umher. Gewöhnlich in kleinen Gruppen an Ufern flacher Seen und Teiche. Nachdem die kleineren Teiche und Seen ausgetrocknet sind, Ansammlungen auf bestimmten, größeren Gewässern. Am aktivsten in der Abenddämmerung. Seiht beim Schwimmen bzw. Waten mit dem speziell geformten Schnabel die Wasseroberfläche durch. Gründelt in tieferem Wasser auch wie eine echte Gründelente. Mischt sich zwanglos unter anderes Wassergeflügel. Wenig scheu, manchmal geradezu neugierig. Braucht im Unterschied zu den Gründelenten zum Auffliegen einen kurzen Anlauf. Liegt beim Schwimmen hoch im Wasser und wirkt dabei mit dem kurzen Hals und massigen Kopf etwas kopflastig. Die Brutperiode ist von den örtlichen Wasserständen, also von der Ergiebigkeit der Regenfälle abhängig. In der Trockenperiode wird kaum gebrütet. Nach großräumigen Überschwemmungen Bruten zu allen Jahreszeiten. Hauptbrutzeit zwischen September und Dezember. Nest aus feinen Zweigen auf überfluteten Büschen dicht über dem Wasser. Wenn der Wasserstand sinkt, steht es schließlich auf trockenem Grund hoch über dem Boden.
Biotop: Seen und Sümpfe mit dichter Ufervegetation, auch auf überschwemmtem Land und Küstenlagunen.
Verbreitung: Zwei Hauptvorkommen: 1. Der äußerste Südwesten Westaustraliens, insbesondere bei Benger und Moora. 2. Das Murray-Darling Becken in Südostaustralien, bevorzugt die Riverina in New South Wales. Affene. sind in diesen Gegenden, wenn auch in wechselnder Zahl, stets anzutreffen. In Dürreperioden streichen die Enten weit umher. Dann sind auch in den östlichen Küstenregionen, nordwärts bis nach Queensland, und ebenso in anderen Gebieten Westaustraliens Bruten beobachtet worden. Wegen der Veranlagung zum Nomadisieren kann die Art überall in Australien, sogar in den Nord Territorien, auftreten. Auf Tasmanien nur Irrgast.
Bestand: Allgemein schwer zu erfassen. Im Januar 1983 ergab eine landesweite Zählung 7.926 Individuen. Auf dem Lake Hungerford (New South Wales) wurde mit 900 die größte Konzentration festgestellt. Nach den Ergebnissen dieser Zählung wurde auf einen Gesamtbestand von 8.000 bis 13.000 geschlossen. Von diesen gehören etwa 1.000 zur kleineren Population Westaustraliens. Obwohl gänzlich geschützt, werden doch jährlich nicht wenige geschossen, die mit Augenbrauen- und Weißkehle. verwechselt wurden. Aus einer Population von rund 700 wurden im März 1980 an der Bool Lagoon (Südaustralien) um 500 und im März 1981 aus einem Bestand von etwa 3.000 in Victoria rund 800 Affene. irrtümlich erlegt. Weitere Gefahren für diese Art entstehen aus Entwässerungsmaßnahmen und dem zunehmenden Wasseraufruf auf den Brutseen. Die sich verstärkende Austrocknung des Landes führt zu immer beengteren Brutmöglichkeiten und zu einer wachsenden Konzentration. Die Zukunft dieser einzigartigen Ente erscheint also ernsthaft bedroht.
Literatur: Briggs 1982, Firth 1967, Hall 1986, Johnsgard 1965, Norman und Norris 1982, RAOU 1984.

Unterfamilie Plectropterinae (Sporengänse)

Eine ungewöhnliche afrikanische Gans, die mit anderen Gattungen unklarer Verwandtschaft im Tribus Cairinini vereinigt wurde. Livezey (1986) hat in seiner Revision der Anseriformes diesen Tribus aufgelöst und andere Zuordnungen vorgeschlagen. Durch neuere Untersuchungen wird die früher vertretene Ansicht gestützt, die die Sporengans mit den Halbgänsen (Tadorninae) in Verbindung bringt. Diese Beziehung ist aber so unklar, daß eine gesonderte Unterfamilie weiterhin gerechtfertigt ist.

36 Sporengans   Tafel 3
Plectropterus gambensis
Englisch: Spur-winged Goose

Eine afrikanische Gans, die zwar in Göße und Gestalt an die Spaltfußgans (1) erinnert, sich aber anatomisch von dieser deutlich unterscheidet.

Feldkennzeichen: Länge 75-100 cm. **Am Boden-** Eine große, schwarzweiße, langbeinige Gans afrikanischer Gewässer. In Südafrika ist sie, bis auf den weißen Bauch, von dem ein Streifen über die Brust zum Halsansatz ziehen kann, glänzend schwarz. Von hinten gesehen kann sie völlig schwarz erscheinen. Im übrigen Afrika sind Unterseite und Brust ausgedehnt weiß und das Gesicht hell. Beide Geschlechter sind gleich gefärbt, die ♂ sind aber bedeutend größer und haben auf der Stirn einen Höcker. Juv. sind matter, mehr bräunlich gefärbt, gleichen sonst aber den Ad. *Im Flug* - An der Größe, dem massigen Kopf, dem langem Hals, den breiten, tief gefingerten Flügeln und dem schwarzweißen Gefieder leicht zu erkennen. Auf der schwarzen Oberseite fallen die weißen vorderen Flügeldecken besonders auf. Bei der südafrikanischen Population ist das Weiß an der Vorderkante des Flügels weniger ausgeprägt. Die weißen Decken bilden auf der Flügelunterseite mit den schwarzen Schwingen einen markanten Kontrast. Nilgans (46) und Graukopfkasarka (39) haben ebenfalls weiße Ober- und Unterflügeldecken. Auf ihren Oberflügeln ist das Weiß aber weit ausgedehnter. Außerdem sind sie weder am Körper noch an Kopf und Hals großflächig schwarz. Die Flugbewegungen wirken langsam und schwerfällig. Die relativ flachen Flügelschläge erzeugen ein sausendes Geräusch.

Stimme: Recht schweigsam. Der typische Ruf, der nur vom ♂ geäußert wird, ist ein weiches, hohes, rollendes „tscherwit". Es ist sowohl beim Auffliegen als auch bei Beunruhigung zu hören. Beide Geschlechter verfügen noch über andere unauffälligere Balz- und Warnlaute.

Beschreibung: Geschlechter im Gefieder gleich, ♂ aber weit größer als ♀. Gefieder der ♀ weniger schillernd und das Weiß an der Oberflügelkante weniger ausgedehnt. Beschreibung der Nominatform:
Ad.- Scheitel, Hinterkopf, Oberhals, Unterhals- und Brustseiten, obere Flanken sowie Oberseite und Schwanz schwarz mit grünem und bronzefarbenem Glanz. Kehle, Halsansatz, Brust, untere Flanken und die gesamte Unterseite weiß. Kleine Decken und Flügelbug am Oberflügel weiß. Die übrigen Decken und Schwingen glänzend schwarz. Unterflügeldecken weiß und bräunlich meliert. *Juv.-* Den Ad.ähnlich, das Schwarz aber matter und grauer. Federn mit braunen Säumen. Gesicht befiedert und weiß. Weiße Bereiche gelblichbraun getönt. Nach der ersten Mauser Gefieder wie das der Ad.

Federlose Partien: Ad.- Schnabel, Stirnhöcker, nackte Gesichtshaut oberhalb des Auges und nackter Hautfleck an den Halsseiten fleischfarbenrot. Nackte Gesichtshaut unterhalb des Auges hellgrau. Höcker und Gesichtshaut bei ♀ weniger entwickelt. Am Flügelbug ein großer Sporn. Füße fleischfarbenrot. Iris dunkelbraun. *Juv.-* Färbung von Schnabel und Füßen weitgehend wie bei den Ad., Gesicht zunächst aber noch befiedert.und ohne Stirnhöcker.

Maße: Ad. ♂ bedeutend größer als ♀ und Juv. Da die ♂ erst nach einiger Zeit voll ausgewachsen sind, ist die Geschlechtsbestimmung allein nach der Größe unsicher. Maße Ad. Nominatform: ♂- Flügel 530-550; Lauf 110-.120; Schnabel 59-63; mittleres Gewicht ca. 6000. ♀- Flügel 422-440; Lauf 57-59; mittleres Gewicht ca. 4750.

Geographische Variabilität: Zwei Unterarten. *P.g.niger* im südlichen Afrika südlich des Sambesi und die Nominatform, *P.g.gambensis*, im übrigen Verbreitungsgebiet. Beide Formen durch eine breite Zone von Zwischenformen miteinander verbunden. Typische *P.g.niger* sind etwas kleiner als typische *P.g.gambensis* und haben nur sehr wenig Weiß im Gefieder. Sie sehen aus einiger Entfernung gänzlich schwarz aus. Das Weiß ist auf die Afterregion und die Mitte von Bauch und Brust beschränkt. Die nackte Gesichtshaut ist weniger ausgedehnt und der Höcker kleiner.

Lebensweise: An Flüssen, Sümpfen und Seen Afrikas weit verbreitet. Zumeist in kleineren Trupps bis zu 50. Zur Mauser bilden sich auch größere Ansammlungen. Scheu und wachsam. Bei aggressiven Auseinandersetzungen und bei der Verteidigung des Nestes wird der Sporn am Flügelbug eingesetzt. Weidet Gras und Kulturpflanzen auf Wiesen und Feldern oder Wasserpflanzen im flachen Wasser. Kann gut schwimmen, hält sich aber zumeist am Ufer auf. Ist auch in der Lage zu tauchen und bringt sich in der Zeit, in der sie flugunfähig ist, so in Sicherheit. Unterschiedlicher Neststandort. Oft großer, aus Pflanzenteilen aufgehäufter Bau in hoher Ufervegetation, besetzt aber auch alte Baumnester großer Vögel, z.B. vom Hammerkopf, und brütet ebenfalls in großen Höhlungen von Bäumen, Felsen und Termitenbauten. Brutperiode in gewissem Grad von der Ergiebigkeit der Regenfälle abhängig und regional verschieden: Im Norden der Verbreitung - August bis Dezember, in Ostafrika - Januar bis Juni und im südlichen Afrika - August bis Mai. Ruheplätze an ungestörten Fluß- und Seeufern, manchmal sogar auf Bäumen. Streicht in der Abend- und Morgendämmerung in ungeordneten Reihen, manchmal auch in V-Formation, zwischen den Ruheplätzen und den Nahrungsgründen. Nahrungssuche vorwiegend am frühen Morgen und späten Abend. Wandert in der Trockenzeit, wenn Seen und Sümpfe austrocknen, weiter umher. Die Zugentfernungen können mehrere Hundert Kilometer betragen. In vielen Gebieten ist die Sporeng. aber auch Standvogel.

Biotop: Offene Steppe mit Flüssen, Seen, Teichen und Sümpfen. Bevorzugt die Umgebung großer Flüsse und Seen im Binnenland. Meidet Salzseen und zumeist auch das Hochland, ist aber in Ostafrika bis in 3000 m Höhe anzutreffen.

Verbreitung: Vorkommen im gesamten tropischen Afrika. Fehlt aber in den ariden Zonen. Die nördliche Verbreitungsgrenze verläuft über die Sahelzone und den Sudan und nach Äthiopien. Wanderungen noch wenig untersucht. Sie hängen mit der saisonal wechselnden Verfügbarkeit geeigneter Wasserflächen zusammen. Zog vor dem Bau des Assuandammes gelegentlich den Nil abwärts bis Abu Simbel. Bei einer an der marokkanischen Küste beobachteten Sporeng. handelte es sich wohl um einen echten Irrgast.

Bestand: Gesamtbestand bisher nicht erfaßt. Im allgemeinen häufig und nicht bedroht. Das Vordringen der Wüste am Südrand der Sahara hat im Norden der Verbreitung zu einer erheblichen Bestandsminderung geführt. Eine 1977 in den Feuchtgebieten zwischen Senegal und Tschad durchgeführte Zählung ergab rund 10.000, davon die meisten im Nigerbecken.

Literatur: Brown et. al. 1982.

Unterfamilie Tadorninae (Halbgänse)

Eine große, mehrere Gattungen umfassende Unterfamilie, die in mancher Hinsicht eine Zwischenstellung zwischen den echten Gänsen und den typischen Enten einnimmt. Alle Arten sind gleichermaßen auf dem Lande wie auf dem Wasser zuhause. Manche sind sogar mehr landlebend. Die Geschlechter sehen zumeist gleich aus, sind in einigen Fällen aber auch erheblich verschieden. In einer Gattung können beide Möglichkeiten verwirklicht sein.

Tribus Sarkidiornini (Glanzenten)

Ein monotypischer Tribus, der früher zu der recht gemischten Gruppe der Cairinini gezählt wurde. Obgleich eine engere systematische Beziehung zu den Halbgänsen wahrscheinlich ist, sollte diese sehr ungewöhnliche „Ente" doch ihre gesonderte Stellung behalten.

37 Glanzente   Tafel 18
Sarkidiornis melanotus
Englisch: Comb Duck

Die Glanze. kommt, ähnlich wie Gelbbrustpfeifgans (4), auf drei Kontinenten vor.

Feldkennzeichen: Länge 56-76 cm. **Am Boden -** Unverwechselbar. Eine große, massige Ente tropischer Feuchtgebiete. Das Gefieder ist in typischer Verteilung zweifarbig: Kopf, Hals und Unterseite sind weiß. Die Oberseite ist glänzend schwarz. Aus der Nähe ist zu erkennen, daß der Kopf dunkel gesprenkelt ist. Die ♂ haben einen großen Schnabelaufsatz. ♀ sind merklich kleiner als ♂. Die südamerikanische Unterart hat schwarze, die afrikanische und asiatische weiße Flanken. Das Farbmuster der Ad. ist dem der Weißbauch-Zwerggans (67) und ebenfalls dem mancher domestizierter Moschusente (61) entfernt ähnlich. Verwechslungen sind aber doch recht unwahrscheinlich. Das Gefieder der Juv. ist wesentlich brauner. Da sie normalerweise von Ad. begleitet werden, entstehen aber kaum Probleme. Entfernte Juv. können immerhin mit Gelbbrustpfeifgänsen verwechselt werden. Diese stehen aber mehr aufgerichtet, haben längere Beine, ein satt gelbbraunes Gefieder und eine ungefleckte Unterseite. Juv. erinnern auch an ♀ der Mähnengans (109). **Im Flug -** Scharfer Kontrast zwischen der dunklen Oberseite und dem Weiß von Kopf, Hals und Unterseite. Bei der südamerikanischen Unterart mit den dunklen Flanken ist außer dem Kopf und Hals nur die Bauchmitte weiß. Von hinten gesehen fällt der etwas blassere Bürzel auf. Das Flugbild erinnert an das einer kleinen, breitflügligen Gans. Der Flug ist geradlinig und gleichmäßig, mit kraftvollen, flachen Flügelschlägen. Fliegende Gruppen können Ketten und sogar V-Formationen bilden.
Stimme: Wenig ruffreudig. Beim Auffliegen manchmal ein tiefes Quaken. Bei der Balz oder bei aggressivem Verhalten werden verschiedene kurze, keuchende Pfiffe, Grunz- und Zischlaute geäußert.
Beschreibung: Die Geschlechter gleichen sich im Gefieder weitgehend. Beschreibung der Nominatform: **Ad.-** Kopf und Hals weiß mit feiner schwarzer Sprenklung, die sich auf dem Scheitel und Hinterhals zu einem schmalen, schwarzen Band verdichtet. Kopf- und Halsseiten variabel gelblichbraun getönt. Unterhals, Brust und Bauchmitte reinweiß. Die blaßgrauen Flanken sind nach vorne durch ein schmales und nach hinten durch ein breiteres schwarzes Band begrenzt. Unterschwanzdecken gelblichweiß. Bürzel grau. Schwanz, Rücken und Flügel schwarz mit stark grün, blau und rotgold schillerndem Glanz. Oberseite der ♀ glänzt weniger und ist bräunlich gefleckt. Das schwarze Brustband ist bei ihnen undeutlich. Kopf und Unterschwanzdecken nicht gelblich getönt. ♂ außerhalb der Brutperiode ebenfalls ohne Gelb und mit kleinerem Schnabelaufsatz. **Juv.-** Deutlich von den Ad. verschieden. Scheitel und Oberseite dunkelbraun. Kopf, Hals und Unterseite hell gelblichbraun. Am Kopf eine dunkle Augenlinie und an der Unterseite eine braune, schuppige Fleckung. Nach der ersten Mauser fast wie ad. ♀, aber auf der Oberseite matter, mehr gräulichschwarz.
Federlose Partien: Schnabel schwarz. Großer, fleischiger, seitlich flacher Schnabelaufsatz der ♂ dunkelgrau. Füße grau. Iris dunkelbraun.
Maße: ♂ wesentlich größer als ♀. Nominatform: ♂- Flügel 349-406; Lauf 64-75; Schnabel 57-60; mittleres Gewicht ca. 2250. ♀- Flügel 280-290; Lauf 42-50; Schnabel 48-52; mittleres Gewicht ca. 1750.
Geographische Variabilität: Zwei gut unterscheidbare Unterarten: *S.m.melanotus* in Afrika und Asien und *S.m.sylvicola* in Südamerika. Die amerikanische Unterart ist etwas kleiner als die altweltliche. Ihre ♂ haben schwarz glänzende Flanken, die nur in der Bauchmitte einen schmalen, weißen Streifen frei lassen. Auch die Flanken der ♀ sind dunkler. Die amerikanische Form wird teilweise auch als gesonderte Art, „*S.sylvicola*", angesehen.
Lebensweise: Eine gesellig lebende Ente tropischer Sümpfe und Seen. Gewöhnlich in kleineren Gruppen von 30 bis 40 und in diesen Trupps oft nach Geschlechtern getrennt. Während der Trockenzeit auf den verbliebenen Gewässern auch große Ansammlungen. Diese Ansammlungen lösen sich beim Einsetzen des Regens wieder auf. Die Enten verteilen sich dann auf die Brutgewässer. Hier können dominante ♂ einen „Harem" von mindestens zwei ♀ um sich scharen. Neststand zumeist in der Nähe eines Gewässers. Nester oft in großen Baumhöhlen, ebenso in Mauerlöchern einzeln stehender Gebäude oder in alten Baumnestern großer Vögel, nicht selten auch am Boden in dichter Vegetation. Während der Brutperiode weder ausgesprochen gesellig noch streng territorial. Daher kommt es mancherorts zur Bildung lockerer Brutkolonien. Bei der weiten Verbreitung ist es nicht verwunderlich, daß die Brutperiode jahreszeitlich stark variiert. Der Brutbeginn ist weitgehend vom jeweiligen Beginn der Regenzeit abhängig. Aus Südamerika gibt es nur spärliche Angaben. In Venezuela wurde ein ♀ mit legereifem Ei im Juli erlegt. Brutperioden in Afrika: Im Norden und Westen - Juli bis September, Ostafrika - Februar bis März, Simbabwe - Dezember bis April. Brütet in Indien vorwiegend in der Monsunzeit - Juli bis September. Trupps strei-

chen während der Trockenzeit auf der Suche nach geeigneten Gewässern weit umher. Glanzenten ernähren sich von Gras und anderen Landpflanzen, die sie in Ufernähe abweiden. Sie suchen auch watend und schwimmend im flachen Wasser nach Nahrung. Beim Schwimmen liegen sie mit angehobenem Hinterende hoch auf dem Wasser. Sie baumen gerne und oft auf.
Biotop: Sümpfe, Seen und Flüsse in locker bewaldetem, tropischen Tiefland.
Verbreitung: Im tropischen Südamerika, Afrika und Asien weit verbreitet. Außer in den Wüsten und dicht bewaldeten Regionen im ganzen tropischen Afrika und auf Madagaskar vertreten. Hier allgemein Standvogel, der jedoch auch saisonale Wanderungen unternehmen kann. Diese Wanderungen werden durch das Austrocknen der flacheren Gewässer während der Trockenzeit ausgelöst. Es handelt sich dabei aber nicht allein um kleinräumige Bewegungen. In Simbabwe beringte Glanze. wurden im Sudan 3600 km und im Tschad 3880 km vom Beringungsort entfernt wiedergefunden. In Asien umfaßt die Verbreitung fast den gesamten Indischen Subkontinent. Lokale Vorkommen auch in Pakistan und im Tiefland Nepals. In Sri Lanka sehr selten. Ostwärts erstreckt sich das Verbreitungsgebiet über Burma, das nördliche Thailand und Laos bis nach Yünnan im äußersten Süden Chinas. Auch in Asien Teilzieher. Wanderungen von den Regenzeiten abhängig. Einzelne Beobachtungen in Fukien (Mittelchina). Die südamerikanische Form ist weit, aber inselartig verbreitet. Ihr Brutgebiet erstreckt sich über die tropischen Niederungen vom östlichen Panama südwärts bis Nordargentinien und westwärts bis ins östliche Kolumbien, Bolivien (selten) und Peru (selten). Irrgäste sind auf Trinidad und im Süden bei Buenos Aires (Argentinien) beobachtet worden.
Bestand: Eine im allgemeinen weit verbreitete und häufige Art, deren Bestand insgesamt gesichert ist. In Südamerika wegen des fleckenhaften Verbreitungsgebietes lokal vielleicht bedroht. Hier aber im Freiland nur wenig untersucht.
Literatur: Ali und Ripley 1968, Brown et al. 1982.

38 Rostgans Tafel 11
Tadorna ferruginea
Englisch: Ruddy Shelduck

Die Rostg. ist in Asien noch weit verbreitet, in Europa aber inzwischen selten geworden.

Feldkennzeichen: Länge 61-67 cm. **Am Boden** - Eine große rostfarbene Halbgans mit hellem Kopf und schwarzem Hinterende. Zumeist in kleineren Gruppen. Bevorzugt die steppenartige, offene Landschaft in der Nähe von Gewässern. Winterquartiere an Flüssen und Seen. Die Gefahr einer Verwechslung mit der Graukopfkasarka (39) und mit dem ♀ der Paradieskasarka (41) besteht nur in Wassergeflügelhaltungen. Das ♂ der Graukopfk. hat einen ganz grauen und das ♀ einen seitlich weißen Kopf. Das ♀ der Paradiesk. hat einen schneeweißen Kopf und ein kastanienbraunes Gefieder. Die Kopffärbung der Rostg. variiert von rostgelb bis bräunlichgelb. Ihre Gesichtsregion ist teilweise gelblichweiß bis weiß. Das alte Gefieder kann ausgesprochen blaß, fast sandfarben wirken. **Im Flug** - Die Kombination von rost- bis orangefarbenem Körper mit schwarzweißen Flügeln und schwarzem Schwanz ist im Verbreitungsgebiet einmalig. Auch die Graukopf- und Paradiesk. haben schwarze Schwingen und weiße Oberwie Unterflügeldecken, sie leben aber in ganz anderen Regionen. Auf große Entfernung könnte es zu Verwechslungen mit der Nilgans (46) kommen, da auch sie das für die gesamte Gruppe bezeichnende Flügelmuster besitzt. Ihr Körper ist aber fahlbraun. Sie hat einen ausgesprochen langen Hals und breite, mehr gerundete Flügel.
Stimme: Recht ruffreudig. Ruft sowohl am Boden wie im Flug. Die Rufe sind laut, nasal und vielfältig. Sie klingen vom ♀ rauher als vom ♂. Der Flugruf: „äng" oder „ä-hong". Bei Erregung sind verschiedenartige, längere Rufreihen zu hören.
Beschreibung: Farbintensität des Körpergefieders recht variabel. Geschlechts- und Altersbestimmung daher oft problematisch. ♂ **ad. Brutkleid** - Kopf und Hals rostgelblich. Hinterhals mehr rostorange. Am Hinterkopf manchmal ein dunkler Fleck. Um den Halsansatz ein schmaler, schwarzer Ring. Brust und fast die gesamte Ober- wie Unterseite orangebraun bis hell rostbraun. Bürzel, Oberschwanzdecken und Schwanz glänzend schwarz. Oberflügeldecken weiß, bei frischem Gefieder mit orangebräunlicher Tönung. Handschwingen oben schwarz. Armschwingen oben schwarz mit starkem grünen Metallglanz. Unterflügeldecken weiß. Schwingen unten mattschwarz. ♂ **ad. Ruhekleid** - Wie Brutkleid, aber ohne Halsring. ♀ **ad.**- Wie ♂, aber ohne Halsring und mit bräunlicherem Kopf und Hals. Stirn und Augenpartie weißlich. **Juv.-** Ähnlich ♀, aber insgesamt matter und dunkler. Gefieder, vor allem an Kopf, Hals und Oberseite, graubraun getönt. Bis zum ersten Herbst weitgehend ausgefärbt. Schwingen und Schwanz aber bis zum ersten Sommer ohne Glanz.
Federlose Partien: Schnabel und Füße immer grauschwarz bis schwarz. Iris braun.
Maße: ♂ gewöhnlich größer als ♀. Flügel 321-383 (M. ♂ 366, ♀ 339); Lauf 52-64; Schnabel 35-49; mittleres Gewicht ♂ ca. 1385, ♀ ca. 1145.
Geographische Variabilität: Keine.
Lebensweise: Zumeist paarweise oder in kleinen Gruppen. Größere Ansammlungen zur Mauser und in den Winterquartieren. Auf den bevorzugten Winterrastplätzen können sich Scharen von einigen Tausend einfinden. Typischer sind aber kleinere Trupps, die sich entlang ausgedehnter Flußsysteme verteilen. Paarbildung im Winterquartier. Paarbindung dauerhaft bis lebenslang. Paare treffen im April und Mai im Brutgebiet ein und besetzen größere Territorien. Nester in Erdhöhlen, hohlen Bäumen, Felsspalten und sogar in Gebäuden, nicht selten weit vom nächsten Gewässer entfernt. Nach der Brutzeit Mauserzug zu bestimmten Mausergewässern, die erst gegen Ende August und im Verlauf des September verlassen werden. In den meisten Populationen Zugvogel. Familienverbände verlassen die Brutgebiete im September und treffen im Oktober und November in den Winterquartieren ein. Nahrung vorwiegend Gras und Kräuter der offenen Steppe. Watet zur Nahrungssuche auch im flachen Wasser. Schwimmt gut und gründelt auch gelegentlich. Wo die Rostg. verfolgt wird, ist sie scheu und wachsam. Wo sie nicht behelligt wird, z.B. in Tibet, ist sie bemerkenswert vertraut. Rostg. halten sich hier in Ortschaften auf, sitzen auf Dächern und nisten in Gebäuden.
Biotop: Brütet in der Steppe und auf Hochebenen an Flüssen und Salzseen. Ist lokal auch in Gebirgstälern anzutreffen, aber nie in bewaldeten Gebieten. Über-

wintert an Seen und träge fließenden Flüssen des Tieflandes. Küstenregionen werden gewöhnlich gemieden.
Verbreitung: Drei weitgehend getrennte Populationen. Die kleine, schwindende Population im Nordwesten Afrikas ist heute weitgehend ortstreu. Früher wanderte sie im Winter nach Südspanien. Jetzt wird die Rostg. dort kaum mehr beobachtet. Bei der kürzlich im äthiopischen Hochland entdeckten Brutpopulation handelt es sich wahrscheinlich um Standvögel. Die Hauptverbreitung erstreckt sich vom äußersten Südosten Europas und der Türkei über Zentralasien. Im Osten reicht sie bis nach Westchina und in die Mongolei und im Norden bis in die Region um den Baikalsee. Im Süden umschließt sie den nördlichen Irak und Iran sowie das Hochland Tibets. Die meisten dieser Populationen wandern im Herbst südwärts und überwintern in den Niederungen zwischen Südostchina im Osten und Afghanistan im Westen. Weitere Winteransammlungen befinden sich im westlichen Iran (um 40.000 am Rezaieh See) und in der Türkei. Im Süden der UdSSR überwintern nur wenige. Manchmal im Winter auch bis Griechenland. Früher zahlreiche Überwinterer im Niltal aufwärts bis in den Sudan und nach Äthiopien. In letzter Zeit hier zunehmend seltener. Einzelne sind in vielen Ländern Europas beobachtet worden. Bei dem starken Rückgang der westlichen Populationen wird es sich, zumindest bei den Meldungen aus jüngerer Zeit, mehrheitlich bis ausnahmslos um Gefangenschaftsflüchtlinge handeln. Wie die Invasion im Sommer 1892 zeigt, bei der Rostg. weit bis nach Europa hinein vordrangen, vereinzelt sogar bis nach Skandinavien, Island und Grönland gelangten, gab es früher durchaus echte, westwärts gerichtete Wanderungen. Irrgäste sind im Süden aus Sri Lanka, Oman und Kenya und im Osten aus Japan gemeldet worden.
Bestand: Im zentralasiatischen Gebiet durchaus häufig. Die westlichen Populationen nehmen rapide ab. Die Ursachen dafür sind noch unklar. Sicher spielt der Verlust an Lebensraum durch eine intensivierte Landwirtschaft eine wesentliche Rolle. In Osteuropa ebenfalls starker Rückgang. Wenige brüten noch in Rumänien, Bulgarien und Griechenland. Auch aus den angrenzenden Gebieten der UdSSR wird von zunehmendem Schwund berichtet. Die nordafrikanische Population wurde 1970 auf etwa 1.000 Paare geschätzt, die meisten davon in Algerien und etwa 50 Paare in Marokko.
Literatur: Bauer und Glutz 1968, Brown et al. 1982, Cramp und Simmons 1977, Rogers 1982.

39 Graukopfkasarka Tafel 11
Tadorna cana
Englisch: Cape Shelduck

Mit der Rostgans sicher nah verwandt, von ihr aber geographisch völlig isoliert.

Feldkennzeichen: Länge: 61-66 cm. **Am Boden** - Eine graukopfige, rostorange gefärbte Halbgans, die in ihrem Verbreitungsgebiet kaum mit irgendeiner anderen Art verwechselt werden kann. Das ♂ unterscheidet sich von dem ♂ der Rostgans (38) durch seinen aschgrauen, nicht rostgelben Kopf. Brust und Unterschwanzdecken sind durch eine hellere Tönung von den Flanken und dem Bauch abgesetzt. Das ♀ ist dunkler und einheitlicher gefärbt als das ♂. Sein Kopf ist schiefergrau, mit weißem Gesicht. Das der Paradieskasarka (41) hat einen völlig weißen Kopf und Hals. Auch wenn bei einigen ♀ der Graukopfk. das Weiß am Kopf so ausgedehnt ist, daß er fast ganz weiß erscheint, ist der Hinterkopf und Hals doch immer schiefergrau. Eine Verwechslung des ♀ mit der weißgesichtigen Witwenpfeifgans (7) ist möglich. Diese ist aber ein ausgesprochen dunkler Vogel mit einer völlig anderen Haltung und Gestalt.
Im Flug - Die weißen Ober- und Unterflügeldecken heben sich markant von den schwarzen Schwingen und dem insgesamt rostfarbenen Körper ab. Im Verbreitungsgebiet ist die Nilgans (46) die einzige ähnliche Art mit gleicher Flügelfärbung. Sie ist jedoch größer, unterseits heller und hat einen längeren Hals sowie breitere, an den Enden mehr abgerundete Flügel.
Stimme: Ähnlich der der Rostgans, die Rufe aber im allgemeinen etwas tiefer. Typisch ist ein kurzer, mehrfach wiederholter, gänseähnlicher Ruf. Die Stimme des ♀ ist rauher als die des ♂.
Beschreibung: ♂ **ad. Brutkleid** - Kopf und Hals aschgrau. Brust und Unterschwanzdecken hell rostgelb. Flanken und Unterseite orangebraun, der Bauch am dunkelsten. Oberseite ebenfalls orangebraun, auf Schultern und Rücken recht dunkel, am Vorderrücken jedoch hell. Bürzel, Oberschwanzdecken und Schwanz schwarz. Handschwingen schwarz. Armschwingen schwarz mit grünem Metallglanz. Ober- und Unterflügeldecken weiß. ♂ **ad. Ruhekleid** - Wie Brutkleid, aber insgesamt dunkler. Unterseite mit feinen, dunklen Wellenlinien. Brust matt gelblichbraun. ♀ **ad.-** Insgesamt dunkler als ♂. Gefieder mehr kastanienbraun. Brust kaum heller. Kopf schiefergrau. Gesichtsfärbung individuell unterschiedlich, manchmal nur ein weißer Fleck um die Augen, meistens aber ein großer, weißer Gesichtsfleck. Im Extremfall ist fast der ganze Kopf weiß. **Juv.-** Erinnert an das ♂, Gefieder aber matter und graubraun überflogen. Vom ersten Winter an zunehmend wie die Ad. gefärbt. Juv. ♀ zeigen dann schon Weiß um die Augen.
Federlose Partien: Schnabel und Füße schwärzlich. Füße der ♀ können rosa gefleckt sein. Iris braun.
Maße: Geschlechter weitgehend gleich. ♂ oft ein wenig größer als ♀. Flügel 315-365 (M. ♂ 356, ♀ 326); Lauf 52-60; Schnabel 39-54; mittleres Gewicht ♂ 1527, ♀ 1229.
Geographische Variabilität: Keine.
Lebensweise: Allgemein gesellig. Außerhalb der Brutperiode Scharen von einigen Hundert und mehr. Paarbindung, wie bei der Rostgans, von langer Dauer. Paare besetzen während der Trockenzeit an kleineren, permanenten Wasserstellen ihre Territorien. Nest in unbewohnten Erdbauen von Säugetieren, vorwiegend in denen von Erdferkeln. Nest kann bis zu 2 km vom Wasser entfernt sein. Legebeginn um Mitte Mai. Nach der Brut Mauserzug zu bestimmten Tiefwasserseen im Nordosten des Brutgebietes. Hier von November bis Januar größere Mauseransammlungen. Weidet an Land und gründelt im flachen Wasser. Nahrungssuche vorwiegend bei Nacht. Ruht am Tage an Seeufern und auf Inseln. Scheu, wachsam und von „kämpferischer" Natur. Obgleich das Verhältnis von ♀ zu ♂ im allgemeinen 2 zu 1 ist und sich die ♀ untereinander um unverpaarte ♂ streiten, halten die Paare auch außerhalb der Brutperiode deutlich zusammen.
Biotop: Brütet in der offenen Landschaft des Hoch- und Tieflandes an kleinen, permanenten Süß- oder

Brackwasserseen. Mauseransammlungen auf Tiefwasserseen und Staubecken.
Verbreitung: In Südafrika weit verbreitet und weitgehend ortstreu. Unternimmt saisonale Mauserzüge. Das Verbreitungsgebiet erstreckt sich über die Kapprovinz, den Oranje Freistaat und das südliche Transvaal nordwärts bis in das südliche Botswana und das Damarahochland in Namibia. Im Osten reicht es bis in das westliche Natal. Die Mausergewässer liegen überwiegend im Oranje Freistaat, wo sich ungefähr 75 % der Population einfinden. Mauseransammlungen aber auch in Transvaal und in der Kapprovinz. Nach der Mauser wieder Rückkehr zu den Brutgewässern. Keine Fernwanderungen, wenn auch Flüge bis zu 1000 km bekannt geworden sind.
Bestand: Nur in einem relativ kleinen Gebiet häufig. Die Brutpopulation konzentriert sich zur Hauptsache auf die Kapprovinz und das südliche Namibia. Die Population ist stabil. Künstliche Wasserbecken bieten zusätzliche Brutmöglichkeiten. Veränderungen an den Mausergewässern könnten eine mögliche Gefahr bedeuten. Bestand 1981 auf 42.000 geschätzt.
Literatur: Brown et al. 1982, Geldenhuys 1981 a,b.

40 Halsbandkasarka Tafel 12
Tadorna tadornoides
Englisch: Australien Shelduck

Eine endemische Art Südaustraliens mit markantem Färbungsmuster.

Feldkennzeichen: Länge 55-72 cm. **Am Boden -** So charakteristisch gefärbt und gezeichnet, daß sie weder im Freiland noch in Gefangenschaft mit irgendeiner anderen Art zu verwechseln ist. Geschlechter weitgehend gleich. Das Gefieder wirkt insgesamt schwärzlich dunkel. Die Brust ist rotbraun. Die Flügeldecken bilden über den Flanken einen weißen Streifen. Die ♀ haben weiß umrandete Augen und die ♂ ein weißes Halsband. Bei beiden kann das Gefieder um die Schnabelwurzel weiß sein. Nur die ♂ der Paradieskasarka (41) sind ähnlich dunkel, haben aber keine rotbraun abgesetzte Brust. **Im Flug -** Eine große, dunkelschwärzliche Ente mit auffallend heller Ober- und Unterflügeldecken. Diese Farbkombination tritt bei keiner anderen Ente Australiens auf. Durch den dunklen Körper und die gedrungene Gestalt von fliegenden Spaltfußgänsen (1) leicht zu unterscheiden. Die Verbreitungsgebiete beider Arten überschneiden sich nicht. Die Augenbrauenente (91) hat auf den Unterflügeln eine ähnliche Farbverteilung. Sie ist aber schlanker und an Kopf und Hals hell bräunlich.
Stimme: Sehr ruffreudig. Ruft am Boden wie im Flug. Der typische Ruf des ♂ ist ein tiefes, gänseartiges „ang". Die Rufe der ♀ sind höher und weniger stoßhaft. Typische ♀-Rufe sind ein klingendes „onggank.." und ein kreischendes „au-au..".
Beschreibung: Wegen der erheblichen individuellen Variabilität ist eine sichere Alters- und Geschlechtsbestimmung nicht immer möglich. Nur ♀ sind um die Augen weiß. **♂ ad. Brutkleid -** Kopf und Hals rußschwarz. Schnabelwurzel spärlich weiß eingefaßt. Um den Halsansatz ein schmaler, weißer Ring. Brust und Nacken zimtfarben rotbraun. Rücken, Schultern und Unterseite rußschwarz mit feiner hellbrauner Wellenzeichnung. Ober- und Unterflügeldecken fast gänzlich weiß. Handschwingen schwarz. Armschwingen schwarz mit grünem Metallglanz. Ellenbogenfedern rotbraun. **♂ ad. Ruhekleid -** Insgesamt matter. Schwarze Gefiederpartien braun überflogen. Brust heller, mehr gelbbraun. Halsring nur angedeutet. **♀ ad.-** Weitgehend wie ♂. Brust satter rotbraun. Halsring schmal oder fehlt gänzlich. Schwarz mehr bräunlich getönt. Weißer Fleck um die Augen. Schnabelwurzel oft weiß umrandet. Das Weiß an Auge und Schnabel kann miteinander verbunden sein. **Juv.-** Insgesamt weniger farbig. Kopf und Hals schwarzbraun. Kein Halsring. Zwischen Auge und Schnabel einige weißliche Federn. Brust dunkel rotbraun. Weiße Flügeldecken mit grauen und schwarze Armschwingen mit weißlichen Säumen. Vom Herbst zu zunehmend wie die Ad. gefärbt. Die hellen Ränder der Armschwingen bleiben aber bis zur Flügelmauser im Sommer erhalten. Juv. ♀ können an der stärkeren Weißfärbung am Auge und an der Schnabelwurzel erkannt werden.
Federlose Partien: Schnabel und Füße dunkelgrau bis schwarz. Iris braun.
Maße: ♂ allgemein größer als ♀. ♂- Flügel 318-392 (M. 358); Lauf 60-64; mittleres Gewicht 1559. ♀- Flügel 304-355 (M. 331); Lauf 56-60; Schnabel 38-45; mittleres Gewicht 1291.
Geographische Variabilität: Keine.
Lebensweise: Hält sich im südlichen Australien in der offenen Landschaft und an Gewässern auf. Zumeist paarweise oder im Familienverband. Außerhalb der Brutzeit auch größere Ansammlungen, vor allem auf den Mausergewässern. Hat, im Unterschied zu vielen anderen Vögeln Australiens, eine im Jahresablauf weitgehend festgelegte Brutperiode. Die Paare besetzen im März und April ihre Brutterritorien, die sie gegen fast alle anderen Wasservögel vehement verteidigen. Bruten von Mitte Juni bis in den September hinein. Legebeginn in den nördlichen Gebieten und in Tasmanien etwas später. Nester in hohlen Bäumen, Erdhöhlen und Felsspalten. Nach der Brutperiode Mauseransammlungen auf großen Tiefwasserseen. Ernährt sich zur Hauptsache von Gras und anderen Landpflanzen. Nahrungssuche aber auch im flachen Wasser. An den Ufern von Seen und Flüssen manchmal recht große, ruhende Scharen. Im allgemeinen ziemlich wachsam. Fluchtdistanz recht groß. Trupps, die an Land bei der Nahrungssuche gestört werden, suchen auf dem Wasser Schutz.
Biotop: Brütet an Süßwassersümpfen und -seen, auch an Brackwasserseen und auf küstennahen Inseln. Bevorzugt Gegenden mit verstreutem Baumwuchs, kommt aber auch in völlig offenem Gelände vor. Weidet auf Grasland und Stoppeln sowie in der Uferzone der Ruhe- und Brutgewässer. Außerhalb der Brutperiode auch auf Tiefwasserseen, an Flußmündungen und auf geschützten Meeresbuchten.
Verbreitung: Im südlichen Australien Standvogel. Zwei weit getrennte Populationen, eine in West- und die andere in Ostaustralien. Verbreitungsgebiet im Osten umfaßt im wesentlichen Victoria, erstreckt sich aber auch auf den Süden von New South Wales und reicht im Westen bis an die Region um den Spencer Golf. Tasmanien ist ebenfalls besiedelt. Mauserzug zu einigen traditionell aufgesuchten Tiefwasserseen. Einer der wichtigsten dieser Mausergründe ist der Lake George (New South Wales), wo sich 1.000 bis 2.000 Halsbandk. versammeln. Gelegentlich gelangen bei den sich an die Brutzeit anschließenden Wanderungen einzelne weit in den Norden bis Queensland und ins nördliche Westaustralien. Am Lake Ellesmere auf der Südinsel Neuseelands soll eine Halsbandk. geschossen worden sein.

Bestand: Im Verbreitungsgebiet eine häufige Art, deren Bestand in den letzten Jahrzehnten angewachsen ist. Ausweitung des Verbreitungsgebietes vor allem in Westaustralien. Wird, da wenig schmackhaft, auch nur wenig gejagt, aber in einigen Gegenden wegen angeblicher Schäden an landwirtschaftlichen Kulturen stärker verfolgt. Gesamtbestand bisher noch nicht erfaßt. 1982 ergab eine Zählung in den Feuchtgebieten Westvictorias um 23.200.
Literatur: Frith 1967, RAOU 1984, Riggert 1977.

41 Paradieskasarka   Tafel 12
Tadorna variegata
Englisch: Paradise Shelduck

Eine auf Neuseeland beschränkte, nahe Verwandte der Halsbandkasarka (40).

Feldkennzeichen: Länge 63-71 cm. **Am Boden** - Geschlechter verschieden. ♂ insgesamt rußschwarz und ♀ kastanienbraun mit weißem Kopf. Beide so charakteristisch, daß sie auch in Gefangenschaft kaum mit einer anderen Art verwechselt werden können. Das ♀ hat eine entfernte Ähnlichkeit mit der Rostgans (38) und der Graukopfkasarka (39). Keine von beiden hat jedoch einen völlig weißen Kopf und Hals. Bei einigen ♀ der Graukopfk. kann immerhin das Gesicht ganz weiß sein. Juv. ♀ haben bei überwiegend rußbraunem Gefieder eine rotbraun getönte Brust und ein teilweise weißes Gesicht. Sie erinnern damit an das ♀ der Halsbandk. **Im Flug** - Das Farbmuster von ♂ wie ♀ ist in Neuseeland einmalig. ♂ sind schwärzlich dunkel und ♀ kastanienbraun mit weißem Kopf. Beide haben scharf abgehobene, leuchtendweiße Ober- und Unterflügeldecken.
Stimme: Sehr ruffreudig. Balzlaute der ♂ sind ein tiefes Grunzen und ein rollendes, gutturales „hahuh". Die Rufe der ♀ klingen höher und abgehackter.
Beschreibung: ♂ **ad.**- Kopf und Hals schwarz mit grünem Schimmer. Unterseite, Rücken und Schultern rußschwarz. Oberseite mit feiner hellbrauner und Unterseite mit feiner grauer Wellenzeichnung. Bauch und Afterregion kastanienbraun. Bürzel und Schwanz schwarz. Ober- und Unterflügeldecken weiß. Handschwingen schwarz. Armschwingen schwarz mit grünem Metallglanz. Ellenbogenfedern kastanienbraun. ♀ **ad. Brutkleid** - Kopf und Hals weiß. Ober- und Unterseite satt kastanienbraun. Schultern mit feiner dunkler Wellenzeichnung. Flügel und Schwanz wie beim ♂. ♀ **ad. Ruhekleid** - Insgesamt dunkler. Ober- wie Unterseite fein schwarz gebändert. ♂ **juv.**- Wie das ad. ♂, aber insgesamt matter und brauner. Die weißen Flügeldecken mit hell rotbraunen Säumen. ♀ **juv.**-Dem juv.♂ ähnlich, aber an der Brust rotbraun und im Gesicht, auch sonst am Kopf, weiß gefleckt. Während des ersten Winters zunehmend wie die Ad. gefärbt.
Federlose Partien: Schnabel und Füße dunkelgrau bis schwärzlich. Iris braun.
Maße: ♂ gewöhnlich größer als ♀. ♂- Flügel 365-380; Lauf 65-70; Schnabel 42-45; Gewicht - keine Angaben. ♀- Flügel 325-355; Lauf 58-62; Schnabel 37-40; Gewicht 1260-1340.
Geographische Variabilität: Keine.
Lebensweise: Zumeist paarweise an Flüssen und Seen. Nichtbrüter bilden kleinere Trupps. Wie bei den anderen Halbgänsen auch, größere Mauseransammlungen. Paarbindung von langer Dauer. Die Tatsache, daß zwar die ♀, aber nicht die ♂ ein spezielles Ruhekleid ausbilden, ist einmalig. Die Paare besetzen an Fluß- und Seeufern ihre Brutterritorien, die sie heftig verteidigen. Die Brutperiode ist lang. Sie dauert von August bis Januar. Manchmal zwei aufeinanderfolgende Bruten. Nester in hohlen Bäumen, Felsspalten, Erdhöhlen und unter dichtem, hohem Gras. Nach der Brut Mauserzug zu bestimmten, traditionell aufgesuchten großen Gewässern. Hier kann es zu erheblichen Ansammlungen kommen. Weidet an Land oder sucht Nahrung im flachen Wasser. Schwimmt bereitwillig und hält sich oft an der Küste auf.
Biotop: In sehr verschiedenen Lebensräumen von geschützten Buchten und Flußmündungen der Küste bis zu Tieflandseen und Gebirgsflüssen. Am häufigsten auf den hoch gelegenen Horstgrasflächen der Südinsel.
Verbreitung: Endemische Art Neuseelands, die auf der Nord- und Südinsel sowie auf Stewart Island vorkommt. Auf der Südinsel am häufigsten. Fehlt im Norden der Nordinsel. Mauseransammlungen auf verschiedenen Seen und Flußmündungen, vor allem im Westen der Südinsel. Rückkehr in die Brutgebiete im April und Mai. Ein Irrgast wurde auf Chatham Island festgestellt.
Bestand: Der Gesamtbestand ist bisher noch unbekannt. Eine der wenigen endemischen Vogelarten Neuseelands, die durch den Menschen oder durch die von ihm eingeschleppten Raubtiere nicht wesentlich beeinträchtigt wurde. Eingebürgerte Iltisse und Wiesel werden immerhin für lokale Bestandseinbußen verantwortlich gemacht. Die kurze Jagdzeit scheint ohne Einfluß auf die Bestandshöhe zu sein.
Literatur: Johnsgard 1978, Williams 1964.

42 Schopfkasarka   Tafel 13
Tadorna cristata
Englisch: Crested Shelduck

Sehr wahrscheinlich ausgestorben. Es besteht immerhin noch eine geringe Hoffnung, daß diese außergewöhnliche Halbgans irgendwo im Nordosten Asiens überleben konnte.

Feldkennzeichen: Länge 60-63 cm. **Am Boden** - Geschlechter deutlich verschieden. ♂ und ♀ haben einen angedeuteten Schopf oder genauer eine vom Hinterkopf über den Hinterhals ziehende Mähne. Schnabel und Füße sind rot. Oberkopf, Nacken und Brust des ♂ sind schwarz und dadurch von dem allgemein grauen Kopf-, Hals- und Körpergefieder abgesetzt. Kopf- und Halsseiten des ♀ sind weißlich. Sein Körper ist dunkelgrau und weiß gebändert. Der weiße Fleck um das Auge ergibt eine brillenartige Zeichnung. Die Flügeldecken sind bei ♂ und ♀ über den Flanken als weißer Streifen sichtbar. **Im Flug** - Das Flügelmuster, wie bei der Rostgans, mit starkem Kontrast zwischen den schwarzen Schwingen und den weißen Flügeldecken. Der Körper des ♂ ist aufgehellt grau. Die Brust, der Hinterhals und Oberkopf sind von ihm schwarz abgesetzt. Das ♀ ist grau, mit weißlichem Gesicht und Vorderhals.
Stimme: Unbekannt.
Beschreibung: Nur ad. ♂ und ♀ sind bekannt. Die Juv. oder irgendwelche saisonal abweichenden Kleider sind nicht beschrieben worden. ♂ **ad.**- Kinn, Oberkopf, Mähne und Hinterhals sind glänzend grünschwarz. Kopf- und Halsseiten sind grau mit feiner brauner Zeichnung. Brust und Nacken sind schwarz

mit grünem Glanz. Fast die gesamte Ober- und Unterseite ist grau mit zarter schwarzer und weißer Bänderung. Die Flanken und Schultern sind rotbraun überflogen. Die Unterschwanzdecken sind hell rotbraun. Bürzel, Oberschwanzdecken und Schwanz sind schwarz. Ober- und Unterflügeldecken sind weiß. Die Handschwingen sind schwarz. Die Armschwingen sind schwarz mit grünem Metallglanz. Die Ellenbogenfedern sind rotbraun. ♀ **ad.-** Oberkopf, Mähne und Hinterhals sind schwarz. Stirn, Zügel und der Fleck um das Auge sind weißlich. Der schwarz eingefaßte, weiße Augenfleck erweckt den Eindruck einer Brille. Die Kopfseiten und der Vorderhals sind weißlich bis bräunlichweiß. Die Ober- wie die Unterseite sind gelblichweiß mit dichter dunkel graubrauner Bänderung. Die Unterschwanzdecken sind gelblichrotbraun. Bürzel, Oberschwanzdecken und Schwanz sind schwarz. Die Flügel sehen wie beim ♂ aus.
Federlose Partien: ♂ **ad.-** Schnabel und Füße rot. Iris braun. ♀ **ad.-** Schnabel und Füße fleischfarbenrosa. Iris braun.
Maße: Flügel 310-320; Lauf 47-50; Schnabel 42-45.
Geographische Variabilität: Keine
Lebensweise: Über die Lebensweise dieser außergewöhnlichen, geheimnisvollen Halbgans ist so gut wie nichts bekannt. Sie wurde auf alten japanischen und chinesischen Gemälden abgebildet. Wahrscheinlich wurden im 18. Jh. einige von Korea nach Japan gebracht. Auch zu dieser Zeit hatte sie wahrscheinlich schon Seltenheitswert. Zu Beginn des 19. Jh. muß sie dann wirklich sehr selten geworden sein. Inzwischen ist sie wohl ausgestorben. Beobachtungen aus den Jahren 1964 und 1971 (s. Verbreitung) lassen jedoch hoffen, daß einige wenige überlebten. Es wird vermutet, daß die Schopfk., wie der Schuppensäger (145), in abgelegen Waldregionen Nordostasiens an Flußufern in hohlen Bäumen brütete. Sie besiedelte damit einen ähnlichen Lebensraum wie einige Hochlandpopulationen der Paradieskasarka (41) in Neuseeland.
Biotop: Brütete vermutlich in bewaldeten Bergregionen an Bächen und Flüssen und zog im Winter vermutlich die Flüsse abwärts an die Küste.
Verbreitung: Drei Beobachtungen aus den letzten 45 Jahren nähren die Hoffnung, daß die Schopfk. noch nicht gänzlich ausgestorben ist. Ihr Brutgebiet lag sehr wahrscheinlich im äußersten Nordosten der UdSSR an der Grenze zu Nordchina und Korea. Die drei neueren Meldungen und die Angaben in historischen Schriften weisen darauf hin, daß die Art den Winter an den Küsten des Japanischen- und Gelben Meeres zubrachte. Einzelne zogen auch bis Japan. Neuere Beobachtungen: März 1943 zwei Individuen in der Provinz Chungchong Pukto, Südkorea. 16. Mai 1964 ein ♂ und zwei ♀ zusammen mit einem Trupp Kragenenten (132) auf dem Meer südwestlich von Wladiwostok. Ende März 1971 zwei ♂ und vier ♀ auf dem Meer vor der Mündung des Pouchon in Nordkorea.
Bestand: Es besteht die Möglichkeit, daß es die Art im Grenzgebiet zwischen der UdSSR, China und Nordkorea noch gibt. Das Institut für Ornithologie der Kyung Hee Universität Seoul, Südkorea, hat Meldebögen in Umlauf gebracht, auf denen die Art genau beschrieben ist und nach Informationen und Beobachtungen gefragt wird. Für Angaben, die zur Wiederentdeckung der Schopfk. führen, ist eine erhebliche Belohnung ausgesetzt.
Literatur: Nowak 1983, 1984, Sok 1984.

43 Brandgans Tafel 11
Tadorna tadorna
Englisch: Shelduck

Eine Halbgans der Küstengewässer und Salzseen, die zur Mauser in großer Zahl in die Deutsche Bucht zieht.

Feldkennzeichen: Länge 58-67 cm. **Am Boden -** Eine große, von weitem schwarzweiß wirkende Halbgans, die sich bevorzugt in der Gezeitenzone und an Salzseen aufhält. Die auffälligsten Merkmale sind der schwarzgrüne Kopf, ein rostfarbenes Brustband und der tiefrote Schnabel. Die Ad. sind kaum mit einer anderen Art zu verwechseln. Die Juv. unterscheiden sich von den Ad.sehr stark. Sie haben kein Brustband. Ihre Oberseite ist vom Kopf bis auf die Schultern grau. Ihr Schnabel und ihre Beine sind zunächst ebenfalls grau. Sie erinnern entfernt an Gänse- (146) und Mittelsäger (144). Diese haben aber einen gestreckten Körper, lange, schlanke Schnäbel und einen Schopf. Vergleiche auch mit der juv. Nilgans (46). **Im Flug -** Massige schwarzweiße Ente mit rotbraunem Brustband und schwarzem Kopf. Ober- und Unterflügeldecken sind weiß und markant von den schwarzen Schwingen abgesetzt. Juv. ohne Brustband und auf der Oberseite dunkel graubraun. Flügel weitgehend wie bei den Ad., aber deutlich grau überflogen.
Stimme: Im Brutgebiet vom Spätwinter bis in den Frühling hinein recht ruffreudig. In der übrigen Zeit schweigsam. Stimmen von ♂ und ♀ stark verschieden. Die ♂ pfeifen hoch „tju-tju..". Die ♀ rufen, oft bis zum Triller beschleunigt, „ak-ak..".
Beschreibung: Geschlechter sehen weitgehend gleich aus, die ♂ haben jedoch eine höhere Stirn. ♂ **ad. Brutkleid -** Kopf und Oberhals glänzend schwarzgrün. Unterhals und obere Brust weiß. Untere Brust und Vorderrücken von breitem, rostbraunem Band umgeben. Auf der Mitte der Unterseite vom Brustband bis in die Afterregion ein schmaler, schwarzer Streifen. Unterschwanzdecken rostgelb. Die übrige Unterseite weiß. Schulterfedern schwarz. Außenfahnen der Ellenbogenfedern rotbraun. Schwanz mit schwarzer Endbinde. Die Oberseite sonst weiß. Ober- und Unterflügeldecken weiß. Handschwingen schwarz. Armschwingen schwarz mit grünem Metallglanz. ♂ **ad. Ruhekleid -** Insgesamt matter. Gesicht wie beim ♀, mit feiner weißer Fleckung. Brustband blasser. Ober- und Unterseite mit feiner, grauer Streifung. ♀ **ad. Brutkleid -** Wie ♂, aber um die Schnabelbasis im Gesicht weiß gefleckt. Brustband und schwarzer Mittelstreifen schmaler und blasser. Unterschwanzdecken heller. ♀ **ad. Ruhekleid -** Wie das des ♂, insgesamt aber noch blasser und matter. Brustband vorne nur noch angedeutet. Vorderrücken mit grauer Zeichnung. Die weiße Färbung kann sich vom Gesicht aus auf die Kopfseiten und die Kehle ausdehnen. Im Extremfall, abgesehen vom Flügelmuster, den Juv. sehr ähnlich.
Juv.- Kein Brustband. Stirn, Wangen und Vorderhals weißlich. Scheitel, hintere Kopfseiten, Hinterhals, Rücken und Schultern dunkel graubraun. Unterseite weißlich. Flanken grau überflogen. Flügel ähnlich denen der Ad., die Oberflügeldecken aber grau getönt und die Armschwingen mit weißen Spitzen. Zu Beginn des ersten Winters weitgehend wie die Ad. gefärbt. Die Flügeldecken sind aber bis zum ersten Sommer grau getönt.
Federlose Partien: ♂ **ad.-** Schnabel während der Brutzeit karminrot mit großem, fleischigen Höcker

vor der Stirn, sonst mehr rosafleischfarben. Füße rötlichfleischfarben. Iris braun. ♀ **ad.-** Wie ♂ außerhalb der Brutzeit. Schnabel etwas matter. **Juv.-** Schnabel und Füße zunächst grau, dann rosagrau. Die Ad.-Färbung entwickelt sich im ersten Winter.
Maße: ♂ im allgemeinen größer als ♀. Flügel 284-350 (M. ♂ 334, ♀ 303); Lauf 46-60; Schnabel 44-58 (M. ♂ 53, ♀ 47); mittleres Gewicht ♂ 1202, ♀ 936.
Geographische Variabilität: Keine.
Lebensweise: Außerhalb der Brutperiode sehr gesellig. Die Wintertrupps lösen sich im zeitigen Frühjahr zunehmend auf. Die Paare streifen dann auf der Suche nach geeigneten Bruthöhlen umher. Dabei können sie sich einige km vom nächsten Gewässer entfernen. Nest vorwiegend in Erdhöhlen, bevorzugt in Kaninchenbauen, aber auch in hohlen Bäumen, unter Gebäuden, in Heu- und Reisighaufen, seltener versteckt in dichter Vegetation. Nach der Brutzeit ziehen die meisten Ad. zu den Mausergründen. Die Jungen werden, zu großen „Kindergärten" vereint, in der Obhut weniger Ad. zurückgelassen. Gewaltige Mauseransammlungen. Im Bereich des deutschen Wattenmeeres (Großer Knechtsand, Trischen) mit über 100.000 fast die gesamte westeuropäische Population. Eine kleinere Konzentration (3.000-4.000), wohl hauptsächlich irische Brutvögel, in der Bridgewater Bay (England). Seiht schnatternd den wäßrigen Schlick durch, wobei der Kopf beim Gehen pendelnd hin und her bewegt wird. Gründelt auch schwimmend. Liegt beim Schwimmen hoch im Wasser. Taucht nur im Notfall. Fliegt auf dem Zuge in langen Reihen.
Biotop: Sandige und schlickige Flachküsten sowie salzige und brackige Seen. In Westeuropa vorwiegend an der Küste, dringt aber zunehmend in das Binnenland vor. In Asien an Salzseen der Steppen.
Verbreitung: Hauptbrutgebiete in Westeuropa und Zentralasien. Die Verbreitung der Küstenpopulation Westeuropas erstreckt sich, unter Einschluß der Britischen Inseln, vom südlichen Skandinavien bis zur Atlantikküste Frankreichs. Kleine Vorkommen an der französischen Mittelmeerküste und auf Sardinien. In geringer Zahl auch in Tunesien. Im Spätsommer Mauserzug in die Deutsche Bucht. Nach der Mauser Rückkehr in die Brutgebiete oder Weiterzug nach Süden. Manchmal ziehen einzelne bis Nordafrika. Die asiatische Population ist vom äußersten Südosten Europas über die Türkei und die Küsten des Schwarzen Meeres bis in die Mongolei und Nordchina verbreitet. Die Brandg. kommt in diesem riesigen Gebiet aber mehr inselartig vor. Brutbestände auch weiter im Süden an den Brackwasserseen Irans und Afghanistans. Aus den nördlicheren Gebieten Asiens ziehen die Brandg. zum Überwintern an das Kaspische Meer. Weiter im Süden sind sie Standvögel. Diese Populationen zeigen kaum Anzeichen eines Mauserzuges. Die Mauservögel sammeln sich an den Brutgewässern. Überwintert in geringer Zahl in Nordafrika, im Irak, in Pakistan, Nordindien und Südchina, gelegentlich auch in Korea, Japan und Nordburma. Irrgäste sind von Island, den Färöern, aus Zentraleuropa, Libyen, Senegal, Nordjemen, Kuwait, Taiwan, Hong Kong, den Philippinen und aus Vietnam gemeldet worden. Die in Südafrika beobachteten stammen sicher aus Gefangenschaft.
Bestand: In Westeuropa häufig. Geamtbestand aber noch unzureichend bekannt. 1975 wurde die Winterpopulation im Nordwesten Europas auf 130.000 und die der südlichen UdSSR, des Mittleren Ostens und der Mittelmeerregion auf 75.000 geschätzt.

Literatur: Bauer und Glutz 1968, Cramp und Simmons 1977, Patterson 1982.

44 Radjahgans Tafel 12
Tadorna radjah
Englisch: Radjah Shelduck

Eine kleine, untersetzte Halbgans, die in Nordaustralien, Neuguinea und auf den benachbarten Inseln die Küstengewässer besiedelt.

Feldkennzeichen: Länge 51-61. *Am Boden* - Unverkennbar. Gedrungene, an Kopf, Hals und Unterseite rein weiße Ente. Oberseite und ein markantes Brustband dunkel. Eine Verwechslung mit anderen Arten ist unwahrscheinlich. Die ♂ der Weißbauch-Zwerggans haben zwar eine ähnliche Farbverteilung, sind aber viel kleiner, mit kurzem, dunklen Schnabel und dunklem Scheitel. Sie suchen auch kaum jemals watend nach Nahrung. *Im Flug* - Von unten gesehen überwiegend weiß, nur Brustband, Handschwingen und Schwanz sind dunkel. Von oben gesehen heben sich die weißen Flügeldecken und die beiden weißen Linien, die den Flügelspiegel begrenzen, kennzeichnend vom dunklen Rücken und den schwarzen Schwingen ab. Das kleinere und gedrungenere ♂ der Weißbauch-Zwerggans hat dunkle Flügeldecken und oben wie unten quer über die Schwingen eine weißliche Binde.
Stimme: Ruffreudig. Ruft sowohl am Boden wie im Flug. Ruf des ♂ ein heiserer Pfiff. Das ♀ läßt ein rauhes Schnarren hören.
Beschreibung: Geschlechter gleich. Beschreibung der Unterart *T.r.rufitergum* : **Ad.-** Kopf, Hals, Brust und Unterkörper weiß. Das um den Brustansatz ziehende Band, der Vorderrücken und die Schultern kastanienbraun. Rücken, Bürzel, Oberschwanzdecken und Schwanz schwarz. Ober- und Unterflügeldecken überwiegend weiß. Handschwingen schwarz. Armschwingen oben schwarz mit grünem Metallglanz und weißen Spitzen. Da die Innenfahnen der Handschwingen weiß sind, erscheinen am Unterflügel nur die Handschwingen dunkel. **Juv.-** Wie die Ad., das weiße Gefieder aber bräunlich überflogen. Das schwärzliche Band auf den großen Oberflügeldecken breiter und der Spiegel weniger glänzend. Nach der ersten Kleingefiedermauser weitgehend wie Ad., an der Flügelzeichnung aber bis in den ersten Sommer hinein erkennbar.
Federlose Partien: Ad.- Schnabel und Füße rosa oder weißlichfleischfarben. Iris weiß. **Juv.-** Schnabel und Füße weißlichfleischfarben. Iris dunkelbraun.
Maße: ♂ zumeist größer als ♀. *T.r.rufitergum* : Flügel 246-298 (M. ♂ 276, ♀ 268); Lauf 52-62; Schnabel 40-55; mittleres Gewicht ♂ 934, ♀ 839. *T.r.radjah*: Flügel 255-265; Lauf 48-59; Schnabel 40-46.
Geographische Variabilität: Zwei Unterarten: Vorderrücken und Brustband von *T.r.rufitergum* aus Nordaustralien sind satt kastanienbraun gefärbt. *T.r.radjah* aus Neuguinea und den benachbarten Inseln ist kleiner, mit schwarzbraunem Rücken und Brustband. Da die Färbung individuell variiert, ist die Zuordnung zu einer der beiden Unterarten nicht immer zweifelsfrei möglich. Die Radjahg. aus dem Süden Neuguineas ist als Zwischenform anzusehen.
Lebensweise: Zumeist paarweise oder in kleinen Trupps in Mangrovesümpfen, auf Lagunen und an Flußmündungen. Paarbindung, wie bei anderen Halbgänsen, von langer Dauer. Die Trupps lösen

sich beim Einsetzen der Regenzeit auf. Das ♂ wird jetzt ausgesprochen aggressiv und greift manchmal sogar das eigene ♀ an. Die Paare machen sich im Januar und Februar auf die Suche nach geeigneten Brutplätzen. Nistet meistens in einem hohlen Baum in der Nähe eines Gewässers. Brutbeginn gewöhnlich im Mai oder Juni. Wenn die Regenzeit länger als üblich andauert, kann sich auch die Brutperiode verlängern. Einzelne Paare bleiben das ganze Jahr über in der Nähe ihrer Brutterritorien. Andere sammeln sich, wenn die Teiche austrocknen, an großen, permanenten Gewässern. Weidet an Land, seiht watend den Schlamm durch und gründelt in flachem Wasser. Schwimmt viel und gründelt wie eine Gründelente. Nahrungssuche vorwiegend bei Nacht. Ruht am Tage auf Mangroven und anderen am Wasser stehenden Bäumen. Fliegt im Vergleich zu anderen Halbgänsen recht langsam und nicht sonderlich scheu. Beides macht die Radjahg. zu einer leicht zu erjagenden Beute und erklärt den in vielen Regionen zu beobachtenden erheblichen Rückgang.
Biotop: Bevorzugt große, flache Salz- oder Brackwasserflächen wie Küstenlagunen, Mangrovesümpfe, Watten und geschützte Meeresbuchten. Örtlich auch an flachen Süßwasserseen und -teichen.
Verbreitung: T.r.rufitergum besiedelt die tropischen Küstenregionen im nördlichen Australien von Nordqueensland bis zum Fitzroy River in Nordwestaustralien. Hauptvorkommen an der Küste des North Territory. Entlang der Küste von Queensland bis hin nach Cairns seltener. Allgemein mehr lokal verbreitet. Das Brutgebiet erstreckte sich früher bis New South Wales. Heute hier nur noch ein seltener Gast. Einige wandern in der Regenzeit die Flüsse aufwärts in das Binnenland hinein, kehren aber mit Anbruch der Trockenzeit wieder an die Küste zurück. Umherstreifende gelangen bis ins nördliche Südaustralien. Wurde 1960 dort vermehrt beobachtet. Es traten sogar Trupps von bis zu 20 auf. T.r.radjah kommt an der gesamten Küste Neuguineas vor, ist aber nirgendwo häufig. Lebt auch auf den Molukken und Aru-Inseln sowie westlich von Neuguinea auf Fergusson.
Bestand: Gesamtbestand unbekannt. Keine häufige Art. Das australische Verbreitungsgebiet ist in den letzten Jahrzehnten erheblich geschrumpft. Heute vorwiegend an den Küstenflüssen im North Territory. Eine weitere, kleinere Population in Queensland zwischen Kap York und Cairns. Bestand der Kimberley Region Westaustraliens und der Küste von New South Wales inzwischen erloschen. Am Carpentaria Golf erheblicher Rückgang. Für diesen enormen Bestandsschwund ist im wesentlichen die Jagd verantwortlich zu machen. Die Radjahg.ist nicht gerade wohlschmeckend. Sie ist aber, da sie schwerfällig fliegt und wenig scheu ist, leicht zu erbeuten. Auch der Bestand Neuguineas ist stark zusammengeschmolzen. An der Nordküste kommt die Radjahg. kaum mehr vor. An der Südküste wird sie zunehmend selten. Wenn nicht wirksame Schutzmaßnahmen getroffen werden, muß mit dem Aussterben dieser Art gerechnet werden.
Literatur: Frith 1967, RAOU 1982.

45 Spatelschnabelente (Rosenohrente)
Malacorhynchus membranaceus **Tafel 34**
Englisch: Pink-eared Duck

Eine seltsam aussehende, australische Ente, die schon den verschiedensten systematischen Gruppen zugeordnet wurde. Nach dem jetzigen Wissensstand scheint sie eher in die Verwandtschaft der Halbgänse als in die der Gründelenten zu gehören.

Feldkennzeichen: Länge 38-40 cm. **Am Boden -** Unverkennbar. Eine kleine, bräunliche Ente mit riesigem Schnabel, dessen Spitze eckig erscheint. Die Flanken sind schwarz und weiß gebändert. Der Kopf ist hellweißlich und hat einen großen, schwärzlichen Augenfleck. Einen ähnlich großen Schnabel hat in Australien nur die Halbmondlöffelente (106), eine Verwechslung mit dieser Art ist aber unwahrscheinlich. Die rosa „Ohren" sind im Freiland kaum zu sehen. Die Spatelschnabele. gründelt in flachem Wasser und sitzt gern auf über das Wasser ragenden Zweigen. **Im Flug -** Von kennzeichnender Gestalt. Der Kopf wird leicht angehoben und der riesige Schnabel abwärts geneigt. Der Flügelschlag ist langsamer und flacher als bei kleinen Gründelenten. Die Oberseite ist bräunlich. Der Armflügel und der kurze Schwanz haben eine weiße Endbinde. Die Oberschwanzdecken sind auffallend weiß. Die Bänderung der Unterseite ist nur aus der Nähe zu erkennen. Von unten wirkt die Ente insgesamt blaßgrau, mit dunkleren, braunen Schwingen.
Stimme: Ruf des ♂ ist ein für Enten ungewöhnliches, zirpendes Zwitschern, das beim Schwimmen und im Flug zu hören ist. Das ♀ ruft ähnlich wie das ♂, aber tiefer. Bei aggressiven Auseinandersetzungen sind längere Triller zu hören.
Beschreibung: Alle Kleider ähnlich **Ad.-** Stirn, Scheitel und Hinterkopf sind hell graubraun. Um die Augen ein großer, schwarzbrauner Fleck, der sich bandartig über den Scheitelrand zum Nacken fortsetzt. Das Gefieder zwischen Schnabelbasis und Augenfleck ist weißlich. Um das Auge zieht ein schmaler, weißlicher Ring. Hinter dem Auge, im Winkel zwischen dem Augenfleck und seiner bandartigen Verlängerung, befindet sich ein rosaroter Fleck. Kopfseiten und Vorderhals sind weißlich mit feiner grauer Streifung. Die Unterschwanzdecken sind hell gelblichbraun. Die übrige Unterseite ist weißlich mit dunkler, graubrauner Bänderung. Die Bänder an den Flanken breit und ausgeprägt. Oberseite braun. Oberschwanzdecken und Schwanz schwarzbraun. Über den Ansatz der Oberschwanzdecken zieht ein breites, weißes Band, das den Hinterkörper seitlich umschließt. Schwanz mit breitem, weißen Endsaum. Oberflügel braun. Handschwingen mit weißen Enden. Unterflügel weißlich grau, an den Schwingen, vor allem an den Handschwingen, aber dunkler braun. **Juv.-** Ähnlich den Ad., aber zumeist blasser und ohne rosa Ohrfleck.
Federlose Partien: Schnabel grau, lang, breit und vorne löffelartig erweitert. An seiner Spitze hängt auf beiden Seiten ein fleischiger Lappen herab. Füße grau. Iris braun.
Maße: ♂ gewöhnlich größer als ♀. Flügel 364-448 (M. ♂ 418, ♀ 392); Lauf 35-44; Schnabel 53-74; mittleres Gewicht ♂ 404, ♀ 344.
Geographische Variabilität: Keine.
Lebensweise: Zumeist in kleineren Trupps an flachen Binnenseen und Teichen. In den dichtestbesiedelten Gebieten auch in größeren Schwärmen. Streift auf der Suche nach geeigneten Brutplätzen nomadisierend umher. Kann bei günstigen Bedingungen in allen Jahreszeiten brüten. Steigende Wasserstände lösen spontan den Bruttrieb aus. Temporär entstandene Brutgewässer werden geradezu schlagartig und über Nacht von oft gewaltigen Scharen in Besitz

genommen. Die Brut setzt aber erst ein, wenn das Wasser seine maximale Höhe erreicht hat und langsam wieder zu sinken beginnt. Inzwischen konnten sich in den Regenwasserteichen Mikroorganismen, Pflanzen und Insekten entwickeln. Die Nester werden dicht am Wasser gebaut. Sie befinden sich im Gebüsch, in hohlen Bäumen, auf Stämmen und Pfosten oder auf den alten Nestern anderer Wasservögel. Manchmal werden auch einfach die Gelege anderer Vögel überbaut. Mehrere ♀ können in ein Nest legen. In einer Baumhöhle wurden 60 Eier gefunden. Diese Verhaltensweisen deuten darauf hin, daß es unter optimalen Bedingungen zu einen geradezu hektischen Brutablauf kommt. Die Spatelschnabele. ist ein „Filtrierer". Sie schwimmt oder watet im flachen Wasser und seiht mit dem fast ganz eingetauchten Schnabel die Oberfläche durch. In tieferem Wasser taucht sie oft auch den Kopf und Hals ein und gründelt gelegentlich. An Land hält sie sich nur kurzfristig auf. Sie sitzt dann ruhend am Ufer oder auf aus dem Wasser ragenden Stümpfen und Zweigen. Im allgemeinen ist sie recht vertraut. Aufgescheuchte Trupps umkreisen in dichten Scharen den Teich oder See und fallen bald wieder ein. Gesellt sich zwanglos zu anderen Wasservögeln, bevorzugt zu Weißkehlenten (81).
Biotop: Flache, oft temporäre Süß- und Brackwasserseen und -teiche im Binnenland. Seltener an der Küste, in geschützten, kleinen Buchten oder in Mangrovesümpfen.
Verbreitung: Hauptvorkommen in der Murray-Darling Region Victorias und in New South Wales. Hier sind die saisonalen Wasserstandsschwankungen am günstigsten. Kleinere Populationen auch im südlichen Westaustralien und südöstlichen Südaustralien. Kann auch außerhalb dieser Regionen sporadisch im trockenen Mittelaustralien, in der Küstenzone Ostaustraliens und im nördlichen Tasmanien erscheinen, um dort die durch örtliche Regenfälle kurzfristig entstandenen, flachen Gewässer zu besiedeln.
Bestand: Der Gesamtbestand ist nicht bekannt. Nach einer starken Überschwemmung wurde 1956 der Brutbestand in der Reverina von New South Wales zwischen den 90 km voneinander entfernten Orten Wanganella und Moulamein auf mindestens 96.000 Paare geschätzt. Die Ente ist also sicher nicht selten. Die nomadisierende Lebensweise erschwert jedoch eine genauere Erfassung. Im Februar 1982 ergab eine Zählung in den Feuchtgebieten des westlichen Victoria um 23.000, davon allein 13.000 auf dem küstennahen, leicht abwasserbelasteten Lake Borrie.
Literatur: Frith 1967, RAOU 1982, Warham 1958.

46 Nilgans   Tafel 13
Alopochen aegyptiacus
Englisch: Egyptian Goose

Die Nilg. ist im tropischen Afrika sehr weit verbreitet. In England wurde sie eingebürgert.

Feldkennzeichen: Länge 63-73 cm. **Am Boden** - Eine große, massige, gänseähnliche Halbgans mit bemerkenswert langen rosa Beinen. Der allgemeine Farbeindruck gelblichbraun. Die Oberseite dunkel graubis rotbraun. Der Kopf hell. Gesichtsfleck, Halsring und Bauchfleck sind dunkelbraun. Die weißen Flügeldecken sind oft als Streifen über den Flanken sichtbar. Die Juv.sind dunkler und haben keinen Gesichts- und Bauchfleck, aber einen dunklen Oberkopf und Nacken. Sie erinnern entfernt an juv. Brandgänse (43), sind unterseits aber gelblichbraun und auf der Oberseite eher braun als grau. **Im Flug** - Für das Flugbild sind die gänseähnliche Gestalt und das kontrastreiche Flügelmuster, weiße Decken und schwarze Schwingen kennzeichnend. Die Flügelfärbung entspricht weitgehend der der Rostgans (38) und Graukopfkasarka (39). Beide sind aber schlanker, haben einen einheitlich rostbraunen Körper und schmalere, spitzere Flügel.
Stimme: Nicht unbedingt ruffreudig, aber bei sozialen Kontakten oft recht laut. Die ♂ zischen heiser. Der Ruf der ♀ ist ein gutturales, schrilles, fast schmetterndes Schnattern: „honk-hääh-hääh".
Beschreibung: Geschlechter gleich. Erhebliche individuelle Variation. **Ad.-** Kopf und Hals hell gelblichbraun. Um das Auge und die Schnabelbasis schokoladenbraune Flecke. Diese Flecke sind oft miteinander verbunden. Auf dem Kopf und Hinterhals braun gesprenkelt. Um den Halsansatz ein dunkel rostbrauner Ring. Vorderrücken, Brust und fast die gesamte Unterseite sind gelblich- bis gräulichbraun. Die Flanken sind oft aufgehellt. Bauch und Afterregion sind weißlich. Am Brustansatz ein unterschiedlich ausgeprägter, schokoladenbrauner Fleck. Schultern, individuell unterschiedlich, graubraun bis rotbraun. Rücken, Bürzel, Oberschwanzdecken und Schwanz schwarz. Oberflügeldecken weiß. Über die Großen Decken ein dunkler Längsstreifen. Handschwingen schwarz. Armschwingen mit grünem und purpurnem Metallglanz. Ellenbogenfedern teilweise rotbraun. Unterflügeldecken weiß. **Juv.-** Insgesamt dunkler. Gesichts- und Brustfleck sowie Halsring fehlen. Oberkopf und Hinterhals düster braun. Weiße Oberflügeldecken graubraun überflogen. Handschwingen weniger glänzend. Während des ersten Winters zunehmend wie die Ad. gefärbt, an dem juvenilen Flügel aber bis in den Sommer hinein erkennbar.
Federlose Partien: **Ad.-** Schnabel rosa, an Nagel und Kanten, um die Nasenlöcher und vor dem Gefiederansatz schwärzlich. Füße rosa. Iris blaßgelblich, manchmal auch braun. **Juv.-** Schnabel und Füße gelblichgrau. Iris hellbraun.
Maße: ♂ gewöhnlich größer als ♀. Flügel 352-406 (M. ♂ 392, ♀ 375); Lauf 73-95; Schnabel 43-54; mittleres Gewicht ♂ 2445, ♀ 1940.
Geographische Variabilität: Keine.
Lebensweise: Einer der häufigsten Wasservögel des tropischen Afrika. Ist paarweise oder in kleinen Gruppen an fast jedem Gewässer anzutreffen. In den verschiedenen Klimabereichen recht unterschiedliche Brutperioden, z.B.: Südafrika - August und September, Senegal - Juli bis Oktober, Kenya - ohne besonderen Schwerpunkt im ganzen Jahr, Ägypten und die in England eingebürgerte Population - März und April. Während der Brutzeit streng territorial. Neststand sehr variabel. Zumeist nicht weit vom Wasser entfernt am Boden unter Gebüsch, in Nestern anderer großer Vögel sowie in Höhlen und Spalten von Bäumen, Felsen und Gebäuden. Die lokalen Populationen versammeln sich nach beendeter Brut zur Mauser auf bestimmten größeren Gewässern. Nahrungssuche vorwiegend bei Tage und an Land. Ruht nachts auf dem Wasser oder baumt auf. Morgendlicher und abendlicher Strich von und zu den Ruheplätzen. Liegt beim Schwimmen mit angehobenem Hinterende hoch auf dem Wasser. Gründelt nach Art der Gründelenten. Taucht normalerweise nicht. Landet mühelos auf Bäumen, Gebäuden und

Felsen. Im allgemeinen scheu und wachsam. Flug mehr gänse- als entenartig.
Biotop: An fast allen Binnengewässern des tropischen Afrika. Meidet nur die dicht bewaldeten Gebiete. In Äthiopien bis in 4000 m Höhe. Die in England eingebürgerte Population lebt in parkartiger Landschaft mit Wiesen und Weiden.
Verbreitung: Das Verbreitungsgebiet erstreckt sich über ganz Afrika südlich der Sahara. Am häufigsten wohl im östlichen und südlichen Afrika. Wanderungen schwer durchschaubar. Sie hängen wohl mit dem saisonalen Wechsel von Regenfällen und Trokkenheit zusammen. Ausgeprägteste Zugerscheinungen während der Regenzeit. Einige fliegen dann nordwärts bis in den Tschad. Im nördlichen Afrika nur in Oberägypten. Am Assuanstausee und in den benachbarten Regionen des Niltals noch recht häufig. Die meisten, die in Europa beobachtet werden, stammen sicher aus der Gefangenschaft. In Holland und Deutschland auch einzelne Bruten. Bei den Winterbeobachtungen in Tunesien, Algerien, Cypern, Malta und an der arabischen Küste des Roten Meeres handelt es sich wahrscheinlich um echte Irrgäste. Die britische Population ist weitgehend auf East Anglia beschränkt.
Bestand: Im tropischen Afrika weit verbreitet und zumeist auch häufig. Kommt in der Paläarktis nur noch in Randbereichen vor. Brütete bis zum Beginn der 30er Jahre in Israel. Ältere Berichte über Bruten in Syrien, Algerien und Tunesien müssen wohl angezweifelt werden. Vor dem Ende des 18. Jh. gab es auch in Südosteuropa an der Donau einen Brutbestand. Die britische Population zählt z.Z. um 500. Die afrikanischen Populationen sind bisher noch nicht erfaßt worden.
Literatur: Brown et al. 1982, Cramp und Simmons 1977.

47 Orinocogans Tafel 13
Neochen jubata
Englisch: Orinoco Goose

Die einzige Halbgans mit schwarzen Flügeldecken.

Feldkennzeichen: Länge 61-76 cm. **Am Boden -** Kopf, Hals und Brust sind sehr hell, der Körper ist dagegen insgesamt dunkel. Einen so ausgeprägten Kontrast gibt es bei keinem anderen Wasservogel des Verbreitungsgebietes. Die gestreckt aufrechte Haltung und der relativ kurze Hinterkörper ergeben eine charakteristische Silhouette. Da der Weißhalsibis ebenfalls einen dunklen Körper sowie hellen Kopf und Hals besitzt, könnte die Orinocog. aus der Ferne gesehen mit ihm verwechselt werden. Seine Körperhaltung ist aber eine völlig andere und sein langer, gebogener Schnabel ist ein geradezu untrügliches Merkmal. **Im Flug -** Die Orinocog. fliegt nur ungern auf und legt fliegend nur kurze Strecken zurück. Ein in bezeichnender Weise zweifarbiger, gänseähnlicher Vogel. Sehr dunkel an Körper und Flügeln und sehr hell an Brust, Hals und Kopf. Am schwarzen Oberflügel ein weißer Spiegel. Die Rotschnabelpfeifgans (9) kann von unten gesehen ebenfalls zweifarbig erscheinen. Ihr Körper und ihre Unterflügel sind schwarz. Die rotbraune Brust sowie der graue Hals und Kopf heben sich davon hell ab. Sie ist aber wesentlich kleiner, hat auf dem Oberflügel eine auffällige, weiße Längsbinde und ist ein ausgesprochen geselliger Vogel, der zumeist in kleineren Trupps auftritt. Die Orinocog. lebt dagegen mehr einzeln oder paarweise.
Stimme: Beide Geschlechter recht ruffreudig. Ruf des ♂ ein hoher Pfiff. Das ♀ schnattert schrill, ähnlich wie das ♀ der Nilgans (46).
Beschreibung: Alle Kleider gleich. **Ad.-** Kopf, Hals und Brust sind blaß bräunlichgrau. Das Gefieder ist an den oberen Halsseiten gefurcht. Dadurch werden die dunklen Federbasen sichtbar, und es entsteht eine feine, schwärzliche Streifung. Flanken und Bauch sind kastanienbraun. Die Flanken sind nach oben zu aufgehellt. Die Afterregion ist dunkelbraun. Die Unterschwanzdecken sind weiß. Vorderrücken und Schultern sind rotbraun. Rücken, Bürzel, Oberschwanzdecken und Schwanz sind schwarz mit grünem Glanz. Die Oberflügel sind schwarz mit grünlichem Schimmer. Die teilweise weißen Außenfahnen der Armschwingen bilden einen weißen Spiegel. Die äußeren Armschwingen mit grünem Metallglanz. Unterflügel schwärzlich. **Juv.-** Wie die Ad., aber insgesamt matter. Unterseite mehr gelbbraun als rotbraun. Flügel und Schwanz ohne Glanz.
Federlose Partien: Ad.- Schnabel schwarz. Oberschnabelränder rot. Füße rötlichfleischfarben. Iris braun. **Juv.-** Wie Ad., aber Schnabel und Füße matter gefärbt.
Maße: Geschlechter zwar im Gefieder gleich, ♂ aber deutlich größer als ♀. ♂- Flügel 315-333; Lauf 75-82; Schnabel 38-40; Gewicht ca. 1560. ♀- Flügel 300-310; Lauf 70-72; Schnabel 35-37; mittleres Gewicht 1250.
Geographische Variabilität: Keine.
Lebensweise: Wie viele andere südamerikanische Arten, im Freiland wenig untersucht. Zumeist paarweise oder im Familienverband. Nach der Brut auch kleinere Mausertrupps, die selten mehr als 20 Vögel umfassen. Von Natur ungesellig. Bei Beginn der Brutzeit heftige Kämpfe zwischen rivalisierenden ♂. Die Paare besetzen entlang der Flußufer große Territorien. Nest zumeist in einer Baumhöhle, seltener am Boden. Brütet wahrscheinlich während der Trockenzeit. Nur wenige Angaben zur Brutperiode: Kolumbien - Dezember und Januar, Venezuela - Januar bis Februar, Bolivien - Paare mit schon weitgehend herangewachsenen Jungen im September. Die Nahrung besteht zur Hauptsache aus Gras, das auf den Savannen in der Nähe der Flüsse abgeweidet wird. Schwimmt wenig und ist selten fliegend zu beobachten, baumt aber häufig auf. Gewöhnlich wenig scheu.
Biotop: Tropische Flachlandflüsse mit baumbestandenen Ufern und offener, savannenartiger Umgebung. Auch an Süßwassersümpfen und -seen in offener, locker bewaldeter Landschaft.
Verbreitung: Bewaldete, tropische Niederungen des nördlichen Südamerika. Das Brutgebiet erstreckt sich im Westen bis an die Anden und im Süden bis ins nördliche Argentinien. Es umfaßt Guayana, in Venezuela den Orinoco und seine Nebenflüsse, Ostkolumbien, den äußerste Osten Perus (hier selten), das Amazonasbecken, Paraguay, Ost- und Südbolivien und den Norden Argentiniens (Salta). In diesem großen Gebiet aber mehr inselartig verteilt.
Bestand: Keine Bestandserhebungen. Bei der weiten Verbreitung und dem enormen Angebot an geeignetem Lebensraum ist es sehr unwahrscheinlich, daß die Orinocog. sonderlich bedroht ist. An den Grenzen der Verbreitung und lokal gibt es aber sicher Bestandsverluste.
Literatur: Delacour 1954, Hitly und Brown 1986, Johnsgard 1978.

48 Andengans   Tafel 15
Chloephaga melanoptera
Englisch: Andean Goose

Eine große, massige, schwarzweiße Gans aus dem Andenhochland Südamerikas.

Feldkennzeichen: Länge 75-80 cm. **Am Boden** - Unverkennbar. Eine massige, vorne weiß und hinten schwarze Gans mit zierlichem, kleinen Schnabel. Im Verbreitungsgebiet gibt es keinen anderen gänseartigen Vogel. An dem rosa Schnabel und an den rosa Füßen auch von den hellsten ♂ der Magellangans (49) sicher zu unterscheiden. **Im Flug** - eine dickliche, breitflüglige „Gans" mit charakteristischem Färbungsmuster. Handschwingen, große Flügeldecken und Schwanz sind schwarz. Das gesamte übrige Gefieder ist weiß.
Stimme: Am ruffreudigsten während der Brutperiode. Der Ruf des ♂ ein weicher, hoher Pfiff, der des ♀ ein tiefes, schnatterndes Knurren.
Beschreibung: Alle Kleider ähnlich. **Ad.**- Kopf, Hals, die gesamte Unterseite und ein Großteil der Oberseite weiß. Handschwingen, große Armschwingen, Ellenbogenfedern und Schwanz glänzend schwarz. Schulterfedern schwarz mit breitem, weißen Rand. Die Schultern wirken daher dunkel gefleckt. **Juv.**- Insgesamt matter. Kopf und Hals hellgrau überflogen. Die dunklen Gefiederpartien matt grauschwarz. Nach der ersten Mauser weitgehend wie die Ad. Bis zur ersten Sommermauser noch an dem matteren Gefieder zu erkennen.
Federlose Partien: Schnabel kurz und für einen so großen Vogel auffällig klein. Schnabelfärbung rötlichrosa. Nagel schwarz. Auf dem Oberschnabel eine unterschiedlich starke, dunkle Sprenklung. Füße rötlichrosa bis fleischfarbenorange. Iris dunkelbraun. Schmaler, rosa Augenring. Schnabel der Juv. zunächst schwärzlich. Er wird aber bald rosa.
Maße: ♂ deutlich größer als ♀. ♂- Flügel 460-475; Lauf 90-105; Schnabel 38-43; mittleres Gewicht ca. 3400. ♀- Flügel 420-430; Lauf 75-82; Schnabel 34-37; mittleres Gewicht ca. 2800.
Geographische Variabilität: Keine.
Lebensweise: Ein für die Hochanden kennzeichnender Wasservogel, der im Freiland bisher noch wenig untersucht wurde. Hält sich gewöhnlich paarweise oder im Familienverband in Sumpfgebieten und an Seeufern auf. Außerhalb der Brutperiode bilden sich kleinere Trupps, die sich vor Brutbeginn wieder auflösen. Nichtbrüter halten das ganze Jahr über in kleinen Schwärmen zusammen. Paarbindung wahrscheinlich von lebenslanger Dauer. Das ♂ verteidigt sein Brutterritorium und seine Familie vehement. Die Territorien werden von den Paaren zu Beginn des Südsommers besetzt. Bruten von November bis Januar. Nistet in einer ausgescharrte Mulde am Hang über dem Ufer, oft auch in Geröllspalten oder in einer Erdhöhle. Ernährt sich fast ausschließlich von Gras. Schwimmt nicht sonderlich gut. Paare mit Jungen und flugunfähige Mauservögel suchen auf dem Wasser Schutz. Schwimmt mit tief eingetauchter Brust und angehobenem Hinterkörper. Der Flügelschlag ist langsam. Der Flug wirkt daher schwerfällig.
Biotop: Feuchtgebiete und Seen im Hochland der Anden in Höhen über 3300 m. Zieht im Winter in tiefergelegene Täler und Ebenen.
Verbreitung: Im allgemeinen Standvogel. Das Brutgebiet erstreckt sich über die Hochanden von der Mitte Perus südwärts durch Bolivien bis nach Nuble in Chile und Catamarca in Argentinien. Über die Wanderungen ist wenig bekannt. Weicht im Winter aber sicher in tiefer gelegene Gebiete aus. Irrgäste sind südwärts bis nach Rio Negro in Argentinien gelangt.
Bestand: Über den Gesamtbestand gibt es keine Angaben. Scheint in den meisten Gegenden des Verbreitungsgebietes durchaus zahlreich zu sein. Da die Brutgebiete nur sehr schwer zugänglich sind, spielt die Jagd nur eine unbedeutende Rolle. Nach dem derzeitigen Kenntnisstand scheint die Andeng. nicht bedroht zu sein.
Literatur: Delacour 1954, Johnsgard 1978.

49 Magellangans   Tafel 14
Chloephaga picta
Englisch: Magellan Goose

Magellang. sind im Gefieder allgemein recht variabel. Es lassen sich drei Populationen unterscheiden, eine auf den Falklandinseln und zwei auf dem südamerikanischen Festland.

Feldkennzeichen: Länge: 60-65 cm. **Am Boden** - Ausgeprägter Geschlechtsdimorphismus. Das ad. ♂ ist an Kopf, Hals und weiten Bereichen der Unterseite weiß. Die Oberseite ist grau. Zumindest die Flanken und der Vorderrücken sind kräftig schwarz gebändert, oft aber auch die gesamte Unterseite. Der Vogel wirkt dann auf größerer Entfernung insgesamt grau mit weißem Kopf und Hals. Der Schnabel und die Füße sind schwärzlich. Das ist kaum mit irgendeiner anderen Art zu verwechseln. Am ähnlichsten sind noch immature ♂ der Kelpgans (50). Sie sind vorwiegend weiß, haben aber an der Unterseite noch Reste der dunklen Streifung des Jugendkleides und auf dem Rücken einige dunkle Flecke. Ihr Körper ist gedrungen. Ihre Füße sind nicht schwarz, sondern gelb. Sie halten sich außerdem fast ausschließlich an der Küste auf. Die Verbreitungsgebiete von Magellan- und Andengans (48) überschneiden sich nicht. Schnabel und Beine der Andeng. sind rosa. Ihr Hinterkörper wirkt schwarz. Das ♀ der Magellang. ist vom ♂ völlig verschieden. Kopf, Hals und zumindest der vordere Bereich der Unterseite sind zimtbraun. Kopf und Hals sind nicht gezeichnet. Die gesamte Unterseite ist vom Halsansatz an kräftig dunkel gebändert. Die Oberseite ist graubraun. Oft sind am oberen Flankenrand die weißen Flügeldecken sichtbar. Der Schnabel ist schwarz. Die Füße gelblichorange. Die ♀ haben sowohl mit Graukopf- (51) als auch mit Rotkopfgänsen (52) eine gewisse Ähnlichkeit. Bei diesen Arten sehen die Geschlechter gleich aus. Die Graukopfg. hat einen grauen, von der rotbraunen Brust deutlich abgesetzten Kopf und Hals. Ihre Unterseite ist weiß mit dunkler Streifung. Die Rotkopfg. hat einen kleineren, zierlicheren Kopf, einen weißen Augenring und eine hellere, deutlicher gezeichnete Oberseite. **Im Flug** - ♂ und ♀ besitzen das gleiche Flügelmuster. Am Oberflügel sind die Handschwingen schwarz. Die Kleinen und Mittleren Decken sowie die Armschwingen sind weiß. Die Großen Decken bilden einen dunklen Mittelstreifen. Die Unterflügel sind bis auf die schwarzen Handschwingen weiß. Der Körper des ♀ wirkt insgesamt braun. Kopf, Hals und Bürzel des ♂ sind auffallend weiß. Abgesehen von den Flanken ist die Unterseite ebenfalls weiß oder gänzlich grau. Die Flügel der Graukopf- und Rotkopfg. zeigen das gleiche Färbungsmu-

ster. Beide Arten sind aber deutlich kleiner. Zudem sehen bei ihnen ♂ und ♀ gleich aus.
Stimme: Die Rufe der ♀ und ♂ sind, wie bei den meisten Arten dieser Gruppe, verschieden. Der Ruf des ♂ ist ein mehrfach wiederholtes Pfeifen, der des ♀ ein tiefes, grelles Schnattern.
Beschreibung: Ausgeprägter Geschlechtsdimorphismus. Beschreibung der Nominatform: **♂ ad. gebänderte Phase** - Kopf und Oberhals weiß. Unterhals, Brust und Bauch weiß mit dichter, schwarzer Bänderung. Afterregion weißlich. Oberseite vorwiegend grau. Vorderrücken und Schultern schwarzweiß gebändert. Bürzel und Oberschwanzdecken weiß. Schwanz schwärzlich, oft mit weißer Spitze oder weißem Rand. Die Kleinen und Mittleren Oberflügeldecken weiß. Die Großen Oberflügeldecken schwarz mit grünem Metallglanz. Handschwingen schwarz. Unterflügel weiß, mit schwarzen Handschwingen. **♂ ad. weiße Phase** - Streifung auf obere und hintere Flanken sowie Vorderrücken beschränkt. Kopf, Hals, Brust, vordere Flanken und Bauch rein weiß. Zwischen den beiden Extremformen gibt es Übergänge. (s. auch Geographische Variabilität). **♀ ad.-** Kopf und Hals zimtbraun. Vorderrücken, Brust und vordere Flanken rötlichzimtbraun mit dichter schwarzer Bänderung. Die Flankenbänderung wird nach hinten zu zunehmend schwarzweiß. Afterregion grau. Fast die gesamte Oberseite gräulichzimtbraun. Flügel wie beim ♂. Im Ruhekleid etwas matter, weniger rotbraun getönt. **♂ und ♀ juv.-** Wie die Ad. Geschlechtsdimorphismus schon im ersten Gefieder. Unterseite bei beiden Geschlechtern feiner und dichter gebändert. Die Großen Oberflügeldecken sind schwarzbraun und ohne Glanz. Juv. sehen allgemein wie die gebänderte Phase aus. Kopf und Hals sind grau überflogen. Rücken und Bürzel sind nicht rein weiß, sondern gebändert. Erst im dritten Jahr voll ausgefärbt.
Federlose Partien: ♂- Schnabel und Füße schwärzlich. Iris dunkelbraun. ♀- Schnabel schwarz. Füße gelb oder matt orangegelb. Iris dunkelbraun.
Maße: ♂ zumeist ein wenig größer als ♀. *Ch.p.picta*: Flügel 380-435 (♂ 395-435, ♀ 380-403); Lauf 71-88; Schnabel 31-40; mittleres Gewicht ♂ und ♀ ca. 2900. *Ch.p.leucoptera*: Flügel 400-462 (♂ 430-462, ♀ 400-425); Schnabel 40-47; mittleres Gewicht ♂ und ♀ ca. 3300.
Geographische Variabilität: Zwei Unterarten. Die oben beschriebene Nominatform, *Ch.p.picta*, die auch „Kleine Magellangans" genannt wird, ist im südliche Südamerika weit verbreitet. Die ♂ treten in zwei gut unterschiedenen Farbphasen auf. Die gestreifte Phase ist auf das südliche Patagonien und Feuerland beschränkt. Die weiße Phase bewohnt das nördlichere Gebiet. Die größere Unterart, *Ch.p.leucoptera*, auch „Große Magellangans" genannt, lebt auf den Falklandinseln. Bei dieser Form sind alle ad. ♂ weitgehend weiß, die Unterseite der juv. ♂ ist im ersten Jahr aber noch dicht gebändert. Die Bänderung verliert sich erst im zweiten Jahr. Die ♀ sind kräftiger rotbraun gefärbt als die der Nominatform. Die schwarzen Bänder der Unterseite sind schmaler als die rotbraunen. Die Afterregion ist weißlich. Da sich weder die Brut- noch die Überwinterungsgebiete der beiden Phasen der Nominatform wesentlich überschneiden, ist es durchaus auch möglich, daß es sich um zwei nah verwandte Arten handelt. Es wird nun angenommen, daß die weiße Phase der „Kleinen Magellangans" eigentlich eine Population der „Großen Magellang." sei. Bei einer Aufteilung der Art in zwei Arten würde dann die eine die „weißen Magellang." Patagoniens und der Falklandinseln vereinen und die andere nur die dunkle Population Feuerlands umfassen. Um hier endgültig entscheiden zu können, ist aber noch eine intensive Freilandforschung nötig.
Lebensweise: Eine häufige, sehr gesellige Gans des offenen Graslandes. Es treten Schwärme bis zu einigen Tausend auf. Diese großen Schwärme bilden für das Weidevieh eine ernsthafte Konkurrenz. Paarbindung von langer Dauer. Brütet in Südchile im November. Brutperiode auf den Falklandinseln von Mitte September bis Ende November. Die Paare besetzen in offener Landschaft auf ebenem Gelände oder an nicht zu steilen Hängen abgegrenzte Brutterritorien. Nisten zumeist in Gewässernähe. Nest im hohen Gras versteckt. Nach der Brut Mouseransammlungen an größeren Gewässern. Während der Mauser im allgemeinen zeitweilig flugunfähig. Einzelne Populationen, vielleicht auch nur Individuen, scheinen aber flugfähig zu bleiben. Auf den Falklandinseln haben stets einzelne Gänse stark abgenutzte, unvermauserte Schwingen. Dieses Überspringen einer Schwingenmauser wurde kürzlich auch bei der Nominatform festgestellt. Nach der Mauser ziehen die südlichsten Populationen der Nominatform weiter nach Norden. Sie verbringen den Winter in gemäßigten Steppengebieten. Die Magellang. weidet fast ausschließlich an Land, zumeist auf extensiv genutztem Weideland. Sie schwimmt selten. Paare, die Junge führen, und Mauservögel halten sich aber nah am Wasser auf und bringen sich schwimmend in Sicherheit. Im allgemeinen scheu und wachsam, kann aber dort, wo sie nicht verfolgt wird, recht vertraut werden.
Biotop: Offenes, steppenartiges Grasland vorwiegend im Flachland aber auch in bergigem Gelände. Oft auch in semiariden Regionen.
Verbreitung: Die Nominatform brütet im Süden Südamerikas von Talca in Chile und dem Rio Negro in Argentinien südwärts bis nach Feuerland und Kap Horn. Die südlichsten Populationen sind Zugvögel. In Argentinien überwintern sie im Süden der Provinz Buenos Aires und wandern in Chile nordwärts bis Colchagua. Die gestreifte Phase hält sich im Winter vorwiegend an der Küste und die weiße mehr im Binnenland auf. Irrgäste sind bis Uruguay beobachtet worden. Auf den Falklandinseln allgemein häufig und über alle Inseln verbreitet. Wurde auch in Südgeorgien eingebürgert, ist dort aber inzwischen wieder ausgestorben.
Bestand: Früher in einigen Gegenden des südamerikanischen Festlandes enorm zahlreich. Es gibt viele Berichte über riesige, geradezu unzählbare Schwärme. Wird in den letzten Jahrzehnten wegen angeblicher oder auch tatsächlicher Nahrungskonkurrenz zum Weidevieh stark verfolgt. Gelege werden zerstört. Flugunfähige Mauservögel werden zusammengetrieben und erschlagen. Trotz dieser Verfolgung im gesamten Verbreitungsgebiet immer noch häufig.
Literatur: Delacour 1954, Summers 1983, Summers und Martin 1985, Todd 1979, Weller 1972.

50 Kelpgans Tafel 14
Chloephaga hybrida
Englisch: Kelp Goose

Eine schöne Gans der Strände des südlichen Südamerika. Das ♂ ist rein weiß und sehr auffällig.

Feldkennzeichen: Länge 55-65 cm. **Am Boden** - Küstenvogel mit starkem Geschlechtsdimorphismus. Das ♂ ist bis auf den schwarzen Schnabel und die gelben Füße völlig weiß. Der Scheidenschnabel, der andere weiße Küstenvogel des Gebietes, ist viel kleiner. Verwechslungen sind daher wohl ausgeschlossen. Die ♀ sind schwarzbraun mit rosa Schnabel und auffallend gelben Füßen. Aus geringerer Entfernung sind auch die weiße, schuppenartige Bänderung der Unterseite und das weiße Hinterende erkennbar. Die weißen Flügeldecken sind oft über den Flanken sichtbar. Immature ♂, die auf der Unterseite andeutungsweise wie ♀ gebändert sind und einen weißen Kopf haben, könnten für ♂ der Magellang. (49) gehalten werden. Diese sind aber größer und schlanker und haben längere, schwarze und nicht gelbe Beine. **Im Flug** - Das ♂ ist völlig weiß und daher unverwechselbar. Im zweiten Jahr haben einige ♂ noch dunkle Handschwingenspitzen. An ihrer gedrungenen Gestalt sind sie aber leicht von Coscorobaschwänen (27) zu unterscheiden. Das Flügelmuster der ♀ ist dem der Magellang. sehr ähnlich. Ihr weißes Hinterende hebt sich aber prägnant vom sehr dunklen Körper ab. Bürzel und Schwanzdecken sind bei juv. ♀ noch schwärzlich schattiert.
Stimme: Nicht sehr ruffreudig. Der Ruf des ♂ ist ein feines, scharfes „siep-siep.." und der des ♀ ein gutturalen rauhes, ansteigendes Knurren.
Beschreibung: Ausgeprägter Geschlechtsdimorphismus. ♂ **ad.**- Völlig weiß. ♀ **ad.**- Kopf und Hals sind schwarzbraun. Der Scheitel ist oft etwas heller. Um das Auge zieht ein schmaler, weißer Ring. Brust und Flanken sind schwarzbraun mit weißer, gewellter Bänderung, die von den weißen Spitzensäumen der Federn gebildet wird. Bauch, Afterregion, Schwanz, Oberschwanzdecken, Bürzel und Hinterrücken sind weiß. Vorderrücken, Schultern und Ellenbogenfedern sind schwarzbraun. Die Kleinen und mittleren Oberflügeldecken sowie die Armschwingen sind weiß. Die Großen Oberflügeldecken sind schwarz mit grünem Metallglanz. Die Handschwingen sind schwarz. Die Unterflügel sind bis auf die schwarzen Handschwingen weiß. **Juv.**- Gleichen ♀ ad., sind aber insgesamt matter gefärbt. Flügel ohne Metallglanz. Bänderung der Unterseite weniger deutlich. Die Bänder wirken vielfach unterbrochen. Die schwärzliche Zeichnung erstreckt sich auf den Bauch, die Oberschwanzdecken und den Rücken. Bei ♂ entwickelt sich das weiße Gefieder an Kopf, Hals und Brust schon sehr früh. Im zweiten Kalenderjahr sind sie schon fast ganz weiß. Die dunklen Spitzen bleiben an den Handschwingen am längsten erhalten.
Federlose Partien: ♂ **ad.**- Schnabel schwarz. An der Basis des Oberschnabels oft ein roter oder gelber Fleck. Füße zitronengelb. Iris dunkelbraun. ♀ **ad.**- Schnabel fleischfarbenrosa oder gelblichfleischfarben. Füße gelb. Iris Braun. **Juv.**- Schnabel und Füße anfangs gräulich, die geschlechtsspezifische Färbung entwickelt sich aber recht bald.
Maße: ♂ gewöhnlich größer als ♀. *Ch.h.hybrida* : Flügel 334-385 (♂ 363-385, ♀ 334-360); Lauf 61-71; Schnabel 35-38; mittleres Gewicht ♂ 2607, ♀ 2041. *Ch.h.malvinarum* : Flügel 360-396 (♂ 390-396, ♀ 360-380); Lauf 67-75; Schnabel 36-40.
Geographische Variabilität: Zwei Unterarten. *Ch.h.hybrida* lebt an den Küsten des südlichen Südamerika und der ihm vorgelagerten Inseln. *Ch.h.malvinarum* von den Falklandinseln ist ein wenig größer als die Nominatform, unterscheidet sich aber im Gefieder kaum. Bei den ♀ ist die weiße Bänderung der Unterseite etwas breiter und dadurch auffälliger.
Lebensweise: Hält sich fast ausschließlich am Strand auf. Zumeist paarweise oder im Familienverband. Nichtbrüter und Mauservögel vereinen sich aber auch zu größeren Scharen. Paarbindung von langer Dauer. Brütet im Südfrühling von Mitte Oktober bis Ende November. Das Nest befindet sich an der Küste fast immer dicht am Wasser, zumeist nicht weiter als 10 m von der Hochwasserlinie entfernt. Nistet gelegentlich auch an Süßwasserseen bis zu 1 km landeinwärts. Neststand auf niedrigen Klippen unter hohem Gras oder auch zwischen angespülten Tanghaufen, Baumstämmen usw. Nach der Brut bilden sich an bestimmten Küstenstreifen Mauseransammlungen. Die Flugunfähigkeit scheint recht lange zu dauern, auf den Falklandinseln z.B. von Ende November bis Ende Februar. Bei Niedrigwasser werden die auf den freifallenden Felsen wachsenden Algen abgeweidet. Bei Hochwasser sammeln sich die Gänse auf flachen Felsvorsprüngen oder in Buchten mit sandigem oder kiesigem Strand. Schwimmt bei ablaufendem Wasser hinaus, um frühzeitig an die langsam auftauchenden Algen zu gelangen. Hält sich sonst aber wenig auf dem Wasser auf. Sucht zum Baden und Trinken Mündungen von Bächen auf. Im allgemeinen recht vertraut und dort, wo sie nicht behelligt wird, geradezu „zahm".
Biotop: Felsküsten und Geröllstrände, manchmal auch an küstennahen Süßwasserseen.
Verbreitung: An der chilenischen Küste vom südlichen Cautin bis Feuerland und Kap Horn häufig. An der argentinischen Küste seltener. Brütet aber auch hier vom südlichen Patagonien bis Feuerland und Staten Island. Die südlichen Populationen ziehen im Herbst weiter nach Norden. Manchmal erreichen einige dabei die Küsten von Santa Cruz und Chubut. An den Küsten der Falklandinseln Standvogel und überall häufig.
Bestand: Der schwer zugängliche Lebensraum macht Bestandserhebungen schwierig bis unmöglich. Wird nirgendwo sonderlich verfolgt. Der Bestand ist daher wohl überall gesichert.
Literatur: Delacour 1954, Gladstone und Martell 1968, Weller 1972.

51 Graukopfgans Tafel 15
Chloephaga poliocephala
Englisch: Ashy-headed Goose

Im Unterschied zu den meisten verwandte Arten ein Vogel bewaldeter Gegenden, der gelegentlich sogar in Bäumen brütet.

Feldkennzeichen: Länge 50-55 cm. **Am Boden** - Alle Kleider grundlegend gleich. An der Kombination von grauem Kopf, fuchsroter Brust, weißem Bauch und dicht schwarzweiß gebänderten Flanken leicht von den beiden nahen Verwandten Rotkopfgans (52) und ♀ der Magellangans (49) zu unterscheiden. Gesellt sich manchmal zu Trupps der Magellang. **Im Flug** - Das Flügelmuster dem der Magellan- und Rotkopfg. zum Verwechseln ähnlich, am grauen Kopf und weißen Bauch jedoch gut erkennbar. Graukopfg. wirken im Flug neben Magellang. wesentlich kleiner.
Stimme: Graukopfg. rufen ähnlich wie die verwandten Arten. Vom ♂ ist ein weich klingender Pfiff und vom ♀ ein rauhes Schnattern zu hören.
Beschreibung: Alle Kleider ähnlich. **Ad.**- Kopf und

Oberhals aschgrau, an der Schnabelbasis und auf dem Scheitel aufgehellt. Um das Auge ein schmaler, weißlicher Ring. Das helle Rötlichbraun des Halsansatzes wird am Vorderrücken und an der Brust zu einem dunklen Fuchsrot. Die Brust ist oft fein schwarz gebändert. Diese Zeichnung findet sich vor allem bei ♀. Eine sichere Geschlechtsbestimmung ist danach aber nicht möglich. Die Flanken sind weiß, mit schmaler, dichter, schwarzer Bänderung. Der Bauch ist rein weiß und die Schultern insgesamt graubraun. Die Schulterfedern haben hintereinander eine schwarze und eine hell rotbraune, schmale Endbinde. Rükken, Bürzel, Oberschwanzdecken und Schwanz sind schwärzlich. Die Kleinen und Mittleren Oberflügeldecken sowie die Armschwingen sind weiß. Die Großen sind schwarz mit grünem Metallglanz. Die Handschwingen sind schwarz. Der Unterflügel ist bis auf die schwarzen Handschwingen weiß. ♀ sind ein wenig matter gefärbt als ♂ und haben immer eine gezeichnete Brust. *Juv.-* Den Ad. sehr ähnlich. Kopf, Hals und Flanken sind braun überflogen. Die Brust ist schwärzlich gewölbt. Die Großen Flügeldecken sind schwarzbraun und ohne Glanz. Das volle Ad.-Gefieder wird während des zweiten Kalenderjahres erworben.
Federlose Partien: Schnabel immer schwarz, manchmal an den Seiten mit fleischfarbenen Flecken. Füße orangegelb und an der Vorderseite des Laufes sowie auf den Zehen und Schwimmhäuten in unterschiedlichem Maße schwarz. Iris dunkelbraun.
Maße: ♂ gewöhnlich größer als ♀. ♂- Flügel 355-380; Lauf 62-70; Schnabel 30-33; mittleres Gewicht 2267. ♀- Flügel 335-340; Lauf 57-62; Schnabel 26-28; mittleres Gewicht 2200.
Geographische Variabilität: Keine Unterarten. Die Variabilität der Beinfärbung und der Brustzeichnung der ♂ deutet auf geographische Unterschiede hin.
Lebensweise: Im Freiland nur wenig untersucht. Ist zumeist paarweise oder in kleinen Gruppen anzutreffen. Trupps zählen, auch außerhalb der Brutperiode, kaum über 100. Mischt sich im Winter unter Schwärme der Magellang. Paarbindung von langer Dauer. Die Paare besetzen getrennte Brutterritorien. Brütet im November. Nester auf dem Boden in hohem Gras, in Höhlungen von Bäumen und sogar im dichten, bodennahen Geäst. Ernährt sich vorwiegend von Gras. Schwimmt wenig. Paare mit Jungen und Mauservögel suchen auf dem Wasser Schutz. Baumt häufig auf.
Biotop: Brütet in bergigen Gegenden und auf Inseln. Bevorzugter Brutbiotop sind sumpfige Waldlichtungen. Überwintert in offener, steppenartiger Landschaft auf natürlichem Grasland, Weiden und Stoppelfeldern.
Verbreitung: Das Brutgebiet umfaßt die Südspitze Südamerikas von der Provinz Malleco in Chile und dem Rio Negro in Argentinien bis nach Feuerland und die ihm vorgelagerten Inseln. Wahrscheinlich in der Gebirgsregion Südchiles am häufigsten. Ein erheblicher Anteil des Bestandes überwintert im Süden der Provinz Buenos Aires auf Weizenfeldern. Die Graukopfg. treffen hier im April ein und verlassen das Winterquartier wieder im September. Ein Irrgast wurde auf den Falklandinseln beobachtet.
Bestand: Nicht sonderlich häufig. Es gibt bisher kaum Bemühungen um eine Bestandserfassung. Zählungen in den Winterquartieren der Provinz Buenos Aires ergaben 1983 annähernd 2.000. Auch wenn die meisten Graukopfg. sich von den großen Scharen der Magellang. getrennt halten, können doch viele in diesen Scharen übersehen worden sein. In anderen Gebieten Argentiniens und Chiles gibt es weitere, zahlenmäßig unbekannte Winterbestände. Da die Winterschwärme angeblich an den Saaten einen erheblichen Schaden anrichten, werden sie stark verfolgt. Der Schaden, der durch diese Art verursacht werden könnte, ist sicher minimal.
Literatur: Delacour 1954, Johnson 1965, Martin et al. 1986.

52 Rotkopfgans Tafel 15
Chloephaga rubidiceps
Englisch: Ruddy-headed Goose

Die Rotkopfg. war früher recht zahlreich. In den letzten Jahrzehnten ist ein drastischer Rückgang zu beobachten. Heute ist sie die gefährdetste Art der Gattung.

Feldkennzeichen: Länge 45-50 cm. *Am Boden -* Dem Magellangans-♀ (49) recht ähnlich, aber deutlich kleiner und an der Färbung gut erkennbar. Die Geschlechter sehen, wie bei der Graukopfgans, gleich aus. Das gesamte Rumpfgefieder ist fein schwarz und gelblichbraun gebändert. Die Färbung wirkt daher viel einheitlicher als beim ♀ der Magellang. Nur Kopf und Hals sind ungezeichnet hell kastanienbraun. Im Unterschied zum ♀ der Magellang. sind die Brust und die vorderen Flanken nicht ganz so kontrastreich schwarzweiß gebändert. Stehen beide Vögel nebeneinander, wirkt die Rotkopfg. deutlich kleiner und insgesamt blasser. Ihr Schnabel ist deutlich kürzer. Dennoch ist es nicht leicht, einzelne aus großen Winterschwärmen der Magellang. herauszukennen. Auf den Falklandinseln, wo die Magellang. kräftiger gezeichnet und recht groß ist, sind die beiden Arten leichter als auf dem Festland zu unterscheiden. Verwechslungen mit der Graukopfg. sind unwahrscheinlich, da diese einen grauen Kopf, eine kräftig fuchsrote Brust, stark gebänderte Flanken und einen weißen Bauch besitzt.
Im Flug - Das Flügelmuster entspricht dem der Graukopf- und Magellang. In gemischten Flügen von der Magellang. am besten an der deutlich geringeren Größe zu unterscheiden. Das Rumpfgefieder wirkt insgesamt einheitlich graubraun. Die Afterregion ist mehr bräunlich als gräulich. Die Graukopfg. ist zwar fast gleich groß, aber am weißen Bauch, der rotbraunen Brust und dem grauen Kopf gut zu erkennen.
Stimme: Die Rufe klingen ganz ähnlich wie die der Graukopfg., sind aber etwas schriller. Der Ruf des ♂ ist ein feiner Pfiff, der des ♀ ein rauhes Quaken.
Beschreibung: In allen Kleidern ähnlich. *Ad.-* Kopf und Oberhals hell kastanienbraun. Um das Auge ein schmaler, weißer Ring. Halsansatz, Brust, Vorderrücken und Flanken dicht schwarz und bräunlichgelb gebändert. Die hellen Bänder am Hals und an den hinteren Flanken mehr weißlich und an der Brust mehr bräunlich. Bauch und Afterregion hell zimtbraun. Oberseite weitgehend gräulichbraun. Schulterfedern mit schwarzen und hellbräunlichen Endbinden. Rücken, Bürzel, Oberschwanzdecken und Schwanz schwärzlich. Kleine und Mittlere Oberflügeldecken sowie Armschwingen weiß. Große Oberflügeldecken schwarz mit bronzegrünem Metallglanz. Handschwingen schwarz. Unterflügel bis auf die schwarzen Handschwingen weiß. Das abgenutzte Gefieder wirkt vor der Mauser ausgesprochen fahl.

Juv.- Den Ad.ähnlich, aber insgesamt blasser. Die Großen Flügeldecken bis zum ersten Sommer matt graubraun und ohne Glanz.
Federlose Partien: Schnabel immer schwarz und Füße immer chromgelb. Vorderseite des Laufes, Zehen und Schwimmhäute unterschiedlich schwarz gefärbt. Iris dunkelbraun.
Maße: ♂ gewöhnlich größer als ♀. ♂- Flügel 330-350; Lauf 60-73; Schnabel 28-30; Gewicht ca. 2000 (wenige Angaben). ♀- Flügel 310-320; Lauf 56-64; Schnabel 25-28; Gewicht ca. 2000 (wenige Angaben).
Geographische Variabilität: Keine.
Lebensweise: Eine gesellige Gans der offenen Landschaft. Trat früher außerhalb der Brutperiode in großen Schwärmen auf. In Südamerika inzwischen sehr selten geworden. In größerer Zahl nur noch auf den Falklandinseln. Gesellt sich im Winter gern zu Graukopfg. Weniger häufig zusammen mit Magellang. Während der Brutzeit sind die ♂ recht aggressiv. Um ihre Territorien und Bruten zu verteidigen, greifen sie auch Vögel an, die wesentlich größer sind als sie. Brütet sowohl auf Feuerland als auch auf den Falklandinseln im Oktober und November. Brutbeginn auf den Falklandinseln ein wenig früher. Nester im hohen Gras versteckt, in dichtem Gebüsch, unter überhängenden Felsen und manchmal sogar in Pinguinhöhlen. Verliert während der Mauser wahrscheinlich nicht die Flugfähigkeit. Die Schwingen werden im Unterschied zu allen anderen Entenvögeln nacheinander gemausert, und zwar ein Teil vor dem Herbstzug und der andere im Winterquartier. Ob das für alle Individuen zutrifft, ist noch nicht bekannt. Die Erscheinung einer verzögerten Mauser ist auch bei einigen Magellang. beobachtet worden. Weidet fast ausschließlich an Land. Zieht dabei die Pflanzen mit den Wurzeln aus. Hält sich nur solange die Jungen noch klein sind in der Nähe des Wassers auf. Im allgemeinen weniger mißtrauisch als die Magellang. Ist oft nah bei Siedlungen anzutreffen.
Biotop: Offene, graslbewachsene Ebenen und weites Weideland vor allem in Küstennähe. Im Winter auf Stoppel- und Saatfeldern sowie Weiden und Grasäckern.
Verbreitung: Früher erstreckte sich das südamerikanische Brutgebiet über ganz Feuerland bis in den Süden der Provinz Magallanes in Chile. Heute ist die Art weitgehend auf den Norden Feuerlands beschränkt. Eine zweite Population lebt auf den Falklandinseln. Die Population Feuerlands verläßt das Brutgebiet im April und zieht zum Überwintern in die Weidegebiete des mittleren Argentiniens, vorwiegend in die Provinz Buenos Aires. Im September kehrt sie nach Feuerland zurück. Die Population der Falklandinseln ist ortstreu. Am häufigsten ist die Art hier auf dem trockeneren, küstennahen Grasland von Westfalkland. Sie ist aber auch auf Ostfalkland und den kleineren Inseln weit verbreitet.
Bestand: Früher wohl die häufigste Gans Feuerlands. Der Bestand ist im Verlauf der letzten 30 Jahre geradezu dramatisch zurückgegangen. Für diesen Rückgang wird der gegen Ende der 40er Jahre zur Bekämpfung der Kaninchenplage eingebürgerte argentinische Fuchs (*Dusicyon griseus*) verantwortlich gemacht. Im gleichen Maße wie die Füchse zunahmen, verringerte sich der Bestand an Rotkopfg. 1976 wurde die Zahl der Rotkopfg. Südamerikas auf weniger als 1.000 geschätzt. Der Niedergang scheint sich weiter fortzusetzen. Auf den Falklandinseln ist die Art immer noch häufig. 1979 betrug der Bestand um 40.000. Alle drei mit dem Weidevieh um das Gras konkurrierende Gänsearten (Magellang., Graukopfg., Rotkopfg.) werden in Südamerika und auf den Falklandinseln wegen ihrer angeblichen, durch exakte Untersuchung kaum belegten „Schädlichkeit" intensiv verfolgt. Ihre Zukunft ist daher, insbesondere auf dem südamerikanischen Kontinent, ausgesprochen unsicher.
Literatur: Johnsgard 1978, King 1981, Summers 1982.

53 Blauflügelgans Tafel 15
Cyanochen cyanopterus
Englisch: Blue-winged Goose

Eine außergewöhnliche Gans des äthiopischen Hochlandes. Ökologisch ist sie mit der Andengans (48) Südamerikas vergleichbar und mit dieser wohl entfernt verwandt.

Feldkennzeichen: Länge 60-75 cm. **Am Boden** - Unverkennbar. In allen Kleidern ähnlich. Eine massige, düster graubraune Gans mit kleinem, schwarzen Schnabel und relativ kurzen, schwarzen Beinen. Die blauen Flügeldecken sind oft als hellerer Streifen über den Flanken sichtbar. In dem begrenzten Verbreitungsgebiet gibt es keine ähnliche Art. Oft mit Nilgänsen (46) vergesellschaftet. **Im Flug** - Durch die Kombination von gänseähnlicher Gestalt, schmutziggrauem Gefieder, weißen Unter- und hellblauen Oberflügeldecken, von denen sich die schwarzen Schwingen stark abheben, unverwechselbar.
Stimme: Recht schweigsam. Von ♂ und ♀ sind hohe, pfeifende Rufe zu hören. Der Schreckruf beim Auffliegen ist ein kurzes, nasales Bellen. Im Flug gewöhnlich still.
Beschreibung: In allen Kleidern ähnlich. **Ad.**- Kopf und Hals bräunlichgrau. Am Kopf aufgehellt. Brust, Flanken und Bauch graubraun. Jede Feder mit hellerem, grauen Saum. Afterregion weißlichgrau, an den Unterschwanzdecken fast weiß. Vorderrücken bräunlichgrau mit dunklen Flecken. Schultern schiefergrau. Bürzel und Oberschwanzdecken fahlbraun. Schwanz schwarz. Oberflügeldecken hell graublau. Handschwingen schwarz. Armschwingen schwarz mit grünem Metallglanz. Unterflügeldecken weiß.
Juv.- Den Ad. sehr ähnlich, aber matter und brauner gefärbt. Armschwingen ohne Glanz.
Federlose Partien: Schnabel und Füße immer schwarz. Iris braun.
Maße: ♂ deutlich größer als ♀. ♂- Flügel 368-374; Lauf 70-73; Schnabel 32-33; Gewicht 2000-2360. ♀- Flügel 314-334; Lauf 51-65; Schnabel 30-31; Gewicht 1305-1520.
Geographische Variabilität: Keine.
Lebensweise: Im Freiland wenig untersucht. Blauflügelg. halten sich zumeist paarweise an Bergseen und -flüssen auf. Während der Regenzeit auch in Trupps bis zu 100 und mehr, wobei es sich durchaus um Mausergemeinschaften handeln kann. Brütet von März bis Mai, aber auch später im Jahr von Juli bis Dezember. Nur wenige, nicht sonderlich genaue Angaben. Die Nistweise der wilden Blauflügelg. ist nicht bekannt. Nester in der Gefangenschaft zwischen Horsten von Riedgras oder unter Gebüsch. Scheint nach Gefangenschaftsbeobachtungen vorwiegend nachtaktiv zu sein. Ruht am Tag an See- und Flußufern. Weidet auf sumpfigem Grasland oder auf grasbewachsenen Flußufern. Schwimmt recht gut, hält sich aber wenig auf dem Wasser auf. Legt beim

Schwimmen und Stehen in typischer Weise den Kopf auf den Vorderrücken und sträubt dabei das Rückengefieder. Die Blauflügelg. ist ungewöhnlich vertraut. Sie hält oft Annäherung bis auf wenige Meter aus. Sie fliegt nur widerwillig auf und kehrt bald wieder zum Ruhe- bzw. Nahrungsplatz zurück. Die Partner eines Paares fliegen zumeist hintereinander niedrig über das Wasser.
Biotop: Flüsse, Seen und Sümpfe des Hochlandes in 2500 bis 4000 m Höhe. Nahrungssuche auf Grasland in Ufernähe. Während der Regenzeit (Juli bis September) Bildung von Trupps, die, wahrscheinlich zur Mauser, auch tiefer gelegene Gebiete aufsuchen.
Verbreitung: Ein örtlich häufiger Standvogel des äthiopischen Hochlandes. Die höchste Bestandsdichte ist in Gebieten nördlich und südlich von Addis Abeba festgestellt worden, insbesondere im Bale und Arussi Bergland. Die Nordgrenze der Verbreitung verläuft ungefähr bei 15° N.
Bestand: In einigen Gegenden des insgesamt kleinen Verbreitungsgebietes durchaus häufig. Im Freiland aber nur wenig untersucht. Scheint kaum irgendwo sonderlich bedroht zu sein. Wird in Äthiopien auf Grund religiöser Vorstellungen kaum verfolgt. Eine Zählung im Tal des Web ergab 1966 auf einer Strecke von 40 km 30 Paare. Der Gesamtbestand des Tales wurde danach auf 200 bis 300 Paare geschätzt. Dieses Gebiet gehört jedoch zu den am dichtesten besiedelten. In anderen Gegenden mehr verstreute, einzelne Paare.
Literatur: Brown et al. 1982, Delacour 1954.

54 Saumschnabelente   Tafel 16
Hymenolaimus malacorhynchos
Englisch: Blue Duck

Eine seltsame, endemische Ente Neuseelands, die, wie die Sturzbachente (55) Südamerikas, reißende Gebirgsflüsse bewohnt. Sie wird vielfach in die Nähe der Gründelenten gestellt, gehört aber nach Livezey (1986) in die Verwandtschaft der Halbgänse.

Feldkennzeichen: Länge 54 cm. **Am Boden** - Geschlechter gleich. Eine fast einheitlich hell schiefergraue Ente schnell fließender Gebirgsflüsse. Das auffälligste Merkmal ist der große, helle Schnabel. Der Kopf ist ein wenig dunkler als der Rumpf. Die Brust ist rötlich gefleckt. Sie kann in ihrem speziellen Lebensraum höchstens mit ♂ der Paradieskasarka (41) verwechselt werden. Diese sind aber größer und schwärzer, haben einen schwarzen Schnabel und oft an den Flanken einen von den weißen Flügeldecken gebildeten Streifen. Die Augenbrauenente (91) hat helle Kopfseiten, einen deutlichen Überaugenstreif und einen dunklen Schnabel. **Im Flug** - Nur selten fliegend zu beobachten. Das völlig einheitlich wirkende, dunkelgraue Gefieder ist unter den Enten Neuseelands einmalig. Eine massige Ente, die mit kräftigen, schnellen Flügelschlägen dicht über dem Wasser den Fluß entlangfliegt.
Stimme: Der Ruf des ♂ ist ein schrilles, pfeifendes „wheio" oder „whei-wheio", der des ♀ ein tiefes, rasselndes Knurren.
Beschreibung: In allen Kleidern ähnlich. **Ad.-** Fast das gesamte Gefieder ist mittelgrau mit bläulichem Ton. Der Kopf ist etwas dunkler als der Rumpf und hat auf Scheitel und Nacken einen bräunlichen Anflug. Die Brust ist dicht bräunlichrot gefleckt. Die Unterschwanzdecken sind rotbraun. Der Vorderrücken und die Schultern sind schwach schwärzlich gesprenkelt. Die Armschwingen haben schmale, weiße Spitzensäume. Die Fleckung der Brust ist bei ♀ im allgemeinen schwächer als bei ♂. **Juv.-** Den Ad. ähnlich, das Gefieder aber ohne blaue Tönung. Die Brustflecken sind nicht rot-, sondern dunkelbraun. Die Oberflügeldecken sind braun überflogen. Im Alter von sechs Monaten sind sie weitgehend wie die Ad. gefärbt.
Federlose Partien: Ad.- Schnabel weiß mit rosa Anflug. Nagel, Nasenlöcher und Hautlappen an beiden Seiten der Schnabelspitze schwarz. Füße mittelbraun mit dunkleren Flecken. Iris blaß- bis sattgelb. **Juv.-** Schnabel sehr hell bläulichgrau. Nagel, Hautlappen und Oberschnabelfirst schwärzlich. Füße wie die der Ad., aber oft mehr gelblichbraun. Iris zunächst dunkelbraun, wird ungefähr im Alter von neun Monaten gelb. Reste des dunklen Streifens auf dem Oberschnabel bleiben bis ins zweite Jahr erhalten.
Maße: Geschlechter weitgehend gleich. Flügel 235-249; Lauf 48-51; Schnabel 40-45; mittleres Gewicht ♂ 887, ♀ 750.
Geographische Variabilität: Keine.
Lebensweise: Ein seltener Bewohner reißender Gebirgsflüsse. Wenig gesellig. Für gewöhnlich paarweise oder im Familienverband anzutreffen. Die Paarbindung scheint dauerhaft zu sein. Streng territorial. Jede andere Ente wird aus dem vom Paar besetzten Flußabschnitt verjagt. Bruten vorwiegend von August bis Oktober. Nester in Höhlungen der Uferböschung, unter Büschen, in hohlen Stämmen und in kleinen Felshöhlen. Die Ad. mausern und werden flugunfähig, wenn die Jungen noch nicht fliegen können. Sie überlassen dann die Jungen sich selbst oder vertreiben sie sogar aus ihrem Territorium. Schwimmt viel umher und setzt sich zum Ruhen auf die im Fluß liegenden Felsbrocken. Im Wasser sehr behende. Nahrungssuche mit eingetauchtem Kopf und Hals oder tauchend. Sammelt so auf Steinen sitzende Insekten ab. Stromschnellen und Strudel werden mühelos bewältigt. Schwimmt in ruhigem Wasser mit angehobenem Schwanz. Im allgemeinen recht vertraut. Läßt Beobachter oft dicht an sich heran. Wegen der Unzugänglichkeit des Geländes und der großen Territorien nicht leicht zu finden.
Biotop: Gebirgsflüsse Neuseelands. Abschnitte mit starker bis reißender Strömung, Felsen, Geröll und dichtem Buschwerk an den Ufern werden bevorzugt.
Verbreitung: Früher über ganz Neuseeland verbreitet. Die heutige Verbreitung ist stark inselartig aufgeteilt. Kommt vor allem im Westen der Südinsel (Otago und Southland) vor und ist noch in einigen Gegenden der Nordinsel (Urewara, Tongariro Nationalpark) anzutreffen.
Bestand: Obgleich völlig geschützt, ist doch ein erheblicher Rückgang der Bestände festzustellen. Die Hauptgefahr ist in den spezialisierten Lebensraumansprüchen begründet. Die anfänglichen Verluste werden auf eingebürgerte Raubsäuger und auf Nahrungskonkurrenz mit eingesetzten Forellen zurückgeführt. Das Hauptproblem stellt jetzt der Bau von Wasserkraftwerken dar. Durch die Dammbauten verlieren viele der ganzjährig territorialen Enten ihre Lebensmöglichkeiten. Der Gesamtbestand wurde 1975 auf nur noch 5.000 geschätzt. Der Rückgang setzt sich fort. Die Art ist inzwischen ernsthaft gefährdet.
Literatur: Eldrige 1985, 1986a, Hall 1987, Kear 1972.

55 Sturzbachente Tafel 16
Merganetta armata
Englisch: Torrent Duck

Eine an ein Leben auf reißenden Gebirgsflüssen angepaßte südamerikanische Ente. Ihre systematische Zugehörigkeit ist unsicher. Livezey (1986) stellt sie zusammen mit der Saumschnabelente (54) und den Dampfschiffenten in die Nähe der Halbgänse.

Feldkennzeichen: Länge 43-46 cm. **Am Boden -** Eine unverwechselbare Ente schnell fließender Andenflüsse mit ausgeprägtem Geschlechtsdimorphismus. Sie ist am ehesten zu entdecken, wenn sie inmitten des tosenden Wassers auf einem Felsen sitzt. Charakteristische Kennzeichen sind der schlanke, gestreckte Körper, der lange Schwanz und die kräftigen Beine. Die ♂ haben einen auffällig schwarzweiß gestreiften Kopf und Hals sowie eine dunkle Unterseite. Die Färbung ihrer Unterseite ist regional recht verschieden. Die ♀ sind weniger variabel. Sie haben eine blaugraue Ober- und eine hell kastanienbraune Unterseite. ♂ und ♀ haben rote Schnäbel und Füße. Die Juv. sind auf Scheitel, Nacken und Oberseite gräulichbraun und an der Unterseite weißlich. Trotz der Färbungsvarianten kaum mit einer anderen Art des Gebietes zu verwechseln. **Im Flug -** Selten fliegend zu beobachten. Kenntlich am gestreckten Körper, der dunklen Oberseite, dem weiß eingefaßten, grünen Flügelspiegel und der jeweiligen Kopf- und Unterseitenfärbung. Fliegt mit sehr flachen Flügelschlägen in reißendem Flug zumeist dicht über dem Wasser den Fluß entlang.
Stimme: Beide Geschlechter lassen ein scharfes Pfeifen hören. Der Ruf des ♂ ist ein schrilles einfaches oder wiederholtes „wieht", das zum Ende hin etwas abfällt und das Brausen des Wassers übertönt. Der Ruf des ♀ klingt mehr kehlig, wie „quietsch". Er ist weniger durchdringend.
Beschreibung: Ausgeprägter Geschlechtsdimorphismus. Die ♂ sind individuell und geographisch variabel. Beschreibung der Unterart *M.a.leucogenis* : ♂ **ad.-** An Kopf und Hals ein kompliziertes, schwarzweißes Muster. Scheitel von der Stirn bis zum Nacken schwarz. Der Zügel und die Überaugenstreifen, die sich am Nacken treffen, weiß. Die von den Augen ausgehenden schwarzen Streifen vereinen sich am Nacken und setzen sich in einem den Hinterhals abwärtsziehenden Band fort. Vor dem Nacken zweigt vom schwarzen Augenstreifen ein weiterer, im Bogen über die Halsseiten verlaufender Streifen ab. Stirn, Kopfseiten und Hals sonst weiß. Brust und Flanken individuell variabel, bei einigen einheitlich bräunlichschwarz, bei anderen gräulichbraun mit ausgeprägter schwarzer Streifung. Zwischen diesen beiden Extremen verschiedenste Zwischenformen. Bauch und Afterregion dunkelgrau. Vorderrücken- und Schulterfedern verlängert und zugespitzt, mit schwarzer Mitte und individuell unterschiedlichen, braunen bis weißlichen Rändern. Rücken, Bürzel und Oberschwanzdecken fein grau und schwarz gebändert. Die graubraunen Schwanzfedern sind lang und versteift. Am Flügelbug ein kurzer, zumeist nicht sichtbarer Sporn. Oberflügeldecken bläulichgrau. Auf den Armschwingen ein grün schillernder, nach vorne und hinten weiß gerandeter Spiegel. Handschwingen dunkel graubraun. ♀ **ad.-** Oberkopf, Kopfseiten, Hinterhals und fast die gesamte Oberseite grau. Kopf und Hals mit feiner Strichelung. Die verlängerten und zugespitzten Schulterfedern mit schwärzlicher Mitte. Kehle, Vorderhals und die gesamte Unterseite orangebraun. Flügel und Schwanz wie beim ♂. **Juv.-** Oberkopf, hintere Halshälfte und fast die ganze Oberseite bräunlichgrau. Schulterfedern mit dunklerer Mitte. Kehle, vordere Halshälfte und Unterseite weißlich. Brustseiten und Flanken dunkelgrau gebändert. Flügel und Schwanz weitgehend wie bei den Ad.
Federlose Partien: Bei allen Unterarten gleich. **Ad.-** Schnabel und Füße rot. Lauf und Schwimmhäute dunkel gezeichnet. Iris beim ♂ schwärzlichbraun, beim ♀ braun. **Juv.-** Schnabel und Füße gräulichrot.
Maße: Alle Unterarten gleich. ♂ im allgemeinen etwas größer als ♀. Flügel 132-184 (♂ 142-184, ♀ 132-165); Lauf 38-41; Schnabel 25-31; mittleres Gewicht ♂ 440, ♀ 330.
Geographische Variabilität: Hier werden drei Unterarten unterschieden, es sind aber noch weitere beschrieben worden (s. u.). Die Situation ist recht verwickelt. Das ♂ von *M.a.armata* (Chilenische St.) aus den chilenischen und argentinischen Anden hat auch auf dem Vorderhals einen schwarzen Streifen, der von der Brust bis zum Unterschnabel zieht. Von der Kehle geht eine kurze Abzweigung zum Auge. Die weißen Überaugenstreifen sind im Nacken nicht verbunden. Der schwarze Scheitel geht ohne Unterbrechung in den Mittelstreifen des Hinterhalses über. Die Unterseite ist schwärzlich und die Flanken kräftig braun getönt. Die Ränder der Schulterfedern sind weiß. Das ♂ der etwas kleineren Unterart *M.a.colombiana* (Kolumbianische St.) aus den nördlichen Anden (Venezuela, Kolumbien, Nordekuador) sind am hellsten. Ihre Unterseite ist weißlichgrau mit schwarzer Längsstreifung. Die Ränder der Schulterfedern sind hellbraun. Die ♀ und Juv. aller Formen sind weitgehend ähnlich. Das ♀ von *M.a.colombiana* ist auf der Unterseite heller und mehr orangebraun. Das Hauptproblem ergibt sich aus der großen Variabilität von *M.a.leucogenis* (Peruanische St., s. Beschreibung), deren Verbreitungsgebiet von der Mitte Ekuadors über Peru und Bolivien bis in den äußersten Norden Chiles und den Nordwesten Argentiniens reicht. Früher wurden die verschiedenen Morphen als gesonderte Unterarten behandelt (*M.a.leucogenis*: Mitte Ekuador bis Mitte Peru; *M.a.turneri*: südliches Peru; *M.a.garleppi*: Bolivien; *M.a.berlepschi*: Nordchile und Nordwestargentinien). Es hat sich aber gezeigt, daß an einem Fluß in Peru Enten, die allen diesen Morphen entsprechen, nebeneinander vorkommen. Sie sind also als Varianten einer Form aufzufassen. Taxonomen, die zu starken Aufspaltungen neigen, sehen in den drei Unterarten drei selbständige Arten.
Lebensweise: Sturzbache. leben paarweise oder im Familienverband an reißenden Gebirgsflüssen. Sie sind am leichtesten zu entdecken, wenn sie über der tosenden Gischt auf einem Felsbrocken sitzen. ♂ können sich zu kleineren Balzgemeinschaften zusammenfinden. Die Paarbindung ist von langer Dauer. Regional verschiedene Brutperioden. Im Norden (*M.a.colombiana*) wurden Anfang Juli und im Oktober Paare mit kleinen Jungen beobachtet. Ein Nest mit Eiern wurde im November gefunden. Beides deutet bei dieser äquatorialen Form auf eine langandauernde Brutperiode hin. Weiter südlich, in Peru, wurden die meisten Schofe im Juli und August während der Trockenzeit festgestellt. Gelegefunde im November deuten darauf hin, daß in Chile die meisten Sturzbache. im Südfrühling brüten. Die wenigen bisher entdeckten Nester befanden sich in Höhlun-

gen und Spalten am Ufer. Sturzbache. schwimmen äußerst kraftvoll und gewandt. Wasserfälle und Stromschnellen werden mühelos bezwungen. Beim Schwimmen liegt der Körper tief im Wasser. Sie können bei Gefahr so tief eintauchen, daß nur noch der Kopf über das Wasser ragt und in dieser Haltung schwimmend erhebliche Entfernungen zurücklegen. Sie suchen die Nahrung mit eingetauchtem Hals und Kopf, oft auch ganz untergetaucht, zwischen den umspülten Steinen und klammern sich geschickt an die Felskanten kleiner Wasserfälle, um die bewachsenen Steine abzusuchen. Zum Ausruhen klettern sie auf bestimmte, zumeist mitten aus dem Strom ragende Steine. Sie sind nicht sonderlich scheu. Bei Beunruhigung bringen sie sich schwimmend oder tauchend in Sicherheit. Manchmal fliegen sie auch dicht über dem Wasser davon, fallen aber bald wieder ein.

Biotop: Schnell strömende Gebirgsflüsse mit Stromschnellen, Wasserfällen, Strudeln und Abschnitten ruhigeren Wassers. Im allgemeinen in der subtropischen und gemäßigten Vegetationszone in Höhen zwischen 1500 und 3500 m, in Bolivien auch bis auf 4500 m und in Chile fast bis auf Meereshöhe hinab.

Verbreitung: Zur Verbreitung der drei Unterarten siehe Geographische Variabilität. Im nördlichen Chile scheint eine Verbreitungslücke zu bestehen, die die peruanische von der chilenische Population trennt. Eine zweite solche Lücke in Mittelekuador trennt vielleicht die Formen Perus und Kolumbiens. Sonst über den gesamten Verlauf der Anden von Merida und Tachira in Venezuela über Kolumbien, Ekuador, Peru, Bolivien, Westargentinien und Chile bis nach Feuerland verbreitet. Kommt im Winter aus größeren Höhen in tiefergelegene Flußabschnitte, ist aber nur selten unter 1000 m Höhe anzutreffen. In Kolumbien auch Beobachtungen in 300 m Höhe. Die chilenische Population brütet in manchen Gegenden fast auf Meereshöhe.

Bestand: Scheint im Norden der Verbreitung abzunehmen. In Chile noch recht häufig. Die größten Gefahren entstehen aus Abwassereinleitungen und Abdämmungen zur Errichtung von Wasserkraftwerken. Auch durch die Waldvernichtung ergeben sich Probleme. Dadurch kommt es gehäuft zu hohen Fluten, die die Gelege zerstören und die Nahrungsgründe leerspülen. In viele Andenflüsse sind Forellen eingesetzt worden, die jetzt eine erhebliche Nahrungskonkurrenz darstellen.

Literatur: Eldridge 1979, 1986b, Johnsgard 1966.

Gattung *Tachyeres* (Dampfschiffenten)

Je nachdem, wie eng oder weit die Artgrenzen gezogen werden, zwei bis vier Arten. Massige, große Enten, die an den Küsten der Südspitze Südamerikas und der Falklandinseln leben. Dampfschiffenten sind an sich leicht zu erkennen. Da sie aber alle sehr ähnlich aussehen, ist die Unterscheidung der Arten ausgesprochen schwer. Sie verbringen die meiste Zeit in der Nähe der Küste, wo sie in den Tangbänken nach Nahrung tauchen. Ökologisch gesehen nehmen sie hier im Süden eine den nördlichen Eiderenten vergleichbare Stellung ein. Zum Ruhen versammeln sich kleinere Gruppen auf flachen Felsenriffen. Der Name „Dampfschiffente" ist von einer ihrer typischen Bewegungsweisen abgeleitet. Sie können überhaupt nicht oder nur schwerfällig fliegen. Dafür „paddeln" sie mit hoher Geschwindigkeit über das Wasser. Die wirbelnd das Wasser peitschenden Flügel werden dabei wie die Schaufelräder eines Raddampfers eingesetzt.

Gefiedermerkmale: Das Gefieder aller Arten ist recht ähnlich Es ist im allgemeinen grau und durch die dunkleren Federränder fleckig geschuppt. Die Mitte der Unterseite vom Brustansatz bis zu den Unterschwanzdecken ist weiß. Alle Arten haben das gleiche Flügelmuster: Armschwingen und große Oberflügeldecken weiß, Vorderflügel dunkelgrau und Handschwingen schwärzlichgrau. Unter- und Oberflügel gleich gefärbt. Die Kopf- und Halsfärbung ist je nach Geschlecht, Alter und Jahreszeit erheblich verschieden. Dennoch ist sie das wichtigste Merkmal zur Unterscheidung der Arten. Humphrey und Livezey (1982a) haben die bei der Langflügel-Dampfschiffente (56) auftretenden Variationen beschrieben. Die anderen Arten sind in dieser Beziehung noch nicht ausreichend untersucht worden. Die ♂ sind deutlich größer und massiger als die ♀. Bei den meisten Formen wird der Kopf der ♂ im Verlauf der Brutzeit recht hell, fast weiß. Eine Mauser nach der Brut ergibt kurzfristig eine Art Ruhekleid, in dem das Kopfgefieder der ♂ wieder mehr dem der ♀ gleicht. Alle Arten haben gelbe Schnäbel und Füße. Die Schnabelfärbung kann dennoch zur Unterscheidung der Arten recht nützlich sein. Juv. und Immature können am Gefieder kaum auseinandergehalten werden. Am leichtesten fällt die Arterkennung noch bei Paaren, da dann ein Vergleich der Kopf- Schnabelfärbung von ♂ und ♀ möglich ist.

Flugfähigkeit: Auch die Fähigkeit zum Fliegen ist kein absolut verläßliches Merkmal. Langflügel-Dampfschiffe., die im allgemeinen fliegen können, sind doch nicht immer in der Lage, sich in die Luft zu erheben. Viele der großen ♂, vor allem die aus dem Beagle Kanal, sind absolut flugunfähig. Unter bestimmten Umständen können dagegen die im allgemeinen flugunfähigen Formen kurze Strecken geradlinig dicht über dem Wasser dahinfliegen. Wenn also eine Dampfschiffe. sich höher über das Wasser erhebt und im Flug noch Richtungsänderungen vornimmt, handelt es sich sicher um eine Langflügel-Dampfschiffe. Das gleiche gilt für alle Individuen, die auf Süßwasserseen des Binnenlandes angetroffen werden.

Verbreitung: Die Kenntnis der Verbreitung der einzelnen Arten kann bei der Zuordnung hilfreich sein. Von den flugunfähigen Formen kommen niemals zwei gleichzeitig in einem Gebiet vor. Das Breitungsgebiet der Langflügel-Dampfschiffe. übergreift dagegen das aller anderen Arten. Es ist also nur nötig, die jeweils vorkommende flugunfähige Form von der Langflügel-Dampfschiffe. zu unterscheiden.

Zur Systematik: Nach dem bisher Gesagten ist es nicht verwunderlich, daß die systematische Situation recht komplex ist. Phillips (1925) unterschied nur eine Art. Lowe (1934) zeigte, daß es sich, wie schon lange vermutet, um zwei Arten handelte. Murphy (1936) empfahl die Unterscheidung von drei Arten. Kürzlich wurde bei Untersuchungen an argentinischen Populationen eine vierte „Art" entdeckt (Humphrey und Thomson 1981). Diese neue „Art", die Weißkopf-Dampfschiffe., hat zwar zur Klärung der regionalen Variabilität an der argentinischen Küste beigetragen, aber die Freilandbestimmung nicht sonderlich erleichtert.

Literatur: Delacour 1954, Humphrey und Livezey

1982a, Humphrey und Thompson 1981, Livezey und Humphrey 1982, 1983, 1984, 1985, Lowe 1934, Murphy 1936, Weller 1976.

56 Langflügel-Dampfschiffente Tafel 17
Tachyeres patachonicus
Englisch: Flying Steamer Duck

Die einzige Dampfschiffente, die zu längeren Flügen fähig ist. Einzelne Individuen sind aber auch flugunfähig. Die Verbreitung überschneidet sich mit der der anderen Arten.

Feldkennzeichen: Länge 66-71 cm. **Am Boden -** Im allgemeinen etwas kleiner und weniger massig als die flugunfähigen Arten. Schnabel, Kopf und Hals sind weniger klobig. Die Rückenlinie wirkt durch die längeren Flügel, die fast bis an den Schwanzansatz reichen, mehr aufgewölbt. Die Schwanzfedern sind länger und stärker aufgebogen. Das Körpergefieder, wie bei der zum Verwechseln ähnlichen Falkland-D. (59), mit rötlichbraunen Säumen. Der Kopf der ♂ wird während der Brutzeit fast weiß. Der Schnabel der ♂ ist gelblichorange, bei ♀ und Juv. dagegen gräulich. Die Unterscheidung von den anderen Arten ist schwierig und wird jeweils bei diesen besprochen. Jede Dampfschiffe., die weit im Binnenland angetroffen wird, gehört dieser Art an. Aber auch die anderen Arten können bis zu 1 km und mehr landeinwärts bis zum nächsten Süßgewässer wandern. **Im Flug -** Obwohl die meisten Langflügel-D. recht gut fliegen können, versuchen sie sich doch zunächst „paddelnd" oder tauchend in Sicherheit zu bringen. Sie fliegen nur auf, wenn sie hart bedrängt werden. Fliegende sind am häufigsten während des Südsommers zu beobachten. Eine dunkelgraue, sehr massige Ente mit weißem Bauch und markant schwarzweißen Flügeln. Einige Individuen, vor allem große ♂, können weitgehend flugunfähig sein (s. auch allgemeine Bemerkung zur Flugfähigkeit S. 178).
Stimme: Nicht sonderlich ruffreudig. Das ♂ läßt einen weit tragenden hohen Pfiff, „psie-oah", hören, der zu einem schrillen, trillerartigen „pju-pju.." gesteigert werden kann. Die ♀ quaken tief und knurrend.
Beschreibung: Beschreibung von Rumpf- und Flügelgefieder siehe allgemeine Bemerkungen zu den Gefiedermerkmalen S. 178. Die saisonale und individuelle Variabilität ist schwer durchschaubar. Mausert pro Jahr dreimal und trägt entsprechend verschiedene Kleider. ♂ **ad.-** Außerhalb der Brutperiode, etwa ab Anfang April bis Ende September, Kopf und Hals bräunlichgrau, Scheitel mehr dunkelgrau und Kehle wie Vorderhals kräftig zimtbraun getönt. Vom Auge zum Hinterkopf ein weißer Streifen, der im Bogen um die Ohrdecken zieht. Trägt im Südfrühling, Oktober bis Dezember, ein „Zwischenkleid", mit vorwiegend weißlichem Kopf und Hals. Kopfseiten, vor allem die Zügelregion, hellgrau getönt. Kehle schwach zimtbraun. Im Südsommer, Januar bis März, wieder eine andere Kopffärbung. Erster Typ: Kopf und Hals dunkelbraun, mit kräftig zimtbrauner Kehle und weißem Augenring. Zweiter Typ: Mit dunkelbraunem „Gesicht" (vom Schnabel bis auf die Ohrdecken), grauem Scheitel sowie blaß braungrauem Hinterkopf und Hals. Dritter Typ: Mit dunkel pupurgrauem Kopf und Hals, zimtbrauner Kehle und kurzem, weißen Streifen hinter dem Auge. ♀ **ad.-** Die meiste Zeit über auf dem Scheitel dunkelgrau. Kopfseiten bis an den Rand der Ohrdecken dunkelbraun, Halsseiten aufgehellt und Vorderhals weißlich. Der helle Vorderhals wirkt wie ein Kragen. Kehle dunkel zimtbraun. Vom Auge geht ein weißer Streifen aus, der im Bogen von den hinteren Rand der Ohrdecken zieht. Der Augenstreifen wird im Frühling undeutlich, die Ohrdecken nehmen einen rotbraunen Ton an und der Vorderhals wird dunkel. Das Sommergefieder ist, wie bei den ♂, variabel. Einige ♀ haben einen dunkelbraunen Kopf mit kräftig zimtbrauner Kehle, einen weißlichen Augenring und nur angedeuteten Augenstreif. Bei anderen sind die hinteren Ohrdecken und Halsseiten weit heller. Sie haben einen kurzen, aber deutlichen Augenstreifen. **Juv.-** Kopf und Hals sehr dunkel, fast schwarzbraun. „Gesicht" und vordere Halshälfte rötlich getönt. Auge mit schmalem, weißen Ring. Hinter dem Auge ein feiner, heller Streifen. Das Gefieder gegen Ende des ersten Jahres ausgefärbt.
Federlose Partien: ♂ **ad.-** Schnabel orange oder gelblichorange, zur Spitze hin zumeist blasser. Während der Flügelmauser wird die vordere Schnabelhälfte bläulichgrau. Nagel schwarz. Füße orangegelb. Schwimmhäute gräulich. Fußfärbung während der Flügelmauser mehr blaßgelb. Iris dunkelbraun. ♀ **ad.-** Schnabel schieferblau, manchmal an der Basis leicht gelborange. Nagel schwarz. Füße gelb bis orangegelb. Schwimmhäute gräulich. Iris dunkelbraun. **Juv.-** Schnabel bläulichschwarz, an der Basis ein wenig orange. Nagel schwarz. Füße düster bräunlichgelb. Schwimmhäute schwärzlich. Iris dunkelbraun.
Maße: ♂ deutlich größer als ♀. ♂- Flügel 287-317; Lauf 55-69; Schnabel 48-57; mittleres Gewicht 3030. ♀- Flügel 276-301; Lauf 50-61; Schnabel 50-59; mittleres Gewicht 2425.
Geographische Variabilität: Schnabel- und Fußfärbung scheinen geographisch unterschiedlich zu sein. Bevor daraus aber weitere Schlüsse gezogen werden, sind genauere Freilanduntersuchungen nötig.
Lebensweise: Lebt an der Küste und im Binnensee. Ist hier zumeist paarweise oder im Familienverband anzutreffen. An der Küste auch kleinere Trupps von Nichtbrütern oder Mauservögeln. Bruten in Chile von November bis Januar, auf den Falklandinseln auch schon ab Oktober oder noch früher. Brütet gewöhnlich an Binnenseen, die bis zu 50 km und mehr von der Küste entfernt sein können. Vielleicht spielt dabei die Konkurrenz mit den größeren, flugunfähigen Arten eine Rolle. Wahrscheinlich haben alle Dampfschiffe. eine langdauernde Paarbindung. Während der Brutzeit sind sie streng territorial und ausgesprochen aggressiv, vor allem die ♂. Nest in hoher Vegetation versteckt, zumeist auf einer kleinen Insel. Im Flug eigentlich nur in den Frühlings- und Sommermonaten zu beobachten, wenn die Paare auf der Suche nach Brutplatz landeinwärts fliegen. An der Küste nur schwer zum Auffliegen zu bewegen. Fliehen zumeist „paddelnd" oder tauchend. Versuchen auch an Land eher davonzulaufen und sich zu verstecken als zu fliegen. Einzelne Individuen oder sogar ganze Populationen scheinen völlig flugfähig zu sein.
Biotop: Im Winter an Felsküsten, hält sich aber mehr als andere Dampfschiffe. an Flußmündungen und anderen küstennahen Süßgewässern auf. Brütet im Binnenland an Seen und Flüssen oft in beträchtlicher Entfernung vom Meer, aber auch am Beagle Kanal und anderen Meeresarmen.
Verbreitung: Die Langflügel-D. hat von allen Dampf-

schiffe. das weiteste Verbreitungsgebiet. Sie berührt das Gebiet der Weißkopf-D. (58) nur am Rande, kommt aber mit den beiden anderen Arten gemeinsam vor. Sie ist ein Standvogel, der entlang der Pazifikküste von Feuerland im Süden nordwärts bis nach Concepción (Chile) vorkommt. An der argentinischen Küste ist durch die Weißkopf-D. die Grenzziehung etwas unklar geworden. Hier brütet sie wohl nur bis Santa Cruz. Nichtbrüter erscheinen in kleinen Gruppen auch an der Küste von Chubut. Wenn die Seen im Winter zufrieren, ziehen auch die Populationen des Binnenlandes an die Küste.
Bestand: Weit verbreitet, aber anscheinend überall weniger zahlreich als die flugunfähigen Arten. Das liegt wohl einerseits daran, daß sie mit diesen verwechselt wird, andererseits aber auch an den weniger engen Lebensraumansprüchen. Scheint weder in Südamerika noch auf den Falklandinseln in irgendeiner Weise bedroht zu sein.
Literatur: Humphrey und Livezey 1982a, 1982b, Weller 1976.

57 Magellan-Dampfschiffente   Tafel 17
Tachyeres pteneres
Englisch: Magellanic Flightless Steamer Duck

Die größte Art der Gattung, die auf den äußersten Süden und Südwesten Südamerikas beschränkt ist.

Feldkennzeichen: Länge 74-84 cm. Die Verbreitung überschneidet sich mit der der Langflügel-D. (56). Sie hält sich aber im Gegensatz zu dieser nur an der Küste auf. ♂ und ♀ haben leuchtend orangegelbe Schnäbel (bei Langflügel-D. nur die ♂). Ad. Magellan-D. sind deutlich größer als Langflügel-D. Der Kopf wirkt massiger. Ihre Flügel sind kürzer. Sie reichen gerade bis an die Oberschwanzdecken. Geschlechter nur wenig verschieden. Der Kopf der ♂ ist während der Brutzeit heller und wirkt einheitlicher grau als der der ♀. Er ist im allgemeinen dunkler als bei der Langflügel-D., kann aber unter bestimmten Bedingungen auch fast weißlich erscheinen. Das Rumpfgefieder wirkt grau. Die dunklen Federränder sind mehr grau- als rotbraun. Da ♀ ein insgesamt bräunlich getöntes Gefieder haben können, ist die Gefiederfärbung keineswegs ein sicheres Merkmal. Die weiße Linie hinter dem Auge ist immer weniger ausgeprägt als bei Langflügel-D., die dieses Merkmal ja aber auch nicht immer zeigen. Juv. und Immature beider Arten können nicht unterschieden werden. Im direkten Vergleich können Größe und Kopfform gewisse Hinweise geben. Endgültige Klarheit entsteht erst dann, wenn eine der Enten davonfliegt, was aber leider nur in den seltensten Fällen vorkommen wird.
Stimme: Die Rufe klingen ähnlich wie die der Langflügel-D. Der Ruf des ♂ ist weniger schrill, mehr krächzend.
Beschreibung: Gefieder weniger variabel als bei Langflügel-D. Geschlechter weitgehend gleich. Mausern zwei-, vielleicht auch dreimal pro Jahr. Mauserfolge bisher nicht genau untersucht. Körper und Flügel siehe unter den allgemeinen Bemerkungen zu den Gefiedermerkmalen. ♂ **ad.-** Im Südfrühling Kopf und Hals einheitlich hellgrau. In der übrigen Zeit Kopf dunkler grau. Bei einigen ♂ Stirn und Scheitel heller. Kehle rotbraun getönt. Weißer Augenring. ♀ **ad.-** Kopf dunkler als beim ♂. Kopfseiten mehr braun. Weißer Augenring und angedeuteter Augenstreifen. Kehle dunkel rotbraun. **Juv.-** Kopf und Hals einfarbig dunkel graubraun. Schmaler, heller Augenring. Wahrscheinlich gegen Ende des ersten Lebensjahres wie die Ad. gefärbt.
Federlose Partien: *Ad.-* Schnabel orange. Färbung bei den ♂ am intensivsten. Die Schnabelbasis kann bei ihnen rotorange sein. Nagel schwärzlich. Füße sattgelb. Schwimmhäute gräulich. Iris dunkelbraun. *Juv.-* Schnabel schwärzlichgelb. Füße matt bräunlichgelb. Iris dunkelbraun.
Maße: ♂ deutlich größer als ♀. ♂- Flügel 260-288; Lauf 66-79; Schnabel 55-66; mittleres Gewicht 5310. ♀- Flügel 255-271; Lauf 63-71; Schnabel 54-64; mittleres Gewicht 4328.
Geographische Variabilität: Keine.
Lebensweise: Gewöhnlich paarweise und oder im Familienverband, seltener kleine Gruppen. In Chile soll es, wenn die Jungvögel selbständig werden, auch zu größeren Ansammlungen kommen. Nur sehr kleine Mausergemeinschaften. Im Winter manchmal zusammen mit Langflügel-D. Bruten vorwiegend im September und Dezember. Die Paare sind bei der Verteidigung der Brutterritorien sehr aggressiv. Nester nahe am Strand, unter Gestrüpp versteckt. Tauchen zur Nahrungssuche in Tangbänken. Kommen zum Ruhen oder bei Niedrigwasser an Land. Nur selten auf küstennahen Süßwasserseen. Suchen zum Trinken aber gern die Mündungen kleiner Bäche auf.
Biotop: Buchtenreiche Felsküsten.
Verbreitung: Entlang der Küste und auf vorgelagerten Inseln von Chiloe (Chile) bis Staten Island vor der Südspitze Feuerlands. Angaben über das Vorkommen in nördlicheren Bereichen der argentinischen Küste beruhen vielleicht auf Verwechslungen mit der kürzlich beschriebenen Weißkopf-D. (58).
Bestand: Örtlich durchaus häufig. Bestand weitgehend unbekannt, aber wohl nirgendwo bedroht.
Literatur: Murphy 1936, Weller 1976.

58 Weißkopf-Dampfschiffente   Tafel 17
Tachyeres leucocephalus
Englisch: White-headed Flightless Steamer Duck

Eine 1981 beschriebene, neue „Art". Kommt nur an der Küste von Chubut (Argentinien) vor.

Feldkennzeichen: Länge 61-74 cm. Häufigste Dampfschiffe. der Küste von Chubut (Argentinien). Von September bis Januar kommt hier in geringer Zahl auch die Langflügel-D. (56) vor. Da der Kopf des ♂ der Langflügel-D. außerhalb der Brutzeit immer dunkel ist, handelt es sich bei jeder hier beobachteten, hellköpfigen Dampfschiffe. um ein ♂ der Weißkopf-D. Die ♀ haben einen breiten, vom Auge ausgehenden hellen Streifen, der in die hellen Halsseiten übergeht. Der Augenstreifen der Langflügel-D.-♀ ist weit undeutlicher und schmaler. Im Sommer haben aber auch die Weißkopf-D. keine hellen Augenstreifen. Weißkopf-D. sind größer und massiger als Langflügel-D. Kopf und Schnabel wirken bei ihnen kompakter. Die Flügel reichen nur bis zu den Oberschwanzdecken. Die Juv. sind im allgemeinen an Stirn und Hals heller als juv. Langflügel-D. Dennoch sind die Juv. und Immaturen beider Arten kaum zu unterscheiden.
Stimme: Bisher nicht beschrieben. Wahrscheinlich wie bei den anderen Arten.
Beschreibung: Geschlechter verschieden. Gefieder von Körper und Flügel siehe unter den allgemeinen Bemerkungen zu den Gefiedermerkmalen. Mausert

zweimal jährlich. ♂ **ad.**- Kopf und Hals weißlich. Scheitel schwachgrau getönt. Zügel blaßbräunlich. Mitte der Kehle hell zimtbraun. Während der Brutzeit können Kopf und Hals noch heller, fast weiß sein. Nach der Brut, im Sommer, Kopf und Hals kurzfristig wie bei den ♀, dunkel mit deutlichem Augenstreifen. ♀ **ad.**- Stirn und Scheitel dunkelgrau. Gesicht und Ohrdecken rötlichbraun. Kehle zimtbraun. Der Augenring und ein relativ breiter, vom Auge ausgehender Streifen, der im Bogen um die Ohrdecken zieht und mit den hellen Halsseiten verschmilzt, ist weiß. Um den Vorderhals ein breiter, weißlicher Kragen. Kopf und Hals im Sommer dunkler, mehr purpurbraun. Wahrscheinlich fehlt dann auch der Augenstreifen. **Juv.**- Kopf und Hals dunkelbraun. Kopfseiten mehr rötlichbraun. Vordere Halshälfte heller als die hintere. Heller Augenring. Augenstreifen undeutlich. Übergang zum Ad.-Kleid noch unklar. Immature im Gefieder ungefähr zwischen Juv. und ♀.
Federlose Partien: ♂ **ad.**- Schnabel orange, zur Spitze hin zunehmend gelb. Nagel schwarz. ♀ **ad.**- Schnabel gräulichgelb. Füße bei ♂ und ♀ sattgelb. Iris braun. **Juv.**- Schnabel düstergrau. Nagel schwarz. Füße bräunlichgelb. Iris braun.
Maße: ♂ deutlich größer als ♀. ♂- Flügel 262-295; Lauf 61-67; Schnabel 51-63; mittleres Gewicht 3790. ♀- Flügel ca. 262-282; mittleres Gewicht 2950.
Geographische Variabilität: Keine.
Lebensweise: Verhält sich wie die anderen flugunfähigen Dampfschiffe. Brütet auf einigen Inseln fast koloniartig. Im allgemeinen aber territorial und im Brutterritorium aggressiv. Nichtbrüter schließen sich zu großen Trupps zusammen. Bruten von Oktober bis Februar. Nester auf Inseln oder Halbinseln nah am Strand, zumeist unter dichtem Buschwerk. Bisher noch nicht auf Süßwasser angetroffen.
Biotop: Offene Felsküste, geschützte Buchten und küstennahe Inseln.
Verbreitung: Standvogel an der Küste der Provinz Chubut (Argentinien). Bisher nur aus der Region um Puerto Melo bekannt. Lebt aber sicher entlang der ganzen Küste von Bahia Bustamante im Süden bis zur Halbinsel Valdez im Norden.
Bestand: Bisher keine Angaben zum Bestand. Scheint im begrenzten Verbreitungsgebiet häufig zu sein.
Literatur: Humphrey und Livezey 1985, Humphrey und Thompson 1981.

59 Falkland-Dampfschiffente Tafel 17
Tachyeres brachypterus
Englisch: Falkland Flightless Steamer Duck

Eine endemische Art der Falklandinseln, die hier gemeinsam mit der Langflügel-D. (56) vorkommt. Sie scheint von beiden die häufigere zu sein.

Feldkennzeichen: Länge 61-74 cm. Falkland- und Langflügel-D. leben an den Küsten der Falklandinseln. Die Arten zu unterscheiden, ist sehr schwer. Über längere Strecken in größerer Höhe fliegende Enten sind sicher Langflügel-D. Die Falkland-D. kann dicht über die Wasseroberfläche dahinflattern, erhebt sich aber niemals in die Luft. Im Inneren der Inseln ist sie nicht anzutreffen. Auf Seen und Teichen in der Nähe des Strandes kann sie aber vorkommen, da sie zum Trinken, Baden oder sogar Nisten bis zu 1 km und mehr ins Landesinnere wandert. Sie ist größer und massiger als die Langflügel-D. Ihr Kopf und Schnabel wirken kompakter. Ihre Flügel reichen nur bis zu den Oberschwanzdecken. Der Schwanz der Langflügel-D. ist länger und stärker aufgebogen. Beide Arten sehen verwirrend gleich aus. Die Falkland-D. kann einen gelblichen Kragen haben. Die ♂ beider Arten haben während der Brutzeit einen weißlichen Kopf. Der Schnabel des Falkland-D.-♂ ist einheitlich orange, der des ♂ der Langflügel-D. nach vorne zu blaßgräulich.
Stimme: Wie die der anderen Arten. Der Ruf des ♂ ist ein hoher, krächzender Pfiff, „pie-oah", und der des ♀ ein tiefes, grunzendes Knurren.
Beschreibung: Geschlechter verschieden. Gefieder von Körper und Flügel, siehe unter den allgemeinen Bemerkungen zu den Gefiedermerkmalen S. 178. Der Langflügel-D.sehr ähnlich, mit viel Rotbraun im Gefieder. Mausert dreimal jährlich. Die Mauserfolge und die einzelnen Kleider sind aber noch nicht ausreichend bekannt. ♂ **ad.**- Der Kopf ist die meiste Zeit über hellgrau und am Zügel sowie am Kopfseiten dunkel gefleckt. Um das Auge ein weißer Ring und hinter dem Auge ein weißlicher Streifen, der im Bogen um die Ohrdecken zieht. Die Kehle und der obere Vorderhals sind rötlichbraun. Der untere Vorderhals ist gelblichbraun. Während der Brutzeit werden Kopf und Hals ausgesprochen hell. Der Kopf wirkt dann weißlich mit dunklerer Tönung im Gesicht. ♀ **ad.**- Scheitel und Nacken sind dunkelgrau. Kopfseiten und Hals sind sehr dunkel rotbraun. Um das Auge ein schmaler weißer Ring und ein deutlicher, weißlicher Streifen hinter dem Auge. Saisonale Kleider unbekannt. **Juv.**- Kopf und Hals einheitlich dunkel graubraun mit schmalem, hellen Augenring, aber ohne Augenstreifen. Zum Ende des ersten Jahres ausgefärbt. Immature ♂ haben im zweiten Jahr noch bräunliche Kopfseiten.
Federlose Partien: ♂ **ad.**- Schnabel leuchtendorange, zur Spitze hin etwas blasser. Nagel schwarz. Füße sattgelb. Iris braun. ♀ **ad.**- Schnabel olivgrau, an der Basis und auf dem First gelb. Nagel schwarz. Füße gelb. Iris dunkelbraun. **Juv.**- Schnabel düstergrau. Füße bräunlichgelb. Iris dunkelbraun. Schnabel der ♂ ab dem zweiten Jahr zunehmend orange.
Maße: ♂ deutlich größer als . ♂- Flügel 272-282; Lauf 63-73; Schnabel 53-61; mittleres Gewicht 4334. ♀- Flügel 251-272; Lauf 55-63; Schnabel 52-58, mittleres Gewicht 3383.
Geographische Variabilität: Keine.
Lebensweise: Neben Paaren und Familien auch größere Ansammlungen von Nichtbrütern. Am Brutplatz streng territorial und ausgesprochen aggressiv. Die meisten Bruten von Mitte September bis Ende Dezember. Gelege sind aber zu fast jeder Zeit des Jahres gefunden worden. Nester unter Grashorsten, manchmal auch in alten Pinguinhöhlen, zumeist nah am Ufer, aber auch bis zu 1 km von der Küste entfernt. Bleibt bei der Nahrungssuche zumeist dicht unter Land. Ernährt sich tauchend oder gründelnd. Geht an Stellen mit höherem Tidenhub während des Niedrigwassers an Land, sitzt auch sonst viel am Strand. Sucht oft Bachmündungen und nah am Meer gelegene Süßwasserteiche auf. Im Winter gemischte Trupps von Falkland- und Langflügel-D.
Biotop: Felsküste und kleine Felsinseln mit Buchten.
Verbreitung: Weit verbreiteter Standvogel der Falklandinseln.
Bestand: Gesamtbestand bisher nicht erfaßt. Kommt an allen irgendwie geeigneten Küstenabschnitten vor und ist in einigen Gegenden durchaus häufig.
Literatur: Weller 1976.

Unterfamilie Anatinae (Enten)

Alle die folgenden 28 Gattungen wurden von Livezey (1986) zu einer großen Unterfamilie vereint. Für die Bestimmung ist es aber sinnvoller, eine straffe Untergliederung beizubehalten. Die einzelnen Gattungen oder doch Gruppen ähnlicher Arten werden also gesondert behandelt.

Tribus Anatini (Gründelenten)

Einige hier einbezogene Gattungen wurden früher anderen Gruppierungen zugeordnet. *Pteronetta*, *Cairina*, *Aix*, *Nettapus*, *Callonetta* und *Amazonetta* bildeten zusammen mit der jetzt zu den Tadorninae gestellten Gattungen *Plectropterus* und *Sarkidiornis* den Tribus „Cairinini". Die hier verwendete Anordnung folgt dem Vorschlag von Livezey. Die einzige Ausnahme ist *Salvadorina*, die als monotypische Gattung von Anas getrennt wird.

60 Hartlaubente Tafel 21
Pteronetta hartlaubi
Englisch: Hartlaub's Duck

Eine recht seltsame Waldente Westafrikas, die vielleicht am nächsten mit der Moschusente (61) aus Südamerika und der Weißflügelente (62) aus Asien verwandt ist.

Feldkennzeichen: Länge 56-58 cm. *Am Boden* - Eine große, dunkle Ente der Waldflüsse West- und Zentralafrikas. Im Schatten der Bäume sieht sie trotz der kräftigen Farben einheitlich dunkel aus. Die Färbung ist allgemein satt kastanienbraun mit schwarzem Kopf. Das auffälligste Gefiedermerkmal sind die weißen Flecke am Kopf der ♂. Im Extremfall kann die gesamte obere Kopfhälfte weiß sein. Das ♀ hat zumeist kein Weiß am Kopf. Eine Verwechslung mit anderen Arten ist unwahrscheinlich. ♂ mit ausgedehnter Weißfärbung am Kopf könnten für Witwenpfeifgänse (7) gehalten werden, Gestalt und Lebensraum sind aber völlig verschieden. Bei der eventuell ähnlichen Schwarzente (70) sind die charakteristischen weißen Mondflecke am Oberarm auch bei trübem Licht gut zu sehen. *Im Flug* - Eine große, klobige, insgesamt dunkel wirkende Ente mit auffälligen, hellblauen Oberflügeldecken. Ober- und Unterflügel ohne Weiß. Der Unterflügel ist einheitlich dunkel.
Stimme: Recht schweigsam. Unter den bekannten Rufen ein wiederholtes Quaken „ko-ko..", ein plauderndes „whit-whit.." und verschiedene andere rauhe Laute.
Beschreibung: Alle Kleider ähnlich. ♂ *ad.*- Kopf und Oberhals schwarz. Am Kopf unterschiedlich ausgedehnte, weiße Flecke. Zumeist nur an der Stirn weiß. Bei einigen, vor allem im Nordosten Zaires, auch der ganze Oberkopf weiß. Unterhals und fast der gesamte Rumpf tief kastanienbraun, zum Hinterende hin mehr dunkelbraun. Bürzel, Oberschwanzdecken, Schwanz und Schulterfedern olivbraun. Oberflügeldecken hellblau. Schwingen olivbraun. Armschwingen mit blaugrauem und Ellenbogenfedern mit schwarzem Rand. ♀ *ad.*- Weitgehend wie das ♂. Kopf zumeist ohne Weiß. Gefieder im allgemeinen etwas heller. *Juv.*- Noch düsterer gefärbt als das ♀. Die hellen Federränder ergeben einen leicht melierten wirkenden Effekt.
Federlose Partien: Schnabel immer schwarz mit blaß weißlichgrauer, gelblicher oder schwachrosa Spitze. Füße immer dunkel gelblichbraun. Schnabelbasis der ♂ während der Brutzeit leicht geschwollen. Iris rötlichbraun.
Maße: ♂ im allgemeinen größer als ♀. ♂- Flügel 270-281; Lauf 44-46; Schnabel 46-48; mittleres Gewicht 976. ♀- Flügel 248-266; Schnabel 44-47; mittleres Gewicht 788.
Geographische Variabilität: Es werden keine Unterarten unterschieden. Früher wurden Enten mit viel Weiß am Kopf zur Form „*P.h.albifrons*" vereint. Obwohl diese Variante örtlich, z.B. in Zaire, gehäuft auftritt, ist sie geographisch nicht signifikant. Es handelt sich wohl nur um die in einigen Populationen verbreitete Neigung zu partiellem Albinismus.
Lebensweise: Im Freiland wenig untersucht. Gewöhnlich paarweise, aber auf größeren, freieren Flüssen auch kleine Trupps, bei den es sich vielleicht um Mauseransammlungen handelt. Jungenschofe von August bis November. Nest aus dem Freiland noch nicht beschrieben. Nistet nach Gefangenschaftsbeobachtungen wahrscheinlich in Baumhöhlen. Lebt auf Flüssen mit bewaldeten Ufern. Nahrungssuche bevorzugt an kleinen, dicht überwucherten Wasserläufen. Scheint gegen den Abend hin besonders aktiv zu werden. Baumt gern auf. Flieht bei Störungen oft in den Schutz der Baumkronen. Hält sich gewöhnlich von anderen Enten des Lebensraumes, z.B. von Schwarzenten, getrennt. Weder sonderlich scheu noch selten. Es ist daher erstaunlich, daß diese interessante Art bisher so wenig Beachtung gefunden hat.
Biotop: Teiche, Bäche und Flüsse des tropischen Regenwaldes und der bewaldeten Savanne.
Verbreitung: In West- und Zentralafrika ein weit verbreiteter Standvogel. Das Verbreitungsgebiet reicht von Sierra Leone und Guinea ostwärts bis in den äußersten Südwesten des Sudan und nach Süden bis ins mittlere Zaire. Kommt anscheinend in Kamerun, Gabun, Kongo und Zaire am häufigsten vor.
Bestand: Keine Angaben zum Bestand. Scheint örtlich durchaus zahlreich zu sein. Bei der Abhängigkeit vom Regenwald kann die weiträumige Waldvernichtung nicht ohne negativen Einfluß auf lokale Bestände geblieben sein.
Literatur: Brown et al. 1982, Mackworth-Pread und Grant 1970.

61 Moschusente Tafel 18
Cairina moschata
Englisch: Muscovy Duck

Als Haustier weithin bekannt. Die wilde Stammform dieser Hausenten lebt im bewaldeten Tiefland Mittel- und Südamerikas.

Feldkennzeichen: Länge 66-84 cm. *Am Boden* - Unverkennbar. Eine große, massige, schwarze Ente mit hervorstechend weißen Flügeldecken. Das ♂ ist

wesentlich größer als das ♀. Es hat auf der Schnabelbasis einen markanten Höcker. Die Juv. sind einheitlich schwärzlich. Die Verwechslung mit einer anderen Art ist unwahrscheinlich. Gescheckte oder ganz weiße, entflogene „Hausenten" können zu erheblichen Mißdeutungen führen. An dem rötlichen Schnabel und dem nackten, warzigen Gesicht sind sie jedoch leicht zu erkennen. Die wilde Stammform ist schlanker und wohlproportionierter als ihre plumpen, domestizierten Nachkommen. **Im Flug -** Eine große, massige, schwarze Enten mit scharf kontrastierenden, weißen Ober- und Unterflügeldecken. Bei den Juv. entwickeln sich die weißen Flügelfelder erst mit der Zeit. Zunächst sehen sie einfarbig schwärzlich aus. Die Verwechslung mit irgendeiner anderen Art ist unwahrscheinlich. Die Rotschnabelpfeifgans (9) gleicht zwar auch einer größeren, dunklen Ente mit Weiß am Oberflügel, kann aber nur unter ungünstigsten Sichtverhältnissen für eine Moschuse. gehalten werden.
Stimme: Verhältnismäßig schweigsam. Die ♂ lassen ein tiefes Fauchen und die ♀ ein kurzes, schwaches Quaken hören.
Beschreibung: Geschlechter im Gefieder gleich. **Ad.-** Die ♂ haben am Hinterkopf und Nacken eine kurze Mähne. Das gesamte Gefieder ist, die Flügeldecken ausgenommen, bräunlichschwarz. Die Oberseite mit grünem und pupurnem Metallglanz. Ober- und Unterflügeldecken weiß. Schwingen schwarz. **Juv.-** Färbung leicht variabel. Zumeist wie die der Ad., aber insgesamt matter und brauner, mit weniger Glanz. Einige erscheinen mehr fleckig. Die weißen Flügeldecken werden erst gegen Ende des ersten Jahres ausgebildet. Der Flügel ist nicht vor dem zweiten Jahr voll ausgefärbt.
Federlose Partien: ♂ ad.- Schnabel schwarz, am First weißlichfleischfarben gefleckt. Höcker auf der Schnabelbasis und nackte Gesichtshaut schwärzlich, manchmal auch rötlich. Rot im Gesicht ist mehr für „Hausenten" charakteristisch. Füße grauschwarz. Iris gelblichbraun. **♀ ad. und Juv.-** Färbung wie beim ♂, aber ohne Schnabelhöcker.
Maße: ♂, auch juv. ♂, wesentlich größer als ♀. ♂- Flügel 350-400; Lauf 55-65; Schnabel 65-75; mittleres Gewicht ca. 3000. ♀- Flügel 300-315; Schnabel 50-53; mittleres Gewicht ca. 1250.
Geographische Variabilität: Keine.
Lebensweise: Im Freiland nur wenig untersucht. Gewöhnlich kleine Trupps. Große Mauseransammlungen sind bisher nicht bekannt geworden. Keine feste Paarbindung. Das ♂ ist an der Verteidigung des Nestes und der Betreuung der Jungen nicht beteiligt. Brutperiode entsprechend der weiten Verbreitung recht variabel. Bruten zumeist während der jeweiligen Regenzeit: Guayana - Februar bis Mai, Venezuela - Juli und November, Panama - Juni, Bolivien - November, Peru - März. Nistet gewöhnlich in hohlen Bäumen, aber auch am Boden in dichter Vegetation. Nahrungssuche vorwiegend im Wasser von der Oberfläche schnatternd oder gründelnd. Weidet gelegentlich auch auf Uferwiesen. Am Abend und Morgen besonders aktiv. Baumt gern auf. Gemeinschaftlich aufgesuchte Ruheplätze in den Kronen großer Bäume. Die Enten sitzen hier nebeneinander auf breiten Ästen. Die Moschuse. werden in den meisten Gegenden stark verfolgt und sind daher ausgesprochen wachsam und scheu.
Biotop: Seen, Lagunen, Sümpfe und träge fließende Flüsse in tropischen Waldregionen des Flachlandes. Bevorzugt eindeutig Süßwasser, sucht während der Trockenzeit aber auch Brackwassergebiete an der Küste auf.
Verbreitung: Ein weites, aber nicht immer geschlossenes Verbreitungsgebiet, das sich von Mexiko an über alle Niederungen des nördlichen Südamerika erstreckt. Die Anden bilden die Westgrenze. Die Südgrenze liegt im nördlichen Argentinien (Santa Fé und Santiago del Estero) und nördlichen Uruguay. Im allgemeinen ein Standvogel, mehrere Beobachtungen auf Trinidad und Beobachtungen aus Kolumbien und Peru deuten aber auf Wanderungen während der Trockenzeit hin. Irrgäste sind im Süden Uruguays und in der Provinz Buenos Aires in Argentinien gesichtet worden. Kürzlich wurde auch in Texas ein Irrgast festgestellt.
Bestand: Keine Bestandsangaben. Nur örtlich häufiger. Die Siedlungsdichte ist im Osten der Verbreitung allgemein gering. In vielen Gegenden durch Verfolgung dezimiert. Durch das Anbringen von Nistkästen konnte in Mexiko eine Hebung des Bestandes erreicht werden.
Literatur: Johnsgard 1978.

62 Weißflügelente   Tafel 18
Cairina scutulata
Englisch: White-winged Wood Duck

Eine seltene, verborgen in Sümpfen des tropischen Regenwaldes lebende, asiatische Ente.

Feldkennzeichen! Länge 66-81 cm. **Am Boden -** Eine nur aus wenigen Urwaldsümpfen im südöstlichen Asien bekannte, sehr dunkle Ente mit hellem, schwarz gesprenkeltem Kopf und hervorstehend weißen Flügeldecken. Kaum mit einer anderen Ente der Region zu verwechseln. Die Glanzente (37) hat zwar auch einen weißen, schwarz gesprenkelten Kopf und eine dunkle Oberseite, ihr fehlen aber die weißen Flügeldecken. Zudem ist sie auf der Unterseite hell und hat schwarze Füße. Einige Weißflügele. können an Kopf, Hals und Brust völlig weiß sein. Wegen der Seltenheit und der Unzugänglichkeit des Lebensraumes sind sie schwer zu beobachten. Die Rufe der in der Dämmerung zu den Nahrungsgründen fliegenden Paare können bei der Suche hilfreich sein. **Im Flug -** Kennzeichnend sind ein großer, relativ langer, dunkler Körper sowie Flügel mit leuchtendweißen Ober- und Unterflügeldecken und hellblauem Spiegel. Die Flügel der Glanzente sind oben und unten dunkel.
Stimme: Im allgemeinen schweigsam, von schwimmenden und fliegenden Paaren sind aber gelegentlich charakteristische Rufe zu hören. Der Flugruf ist ein langgezogenes, vibrierendes, klagendes Quaken, das oft gegen Ende in ein nasales Pfeifen übergeht. Wahrscheinlich stammt dieser Ruf von beiden Partnern des Paares und zwar das Quaken vom ♂ und der Pfiff vom ♀. Dieser Doppelruf ist oft zu hören, wenn die Paare am Abend zu den Nahrungsgründen fliegen. Einzeln fliegende Weißflügele. scheinen nie zu rufen. Schwimmende und aufgescheuchte Weißflügele. äußern ein einfaches oder wiederholtes, kurzes rauhes Quaken.
Beschreibung: Geschlechter gleich. Individuell variabel. **Ad.-** Kopf und Hals weiß mit dichter dunkelgrauer Sprenklung. Im „Gesicht" gewöhnlich größere weiße Partien. Diese rein weiße Färbung kann sich im Extremfall über Kopf, Hals und Brust bis auf den Bauch erstrecken. Im Normalfall ist die Brust und die

gesamte Unterseite schwarzbraun, mit dunkel rostbrauner Tönung. Die Oberseite schwarzbraun, mit grünem Metallglanz. Handschwingen dunkelbraun. Armschwingen gräulichblau. Die äußeren Ellenbogenfedern mit weißer Innenfahne. Oberflügeldecken weiß. Die großen Flügeldecken mit dunklen Spitzen. Unterflügeldecken weiß. Das ♀ ist etwas matter gefärbt als das ♂ und hat zumeist einen dichter gesprenkelten Kopf und Hals. **Juv.-** Insgesamt mehr braun als schwarz. Grundfarbe von Kopf und Hals blaßbräunlich. Flügel im Unterschied zur Moschusente (61) von Anfang an mit weißen Decken.
Federlose Partien: Geschlechter gleich. Schnabel gelblichorange. Er wird während der Brutzeit mehr rötlich und schwillt beim ♂ an der Basis an. Füße orangegelb. Iris gelblichorange bis rötlich.
Maße: ♂ größer als ♀. ♂- Flügel 360-400; Lauf 54-60; Schnabel 58-66; mittleres Gewicht 2700. ♀- Flügel 305-355; Schnabel 55-61; mittleres Gewicht 1860.
Geographische Variabilität: Es wurden keine Unterarten beschrieben. Individuen mit viel Weiß an Kopf und Hals scheinen nicht auf eine Region beschränkt zu sein. Sie sind zwar auf Sumatra am häufigsten, kommen aber auch in Assam vor. Dieser partielle Albinismus ist vielleicht die Folge geringen Genaustauschs in isolierten Populationen.
Lebensweise: Seltener Bewohner sumpfiger Regenwälder. Gewöhnlich einzeln, paarweise oder im Familienverband. Während der Trockenzeit kleinere Trupps, die aber jemals mehr als 10 Enten umfassen. Brutperiode in Assam zur Regenzeit von April bis September und auf Sumatra wahrscheinlich von Dezember bis April. Bisher kaum sicher belegte Nestfunde. Es ist aber sehr wahrscheinlich, daß die Weißflügele. nicht sehr hoch über dem Boden in Baumhöhlen brütet. Einige Berichte sprechen auch von Bodennestern und von der Nutzung großer, alter Baumnester anderer Vögel. Verbringt den Tag vom Blattwerk verdeckt in hohen Bäumen. Fliegt von dort gegen Abend einzeln oder paarweise zur nächtlichen Nahrungssuche auf überwucherte Waldtümpel oder träge fließende Waldflüsse. Soll auf Sumatra auch offeneres Sumpfland, sogar in der Nähe von Siedlungen, aufsuchen. Durchschnattert die Wasseroberfläche, mit eingetauchtem Hals und Kopf. Taucht wohl auch gelegentlich. Recht scheu und wachsam. Wegen der vorwiegend nächtlichen Lebensweise und des unübersichtlichen Lebensraums nur wenige Beobachtungen aus dem Freiland.
Biotop: Regenwald mit Tümpeln und langsam fließenden Flüssen. Während der Trockenzeit auch auf Sümpfen in freierem, waldnahen Gelände.
Verbreitung: Früher im tropischen Südostasien weit verbreitet. Das Verbreitungsgebiet erstreckte sich von Assam über Burma, Thailand und Malaysia bis nach Sumatra und Java. Heute nur noch wenige Reliktpopulationen in Assam, Bangladesch, Nordburma und Sumatra. Hier vorwiegend in geschützten Urwaldgebieten. Vielleicht auch noch kleinste Populationen in Malaysia und auf Java.
Bestand: In diesem Jh. erheblicher, hauptsächlich durch die Urwaldvernichtung verursachter Rückgang. In dem Maße, wie der Wald aufgelichtet wird, scheinen die Weißflügele. zu verschwinden. 1979 wurde der Geamtbestand des asiatischen Festlandes auf weniger als 200 Paare geschätzt. Der Bestand Sumatras ist nicht bekannt. Die Art scheint hier aber noch weiter verbreitet zu sein. Viele der heutigen Vorkommen in Nationalparks oder anderen Schutzgebieten, also zumeist in relativ kleinen Resten ursprünglichen Waldes. Da jedes Paar ein großes Areal benötigt - im Urwald Assams beansprucht ein Paar etwa 100 ha - ist es unwahrscheinlich, daß sich der Bestand erholen kann. Die Sicherung der Art durch Gefangenschaftszuchten ist eingeleitet worden.
Literatur: Holmes 1977, Mackenzie und Kear 1976.

Gattung *Aix* (Braut- und Mandarinente)

Die ♂ haben ein aufwendiges Prachtgefieder und ein ♀-ähnliches Ruhekleid. Die Schlichtkleider beider Arten sind recht ähnlich. Sie werden viel in Gefangenschaft oder auch halbwild gehalten. Die Mandarinente (64) wurde in England eingebürgert. Freifliegende Individuen und Paare beider Arten sind in Europa fast überall anzutreffen, aber nur die Mandarinente brütet hier häufiger im Freiland. In Nordamerika gibt es bisher noch keine Freilandpopulationen entflogener Mandarinenten.

63 Brautente   Tafel 19
Aix sponsa
Englisch: Wood Duck

Die ♂ haben ein ausgefallen buntes, strukturreiches Prachtgefieder.

Feldkennzeichen: Länge 43-51 cm. **Am Boden -** Die ♂ sind im Brutkleid unverwechselbar. Eine kleinere Ente mit ausgeprägter Nackenhaube und breitem Schwanz. Die Färbung wirkt insgesamt dunkel, nur die Flanken sind aufgehellt. Am Kopf mehrere weiße Streifen und ein weißes Brustband. Die Brust ist kastanienbraun und das Auge tiefrot. Der Schnabel ist zweifarbig orange und weiß. Das ♂ kann trotz seiner auffälligen Erscheinung auf bewegtem Wasser oder im Schatten der Zweige recht unscheinbar wirken (s. auch ♂ der Gluckente (76)). Die Schlichtkleider gleichen denen der Mandarine. und werden dort genauer behandelt. Verwechslungen beider Arten sind nur dort möglich, wo sie entweder in Gefangenschaft oder freifliegend nebeneinander vorkommen, also vor allem in Westeuropa. **Im Flug -** Eine kleinere, insgesamt dunkel wirkende Ente mit weißem Bauch und schmalem, weißen Saum an den Handschwingen, recht langem, breiten Schwanz und großem Kopf, der beim Fliegen ständig bewegt wird. Sie schießt, wenn sie vom Wasser aufgescheucht wird, senkrecht in die Höhe. ♂ im Brutkleid können aus geringerer Entfernung an der Kopf- und Halszeichnung, vor allem an der weißen Kehle erkannt werden. Im Schlichtkleid von fliegenden Mandarine. bestenfalls durch die dunklere Oberseite und den größeren, weißen Augenfleck zu unterscheiden. Die Größe und der weiße Bauch können an die Amerikanische Pfeifente (72) erinnern. Der Schwanz ist aber nicht spitz, sondern breit abgerundet. Ober- und Unterflügel sind nicht aufgehellt, sondern einfarbig grau mit weißem Handschwingensaum. Kopf und Hals sind nicht schlank, sondern massig.
Stimme: Recht schweigsam. Auffliegende ♀ lassen ein langgezogenes, ansteigendes Quieken „uh-iek" hören. Der Warnruf der ♀ klingt scharf „krr-eck..". Der Ruf des ♂ ist ein feines, hohes, ansteigendes „jiehhh".

Beschreibung: Geschlechter verschieden. ♂ **ad. Brutkleid** - Kopf schwärzlich, mit reichem grünen und purpurnen Metallglanz. Hinterkopf mit ausgeprägter Nackenhaube. Ein feiner weißer Streifen vom Schnabel über das Auge zum Nacken und ein weiterer hinter dem Auge am Unterrand des Schopfes. Kehle weiß, von ihr geht ein weißes Wangen- und Kragenband aus. Unterhals und Brust kastanienbraun mit weißen Punkten. An der Grenze zwischen Brust und Flanken hintereinander eine weiße und eine schwarze Binde. Flanken gelbbraun mit schwarzweiß gebändertem Ober- und Hinterrand. Mitte der Unterseite weiß. Oberseite, Schwanz und ein Großteil der Oberflügel schwarz, blau und grün. Spitzen der Armschwingen und Außenfahnen der Handschwingen weiß. Unterflügeldecken intensiv schwarzweiß gesprenkelt. ♂ **ad. Ruhekleid** - Die ♂ sehen von Juni bis September ähnlich wie ♀ aus, sind aber oft an Schnabelfärbung zu erkennen. Mit dem ♀ verglichen, ist der Augenfleck kleiner, die Kehle ist ausgedehnter weiß, die Oberseite glänzt stärker, und am Kopf ist die Zeichnung des Brutkleides noch andeutungsweise erkennbar. ♀ **ad.-** Hinterkopf und Nacken mit kurzer Mähne. Überwiegend gräulichbraun, an Kopf und Hals mehr grau. Um die Schnabelbasis eine schmale, weiße Linie. Großer, weißer Augenfleck. Kinn und Kehle weiß. Brust und Flanken durch weißliche Federmitten gesprenkelt. Bauchmitte und Afterregion rein weißlich. Oberflügel graubraun mit blau schillerndem Spiegel und ebenfalls glänzenden großen und mittleren Decken. Schwingen mit weißen Spitzen. Unterflügel wie beim ♂. **Juv.-** Gleicht weitgehend dem ♀, ist aber matter gefärbt und hat nur einen angedeuteten Augenfleck. Unterseite hell gelblichbraun gestreift. Bauchmitte nicht rein weißlich, sondern braun gesprenkelt und gestreift. Juv. ♂ sind bald am Kopfgefieder erkennbar.
Federlose Partien: ♂ **ad.-** Schnabel rot, in der Mitte der Oberschnabelseiten mehr rötlichweiß. Nagel und First schwarz. Am Gefiederansatz eine gelbe Linie. Schnabel im Ruhekleid matter, manchmal wie beim ♀, meistens aber farbiger. Füße gelb. Iris rot. Roter Augenring. ♀ **ad.-** Schnabel dunkelgrau, hinter der Spitze oft aufgehellt. Nagel schwarz. Füße gräulichgelb. Iris dunkelbraun. Schmaler, gelber Augenring. **Juv.-** Dem ♀ ähnlich, aber Füße noch dunkler und Augenring schwächer ausgebildet. Juv. ♂ erhalten im ersten Winter die Schnabelfärbung der Ad.
Maße: ♂ gewöhnlich größer als ♀. ♂- Flügel 250-285; Lauf 34-35; Schnabel 33-35; mittleres Gewicht 680. ♀- Flügel 208-230; Schnabel 30-33; mittleres Gewicht 539.
Geographische Variabilität: Keine.
Lebensweise: Zumeist in kleineren Trupps an Seen und Flüssen im Walde. Auf bevorzugten Nahrungsgründen im Winter auch größere Ansammlungen, die aber kaum mehr als einige Hundert umfassen. Brutperiode von Februar bis Mai, im Norden etwas später als im Süden. Paarbildung im Winterquartier. Brutbeginn kurz nach der Ankunft im Brutgebiet. Nicht streng territorial. Wenn geeignete Höhlen verfügbar sind, können sie dicht beieinander nisten. Nester immer in Baumhöhlen oder Nistkästen. Sucht die Nahrung vorwiegend im Wasser, weidet aber auch am Ufer. Ist vor allem am Abend und Morgen aktiv. Ruht den Tag über auf teilweise überfluteten oder über das Wasser hängenden Ästen. Schläft in der Nacht auf dem offenen Wasser. Die Beine sind kurz und der Gang daher stark watschelnd. Im Flug schnell und gewandt. Fliegt geschickt zwischen den Bäumen umher. Liegt beim Schwimmen hoch im Wasser, ist gut sichtbarem, oft aufgestellten Schwanz. Gründelt häufig. Taucht nur selten.
Biotop: Teiche, Seen und Flüsse in bewaldeter Landschaft. Im Winter auch in offenerem Gelände, z.B. auf gefluteten Reisfeldern, aber kaum jemals in den Brackwassergebieten der Küste.
Verbreitung: In Nordamerika zwei weitgehend getrennte Populationen. Die westliche Population brütet in British Columbia, Washington, Oregon und Kalifornien. Die östliche ist von Manitoba und New Brunswick im Norden bis nach Osttexas und Cuba im Süden verbreitet. Beide Populationen überwintern im Süden ihrer jeweiligen Verbreitungsgebiete. Wenige dringen südwärts bis Zentralmexiko vor. Auf Jamaica und den Bahamas nur wenige Beobachtungen, aber im Winter regelmäßig auf den Bermudas. Irrgäste sind bis in den Südosten Alaskas und auf die Azoren gelangt. Wegen der vielen Gefangenschaftsflüchtlinge ist ein Auftreten echter Irrgäste in Westeuropa kaum nachweisbar. Einbürgerungsversuche sind, obwohl es zeitweilig in Deutschland (Berlin) und England freifliegende Populationen gab, bisher fehlgeschlagen.
Bestand: Zu Beginn dieses Jahrhunderts ein erheblicher Rückgang. In den letzten Jahrzehnten durch Schutz, Wiedereinbürgerungen und Nistkästen wieder eine enorme Zunahme. Heute wahrscheinlich im Osten der USA die häufigste dort brütende Ente. 1976 wurde der Bestand auf weit über 1 Million geschätzt. Trotz des spektakulären „Comeback" in einigen südlichen Gegenden durch Waldvernichtung und Trockenlegung von Sümpfen erhebliche Verluste.
Literatur: Holt 1984, Johnsgard 1978, Terres 1980.

64 Mandarinente Tafel 19
Aix galericulata
Englisch: Mandarin

Die ♂ haben das aufwendigste Prachtgefieder aller Entenvögel. Die eingebürgerte, britische Population hat durch den geradezu dramatischen Rückgang im Ursprungsgebiet für die Erhaltung der Art eine wesentliche Bedeutung erlangt.

Feldkennzeichen: Länge 41-49 cm. **Am Boden -** Eine kleinere Ente, die in bewaldeten Gegenden auf Seen und Flüssen anzutreffen ist. Das ♂ ist im Brutkleid mit seinem überdimensional groß wirkenden Kopf, dem weißlichen „Stirnband", dem roten Schnabel und den orangefarbenen „Segeln" unverkennbar. Die ♀ und Juv. ähneln denen der Braute. (63). Die Brutgebiete überschneiden sich nicht, Gefangenschaftsflüchtlinge beider Arten kommen aber häufig nebeneinander vor. Das ♀ der Mandarine. ist insgesamt heller und grauer als das der Braute. und am Kopf fein haarartig gestreift. Das Braute.-♀ ist auf Kopf und Oberseite dunkler und hat stark glänzende Flügeldecken. Beim ♀ der Mandarine. besteht der Augenfleck eigentlich nur aus einem weißen Ring und einem vom Auge zum Nacken ziehenden weißen Streifen. Auch bei einigen Braute.-♀ kann der Augenfleck recht schmal, fast streifenartig sein, am dunklen Kopf fällt das Weiß aber immer stärker auf. Der Nagel am Schnabel der Mandarine. ist hell. Bei der Braute. ist er dunkel. Die Flügeldecken des Mandarine.-♀ sind dunkelbraun, der grünblaue

Metallglanz ist auf den Spiegel beschränkt. Beim Braute.-♀ glänzen auch die großen und mittleren Decken, die dazu noch schwarze Spitzen haben. Ihr Spiegel ist purpurblau. Weitere, weniger auffällige Unterscheidungsmerkmale sind bei der Braute. die kürzeren Beine, der längere Körper, die flachere Stirn und ein mehr V-förmiger Grenzverlauf zwischen Haut und Gefieder an der Schnabelbasis. Verwechslungen mit anderen Arten sind unwahrscheinlich. ♂, die im Herbst ins Brutkleid mausern, können insgesamt graubraun aussehen und am Kopf hinter dem Auge ein weißes Band haben. Sie erinnern dadurch entfernt an ♂ der Knäkente (101). **Im Flug** - Eine kleinere Ente mit weißem Bauch, einheitlich dunklen Ober- und Unterflügeln und weißer hinterer Flügelkante. Das ♂ kann an den hellen Kopfseiten und dem dunklen Scheitel erkannt werden. Die „Segel" werden im Flug dem Flügel angelegt und nicht, wie manchmal abgebildet, aufgestellt. Die ♀ sind denen der Braute. sehr ähnlich und von diesen nicht sicher zu unterscheiden. Die Unterflügel sind bei der Mandarine. einheitlich dunkel. Die Oberseite ist etwas heller. Aus größerer Nähe kann die Augen- und Kopfseitenzeichnung erkennbar sein, die eine einigermaßen sichere Unterscheidung zuläßt. Die Größe und ein auffällig weißer Bauch erinnern an das ♀ der Pfeifente. Die Mandarine. ist aber untersetzter, hat einen breiten, abgerundeten Schwanz und einheitlich dunkle, an den Handschwingen weiß gerandete Flügel.

Stimme: Außer bei der Balz, recht schweigsam. Das ♂ verfügt über einige kurze, schnarrende Balzrufe und läßt manchmal im Flug ein scharfes „wuick" hören. Der Ruf des ♀, der nur während der Balz und beim Führen der Jungen geäußert wird, ist ein tiefes, kurzes „kett" oder „äck". .

Beschreibung: Geschlechter verschieden. ♂ **ad. Brutkleid** - Am Kopf eine lange Haube. Hals- und hintere Kopfseiten mit langem Federbüschel. Stirn, Oberkopf und Haube dunkel, mit metallisch grünem Glanz. Kopfseiten über und hinter dem Auge weißlich. Untere Kopfseiten und Federbüschel orange. Brust kastanienbraun und gegen die Flanken durch zwei schwarzweiße Binden abgesetzt. Flanken bräunlichgelb, am oberen, hinteren Rand durch eine schwarzweiße Linie begrenzt. Mitte der Unterseite von den Unterschwanzdecken bis zum Brustansatz weiß. Oberseite weitgehend olivbraun. Die äußersten Ellenbogenfedern zu orangefarbenen, dreieckigen „Segeln" verbreitert. Oberflügeldecken braun. Armschwingen schillernd grün, mit weißen Spitzen. Handschwingen schwärzlich, mit blaugrünem Glanz und weißen Außenfahnen. Unterflügel dunkel graubraun. ♂ **ad. Ruhekleid** - Das ♂ sieht von Juni bis September weitgehend wie ein ♀ aus, ist aber am roten Schnabel leicht zu erkennen. Die Unterseite ist dunkler und weniger gefleckt. Die Augenzeichnung ist undeutlicher. ♀ **ad.-** Unterschiede zwischen den ♀ von Mandarin- und Braute., siehe unter Feldkennzeichen. Weiße Fleckung der Unterseite und Augenzeichnung im Sommer weniger deutlich. Gleicht bis auf die Schnabelfärbung dem ♂ im Ruhekleid. **Juv.-** Wie ♀ ad., aber dunkler, mit mehr gestreifter und gefleckter Unterseite. Augenzeichnung nur angedeutet. Weißer Bauch mit kleinen, dunklen Strichen und Punkten. Sieht nach dem ersten Winter weitgehend wie die Ad. aus.

Federlose Partien: ♂ **ad.-** Schnabel immer rot, mit weißlichem Nagel. Füße gelblich. Iris dunkelbraun. ♀ **und Juv.-** Schnabel graubraun, mit weißlichem Nagel, oft auf dem First gelblichrosa getönt, bei einigen ♀ auch fleischfarbenrosa. Füße gräulichgelb. Iris dunkelbraun.

Maße: ♂ gewöhnlich größer als ♀. ♂- Flügel 226-242; Lauf 36-40; Schnabel 27-31; mittleres Gewicht 628. ♀- Flügel 215-254; Lauf 35-38; Schnabel 27-30; mittleres Gewicht 512.

Geographische Variabilität: Keine.

Lebensweise: Lebt paarweise oder in kleinen Trupps an abgeschlossenen Waldseen oder Flüssen mit dicht bewaldeten Ufern. Im Herbst und Winter können sich auch größere Ansammlungen bilden. Paarbildung mit ausgeprägtem Balzverhalten in den Winterscharen. Brutperiode im allgemeinen von April bis Juli. Nest zumeist in Baumhöhle, nur selten am Boden unter Gebüsch oder Fallholz. Ruht tagsüber lange unter überhängender Ufervegetation oder auf teilweise überfluteten Ästen. Am aktivsten früh am Morgen oder am Abend. Sammelt die Nahrung von der Wasseroberfläche oder am Ufer. Taucht selten. Flug schnell und gewandt. Fliegt geschickt durch den Wald. Fällt auf kleinen Waldteichen fast senkrecht ein. Im asiatischen Ursprungsgebiet ausgesprochen scheu und wachsam. Eingebürgerte können recht vertraut sein. Gesellt sich selten zu anderen Enten, was sicher teilweise an dem speziellen Biotopan-

Gefiedermuster und Strukturmerkmale der Schlichtkleider von Mandarin- und Brautente

Mandarinente

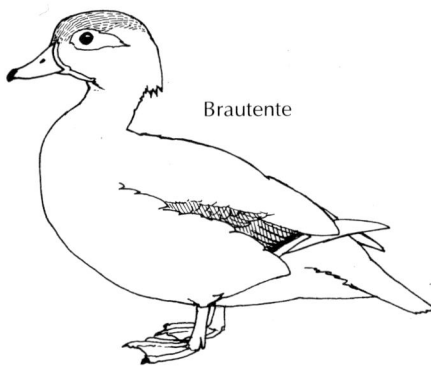

Brautente

spruch liegt. Beliebtes Sujet der chinesischen und japanischen Malerei. Wird viel, auch freifliegend, als Ziervogel auf Parkteichen gehalten. In England erfolgreich eingebürgert.

Biotop: Lebt in Asien auf Seen und Flüssen mit dicht bewaldeten Ufern. Bevorzugt das Tiefland, ist aber in Gebirgstälern bis in 1500 m Höhe anzutreffen. Im Winter auch in offener Landschaft auf gefluteten Reisfeldern, Sümpfen und Flußmarschen, aber nur selten an Flußmündungen oder auf Brackwasserlagunen. In England vorwiegend in parkartiger Landschaft mit Seen, Feuchtwiesen, Ackerland und Laubgehölzen.

Verbreitung: Hatte früher in Ostasien ein großes Verbreitungsgebiet, das den äußersten Osten der UdSSR, Nordchina und Japan umfaßte. Heute nur inselartige Vorkommen, die teilweise auch schon bedroht sind. In Ostsibirien waren die Flußläufe und Einzugsgebiete von Amur und Ussuri die wichtigsten Brutgebiete. Wahrscheinlich waren auch Sachalin und die Kurilen besiedelt. In China gibt es lokale Vorkommen im Nordosten der Provinz Heilungkiang und im östlichen Kurin, vielleicht auch noch in Hopeh. Die japanische Population ist weitgehend auf Hokkaido beschränkt. Im allgemeinen in den nördlichen Brutgebieten nur Sommervogel. Die Überwinterungsgebiete liegen im Tiefland Ostchinas von Chekiang bis ins nördliche Kwangtung und im südlichen Japan. Kommt nur selten außerhalb dieses Gebietes vor, ist aber in China westwärts bis Kansu und Ostszechwan und südwärts bis Taiwan und die Ryukyu-Inseln beobachtet worden. Irrgäste wurden aus dem Nordosten Indiens, dem nördlichen Burma und aus Hong Kong gemeldet. Im südlichen England eine inzwischen gesicherte, freifliegende Population. Im übrigen Westeuropa und in Nordamerika vielfach Parkpopulationen mit einzelnen Freilandbruten.

Bestand: Wurde früher in enormer Zahl aus China exportiert. Durch die chinesische Regierung wurde 1975 ein Exportverbot erlassen. Die intensive Verfolgung und die Rodung der Wälder haben in Ostasien zur weiträumigen Vernichtung der Art geführt. Die chinesische Population wird heute auf weniger als 1.000 Paare geschätzt. Der Bestand der UdSSR ist nach weitgehender Abholzung der großen, hohlen Bäume auf um 600 Paare gesunken. Den größten Bestand Asiens mit 4.500 bis 5.000 Paaren beherbergt Nordjapan. Die eingebürgerte Population Englands umfaßt inzwischen um 1.000 Paare, sie hat damit an dem gesamten Wildbestand einen bedeutenden Anteil.

Literatur: Davies 1985, FESC 1985, Holt 1984, Savage 1952.

65 Schopfente Tafel 22
Lophonetta specularioides
Englisch: Crested Duck

Eine eigentümliche Ente unsicherer systematischer Zugehörigkeit, die in Südamerika an den südlichen Küsten und an Hochlandseen lebt.

Feldkennzeichen: Länge 51-61 cm. **Am Boden -** Eine schlanke, langschwänzige Ente mit mehr oder weniger ausgeprägtem Schopf. Das Gefieder ist insgesamt gräulichbraun. Flügel und Schwanz sind dunkel. Das gelbe Auge ist von einem großen, langgezogenen, dunklen Fleck umgeben. Die helle Fleckung des Körpers erinnert an die Marmelente (111). Keine andere Ente Südamerikas ist ähnlich gefärbt. Die Spitzschwanzente (96) und das Spießenten-♀ (95) sind kleiner und schuppig dunkel gefleckt. Sie haben dunkle Augen und keinen Augenfleck. **Im Flug -** Kenntlich am langen, aber doch massigen Körper und am langen Hals und Schwanz. Das Rumpfgefieder hat keine besonderen Kennzeichen. Der Flügel hat einen bronzefarben glänzenden Spiegel mit breitem, weißen Hinterrand. Der Oberflügel ist sonst dunkel. Am dunklen Unterflügel sind die Achselfedern und mittleren Decken weiß. Der dunkle Schwanz ist recht deutlich von den hell bräunlichen Oberschwanzdecken abgesetzt.

Stimme: Recht ruffreudig. Der Ruf des ♂ ist ein heiserer Pfiff „schiehoh". Das ♀ verfügt über verschiedene Quaklaute, von denen einige recht nasal und rauh klingen.

Beschreibung: In allen Kleidern ähnlich. Beschreibung der Nominatform: **Ad.-** Hinterkopf mit herabhängendem Schopf. Kopf und Hals hell gräulichbraun, an Kehle und Vorderhals weißlich. Um das Auge ein dunkler, zum Nacken hin spitz auslaufender Fleck. Die Brust und fast die gesamte Unterseite hell gräulichbraun. Die Federn in der Mitte dunkel, wodurch die helle Färbung fleckig aufgelöst wird. Oberseite gräulichbraun und etwas dunkler als die Unterseite, auf den Oberschwanzdecken aber wieder heller. Schwanz und Unterschwanzdecken schwärzlich. Oberflügeldecken matt dunkelbraun. Armschwingen mit bronzegrünem Metallglanz und schwarzer Binde vor den weißen Spitzen. Handschwingen dunkelbraun. Unterflügel dunkel, mit weißen Achselfedern, weißem Mittelstreif und Hinterrand. Das ♀ gleicht dem ♂, es hat aber einen kleineren Schopf. **Juv.-** Weitgehend wie die Ad., aber mit kürzerem Schopf, braunerem Gesicht und weißerem Bauch.

Federlose Partien: Schnabel und Füße immer dunkelgrau. Iris gelblich (*L.s.alticola*) bis orangerot (*L.s.specularioides*).

Maße: ♂ gewöhnlich größer als ♀. *L.s.specularioides* : ♂- Flügel 268-277; Lauf 46-50; Schnabel 43-46; mittleres Gewicht ca. 1100. ♀- Flügel 250-257; Lauf 43-45; Schnabel 40-44; mittleres Gewicht ca. 900. *L.s.alticola* : ♂- Flügel 290-310; Lauf 49-52; Schnabel 49-51. ♀- Flügel 278-290; Lauf 44-46; Schnabel 45-48.

Geographische Variabilität: Zwei Unterarten. Die Nominatform lebt an den Küsten und auf Binnenseen des südlichen Südamerika von Talca in Chile und Mendoza in Argentinien bis nach Feuerland und auf den Falklandinseln. *S.s.alticola* brütet an den Hochlandseen der Anden vom südlichen Peru bis in den Norden Chiles und Argentiniens. Sie ist größer als die Nominatform, ihre Unterseite ist kaum gefleckt, ihr Flügelspiegel schillert mehr rosa.

Lebensweise: Hält sich paarweise oder in kleinen Trupps an Ufern der Hochlandseen in der Punazone und in flachen, ruhigen Meeresbuchten auf. Außerhalb der Brutzeit kann es an der Küste, insbesondere vor Einmündungen von Süßwasserströmen, zu recht beachtlichen Ansammlungen kommen. Eine Brutperiode läßt sich, da zumindest auf den Falklandinseln auch Mehrfachbruten beobachtet werden, nicht genau festlegen. Die meisten Schopfenten brüten hier im September und November, auf Feuerland wohl ein wenig später, von Dezember bis Februar. Aus anderen Gebieten nur wenige Angaben. Nistet, gewöhnlich gut in hohem Gras versteckt, am Ufer oder auf

kleinen Inseln. Während der Brutzeit streng territorial und recht aggressiv. Nahrungssuche vorwiegend in flachem Wasser. Seiht schwimmend oder watend kleine Wassertiere aus. Kopf und Hals sind dabei oft völlig eingetaucht. Kann in tieferem Wasser gelegentlich auch tauchen.
Biotop: Brack- und Salzwasserseen in der Punazone der Anden sowie Lagunen, flache Buchten und Binnengewässer an der Küste.
Verbreitung: Brütet im Hochland der mittleren Anden und an den Küsten und Binnenseen der Südspitze Südamerikas etwa südlich einer Linie von Valdivia in Chile bis Santa Cruz in Argentinien. Eine weitere Population lebt auf den Falklandinseln. Verbreitung der Unterarten, siehe Geographische Variabilität. Im südlichen Südamerika und auf den Falklandinseln Standvogel oder Teilzieher. Die Populationen des Hochlandes und äußersten Südens überwintern an nördlicheren Küsten bis Caldera in Chile und Bahia Blanca in Argentinien.
Bestand: Nur wenige Angaben. Bestandsdichte im Verbreitungsgebiet wohl überall recht hoch. Bedrohungen sind nicht bekannt.
Literatur: Johnsgard 1978.

Gattung *Nettapus* (Zwerggänse)

Sehr kleine, zierliche, altweltliche Enten, die eine gewisse, äußere Ähnlichkeit mit Gänsen der Gattung *Branta* besitzen. Alle drei Arten haben einen sehr kurzen Schnabel, einen runden Kopf und ausgesprochen kurze Beine. Sie gehen nur schwerfällig, baumen aber gern auf. Sie brüten gewöhnlich in Baumhöhlen und haben eine enge Bindung an Wasserlilien, von deren Blüten und Samen sie sich wesentlich ernähren.

66 Halsband-Zwerggans   Tafel 20
Nettapus pulchellus
Englisch: Green Pygmy Goose

Eine sehr kleine Ente des nördlichen Australien und südlichen Neuguinea.

Feldkennzeichen: Länge: 32-36 cm. **Am Boden -** Eine sehr kleine, vom Kopf bis zu den Flügelspitzen oberseits dunkle Ente mit leuchtend hellen Wangen und weißlicher, dicht schwarz gebänderter Unterseite. Aus einiger Entfernung gesehen wirkt sie blaßgrau. Obwohl sich die Verbreitungsgebiete von Halsband- und Weißbauch-Z. (67) überschneiden, sind kaum Verwechslungen möglich. Das ♂ der Weißbauch-Z. ist wesentlicher heller, nur auf Kopf und Oberseite dunkel, sonst aber fast weiß. Das ♀ ist ebenfalls immer deutlich heller als das an Kopf, Hals und Oberseite dunkle ♀ der Halsband-Z. Ganz allgemein kann jedoch bei diesen geradezu winzigen Enten das Erkennen von Färbungsnuancen schwierig sein. **Im Flug -** Eine kleine, an Kopf, Hals und Oberseite dunkle Ente mit leuchtendweißen Armschwingen. Von unten gesehen, kontrastieren der grauweiße Körper und die weißen Armschwingen mit den überwiegend dunklen Flügeln. Das Flügelmuster ist bei ♂ und ♀ gleich und erinnert an das der viel größeren Mähnengans (109). Die Flügelfärbung der Weißbauch-Z. ist von der der Halsband-Z. deutlich verschieden. Das ♂ hat über sämtliche Schwingen eine breite, weiße Binde. Die Flügel des ♀ sind insgesamt dunkel, mit einer schmalen, weißen Kante an den Armschwingen.
Stimme: Ruffreudig. Ruft beim Schwimmen und im Flug. Der Ruf des ♂ ist ein schriller Pfiff „pie-whit". Der Pfiff des ♀ klingt weicher, „pie-ju". Beide Rufe stimmen bemerkenswert mit denen der Spatelschnabelente (45) überein.
Beschreibung: Alle Kleider ähnlich. Der saisonale Wandel ist gering. **♂ ad.-** Oberkopf bis auf Augenhöhe, Hals und ein Großteil der Oberseite dunkelgrün. Oberkopf und Nacken fein braun gebändert. Hals und Oberseite mit ausgeprägtem Metallglanz. Kehle und Kopfseiten weiß. Brust, Vorderrücken, Flanken und Afterregion weißlichgrau, mit dichter, feiner dunkelgrüner Bänderung. Unterschwanzdecken schwärzlich. Oberflügeldecken dunkelgrün. Handschwingen schwarz. Armschwingen weiß. Unterflügel bis auf die weißen Handschwingen gräulich. Gesicht und Vorderhals im Ruhekleid wie beim ♀ dunkelgrau gesprenkelt. Wann und wie oft ein solches Kleid ausgebildet wird, ist bisher unklar. **♀ ad.-** Dem ♂ ähnlich, aber insgesamt etwas heller. Im weißen Gesicht dunkle Flecke und am weißlichen Vorderhals fein grün gebändert. **Juv.-** Beide Geschlechter zunächst dem ♀ ähnlich, mit dicht dunkelbraun gepunktetem Gesicht. Ab dem zweiten Monat entwickelt sich bei den ♂ der dunkelgrüne Vorderhals. Die Juv. sind danach bald nicht mehr von den Ad. zu unterscheiden.
Federlose Partien: Schnabel immer dunkelgrau, mit hellrosa Spitze und Unterseite. Füße dunkelgrau. Iris dunkelbraun.
Maße: ♂ im Mittel etwas größer als ♀. Flügel 150-180 (M. ♂ 172, ♀ 169); Lauf 25-28; Schnabel 21-29; mittleres Gewicht ♂ 310, ♀ 304.
Geographische Variabilität: Keine.
Lebensweise: Für gewöhnlich in kleinen Trupps auf Gewässern mit reichlich Schwimmblattvegetation. Während der Trockenzeit auch Ansammlungen von einigen Hundert. Paarbindung möglicherweise von langer Dauer. Mit Beginn der Regenzeit lösen sich die Trupps auf. Die Paare machen sich auf die Suche nach geeigneten Bruthöhlen. Brütet in Nordaustralien während der Regenzeit von Januar bis März. Nester immer in Höhlen nah am Wasser stehender Bäume. Hält sich die meiste Zeit über auf dicht mit Wasserlilien bewachsenen Gewässern auf. Ernährt sich zu einem erheblichen Anteil von Samen und Blüten dieser Pflanzen. Durchschnattert auch das seichte Wasser und taucht gelegentlich nach Art der Bläßhühner mit einem „Kopfsprung" unter. Die Paare besetzen kleine Nahrungsterritorien, die heftig verteidigt werden. Ruht schwimmend zwischen den Wasserlilien oder klettert auf in das Wasser hängende Zweige. Verläßt das Wasser nur selten und bewegt sich an Land mit den sehr kurzen Beine recht unbeholfen.
Biotop: Süßwasserseen und -teiche mit klarem, stillen Wasser und dichtem Schwimmblattbewuchs. In der Regenzeit auch auf temporären Gewässern, z.B. gefluteten Reisfeldern.
Verbreitung: Im allgemeinen ortstreu, streicht aber in der Regenzeit weiter umher und zieht sich während der Trockenzeit wieder auf permanente Gewässer zurück. Das Brutgebiet umfaßt den Süden Neuguineas und das tropische, nördliche Australien. In Neuguinea hauptsächlich in den Sumpfgebieten und Niederungen am Papua Golf zwischen Port Moresby

und Lake Murray. Irrgäste sind von der Nordküste Neuguineas, von Sulawesi, Buru, Ambon, Tanibar und Seram bekannt geworden. In Nordaustralien im küstennahen Tiefland von Broome (Westaustralien) bis Rockhampton (Queensland) verbreitet. Höchste Bestandsdichte zwischen Darwin und dem Fitzroy River. Während der Regenzeit weit ortstreuer als andere australische Enten. Irrgäste sind aber immerhin bis nach New South Wales und in das südwestliche Westaustralien gelangt.
Bestand: Bestand bisher nicht erfaßt. In einigen Kerngebieten, vor allem in Neuguinea, lokal häufig. Scheint nirgendwo ernsthaft bedroht zu sein.
Literatur: Firth 1967.

67 Weißbauch-Zwerggans Tafel 20
Nettapus coromandelianus
Englisch: Cotton Pygmy Goose

Der kleinste Entenvogel. Im tropischen Asien weit verbreitet. Kommt auch in Nordostaustralien vor.

Feldkennzeichen: Länge 30-37 cm. **Am Boden** - Geschlechter, im Unterschied zur vorigen Art, stark verschieden. Das ♂ ist an Kopf, Hals und Unterseite weiß. Scheitel, Oberseite und Brustbinde sind dunkel. Das Färbungsmuster ist dem der weit größeren Arten, Glanzente (37) und Radjahgans (44), entfernt ähnlich. Bei der Kleinheit und der gedrungenen Gestalt der Zwergg. sind Verwechslungen wohl weitgehend ausgeschlossen. Die Schlichtkleider sind dunkler und brauner als das Brutkleid des ♂. Kopf und Hals sind hell. Die Unterseite ist stark graubraun getönt. Durch das Auge verläuft ein schmaler, graubrauner Streifen. Die winzige Gestalt und der sehr kleine Schnabel sind immer die sichersten Merkmale. Dort, wo Halsband- und Weißbauch-Z. (66) nebeneinander vorkommen, besteht bei ungünstiger Sicht die Möglichkeit, die ♀ zu verwechseln. Der dunkle bzw. helle Kopf und Hals sind aber normalerweise gut erkennbar. **Im Flug** - Sehr klein und lebhaft. Das ♂ ist überwiegend strahlend weiß, mit dunkler Oberseite und breiter, von den Handschwingen zu den Enden der Armschwingen sich verjüngender, weißer Binde, die sich über den sonst dunklen Flügel zieht. Die ♀ ist vom ♂ deutlich verschieden. Seine Unterseite ist bräunlichweiß und seine Flügel sind dunkel graubraun. Die Armschwingen haben einen schmalen, weißen Rand.
Stimme: Kennzeichnende Rufe, die beim Schwimmen und im Flug zu hören sind. Der typische Flugruf des ♂ ist ein scharfes, stakkatoartiges Gackern, „kär-kär-käräwäk" oder „quäck-quäck-quäckidack". Die ♀ quaken leise.
Beschreibung: Geschlechter verschieden. Das ♂ hat ein ausgeprägtes Ruhekleid. Beschreibung der Nominatform: ♂ **ad. Brutkleid** - Kopf, Hals und Unterseite weiß. Scheitel und Nacken schwarz. Um die Brust eine schwarzes Band. Flanken grau überflogen und zum Hinterende hin braun gefleckt. Unterschwanzdecken schwärzlich. Oberseite weitgehend schwärzlich mit grünem Metallglanz. Oberschwanzdecken weißlich, mit schwacher, dunkler Sprenklung. Schwanz schwarz. Oberflügeldecken glänzend schwarzgrün. Die Schwingen an der Basis und an den Spitzen schwarz, dazwischen weiß. Unterflügel wie der Oberflügel, aber matter gefärbt. ♂ **ad. Ruhekleid** - Dem ♀ ähnlich, aber Oberseite dunkler, Gesicht und Vorderhals heller und Flügel wie im Brutkleid. ♀ **ad.-** Scheitel, Hinterhals und Augenstreifen dunkel graubraun. Oberseite dunkel graubraun mit schwachem, grünen Glanz. Kopfseiten, Hals und Unterseite weißlichgraubraun. Brust schwärzlich gesprenkelt. Ober- und Unterflügel dunkel graubraun. Handschwingen mit schmalem, weißen Spitzensaum.
Juv.- Gleichen weitgehend den ♀, sind aber auf der Unterseite stärker gesprenkelt, haben einen breiteren Augenstreifen und eine glanzlose Oberseite. Das juv. ♂ ist schon früh am großen, weißen Flügelfeld erkennbar. Im ersten Sommer gleicht es ganz dem ad.
Federlose Partien: ♂- Schnabel und Füße schwärzlich. Iris rot. ♀ **und Juv.-** Schnabel bräunlichgrau mit gelblicher Unterseite. Füße dunkel braungrau. Iris braun.
Maße: *N.c.coromandelianus*: Flügel ♂ 152-167, ♀ 150-153; Lauf 23-25; Schnabel 20-24; Gewicht ♂ ca. 255-312, ♀ ca. 185-255. *N.c.albipennis*: Flügel ♂ 172-188, ♀ 161-186; Schnabel 23-26; mittleres Gewicht ♂ 403, ♀ 380.
Geographische Variabilität: Zwei Unterarten. *N.c.albipennis* in Australien und die etwas kleinere Form *N.c.coromandelianus* in Südostasien.
Lebensweise: Paarweise oder in kleineren Gruppen auf ruhigen Seen und Teichen. Außerhalb der Brutzeit auch größere Ansammlungen bis zu einigen Hundert. Brutperiode weitgehend von der lokalen Regenzeit abhängig, z.B. Sri - Lanka Februar bis August, Nordindien - Juni bis September, Australien - Januar bis März. Nistet fast ausnahmslos in Höhlen dicht am Wasser stehender Bäume, in seltenen Fällen auch in Gebäuden. Die Weißbauch-Z. liegt beim Schwimmen hoch im Wasser. Sie pickt die Nahrung wie ein Bläßhuhn von der Oberfläche und taucht auch gelegentlich. Die Abhängigkeit von Wasserlilien ist geringer als bei den anderen Zwergg. Kommt kaum an Land, klettert aber aus dem Wasser auf hängende Zweige oder Baumstümpfe. Dieses Verhalten ist aber nicht so ausgeprägt wie bei der Halsband-Z. Läßt, zumindest in Indien, wo sie kaum behelligt wird, den Beobachter recht nah heran. Steigt, wenn sie aufgescheucht wird, ohne Anlauf schnell in die Höhe. Fliegt zumeist recht niedrig und selten weit. Der Flügelschlag ist schnell, flach und etwas flatternd.
Biotop: Süßwasserseen und -teiche mit dichtem Röhrichtgürtel und Schwimmblattgewächsen.
Verbreitung: Das Verbreitungsgebiet umfaßt nahezu das gesamte tropische Südostasien. Vom Indischen Subkontinent, ausgenommen die ariden Zonen in Pakistan und Westindien, erstreckt es sich ostwärts über Burma bis in die ostchinesischen Provinzen Szechwan und Hupeh und südwärts über ganz Hinterindien, die Malaiische Halbinsel, Luzon (Philippinen), Sumatra, Borneo, Java, Sulavesi und den Norden Neuguineas. Die nördlichen Populationen Chinas ziehen im Winter weiter nach Süden. Sonst allgemein ein Standvogel, der während der Regenzeit umherstreift. Erscheint zwischen November und Mai regelmäßig in Bahrain und Oman. Irrgäste sind im Westen bis nach Afghanistan, Iran und Irak, im Norden bis Hopeh (China) und im Osten bis Taiwan und Hong Kong gelangt. Die isolierte Population Australiens lebt vorwiegend in den tropisch feuchten Gebieten entlang der Küste von Queensland zwischen dem Kap Melville und Rockhampton. Die Art kam früher auch weiter im Süden bis ins nordöstliche New South Wales vor. Heute ist sie hier nur noch ein unregelmäßiger Gast.
Bestand: Die weit verbreitete Nominatform ist in den

Kerngebieten häufig. Im äußersten Südosten Asiens und auf den Inseln gibt es nur kleinere, lokale Vorkommen. Die Population Australiens ist nur noch klein. Ihr Verbreitungsgebiet ist in den letzten Jahrzehnten durch die Trockenlegung von Feuchtgebieten zunehmend geschrumpft. Anfang der 60er Jahre wurde der Bestand auf 1.500 geschätzt. Er hat inzwischen bestimmt weiter abgenommen.
Literatur: Ali und Ripley 1968, Frith 1967, RAOU 1984.

68 Rotbrust-Zwerggans Tafel 20
Nettapus auritus
Englisch: African Pygmy Goose

Die kleinste Ente Afrikas. Über das gesamte tropische Afrika verbreitet, am häufigsten aber im Süden.

Feldkennzeichen: Länge 30-33 cm. *Am Boden* - Eine sehr kleine Ente, die sich bevorzugt auf dicht bewachsenen Süßgewässern aufhält. Geschlechter verschieden. Das ♂ kenntlich an der dunklen Oberseite, rostroten Unterseite, dem weißen Gesicht und dem gelben Schnabel. Das ♀ ist insgesamt weniger farbig, aber doch von anderen afrikanischen Enten eindeutig an der rostroten Unterseite und dem hellen Kopf zu unterscheiden. Die am Tage reglos auf dem Wasser zwischen den Wasserlilien liegenden kleinen Trupps werden leicht übersehen. *Im Flug* - Klein und dunkel mit, auffällig weißem Bauch und Gesicht. Flügel dunkel, mit großem, weißen Feld auf den Armschwingen. Keine der kleinen afrikanischen Enten zeigt ein ähnliches Flügelmuster. Die Hottentottenente (100) hat am Ende der Armschwingen lediglich ein schmales weißes Band.
Stimme: Nicht sonderlich ruffreudig. Der Ruf des ♂ ist ein weicher, zwitschernder Pfiff, „tschu-tschu-pie-wie". Das ♀ quakt leise.
Beschreibung: Geschlechter verschieden. Beim ♂ wahrscheinlich ein saisonaler Kleiderwechsel. Die Mauserabfolge ist bisher noch nicht ausreichend belegt. **♂ ad.-** Stirn, Kopfseiten, Kehle und Vorderhals weiß. Scheitel und Hinterhals sind metallicgrün. Halsseiten mit großem, ovalen, hellgrünen, dunkel eingefaßten Fleck. Brust und Flanken sind fuchsbraun. An der Brust eine feine dunkle Querbänderung. Mitte der Unterseite sind weiß. Schwanz und Afterregion sind schwärzlich. Oberseite weitgehend glänzend dunkelgrün. Oberflügel schwarzgrün. Die Spitzen der Großen Decken und die Außenfahnen der Armschwingen bilden ein großes, weißes Feld. Unterflügel sehr dunkel. Die ♂ legen wahrscheinlich kurz nach der Brut ein ♀-ähnliches Ruhekleid an. Sie sind aber weiterhin an den gelben Schnäbeln zu erkennen. **♀ ad.-** Scheitel und Hinterhals schwärzlich, an den Kopfseiten schmale, dunkle Augenstreifen. Kopfseiten und Hals weißlich mit ausgedehnter, grauer Tönung. Körper und Flügel wie beim ♂, aber weniger intensiv gefärbt. **Juv.-** Dem ♀ ähnlich, aber an Kopf und Hals grauer und an Brust und Flanken blasser, mehr gelblichrostfarben. Augenstreifen ausgeprägter.
Federlose Partien: ♂- Schnabel sattgelb, mit schwarzem Nagel. Füße grau. Iris bräunlich bis rötlich. ♀ und Juv.- Schnabel gelblichgrau, bei den ♀ dunkler als bei den Juv. Nagel farblich nicht abgesetzt. Füße dunkelgrau. Iris braun. Juv. ♂ entwickeln frühzeitig die Schnabelfärbung der ad.
Maße: ♂ im Mittel etwas größer als ♀. Flügel ♂ 150-165, ♀ 142-158; Lauf 25-28; Schnabel 23-27; mittleres Gewicht ♂ 285, ♀ 260.
Geographische Variabilität: Keine.
Lebensweise: Lebt gewöhnlich in kleinen Trupps auf dicht mit Wasserpflanzen überwucherten, stillen Gewässern. In einigen Gegenden, z.B. im Okawangodelta (Botswana), können sich während der Trockenzeit oder zur Mauser sehr große Ansammlungen bilden. Brutperiode stark von der jeweiligen Regenzeit abhängig, z.B. Südafrika - Oktober bis Dezember, Sambia und Simbabwe - Januar und Februar, Uganda - Juni bis Oktober, Nigeria - Juli und August. Nester zumeist in Baumhöhlen, aber auch in Felsspalten, Termitenhügeln, in den großen, überdachten Nestern des Hammerkopfs und sogar in Strohdächern von Eingeborenenhütten. Vorwiegend am Abend und Morgen aktiv. Sammelt die Nahrung pickend von der Wasseroberfläche und von den Pflanzen. Taucht häufig. Kommt kaum jemals an Land, setzt sich aber gern auf eingetauchte oder über das Wasser hängende Zweige. Sitzt am Tage lange reglos zwischen den dichten Wasserpflanzen. Wo sie nicht behelligt wird, recht vertraut. Fliegt bei Störungen schnell auf und fällt bald wieder ein. Nicht überall ortstreu. Nomadistisch in Gegenden mit unterschiedlich ergiebigen Regenfällen auf der Suche nach den jeweils geeigneten Feuchtgebieten umher.
Biotop: Permanente und temporäre, möglichst tiefe Seen und Teiche mit dichtem Schwimmblattbewuchs. Örtlich auch auf offeneren Wasserflächen und Küstenlagunen, aber nur selten auf Flußmündungen.
Verbreitung: Außer in den Wüstengebieten Südwestafrikas über ganz Afrika südlich der Sahara und Madagaskar verbreitet. Verhält sich, je nach den örtlichen Niederschlagsverhältnissen, ortstreu oder nomadisch. In den trockeneren nördlichen und östlichen Regionen gibt es nur lokale, relativ kleine Vorkommen. Wird in Ostafrika ab Uganda und Tansania häufiger. Außerhalb der Hauptbrutzeit von Juli bis Januar kommt es im Okawangodelta zu großen Ansammlungen.
Bestand: An geeignete Feuchtgebiete gebunden und daher weitgehend inselartig verbreitet. Nur wenige Bestandszahlen bekannt. Im Okawangodelta zeitweilig um 15.000. Bisher scheint diese kleine, hübsche Ente nirgendwo ernsthaft bedroht zu sein.
Literatur: Brown et al. 1982, Douthwaite 1980.

69 Salvadoriente Tafel 34
Salvadorina waigiuensis
Englisch: Salvadori's Duck

Eine endemische Ente des Hochlands von Neuguinea. Sie ist möglicherweise entfernt mit der Sturzbachente (55) verwandt.

Feldkennzeichen: Länge 38-43 cm. *Am Boden* - Geschlechter gleich. Eine kleine, dunkelgraue Ente mit langem Schwanz und leuchtendgelbem oder schwach rosa Schnabel. Ober- und Unterseite schwarzbraun und weiß gebändert. Brust hell. Kopf einheitlich dunkel. Lebt wie die Sturzbachente an reißenden Gebirgsflüssen. Sitzt gern auf umspülten Felsbrocken. Schwimmt mit nickenden Kopfbewegungen und stellt bei Beunruhigung den Schwanz so steil an, daß die weißen Unterschwanzdecken sichtbar werden. Innerhalb des Verbreitungsgebiets, in dem nur noch die Augenbrauenente (91) vorkommt, mit keiner anderen Art zu verwechseln. *Im Flug* - Von

kennzeichnender Gestalt. Eine schlanke, insgesamt dunkel wirkende Ente mit langem Schwanz und kurzen Flügeln. Oberflügel dunkelbraun, mit dunkelgrün glänzendem Spiegel, der nach vorne und hinten durch ein weißes Band begrenzt wird. Unterflügel hellgrau, mit weißem Armschwingenrand. Fliegt niedrig und schnell den Flußlauf entlang.
Stimme: Recht schweigsam. Das ♂ läßt einen tief klingenden Pfiff und das ♀ ein rauhes, zweisilbiges Quaken hören.
Beschreibung: In allen Kleidern ähnlich. **Ad.-** Kopf und Hals gräulichschwarz. Die Federn mit schmalen, etwas helleren Kanten. Brust und Unterseite bräunlichweiß, mit individuell unterschiedlicher, dunkler Sprenklung. Flanken und Seiten der Afterregion kräftig schwarzbraun und weißlich gebändert. Oberseite schwärzlich, mit leicht grünem Glanz, die weißen Federenden ergeben eine markante Bänderung. Der lange und gestufte Schwanz ist rußbraun und weißlich gebändert. Oberflügeldecken dunkel graubraun, mit helleren Säumen. Die Großen Decken im Spitzenabschnitt weiß. Armschwingen blauschwarz, zum Körper hin mit grünem Metallglanz und breiten weißen Endbinden. Handschwingen schwarzbraun, die inneren mit feinem, weißen Spitzensaum. Unterflügel weißlich, an den Schwingen mehr hellgrau. Kleine Unterflügeldecken braun gesprenkelt. Armschwingen mit breitem, weißen Hinterrand. Gelegentlich kommen auch dunklere bis melanistische Individuen vor. **Juv.-** Den Ad. ähnlich, aber matter gefärbt und weniger deutlich gezeichnet.
Federlose Partien: Ad.- Schnabel, zumindest bei Beginn der Brutzeit, leuchtendgelb. In der Gefangenschaft oft gelblichfleischfarben mit dunkler Schattierung. Füße bräunlichgelb. Schwimmhäute mit schwärzlichen Flecken. Iris braun. **Juv.-** Schnabel dunkelgrau, an den Rändern heller. Füße rosagrau. Lauf vorne und hinten mit schwärzlicher Längslinie. Iris braun.
Maße: Geschlechter gleich. Flügel 179-207 (M. ♂ 194, ♀ 185); Lauf 35-43; Schnabel 34-39; mittleres Gewicht ♂ 462, ♀ 469.
Geographische Variabilität: Keine.
Lebensweise: Im Freiland wenig untersucht. Lebt zumeist paarweise oder im Familienverband auf schnell fließenden Flüssen oder Bergseen. Die Paare besetzen, wie bei der Saumschnabelente (54) Neuseelands, ganzjährig einen bestimmten Flußabschnitt. Dieses Verhalten deutet auf eine dauerhafte Paarbindung hin. Die Brutperiode ist ausgedehnt. Sie dauert von Mai bis September oder sogar noch länger. Möglicherweise zwei Bruten pro Jahr. Vielleicht ist der Brutbeginn aber auch von der unterschiedlichen Wasserführung der Flüsse abhängig und fällt in eine Zeit, in der nicht die Gefahr besteht, daß das Nest durch Sturzfluten fortgespült wird. Nester immer dicht am Wasser, entweder im Bewuchs versteckt oder offen auf einem Felsabsatz. Wie die Sturzbach- und Saumschnabelente an ein Leben auf reißend strömenden Flüssen angepaßt. Stromschnellen und Strudel werden mühelos bezwungen. Nahrungssuche vorwiegen an Ufern und Staus mit schwächerer Strömung. Sucht mit tief eingetauchtem Kopf und Hals die Steine ab oder taucht. Sitzt gern mitten im Strom auf einem Felsblock. Recht scheu. Nach älteren Berichten früher eher vertraut.
Biotop: Gebirgsflüsse und -seen in Höhen zwischen 500 und 4000 m. Hält sich am häufigsten in einer Höhe um 3700 m auf. Bevorzugt reißend strömende und klare Flüsse, ist aber auch an träge fließenden, schlammigen Flüssen und an Bergseen anzutreffen.
Verbreitung: Gebirge Neuguineas. Im Tiefland bisher nicht beobachtet.
Bestand: Scheint in einigen Gegenden recht häufig zu sein, ist aber wegen der verstreut territorialen Lebensweise schwer zu erfassen. In Papua Neuguinea offiziell geschützt. Wird aber sicher weiter gejagt. Der zunehmende Gebrauch von Schußwaffen hat schon zu lokalen Bestandsminderungen geführt. Die wahrscheinlich größte Gefahr entsteht durch das Aussetzen von Forellen und anderen Fischen in die Gebirgsflüsse. Das führt unweigerlich zu Nahrungskonkurrenz und zu einer stärkeren Beunruhigung.
Literatur: Kear 1975.

Gattung *Anas* (Gründelenten)

Die größte Gattung der Entenvögel. Alle Arten sind in Gestalt und Lebensweise ähnlich und miteinander sicher nah verwandt. Sie leben vorwiegend auf Süßgewässern und sind ausgesprochen gesellig. Alle Arten der nördlichen Regionen sind Zugvögel, die sich in den Winterquartieren zu gewaltigen gemischten Schwärmen zusammenschließen können. Die Gründelenten ernähren sich seihend, gründelnd oder grasend. Sie tauchen bei der Nahrungssuche nur ausnahmsweise. Sie fliegen schnell und geschickt und steigen mühelos, ohne Anlauf vom Wasser und Land auf. An Land sind sie allgemein gut zu Fuß. Das Oberflügelmuster und die Spiegelfärbung sind wichtige Erkennungsmerkmale.

Geschlechtsunterschiede: Die ♂ haben im typischen Fall ein buntes, prächtiges Brutkleid. Alle anderen Kleider sind unscheinbar tarnfarben. Kurz nach der Brutzeit mausern die ♂ in ein unauffälliges Ruhekleid, in dem sie weitgehend den ♀ und Juv. gleichen. In den arktischen und gemäßigten nördlichen Breiten wird dieses Kleid ungefähr in der Zeit von Mai/Juni bis Oktober/November getragen. Von wenigen Ausnahmen abgesehen, fehlt den Arten der äquatorialen Region und der Südhemisphäre ein solches Ruhekleid. Bei vielen isolierten Inselpopulationen sehen die ♂ dauernd wie ♀ aus. Auch die Inselformen weit verbreiteter Arten mit ausgeprägtem ♂-Brutkleid neigen dazu, das Prachtgefieder zu unterdrücken. Das hat, da die kleineren Inseln nur eine Art dieser Gattung beherbergen, sicherlich mit mangelnder zwischenartlicher Konkurrenz zu tun. Im Ruhekleid lassen sich die ♂ in den meisten Fällen an dem unveränderten Flügelmuster erkennen.

Altersmerkmale: Die Juv. gleichen weitgehend den ♀. Da die Schlichtkleider aller Arten mehr oder weniger ähnlich sind, sollte bei der Bestimmung nicht so sehr auf die Färbung und Zeichnung des Gefieders, sondern mehr auf die Gestalt und Haltung sowie die federlosen Partien geachtet werden. Bei der fliegenden Ente sind auch das Flügelmuster, die Schwanzform und die Färbung des Bauches bedeutsam. Wegen der individuellen Variabilität kann eine Altersbestimmung ♀-fiedriger Enten allein nach Gefiedermerkmalen schwierig sein. In der Hand ist die Form der Schwanzfederspitzen ein recht sicheres Merkmal. Bei den Juv. sind die Schwanzfedern an den Spitzen abgenutzt. Die Fahne endet stumpf und wird vom nackten Schaft überragt. Die Schwanzfederspitzen der Ad. sind normalerweise vollständig, es sei denn, das ganze Gefieder ist stark abgenutzt.

Bastarde: Bei den meisten Arten besteht keine feste, dauernde Paarbindung. Das ♀ spielt bei der Balz und der Auswahl des Partners eine bestimmte Rolle. Dennoch kommt es nicht selten zu regelrechten Vergewaltigungen, an denen oft mehrere ♂ beteiligt sind. Bei der großen Ähnlichkeit der meisten ♀ ist es nicht verwunderlich, daß auch den Enten bei der Arterkennung gelegentlich Fehler unterlaufen. Das Ergebnis sind Bastarde, bei denen die ♂ ein ungefähr intermediäres Prachtkleid ausbilden. Manchmal gleichen diese Bastarde aber auch einer ganz anderen Art. So sehen z.B. die Bastarde zwischen Chilenenpfeifenten (73) und europäischen Pfeifenten (71) wie Amerikanische Pfeifenten (72) aus. Bastarde zwischen der Zimtente (103) und der Löffelente (107) gleichen auffällig der Halbmondlöffelente und solche zwischen Stockente (84) und Krickente (77) können an die Gluckente (76) erinnern. In der Gefangenschaft kommt es besonders häufig zu Bastardierungen. Mischlinge treten aber gelegentlich auch im Freiland auf.

70 Schwarzente (Fleckente)   Tafel 21
Anas sparsa
Englisch: African Black Duck

Die Schwarze. lebt in Waldtälern an schnell fließenden Flüssen. Es gibt nur kleine, lokale Vorkommen. Am häufigsten ist sie im südlichen Afrika.

Feldkennzeichen: Länge 48-57 cm. **Am Boden** - Geschlechter gleich. Eine große, insgesamt schwärzliche Gründelente mit weißen, halbmondförmigen Flecken auf der Oberseite, die zu Bändern aneinandergereiht sind. Der Schnabel ist gräulichrosa oder dunkelgrau. Nur mit der Gelbschnabelente (90) zu verwechseln. Deren Schnabel ist aber an den Seiten leuchtendgelb. Ihre Füße sind schwärzlich, nicht gelblich. Ihre Oberseite ist ungefleckt. Außerdem bevorzugt sie die offene Landschaft. Schwarze. halten sich vorwiegend auf schnell fließenden Flüssen im Waldland auf. **Im Flug** - Mit der Gelbschnabele. verglichen wirkt die Schwarze. massiger und länger. Auf den Schulter- und Ellenbogenfedern sind die weißen Flecke gut erkennbar. Der Oberflügel ist schwarzbraun und hat einen blaugrün glänzenden, vorne und hinten durch je eine schwarze und weiße Binde eingefaßten Spiegel. Der Unterflügel ist dunkelbräunlich, mit abgesetzt weißen Achselfedern. Gelbschnabele. sind am Unterflügel über die ganze Mitte weiß und haben weniger ausgeprägte Spiegelsäume. Aufgescheuchte Schwarze. fliegen im Schutz der überhängenden Bäume dicht über dem Wasser den Fluß entlang.

Stimme: Nicht sonderlich ruffreudig. ♂ und ♀ rufen auf dem Wasser und im Flug. Der Ruf des ♂ ist ein sehr leises, heiseres „piep". Das ♀ quakt wiederholt und laut. Beim Auffliegen rufen ♂ und ♀ zusammen, der Ruf des ♂ ist aber so leise, daß er kaum zu hören ist.

Beschreibung: In allen Kleidern weitgehend gleich. Beschreibung der Nominatform: **Ad.-** Insgesamt dunkel schwärzlichbraun. Einige Individuen mit hell bräunlicher Bänderung an den hinteren Flanken und manchmal auch mit einem angedeuteten Halsring. Schulter- und Ellenbogenfedern sowie Oberschwanzdecken mit breiten, weißen oder hell bräunlichen Bändern. Schwanz dunkelbraun, weißlich oder bräunlich gebändert. Oberflügeldecken und Handschwingen schwarzbraun. Große Decken mit breitem, weißen Subterminalband und schwarzer Spitze. Armschwingen metallicgrün, mit schwarzem Subterminalband und weißer Spitze. Unterflügeldecken braun, mit weißen Enden. Achselfedern weiß. Schwingenunterseite dunkelgrau. Handschwingen mit weißem Saum. ♀ wirken allgemein dunkler als ♂, wegen der individuellen Variabilität ist aber sichere Unterscheidung nicht möglich. **Juv.-** Den Ad. ähnlich, aber brauner, mit dunkel gebändertem, weißlichem Bauch. Die Fleckung der Oberseite mehr bräunlich und weniger ausgeprägt, oft ganz schwach. Spiegel matt. Sie nehmen im Verlauf des ersten Sommers weitgehend Ad.-Färbung an. Das weiße Band über die großen Decken wird erst im zweiten Jahr ausgebildet.

Federlose Partien: Geschlechter gleich. Füße immer gelblichbraun bis orangegelb. Iris dunkelbraun. Schnabel der Juv. grau. *A.s.sparsa*: Schnabel schiefergrau, Nagel und ein über den First verlaufender Fleck schwarz. *A.s.leucostigma*: Schnabel fleischfarbenrosa mit schwarzem Nagel und First. *A.s.maclatchyi*: Schnabel vorwiegend schwärzlich. Vor der Spitze und an der Basis eine verwaschen rosa Zone.

Maße: ♂ gewöhnlich größer als ♀. *A.s.sparsa* und *A.s.leucostigma*: Flügel ♂ 245-272, ♀ 232-248; Lauf 36-45; Schnabel 43-51; Gewicht 760-1077 (nur wenige Angaben, alle von ♀). *A.s.maclatchyi*: Angaben von einem ♂: Flügel 220; Schnabel 42; Gewicht 1081.

Geographische Variabilität: Es werden drei Unterarten unterschieden, von denen aber nur zwei gut trennbar sind. *A.s.sparsa* ist im südlichen Afrika nordwärts bis Simbabwe und Mosambique weit verbreitet. Im gesamten übrigen Gebiet, ausgenommen Gabun, kommt *A.s.leucostigma* vor. Von der Nominatform ist sie an der bräunlicheren Fleckung, dem eher blauen als grünen Spiegel und dem rosa, statt grauen Schnabel zu unterscheiden. Die wenig bekannte, wahrscheinlich isolierte Unterart *A.s.maclatchyi* ist auf die Wälder im Tiefland von Gabun beschränkt. Sie ist kleiner und dunkler als die beiden anderen, hat kleinere, gelbbraune Flecke auf der Oberseite und einen dunkleren Schnabel. Bei genauerer Untersuchung der Gesamtvariabilität von *A.s.leucostigma* könnte sich erweisen, daß die Absonderung dieser Form nicht gerechtfertigt ist.

Lebensweise: Eine allgemein nicht häufige Ente, die paarweise oder im Familienverband an Flüssen mit dicht bewaldeten Ufern lebt. Paarbindung, wie bei den meisten „Flußenten", von langer Dauer, was für die Gattung *Anas* eigentlich untypisch ist. Brutperiode regional verschieden z.B.: Kapland - Juli bis Dezember, Sambia - Mai bis August, Äthiopien - Januar bis Juli. Brütet im Unterschied zu den meisten anderen afrikanischen Enten bevorzugt während der Trockenzeit. Ist durch die Bindung an Flüsse nicht von den teilweise temporären Stillgewässern abhängig. Nest am Flußufer zwischen angespültem Geäst oder im hohen Bewuchs. Sucht bei der Nahrungssuche gern ruhigere Zonen in Buchten oder im Schutz von Geröll auf. Taucht oft den Hals und Kopf tief ein, gründelt oder taucht. Geht ungern an Land, durchschnattert aber auf einem Stein oder an einer seichten Stelle stehend das vorbeiströmende Wasser. Ruht am Tage lange im Schatten der überhängender Bäume und ist vor allem früh am Morgen und am Abend aktiv. Übernachtet in einigen Gegenden auf offenen Seen oder Staubecken und fliegt am frühen Morgen

zur Nahrungssuche auf den Fluß. Nicht gerade scheu, aber auf den überschatteten Flüssen nicht leicht zu entdecken. Verharrt bei Störungen lange reglos im Schutz der Ufervegetation und fliegt erst auf, wenn man ihr recht nahe gekommen ist.
Biotop: Flüsse in dicht bewaldetem Bergland bis zu einer Höhe von 4000 m. Manchmal auch in offenerer Landschaft. Bevorzugt schnelle Strömung, ein steiniges Flußbett und baumbestandene Ufer.
Verbreitung: Lebt in bergigen und bewaldeten Regionen des tropischen Afrika. Ist aber nirgendwo sonderlich häufig. Das Verbreitungsgebiet umfaßt in Westafrika Nigeria (hier selten), Kamerun und Gabun. Die flachen Regenwaldgebiete Zentralafrikas und die Trockenzonen Angolas sowie des südwestlichen Afrika werden offensichtlich gemieden. Dagegen kommt die Art in Ost- und Südafrika von Äthiopien und dem östlichen Sudan bis zum Kap in allen geeigneten Lebensräumen vor.
Bestand: Wegen der verstreut territorialen Lebensweise und der Unübersichtlichkeit des Lebensraums wird die Schwarze. sicher vielfach übersehen. Die Bestandsdichte scheint im südlichen Afrika am höchsten zu sein. Auch wenn beweiskräftige Bestandsangaben bisher fehlen, ist eine Gefährdung unwahrscheinlich. Durch die Rodung der Wälder sind lokale Populationen bestimmt beeinträchtigt worden. Über den Status der Population Gabuns ist kaum etwas bekannt.
Literatur: Brown et al. 1982.

71 Pfeifente Tafel 23
Anas penelope
Englisch: Wigeon

Eine im Norden Eurasiens weit verbreitete Ente, die in Nordamerika durch die nah verwandte Amerikanische Pfeifente (72) ersetzt wird.

Feldkennzeichen: Länge: 45-51 cm. **Am Boden** - Eine mittelgroße Ente (kleiner als die Stockente (84)) mit hoher Stirn, spitz auslaufendem Schwanz und kurzem, blaugrauen Schnabel mit schwarzer Spitze. Gefieder der ♂ mit kennzeichnendem Farbmuster: Kopf kastanienbraun, Brust weinrot, Rumpf grau, Hinterende schwarzweiß. Die weißen Flügeldecken sind oft als Band über den Flanken sichtbar. Aus der Nähe ist auch die charakteristische gelbliche Stirnblesse erkennbar. Im Ruhekleid sind die ♂ insgesamt kräftig rötlichkastanienbraun mit weißem Bauch und weißem Vorderflügel. ♀ und Juv.können recht unterschiedlich aussehen. Die Färbung variiert von graubis rotbraun. Der Bauch ist weiß. Obwohl sie fein gefleckt sind, erscheinen sie, mit anderen Arten verglichen, fast ungezeichnet. Die Merkmale - relativ einheitlich bräunliches Körpergefieder, weißer Bauch, gedrungene Gestalt, kurzer Schnabel, hohe Stirn und spitzer Schwanz - werden nur von der sehr ähnlichen Amerikanischen Pfeife. geteilt. Die artkennzeichnenden Unterschiede werden dort genauer betrachtet. Die dicht gedrängten, großen Winterschwärme halten sich vorwiegend auf dem Lande auf. **Im Flug** - Eine mittelgroße Ente mit deutlich „tailliertem" Hals, leicht aufgetriebenem Kopf und spitz ausgezogenem Schwanz. Das ♂ ist an den leuchtendweißen Vorderflügeln und dem weißen Bauch weithin erkennbar. Das ♀ ist insgesamt bräunlich, mit weißem Bauch und aufgehelltem Vorderflügel. Die Unterflügel sind bei ♂ und ♀ hellgrau, an den Schwingen und der Vorderkante dunkler als in der Mitte.
Stimme: Der markanteste Ruf ist das durchdringende laute „wij-uu" des ♂, das sowohl am Boden als auch im Flug zu hören ist. Das ♀ ruft knarrend „warr".
Beschreibung: Geschlechter verschieden. Saisonal unterschiedliche Kleider. ♂ *ad. Brutkleid* - Kopf und Hals rostbraun. Stirn und Scheitel weißlich- bis bräunlichgelb. Hinter dem Auge ein schwarzgrün glänzender, unscheinbarer Fleck. Brust blaß weinrot. Mitte der Unterseite vom Brustansatz bis zu den Unterschwanzdecken und der hintere Flankenrand rein weiß. Flanken mit feinen weißen und dunkelgrauen Wellenlinien. Unterschwanzdecken und seitliche Oberschwanzdecken schwarz. Mittlere Oberschwanzdecken und Bürzel weißlich mit grauer Zeichnung. Die mittleren Schwanzfedern schwärzlich, die äußeren heller braungrau. Die Oberseite, die verlängerten, zugespitzten Schulterfedern eingeschlossen, fein dunkelgrau und weiß quergewellt. Die verlängerten Ellenbogenfedern grau, mit schwarzen, weiß gesäumten Außenfahnen. Kleine Oberflügeldecken grau. Mittlere und Große Decken weiß, letztere mit schwarzen Spitzen. Armschwingen an der Basis metallicgrün, zur Spitze hin schwarz. Handschwingen dunkel graubraun. Achselfedern und Unterflügeldecken weißlich, die Kleinen und Mittleren intensiv graubraun gesprenkelt und schattiert. Schwingen dunkel graubraun. ♂ *ad. Ruhekleid* - Körpergefieder ähnlich wie beim ♀. Kopf, Hals, Brust und Flanken dunkler kastanienbraun. Flügel wie im Brutkleid. ♀ *ad.*- Gefiederfärbung individuell variabel grau- bis rotbraun. Einige auch mit rotbraunen Flanken und grauem Kopf. Kopf, Hals und Brust hell- bis mittel-, bzw. grau- bis rotbraun mit feiner dunkler Fleckung, die auf dem Scheitel und am Hinterhals am intensivsten ist. Flanken braun mit helleren Federrändern. Afterregion und Unterschwanzdecken weißlich mit dunkelbraunen Abzeichen. Bauch rein weiß. Federn der Oberseite, die verlängerten Ellenbogenfedern eingeschlossen, dunkelbraun mit hell rotbräunlichen Rändern. Ellenbogenfedern können, zumindest im Herbst, schmale, weiße Säume haben (vgl. Amerikanische Pfeife.). Bürzelfedern und Oberschwanzdecken schwarzbraun, mit bräunlichen oder weißen Binden und weißlichen bis rötlichen Rändern. Oberflügeldecken braun mit weißlichen bis bräunlichen Säumen. Große Decken mit weißen Enden und feinen, schwarzen Spitzen. Armschwingen grün und schwarz, weniger glänzend als beim ♂. Handschwingen graubraun. Unterflügel wie beim ♂. *Juv.*- Gleichen weitgehend den ♀, sind aber am Bauch leicht dunkel gefleckt und haben insgesamt bräunliche mittlere Flügeldecken ohne weiße Enden. Der Spiegel ist bei juv.♀ blaßbraun, bei juv. ♂ mehr glänzend. Juv. ♂ sind bis in den ersten Sommer hinein an dem bräunlichen - nicht weißen - Vorderflügel zu erkennen.
Federlose Partien: Schnabel blaugrau, mit schwarzer Spitze, schwarzen Nasenlöchern und Kanten. Färbung bei ♂ heller und blauer als bei ♀. Füße blaugrau bis dunkelgrau. Iris braun.
Maße: ♂ im allgemeinen größer als ♀. Flügel 242-281 (M. ♂ 267, ♀ 250); Lauf 35-44; Schnabel 31-38; mittleres Gewicht ♂ 720, ♀ 640.
Geographische Variabilität : Keine.
Lebensweise: Außerhalb der Brutzeit ausgesprochen gesellig. Schließt sich in den Winterquartieren zu großen, dicht gedrängten Schwärmen zusammen. Paarbildung in den Winterschwärmen. Rückkehr in

die Brutgebiete im April und Mai. Nest gewöhnlich gut verborgen unter Gesträuch, zumeist nah am Wasser. Kurz nach Brutbeginn versammeln sich die ♂, um ins Ruhekleid zu mausern. Der Herbstzug beginnt im August. Ankunft in den Überwinterungsgebieten von September bis November. Sucht nach Art anderer Gründelenten auf dem Wasser nach Nahrung, ernährt sich aber zu einem sehr erheblichen Anteil an Land. Weidet in dichten Scharen auf kurzrasigem Grasland. Diese besondere Form der Ernährung führt dazu, daß in den Pfeifentenschwärmen kaum andere Enten zu finden sind. Vergesellschaftet sich am ehesten mit der Ringelgans, die ähnliche Nahrungsansprüche hat. Ruht gern an Land, weicht bei stärkerer Störung aber auf offene Wasserflächen aus. Schwimmt in Ruhehaltung mit eingezogenem Kopf und angehobenem Schwanz. Flug schnell und geschickt. Fliegt vom Wasser und Land mühelos und sprunghaft in die Höhe. Bildet unregelmäßige, dicht gedrängte Flüge, die sich zu langen Linien ordnen können. Das Aufleuchten der weißen Vorderflügel der ♂ ist auch auf größere Entfernung gut zu sehen. Die im grauen Watt oder auf dem grünen Vorland rastenden Trupps fallen durch die ungewöhnlich hellen Bäuche auf.

Biotop: Brütet in der offenen oder locker bewaldeten Landschaft an vegetationsreichen Seen und Teichen. Meidet im allgemeinen die freie Tundra, den dichten Wald und das Gebirge. Auf dem Zuge und im Winter vorwiegend an der Küste und in Flußmarschen auf weitem, kurzrasigen, feuchten Grünland. In kleinerer Zahl auch im Binnenland in der Nähe großer Gewässer auf nassen oder überfluteten Wiesen.

Verbreitung: Das Brutgebiet erstreckt sich über das gesamte nördliche Eurasien von Island und Schottland im Westen über Skandinavien und ganz Sibirien bis zur Pazifikküste im Osten. In Europa wird die Südgrenze durch gelegentliche Bruten in England, Holland, Deutschland und Osteuropa (Rumänien) bestimmt. In Asien reicht die Verbreitung bis Kasachstan, an den Baikalsee und in den äußersten Norden Chinas. Überwintert im gemäßigten bis mediterranen Europa und Asien. Besondere Konzentrationen an den Küsten Westeuropas, des Mittelmeeres, in den Niederungen am Schwarzen- und Kaspischen Meer, im Irak und Iran sowie im südöstlichen China und in Japan. Zieht im Winter den Nil aufwärts bis in den Sudan und nach Äthiopien. Erscheint sogar an den Seen Kenyas und Tansanias. Hält sich im Winter auch in geringer Zahl in Nordnigeria, dem Tschad und auf den Kanarischen Inseln auf. Wird in Asien gelegentlich am Persischen Golf, im Süden der Arabischen Halbinsel, auf Sri Lanka, in fast ganz Südostasien und auf den Philippinen beobachtet. Irrgäste sind im Norden bis nach Grönland, Jan Mayen, die Bäreninsel, Spitzbergen und Nowaja Semlja und im Süden bis den Azoren, Madeira, Borneo, Sulawesi, einige pazifische Inseln und Hawaii gelangt. In Nordamerika ein alljährlicher Gast. Kommt regelmäßig auf die Bermudas und an die atlantische wie pazifische Küste. Im Binnenland seltener. Gewöhnlich mit Amerikanischen Pfeifenten vergesellschaftet. Wurde im Süden bis Kalifornien und Texas und im Norden bis Alaska und Neufundland beobachtet. Irrgäste sind auch von einigen Karibischen Inseln und aus Mexiko gemeldet worden.

Bestand: 1975 wurde der Winterbestand Westeuropas sowie der Mittelmeer- und Schwarzmeerregion auf etwa 1 Million geschätzt. Dazu kommen noch große Winteransammlungen in Asien. Die Art ist also insgesamt in keiner Weise bedroht. Lokale Populationen, vor allem in Europa, haben unter Entwässerungsmaßnahmen und intensiver Gewässernutzung gelitten.

Literatur: Bauer und Glutz 1968, Cramp und Simmons 1977.

Die Großen Flügeldecken der Amerikanischen Pfeifente sind heller als die der Pfeifente.

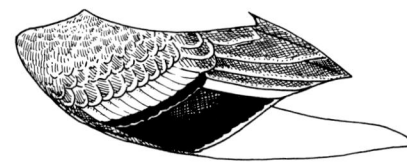
Amerikanische Pfeifente

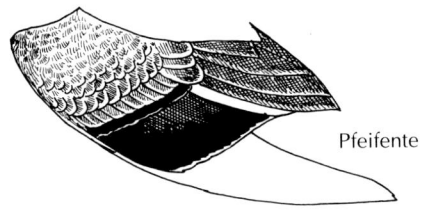
Pfeifente

72 Amerikanische Pfeifente   Tafel 23
Anas americana
Englisch: American Wigeon

Eine mit der altweltlichen Pfeifente (71) sehr nah verwandte, rein amerikanische Art.

Feldkennzeichen: Länge 45-56 cm. **Am Boden** - Gleicht in Größe und Gestalt weitgehend der Pfeife. Im Durchschnitt ein wenig größer, mit etwas längerem Hals, Schnabel und Schwanz. Das ♂ kenntlich am weißlichen Band über Stirn und Scheitel, dem breiten, dunkelgrünen Streifen vom Auge zum Nacken und den weißlichgrauen, dicht dunkel gepunkteten Kopf- und Halsseiten. Aus einiger Entfernung wirken der Hals und die untere Kopfhälfte grau, die obere Kopfhälfte schwarz und der Scheitel weiß. Brust und Flanken sind weinrötlichbraun. Das Hinterende ist erst weiß, dann schwarz. Der Bauch ist weiß. Die Oberseite ist bräunlich. Das ♂ ist kaum mit dem der Pfeife. zu verwechseln. Bei der Bestimmung von ungewöhnlich aussehenden Individuen sollte man daran denken, daß, wie kürzlich in England, auch Bastarde zwischen Pfeife. und Chilenenpfeife. (73) aus Gefangenschaft entkommen und für einige Verwirrung sorgen können. Solche Bastarde erinnern an die Amerikanische Pfeife. Bei ihnen reicht die weiße Blesse aber nicht bis zum Hinterkopf, sondern endet über der Stirn; Kopf und Hals sind fast gänzlich dunkelgrün. Die Schlichtkleider sind denen der Pfeife. recht ähnlich. Das Gefieder der Amerik. Pfeife. ist aber weniger einheitlich gefärbt. Es zeigt einen deutlichen Kontrast zwischen dem Grau an Kopf, Hals und Oberseite und dem satten Rostbraun der Flanken und der Brust. Bei der großen Variabilität der Pfeife.-♀ könne einige den ♀ der

Amerik. Pfeife. nahekommen, ihnen fehlt aber immer dieser deutliche Kontrast. Im Zweifelsfall sollte man zur ganz sicheren Bestimmung die Kopf- und Flügelzeichnung genau „unter die Lupe nehmen". Die feinen Gestaltunterschiede zwischen den beiden Arten sind nicht immer erkennbar. Sie können zur Identifikation juv. ♂ beitragen, da diese immer etwas größer als ♀ sind, juv. ♂ der Amerik. Pfeife. zwischen Pfeife. also besonders groß erscheinen. Ein gutes, aber nur im Flug sichtbares Unterscheidungsmerkmal ist die Färbung der Achselfedern und der Unterflügelmitte. Sie sind bei der Amerik. Pfeife. weiß, erscheinen bei der Pfeife. dagegen durch die dichte graue Zeichnung hellgrau. Im grellen Sonnenschein können auch die Unterflügel der Pfeife. in der Mitte weißlich wirken. Im allgemeinen sind bei der Amerik. Pfeife. Stirn und Kopfseiten hell, so daß der dunkle Fleck um das Auge gut zur Geltung kommt. Hinterkopf und -hals wirken durch die intensive dunkle Sprenkelung dunkler als die Kopfseiten und der Vorderhals. Bei der Pfeife. ist die Sprenkelung gleichmäßiger verteilt, sie kann aber um das Auge verdichtet sein. Im Spätwinter und Frühling haben die Außenfahnen der Ellenbogenfedern bei den Amerik. Pfeife. weißliche Ränder. Bei den Pfeife. sind diese Ränder schmäler und bräunlich, im Herbst und frühen Winter aber auch weißlich. Bei genauer Betrachtung des gefalteten Flügels sollte bei den Amerik. Pfeife. in der Flügelmitte ein quer verlaufendes, helles Feld erkennbar sein. Es wird von den weißlichen Rändern der Mittleren und den weißlichen Außenfahnen der Großen Decken gebildet. Beim ♀ der Pfeife. erscheint der Flügel bis auf den dunklen Spiegel einheitlich braun. Im Ruhekleid sind ♂ der Amerik. Pfeife. an Kopf und Hals wesentlich grauer als ♂ der Pfeife. Schon im ersten Winter können juv. ♂ um die Schnabelbasis eine schmale, schwarze Binde haben, die den ♂ der Pfeife. immer fehlt. Auch wenn also die Unterscheidung der beiden so ähnlichen Arten äußerst mühsam zu sein scheint, ist es doch in der Praxis zumeist nicht sonderlich schwer, einen Fremdling in einer Schar der einen oder anderen Art ausfindig zu machen. Die Absicherung der Beobachtung stellt erst die wirkliche Schwierigkeit dar. Eine Verwechslung mit dritten Arten ist eher unwahrscheinlich. Juv. Schnatterenten (75) haben zwar auch einen grauen Kopf und Hals und einen rötlichbraunen Körper, sie unterscheiden sich aber deutlich duch die Färbung von Schnabel und Füßen. In Europa werden immer wieder entflogene Chilenenpfeifenten beobachtet, diese lassen sich aber gut erkennen.
Im Flug - Die allgemeine Erscheinung und ein auffällig weißer Bauch wie bei der Pfeife. Achselfedern und Flügelmitte an dem sonst dunklen Unterflügel bei beiden Geschlechtern weiß. Das weiße Feld auf dem Oberflügel.-♂ etwas weniger ausgedehnt als beim ♂ der Pfeife. Oberflügel der ♀ heller als bei der Pfeife.-♀. Die weißlichen Ränder der mittleren und großen Decken bilden in der Flügelmitte eine gut sichtbare Längsbinde.
Stimme: Rufe ähnlich denen der Pfeife. Die Pfiffe der ♂ klingen etwas kehliger, leiser und weniger durchdringend.
Beschreibung: Geschlechter verschieden. Saisonal unterschiedliche Kleider. **♂ ad. Brutkleid** - Stirn und Scheitel weißlich. Kopf und Hals weißlich oder hellbräunlich mit dichter, schwarzer Sprenkelung. Das breite, vom Auge zum Hinterhals ziehendes Band ist schwarz mit metallicgrünem Glanz. Brust, Flanken und ein Großteil der Oberseite weinrötlichbraun, mit feinen dunkelgrauen Wellenlinien, die auf der Oberseite am ausgeprägtesten sind. Unterseite vom Brustansatz bis zu den Unterschwanzdecken und Flankenenden rein weiß. Unter- und seitliche Oberschwanzdecken schwarz. Bürzel, Oberschwanzdecken und Schwanz wie bei der Pfeife. Oberflügel weitgehend wie bei der Pfeife., die Kleinen Decken aber bräunlich, wodurch das weiße Feld verkleinert wird. Der grüne Spiegelabschnitt ist kleiner. Kleine Decken und Schwingen am Unterflügel dunkelgrau, Achselfedern und mittlere Decken dagegen weiß. **♂ ad. Ruhekleid** - Dem ad. ♀ ähnlich, aber auf der Oberseite mehr schwärzlich dunkel und an Brust und Flanken kräftiger rotbraun. Flügel wie im Brutkleid. **♀ ad.-** Einheitlicher als der ♂, sonst aber im Gefieder ähnlich (s. Feldkennzeichen.-♀. **Juv.-** Gleicht dem ♀, hat aber einen matten, braunen Spiegel. Die weißlichen Säume der Oberflügeldecken sind bei den juv. ♂ breiter als bei juv. Pfeife.-♂. Das Ad.-Gefieder wird im Verlauf des ersten Winters ausgebildet. An dem Flügel sind juv. ♂ bis in den ersten Sommer hinein erkennbar.
Federlose Partien: Wie bei der Pfeife., ♂ aber gewöhnlich mit einem schmalen, schwarzen Band um die Schnabelbasis.
Maße: ♂ im Mittel etwas größer als ♀. Flügel ♂ 252-270, ♀ 236-258; Schnabel 33-48; mittleres Gewicht ♂ 770, ♀ 680.
Geographische Variabilität: Keine.
Lebensweise: Weitgehend wie die der Pfeifente.
Biotop: Gleiche Lebensräume wie die Pfeife. Bevorzugt im Winter mehr die Süß- als die Salzwassermarschen.
Verbreitung: Brütet in weiten Bereichen des nordwestlichen und mittleren Nordamerika von Alaska ostwärts bis zur Hudson Bay und südwärts über die Great Plains in das nordöstliche Kalifornien und nördliche Colorado. Im Osten reicht die Verbreitung bis North und South Dakota und Minnesota. Brütet gelegentlich auch weiter östlich. Überwintert vorwiegend in küstennahen Niederungen, in den südlichen Staaten auch weiter im Binnenland. Winterquartiere entlang der Pazifikküste von Südalaska bis Mexiko und am Atlantik von Neuengland südwärts bis Costa Rica, Panama und die Karibischen Inseln. Zieht in geringer Zahl bis ins nördliche Kolumbien und nordwestliche Venezuela. In Westeuropa ein nicht seltener Gast. Wird alljährlich auf den Britischen Inseln beobachtet. Die meisten Meldungen stammen von der Atlantikküste, von Island und den Färöern im Norden bis nach Marokko und die Azoren im Süden. Einzelbeobachtungen auch in Mitteleuropa und Skandinavien. Irrgäste sind auch im nordöstlichen Sibirien (Kommandeur Inseln), in Japan und auf Hawaii festgestellt worden.
Bestand: In der Mitte der 70er Jahre wurde der Bestand auf 1,5 Millionen geschätzt. Wahrscheinlich die häufigste nordamerikanische Ente.
Literatur: Harrison und Harrison 1968, Johnsgard 1978.

73 Chilenenpfeifente Tafel 23
Anas sibilatrix
Englisch: Chiloe Wigeon, Southern Wigeon

Die einzige Pfeifente der Südhemisphäre. Im Unterschied zu den beiden anderen Arten (71, 72) sehen die Geschlechter in allen Kleidern bemerkenswert ähnlich aus.

Feldkennzeichen: Länge 43-54 cm. **Am Boden** - Unverkennbar. Eine typische Pfeifente mit hoher Stirn und kleinem Schnabel. Im Gefieder aber von den anderen Pfeife. deutlich verschieden. Das weißliche Gesicht und ein weißer Ohrfleck heben sich markant vom schwarzen Kopf und der dunkel geschuppten Brust ab. Die Flanken sind rostbraun und das Hinterende weitgehend weiß. Die Geschlechter gleichen sich, es treten aber bei ♂ und ♀ zwei unterschiedliche Farbphasen auf, eine kräftig gefärbte und eine insgesamt mattere und bräunlichere. Die Juv. sind allgemein düsterer gefärbt als Ad. Juv. der „matten Phase" sind ausgesprochen einheitlich schmutzfarben, im Gesicht und am Bauch aber immer weißlich. **Im Flug** - Gestaltlich wie die anderen Pfeife. (s. 71), aber mit kürzerem, weniger zugespitztem Schwanz. ♂ mit großem, weißem Feld auf dem Vorderflügel. Bei den ♀ ist dieses Feld etwas kleiner und bei den Juv. nur angedeutet. Bauch und Bürzel sind auffällig weiß. Kaum mit einer anderen südamerikanischen Ente zu verwechseln.
Stimme: Der Ruf des ♂ ist ein hoher, mehrsilbiger Pfiff, „wir-wir-wiburr", der am Boden und im Flug zu hören ist. Der Ruf des ♀ klingt knurrend, „arr-arr".
Beschreibung: Geschlechter ähnlich. Keine saisonale, aber eine gewisse individuelle Variation. **Ad. „farbige Phase"** - Kopf und Hals glänzend schwarzgrün. Stirn, Zügelregion, Kinn und ein Fleck auf den Ohrdecken weißlich. Unterhals und Brust weiß, mit kräftiger schwarzer, schuppenartiger Zeichnung. Flanken rostbraun. Unterseite vom Brustansatz bis zum Schwanz weiß, an den Seiten der Afterregion rotbraun getönt. Oberseite schwarz. Alle Federn, auch die verlängerten und zugespitzten Ellenbogen- und Schulterfedern, mit weißem Rand. Bürzel und Oberschwanzdecken weiß. Unterschwanzdecken schwarz. Oberflügeldecken weiß, die Großen mit schwarzen Spitzen. Handschwingen dunkel graubraun. Armschwingen schwarz mit metallicgrünem Glanz. Unterflügel hellgrau, an der Vorderkante und den Schwingen dunkler als in der Mitte. **Ad. „matte Phase"** - Färbungsmuster gleich, aber insgesamt weniger intensiv. Flanken nur rotbräunlich getönt und alle hellen Federränder nicht weißlich, sondern bräunlich. Das ganze Gefieder wirkt dadurch einheitlicher. ♀ noch etwas unscheinbarer als ♂, mit brauner Zeichnung auf den kleinen Oberflügeldecken.
Juv.- Den Ad. ähnlich, aber noch matter gefärbt als das ♀. Oberflügeldecken kräftig braun gesprenkelt. Kopf glanzlos schwärzlich und ohne Ohrfleck. Juv. der „matten Phase" wirken ausgesprochen schmutzigbraun, mit bräunlichen Flanken und mattbrauner Oberseite.
Federlose Partien: Schnabel immer bläulichgrau. Spitze, Kanten, Nasenlöcher und ein schmales Band um die Basis sind schwarz. Füße dunkelgrau. Iris braun.
Maße: ♂ sichtbar größer als ♀. ♂- Flügel 255-275; Lauf 40-43; Schnabel 33-35; mittleres Gewicht 939. ♀- Flügel 237-245; Schnabel 34-36; mittleres Gewicht 828.
Geographische Variabilität: Keine.
Lebensweise: Eine gesellige Ente, die man gewöhnlichen in kleineren Trupps antrifft. Die Schwärme sind im allgemeinen nicht so groß wie bei den beiden anderen Pfeife. Sie vereinen selten mehr als einige Hundert Enten. Nach der Brutzeit können sich auf bestimmten Mausergewässern große Ansammlungen bilden. Auf dem Lago Hantu (Feuerland) wurden im Januar und Februar bis 5000 gezählt, was auf einen Mauserzug hinweist. Auch wenn die Paarbindung sicher nicht von langer Dauer ist, können doch fast das ganze Jahr über Paare beobachtet werden. Die Paare finden wahrscheinlich schon bald nach Beendigung der Brutsaison wieder zusammen. Bruten von September bis Dezember. Brutbeginn im Norden etwas früher als im Süden. Nest versteckt in dichtem Bewuchs, oft in erheblicher Entfernung vom nächsten Gewässer. Im Unterschied zu denen der meisten anderen Anas-Arten beteiligt sich das ♂ an der Führung der Jungen. Durchschnattert wie die anderen Gründelenten das Wasser und weidet an Land. Ist stärker als die beiden anderen Pfeife. an das Wasser gebunden. Hält sich gern auf größeren, offenen Seen auf.
Biotop: Seen und Sümpfe in offener Landschaft. Bevorzugt von Niederungswiesen umgebene Seen in der Steppe, kommt aber auch an langsam fließenden Flüssen im Waldland vor.
Verbreitung: Brütet im südlichen Südamerika und auf den Falklandinseln. Die Brutverbreitung reicht in Chile bis an die Mündung des Rio Huanaco und in Argentinien bis Buenos Aires und Cordoba. Gelegentliche Bruten auch im nördlichen Uruguay. Die südlichen Populationen ziehen zum Überwintern ins nördliche Argentinien, nach Uruguay, Paraguay und Rio Grande do Sul (Brasilien). Auf den Falklandinseln ein weit verbreiteter Standvogel. Irrgäste sind auf Südgeorgien und auf den Orkney Inseln gesehen worden. Wird gern und viel gehalten und ist daher in Europa und Nordamerika ein nicht seltener Gefangenschaftsflüchtling.
Bestand: Eine allgemein häufige Art. Größere Brutdichte vor allem in Patagonien und Feuerland. Obwohl intensiv bejagt, doch wahrscheinlich nirgendwo bedroht.
Literatur: Johnsgard 1978.

74 Sichelente   Tafel 24
Anas falcata
Englisch: Falcated Duck

Diese schöne, ostasiatische Ente zeigt im Verhalten sowohl mit den nördlichen Pfeifenten (71, 72) als auch mit der Schnatterente (75) gewisse Übereinstimmungen. Vielleicht besteht stammesgeschichtlich eine Verbindung zu beiden.

Feldkennzeichen: Länge 48-54 cm. **Am Boden** - Eine untersetzte, fast stockentengroße Gründelente mit rundem Oberkopf, schlankem Schnabel und kurzem Schwanz. Im Brutkleid sind ♂ unverkennbar: Grauer Körper, dunkler, grün schillernder Kopf mit großer, anliegender Mähne, teils gelbliche, teils schwarze Unterschwanzdecken, weiße Kehle und verlängerte, abwärts gebogene Ellenbogenfedern. Die braunen ♀ können leicht mit denen anderer Anas-Arten verwechselt werden. Der lange, dunkelgraue Schnabel und der relativ kurze, massige Körper ergeben eine kennzeichnende Silhouette. Kopf und Hals haben keinerlei markante Zeichnung. Sie sind einfarbig graubraun, mit dichter, feiner dunkler Sprenkelung. Die Farbe des Körpergefieders ist ein wärmeres Braun. Das Gefieder der Oberseite ist dunkel, mit schmalen braunen Säumen. Die braunen Federn der Unterseite haben eine dunkle, V-förmige Zeichnung. Der Schwanz hat einen schmalen, hellbräunlichen Rand. Sonst gleicht die Färbung des Hinterendes der des übrigen Körpers. An Land sind die dunkelgrauen

Füße und der hellere, bräunlichgelbe Bauch zu sehen. Außer mit den ♀ der Schnatter-, Pfeif- und Spießente. sind Verwechslungen unwahrscheinlich. Das Schnattere.-♀ hat einen ausgedehnt weißlichen Bauch, gelbliche Füße, orangefarbene Schnabelseiten, einen dunkleren Scheitel und einen deutlichen Augenstreifen. Der Bauch des Pfeife.-♀ ist rein weiß. Es hat einen kurzen Schnabel und eine helle Afterregion. Das Spieße.-♀ (95) ist weit schlanker, mit langem Hals und Schwanz, hat aber ebenfalls einen grauen Schnabel und graue Füße. **Im Flug -** Eine mittelgroße, gedrungene Gründelente mit relativ kurzem Hals. ♂ wirken insgesamt grau. Kopf und Schwanz sind dunkel. Aus der Nähe und von unten gesehen fallen die weiße Kehle und die hellen Unterschwanzdecken auf. Der Unterflügel ist hellgrau mit etwas dunkleren Schwingen. Der Oberflügel ist grau, mit schwärzlichen Handschwingen und schwarzem, grün glänzenden Spiegel, der nach vorne durch eine weiße Binde begrenzt wird. Die ♀ erscheinen einheitlich dunkel, mit etwas hellerer Bauchmitte. Der Unterflügel, wie beim ♂, hellgrau. Die Oberflügeldecken graubraun und nur wenig heller als die Handschwingen. Der Spiegel wie beim ♂. Das Flügelmuster erinnert an das des Pfeifenten-♀ (71), der Unterflügel ist aber weit heller. Der Bauch ist dunkel, nicht weiß. Schnatterenten-♀ haben zwar auch hellgraue Unterflügel, aber am Oberflügel keinen dunklen Spiegel, sondern einen weißen Fleck.
Stimme: Außerhalb der Brutzeit schweigsam. Der Ruf des ♂ ist ein kurzer, tiefer Pfiff mit anschließendem, kurzem Triller, „uit-tirrr". Das ♀ läßt ein rauhes, mürrisches Quaken hören.
Beschreibung: Geschlechter verschieden. Saisonal unterschiedliche Kleider. **♂ ad. Brutkleid** - Kopf mit langer, über den Hinterhals herabhängender Mähne. Scheitel kastanienbraun. Kopfseiten schwarz mit purpurbronzefarbenem und grünem Metallglanz. Ein kleiner Stirnfleck, Kehle und Vorderhals weiß. Vorderhals mit schmalem, schwarzen Halsring. Brust hellgrau, mit kräftiger, schwarzer Schuppenzeichnung. Flanken, Bauch und ein Großteil der Oberseite sehr fein weißlich und schwarz gebändert. Unterschwanzdecken schwarz, mit zwei rahmgelben Seitenfeldern. Schulterfedern verlängert und zugespitzt. Ellenbogenfedern schwarz, mit hellen Säumen, lang, spitz und sichelartig nach unten gebogen. Rücken, Bürzel, Oberschwanzdecken und Schwanz schwärzlich. Oberflügeldecken hellgrau. Die Großen Decken mit weißen Spitzen. Handschwingen schwarzgrau. Armschwingen schwarz mit metallicgrünem Glanz und feinen, weißlichen Spitzen. Unterflügel hellgrau. Kleine Decken mit schwarzen Spitzen. Achselfedern und Flügelmitte weißlich. **♂ ad. Ruhekleid** - Gleicht dem ad.♀, Oberkopf, Hinterhals und Oberseite sind aber dunkler. Flügel wie im Brutkleid, jedoch mit kürzeren, geraden Ellenbogenfedern. **♀ ad.-** Kopf und Hals graubraun, mit dichter, dunkler Sprenklung. Am Hinterkopf und Hinterhals eine angedeutete Mähne. Brust und Seiten rötlichbraun, jede Feder mit einem dunkelbraunen, V-förmigen Subterminalfleck. Bauchmitte blaßbräunlich, fast ungezeichnet. Afterregion hell rötlichbraun, mit dunkler Zeichnung. Federn der Oberseite dunkelbraun, mit helleren, braunen Rändern. Bürzelfedern und Oberschwanzdecken dunkelbraun, mit gelblichbraunen Spitzen. Schwanz dunkel graubraun, mit hellen Kanten. Oberflügeldecken graubraun, mit helleren Spitzen. Die Großen Decken haben breite, rahmgelbe Enden. Armschwingen schwärzlich, mit schwachem, grünem Glanz. Unterflügel wie beim ♂, die Kleinen Decken aber stärker dunkel gezeichnet. **Juv.-** Dem ♀ ähnlich, insgesamt aber mehr gelblichbraun. Ellenbogenfedern kurz und stumpf. Schulterfedern lediglich mit hellbraunem Rand und nicht wie beim ad. ♀ mit zusätzlicher, heller Subterminalzeichnung. Spitzen der großen Oberflügeldecken gräulich. Vorderflügel der juv. ♂ heller und grauer als beim ♀. Juv. ♂ sind bis in den ersten Sommer hinein an den kürzeren Ellenbogenfedern zu erkennen.
Federlose Partien: Schnabel lang und flach, mit relativ hoher Basis und immer dunkelgrau, bei ♂ insgesamt schwärzlich, bei ♀ mit schwärzlichen Flecken auf dem First. Füße dunkelgrau. Iris braun.
Maße: ♂ gewöhnlich größer als ♀. Flügel 237-264 (M. ♂ 259, ♀ 242); Lauf 37-41; Schnabel 38-46; mittleres Gewicht ♂ 713, ♀ 585.
Geographische Variabilität: Keine.
Lebensweise: Aus dem Freiland nur wenig bekannt. Recht sozial. Während des Sommers zumeist paarweise oder in kleineren Trupps. Auf dem Zuge und im Winterquartier auch größere Schwärme. Gesellt sich gern zu anderen Gründelenten, vor allem zu Pfeif- und Spießenten. Paarbildung im Herbst und Winter. Rückkehr der Paare in das Brutgebiet ab April bis Mitte Mai. Bruten von Mai bis Juli. Brutbeginn im Norden ein wenig später als im Süden. Nest zumeist unmittelbar am Wasser in dichtem, hohen Kraut oder unter einem Busch. Die ♂ scheinen sich, so lange die Jungen noch ganz klein sind, an deren Führung zu beteiligen. Danach versammeln sich auf Mausergewässern. Ankunft im Winterquartier ab September. Nahrungssuche vorwiegend auf dem offenen Wasser, am Rand des Röhrichtgürtels. Durchschnattert schwimmend die Oberfläche oder gründelt. Weidet manchmal auch auf Gras- oder Ackerland. Fliegt schnell. Steigt mühelos aus dem Wasser auf. Allgemein scheu und wachsam.
Biotop: Brütet an Sümpfen und Seen in offenen oder locker bewaldeten Niederungen. Überwintert bevorzugt im flachen Binnenland auf Flüssen, Seen und überschwemmtem Gelände. Hält sich seltener an Flachküsten und Flußmündungen auf.
Verbreitung: Ein in Nordostasien, insbesondere in der UdSSR, weit, aber lückenhaft verbreiteter Zugvogel. Das Brutgebiet umfaßt weite Bereiche Ostsibiriens zwischen der Angara im Westen, der nördlichen Mongolei, Heilungkiang (China) und Hokkaido (Japan) im Süden und dem südlichen Sachalin sowie den Kurilen im Nordosten. Die Überwinterungsgebiete liegen im ostasiatischen Tiefland. Sie erstrecken sich von Ostchina über Korea und Japan bis nach Südvietnam. Kleinere Winterschwärme auch in Nordostindien. Nur wenige dringen weiter nach Westen, bis nach Nepal, vor. In Jahren mit extremer Trockenheit in den westlichen Überwinterungsgebieten wurden Sichele. bei Tomsk (Westsibirien),in Afghanistan, Iran, Irak, Jordanien und der Türkei gesichtet. Einzelbeobachtungen sind in Mittel- und Westeuropa keine Seltenheit. Es wird sich dabei aber überwiegend um entflogene Enten handeln. Das gleiche gilt auch für Beobachtungen an der Pazifikküste Nordamerikas. Echte Irrgäste sind aus Thailand und von den Aleuten bekannt geworden.
Bestand: Die Sichele. ist wahrscheinlich nur im Süden und Osten des sowjetischen Brutgebietes wirklich häufig, der Informationsstand ist aber ausgesprochen dürftig. Sie scheint bisher nicht bedroht zu sein.
Literatur: Dementiew und Gladkow 1952.

75 Schnatterente   Tafel 24
Anas strepera
Englisch: Gadwall

Bei dieser weit verbreiteten Gründelente sehen auch die ♂, zumindest aus der Ferne, recht unscheinbar aus.

Feldkennzeichen: Länge 46-55 cm. **Am Boden -** Kleiner als die Stockente (84) und nicht so massig, mit schlankerem Schnabel. Die Füße sind orangegelb und die inneren Armschwingen weiß. Dieser kennzeichnende Flügelfleck ist beim ♂ besonders auffällig. Es wirkt insgesamt dunkelgrau. Sein Kopf ist etwas heller und brauner als der Körper und das Hinterende schwarz. Der weiße Spiegelfleck ist auch beim Sitzen und Schwimmen zu sehen. Das ♀ ist den Stockenten-♀ ähnlich, es ist aber kleiner, schlanker und insgesamt zierlicher, hat eine höhere Stirn und einen leicht abgeflachten Oberkopf. Sein dunkler Schnabel hat orangefarbene Seiten (vgl. Stocke. (84)). Im Unterschied zum Stocke.-♀ hat es einen rein weißen Bauch, sonst aber ein dunkleres Gefieder, eine U-förmig gerundete, nicht V-förmig spitze Flankenzeichnung und einen nur undeutlichen Augenstreifen. Wie bei den ♂ ist der weiße Spiegelfleck ein gut sichtbares Merkmal. Die beiden nördlichen Pfeifenten lassen sich vom Schnattere.-♀ leicht an den kurzen, grauen Schnäbeln, dem fast ungezeichnet wirkenden Gefieder und den dunkelgrauen Füßen unterscheiden. Vergleiche auch mit dem Sichelenten-♀ (74). **Im Flug -** Eine große Gründelente, die in allen Kleidern einen weißen Bauch und hellweißliche Unterflügel zeigt. Etwas schlanker als die Stocke. Oberflügel des ♂ dunkel, mit großem, leuchtendweißen Fleck auf den inneren Armschwingen. Der Flügelfleck der ♀ ist kleiner und bei juv. ♀ nur angedeutet, so daß er leicht zu übersehen ist. Von Pfeife. unterscheiden sich ♀ und Juv. durch die immer aufgehellten, nicht schwärzlich dunklen Armschwingen, den braunen Ober- und den einheitlich weißlichen Unterflügel sowie den gerundeten- nicht spitzen- Schwanz.
Stimme: Relativ schweigsam, in den Balzgemeinschaften geht es aber laut zu. Die Rufe des ♂ sind ein rauhes, nasales „träb" und ein wie „fiid" klingender Pfiff. Das ♀ quakt ähnlich wie das Stocke.-♀, aber höher, woran nasal. „rääk-räk..".
Beschreibung: Geschlechter verschieden. Saisonal unterschiedliche Kleider. ♂ **ad. Brutkleid -** Kopf und Hals gräulichbraun mit sehr feiner dunkler Sprenklung. Brust sowie ein Großteil von Unter- und Oberseite mit feiner schwarzer und weißlicher, schuppenartiger Bänderung. An der Brust ist diese Schuppung am kräftigsten. Unterseitenmitte fast rein weiß. Afterregion, Bürzel und Oberschwanzdecken schwarz. Schwanz hellbraun. Schulterfedern verlängert und zugespitzt, grau mit gelbbraunen Säumen. Ellenbogenfedern grau. Kleine Oberflügeldecken grau mit feiner Zeichnung. Mittlere Decken weitgehend rostbraun. Innere Große Decken schwarz. Äußere Armschwingen schwarz und innere weiß. Handschwingen dunkel graubraun. Unterflügel insgesamt weißlich. ♂ **ad. Ruhekleid -** Gleicht dem ♀, ist aber auf der Oberseite grauer und weniger deutlich gezeichnet. Flügelmuster wie im Brutkleid. ♀ **ad.-** Kopf und Hals hellbräunlich mit feiner dunkler Strichelzeichnung. Oberkopf und die angedeutete Augenlinie dunkelbraun. Kinn und Kehle weißlich. Brust, Flanken und ein Großteil der Oberseite gelblichbraun und durch eine kräftige, vor allem an den Flanken und auf der Oberseite auffallende, dunkle Fleckung schuppig gezeichnet. Afterregion ebenfalls gefleckt, aber heller. Die Mitte der Unterseite fast rein weiß. Ellenbogenfedern graubraun, mit schmalen bräunlichen Rändern. Schwanz bräunlich mit dunkler Fleckung. Oberflügel denen des ♂ ähnlich, in der Mitte aber weniger rotbraun. Der weiße Spiegelfleck ist kleiner. Unterflügel wie beim ♂. **Juv.-** Gleicht dem ♀, ist aber kräftiger gefärbt. Kopf und Hals sind grauer und die Ränder des Körpergefieders wärmer gelbbraun. Dadurch erscheint der Kopf deutlicher vom Körper abgesetzt. Die Federzeichnung ist weniger schuppig, mehr streifig. Die Oberflügel juv. ♂ gleichen denen ad. ♀, sind aber etwas kräftiger gefärbt. Die Oberflügel juv. ♀ wirken einheitlich düster, schwarze und rotbraune Bereiche fehlen. Die inneren Armschwingen sind gräulich, statt weiß. Die Entwicklung des Ad.-Flügelmusters beginnt im ersten Winter, wird aber erst im Sommer abgeschlossen.
Federlose Partien: Füße immer gelblichorange mit grauen Schwimmhäuten. Färbung bei ad. ♂ am kräftigsten und bei Juv. am mattesten. Iris immer braun. ♂- Schnabel im Brutkleid bleigrau, im Ruhekleid ähnlich dem des ♀. ♀ **und Juv.-** Schnabel orangegelb mit grauem First. Schnabelseiten bei den Juv. mehr gelblich.
Maße: ♂ gewöhnlich größer als ♀. Flügel 243-282 (M. ♂ 269, ♀ 252); Lauf 36-42; Schnabel 37-46; mittleres Gewicht ♂ 990, ♀ 850.
Geographische Variabilität: Eine Unterart ausgestorben, sonst keine weitere Unterteilung. *A.s. couesi* lebte als endemische Form auf den Inseln Washington und New York (Fanning Inseln) im zentralen Pazifik. Sie scheint nach der Entdeckung (1874) nie wieder gesehen worden zu sein. Das ♂ sah wie ein ♂ der Nominatform im Ruhekleid aus, war aber kleiner.
Lebensweise: Gewöhnlich in kleinen Trupps auf Sümpfen, Teichen und Seen. Gesellt sich auch zu anderen *Anas*-Arten. Größere Ansammlungen bilden sich nur zur Mauser oder auf dem Zug. Die Balz setzt früh, noch während der Mauser, ein. Die Paarbildung erfolgt vorwiegend im Herbst und Frühwinter. Die Brutperiode ist in dem weiten Verbreitungsgebiet natürlich nicht einheitlich. Bruten zumeist von Mai bis Juli. Brutbeginn im Süden allgemein früher als im Norden. Nest auf möglichst trockenem Untergrund in hoher Vegetation, z.B. in Brennesseln, manchmal auch weit vom Wasser entfernt. Auf kleinen Inseln können mehre Nester recht nah beieinander liegen. Nach der Brutzeit Ansammlungen an bestimmten Mauserplätzen. Teilzieher, der in den gemäßigten und wärmeren Regionen im Brutgebiet bleibt, die kälteren aber im Herbst verläßt. Durchschnattert bei der Nahrungssuche mit eingetauchtem Kopf und Hals die Wasseroberfläche. Gründelt seltener als andere Gründelenten. Nimmt oft anderen Wasservögeln die tauchend heraufgebrachte Nahrung ab. Im allgemeinen scheu und wachsam. Wirkt im Flug schneller und gewandter als die Stocke.
Biotop: Flache, nährstoff- und vegetationsreiche Süßgewässer in offener Landschaft. Auf dem Zug seltener als Stocke. in marin beeinflußten Gebieten.
Verbreitung: Weite, holarktische Verbreitung. Brütet in Nordamerika vor allem in den Prärien und Great Plains zwischen Kanada im Norden, Kalifornien im Süden und Iowa im Osten. Weitere Brutgebiete an der Ostküste zwischen Quebec und North Carolina. Sonst nur sporadische Brutvorkommen. Überwintert

in weiten Bereichen des südlichen Nordamerika südwärts bis Zentralmexiko, Cuba und Jamaica. Das Brutgebiet Eurasiens reicht vom mittleren West- und Osteuropa über Zentralasien bis nach Nordchina und Hokkaido (Japan). In diesem großen Gebiet aber nur lückenhaft verbreitet. Die meisten Populationen ziehen zum Überwintern weiter in den Süden. Überwintert von Japan und Ostchina über Nordindien bis Nordafrika. Größere Winteransammlungen in den Niederungen des Kaspischen und Schwarzen Meeres und am östlichen Mittelmeer. Zieht in geringer Zahl auch den Nil aufwärts bis in den Sudan. Einige erreichen auch Kenya und Tansania und gelangen in Westafrika bis Senegal. Im Norden sind Irrgäste in Finnland und im Süden in Obervolta, Nigeria, Kamerun, Zaire, Sri Lanka, Thailand, Hong Kong und Hawaii gesehen worden.

Bestand: Weit verbreitet und örtlich häufig. Um die Mitte der 70er Jahre wurde der nordamerikanische Bestand auf etwa 1,5 Millionen geschätzt. Die Winterzählungen ergaben in Nordwesteuropa um 10.000, in der europäischen Schwarz- und Mittelmeerregion um 50.000 und in milden Wintern in der UdSSR um 109.000. Auch wenn die Bestände zeitlich und örtlich stärker fluktuieren, scheinen sie in Westeuropa insgesamt doch langsam zuzunehmen.

Literatur: Bauer und Glutz 1968, Cramp und Simmons 1977, Johnsgard 1978.

76 Gluckente (Baikalente)   Tafel 24
Anas formosa
Englisch: Baikal Teal

Eine kleinere, hübsch gemusterte, ostasiatische Gründelente, bei der die plötzliche Abnahme der Winterbestände einige Besorgnis erregt.

Feldkennzeichen: Länge 39-43 cm. **Am Boden** - Hat eine gewisse Ähnlichkeit mit der Krickente (77), ist aber deutlich größer, mit längerem, kräftigeren Schnabel und relativ längeren Handschwingen. Das ♂ ist mit seinem grün, schwarz, gelb und weiß gezeichneten Kopf unverwechselbar. Die weinrötliche Brust ist von den grauen Flanken durch ein weißes Band getrennt. Die Schulterfedern sind verlängert und rahmgelb, schwarz und rostrot längsgestreift. Das ♀ unterscheidet sich wenig von denen anderer, kleiner Gründelenten. Die größte Ähnlichkeit besteht mit dem Kricke.-♀. Das Glucke.-♀ hat aber einen auffälligen, runden, weißlichen Zügelfleck. Auch wenn einige Krickente.-♀ und alle Blauflügelenten (102) einen vergleichbaren Fleck besitzen, ist dieser doch bei keiner anderen Art so ausgeprägt wie bei der Glucke. (s. Abb. S. 226). Der Schwanz des Glucke.-♀ ist im Unterschied zu dem anderer kleiner Gründelenten, das Kricke.-♀ ausgenommen, hell bräunlichgelb gesäumt. Im Vergleich zur Kricke. ist die Glucke. mehr rötlichbraun und hat eine ausgeprägtere Kopfzeichnung. Ihr Bauch ist, wie der des Knäkenten-♀ (101), rein weißlich. Oberkopf und Augenstreifen sind schwärzlich, der Augenstreifen aber nur hinter dem Auge sichtbar. Der helle Überaugenstreif ist sehr schmal und direkt über dem Auge unterbrochen. Über die Kopfseiten zieht ein mehr oder weniger deutliches dunkles, querlaufendes Band. Ein solches Band kann andeutungsweise auch beim Kricke.-♀ vorhanden sein. **Im Flug** - Zwar größer als die Kricke., aber mit sehr ähnlichem Flügelmuster. Für ad. Glucke. ist das rostbraune Band am vorderen Spiegelrand kennzeichnend. Der Oberflügel mit grünem Spiegel, rostbraunem (Ad.) bzw. weißlichen (Juv.) Band über die großen Decken und schmaler, weißer Hinterkante. Der Unterflügel ebenfalls wie bei der Kricke. mit dunkler Vorderkante, weißlicher Mitte und graubraunen Schwingen, die Vorderkante ist aber dunkler und dadurch auffälliger.

Stimme: Der Ruf des ♂ ist ein typisches, tiefes Glucken, „hot-hot..", das im Frühling aus den balzenden Trupps ständig zu hören ist. Das ♀ quakt ähnlich wie viele andere Gründelenten.

Beschreibung: Geschlechter verschieden. Saisonal unterschiedliche Kleider. **♂ ad. Brutkleid** - Kompliziertes Kopfmuster. Stirn- und Scheitelfedern schwärzlich mit braunen Spitzen. Weißer, bis zum Nacken reichender Überaugenstreif. Zügelregion und ein vom Vorderhals bis zum Auge reichendes, bogenförmiges Feld bräunlichgelb, mit weißlichem Saum. Zwischen diesen beiden hellen Feldern ein von der Kehle im Bogen zum Auge ziehender schwarzer Streifen. Hintere Kopfseiten mit großem sichelförmigen, grün glänzenden, schwarz gesäumten Fleck. An dessen unterer Grenze ein weißer, vom Vorderhals zum Nacken verlaufender Streifen. Brust bräunlichweinrot, mit kleinen, schwarzen Punkten. Brustseiten und Flanken fein grau und schwarz gewellt. Innerhalb dieser grauen Zone am vorderen Flankenrand eine weiße, quer verlaufende Binde. Die Mitte der Unterseite vom Brustansatz bis zu den Unterschwanzdecken und der hintere Flankenrand weiß. Ober- und Unterschwanzdecken schwarz. Schwanz braun mit hellem Rand. Oberseite braun mit hellen Federrändern. Die verlängerten, über den Flügel hängenden Schulterfedern sind in Längsrichtung rostbraun, schwarz und weiß gestreift. Oberflügeldecken graubraun, die Großen mit rostbraunen Enden. Armschwingen metallicgrün mit weißem Spitzen. Handschwingen schwärzlichbraun. Unterflügelmitte weißlich. Kleine Unterflügeldecken kräftig dunkel gesprenkelt und Schwingen von unten braun. Bräunliche Federränder lassen das frische Gefieder weniger farbig wirken. Sie werden im Verlauf des Winters abgenutzt. **♂ ad. Ruhekleid** - Gleicht dem ♀, hat aber ein weniger ausgeprägtes Kopfmuster und einen leicht dunkel gefleckten Bauch. Die langen Schulterfedern können erhalten bleiben. **♀ ad.-** Oberkopf und Hinterhals dunkelbraun. Kopfseiten und Vorderhals gelblichbraun, mit feiner, dunkler Strichelzeichnung. Der am Auge unterbrochene Überaugenstreif gelblichbraun. Ein dunkler Streifen vom Hinterrand des Auges zum Nacken. An den Kopfseiten ein nicht sehr ausgeprägter dunkler Fleck, der manchmal durch eine gebogene Linie mit der Kehle verbunden ist. Auf der Zügelregion ein runder weißlicher, oft dunkel eingefaßter Fleck. Kinn und Kehle weißlich. Brust und Flanken rötlichbraun, mit dunklen Flecken. Schwanz mit hellem Rand. Mitte der Unterseite vom Brustansatz an rein weißlich. Federn der Oberseite dunkelbraun, mit rostbraunen Säumen. Oberflügeldecken dunkel graubraun, die Großen mit breiten, rostbraunen Enden. Handschwingen dunkelbraun. Unterflügel wie beim ♂. **Juv.-** Gleicht dem ♀, die Kopfzeichnung ist aber weniger ausgeprägt. Der Zügelfleck ist bräunlich und nur angedeutet. Der Bauch ist fleckig, nicht rein weiß. Das Gefieder wirkt weniger rötlich, mehr mattbraun. Die Federränder der Oberseite sind gräulichbraun. Die Enden der großen Oberflügeldecken sind nicht auffallend rötlich. Das Ad.-Gefieder ist im Spätwinter weitgehend ausgebildet. Einzelne Federn des matten Juv.-Kleides

bleiben bis in den ersten Sommer hinein erhalten.
Federlose Partien: Schnabel immer dunkelgrau. Füße grau bis gelblichgrau, mit dunkleren Schwimmhäuten. Iris braun.
Maße: ♂ im Mittel etwas größer als ♀. Flügel ♂ 200-220, ♀ 180-210; Lauf 30-35; Schnabel 33-38; mittleres Gewicht ♂ 437, ♀ 431.
Geographische Variabilität: Keine.
Lebensweise: Sehr gesellig. Im Winter große Ansammlungen. Gesellt sich gern zu anderen Enten. Paarbildung hauptsächlich in den Winterquartieren. Rückkehr der Paare in das Brutgebiet ab Ende April bis Mai. Brutperiode Mitte Mai bis Mitte Juli. Nest auf trockenem Untergrund in hohem Gras oder unter Gebüsch nah am Wasser. Die ♂ mausern kurz nach der Brut, die ♀ später, oft während sie Junge führen. Scheint auf dem Herbst- und Frühjahrszug verschiedene Zugrouten zu benutzen und sich unterwegs nirgendwo länger aufzuhalten. Nahrungssuche, nach Art anderer Gründelenten, vorwiegend auf dem Wasser. Sucht auch Saat- und Stoppelfelder auf und ist während der Erntezeit nachts auf Straßen beim Auflesen von Körnern beobachtet worden.
Biotop: Kleinere Teiche in der sumpfigen Taiga sowie Sümpfe und Flußdeltas am Rande der Tundra. Im Winter auf flachen Seen, langsam fließenden Flüssen, gefluteten Reisfeldern, Sumpfwiesen und Marschland an der Küste.
Verbreitung: Das Brutgebiet erstreckt sich über Ostsibirien von der Angara im Westen bis Kamtschatka im Osten und vom Baikalsee im Süden bis an die Eismeerküste. Die Verteilung ist aber ungleichmäßig und lückenhaft. Die höchste Brutdichte wird im Bereich der großen Flüsse erreicht. Winterquartiere hauptsächlich in den flachen Küstenregionen Ost- und Südchinas und des südlichen Japan. Einzelne Trupps werden auch weiter im Süden und Westen bis nach Nordindien angetroffen. Zieht im Frühjahr durch das nordöstliche China und über Korea. Die Route des Herbstzuges ist noch unklar. Einige der in Europa beobachteten Glucke. können durchaus echte Irrgäste sein, vor allem dann, wenn sie, wie 1983, gleichzeitig oder kurz hintereinander an den verschiedensten Orten gesehen werden (Spanien, Frankreich, Norwegen, Spitzbergen). Bei vielen Beobachtungen handelt es sich aber sicher um Gefangenschaftsflüchtlinge. Irrgäste sind auch in Abu Dhabi, Nepal, Afghanistan, Hong Kong, Australien sowie an der Westküste Nordamerikas, vorwiegend in Alaska, aber auch südwärts bis Kalifornien, festgestellt worden.
Bestand: Früher gab es gewaltige Winteransammlungen. Im Winter 1947 wurden im südwestlichen Japan von nur drei Männern 50.000 Glucke. gefangen, davon um 10.000 an einem Tag. Obwohl diese Enten in Japan schon immer intensiv gejagt wurden, wird dort erst seit wenigen Jahren über eine Abnahme geklagt. Für eine Verlegung der Winterquartiere gibt es bisher keinen Anhaltspunkt. In Alaska sind in den letzten Jahren die Beobachtungen ebenfalls seltener geworden.
Literatur: Delacour 1954, Dementiew und Gladkow 1952.

77 Krickente Tafel 29
Anas crecca
Englisch: Teal, Green-winged Teal

Eine kleine Ente mit weiter holarktischer Verbreitung. Zwei gut trennbare Unterarten, eine in Eurasien die andere in Nordamerika, die gesondert behandelt werden.

„Eurasische Krickente"
A.c.crecca und *A.c.nimia*

Feldkennzeichen: Länge 34-38 cm. *Am Boden -* Eine sehr kleine Gründelente. Die ♂ wirken aus einiger Entfernung grau, mit weißem Streifen am oberen Flankenrand, dunklem Kopf und hellem, gelblichen Hinterende. Die Intensität des Längsstreifens ist variabel und von der Lage der Federn abhängig. Aus der Nähe wird die markante Kopfzeichnung erkennbar. Der Kopf ist kastanienbraun, mit einem bogenförmigen, grün glänzenden, durch eine schmale, gelbliche Linie eingefaßten breiten Band, das vom Auge zum Nacken zieht. Die ♀ sind typische, aber sehr kleine Gründelenten, mit vergleichsweise uniformem Gefieder. Der nur andeutungsweise weißliche Bauch, ein schmaler heller Streifen am Rand der Unterschwanzdecken und der intensiv grün glänzende Spiegel sind brauchbare Erkennungshilfen. Oberkopf und Augenstreifen sind dunkel. Einige haben einen unscheinbaren, hellen Zügelfleck. Der graue Schnabel ist an der Basis leicht gelblich gefärbt. Sein First ist schwach konkav gebogen. Diese Merkmale können hilfreich sein, um die ♀ von denen der Knäk- (101), Blauflügel- (102), Zimt- (103) und Gluckente (76) zu unterscheiden (s. dort und auch Abb. S. 226). *Im Flug -* Eine sehr kleine, schnell und geschickt fliegende Ente, die aus dem Wasser senkrecht in die Höhe schießen kann. Die Flügel laufen spitz zu. Hals und Schwanz sind relativ kurz. Die Oberflügel sind graubraun und die Handschwingen dunkler als die Decken. Über die Großen Decken verläuft ein kurzes, aber breites (beim ♀ schmaleres), gelbliches bis weißliches Band. Der Spiegel ist grün. Von unten gesehen wirken Bauch und Unterflügelmitte weißlich. Der Vorderrand des Unterflügels ist dunkel (s. auch Glucke. (76) und Knäke. (101)).
Stimme: Ruffreudig. Das ♂ pfeift leise, melodisch, aber erstaunlich weit tragend „krük" oder „krilück". Die ♀ quaken nasal „kee" oder „nää".
Beschreibung: Geschlechter verschieden. Saisonal unterschiedliche Kleider. Beschreibung der Nominatform: ♂ **ad. Brutkleid** - Kopf und oberer Hals kastanienbraun. An den Kopfseiten ein breites grünschwarzes, metallisch glänzendes Band mit schmalen gelblichen Kanten, das vor dem Auge beginnt und im Bogen bis zum Nacken verläuft. Brust hell gelblichbraun mit kleinen dunklen Punkten. Brustseiten, Flanken und ein Großteil der Oberseite fein dunkelgrau und weißlich gebändert. Mitte der Unterseite vom Brustansatz bis zu den Unterschwanzdecken weißlich. Unterschwanzdecken in der Mitte und am Flankenrand schwarz, sonst bräunlichgelb. Äußere Schulterfedern weiß mit schwarz gerandeten Außenfahnen. Oberflügeldecken aschgrau, die Großen mit breiten, gelblichweißen Enden. Armschwingen metallicgrün mit weißen Spitzen. Handschwingen dunkel graubraun. Unterflügel weißlich. Schwingen grau. Die kleinen Decken intensiv dunkel gefleckt. ♂ **ad. Ruhekleid** - Dem ad. ♀ ähnlich, aber oben dunkler und unten weniger gefleckt. Augenstreif kaum sichtbar. ♀ **ad.-** Kopf und Hals gelblichbraun mit feiner dunkler Strichelzeichnung. Oberkopf, Hinterhals und Augenstreif dunkel graubraun. Zügelregion oft aufgehellt, aber niemals mit einem deutlich umgrenzten, hellen Fleck. Brust und Unterseite gelb-

lichbraun, mit dunkler, an den Flanken besonders ausgeprägter schuppenartiger Fleckung. Schwanz mit gelblicher Kante. Bauchmitte weißlich mit schwacher, dunkler Streifung. Federn der Oberseite dunkelbraun mit rostbraunen Säumen. Oberflügel wie beim ♂, aber insgesamt brauner. Das helle Band über die Großen Decken ist schmaler. Die weißen Spitzen der Armschwingen sind breiter. Unterflügel wie beim ♂. Einige ♀ sind an Kopf, Oberseite und Brust ausgesprochen dunkel. **Juv.-** Dem ♀ ähnlich, aber auf der Unterseite stärker gefleckt. Manchmal mit schwachem dunklem Wangenstreifen, der aber niemals so ausgeprägt ist wie bei der Knäke. Wegen der individuellen Variation ist eine Altersbestimmung im Freiland schwierig. Die ♂ sind nach dem ersten Winter ausgefärbt.
Federlose Partien: ♂ ad.- Schnabel dunkel schiefergrau. Die Schnabelseiten sind im Ruhekleid an der Basis oft orangefarben oder grünlich getönt. Füße dunkelgrau. Iris braun. **♀ und Juv.-** Schnabel dunkelgrau, an der Basis leicht rosa oder gelblich. Die rosa bzw.gelbliche Färbung nimmt mit dem Alter ab. Füße olivgrau bis bräunlichgrau. Iris braun.
Maße: ♂ im allgemeinen etwas größer als ♀. *A.c.crecca* : Flügel 175-192 (M. ♂ 187, ♀ 180); Lauf 28-32; Schnabel 32-40; mittleres Gewicht ♂ 360, ♀ 340. *A.c.nimia* : Flügel 182-204 (M.♂ 193, ♀ 187); Lauf 29-34; Schnabel 33-37.
Geographische Variabilität: Drei Unterarten. *A.c.carolinensis* in Amerika (s. u.), *A.c.crecca* in Eurasien und *A.c.nimia* auf den Aleuten. *A.c.nimia* gleicht der Nominatform, ist nur etwas größer. Die Abtrennung erscheint nicht zwingend.
Lebensweise: Eine häufige Ente, die sich außerhalb der Brutzeit, vor allem im Winterquartier, zu großen Scharen zusammenschließt. Rastet am Tage gern am Ufer oder auf kleinen Inseln. Paarbildung in den Winterquartieren. Kricke. treffen also schon verpaart im Brutgebiet ein. Brutbeginn, je nach Klima, ab Ende April bis Ende Mai. Nest gut versteckt in hoher Vegetation, zumeist nah am Wasser. Bald nach Brutbeginn sammeln sich die ♂ an traditionell aufgesuchten Mausergewässern. Einige Populationen unternehmen längere Mauserzüge, andere bleiben in der Nähe der Brutplätze. Das ♀ mausern zumeist im Brutgebiet. Sucht die Nahrung seihend und gründelnd im flachen Wasser und hält sich dabei bevorzugt in der Nähe der Ufervegetation auf. Sucht aber auch wie andere Gründelenten nachts Saat- und Stoppelfelder auf. Fliegt in dichten Flügen, die gewandt schnelle Schwenks und Wendungen durchführen. Läuft behende. Im allgemeinen ein ausgesprochener Zugvogel. Nur die südlichsten Populationen bleiben weitgehend im Brutgebiet.
Biotop: Teiche und Seen mit dichter Ufervegetation. Brütet auch an dicht bewachsenen Tümpeln. Bevorzugt im allgemeinen die offenere Landschaft, ist aber auch im Wald und im Gebirge anzutreffen. Auf dem Zug und im Winter auf deckungsreichen, flachen Seen, im Mündungsbereich großer Flüsse, auf Küstenlagunen und auf geschützten Buchten.
Verbreitung: Das Brutgebiet erstreckt sich über fast die gesamte Paläarktis. Die Überwinterungsgebiete liegen im gemäßigten und mediterranen Europa und im tropischen Asien. Zieht in geringer Zahl den Nil aufwärts bis nach Tansania und in Westafrika bis nach Nigeria. Irrgäste sind bis nach Grönland und bis nach Zaire und Malaysia gelangt. An der Ost- und Westküste Nordamerikas bis South Carolina bzw. Kalifornien ein häufiger Gast.

Bestand: Eine der häufigsten und am weitesten verbreiteten Enten der Paläarktis. Durch die Trockenlegung von Feuchtgebieten sind lokale Populationen erheblich geschädigt worden. Bestandserfassungen sind bei dieser unauffälligen, kleinen und in dichten Scharen auftretenden Ente schwierig. Der Winterbestand Nordwesteuropas liegt ungefähr bei 250.000 und der am Mittel- und Schwarzen Meer bei 750.000.

„Amerikanische Krickente"
A.c.carolinensis

Feldkennzeichen: ♂ im Unterschied zur Nominatform mit weißer Binde zwischen Brust und Flanken und ohne Streifen am oberen Flankenrand. Dabei ist zu beachten, daß der weiße Seitenstreifen bei eurasischen Krickenten auch nicht immer zu sehen ist. Das grüne Kopfseitenband wird nur unten von einer gelblichen Linie begrenzt. Die Brust und die Enden der Großen Oberflügeldecken sind kräftiger gelbbraun gefärbt. Die Schlichtkleider sind von denen der Nominatform nicht zu unterscheiden. Oberkopf und Augenstreif der ♀ sind ein wenig dunkler. Die weiße Binde an der Brustseite der ♂ ist oft auch bei unvollständig ausgebildetem Brutkleid sichtbar.
Verbreitung: Das Brutgebiet erstreckt sich, die hocharktische Region ausgenommen, über die gesamte nördliche Hälfte Nordamerikas von Alaska im Westen und Neufundland im Osten bis zu den Großen Seen und dem Norden Colorados im Süden. Die Winterquartiere befinden sich südlich dieser Region südwärts bis Honduras, auf den Karibischen Inseln und, von den arktischen Bereichen abgesehen, entlang der Pazifik- und Atlantikküste. Irrgäste sind auf Tobago, in Kolumbien und auf Grönland festgestellt worden. Im westlichen Europa, von Island bis Marokko, ein regelmäßiger und auf den Britischen Inseln ein alljährlicher Gast. Wurde in der pazifischen Region in Nordostsibirien, Japan, Polynesien und auf Hawaii beobachtet.
Bestand: Eine der häufigsten Enten Nordamerikas. Mitte der 70er Jahre wurde der Frühjahrsbestand auf 3 Millionen geschätzt.
Literatur: Bauer und Glutz 1968, Cramp und Simmons 1977, Johnsgard 1978.

78 Südamerikanische Krickente Tafel 30
Anas flavirostris
Englisch: Speckled Teal

Die vier Unterarten dieser kleinen Ente lassen sich zwei gut unterscheidbaren Gruppen zuordnen, denen man auch den Rang von Arten zusprechen könnte. Die eine Gruppe umfaßt die „Gelbschnabelkrickenten" und die andere die „Andenkrickenten".

Gelbschnabelkrickente (Yellow-billed Teal)
A.f.flavirostris und *A.f.oxyptera*

Feldkennzeichen: Länge 38-43 cm. **Am Boden -** Trotz des unscheinbaren Gefieders unverkennbar. Eine krickentengroße Gründelente mit rundem Kopf, ungezeichneten Flanken, gefleckter Brust, dunkelbraunem Kopf und leuchtendgelben Schnabelseiten. Die Hochlandform *A.f.oxyptera* fällt durch die sehr hellen Flanken besonders auf. Nur die Spitzschwanzente (96) hat ebenfalls einen gelben Schnabel und

bräunliches Gefieder. Sie ist aber wesentlich größer, hat einen längeren Hals und Schwanz und ist unterseits gefleckt. **Im Flug -** Eine kleine dunkelköpfige Ente. *A.f.oxyptera* mit auffallend heller Unterseite. Oberflügel braun mit metallicgrünem Spiegel, der vorne eine bräunlichgelbe und hinten eine weiße Kante hat. Unterflügel dunkel mit weißlicher Mitte.
Stimme: Der typische Ruf des ♂ ist ein an die Krickente (77) erinnerndes, melodisches „krük", das während der Balz zu gedehnten Trillern gereiht wird. Die ♀ quaken rauh.
Beschreibung: Geschlechter gleich. Beschreibung der Nominatform: **Ad.-** Kopf und Hals graubraun mit dichter, dunkler Sprenklung. Unterseite hell bräunlichgrau, an der Brust stark dunkel gefleckt, sonst ungezeichnet. Federn der Oberseite weitgehend graubraun, mit rostbraunen Säumen. Oberflügeldecken graubraun, die Großen mit breiten gelbbraunen Enden. Armschwingen metallicgrün, mit kurzen weißen Spitzen. Unterflügel dunkel graubraun, mit weißlichem Band über die großen und mittleren Decken. ♀ etwas matter gefärbt als ♂. Das Gelb am Schnabel nicht so leuchtend. **Juv.-** Wie die Ad., die Brust aber weniger stark gefleckt.
Federlose Partien: Schnabel immer gelb, an First, Nagel und Kanten schwarz. Schnabelfärbung bei ♀ und Juv. etwas weniger kräftig als bei ♂. Füße dunkelgrau. Iris braun.
Maße: ♂ ein wenig größer als ♀. *A.f.flavirostris* : Flügel ♂ 190-202, ♀ 185-197; Lauf 36-38; Schnabel 30-36; mittleres Gewicht ♂ 429, ♀ 394. *A.f.oxyptera* : Flügel ♂ 204-240, ♀ 192-215; Lauf 36-38; Schnabel 33-37; Gewicht 390-420.
Geographische Variabilität: *A.f.flavirostris* ist über das gesamte südliche Südamerika und auf den Falklandinseln verbreitet. Eine kleine Population gibt es auch auf Südgeorgien. *A.f.oxyptera* lebt in den Hochanden von Peru bis Nordchile und Nordargentinien. Sie ist etwas größer als die Nominatform und hat eine ausgesprochen helle, silbrigbräunliche Unterseite.
Lebensweise: Zumeist in kleineren Trupps auf Seen und Flüssen sowie im Sumpfland. Außerhalb der Brutzeit auch Scharen bis zu einigen Hundert. Das ganze Jahr über können Paare beobachtet werden. Wahrscheinlich dennoch keine „Dauerehe". Die Brutperiode variiert mit der geographischen Lage z.B.: Hochanden - November bis Dezember, südliches Chile - Ende August und September. Nistet meistens nahe am Wasser. Neststand sehr variabel, in Höhlungen der Uferböschung, unter dichtem Bewuchs und sogar in den großen Reisignestern der Mönchssittiche. Unter günstigen Bedingungen möglicherweise jährlich zwei Bruten. ♂ beteiligen sich, im Unterschied zu den meisten anderen *Anas*-Arten, an der Führung der Jungen. Durchschnattert watend oder schwimmend die Wasseroberfläche, gründelt und taucht auch gelegentlich. Wo sie wenig verfolgt wird, recht vertraut. Flug gewandt und schnell. Fliegt oft dicht über dem Wasser. Im äußersten Süden der Verbreitung Zugvogel.
Biotop: *A.f.oxyptera* : Seen und Flüsse in der Punazone der Anden. *A.f.flavirostris* : Zumeist in offener Landschaft in Sümpfen, auf Seen und Flüssen, auch auf Lagunen und Flußmündungen an der Küste.
Verbreitung: *A.f.oxyptera* ist in den Hochanden weitgehend Standvogel. Ihr Verbreitungsgebiet reicht von Mittelperu und Westbolivien bis ins nördliche Argentinien und Chile. Sie brütet in Nordchile auch in küstennahen Tälern und hält sich außerhalb der Brutzeit in geringerer Höhe bis hinab zur Pazifikküste auf. *A.f.flavirostris* bewohnt den gesamten Süden Südamerikas von Nordargentinien und Mittelchile bis nach Feuerland. Sie kommt auch auf den Falklandinseln und Südgeorgien vor. Auf dem Kontinent ist sie Teilzieher. Die südlichen Populationen ziehen im Winter bis Uruguay, Paraguay und Südbrasilien.
Bestand: Bisher sind kaum Bestandszahlen bekannt. Beide Unterarten sind recht häufig und scheinen nirgendwo bedroht zu sein.

Andenkrickente (Andean Teal)
A.f.andinum und *A.f.altipetens*

Feldkennzeichen: Schnabel grau bis schwarz, sonst wie die oben beschriebenen Formen. Im Vergleich mit *A.f.oxyptera* ist das Gefieder dunkler, mehr schmutzigbraungrau. Die Brustfleckung ist nicht so klar und die Unterseite gräulichbraun. Der Spiegel der südlicheren Form, *A.f.andinum*, ist bronzegrün. der von *A.f.altipetens* mehr einfarbig grün. Die Verbreitungsgebiete der grau- und gelbschnäbligen Formen überschneiden sich nicht. In Kolumbien können als seltenere Gäste auch Krickenten (77) vorkommen. An der düsteren Färbung, der fehlenden Zeichnung an Kopf und Flanken und der gedrungeneren Gestalt sind die Andenkricke. aber immer leicht zu erkennen.
Federlose Partien: Schnabel bläulichgrau, am First, an der Spitze und an den Kanten schwarz. Füße dunkelgrau. Iris braun.
Maße: *A.f.andinum* : Flügel ♂ 214-230, ♀ 205-217; Lauf 37-38; Schnabel 38-41. *A.f.altipetens* : Maße von einem ♂ - Flügel 226; Lauf 34; Schnabel 41.
Geographische Variabilität und Verbreitung: *A.f.andinum* brütet in den mittleren Anden von Kolumbien bis ins nördliche Ekuador. *A.f.altipetens* ist etwas heller als *A.f.andinum*, hat eine weniger stark gefleckte Unterseite und einen grüneren Spiegel. Die Unterschiede sind gering und rechtfertigen die Abtrennung kaum. *A.f.altipetens* ist im östlichen Zug der Anden zwischen Bogota (Kolumbien) und dem äußersten Nordwesten Venezuelas.
Lebensweise: Die dunkelschnäbligen Formen verhalten sich weitgehend wie die gelbschnäbligen. In Venezuela sind Bruten im August und in Kolumbien im März beobachtet worden. Im Februar und März wurden Enten mit legereifen Eiern erlegt.
Biotop: Sümpfe, Seen und Flüsse im Hochland zwischen 2600 und 4300 m, zumeist aber über 3000 m.
Bestand: Keinerlei Angaben. Soll in Kolumbien ein gering verbreiteter Standvogel sein. Die Abgelegenheit und Unzugänglichkeit der Brutgebiete läßt eine Bedrohung unwahrscheinlich erscheinen. Sollte genauer erforscht werden.
Literatur: Delacour 1954, Hilly und Brown 1986, Johnsgard 1978.

79 Kapente   Tafel 32
Anas capensis
Englisch: Cape Teal

Eine ungewöhnliche, kleine, tropische Gründelente, die wohl nur im Süden Afrikas in größerer Zahl anzutreffen ist.

Feldkennzeichen: Länge 44-48 cm. **Am Boden -** Eine kleine, untersetzte Gründelente mit kennzeichnen-

dem hellen, kräftig gefleckten Gefieder und einem überwiegend rosaroten Schnabel. Der hochgewölbte Kopf, der leicht struppige Hinterkopf und der ziemlich lange, leicht aufgebogene Schnabel verstärken den seltsamen Eindruck. Die Rotschnabelente (98) ist oberseits dunkler und hat einen schwärzlichen Oberkopf. Im Freiland ist die Verwechslung mit einer anderen Art unwahrscheinlich. In Gefangenschaft kann die ähnliche Marmelente (111) an ihrer schlankeren Gestalt, dem dunklen Schnabel, dem schwärzlichen Augenfleck und der hellen Tüpfelung auf der Unterseite leicht von der Kape. unterschieden werden. **Im Flug -** Unverkennbar. Eine dickleibige, kurzhalsige Gründelente mit leicht aufgetriebenem Kopf. Der Körper wirkt einförmig blaßbräunlich. Die Oberflügel sind graubraun, mit breit weiß eingefaßtem, grünen Spiegel. Die Unterflügel sind grau, mit undeutlicher, hellerer Schattierung.
Stimme: Abseits des Brutplatzes schweigsam. Das ♂ läßt gewöhnlich ein nasales Quieken hören, bei der Balz aber einen lauten, mehrsilbigen Pfiff. Das ♀ quakt leise und ist während der Balz ebenfalls ruffreudiger.
Beschreibung: Geschlechter gleich. **Ad.-** Kopf, Hals und Unterseite hell bräunlichgrau mit dunkelgrauen Flecken, die am Kopf noch ganz klein sind, an der Brust gröber und an den Flanken zu großen Tupfen werden. Federn der Oberseite dunkelbraun, mit breiten, gelbbraunen Säumen. Hinterrücken, Bürzel und Oberschwanzdecken hell gelblichbraun, mit dunklen Flecken. Schwanz dunkelgrau, mit heller Kante. Oberflügeldecken dunkel graubraun, die Großen mit breiten, weißen Enden. Äußere Armschwingen weiß, innere metallicgrün und schwarz mit weißen Spitzen. Handschwingen schwärzlichgraubraun. Unterflügelfedern dunkelgrau, mit weißen Kanten. Achselfedern weiß. ♀ gleichen ♂, haben aber eine mehr fleckig als schuppig wirkende Brustzeichnung und braune - nicht schwarze -, äußere Ellenbogenfedern. **Juv.-** Fast wie die Ad., aber auf der Unterseite weniger deutlich gefleckt und mit helleren und schmaleren Säumen an den Oberseitenfedern. Nach dem ersten Winter sind sie von Ad. nicht mehr zu unterscheiden.
Federlose Partien: Schnabel rosarot, das zur Spitze hin in ein helles, bläuliches Grau übergeht. Nagel, Kanten und Basis schwarz, bei Juv. manchmal auch ohne Schwarz. Füße ockergelb. Iris, ohne festen Bezug zu Alter oder Geschlecht, individuell verschieden hellbraun bis gelb oder orangerot. Iris der ♂ im allgemeinen mehr gelb und die der ♀ mehr orangebraun.
Maße: Geschlechter gleich. Flügel 168-206 (M. 194); Lauf 32-40; Schnabel 36-44; mittleres Gewicht 410.
Geographische Variabilität: Keine.
Lebensweise: Für gewöhnlich paarweise oder in kleinen Trupps. Große Ansammlungen nur während der Mauser. Dann können sich auf bestimmten Gewässern bis zu 2000 einfinden. Paarbindung von langer Dauer, was sicher mit den Brutgewohnheiten zusammenhängt. Gelegenheitsbrüter, der weitgehend von temporären Gewässern abhängig ist, die kurzfristig nach starken Regenfällen entstehen. Brütet dann zu allen Jahreszeiten. Das trifft, obwohl sich dort die Brutaktivität auf die Zeit von März bis Mai konzentriert, sogar auf Südafrika zu. Nester nahe am Wasser, bevorzugt auf Inseln, am Boden unter Gebüsch. Die ♂ bleiben bei der Familie bis die Jungen flügge sind. Schwimmt bei der Nahrungssuche mit untergetauchtem Kopf und Hals und taucht ohne Zwang. Nicht sonderlich scheu. Macht bei Erregung mit dem Kopf pumpende Bewegungen und preßt den Schwanz nieder. Aufgeschreckte fliegen niedrig davon und fallen bald wieder ein. Steigt zumeist weniger steil und plötzlich auf als andere Gründelenten. Die Flugbewegungen sind ziemlich langsam. Ist auf Streckenflügen aber durchaus wendig und schnell. Hält sich gern und viel am Ufer auf.
Biotop: Süße und brackige Gewässer, Salzseen, überschwemmtes Gelände, Sumpfwiesen, Staubecken und Klärteiche. Nur selten an der Küste.
Verbreitung: Im tropischen Afrika weit verbreitet, aber nirgendwo sehr häufig. Verhält sich bis zu einem gewissen Grad nomadisch. Erscheint nach Regenfällen und verschwindet wieder, wenn die Trockenzeit beginnt. Das Brutgebiet erstreckt sich vom Sudan und von Äthiopien bis zum Kap. Brütet im Westen manchmal am Tschadsee. Kommt sonst in Westafrika, ausgenommen Ghana und Nigeria, äußerst selten vor. Meidet den tropischen Regenwald Zentralafrikas. An den Salzseen Ostafrikas häufig, am häufigsten aber im südlichen Afrika. Wird gelegentlich in Angola und Zaire beobachtet. Irrgäste haben Libyen und Israel erreicht. In Europa ein seltener Gefangenschaftsflüchtling.
Bestand: Bestandsgröße weitgehend unbekannt. Bei der weiten Verbreitung und den örtlich hohen Zahlen besteht keine akute Bedrohung.
Literatur: Brown et al. 1982.

80 Bernierente Tafel 28
Anas bernieri
Englisch: Madagascar Teal

Eine endemische Ente Madagaskars, die nah mit der Weißkehlente (81) verwandt ist. Sie ist weitgehend unbekannt, selten und gefährdet. Das Aussterben kann nur durch wirksame Schutzmaßnahmen verhindert werden.

Feldkennzeichen: Länge 40 cm. **Am Boden -** Die einzige gänzlich braune, kleine Gründelente Madagaskars. Das ziemlich einheitlich rötlichbraune Gefieder, die geringe Größe und der dunkle Schnabel ergeben ein für die Insel einzigartiges Aussehen. Im gleichen Gebiet kommen noch die Hottentottenente (100), Rotschnabel- (98) und Weißrückenente (10) vor. Verwechslungen sind aber unwahrscheinlich. Die Berniere. ist kleiner als die Weißkehle., ihre Grundfarbe ist ein wärmeres Braun, sie hat eine dunklere, bräunliche Kehle und einen schwarzen Spiegel. **Im Flug -** Kleine, insgesamt braune Gründelente mit einem schwarzen, vorn und hinten weiß begrenzten Flügelspiegel. Der Unterflügel ist dunkel mit hellerer Mitte.
Stimme: Wenig bekannt, Der Ruf des ♂ soll ein zweisilbiger Pfiff sein, der ähnlich wie von einer Pfeifgans (2-9) klingt.
Beschreibung: Geschlechter gleich. Altersunterschiede unbekannt. **Ad.-** Fast das gesamte Gefieder hell rötlichbraun. Oberkopf und Hinterhals dunkelbraun. Kopfseiten und Vorderhals nahezu ungezeichnet rötlichbraun. Die gesamte Unterseite dunkel gefleckt. Federn der Oberseite braun, mit hell gelbbraunen Rändern. Oberflügeldecken braun, die Großen mit breiten, weißen Enden. Armschwingen schwarz, mit leicht grünem Glanz und weißen Spitzen. Unterflügel graubraun, mit heller Mitte.

Federlose Partien: Schnabel und Füße rötlich. Iris braun. Schnabel und Füße des ♀ sollen matter und brauner gefärbt sein als die des ♂.
Maße: ♂ anscheinend etwas größer als ♀. Flügel ♂ 203-213, ♀ 192-198; Lauf 30-38; Schnabel 37-39; Gewicht keine Angabe.
Geographische Variabilität: Keine. Mit der Weißkehle. aus der indoaustralischen Region nah verwandt, gleicht aber keiner der Formen dieser stärker differenzierten Art.
Lebensweise: Weitgehend unbekannt. Hält sich paarweise oder in kleinen Trupps an den Ufern von Seen auf. Paarbildung im Juli, Bruten wahrscheinlich ab September. Brütet vielleicht auch im April, was bedeuten würde, daß die eine Brut vor und die andere nach der Regenzeit aufgezogen wird. Nest nicht beschrieben. Durchschnattert watend das flache Wasser. Am Morgen und Abend besonders aktiv. Ruht tagsüber lange am Seeufer.
Biotop: Salzige Seen mit dichterer Vegetation. Weicht, wenn die Salzseen austrocknen, auf Flußmündungen, Mangrovesümpfe, kleine Teiche und Bäche im Walde und sogar auf Reisfelder aus.
Verbreitung: Nur von kleinen Seen und Sümpfen Westmadagaskars in der Nähe von Morombe und Ambilobe (Malagasy) bekannt.
Bestand: Beobachtungen dieser Art sind schon immer selten gewesen. 1970 wurden 60 auf dem Masama See festgestellt, von denen 13 geschossen wurden. 1971 konnten dort nur noch 2 gesehen werden. 1973 zählige man auf dem Bemamba See 61. Der Maximalbestand dieses Sees wurde auf 120 geschätzt. Während dieser Exkursion wurden auf dem Masama See keine Berniere. angetroffen. Wildenten werden auf Madagaskar intensiv und kommerziell gejagt. Seitdem im nahen Ambereny eine Landebahn gebaut wurde, können die Jäger die Seen leicht erreichen. Die Art ist nicht geschützt und wird auch nicht Gefangenschaft gehalten. Dieser weitgehend unbekannte Vogel wird nur durch sofortige, durchgreifende Schutzmaßnahmen zu retten sein.
Literatur: Delacour 1954, Scott und Lubbock 1975.

81 Weißkehlente   Tafel 28
Anas gibberifrons
Englisch: Grey Teal

Das Verbreitungsgebiet der Weißkehle. umfaßt die Ostindischen Inseln und die australische Region. In einigen Gegenden kommt sie gemeinsam mit den nah verwandten Arten Kastanien- (82) und Aucklandente (83) vor.

Feldkennzeichen: Länge 37-47 cm. **Am Boden -** Eine kleine, kräftig gefleckte, gräulichbraune Gründelente mit sehr großem Kopf, dünnem Hals und schlankem Schnabel. Geschlechter gleich. Stirn mehr oder weniger deutlich vorgewölbt. Kann in Australien leicht mit Kastaniene.-♀ und in Neuseeland mit Aucklande.-♀ verwechselt werden. Die Weißkehle. ist heller und grauer als die Kastaniene. Sie ist im Gesicht sowie an Kehle und Vorderhals auffällig hell. Die Kastaniene. ist dagegen ein wenig größer, hat ein warm rötlichbraunes Gefieder, kein helles Gesicht und eine kräftigere Fleckung. In Südaustralien kommen beide Arten nebeneinander vor, oft sogar in gemischten Scharen vor, dennoch sind aus dem Freiland keine Bastarde bekannt geworden. Beachte, daß durch eisenhaltiges Wasser auch Weißkehle. eine rostbraune Färbung annehmen können. Verwechslungen mit der Aucklande. sind unwahrscheinlich, da diese wesentlich dunkler ist. Einige Populationen der Weißkehle. haben am Kopf viel Weiß (s. Geographische Variabilität). **Im Flug -** Eine kleine, graubraune, dunkel gefleckte Gründelente mit sehr dunklen Unterflügeln, die in der Mitte leicht aufgehellt sind. Der Oberflügel ist dunkel graubraun bis schwärzlich, mit einem weißen, sich zum Körper hin verjüngenden Längsband. Der Spiegel ist glänzend schwarz, mit schmaler, weißer Hinterkante. Die Flügelmuster der Kastanien- und Aucklande. sind sehr ähnlich.
Stimme: Am ruffreudigsten bei Nacht. Der Ruf des ♂ ist ein klares, tiefes „priep". Die ♀ lassen eine Folge lauter, durchdringender Quaklaute hören, die zwar höher und langgezogener, aber doch ähnlich wie die der Augenbrauenente (91) klingen.
Beschreibung: Alle Kleider ähnlich. Beschreibung von *A.g.gracilis*:: **Ad.-** Oberkopf und Nacken schwärzlichbraun. Jede Feder mit kurzer graubrauner Spitze. Kopfseiten und Vorderhals weißlich mit dunkler Strichelzeichnung. Kinn und Kehle fast rein weiß. Federn der Ober- und Unterseite dunkel graubraun mit hellen, gräulichgelbbraunen Säumen, die an den Flanken am ausgeprägtesten sind. Bürzel, Oberschwanzdecken und Schwanz sehr dunkel. Oberflügeldecken dunkel graubraun, die Großen mit breiten, weißen Enden. Handschwingen schwärzlichbraun. Armschwingen schwarz, mit metallicgrünem Glanz und weißen Spitzen. Unterflügel, die weißlichen Achselfedern und zentralen Decken ausgenommen, schwärzlichbraun. Die ♀ sind im allgemeinen etwas heller als die ♂. **Juv.-** Weitgehend wie die Ad., aber insgesamt matter gefärbt. Breitere, helle Federränder lassen Kopf und Hals weniger kontrastreich erscheinen.
Federlose Partien: Schnabel und Füße immer schwärzlichgrau. Iris rot, Farbe bei ad. ♂ am kräftigsten.
Maße: ♂ im Mittel etwas größer als ♀. *A.g.gracilis*: Flügel 164-243 (M. ♂ 205, ♀ 198); Lauf 34-37; Schnabel 32-43; mittleres Gewicht ♂ 507, ♀ 474. *A.g.gibberifrons*: Nur ♂- Flügel 181-200; Lauf 33-35; Schnabel 35-41. *A.g.albogularis*: Nur ♂ - Flügel 199-205; Lauf 35-37; Schnabel 34-36. *A.g.remissa*: Ein ♂ - Flügel 186; Schnabel 33.
Geographische Variabilität: Es werden vier Unterarten unterschieden, von denen eine, *A.g.remissa*, inzwischen ausgestorben ist. *A.g.gracilis* (s. o.) kommt in Australien, Neuseeland und Neuguinea sowie auf den benachbarten Inseln vor. *A.g.gibberifrons* von den Ostindischen Inseln ist ein wenig kleiner als *A.g.gracilis*. Ihre Stirn ist deutlich vorgewölbt. Ihre Federn sind dunkler und haben gelbbraune Federsäume. *A.g.remissa*, die früher auf Rennell, der südlichsten Insel der Salomon Gruppe, lebte, war kleiner als die Nominatform, hatte einen kürzeren Schnabel und eine weniger vorgewölbte Stirn. *A.g.albogularis* von den Andamanen hat um den Augen breite, weiße Ringe. An Kopf und Hals treten bei ihr gehäuft größere weiße Partien auf und am Schnabel schwachrosa gefärbte Flecken. Möglicherweise läßt sich auch die Berniereente (80) von Madagaskar dieser in sich variablen Art zuordnen.
Lebensweise: Eine gesellige Ente, die auf Süßwasserseen und in Sumpfgebieten lebt. Zumeist nur kleinere Trupps. In den Überschwemmungsgebieten Australiens aber auch große Schwärme von einigen Tausend. Paarbildung vor Beginn der Brutperiode. Im Inneren Australiens, wo sich sehr kurzfristig und unregelmäßig günstige Brutbedingungen ergeben

können, setzt mit den Regenfällen auch schlagartig die Balz ein. Bruten sind also von den jeweiligen Niederschlagsmengen abhängig. In Gegenden mit einer festgelegten winterlichen Regenzeit liegt die Brutperiode im Spätwinter und Frühling. Auf den Andamanen brüten die Enten im Juli und August. Neststand unterschiedlich. Neben freiliegenden Bodennestern auch Nester in Baumhöhlen, Kaninchenbauen und Felsspalten. Die ♂ scheinen sich an der Führung der Jungen zu beteiligen. Durchschnattert schwimmend und watend die Wasseroberfläche und gründelt. Hält sich bei der Nahrungssuche vorwiegend an seichten Ufern auf. Die australische Population ist ausgesprochen nomadisch. Nach ergiebigen Regenfällen entstandene Gewässer werden in kurzer Zeit besiedelt. In Trockenperioden streichen große Scharen auf der Suche nach Wasserstellen im Land umher. 1957 erreichten mehrere wandernde Schwärme Neuseeland. Zu solchen invasionsartigen Ausbreitungen kommt es bevorzugt dann, wenn nach einigen Jahren mit hohem Bruterfolg eine Dürreperiode einsetzt. Zum Ruhen sammeln sich kleinere Gruppen auf Uferbänken oder auch auf über das Wasser hängenden, abgestorbenen Ästen. Bei Störungen steigen dicht geschlossene Schwärme auf. Der Flug ist schnell und gewandt.

Biotop: Flache Seen, Sumpfland, temporär überschwemmte Gebiete, Küstenlagunen, Mangrovesümpfe und Flußmündungen.

Verbreitung: *A.g.gracilis* in Australien weit verbreitet, am häufigsten in den Flußniederungen von Murray und Darling. Erscheint im Inneren des Kontinents überall dort, wo nach Regenfällen größere Feuchtgebiete entstehen. Brütet in Nordaustralien und in Tasmanien gelegentlich. In Neuseeland vor den Invasionen von 1957 und 1958 ausgesprochen selten. Heute hier weit verbreitet. Kommt ebenfalls auf Neuguinea, den Aru- und Kei-Inseln, in Neukaledonien sowie auf den Chatam- und Macquarie-Inseln vor. Die abgelegenen Inseln werden nach Einwanderungen möglicherweise nur zeitweilig, zumeist aber doch ständig besiedelt. Bei *A.g.gibberifrons* treten keine derartigen Fluktuationen auf, die einzelnen Inselpopulationen sind dennoch nicht völlig voneinander isoliert. Auf Sulawesi weit verbreitet. Brütet auch auf Java, Bali, Sumba, Flores, Timor, Wetar und den umliegenden Inseln. Auch bei *A.g.albogularis* von den Andamanen sind Wanderungen zwischen den Inseln zu beobachten. Ein Irrgast dieser Form ist sogar in Burma festgestellt worden.

Bestand: Im allgemeinen weit verbreitet und häufig. Von den einzelnen Inselpopulationen gibt es nur wenige Angaben. Auf den Andamanen nicht gerade zahlreich, aber angeblich nicht bedroht. Die Lage dieser Population muß, da auf einigen Inseln die Biotope durch intensive Landwirtschaft und Entwässerungsmaßnahmen gefährdet sind, genauer untersucht werden. *A.g.remissa* von Rennell hat das Einsetzen großer Fische (*Tilapia*) in die einzige Lagune der Insel nicht überlebt.

Literatur: Frith 1967, Kear und Williams 1978, RAOU 1984.

82 Kastanienente Tafel 28
Anas castanea
Englisch: Chestnut Teal

Eine auf Küstenregionen Süd- und Ostaustraliens beschränkte, nahe Verwandte der Weißkehlente (81).

Feldkennzeichen: Länge 38-46 cm. **Am Boden** - Die allgemeine Erscheinung ähnlich der der Weißkehle., Geschlechter aber verschieden und Stirn nicht vorgewölbt. Das ♂ ist leicht an dem dunklen Kopf, der rötlichen Unterseite und dem weißen Fleck am Hinterende zu erkennen. Das ♂ der Aucklandente (83) ist zwar ähnlich gefärbt, da sich die Verbreitungsgebiete nicht überschneiden, ist die Verwechslungsgefahr aber gering. Das Aucklande.-♂ ist an den Flanken weniger rotbraun und hat einen schmalen, weißen Augen- und Halsring. Die Übereinstimmung zwischen den ♀ der Kastanien- und Weißkehle. ist größer als bei den ♂. Das Kastaniene.-♀ ist aber insgesamt dunkler und einheitlicher gefärbt. Kehle und Vorderhals sind bräunlich, nicht weißlich. Die Unterseite ist durch dunkelbraune, hell gerandete Federn stärker gezeichnet. Wenn beide Arten nebeneinanderstehen, wirken Kastaniene. ein wenig größer als Weißkehle. Aucklande.-♀ haben einen weißen Augenring und eine schwächer gefleckte Unterseite. **Im Flug** - In Gestalt und Flügelmuster der Weißkehle. sehr ähnlich, aber deutlich dunkler, mit auffallend weißem Fleck am Hinterende der sonst einheitlich dunklen Unterseite. Das ♀ ist bestenfalls an der insgesamt dunkleren bzw. helleren Färbung von denen der beiden ähnlichen Arten zu unterscheiden.

Stimme: Weitgehend wie die der Weißkehle. Die Quaklaute der ♀ sind weniger gedehnt und in der Tonlage etwas höher.

Beschreibung: Geschlechter verschieden. Saisonal leicht unterschiedliche Kleider. ♂ **ad. Brutkleid** - Kopf und Hals schwarz, mit kräftigem grünen Metallglanz. Brust und Unterseite satt kastanienbraun, mit dunkelbraunen Flecken, die an den Flanken besonders ausgeprägt sind. Seiten der Afterregion weiß. Unter- und Oberschwanzdecken sowie Bürzel und Schwanz schwarz. Federn der Oberseite dunkelbraun, mit schmalen, rotbraunen Säumen. Oberflügeldecken dunkelbraun. Über die Großen Decken zieht ein breites, weißes, zum Körper hin schmaler werdendes Band. Handschwingen schwärzlichbraun. Armschwingen schwarz, mit grünem Glanz und weißen Enden. Unterflügel dunkel graubraun, mit weißem Mittelband. ♂ **ad. Ruhekleid** - Weit matter und einheitlicher als das Brutkleid. Braune Federränder verdecken und verdunkeln die Kopf- und Flankenfärbung. Das Ruhekleid ist aus dem Freiland wenig bekannt. Es wird möglicherweise übersehen oder unter geänderten geographischen Bedingungen in der Gefangenschaft häufiger ausgebildet. ♀ **ad.**- Gefieder allgemein dunkelbraun mit blaß gelbbraunen Säumen. Kehle und Vorderhals fast ungezeichnet hell gelbbraun. **Juv.**- Den ♀ ähnlich und von diesen im Feld nicht sicher zu unterscheiden. Die dunkle Fleckung weniger deutlich.

Federlose Partien: Schnabel immer bläulichgrau und Füße grünlichgrau. Iris rot, bei ♀ weniger leuchtend als bei ♂.

Maße: ♂ im Mittel größer als ♀. Flügel ♂ 204-231, ♀ 197-210; Lauf 36-40; Schnabel 37-43; mittleres Gewicht ♂ 595, ♀ 593.

Geographische Variabilität: Keine. Sowohl mit der Weißkehl- als auch mit der Aucklande. nah verwandt.

Lebensweise: Paare oder kleinere Trupps, die oft mit den allgemein zahlreicheren Weißkehle. vergesellschaftet sind. In Gegenden höchster Siedlungsdichte nach der Brutzeit Schwärme bis zu 500, aber niemals so große Ansammlungen wie bei der Weißkehle.

Paarbildung in den Herbst- und Wintertrupps. Die Paare sondern sich bei Beginn der langen Brutperiode ab. Zwei bis drei Bruten können hintereinander aufgezogen werden. Brutperiode im allgemeinen von August bis November, kann aber auch schon im Juni beginnen und bis in den Dezember andauern. Nester nahe am Wasser auf dem Boden, manchmal auch in Felsspalten oder Baumhöhlen und in jüngster Zeit auch in Nistkästen. Das ♂ begleitet das ♀ und hilft bei der Führung der Jungen. Die Ernährungsgewohnheiten entsprechen denen der Weißkehle. Hält sich bei der Nahrungssuche gern in der Nähe von Brillenpelikanen auf. Auch wenn es zwischen den östlichen und westlichen Populationen einen gewissen Austausch gibt, doch weitgehend ein Standvogel. Einzelne, die weit abseits des eigentlichen Verbreitungsgebietes erscheinen, hatten sich vielleicht den weiter umherstreichenden Weißkehle. angeschlossen.

Biotop: Auf Salz- und Süßwasser. Küstensümpfe, Lagunen, Mangroven, Buchten in der Gezeitenzone und flache Küstengewässer. Örtlich auch weiter im Binnenland auf Seen und Sümpfen.

Verbreitung: Küstenregionen des südlichen und südöstlichen Australien. Größte Populationsdichte auf Tasmanien und in den Küstengewässern der Bass-Straße. Die Verbreitung erstreckt sich entlang der Küste Südaustraliens von Sydney im Osten bis Perth im Westen. Weite Bereiche der Australischen Bucht sind aber anscheinend unbesiedelt. An den Küsten des nördlichen New South Wales und südlichen Queensland nur kleinere, lokale Vorkommen. An den Seen des Berglandes von Victoria und New South Wales vom äußersten Süden bis Canberra nur spärliche Binnenlandsvorkommen. In Westaustralien vereinzelte Bruten nordwärts bis hin zum Nordwest-Kap. Im Sommer streichen vor allem die Jungenten weiter umher und erreichen dabei auch das nördliche Queensland. Irrgäste sind, sicher zusammen mit wandernden Scharen der Weißkehle., bis Darwin und sogar bis Neuguinea gelangt.

Bestand: Auf Tasmanien und in der Region der Bass-Straße örtlich häufig. Sonst allgemein selten. Die Bestände haben in diesem Jh. wahrscheinlich erheblich abgenommen. Durch Nistkästen ist lokal wieder eine merkliche Zunahme erreicht worden. Nicht geschützt und auch keine Bestandserhebungen.
Literatur: Frith 1967, RAOU 1984.

83 Aukländente   Tafel 28
Anas aucklandica
Englisch: Brown Teal

Von dieser interessanten Ente sind in einigen entlegenen Gegenden Neuseelands Reliktpopulationen erhalten geblieben. Die Aucklande. der Auckland- und Campbell-Inseln sind die einzigen flugunfähigen Formen der Gattung *Anas*.

Feldkennzeichen: Länge 36-46 cm. **Am Boden -** Da die Verbreitung sehr begrenzt ist, kaum mit der Weißkehl- (81) oder Kastaniente (82) zu verwechseln. Kommt mit Weißkehle. nur in einigen Randzonen der jeweiligen Verbreitungsgebiete gemeinsam vor. In der Färbung besteht eine gewisse Übereinstimmung mit der Kastaniene. Aucklande.-♂ sind dunkler, weniger farbig, an der Unterseite nicht gefleckt, sondern fein gebändert und haben weiße Augenringe. Auklande.-♀ sind ausgesprochen dunkel, mit nur schwach erkennbarer Fleckung und schmalen, weißen Augenringen. Wie bei einigen anderen isolierten Populationen, besteht die Neigung zu teilweisem Albinismus. Einzelne Enten haben am Kopf und auf der Oberseite weiße Flecke. Die Flugfähigkeit ist bei den Aucklande. weitgehend reduziert. Die beiden kleinen Inselformen haben sie ganz eingebüßt. **Im Flug -** Nur *A.a.chlorotis* von den Hauptinseln Neuseelands kann fliegend. Oberflügel sehr dunkel, mit wenig auffälligem, rostgelben Band über die Großen Decken und schwarzgrünem Spiegel mit schmaler, weißer Hinterkante. Am dunklen Unterflügel bilden die weißen Achselfedern einen gewissen Kontrast.

Stimme: Wenig ruffreudig. Außerhalb der Balz sind von den ♀ nur rauhe, abfallende Reihen von Quaklauten und von den Paaren sanft pfeifende und kichernde Kontaktlaute zu hören.

Beschreibung: Geschlechter nicht sonderlich verschieden. Die saisonale Variabilität ist gering. Beschreibung von *A.a.chlorotis*: ♂ **ad. Brutkleid -** Kopf und Hals dunkelbraun. Kopfseiten mit grünem Glanz. Um das Auge ein schmaler, weißer Ring. Als Abschluß der dunklen Halsfärbung oft ein schmaler, weißer Ring. Brust und Unterseite sind satt kastanienbraun. Die Färbung wird zum Bauch hin blasser, mehr ockerbraun. Brust dunkel gepunktet. Flanken dicht und fein dunkel gebändert. Seiten der Afterregion weiß mit feiner, brauner Bänderung. Unterschwanzdecken schwärzlich. Federn der gesamten Oberseite dunkelbraun mit helleren Säumen. Oberflügeldecken dunkelbraun, die Großen mit rostgelben Enden. Armschwingen glänzend schwarz mit grünem Schimmer und schmalen, weißen Spitzen. Unterflügel braun mit weißen Achselfedern. Die Färbung der ♂ variiert. Viele ♂ gleichen ständig ♀. Es besteht auch die Meinung, daß es sich bei den bunteren ♂ um jüngere Vögel handelt. ♂ **ad. Ruhekleid -** Weitgehend wie die ♀, aber mit einem angedeuteten, weißlichen Fleck seitlich am Hinterende. ♀ **ad.-** Wie das ♂, aber ohne die grünglänzenden Kopfseiten, die weißlichen, hinteren Seitenflecke und die schwärzlichen Unterschwanzdecken. Die Augenringe sind schmaler. Die Unterseite ist matt dunkelbraun und niemals gepunktet oder gebändert. Flügel wie beim ♂. **Juv.-** Dem ♀ sehr ähnlich, aber auf der Brust deutlicher gefleckt. Juv. ♂ sind bald an den weißlichen Seitenflecken der Afterregion zu erkennen.

Federlose Partien: Beschreibung von *A.a.chlorotis*: Schnabel immer bläulichgrau, mit dunkel getöntem First. Füße dunkelgrau. Iris dunkelbraun.

Maße: ♂ im allgemeinen etwas größer als ♀. *A.a.chlorotis*: Flügel ♂ 195-203, ♀ 185-195; Lauf 41-43; Schnabel 39-45; mittleres Gewicht ♂ 665, ♀ 600. *A.a.aucklandica*: Flügel 125-144; Lauf 34-35; Schnabel 30-35; Gewicht vom ♀ ca. 450. *A.a.nesiotis*: Ein Exemplar - Flügel 133; Lauf 30; Schnabel 35.

Geographische Variabilität: Es werden drei Unterarten unterschieden. *A.a.chlorotis* lebt auf den Hauptinseln Neuseelands (s. o.). *A.a.aucklandica* ist auf kleine, der Auckland-Insel vorgelagerte Inseln beschränkt. Sie ist klein, flugunfähig, nicht so kastanienbraun wie *A.a.chlorotis* und hat braune Füße. Die für ausgestorben gehaltene, isolierte Form *A.a.nesiotis* von den Campbell-Inseln wurde auf der nahegelegenen, sehr kleinen Insel Dent wiederentdeckt. Sie ist noch kleiner und dunkler als die Nominatform. Sie ist auf der Unterseite nie gebändert. Der Flügelspiegel ist nur angedeutet.

Lebensweise: Die Aucklande. führt ein verborgenes, vorwiegend nächtliches Leben. Sie wird meistens paarweise oder in kleinen Gruppen angetroffen. Nach der Brut können sich auch etwas größere Trupps zusammenschließen. Die Paare sind während der Brutperiode ausgesprochen territorial. Die Paarbindung scheint, da die Partner ganzjährig beieinander bleiben und die ♂ sich an der Führung der Jungen beteiligen, von langer Dauer zu sein. Bruten werden in Neuseeland von Juli bis September und auf den Auckland-Inseln von Oktober bis Dezember beobachtet. Die Nester befinden sich gewöhnlich nicht weit vom Wasser entfernt am Boden unter dichtem Bewuchs. Während der Brutzeit halten sich die Aucklande. auf ruhig fließenden Flüssen sowie kleinen Buchten und Tümpeln der Gezeitenzone auf. Sie verbringen den Tag versteckt in der Ufervegetation. Die Ruheplätze werden oft gemeinschaftlich genutzt. Zur nächtlichen Nahrungssuche suchen sie Flachwasserzonen oder auch Uferwiesen auf. Außerhalb der Brutperiode sind sie an der Küste im Gezeitenbereich zu finden. Hier richtet sich ihre Aktivität nach den Wasserständen. Sie durchschnattern zumeist watend, aber auch schwimmend das flache Wasser und den Schlick. Die neuseeländische Form, die durchaus fliegen kann, kann dennoch nur selten fliegend beobachtet werden. Die Enten der Auckland-Inseln liegen den Tag über ruhig in den Tangbänken vor der Küste. In den ersten drei Stunden nach Einbruch der Dunkelheit sind sie besonders aktiv. Man kann sie bei Nacht auch im küstennahen Wald und landeinwärts auf Tümpeln und Bächen antreffen, die sie, da sie nicht fliegen können, zu Fuß aufgesucht haben müssen.
Biotop: Flache Teiche sowie langsam fließende Flüsse und Bäche mit busch- und baumbestandenen Ufern. An der Küste auf Flußmündungen und Buchten in der Gezeitenzone.
Verbreitung: Alle drei Unterarten sind ausgesprochen selten. *A.a.chlorotis* war früher über ganz Neuseeland verbreitet. Heute gibt es nur noch Restpopulationen mit den größten Beständen auf den Inseln im Hauraki Golf und in Northland. Sonst auf der Nordinsel nur noch einzelne verstreute kleine Vorkommen. Auf der Südinsel in minimalen Populationen nur noch im Fjordland. *A.a.aucklandica* ist auf der Auckland-Insel selbst ausgestorben. Auf den kleinen, vorgelagerten Inselchen Rose, Ocean, Ewing, Enderby, Dundas, Adams und Disappointment gibt es noch gute Bestände. *A.a.nesiotis* hat nur noch auf der winzigen Insel Dent nahe der Campbell-Insel überlebt.
Bestand: Alle Populationen sind stark gefährdet. Auf Neuseeland wurden durch Biotopverlust, Jagd, eingebürgerte Raubtiere und möglicherweise auch Geflügelkrankheiten alarmierende Verluste verursacht. 1982 wurde der Bestand im Freiland auf höchstens 1.500 Individuen geschätzt. Zwei Drittel davon leben auf Great Barrier Island. Die Art ist seit 1921 geschützt. 1976 wurde mit einer Vermehrungszucht in Gefangenschaft begonnen. Bis zum September 1985 wurden 670 Aucklande. aufgezogen, von denen die meisten ausgewildert wurden. Auf der Auckland-Insel wurde die Ente 1942 das letztemal festgestellt. Sie wurde wahrscheinlich durch verwilderte Katzen ausgerottet. Zählungen auf den vorgelagerten kleinen Inseln ergaben in der Mitte der 1970er und zu Beginn der 80er Jahre einen Bestand von etwa 500. Die Ente wurde auf der Campbell-Insel seit 1958 nicht mehr gesehen. 1975 wurden sie auf der nahegelegenen Insel Dent wiederentdeckt, der Bestand ist aber mit rund 30 Individuen ausgesprochen klein.
Literatur: Dumbell 1986, Hayes und Williams 1982, Williams 1986.

Die Stockentengruppe

Die Variabilität der holarktischen Stockente ist trotz ihres riesigen Verbreitungsgebiets verhältnismäßig gering. Die geographisch isolierten, südlichen Populationen bereiten dem Taxonomen jedoch einiges Kopfzerbrechen. Solche isolierten Populationen mit offensichtlicher Stockentenzugehörigkeit leben auf einigen pazifischen Inseln und im zentralen wie südlichen Nordamerika. Bei den ♂ dieser Formen ist als Folge der Isolation und der mangelnden Konkurrenz mit ähnlichen Arten die Fähigkeit zur Ausbildung des Prachtkleides verlorengegangen. In Nordamerika dringt die typische Stockente immer weiter nach Süden vor. Das hat inzwischen zur zunehmenden Vermischung mit zumindest einer der südlichen Formen, der Mexikoente, geführt. Mischpaare von Dunkel- (88) und Stockente sind ebenfalls nicht selten, und die Floridaente (87) nimmt zwischen beiden eine gewisse Mittelstellung ein. Die fernab im Pazifik auf den Hawaii-Inseln lebenden Hawaii- (85) und Lysanenten (86) gehören sicher in die engere Stockentenverwandtschaft.
Die jüngste Checkliste (1983) der American Ornithologists' Union führt die Dunkelente, Floridaente, Lysanente und Hawaiiente als gesonderte Arten auf. Die Mexikoente wird als Unterart der Stockente aufgefaßt. Dieser Einteilung wird hier gefolgt. Ob die Differenzierung im Einzelfall den Artstatus rechtfertigt, ist eine Frage der persönlichen Auffassung. Bei einem solchen Verwandtschaftskomplex ist diese Entscheidung ohnehin schwierig und im Grunde auch nebensächlich.
Die vielleicht inzwischen ausgestorbene Marianenente (84) ist ein besonders interessanter Fall. Diese Inselpopulation zeigt sowohl Merkmale der Stock- als auch der Augenbrauenente (91). Nach der derzeit vorherrschenden Meinung handelt es sich um eine Form der Stockente. Eine Zuordnung zur Augenbrauenente ist aber genausogut möglich. Interessanterweise sind weder Stock- noch Augenbrauenenten jemals auf den Marianen gesehen worden. Die Madagaskar- (89) und die Philippinenente (93) sind sicher schon lange isoliert. Auch die Fleckschnabel- (92) und die Augenbrauenente sind als etwas entferntere Verwandte der Stockentengruppe anzusehen.

84 Stockente   Tafel 25
Anas platyrhynchos
Englisch: Mallard

Die allgemein bekannte Stammform der meisten Hausenten. Die weite Verbreitung dieser Art hat zur Ausbildung einiger stärker abweichender Populationen geführt (s. o.). Mexiko- und Marianenente werden daher gesondert behandelt.

Feldkennzeichen: Länge 50-65 cm. **Am Boden** - Eine große, massige Gründelente mit kurzem Schwanz. Das ♂ ist im Brutkleid mit seinem flaschengrünen Kopf, dem weißen Kragen, der dunkel kastanienbraunen Brust, dem grauen Rumpf, dem schwarz-

weißen Hinterende und den Schwanzlocken unverkennbar. Das ♀ ist die größte braune Gründelente. Es ist mit den ♀ mehrerer Arten, vor allem der Schnatterente (75), Floridaente (87) und Dunkelente (88), leicht zu verwechseln. Der blaue, vorne und hinten schwarzweiß eingefaßte Spiegel, der teilweise orange gefärbte Schnabel, der dunkle Augenstreifen, die orangeroten Füße, die blaßbräuliche, leicht gefleckte Unterseite und die hellen Schwanzkanten sind wichtige Bestimmungshilfen. Juv. ♂ und ♂ im Ruhekleid gleichen den ♀, haben aber einfarbige Schnäbel. In Europa und Nordamerika kann, bevorzugt in Stadtpopulationen, die individuelle Variabilität erheblich sein. Sehr dunkle, fast weiße und gescheckte Enten, auch solche mit großem, weißen Latz sind hier überall anzutreffen. Ausgesprochen dunkle Stockenten werden leicht für Dunkel- oder Floridaenten gehalten. Alle vermeintlichen Beobachtungen dieser Arten außerhalb ihrer normalen Verbreitung sollten mit größter Vorsicht behandelt werden. Nur eine genaueste Kontrolle der Schwanz- und Spiegelfärbung kann hier für Klarheit sorgen. In Nordamerika sind Bastarde mit Dunkel- und in Australien und Neuseeland mit Augenbrauenenten (91) nicht selten. Bastard-♂ sind gewöhnlich an einer Kombination von Elternmerkmalen zu erkennen. Bastard-♀ gleichen ungewöhnlich dunklen Stocke.-♀. Siehe auch Schnatter-, Florida-, Dunkel- und Augenbrauenente. **Im Flug** - Eine große, massige Gründelente mit breit angesetzten, aber recht spitz zulaufenden Flügeln und gerundetem Schwanz. Der Körper der ♂ ist grau, Kopf, Hals und Brust sowie Hinterende sind von ihm dunkel abgesetzt. Die ♀ wirken einfarbig braun. Ihr Bauch ist, im Unterschied zur Schnatterente, kaum heller als der übrige Körper. Das Flügelmuster ist bei ♂ und ♀ weitgehend gleich. Der Unterflügel ist weißlich. Der Oberflügel braun (♀) oder grau (♂), mit dunkelblauem, vorne und hinten breit weiß gerandetem Spiegel.
Stimme: Rufreudig, vor allem die ♀. Der Ruf des ♂ ist ein gedämpftes, leicht schnarrendes „räb-räb". Vom ♀ sind häufig laute, gerundetem Reihen von Quaklauten zu hören: „waak waak wak-wak-wak..". Viele andere Gründelenten-♀ haben ähnliche Rufreihen.
Beschreibung: Geschlechter verschieden. Saisonal unterschiedliche Kleider. Beschreibung der Nominatform: **♂ ad. Brutkleid** - Kopf und Hals flaschengrün, mit purpurnem Schimmer. Um den Halsansatz ein schmaler, weißer Ring. Brust dunkel kastanienbraun. Unterseite, Flanken und Schultern mit feinem, hellgrauen Kritzelmuster. Oberseite dunkler und brauner als Unterseite. Rücken, Bürzel, Ober- und Unterschwanzdecken schwarz. Mittlere Schwanzfedern etwas verlängert und lockenartig aufgebogen. Schwanzkante hellgrau bis weißlich. Oberflügeldecken graubraun, die Großen mit weißschwarzen Enden. Armschwingen mit blauem, pupurn schimmernden Metallglanz und schwarzweißen Spitzen. Unterflügel weißlich, mit grauen Schwingen. **♂ ad. Ruhekleid** - Gleicht weitgehend dem ♀, läßt sich aber an der ♂-typischen Schnabelfärbung, am dunkleren Oberkopf und Hinterhals, an den helleren Kopfseiten und an der rotbraunen, wenig gezeichneten Brust erkennen. **♀ ad.-** Oberkopf und Hinterhals dunkelbraun, mit hellbrauner Sprenkelung. Überaugenstreif, Kopf- und Halsseiten hellbraun, mit feiner, dunkler Strichelung. Zügel und Augenstreifen dunkelbraun. Fast das gesamte Körpergefieder hellbraun. Die Federn mit braunen Schaftflecken und V-förmiger Zeichnung, die an den Flanken am ausgeprägtesten ist. Bauch gelbbraun mit Streifen und Flecken. Schwanzfedern dunkel graubraun mit breiten bräunlichweißen Rändern. Flügel wie beim ♂, aber die Oberflügeldecken nicht grau, sondern sandbraun. Brauntönung und Intensität der Zeichnung sind individuell verschieden. Die weißen Spiegelkanten pflegen bei dunklen ♀ schmal zu sein. **Juv.-** Dem ♀ sehr ähnlich, die dunkle Zeichnung ist aber mehr streifig und weniger deutlich V-förmig. Juv. ♂ sind oberseits dunkler als ♀, haben gräuliche Flügeldecken und eine warmbraun gefärbte Brust. Juv. ♂ bilden im Verlauf des ersten Winters schon weitgehend das Brutkleid aus, sind aber bis in den Sommer hinein noch erkennbar.
Federlose Partien: Füße immer orange und Iris immer braun. Beschreibung von *A.p.platyrhynchos* und *A.p.conboschas* : **♂ ad.-** Schnabel olivgrün bis grünlichgelb und oft bläulich getönt, mit schwarzem Nagel. **♀ ad.-** Schnabel grünlicholiv, First und Spitze dunkelgrau, Seiten verschieden rötlichorange überlaufen oder gefleckt. **Juv.-** Schnabel zunächst rötlich hornfarben. Er wird bald dunkler und erhält die Ad.-Färbung im ersten Winter.
Maße: ♂ im allgemeinen größer als ♀. *A.p.platyrhynchos* : Flügel 257-285 (M. ♂ 279, ♀ 265); Lauf 41-48; Schnabel 47-61; mittleres Gewicht ♂ 1170, ♀ 1042. *A.p.conboschas*: Flügel 261-306 (M. ♂ 292, ♀ 272); Schnabel 44-52.
Geographische Variabilität: Siehe einleitende Bemerkung zur Stockentengruppe. Von den insgesamt vier hier berücksichtigten Unterarten werden zwei, Mexiko- und Marianenente, gesondert behandelt. Die Enten der amerikanischen Population sind im Mittel etwas größer als die der eurasiatischen, lassen sich aber sonst nicht von diesen trennen. Die Nominatform ist also holarktisch verbreitet. Die isolierte Population Grönlands, *A.p.conboschas*, ist größer, hat aber einen kürzeren Schnabel. Im Gefieder unterscheidet sie sich nur wenig von der Nominatform. Die Stockenten Islands nehmen zwischen *A.p.platyrhynchos* und *A.p.conboschas* eine Mittelstellung ein, sie werden aber in die Nominatform einbezogen.
Lebensweise: Weit verbreitet und häufig, ein Prototyp dessen, was man sich allgemein unter einer Ente vorstellt. Sehr gesellig. Auf fast allen Gewässern in kleinen Trupps bis zu sehr großen Schwärmen. Bevorzugt im allgemeinen stehende oder langsam fließende Süßgewässer. Paarbildung im Herbst und Winter. Unverpaarte ♀ werden im Frühling oft von mehreren ♂ verfolgt. Brutperiode von der jeweiligen geographischen Lage abhängig. Brütet im allgemeinen von März bis Juni, in den wärmeren Klimaten aber auch noch früher. Neststand ausgesprochen variabel. Nester auf dem Boden in hohem Bewuchs, in Baum- und Erdhöhlen, in Nistkästen oder -körben, sogar in alten Baumnestern großer Vögel. Nistet oft recht weit vom Wasser entfernt. Sobald die ♀ fest auf den Nestern sitzen, versammeln sich die ♂ zur Mauser. Durchschnattert schwimmend die Wasseroberfläche und gründelt häufig, geht aber auch an Land, um Pflanzen abzuweiden oder auf Stoppel- und Saatfeldern Getreidekörner aufzusammeln. Gewöhnlich scheu und äußerst wachsam, wird auf Parkgewässern aber sehr vertraut. Fliegt mühelos, jedoch meistens nicht senkrecht vom Wasser auf. Der Flug ist kraftvoll, mit schnellen, flachen Flügelschlägen. Kann gut und schnell laufen und setzt sich gelegentlich auch auf dicke, über das Wasser ragende Äste. Gesellt sich zwanglos zu anderen Arten.

Biotop: Stehende und langsam fließende Gewässer aller Art von Teichen, Seen und Flüssen bis zu Flußmündungen und geschützten Meeresbuchten. Bevorzugt das Flachland, ist aber auch im Gebirge anzutreffen.
Verbreitung: Von der hocharktischen Tundra, Wüsten und Hochgebirge ausgenommen, über die gesamte nördliche Hemisphäre verbreitet. In Nordamerika eine starke Ausweitung des Verbreitungsbietes durch Ansiedlungen als Jagdwild. Die Brutpopulation Grönlands ist auf die Südspitze der Insel beschränkt. In Süd- und Westeuropa sowie in den südlichen USA Standvogel. Die nördlichen Populationen überwintern in südlichen Regionen bis hin nach Mexiko, Nordafrika, Nordindien und Südchina. Kleinere Trupps ziehen den Nil aufwärts bis in den Sudan und nach Äthiopien. Bei den übrigen Beobachtungen im tropischen Afrika wird es sich um Gefangenschaftsflüchtlinge handeln. Auf den Kerguelen im südlichen Indischen Ozean, auf Hawaii, im südlichen Australien und in Neuseeland eingebürgert. Wurde auf Spitzbergen, der Bäreninsel, den Azoren (Brut), in Senegal, Mali, Nigeria, Kenya, Borneo, Nicaragua, Costa Rica und Panama beobachtet. Echte Irrgäste sind aber von entflogenen und ausgesetzten Enten schwer zu trennen.
Bestand: Überall zahlreich und häufig. Bestand Nordamerikas ca. 9 Millionen und der der paläarktischen Region ca. 4 bis 5 Millionen.

Mexikoente (Mexican Duck)   Tafel 25
A.p.diazi

War früher wohl eine „gute" Art. Die einst isolierte Population verliert durch Vermischung mit Stockenten zunehmend ihre genetische Selbständigkeit.

Feldkennzeichen: Länge 51-56 cm. Beide Geschlechter erinnern an Stockenten-♀. Das Gefieder ist insgesamt dunkler. Schwanz und Schwanzdecken sind nicht aufgehellt. Die hellen Kopf- und Halsseiten sind deutlich vom dunklen Körper abgehoben. Nimmt in der Färbung eine Mittelstellung zwischen Stock- und Dunkelente (88) ein. Der Flügelspiegel gleicht dem der Stocke., ist nur mehr grünlichblau und hat schmalere, weiße Kanten. Der Schnabel des ♂ ist grünlichgelb und der des ♀ gräulich, mit orange getönten Seiten und grünlicher Spitze. Das Verbreitungsgebiet überschneidet sich nicht mit denen von Dunkel- und Floridaente (87). In den südlichen USA so stark mit Stocke. vermischt, daß nur noch in Mexiko mit reinen Beständen zu rechnen ist.
Maße: Geschlechter nur wenig verschieden. Flügel ♂ 270-285, ♀ 240-260; Lauf 42-46; Schnabel 52-58; Gewicht ♂ 960-1060, ♀ 815-990.
Lebensweise: Verhält sich weitgehend wie die Stockente. Zumeist in kleineren Trupps, die sich selten zu anderen Arten gesellen. Scheu und wachsam. Soll schneller und kraftvoller als die Stocke. fliegen. Nester gewöhnlich am Boden. Brutperiode April und Mai.
Biotop: Nur im Binnenland. Flüsse, Sümpfe, Teiche und überflutete Felder in offener Landschaft und in weiten Tälern.
Verbreitung: Äußerster Süden der USA und Zentralmexiko. Das Verbreitungsgebiet umfaßt die Flußsysteme vom Rio Grande und Pecos in Arizona, New Mexico und Westtexas und erstreckt sich, teilweise lückenhaft und unterbrochen, über das zentrale Hochland Mexikos bis Puebla. Einige der nördliche Populationen überwintern in Mexiko, andere bleiben ganzjährig im Brutgebiet.
Bestand: Zählungen der Winterbestände lassen eine Zunahme vermuten. 1975 wurde die Gesamtpopulation auf 30.000 bis 40.000 geschätzt. Die Zunehmende Bastardisierung mit der Stocke. im Süden der USA kann zum langsamen Verschwinden dieser interessanten Form führen.

Marianenente (Mariana Mallard)   Tafel 27
A.p.oustaleti

Eine auf die Marianen im Nordpazifik beschränkte Ente, die die Merkmale der Stock- und Augenbrauenente (91) vereint. 1979 das letzte Mal in Freiheit gesehen und inzwischen wohl ausgestorben.

Feldkennzeichen: Länge 52 cm. Die einzige auf den Marianen brütende Ente. Da sie wahrscheinlich inzwischen ausgestorben ist, wird es sich bei heutigen Beobachtungen eher um Irrgäste anderer Arten handeln. Im Gefieder zwar variabel, doch zumeist der Augenbrauene. ähnlicher als der Stocke. Die ♂ unterschieden sich von denen der Augenbrauene. durch breite hellbraune Federsäume. Der dunkle Gesichtsstreifen war nur angedeutet. Die Füße waren orange und der Schnabel oliv, mit schwarzem Nagel und schmalem, dunklen Streif auf dem First. Einige ♂ hatten aber auch einen grünen Kopf, mit gelbbraun gesprenkelten Seiten und einen schwach ausgebildeten, weißlichen Halsring. Die Flanken waren sowohl grau gekritzelt als auch braun gefleckt. Die rötlich kastanienbraune Brust war dunkel gefleckt. Die mittleren Schwanzfedern waren leicht gekrümmt. Die Schnabelbasis dieses Typs war schwärzlich. In beiden Fällen glich das Flügelmuster mit dem blauen, weiß eingefaßten Spiegel mehr der Stockente. Nur wenige hatten den grünen Spiegel mit gelbbraunen Kanten der Augenbrauene. Die ♂ des Stockententyps mauserten in ein Ruhekleid, die des Augenbrauenententyps dagegen nicht. Die ♀ glichen denen der Stockente. Die Füße waren orange und der Schnabel schwärzlich mit orangefarbener Subterminalzone.
Maße: Flügel 232-266 (M. 252); Lauf 41-43; Schnabel 49-53.
Lebensweise: War zumeist paarweise oder in kleinen Gruppen anzutreffen. In größeren Sumpfgebieten wurden auch Trupps von 50 bis 60 gesehen. Da Nester und Junge im April, Juni und Juli und ♂ im Ruhekleid zu den verschiedensten Jahreszeiten festgestellt wurden, scheint die Brutperiode sehr ausgedehnt gewesen zu sein. Nester an Boden in der Sumpfvegetation. War nicht sonderlich scheu. Die Enten bevorzugten Kanäle mit breitem Röhrichtgürtel und kleine, abgeschlossene Tümpel. Sie waren daher nur schwer zu beobachten.
Biotop: Dicht bewachsene Süßwassersümpfe.
Verbreitung und Bestand: Lebte früher auf den Marianen-Inseln Guam, Saipan und Tinian. Da 1945 auf Rota zwei nicht identifizierte Enten gesehen wurden, besteht die Möglichkeit, daß es zwischen den Inseln einen gewissen Austausch gab. Der Bestand war immer gering. Immerhin wurden 1940 auf Tinian zwei verschiedene Trupps von 50 bis 60 festgestellt. Sicher wurden während des Zweiten Weltkrieges viele von den dort stationierten Truppen geschossen. Anschließend wurden ausgedehnte Entwässerungsarbeiten durchgeführt. Die einzigen noch verbliebenen, geeigneten Biotope sind der

Susupe See auf Saipan und der Hagoi Sumpf auf Tinian. Von 1946 bis 1967 auf Guam keine Beobachtung. 1967 wurde eine einzelne Ente gesehen, die vielleicht von einer anderen Insel zugewandert war. Um eine Gefangenschaftszucht aufzubauen, wurden 1979 auf Saipan zwei ♂ und ein ♀ gefangen. Ein ♂ wurde wieder ausgesetzt. Die Enten sind seitdem weder auf Saipan noch auf Tinian gesehen worden. Der Susupe See auf Saipan ist aber so unzugänglich, daß noch eine geringe Hoffnung besteht. Das gefangene Paar starb 1981 ohne Nachkommen.
Literatur: Baker 1951, Bauer und Glutz 1968, Cramp und Simmons 1977, Johnsgard 1975, Kear 1979, King 1981, Terres 1980.

85 Hawaiiente (Zwergstockente) Tafel 26
Anas wyvilliana
Englisch: Hawaiian Duck

Eine endemische Ente der Hawaii-Inseln. Sie ist kleiner als die Stockente (84), hat aber ein ähnliches Gefieder. Sie wird auch als Unterart der Stocke. aufgefaßt.

Feldkennzeichen: Länge 44-49 cm. **Am Boden** - Hawaii- und Lysanente (86) die einzigen ursprünglich auf den Inseln brütenden Enten. Die Spießente (95), Amerikanische Pfeifente (72), Löffelente (107) und einige weitere, weniger häufig und regelmäßig auftretende Arten sind Wintergäste. Die Stockente wurde auf Kauai und Oahu eingebürgert. Hawaiienten sind klein und braun, mit orangefarbenen Beinen. Die ♀ sind insgesamt hellbraun, mit dichter dunkelbrauner Fleckung. Die Brust ist mehr rötlichbraun. Der Schnabel ist gräulich und zur Spitze hin zunehmend orange. Die ♂ sehen verschieden aus. Einige haben einen stumpf dunkelgrünen Kopf und Hals und eine satt rotbraune Brust, andere sind insgesamt braun. Der Schnabel des ♂ ist gräulicholiv, mit schwärzlichem First. **Im Flug** - Eine kleine, stockentenähnliche Ente mit grünem, weiß eingefaßten Spiegel.
Stimme: Ruft ähnlich wie die Stocke., aber höher.
Beschreibung: Geschlechter teilweise verschieden. Individuell und saisonal unterschiedliche Kleider. ♂ **ad. Brutkleid** - Individuell variabel. Bunte ♂ haben einen schwarzgrünen, leicht glänzenden Kopf und Hals, schmale, helle Augenringe und eine purpurbraune, dunkel gepunktete Brust. Das übrige Körpergefieder gelblichbraun, mit dunkelbrauner, subterminaler Zeichnung. Ellenbogenfedern dunkelgrau. Bürzel und Oberschwanzdecken schwärzlich. Schwanz dunkelgrau, mit heller Kante. Die mittleren Schwanzfedern leicht aufgebogen. Oberflügeldecken gräulichbraun, die Großen mit weißen Spitzen. Armschwingen glänzend grün, mit schwarzweißen Enden. Unterflügel weißlich, mit bräunlichen Schwingen. Schlichte ♂ sind an Kopf und Hals braun, mit kräftig gefleckter Brust und undifferenziertem Schwanz. ♂ **ad. Ruhekleid** - Bunte ♂ gleichen im Ruhekleid weitgehend ♀, behalten aber die Schnabelfärbung bei. ♀ **ad.**- Das ♀ ist gelblichbraun mit dunkelbrauner Fleckung. Es gleicht weitgehend dem Stocke.-♀, sein Augenstreifen ist aber weniger ausgeprägt und die Brust mehr rötlichbraun. Flügel wie beim ♂, mit grünem Spiegel. **Juv.**- Dem ♀ ähnlich, aber insgesamt matter gefärbt und schwacher gefleckt.
Federlose Partien: Füße immer orange, mit gräulich

getönten Schwimmhäuten. Iris braun. ♂- Schnabel gräulicholiv, mit schwarzem First und Nagel. ♀- Schnabel gräulich, mit orange getönter Spitze und dunklem Nagel.
Maße: ♂ etwas größer als ♀. Flügel ♂ 212-228, ♀ 210-220; Lauf 37-40; Schnabel 41-48; mittleres Gewicht ♂ 670, ♀ 573.
Geographische Variabilität: Keine. Trotz der wahrscheinlich langen Isolation ist die Abstammung von der Stocke. offensichtlich. Eng mit der noch kleineren Laysanente verwandt.
Lebensweise: Heute nur noch Paare oder kleine Gruppen, früher, als die Art noch zahlreicher war, auch größere Trupps. Die meisten Bruten von März bis Juni, Brutperiode aber nicht genau festgelegt. Nester am Boden unter Bewuchs versteckt. Nach Abschluß der Brut bilden sich kleine Mauserschwärme. Nahrungssuche schwimmend und watend, aber auch an Land auf Wiesen und Feldern.
Biotop: Auf fast allen Süßgewässern der Inseln, von Sümpfen in den Niederungen, Gräben, Staubecken und überfluteten Feldern bis zu Gebirgsbächen.
Verbreitung: Endemischer Standvogel der Hawaii-Inseln. Im Hanalei Tal auf Kauai ein noch recht guter Bestand. War früher auch auf Hawaii, Maui, Molokai, Oahu und Niihau zuhause, wurde hier aber durch zu intensive Jagd und eingeführte Raubtiere ausgerottet. Wiederansiedlungen auf Oahu und Hawaii scheinen, zumindest auf Oahu, erfolgreich zu verlaufen.
Bestand: Auf den meisten Inseln durch Jagd, Entwässerungen und vor allem eingebürgerte Katzen, Hunde, Ratten und Mungos ausgerottet. Mungos wurden vor noch nicht sehr langer Zeit eingeführt, um die Ratten zu kontrollieren. Sie haben sich jetzt auch auf Kauai ausgebreitet. Das Hanalei Tal auf Kauai ist inzwischen zum Schutzgebiet erklärt worden. 1967 wurde dort der Bestand der „Koloa" auf 3.000 geschätzt. Die Art läßt sich gut in Gefangenschaft züchten. Solche Nachzuchten sind auf Hawaii und Oahu ausgesetzt worden. Ein endgültiger Erfolg dieser Wiedereinbürgerungen steht aber noch aus.
Literatur: Delacour 1954, King 1975.

86 Laysanente Tafel 26
Anas laysanensis
Englisch: Laysan Duck

Eine sehr kleine, eher von der Hawaii- als direkt von der Stockente abstammende isolierte Inselform, die nur auf Laysan vorkommt.

Feldkennzeichen: Länge 35-40 cm. **Am Boden** - Die einzige regelmäßig auf Laysan anzutreffende Ente. Klein, dunkelbraun, mit weißem Fleck um das Auge und orangefarbenen Füßen. Kaum mit einer anderen Art zu verwechseln. **Im Flug** - Fliegt nur wenig und hat dazu, da die Insel nur 3 km lang ist, auch kaum Gelegenheit. Eine kleine, dunkelbraune Ente mit weißlichen, Unter- und dunklen Oberflügeln. Der Spiegel des ♂ ist glänzend grün, der des ♀ matt dunkelbraun und bei beiden von weißen Bändern eingefaßt.
Stimme: Rufe weitgehend wie die der Stockente, aber leiser.
Beschreibung: Alle Kleider ähnlich. Gewisse individuelle Variabilität. Gefieder im allgemeinen rotbraun, mit kräftiger, dunkelbrauner, subterminaler Zeichnung. Kopf und Hals dunkelbraun. Um die Augen

unterschiedlich ausgedehnte, weiße Flecke. Zügelregion, Kinn und Kopfseiten oft weiß gesprenkelt oder gefleckt. Armschwingen der ♂ glänzend grün mit schwarzweißen Enden. Große Oberflügeldecken mit weißen Spitzen. Armschwingen von ♀ und Juv. matt dunkelbraun. Unterflügel weißlich. Die ♀, da bei ihnen die rotbraunen Federsäume recht breit sind, im allgemeinen auf der Oberseite heller als die ♂. Die mittleren Schwanzfedern der ♂ leicht aufgebogen.
Federlose Partien: Füße immer orange und Iris immer braun. ♂- Schnabel graugrün, mit schwärzlichem First und Nagel. ♀- Schnabel bräunlichgelb, vor der Spitze und an den Seiten orange getönt.
Maße: ♂ im Mittel etwas größer als ♀. Flügel ♂ 192-210, ♀ 190-196; Lauf 37-39; Schnabel 38-40; mittleres Gewicht ♂ 447, ♀ 451.
Geographische Variabilität: Keine. Wird auch als stark spezialisierte Unterart der Stocke. angesehen. Die geringe Größe und die Übereinstimmungen mit der Hawaiiente lassen aber eher die Abkunft von dieser, als eine direkte Abstammung von der Stocke. vermuten.
Lebensweise: Paare und kleinere Gruppen schließen sich nach der Brut zu größeren Mausertrupps zusammen. Paarbindung „semipermanent". Bei vielen Paaren finden alljährlich die gleichen Partner wieder zusammen. Bruten vorwiegend von Mai bis Juli. Nester nahe der Lagune unter Büschen oder Grasbulten. Sucht zu Fuß die gesamte Insel nach Nahrung ab und gründelt bei Niedrigwasser in der Lagune. Nahrungssuche bevorzugt bei Nacht bzw. am Abend und frühen Morgen. Sitzt am Tag auf individuell bevorzugten Ruheplätzen. Recht vertraut, läßt den Beobachter nah heran. Fliegt nur ungern auf, kann aber recht gut fliegen.
Biotop: Wandert auf der ganzen Insel umher, bevorzugt aber die Lagune.
Verbreitung: Endemische Art der sehr kleinen Insel Laysan, die etwa 225 km von der nächsten Insel der Hawaii-Gruppe entfernt ist. Laysan hat eine Länge von 3 km, eine Breite von etwa 1,5 km und eine Fläche von 370 ha. In der Mitte befindet sich eine Brackwasserlagune, an der sich die Enten hauptsächlich aufhalten. Die Insel ist ein Schutzgebiet, das nur zu wissenschaftlichen Zwecken betreten werden darf.
Bestand: Die Geschichte dieser Art gleicht der vieler anderer Inselformen, nur endet sie in diesem Fall äußerst erfreulich. Von 1891 bis 1904 wurde auf der Insel Guano gewonnen. Die Ente wurde von den Arbeitern stark verfolgt. 1902 war der Bestand unter 100 gesunken. Die Insel wurde 1909 zum Vogelschutzgebiet erklärt. Dennoch wurde sie 1909 und 1910 von japanischen „Federjägern" heimgesucht, die die Seevögel erschlugen und den Bestand der Enten weiter verringerten. Inzwischen hatten ausgesetzte Kaninchen die Vegetation der Insel weitgehend aufgefressen. 1912 war der Bestand auf lediglich sieben Enten zusammengeschmolzen. Nach der Vernichtung der Kaninchen konnte sich die Vegetation wieder erholen. Dennoch war 1930 nur noch ein einziges ♀ am Leben. Das Gelege dieses ♀ wurde von einem Borstenbrachvogel zerstört. Glücklicherweise muß das ♀ ausreichend Spermien im Eileiter gespeichert haben, denn auch das Zweitgelege war befruchtet. 1950 war der Bestand wieder auf 33 angewachsen. Inzwischen hat sich die Population bei rund 500, dem wohl auf der Insel möglichen Maximalbestand, eingependelt. Dabei sind auch schon Zahlen um 700 erreicht worden. Die Art läßt sich leicht in Gefangenschaft züchten. Als Sicherheitsreserve kann jetzt auch auf solche Nachzuchten zurückgegriffen werden. Es wird auch erwogen, die Ente auf anderen Inseln auszusetzen. Da der Einfluß auf die angestammte Fauna aber nicht mit Sicherheit vorauszusehen ist, müssen solche Unternehmungen sorgfältigst vorbereitet werden.
Literatur: Moulton und Weller 1984.

87 Floridaente Tafel 25
Anas fulvigula
Englisch: Mottled Duck, Florida Mallard

Eine auf die Küsten der südlichen USA beschränkte Ente, die zwischen der Stock- (84) und Dunkelente (88) eine Mittelstellung einnimmt. Sie wird auch als Unterart der Stocke. aufgefaßt.

Feldkennzeichen: Länge 53-58 cm. **Am Boden -** Beide Geschlechter gleich. Ähnelt sowohl der Stock- als auch der Dunkele. Diese beiden Arten kommen im Winter im Brutgebiet der Floridae. vor. Dort können dann alle drei nebeneinander angetroffen werden. Die hellen Kopf- und Halsseiten kontrastieren stärker als bei Stocke. mit dem kräftig gezeichneten, braunen Körper und dem schwärzlichen Oberkopf. Das Gefieder ist dunkler und brauner und die Federzeichnung großflächiger und dunkler als bei der Stocke. Floridae., vor allem die der Golfküste, wirken daher aus einiger Entfernung fast so dunkel wie Dunkele. Aus der Nähe erinnert das Gefieder mit den rötlichbraunen Federsäumen wieder mehr an die Stocke. Die Brust ist stark dunkel gefleckt. Ober- und Unterschwanzdecken sowie Schwanz sind dunkler als bei Stocke. Der Schnabel der ♂ ist gelb, mit schwarzem Nagel und kleinem, aber deutlichen schwarzen Punkt am Schnabelwinkel. Der Flügelspiegel hat keine ausgeprägt weißen Kanten. Bei der erheblichen Variationsbreite der Stocke.können einzelne im Schlichtkleid durchaus ähnlich wie Floridae. aussehen. Die Dunkele. haben dagegen ein fast einheitlich dunkelschwärzliches Gefieder. Die schmalen, hellen Federsäume sind bei ihnen nur aus größter Nähe erkennbar. Floridae. wirken neben Dunkele. ein wenig kleiner, schlanker und kurzschnäbliger. Sie sind auch im Winter zumeist paarweise anzutreffen. Die Mexikoente (s. unter 84) gleicht der Floridae. weitgehend, hat aber, wie alle Stocke., einen weiß gesäumten Spiegel. Die Verbreitungsgebiete beider Formen überschneiden sich nicht. Bastard-♀ zwischen Stock- und Dunkele. sehen wie Floridae. aus, haben aber gewöhnlich ein schmales weißes Band am oberen Spiegelrand. **Im Flug -** Der Stocke. ähnlich, der Flügelspiegel aber ohne weiße Ober- und mit nur angedeuteter weißer Unterkante. Dadurch sind Floridae. auch von den dunkelsten Stock- und Mexikoe. zu unterscheiden. Aus der Nähe gesehen wirken sie nicht ganz so schwarz wie die Dunkele. In weiter Entfernung ist aber der Kontrast zwischen dem dunklen Körper und den weißlichen Unterflügeln ähnlich kräftig. Der Spiegel der Floridae. ist grünlichblau und nicht, wie der Dunkele., purpurblau. Das ist aber bestenfalls aus größter Nähe erkennbar.
Stimme: Wie die der Stocke.
Beschreibung: Alle Kleider sind ähnlich. **Ad.-** Oberkopf, oberer Hinterhals und Augenstreifen sind schwärzlich. Kopf und Hals sind sonst gräulich gelbbraun und haben eine schwache, dunkle Strichelung. Das Körpergefieder ist satt gelbbraun, jede

Feder mit breiter, schwarzbrauner, subterminaler Zeichnung. Brust und Flanken wirken dadurch kräftig dunkel gefleckt. Die Schulterfedern sind sehr dunkel und haben schmale, braune Säume. Die Schwanzfedern sind dunkelbraun mit schmalen, blaßbraunen Kanten. Die Oberflügeldecken sind dunkelbraun, die Großen haben braungelbe Spitzen. Die Armschwingen sind glänzend grünlichblau, mit breitem schwarzen Subterminalband und schmalen weißen Spitzen. Die Unterflügeldecken sind hell weißlich und die Schwingen braun. Die hellen Federsäume sind beim ♀ breiter als beim ♂. **Juv.-** Weitgehend wie die Ad., aber insgesamt matter braun, mit weniger deutlich gewinkelter Flankenzeichnung. Das Gefieder der Oberseite ist dunkel, mit schmalen hellen Säumen.
Federlose Partien: Füße immer orange und Iris immer braun. ♂- Schnabel Gelb. Nagel, Nasenloch und Fleck am Schnabelwinkel schwarz. ♀- Schnabel dunkler, mehr olivgelb, bei einigen auf dem First und an den Seiten schwärzlich, bei anderen vor der Spitze orange getönt.
Maße: ♂ gewöhnlich etwas größer als ♀. Flügel ♂ 241-263, ♀ 223-242; Lauf 45-48; Schnabel 49-59; mittleres Gewicht ♂ 1030, ♀ 968.
Geographische Variabilität: Es werden zwei nicht sonderlich differente Unterarten unterschieden. A.f.fulvigula ist ein Standvogel Floridas. A.f.maculosa lebt an den Küsten Louisianas, Texas' und Nordmexikos und ist etwas dunkler und kräftiger gezeichnet. Die gesamte Art wird auch als Unterart der Stocke. angesehen.
Lebensweise: Für gewöhnlich paarweise oder in kleinen Trupps. Niemals in so großen Schwärmen wie Stock- und Dunkele. Letztere hält sich im Winter selten so weit im Süden auf, und wenn doch, dann nur in geringer Zahl. Paarbildung zu Beginn des Winters. Paare sind aber fast das ganze Jahr über anzutreffen. Sie trennen sich nach Abschluß der Brutperiode zur Mauser. Dann bilden sich auch größere Schwärme. Nach der Mauser beginnt aber gleich wieder die Balz und Paarbildung. Die ersten Bruten sind oft schon im Februar und die letzten im August festgestellt worden. Die Hauptbrutzeit liegt aber im Mai und Juni. Nistet am Boden im hohen Bewuchs versteckt, im feuchten Sumpfland oder in dessen Nähe. Die Nester werden von verschiedensten Räubern ausgeraubt, was sich sicherlich in der sehr ausgedehnten Brutperiode mit zahlreichen Nachgelegen bemerkbar macht. Sucht wie die Stockente schnatternd und gründelnd nach Nahrung. Scheu und wachsam. Verhält sich wie die Stocke., ist aber ortstreuer.
Biotop: Sumpfige Niederungen, Steppe mit Tümpeln und Teichen, Brackwassersümpfe der Küsten.
Verbreitung: Küstenniederungen im Süden der USA und Nordostmexikos. A.f.fulvigula ist ein häufiger Standvogel Floridas. Die Nordgrenze der Verbreitung verläuft etwa bei Tampa. Das Brutgebiet von A.f.maculosa zieht sich entlang der Golfküste vom Mississippidelta westwärts bis Tamaulipas in Mexiko. Im Winter dringt sie auch weiter in den Süden bis Veracruz vor. Irrgäste sind bisher nur im Süden der USA in Kansas, Colorado und im Binnenland von Westtexas gesehen worden.
Bestand: Im Brutgebiet verbreitet und häufig. In den 60er Jahren wurde der Bestand Floridas auf etwa 50.000 und der an der Golfküste auf annähernd 100.000 geschätzt.
Literatur: Johnsgard 1975, Terres 1980.

88 Dunkelente Tafel 25
Anas rubripes
Englisch: American Black Duck

Die dunkelste Form der Stockentengruppe. Stockenten (84) dringen immer weiter in das Gebiet der Dunkelente vor. Bastarde werden zunehmend häufiger.

Feldkennzeichen: Länge 53-61 cm. **Am Boden -** Geschlechter gleich. Erinnert an ein sehr dunkles Stocke.-♀. Die blaßbraunen Kopfseiten heben sich markant von dem schwärzlichbraunen Körper ab. Da sich die Verbreitungsgebiete nicht überschneiden, sind Verwechslungen mit der ähnlichen, aber an den weißen Spiegelkanten erkennbaren Mexikoente (s. unter 84) unwahrscheinlich. Schwieriger ist die Unterscheidung von der Floridaente (87), vor allem von der dunklen Golfküstenform. Diese ist aber nicht einförmig dunkel. Sie hat breitere, helle Federsäume und Schaftflecke. Ihre Ober- und Unterschwanzdecken und ihr Schwanz sind nicht schwärzlich. Sie hat einen schwarzen Fleck am Schnabelwinkel und einen gelberen Schnabel. Am leichtesten mit sehr dunklen Stocke.-♀ zu verwechseln, die in Stadtpopulationen nicht selten sind. Auch die dunkelste Stocke. hat aufgehellte Schwanzkanten und deutlich gezeichnete Brust- und Flankenfedern. Manchmal wird es nötig sein, die Ente zum Auffliegen zu bewegen. Das Vorhandensein bzw. Fehlen eines weißen Bandes am oberen Spiegelrand ergibt dann endgültige Klarheit. Bei dunklen Stockenten kann dieses Band jedoch recht schmal sein. Die schwarzbraunen Federn der Dunkele. haben nur ganz feine braune Säume. Ihre Ober- und Unterschwanzdecken und ihr Schwanz sind einheitlich dunkel. Kopf und Hals sind, vom Oberkopf, Augenstreifen und Hinterhals abgesehen, hell und von dem dunklen Körper deutlich abgehoben. Die Dunkele. wirkt neben der Stockente größer und massiger. Ihr Schnabel ist fast einfarbig gelblich oder oliv. Die Füße sind mehr oder weniger kräftig orange. Bastard-♂ (Stocke. x Dunkele.) sind an dem flaschengrünen, von braunen Federn durchsetzten Kopf und Hals, der rötlichen Brust und dem braunen, heller gesäumten Körpergefieder gut zu erkennen. Die ♀ erinnern an Floridae., haben aber gewöhnlich über dem Spiegel ein weißes Band. Bei einer ungewöhnlich dunklen Ente sollte auch an ein ♀ der Trauerente (134) gedacht werden. **Im Flug -** Gestalt ähnlich Stockente, wirkt wegen der sehr dunklen Färbung aber massiger. Die weißlichen Unterflügel bilden mit dem dunklen Körper einen scharfen Kontrast. Der Spiegel ist purpurfarben und hat keine hellen Kanten.
Stimme: Wie die der Stockente.
Beschreibung: Alle Kleider mehr oder weniger gleich. Gewisse saisonale Variabilität. Eine Bestimmung von Alter und Geschlecht ist nur bei ad. möglich. **♂ ad.-** Oberkopf, Hinterhals und Augenstreif schwärzlich mit hellbrauner Sprenkelung. Kopf und Hals sonst blaßbräunlich mit feiner, dunkler Strichelung. Körpergefieder schwarzbraun mit feinen, gelblichbraunen Säumen, die an der Brust und an den Flanken am ausgeprägtesten sind. Ober- und Unterschwanzdecken sowie Schwanz schwärzlichbraun. Schulterfedern schwarzbraun mit ganz schmalen, hellen Rändern. Oberflügel sehr dunkel. Armschwingen purpurblau, mit schwarzem Subterminalband und sehr kleinen, oft kaum sichtbaren weißlichen oder bräunlichen Spitzen. Unterflügel mit weißlichen Decken

und grauen Schwingen. Im Ruhekleid an Kopf und Hals dunkler mit kräftigerer Strichelung. Schnabel dann dunkler, mehr gräulicholiv. ♀ **ad.-** Weitgehend wie das ♂, aber weniger kontrastreich. Kopf und Hals grauer und stärker gestrichelt, Schulterfedern schmaler, Schnabel grüner und Spiegel etwas blauer. **Juv.-** Fast wie das ♀, aber insgesamt heller. Die Säume der Flankenfedern sind unterbrochen, so daß ein mehr streifiger als schuppiger Eindruck entsteht. Nach dem ersten Winter von Ad. kaum mehr zu unterscheiden.
Federlose Partien: ♂ **ad.-** Schnabel gelboliv bis gelborange, im Ruhekleid gräulicholiv. Nagel und Nasenloch schwarz. Füße orange bis rötlichorange, manchmal auch rot, im Ruhekleid matter. Iris braun. ♀ **ad.-** Schnabel hell oliv bis grünlichgelb, an den Seiten oft etwas fleckig. Nagel und First schwarz. Füße bräunlichorange. Iris braun. **Juv.-** Schnabel gräulicholiv, bei ♂ im Verlauf des ersten Winters zunehmend gelb. Füße bräunlich, bei ♂ mehr orange. Iris braun.
Maße: ♂ gewöhnlich größer als ♀. Flügel ♂ 265-301, ♀ 245-275; Lauf 44-50; Schnabel 45-60; mittleres Gewicht 1245, ♀ 1135.
Geographische Variabilität: Keine Unterarten. In Anbetracht der vielen Bastarde kann die Dunkele. auch als gut differenzierte Unterart der Stocke. aufgefaßt werden.
Lebensweise: Ausgesprochen gesellig. Schließt sich außerhalb der Brutzeit, vor allem im Winter, zu großen Schwärmen zusammen. Paarbildung ab Herbst, aber vorwiegend im Spätwinter. Bruten von März bis Juni. Nest am Boden unter dichtem Bewuchs, zumeist dicht am Wasser, manchmal aber auch weit davon entfernt. Nester gelegentlich auch auf Bisamrattenburgen, in Baumhöhlen oder in alten Baumnestern großer Vögel. Verhält sich weitgehend wie die Stocke. Ist frosthärter als die Stocke. und hält sich im Winter auch in nördlichen Gebieten auf. Brütet im Unterschied zur Stocke. auch in dichter bewaldeten Gegenden und an der Küste. Im Winter vorwiegend an Flußmündungen oder in Brackwassersergebieten anzutreffen.
Biotop: Brütet in Süß- und Salzwasserfeuchtgebieten der zumeist dichter bewaldeten Landschaft. Überwintert auf Flußmündungen, in Brackwassersümpfen und auf geschützten, flachen Meeresbuchten.
Verbreitung: Das Brutgebiet erstreckt sich über das östliche Nordamerika von Manitoba ostwärts bis Labrador und Neufundland und südwärts über die Region der Großen Seen an die Atlantikküste bis North Carolina. Die nördlichen Populationen überwintern in den Niederungen entlang der Ostküste der USA bis Florida und ziehen an der Golfküste bis eben nach Texas hinein. Weiter im Westen, in Utah, Washington und Colorado ist die Dunkele. ein seltenerer Gast. Ansiedlungsversuche im Westen der USA. Dunkele. wurden daher auch dort gelegentlich beobachtet. Irrgäste sind in Baffin-Land, Kalifornien und sogar in Korea gesehen worden. Von Puerto Rico, den Azoren, den Britischen Inseln und Schweden sind ebenfalls Irrgäste gemeldet worden. Eingewanderte Dunkele. haben in Europa mit ansässigen Stockenten Mischpaare gebildet.
Bestand: Noch häufig, Bestände gehen jedoch besorgniserregend zurück. Die Gründe sind noch weitgehend unbekannt. Die Konkurrenz mit der Stocke. spielt sicher eine Rolle, ist aber nicht der Hauptgrund. Zu Beginn der 50er Jahre wurde der Bestand auf 4 Millionen geschätzt. Winterzählungen in den 60er Jahren ergaben einen Verlust von etwa 40%. Die jährliche Jagdstrecke betrug in den 60er Jahren bis zu 500.000.
Literatur: Johnsgard 1975, Wright 1954.

89 Madagaskarente   Tafel 26
Anas melleri
Englisch: Meller's Duck

Eine offensichtlich zur Stockentengruppe gehörige, nur auf Madagaskar und Mauritius vorkommende Ente, über deren derzeitigen Bestand nur wenig bekannt ist.

Feldkennzeichen: Länge 63-68 cm. **Am Boden -** Auf Madagaskar und Mauritius die einzige stockentenähnliche Ente. ♂ und ♀ erinnern an große Stocke.-♀ (84). Schnabel und Hals sind länger als bei Stocke. Das Gefieder ist dunkelbraun gefleckt. Der Kopf ist, ohne eine besondere Zeichnung, dunkel gestrichelt. Der Schnabel ist grau. Die Madagaskare. kann kaum mit einer anderen Ente der Inseln verwechselt werden. **Im Flug -** Hat das Aussehen eines großen Stockenten-♀ mit einheitlich braun wirkendem Gefieder, von dem sich nur die hellen Unterflügel abheben. Der Flügelspiegel ist grün, mit schmaler, weißer Hinterkante.
Stimme: Der Stockente sehr ähnlich. Der heisere Ruf des ♂ ist dreisilbig „räb-räb-räb". Das ♀ quakt schriller als ein Stocke.-♀.
Beschreibung: Alle Kleider gleich. **Ad.-** Kopf und Hals mit feiner, dichter, dunkelbrauner Streifung. Körpergefieder gelblichbraun, mit breiten, dunkelbraunen Subterminalflecken, wodurch das auch für die Stocke.-♀ typische Muster entsteht. Oberflügeldecken dunkelbraun, die Großen mit breitem, schwarzen Subterminalband und rostgelben Spitzen. Armschwingen glänzend grün, mit schwarzem Endband und weißen Spitzen. Unterflügel weißlich, mit grauen Schwingen. ♀ etwas matter gefärbt als ♂. **Juv.-** Gleichen weitgehend den Ad., die Farbtönung des Gefieders ist aber mehr rötlichbraun.
Federlose Partien: Der Schnabel wirkt, mit anderen Mitgliedern der Stockentengruppe verglichen, lang und klobig. Schnabel immer gräulicholiv, manchmal an der Basis schwärzlich. Nagel schwarz. Füße orangebraun. Iris dunkelbraun.
Maße: Geschlechter gleich. Flügel ♂ 245-260, ♀ 241-253; Lauf 42-45; Schnabel 52-62; Gewicht keine Angaben.
Geographische Variabilität: Keine. Die Verwandtschaft mit der Stocke. ist wahrscheinlich nicht so eng wie bei den anderen isolierten Enten dieser Gruppe.
Lebensweise: Nur wenig bekannt. Größere Ansammlungen sind nicht beobachtet worden. Zumeist paarweise oder in kleinen Gruppen. Bruten von Juli bis September. Nester aus dem Freiland bisher nicht beschrieben worden. Nistet wahrscheinlich wie die anderen ähnlichen Arten. Nahrungssuche nach Art der Stocke. in Bächen und Teichen. Nach den wenigen Berichten zu urteilen, gleicht das Verhalten grundlegend dem der Stocke.
Biotop: Bevorzugt in feuchten, bewaldeten Regionen bis 2000 m Höhe auf Seen und Flüssen, in Sümpfen und auf überfluteten Feldern.
Verbreitung: Kommt wahrscheinlich im gesamten östlichen Madagaskar (Malagasy) vor. Der Bestand auf Mauritius, um 840 km von Madagaskar entfernt, wird auf eine vor 1800 erfolgte Einbürgerung zurück-

geführt. Genausogut kann diese Ente aber die Insel auch mit eigener Kraft erreicht haben. Früher kam sie auch auf der nahe gelegenen Insel Réunion vor. Hier ist sie inzwischen ausgestorben.

Bestand: Jüngste Informationen lassen auf Madagaskar einen erheblichen Rückgang vermuten. Da hier keine Ente geschützt ist, kann auch die Madagaskar. ernsthaft gefährdet sein. Auf Mauritius ist die Population durch Jagd fast vernichtet worden. In den 30er Jahren muß sie noch recht zahlreich gewesen sein. Am Ende der 70er Jahre waren von den einst mehreren Hundert Paaren nur noch 20 am Leben. Die wenigen, die heute in Gefangenschaft gehalten werden, scheinen sich immerhin erfolgreich zu vermehren.

Literatur: Johnsgard 1978, Kear und Williams 1978.

90 Gelbschnabelente Tafel 21
Anas undulata
Englisch: Yellow-billed Duck

Die einzige afrikanische Ente mit leuchtendgelbem Schnabel.

Feldkennzeichen: Länge 51-58 cm. **Am Boden** - Eine stockentengroße Gründelente, die von allen anderen afrikanischen Enten an dem dunkelgrauen Gefieder und gelben Schnabel leicht zu unterscheiden ist. Der Kopf ist kürzer und runder und der Hals schlanker als bei der Stockente (84). Kopf und Hals sind ausgesprochen dunkel und von dem heller grau wirkenden Körper abgesetzt. Das dunkle Gefieder erinnert zwar an die Schwarzente (70), der gelbe Schnabel und die ungefleckte Oberseite machen aber eine Verwechslung unwahrscheinlich. Die Gelbschnabelkrickente (78) und Spitzschwanzente (96) haben ebenfalls gelbe Schnäbel. Erstere ist klein und gedrungen und hat ungezeichnete Flanken. Letztere ist schlank und braun und hat einen spitz ausgezogenen Schwanz. Da sie höchstens in der Gefangenschaft mit Gelbschnabele. zusammentreffen, wird die Unterscheidung kaum sonderliche Mühe machen. **Im Flug** - Eine große, dunkle Gründelente mit „tailliertem" Hals und dikkem, runden Kopf, der beim Fliegen leicht angehoben wird. Unterflügel weißlich. Spiegel blau oder grün, mit weicher Vorder- und Hinterkante.
Stimme: Das ♂ läßt verschiedene tiefe Pfiffe hören. Das ♀ quakt ähnlich wie die Stocke., die einzelnen Laute klingen aber rauher.
Beschreibung: Geschlechter gleich. Beschreibung der Nominatform: **Ad.-** Kopf und Hals schwarzgrau mit feiner, heller Zeichnung. Körpergefieder bräunlichschwarzgrau, mit weißlichen bis bräunlichen Federsäumen. Oberflügeldecken dunkelgrau, die Großen mit weißen Spitzen. Armschwingen glänzend grün, mit schwarzweißen Enden. Unterflügeldecken weißlich und Schwingen dunkelgrau. ♀ etwas matter gefärbt als ♂, mit stumpferem Spiegel und höherer Stirn. **Juv.-** Den Ad. ähnlich, Federsäume aber breiter und mehr bräunlichgelb. Die Unterseite wirkt eher gefleckt als geschuppt.
Federlose Partien: Schnabel gelb. Nagel, ein Streifen auf dem First und Kanten schwarz. Schnabel des ♀ blasser als der des ♂. Fußfärbung variabel von rötlichbraun bis schwärzlichgrau. Iris rötlichbraun.
Maße: ♂ im allgemeinen größer als ♀. Flügel ♂ 245-265, ♀ 225-243; Lauf 39-51; Schnabel 44-56; mittleres Gewicht ♂ 965, ♀ 823.
Geographische Variabilität: Zwei Unterarten. *A.u.undulata* (s. o.) lebt im Süden der Verbreitung nordwärts bis Kenya. Die nördliche Form *A.u.rueppelli* ist dunkler als die Nominatform, hat einen blauen Spiegel und einen kräftiger gelb gefärbten Schnabel.
Lebensweise: Eine sehr gesellige Gründelente, die sich in Südafrika während der Trockenzeit zu sehr großen Schwärmen zusammenschließt. Beim Einsetzen des Regens lösen sich diese Scharen auf. Die Enten verteilen sich auf die Brutplätze. Die Brutaktivität hängt stark von dem jeweiligen Wasserstand ab. Brütet fast zu jeder Jahreszeit, jedoch vorwiegend während der örtlichen Regenzeit. Brutperiode in Südafrika im allgemeinen von Juli bis Oktober, in Uganda von Juni bis August und in Äthiopien von August bis September. Nester am Boden in dichter Vegetation, gewöhnlich dicht am Wasser, aber, zumindest in Kenya, auch weiter davon entfernt. Durchschnattert mit eingetauchtem Kopf und Hals die Wasseroberfläche, gründelt und kommt auch zum Grasen an Land. Ruht den Tag über lange an flachen Ufern und begibt sich vorwiegend im frühen Morgen und am Abend auf die Nahrungssuche. Fliegt kraftvoll und schnell und steigt bei Störungen gewöhnlich hoch auf. Ziemlich scheu und wachsam. Unternimmt bei Beginn der Regenzeit auf der Suche nach geeigneten Brutgewässern recht weite Wanderungen. Beringte wurden in einer Entfernung von über 1000 km wiedergefunden.
Biotop: Verschiedenste Feuchtgebiete wie Seen, langsam fließende Flüsse und Flußmündungen, überschwemmtes Grasland, Staubecken und Klärteiche. Meidet salzige Küstengewässer, kommt aber an flachen Brackwasserlagunen vor. Brütet im Norden der Verbreitung bis in 3890 m Höhe.
Verbreitung: Im tropischen Afrika weit verbreitet und häufig. Unternimmt lokale und manchmal auch recht ausgedehnte Wanderungen. Das Brutgebiet von *A.u.rueppelli* erstreckt sich vom südlichen Sudan und Äthiopien südwärts bis ins nördliche Uganda und Kenya. *A.u.undulata* besiedelt fast das gesamte südliche und östliche Afrika. Nur die Zone des Regenwaldes und der ariden Regionen im Südwesten werden ausgespart. Eine einzelne *A.u.rueppelli* ist in Kamerun gesehen worden.
Bestand: Häufig und weit verbreitet. Der Gesamtbestand ist nicht erfaßt. Im südlichen Afrika wurde der Bestand nach Zählungen während der Trockenzeit auf 52.000 bis 65.000 geschätzt.
Literatur: Brown et al. 1982, Rowan 1963.

91 Augenbrauenente Tafel 27
Anas superciliosa
Englisch: Pacific Black Duck

Ersetzt in der indoaustralischen Region die Stockente (84). Ist nah mit der stärker gezeichneten, ostasiatischen Fleckschnabelente (92) verwandt.

Feldkennzeichen: Länge 54-61 cm. **Am Boden** - Durch die markante Kopfzeichnung und das dunkelbraune Gefieder von anderen gleich großen Gründelenten gut zu unterscheiden. Beide Geschlechter haben einen auffälligen hell gelblichbraunen Überaugenstreif und ebenso gefärbte Kopf- und Halsseiten. Die unverkennbare Zeichnung erhält der Kopf durch einen breiten, schwarzen Augenstreifen und ein zweites vom Schnabelwinkel zu den Ohrdecken ziehendes, dunkles Band. Die Kombination von charakteristischer Kopfzeichnung, fast einheitlich

dunkelbraunem Gefieder und grauem Schnabel hat auch das dunkelste Stocke.-♀ nicht aufzuweisen. Stocke. sind in einigen Gebieten Australiens und Neuseelands eingebürgert worden. Die Augenbrauene. wird, wie die Stockente, auf Parkteichen ausgesprochen vertraut. Beide Arten bilden dort, wo sie zusammentreffen, oft Mischpaare. Die Bastarde zeigen eine Mischung der Merkmale der Elternarten. Bastard-♀ gleichen im allgemeinen mehr Augenbrauene., haben aber ehen blaue als grüne Spiegel. Siehe auch Fleckschnabelente. **Im Flug -** Eine große, dunkle Gründelente mit hellen Kopfseiten und leuchtendweißen Unterflügeln. Oberseite ausgesprochen dunkel, ohne aufgehellte Schwanzregion. Aus der Nähe ergibt der grüne, vorne und hinten mit schmalen weißen oder hellbräunlichen Kanten eingefaßte Flügelspiegel einen gewissen Kontrast.
Stimme: Ähnlich der der Stocke. Im Klang allgemein rauher, vor allem die Rufe der ♀.
Beschreibung: Alle Kleider sehr ähnlich, die Geschlechts- und Altersbestimmung ist daher im Freiland ausgesprochen schwierig. Beschreibung der Nominatform. **Alle Kleider** - Oberkopf und Hinterhals dunkelbraun. Über- und Unteraugenstreif hell gelblichbraun. Augenstreifen und ein Band vom Schnabelwinkel zu den Ohrdecken schwärzlichbraun. Kopfseiten und Vorderhals hell gelblichbraun. Körpergefieder dunkelbraun, mit schmalen, gelbbraunen Säumen, die an den Flanken am ausgeprägtesten sind. Oberflügeldecken dunkelbraun, die Großen mit hellbräunlichen bis weißen Enden. Armschwingen glänzend grün, mit schwarzem Subterminalband und feinen bräunlichen bis weißen Spitzen. Unterflügeldecken hellweißlich. Schwingen von unten grau. ♀ etwas matter gefärbt und weniger deutlich gezeichnet als ♂.
Federlose Partien: Schnabel immer dunkelgrau, zur Spitze hin etwas heller. Nagel schwarz. Füße gelblichbraun mit gräulichen Schwimmhäuten. Iris dunkelbraun.
Maße: ♂ im allgemeinen größer als ♀. *A.s.superciliosa*: Flügel ♂ 256-262, ♀ 246-255; Lauf 42-47; Schnabel 47-53. *A.s.rogersi*: Flügel ♂ 230-284 (M. 262), ♀ 226-271 (M. 247); Schnabel 45-58; mittleres Gewicht ♂ 1114, ♀ 1025. *A.s.pelewensis*: Flügel ♂ 224-250, ♀ 221-243; Schnabel 19-22.
Geographische Variabilität: Es werden drei Unterarten unterschieden, die im Gefieder aber alle sehr ähnlich sind. *A.s.superciliosa* von Neuseeland und den umliegenden Inseln (s. oben). *A.s.rogersi* ist etwas weniger kräftig gefärbt und gezeichnet als die Nominatform. Sie brütet in Australien, im südlichen Neuguinea und auf zahlreichen Ostindischen Inseln. Im Westpazifik leben auf mehreren Inseln kleine, dunkle Formen, die im allgemeinen einen breiteren Augenstreifen, dunklere Halsseiten und schmalere helle Federsäume als die Nominatform haben. Früher wurden sie in den einzelnen Inselpopulationen, die sich nur geringfügig unterscheiden, gesonderte Unterarten gesehen. Hier werden sie zur Unterart *A.s.pelewensis* zusammengefaßt. Da die chinesische Fleckschnabelente eine gewisse Mittelstellung einnimmt, fassen einige Taxonomen die Augenbrauen- und Fleckschnabele. zu einer Art zusammen. Die isolierte Philippinenente (93) gehört sicher auch in diesen Verwandtschaftskreis.
Lebensweise: Zwar gesellig, jedoch gewöhnlich paarweise oder in kleineren Trupps. Schließt sich nicht, wie viele andere australische Arten, zu großen Schwärmen zusammen. Die Brutperiode richtet sich nach den örtlichen Bedingungen. Brütet im nördlichen Australien hauptsächlich von März bis Mai, im südlichen von Juli bis Oktober und in Neuseeland von September bis Januar. Neststand, wie bei der Stocke., sehr variabel. Nistet zumeist am Boden, aber auch in Baumhöhlen, alten Baumnestern großer Vögel usw. Sucht die Nahrung vorwiegend schnatternd und gründelnd im flachen Wasser, geht auch an Land auf Stoppel- und Saatfelder. Ist zumindest in Australien nicht sonderlich ortstreu, sondern sucht die nach Regenfällen kurzfristig entstehenden Überschwemmungsgebiete auf. Der Flug und viele Verhaltensweisen weitgehend wie bei der Stocke.
Biotop: Verschiedenste Feuchtgebiete, z.B. Parkteiche, kleine Tümpel, überschwemmtes Grasland, Sümpfe, Mündungsgewässer und Brackwasserlagunen. Meidet im allgemeinen den Meeresstrand und stark salzige Gewässer.
Verbreitung: In der indoaustralischen Region und auf den Inseln im Westpazifik weit verbreitet. *A.s.superciliosa* lebt in Neuseeland und auf einigen südlicher liegenden Inseln wie Kermadec, Chatham, Auckland, Campbell und Macquarie. *A.s.rogersi* ist fast im gesamten Australien Stand- oder Strichvogel. Sie ist nur in den stark ariden Gebieten nicht vertreten. Brütet auch im südlichen Neuguinea und auf mehreren indonesischen Inseln, u. a. auf Sumatra, Java, Sulawesi, den Kleinen Sundainseln und den Molukken. Immer wieder erreichen einzelne auch Neuseeland, was auf eine enge Verbindung beider Formen hindeutet. *A.s.pelewensis* besiedelt über ein weites Gebiet verstreut mehrere westpazifische Inselgruppen: Gesellschafts-, Cook-, Fidschi-, Loyalty- und Salomon-Inseln sowie Tonga, Samoa, Neukaledonien, die Neuen Hebriden, das Bismarck Archipel, Santa Cruz, Palau und Nordneuguinea.
Bestand: Der Bestand der verschiedenen Inseln ist weitgehend unbekannt. In Australien und Neuseeland weit verbreitet und häufig, wird aber in einigen Gegenden Neuseelands zunehmend von der eingebürgerten Stocke. verdrängt. In Australien hat sich die Stocke. weniger gut etabliert. Dennoch scheint der Bestand der Augenbraunene. hier in den letzten Jahren besorgniserregend zurückgegangen zu sein. Das Ausmaß dieses Rückganges und die Ursachen lassen sich noch nicht überblicken.
Literatur: Frith 1967, RAOU 1984.

92 Fleckschnabelente Tafel 27
Anas poecilorhyncha
Englisch: Spotbill

Eine große, stockentenähnliche Gründelente mit weitem Verbreitungsgebiet in Süd- und Ostasien. Die ostasiatische Form erinnert stark an die Augenbrauenente (91). Beide Arten werden deshalb auch zu einer Art vereinigt. Die auch im Freiland gut erkennbare, ostasiatische Form wird gesondert behandelt.

Indische, Burmesische Fleckschnabelente
A.p.poecilorhyncha und *A.p.haringtoni*

Feldkennzeichen: Länge 58-63 cm. **Am Boden -** Eine große, massige Gründelente, die an Kopf, Hals und Brust fast weißlich hell, auf der Oberseite und am Hinterende dagegen schwärzlich dunkel erscheint. Oberkopf, Hinterhals und Augenstreifen sind dunkel. Ein großes, weißes Feld auf den Armschwingen ist auch am gefalteten Flügel gut sichtbar. Charakteristische Schnabelfärbung: Der Schnabel des ♂ ist vorne leuchtendgelb und an der Basis karminrot. Am Schnabel der ♀ ist der rote Basisfleck kleiner. Eine derartige Farbkombination ist einmalig (s. auch Östliche Fleckschnabele.). **Im Flug** - Eine große, massige Gründelente mit hellem Vorder- und dunklem Hinterkörper. Oberflügel dunkel, mit grünem, vorne und hinten schmal weiß gesäumten Spiegel und großem weißen, von den Ellenbogenfedern gebildeten Fleck. Unterflügel mit weißlichen Decken und schwärzlichen Schwingen. Das Flügelmuster der Östlichen Fleckschnabele. ist deutlich verschieden.

Stimme: Weitgehend wie die der Stockente (84).
Beschreibung: Alle Kleider gleich. Beschreibung der Nominatform: ♂ **ad.**- Oberkopf, Hinterhals und Augenstreifen schwärzlich. Kopf und Hals sonst weißlich mit bräunlichgelbem Anflug und feiner, dunkler Strichelzeichnung. Gefieder der Unterseite dunkel graubraun mit weißlichen Rändern. Die hellen Federsäume werden vom Halsansatz an bis in zur Afterregion immer schmaler, die Färbung wird also zunehmend dunkler. Oberseite schwärzlichbraun. Federn von Vorderrücken und Schultern mit feinen gelblichweißen Säumen. Rücken, Bürzel, Oberschwanzdecken und Schwanz einfarbig schwarzbraun. Oberflügeldecken schwärzlichgrau, die Großen mit weißen Spitzen. Armschwingen grün, mit purpurnem Glanz und schwarzweißen Enden. Unterflügeldecken weiß. Schwingen von unten dunkelgrau. ♀ **ad.**- Weitgehend wie das ♂, nur ein wenig schwächer gezeichnet. **Juv.**- Wie die Ad., aber insgesamt matter gefärbt. Unterseite mehr dunkel- als schwärzlichbraun und weniger intensiv gefleckt.

Federlose Partien: Die Füße sind immer kräftig orangerot. Die Iris ist braun. Der Schnabel der Nominatform ist schwarzgrau, mit gelbem oder orangegelbem Spitzenabschnitt und schwarzem Nagel. An der Schnabelbasis der ♂ jederseits ein karminroter Fleck, der zu Beginn der Brutperiode anschwillt. Die roten Schnabelflecke sind bei ♀ viel kleiner und unauffälliger als bei ♂ und bei Juv. überhaupt noch nicht ausgebildet.

Maße: ♂ größer als ♀. A.p.poecilorhyncha : Flügel ♂ 260-280, ♀ 250-268; Lauf 46-48; Schnabel 50-65; Gewicht ♂ 1230-1500; ♀ 790-1360. A.p.haringtoni : Flügel ♂ 245-268, ♀ 237-255, Schnabel 50-57. Siehe auch Östliche Fleckschnabele.

Geographische Variabilität: Drei Unterarten. A.p.zonorhyncha, siehe unten. A.p.poecilorhyncha (Beschreibung s. o.) ist hauptsächlich über den indischen Subkontinent verbreitet. Das Verbreitungsgebiet von A.p.haringtoni, das vom östlichen Assam und Burma nach Norden bis Yünnan und nach Osten bis Laos reicht, schließt sich an. Diese Form ist etwas kleiner als die Nominatform. Ihre Unterseite ist weniger stark gefleckt. Die roten Schnabelflecke sind weniger auffällig.

Lebensweise: Im allgemeinen gesellig, schließt sich aber selten zu größeren Schwärmen zusammen. Außerhalb der Brutperiode gewöhnlich nur in Trupps bis zu 50. Oft mit anderen Gründelenten vergesellschaftet. Paarbildung zumeist schon kurz nach Abschluß der nach der Brutzeit stattfindenden Mauser. Paare können fast das gesamte Jahr über beobachtet werden. Der Brutbeginn ist von den örtlichen Wasserständen abhängig. Brutperiode daher während der jeweiligen Regenzeit, die in Nordindien in die Zeit von Juli bis Oktober und weiter südlich in die Monate November und Dezember fällt. In einigen Gegenden wahrscheinlich auch zwei Bruten pro Jahr. Nistet am Boden im Bewuchs und zumeist nah am Wasser. Sucht die Nahrung schnatternd und gründelnd im flachen Wasser. Ruht am Tage lange auf Uferbänken oder Inseln. Ist am frühen Morgen und am Abend besonders aktiv. Scheu und wachsam. Im Flug ist diese massige Ente nicht so wendig wie die Stocke. Sie fliegt auch schwerfälliger vom Wasser auf.

Biotop: Bevorzugt auf flachen Seen und Sümpfen mit ausgedehntem Röhrichtgürtel, seltener auf Flüssen.
Verbreitung: Weit über die Tiefländer des tropischen Südasien verbreitet. Das Brutgebiet erstreckt sich von Pakistan im Westen bis Sri Lanka im Süden (hier selten), Laos im Osten und Südchina (südwestliches Yünan) im Norden. Beide Unterarten sind weitgehend Standvögel. Die indische Form streift während der Regenzeit etwas weiter umher. Sie soll angeblich auch auf den Andamanen vorkommen, was aber noch bestätigt werden muß. Eine im Winter in Nordindien beringte und im folgenden Spätsommer bei Nowosibirsk in Mittelsibirien geschossen Ente stellt eine ungewöhnliche Ausnahme dar.

Östliche Fleckschnabelente
A.p.zonorhyncha
(Chinese Spotbill)

Die nordöstliche, auch im Freiland gut erkennbare Unterart der Fleckschnabele., die im Aussehen zwischen der Augenbrauenente (91) und den südlichen Fleckschnabele. eine Mittelstellung einnimmt.

Feldkennzeichen: Nach der gelben Schnabelspitze zu urteilen, offensichtlich eine Fleckschnabele. Sie unterscheidet sich von den südlichen Unterarten durch ihr mehr einheitlich braunes, weniger geflecktes Gefieder, blaue, durch sehr schmale weiße Kanten eingefaßte Flügelspiegel, die zum Körper hin nicht durch ein großes weißes Feld, sondern nur durch einen schmalen, hellen Streifen begrenzt werden, bräunlichgelb getönte Kopfseiten mit einem kurzen, dunklen, vom Schnabelwinkel zu den Wangen ziehenden Band und das Fehlen roter Flecke an der Schnabelbasis. Einige dieser Merkmale erinnern an Augenbraune. Von diesen ist sie aber an der gelben Schnabelspitze, dem blauen Spiegel und dem weniger kräftig gezeichneten Kopf gut zu unterscheiden. Die Verbreitungsgebiete überschneiden sich nicht.

Maße: Flügel 243-276; Schnabel 56-63.
Verbreitung: Das Brutgebiet erstreckt sich vom nördlichen Yünan und Kwangtung im Süden über fast ganz China bis in die östliche Mongolei und an den Amur. Es umfaßt ebenfalls das südliche Sachalin, Japan und Korea. Die nördlichsten Populationen überwintern im südlichen und östlichen China, die übrigen sind weitgehend ortstreu. Kommt gelegentlich auch in der westlichen Mongolei, am Baikalsee und auf Taiwan vor. Zieht im Winter in geringer Zahl bis Thailand und Kambodscha. Irrgäste sind in Westsibirien, Nordindien, auf den Philippinen und in Alaska gesehen worden.

Bestand: Alle drei Unterarten sind weit verbreitet und teilweise auch häufig. Bestandserfassungen sind bisher nicht durchgeführt worden.
Literatur: Ali und Ripley 1968, Dementiew und Gladkow 1952.

93 Philippinenente — Tafel 26
Anas luzonica
Englisch: Philippine Duck

Eine endemische Ente der Philippinen, die offensichtlich zur Stockentengruppe gehört.

Feldkennzeichen: Länge 48-58 cm. **Am Boden** - Eine große, an die Stockente (84) erinnernde, einheitlich graue, ungefleckte Gründelente, mit einem kennzeichnenden Kopfmuster. Kopf und Hals sind hell zimtfarben. Der Oberkopf und der Hinterhals sowie ein kräftiger Augenstreif sind davon dunkel abgesetzt. **Im Flug** - Eine allgemein einheitlich dunkel wirkende Gründelente mit weißlichen Unterflügeln und grünen, vorne und hinten schmal weiß gerandeten Flügelspiegeln.
Stimme: Weitgehend wie die der Stocke., alle Rufe klingen jedoch ein wenig rauher.
Beschreibung: Alle Kleider gleich. **Ad.-** Kopf und Hals sind hell zimtbraun. Oberkopf, Hinterhals und Augenstreifen sind schwärzlichbraun. Fast das gesamte Gefieder ist nahezu ungezeichnet grau. Die Oberseite ist etwas dunkler als die Unterseite. Die Brust ist leicht bräunlich getönt. Rücken, Bürzel und Oberschwanzdecken sind schwärzlichgrau. Die Oberflügeldecken sind bräunlichgrau. Die Großen Decken haben weiße Spitzen. Die Armschwingen sind glänzend grün und haben schwarzweiße Enden. Die Unterflügeldecken sind weißlich. Die Schwingen sind von unten graubraun. Die Geschlechter sehen gleich aus. **Juv.-** Weitgehend wie die Ad. gefärbt, Kopf und Hals sind aber blasser, mehr gelblich- als zimtbraun. Der Flügelspiegel ist unscheinbar matt.
Federlose Partien: Schnabel immer bläulichgrau, mit schwarzem Nagel, Füße bräunlichgrau und Iris dunkelbraun.
Maße: ♂ gewöhnlich größer als ♀. Flügel ♂ 240-250, ♀ 234-240; Lauf 44-46; Schnabel 46-52; mittleres Gewicht ♂ 906, ♀ 779.
Geographische Variabilität: Keine. Vielleicht eng mit der Augenbrauenente (91) verwandt, von dieser aber doch deutlich verschieden.
Lebensweise: Wenig bekannt. Wird zumeist paarweise oder in kleinen Trupps angetroffen. Größere Flüge von 100 bis 200 sind auch beobachtet worden. Über die Brutgewohnheiten im Freiland ist bisher noch nichts bekannt. Sie werden wohl von denen der Stock- und Augenbrauene. nur wenig abweichen. Nester in der Gefangenschaft auf dem Boden in der Vegetation. Sucht nach Art der Stocke. schnatternd und gründelnd nach Nahrung.
Biotop: Verschiedenste Feuchtgebiete wie Bergseen, Sümpfe, kleine Teiche, Flüsse und flache Buchten in der Gezeitenzone.
Verbreitung: Endemischer, weit verbreiteter Standvogel der Philippinen. Kommt auf Luzon, Masbate, Mindoro und Mindanao vor.
Bestand: Nur wenige Bestandsangaben. Wahrscheinlich örtlich noch recht zahlreich. Die Nutzung verschiedenster Lebensräume läßt vermuten, daß die Art die erheblichen Biotopverluste und die intensive Jagd überdauern kann. Gegen Ende der 70er Jahre wurden auf Mindoro gleichzeitig bis zu 100 beobachtet. Auf Mindanao und Luzon waren die Zahlen zwar geringer, die Ente scheint aber dennoch nicht ernsthaft gefährdet zu sein. Läßt sich in Gefangenschaft gut vermehren.
Literatur: Johnsgard 1978, Kear und Williams 1978.

94 Kupferspiegelente — Tafel 22
Anas specularis
Englisch: Bronze-winged Duck

Eine markante, verwandtschaftlich isolierte Gründelente des südlichen Südamerika.

Feldkennzeichen: Länge 46-54 cm. **Am Boden** - Der große, weiße, halbmondförmige Zügelfleck und das weiße Kehlband, die graubraune Unter- und die ausgesprochen dunkle Oberseite ergeben zusammen ein einmaliges Erscheinungsbild. Auch am gefalteten Flügel ist der bronzefarbene Spiegel oft gut sichtbar. Die weiße Gesichtszeichnung ist bei den Juv. weniger ausgedehnt. **Im Flug** - Große, massige, recht breitflügige, dunkelbraune Gründelente, mit kennzeichnenden weißen Flecken an der Kehle und im Gesicht. Oberflügel schwärzlich, mit großem, bronzefarben glänzenden, hinten weiß gerandeten Spiegel. Unterflügel dunkel.
Stimme: Der Ruf des ♂ ist ein schriller, peitschender Pfiff. Das ♀ läßt oft einen seltsamen, zweisilbigen Ruf hören, der manchmal mit dem Bellen eines kleinen Hundes verglichen wird.
Beschreibung: Alle Kleider recht ähnlich. **Ad.-** Kopf und Hals schwärzlichbraun, mit großem halbmondförmigen, weißen Fleck zwischen Auge und Schnabel und weißem, bis zu den Ohrdecken ziehenden, breiten Kehlband. Gefieder von Unterseite, Bürzel und Oberschwanzdecken mattbraun mit gelblichbraunen Säumen. Flankenfedern in der Mitte schwarzbraun, was den Körperseiten ein schuppiges Aussehen verleiht. Oberseite schwarzbraun. Federn des Vorderrückens mit gelblichbraunen Rändern. Oberflügel dunkelbraun bis purpurschwarz. Armschwingen mit bronzegoldenem, rötlich schimmernden Glanz und schwarzweißen Enden. Unterflügel dunkelbraun. Geschlechter kaum verschieden. ♀ sind ein wenig matter und brauner gefärbt als ♂. **Juv.-** Weitgehend wie die Ad. Der weiße Gesichtsfleck ist kleiner und auf die Zügelregion beschränkt. Die Brust ist deutlich streifig gezeichnet.
Federlose Partien: Schnabel hellblaugrau, mit schwarzem Fleck auf dem First und schwarzem Nagel. Füße gelb bis orangegelb, mit gräulichen Schwimmhäuten. Iris dunkelbraun.
Maße: ♂ im Mittel größer als ♀. Flügel ♂ 260-280, ♀ 252-277; Schnabel 45-49; Gewicht ca. 960.
Geographische Variabilität: Keine.
Lebensweise: Aus dem Freiland nur wenig bekannt. Ist zumeist paarweise oder in kleinen Gruppen anzutreffen. Größere oder gar große Ansammlungen sind bisher nicht beobachtet worden. Da also offensichtlich keine Balzgruppen oder ähnlichen Verbände bestehen und die ♂ sich an der Führung der Jungen beteiligen, scheint die Paarbindung von längerer Dauer zu sein. Brutperiode von September bis Januar. Nester gewöhnlich auf kleinen Flußinseln im hohen Gras versteckt. Watet zu Nahrungssuche an flachen, steinigen Flußufern oder weidet auf grasbewachsenen Uferbänken. Oft ausgesprochen vertraut. Fliegt, wenn sie aufgeschreckt wird, niedrig den Flußlauf entlang.
Biotop: Vom Fuß der Anden bis hin zum Meer in locker bewaldeter Landschaft auf Flüssen, Seen und in Sumpfgebieten.
Verbreitung: Im südlichen Südamerika weitgehend Standvogel. Das Brutgebiet erstreckt sich von Feuerland im Süden bis Talca (Chile) und Neuquen (Argentinien) im Norden. Zieht im Winter auch weiter in

den Norden bis Buenos Aires und Mendoza in Argentinien und Santiago in Chile.
Bestand: Wahrscheinlich im gesamten Verbreitungsgebiet noch recht häufig. Genauere Angaben fehlen.
Literatur: Delacour 1954, Johnsgard 1978.

95 Spießente Tafel 31
Anas acuta
Englisch: Northern Pintail

Eine elegante, schlanke Gründelente mit weiter paläarktischer Verbreitung. Zwei im südlichen Indischen Ozean isoliert vorkommende Populationen können auch als selbständige Art aufgefaßt werden. Sie werden daher getrennt behandelt.

Feldkennzeichen: Länge 51-56 cm, beim ♂ kommen noch 10 cm Schwanz hinzu. **Am Boden -** Eine große, elegante Gründelente, deren Körper im Vergleich zur Stockente (84) ausgesprochen schlank erscheint. Schnabel schmal, Oberkopf gerundet, Hals lang und schlank, Schwanz lang und spitz. Das ♂ ist an dem dunklen Kopf, der weißen Brust, dem grauen Körper und dem schwarzweißen Hinterende leicht zu erkennen. Das ♀ ist anderen ♀ der Gattung durchaus ähnlich. Die schlanke Gestalt und der verhältnismäßig einheitlich gefärbte Kopf, der sich von der kräftigen Schuppenzeichnung an Brust, Flanken und Oberseite deutlich abhebt, sind seine kennzeichnenden Merkmale. Dunkelgraue Schnäbel und Füße kommen nur noch bei den weit gezeichneten, weißbäuchigen Pfeifenten (71, 72) vor. Bei dem Spieße.-♀ ist der Bauch zwar auch heller als die übrige Unterseite, aber niemals scharf weiß abgesetzt.
Im Flug - Der leicht aufgetriebene Kopf, der lange, schlanke Hals, die schmalen, spitzen Flügel und der lange, spitze Schwanz erinnern an eine langgezogene Pfeifente. Der lange Hals läßt die Flügel, im Vergleich zu anderen Gründelenten, zum Körperhinterende verschoben erscheinen. ♂ sind gut an dem dunklen Kopf, weißen Hals und grauen Körper zu erkennen. Die Oberflügel der ♂ sind grau, mit grünem Spiegel, der vorne durch ein gelbbraunes und hinten durch ein auffälliges weißes Band begrenzt wird. Die Unterflügel von ♀ und ♂ sind, anders als bei den meisten anderen Gründelenten, überwiegend gräulich mit heller Zeichnung. Die ♀ sind insgesamt braun, mit blasserem Bauch und weißem Hinterrand am braunen Spiegel.
Stimme: Der Ruf des ♂ ist ein leises, melodisches „krük" oder „krlüe". Es ähnelt dem des Krickenten-♂ (77). Die im Ton abfallenden Quakreihen der ♀ klingen gedämpfter als beim Stocke.-♀.
Beschreibung: Geschlechter verschieden. Saisonal unterschiedliche Kleider. ♂ **ad. Brutkleid** - Kopf, Kehle und Hinterhals schokoladenbraun. Vorderhals weiß. Von ihm geht ein schmaler, an den hinteren Kopfseiten bis in Augenhöhe ziehender Keil aus. Brust und Mitte der Unterseite ebenfalls weiß. Ein Großteil der Oberseite, die Brustseiten und Flanken sehr fein schwarzweiß gebändert. Seiten der Afterregion hell bräunlichgelb. Ober- und Unterschwanzdecken schwarz. Schwanz schwarz mit hellbräunlicher Kante. Mittlere Schwanzfedern verlängert und zugespitzt. Die verlängerten, spitz auslaufenden Schulter- und Ellenbogenfedern hell bräunlichgrau, mit breitem, schwarzen Schaftstrich. Oberflügeldecken bräunlichgrau, die Großen mit rostgelben Spitzen. Armschwingen metallicgrün, mit schwarzem Subterminalband und weißen Enden. Unterflügeldecken am Flügelbug graubraun, sonst weißlichgrau. Armschwingen unten mit heller Hinterkante.
♂**ad. Ruhekleid** - Gleicht weitgehend dem ♀, hat aber längere, grau getönte Ellenbogenfedern, einen grünen Spiegel und einen dunkleren Schnabel. ♀ **ad.-** Kopf und Hals gelblichbraun, mit feiner, wenig auffälliger, dunkler Zeichnung. Kehle, Vorderhals, Brust und Mitte der Unterseite mehr weißlichbraun, mit ebenfalls schwacher, dunkler Sprenkelung. Flankengefieder hell sepiabraun, mit schwarzbrauner, kräftiger Schuppenzeichnung. Oberseite schwarzbraun, mit zimtfarbenen Federrändern und U-förmigen, dunklen Abzeichen. Oberflügeldecken graubraun, die Großen mit schmalen, weißlichen Spitzen. Armschwingen braun, mit nur angedeutetem grünen Glanz und breiten, weißen Enden. Unterflügel wie beim ♂. Kopf und Hals sind im Spätsommer und Herbst heller, und das Gefieder der Unterseite hat breitere, gelblichere Säume. **Juv.-** Weitgehend wie die ♀, aber weniger klar gezeichnet. Die Oberseitenzeichnung wirkt wie helle Tupfen und Striche auf dunkelbraunem Grund. Die Flankenfedern sind schwarzbraun und haben einen hellen Rand, aber keine deutlichen U-Abzeichen. Der Spiegel ist matt, mit nur schmaler, weißer Hinterkante. Der Spiegel der ♂ hat einen leichten grünen Glanz. Die Juv. gleichen nach dem ersten Winter fast völlig den Ad. Das endgültige Flügelmuster entsteht aber erst im Sommer.
Federlose Partien: Füße immer dunkelgrau. ♂- Schnabel blaugrau. Firststreif, Schneiden und Nagel schwarz. Iris gelb bis bräunlichgelb. ♀- Schnabel blasser als beim ♂, mit weniger klar abgegrenztem, dunklen Firststreif. Iris wie beim ♂. **Juv.-** Schnabel schwarzgrau. Iris rötlichbraun.
Maße: ♂ größer als ♀.- Flügel 267-283 (M. 275); Lauf 40-45; Schnabel 47-56; mittleres Gewicht 851. ♀- Flügel 254-267 (M. 260); Lauf 39-43; Schnabel 44-51; mittleres Gewicht 759.
Geographische Variabilität: Es werden drei Unterarten unterschieden, von denen zwei, *A.a.eatoni* und *A.a.drygalskii*, auf Inseln im südlichen Indischen Ozean beschränkt sind. *A.a.acuta* ist dagegen fast über die gesamte nördliche Hemisphäre verbreitet.
Lebensweise: Sehr gesellig. Auf dem Zug und in den Winterquartieren bilden sich oft gewaltige Schwärme. Die ♂, die sich, wie bei den meisten Gründelenten, nicht an der Brutpflege beteiligen, sammeln sich bald nach Brutbeginn auf bestimmten Mausergewässern. Die ♀ mausern später, nach Abschluß der Brutperiode. Während des Herbstes und frühen Winters vermischen sich die vorher getrennten ♀- und ♂-Schwärme wieder, und es kommt zur Paarbildung. Die Paare treffen im zeitigen Frühjahr auf den Brutplätzen ein. Bruten von April bis Juni. Nester am Boden in hohem Bewuchs versteckt, manchmal recht weit vom Wasser entfernt. Beginn des Herbstzuges im August nach beendeter Mauser. Nahrungssuche vorwiegend im flachen Wasser. Durchschnattert die Wasseroberfläche und gründelt. Sucht im Winter auch Felder auf, ist dort aber seltener als andere Arten anzutreffen. Ruht am Tage lange am Ufer und auf Schlammbänken. Ist am Abend und in der Nacht besonders aktiv. Bewegt sich auf dem Lande recht flott und geschickt. Liegt beim Schwimmen mit angehobenem Schwanz hoch im Wasser. Der Flug ist schnell und wendig. Fliegt über längere Strecken in langen Reihen oder in V-Formation. Gesellt sich gern zu anderen Enten, ruht aber in abgesonderten Grup-

pen. Für gewöhnlich durchaus scheu und wachsam.
Biotop: Bevorzugt Feuchtgebiete in offener Landschaft und meidet gewöhnlich dichter bewaldete Gegenden. Brütet in Sümpfen, an flachen, verlandenden Seen und an träge fließenden Flüssen. Hält sich im Winter auch auf weiten Flußmündungen, Küstensümpfen, Strandseen und Lagunen auf.
Verbreitung: Das Brutgebiet erstreckt sich über fast das gesamte nördliche Nordamerika, Europa und Asien. Ein ausgesprochener Zugvogel. Die Überwinterungsgebiete liegen zumeist in küstennahen Niederungsgebieten der gemäßigten bis tropischen Region. Das südlichste Wintervorkommen Amerikas im nördlichen Kolumbien. Überwintert in der Alten Welt im gemäßigten Westeuropa, im Mittelmeergebiet, in der Sahelzone Afrikas, am Schwarzen und Kaspischen Meer, in Indien, in den nördlicheren tropischen Regionen Ostasiens, in Japan und auf den Philippinen. Zieht regelmäßig über den Pazifik und erscheint, wenn auch in geringerer Zahl, auf vielen Inseln, vor allem auf Hawaii. Irrgäste wurden in Venezuela, Surinam und Guayana, ebenso in Sambia, Simbabwe, Südafrika, auf den Malediven und in Borneo beobachtet.
Bestand: Weit verbreitet und häufig. Die Nordamerikanische Brutpopulation wird auf 6 Millionen geschätzt. Bei den inzwischen planmäßig durchgeführten Zählungen überwintern in Nordwesteuropa etwa 50.000 und in der Mittel- und Schwarzmeerregion um 250.000. Die höchsten in Afrika ermittelten Zahlen waren für Senegal 90.000, für Mali 495.000 und auf dem Tschadsee 220.000. Hier ist in Abhängigkeit von der Ergiebigkeit der Regenfälle die regionale Fluktuation aber recht hoch.

„Südliche Spießente" (Eaton's Pintail)
A.(a.)eatoni

Den zwei isolierten Inselformen, *A.a.eatoni* und *A.a.drygalskii*, könnte man zusammen auch den Rang einer gesonderten Art zusprechen.

Feldkennzeichen: Länge 40-45 cm. Außer der auf den Kerguelen eingebürgerten Stockente (84) die einzige Ente der Kerguelen und Crozet-Inseln, von St.Paul und Neu-Amsterdam. In Gestalt und Grundmuster des Gefieders gleicht sie der nördlichen Spießente, ist aber kleiner und gedrungener, hat einen vergleichsweise kürzeren Schnabel und Hals und eine insgesamt dunklere, mehr einheitlich rötlichbraune Färbung. Die mittleren Schwanzfedern der ♂ sind nicht so stark verlängert wie bei der Nominatform, die Schwanzkanten aber ebenfalls hell. Die Flügelspiegel der ♂ schillern grün, die der ♀ sind braun. Die meisten ♂ sehen sonst wie ♀ aus. Nur um 1% der ♂ bildet ein Prachtgefieder mit schokoladenbraunem Kopf und weißem Kehlstreif aus. Das Auftreten dieses Färbungstyps ist immerhin ein klarer Beweis für die enge Verbindung mit *A.a.acuta*. Im Ruhekleid (Mai bis November) werden die ♂ den ♀ noch ähnlicher. Schnabel und Füße sind wie bei der Nominatform gefärbt. Die für die Crozet-Inseln beschriebene Unterart *A.a.drygalskii*, ist von *A.a.eatoni* kaum zu unterscheiden. Die Unterseite ist vielleicht etwas feiner gezeichnet.
Lebensweise: Recht gesellig, zumeist aber in kleineren Trupps. Bruten auf den Kerguelen von November bis Februar. Die Inselformen halten sich häufiger auf dem Land auf als die nördlichen Spießenten. Sie laufen behende und setzen sich auf hohe Felsen und Geröllblöcke. Sie fliegen gut und können sich so auf ihren Inseln frei bewegen. Im allgemeinen sind sie scheu und wachsam und meiden menschliche Siedlungen. Ihre Nahrung suchen sie vorwiegend in geschützten Buchten und am Strand.
Verbreitung und Bestand: *A.a.eatoni* lebt auf den Kerguelen. Von hier aus wurde sie auch nach St.Paul und Neu-Amsterdam gebracht. Der Bestand wurde gegen Ende der 70er auf einige Tausend geschätzt. Sie ist also nicht akut bedroht. Die Konkurrenz durch eingebürgerte Stocke. und Verluste durch verwilderte Hauskatzen können aber zunehmend Probleme bereiten. Das Vorkommen von *A.a.drygalskii* ist auf die Crozet-Inseln beschränkt. Auch wenn die Zahlen geringer sind, scheint auch ihr Bestand z.Z. gesichert zu sein. Er wurde in den 70er Jahren auf 1.000 bis 1.200 geschätzt. Einige Inseln scheinen inzwischen jedoch verlassen worden zu sein.
Literatur: Bauer und Glutz 1968, Cramp und Simmons 1977, Delacour 1954, Johnsgard 1978, Kear 1979.

96 Spitzschwanzente   Tafel 31
Anas georgica
Englisch: Yellow-billed Pintail

Sie vertritt die Spießente (95) in Südamerika und ist dort in den subtropischen und gemäßigten Zonen weit verbreitet. Die drei Unterarten sind auch als gesonderte Arten aufgefaßt worden. Hier werden sie gemeinsam behandelt.

Feldkennzeichen: Länge 43-66 cm. **Am Boden** - Eine größere schlanke, braun gefleckte Gründelente mit auffallend gelbem Schnabel. An der Schnabelfärbung leicht von dem Spießenten-♀ zu unterscheiden, was aber, da die Verbreitungsgebiete sich nicht überschneiden, nur bei Gefangenen bedeutsam wird. Die einzige weitere braune, gelbschnäblige Ente Südamerikas ist die Gelbschnabelkrickente (78), die aber bedeutend kleiner und untersetzter ist. Sie hat dazu noch einen kurzen Schnabel und Schwanz, fast ungezeichnete Flanken und einen einheitlich dunklen Kopf. **Im Flug** - Eine schlanke, braune Gründelente mit dünnem Hals und spitz ausgezogenem Schwanz. Bei den größeren Formen ist der Bauch etwas blasser als das übrige Gefieder. Oberflügel braungrau, mit schwarzgrünem, vorne und hinten bräunlichgelb begrenzten Spiegel. Unterflügel braungrau, an den Enden der Armschwingen heller.
Stimme: Recht schweigsam. ♂ pfeifen leise und ♀ quaken. Die Rufe sind denen der Spieße. nicht unähnlich.
Beschreibung: Alle Kleider ähnlich. Beschreibung von *A.g.spinicauda* : **Ad.-** Kopf und Hals gelblichbraun, mit feiner, dunkler Sprenkelung. Kehle und Vorderhals hellbraun und fast ungezeichnet. Körpergefieder dunkel- bis schwarzbraun, mit breiten, gelbbraunen Säumen. Die Brust wirkt gefleckt, die Flanken und die Oberseite mehr geschuppt. Die Bauchmitte blaßbraun und nahezu ohne Zeichnung. Schwanz dunkelbraun, lang und zugespitzt. Handschwingen und Oberflügeldecken graubraun, die Großen Decken mit gelbbraunen Spitzen. Armschwingen glänzend schwarzgrün, mit breiten gelbbraunen Enden. Unterflügel graubraun. Die Enden der Armschwingen unten blaßbraun. Die Geschlechter sehen fast gleich aus. ♀ sind etwas matter gefärbt

und weniger kräftig gezeichnet als ♂. Ihr Spiegel ist matt, schwarzbraun. **Juv.-** Weitgehend wie die Ad., die Färbung jedoch insgesamt blasser. Kopf und Hals sind gräulich getönt. Die Brust ist mehr gestreift als gefleckt.
Federlose Partien: Schnabel immer leuchtendgelb, mit blaßblauem Spitzenabschnitt, schwarzem Firststreif und Nagel. Füße dunkelgrau. Iris braun.
Maße: Die Unterarten sind in der Größe erheblich verschieden. ♂ im allgemeinen größer als ♀. *A.a.georgica*: Flügel ♂ 211-222, ♀ 195-207; Lauf 35-36; Schnabel 31-35; Gewicht ♂ 610-660; ♀ 460-610. *A.g.spinicauda*: Flügel ♂ 230-260, ♀ 212-240; Lauf 40-42; Schnabel 40-43; Mittleres Gewicht ♂ 776, ♀ 705. *A.g.niceforoi*: Flügel 226-230, Lauf 39-41, Schnabel 50-54.
Geographische Variabilität: Von den drei Unterarten ist eine inzwischen ausgestorben. *A.g.spinicauda* (Chilenische Spitzschwanze.) ist in Südamerika und auf den Falklandinseln weit verbreitet. Die ähnliche Unterart aus Zentralkolumbien, *A.g.niceforoi*, war 1956, zehn Jahre nach ihrer Entdeckung, bereits ausgestorben. Sie war, mit *A.g.spinicauda* verglichen, deutlich dunkler und an Kopf und Hals kräftig gezeichnet. Sie hatte einen dunkelbraunen Oberkopf, einen kurzen Schwanz und einen relativ langen Schnabel. Die auf Südgeorgien isoliert vorkommende Nominatform, *A.g.georgica*, ist bedeutend kleiner und ein wenig gedrungener als die Festlandsformen. Sie ist merklich dunkler. Ihr Gefieder ist mehr rötlichbraun. Ihr Bauch ist kaum heller als das übrige Gefieder.
Lebensweise: Die Nominatform ist am besten untersucht worden. Außerhalb der Brutzeit zumeist in kleinen Trupps. Paarbindung wahrscheinlich allgemein von langer Dauer, zumindest aber auf Südgeorgien, wo das ganze Jahr über Paare zu beobachten sind und die ♂ sich an der Führung der Jungen beteiligen. Brutperiode regional stark verschieden. Brütet in Chile im August und dann wieder im Januar und Februar, also wahrscheinlich regelmäßig zwei Bruten pro Jahr. Bei einer Brutperiode von September bis Dezember sind auf den Falklandinseln jährlich ebenfalls zwei Bruten möglich. Auf Südgeorgien beginnt die Brutperiode erst im Dezember. Nester gewöhnlich am Boden in der Vegetation versteckt und nah am Wasser. Sucht die Nahrung schnatternd oder gründelnd und weidet auch an Land. Taucht gelegentlich. Die südlichen Populationen halten sich viel an der Küste auf. Der Flug ist schnell und wendig. Im allgemeinen recht scheu und wachsam, auf Südgeorgien aber oft bemerkenswert vertraut.
Biotop: Feuchtgebiete verschiedenster Art, von Hochlandseen der Anden bis zu Seen, Sümpfen und Flüssen im Tiefland. Örtlich auch auf Flußmündungen und geschützten Küstengewässern.
Verbreitung: Weit über die südliche Hälfte Südamerikas verbreitet. Die ausgestorbene Unterart *A.g.niceforoi* war auf Seen und Sümpfe der kolumbischen Ostanden beschränkt. Das Brutgebiet von *A.g.spinicauda* zieht vom südlichen Kolumbien die Anden entlang bis Feuerland. Es erstreckt sich über Chile und fast ganz Argentinien bis auf die Falklandinseln. Die südlichen Populationen überwintern im südlichen Brasilien. *A.g.georgica* ist auf Südgeorgien Standvogel. Irrgäste dieser Unterart sind auf den Süd-Shetland Inseln gesehen worden.
Bestand: Die beiden noch existierenden Unterarten sind häufig und nicht bedroht. Der Bestand der Festlandsform ist nicht erfaßt. Auf Südgeorgien wurde der Bestand 1971 auf mehrere Tausend geschätzt.
Literatur: Delacour 1954, Johnsgard 1978.

97 Bahamaente Tafel 30
Anas bahamensis
Englisch: White-cheeked Pintail

Eine spitzschwänzige, südamerikanische Gründelente mit seltsam disjunkter Verbreitung.

Feldkennzeichen: Länge 41-51 cm. **Am Boden** - Eine mittelgroße, schlanke Gründelente mit zugespitztem, hell bräunlichgelben Schwanz, braunem Gefieder und auffallend weißen Kopfseiten. Dieses für das Verbreitungsgebiet einmalige Erscheinungsbild wird aus der Nähe gesehen noch durch eine kräftige schwarze Punktierung der Unterseite und eine rote Schnabelbasis ergänzt. Sie kann in Gefangenschaft mit der Rotschnabelente (98) verwechselt werden. Diese hat aber einen ganz roten Schnabel, gelbliche Kopfseiten, eine hellere Brust und ein dunkleres Hinterende. Leuzistische Bahamae., die in Gefangenschaft nicht selten sind, können mit ihrer einheitlich hell graubräunlichen Färbung an Kapenten (79) erinnern, die Verwechslungsgefahr ist jedoch gering. **Im Flug** - Eine elegante, schlanke Gründelente mit langem, spitzen Schwanz. Der unterseits weiße Kopf und das hellbräunliche Hinterende heben sich deutlich von dem dunkelbraunen Körper ab. Die Oberflügel sind dunkelbraun und haben grün glänzende Spiegel, die vorne durch eine schmales und hinten durch ein ausgesprochen breites, gelblichbraunes Band begrenzt werden. Die Unterflügel sind dunkel. Im Flug kaum mit einer anderen Ente zu verwechseln.
Stimme: Wenig ruffreudig. Vom ♂ sind gelegentlich leise Pfiffe zu hören. Die Quakreihen der ♀ sind leise und fallen in der Tonhöhe ab.
Beschreibung: Geschlechter gleich. Eine Alters- und Geschlechtsbestimmung ist im Freiland kaum möglich. Beschreibung der Nominatform: **Ad.-** Oberkopf und Hinterhals braun, mit schwacher, dunkler Sprenklung. Kopfseiten, Kehle und oberer Vorderhals rein weiß. Körpergefieder leicht rötlichbraun, mit schwarzer, punktartiger Fleckung auf Brust und Unterseite. Federn der Oberseite schwarz, mit braunem Rand. Ober- und Unterschwanzdecken sowie Schwanz hell rostbraun. Oberflügeldecken braun, die Großen mit hell rostgelben Spitzen. Armschwingen mit relativ schmalem, metallgrünen Basalband, schwarzem Subterminalstreifen und breiten, rostgelben Enden. Die zugespitzten und leicht verlängerten Ellenbogenfedern schwärzlich, mit blaßbraunen Säumen. Unterflügel insgesamt dunkel. Über die Flügelmitte und am Ende der Armschwingen verläuft je ein helles Band. Die Achselfedern sind weiß. Die Geschlechter sind weitgehend gleich. ♀ sind ein wenig kleiner als ♂ und an Schnabel und Kopf nicht ganz so kontrastreich gefärbt. **Juv.-** Wie die Ad., aber matter gefärbt und ohne jeglichen Glanz am Flügelspiegel.
Federlose Partien: Schnabel immer blaugrau. An den Seiten der Schnabelbasis je ein großer leuchtendroter Fleck. Nagel und Kanten schwarz. Schnabel bei ♀ und Juv. etwas matter gefärbt als bei ♂. Füße dunkelgrau. Iris braun.
Maße: Erhebliche Größenunterschiede zwischen den Unterarten. ♂ im allgemeinen größer als ♀. *A.b.bahamensis*: Flügel ♂ 211-217, ♀ 201-207; Lauf 38-40; Schnabel 40-44; Gewicht ♂ 505-633, ♀ 474-533. *A.b.rubirostris*: Flügel ♂ 225-231, ♀ 219-221;

mittleres Gewicht ♂ 710, ♀ 670. *A.b.glapagensis* : Flügel ♂ 190-215, ♀ 180-202; Schnabel 37-45.
Geographische Variabilität : Drei Unterarten. Das Vorkommen von *A.b.bahamensis* erstreckt sich über die Karibischen Inseln und die Tieflandregionen des nordöstlichen Südamerika (Beschreibung s. o.). Das Brutgebiet der größeren und ein wenig kräftiger gefärbten *A.b.rubirostris* liegt im mittleren Südamerika. Die isoliert auf den Galapagosinseln lebende *A.b.galapagensis* ist die kleinste und am wenigsten farbige Form. Das Gesicht ist bei ihr gräulich getönt.
Lebensweise: Bahamae. sind gewöhnlich paarweise oder in kleinen Trupps anzutreffen. Ansammlungen von mehr als 100 sind äußerst selten. Paarbildung nach Abschluß der Mauser. Brutperiode regional verschieden: Trinidad - August bis November, Surinam - Mai bis Oktober, in den südlicheren Brutgebieten - Oktober und November und auf Galapagos - lang andauernd von Oktober bis Juli. Nest am Boden in der Vegetation versteckt, oft auch zwischen Wurzeln, z.B. in Mangrovesümpfen. Sucht die Nahrung schnatternd und gründelnd im flachen Wasser. Der Flug ist, wie bei den anderen „Spießenten", schnell und wendig. Im allgemeinen scheu und wachsam. Die südlichen Populationen streichen nach beendeter Brut und Mauser weit umher.
Biotop: Küsten- und Mangrovesümpfe, Flußmündungen. Auch auf flachen Süßwasserseen und -teichen. Bevorzugt küstennahe Niederungen, ist in Bolivien aber auch regelmäßig bis in Höhen von 2550 m anzutreffen.
Verbreitung: Im subtropischen Südamerika weit, aber lückenhaft verbreitet. Das Brutgebiet umfaßt die Karibischen Inseln mit Trinidad und Tobago und die nordöstlichen Küstenregionen Südamerikas von Nordkolumbien über Venezuela und Guinea bis Belem im Nordosten Brasiliens. Das Verbreitungsgebiet der größeren Unterart reicht vom südlichen Brasilien über Uruguay und Paraguay bis ins östliche Argentinien (La Pampa und Buenos Aires) und westliche Bolivien. Das eigentliche Brutgebiet muß hier aber noch genauer bestimmt werden. Es scheint vorwiegend in Argentinien zu liegen. Die Hänge und Hochebenen der Anden werden von der Art gemieden. In den flachen Küstenregionen Ekuadors und Perus tritt sie aber wieder auf. Früher erstreckte sich dieses westliche Brutgebiet bis nach Chile. Heute ist die Bahamae. hier nur noch ein seltenerer Gast. Die Galapagosform brütet auf den Inseln Narborough, Indefatigable, Tower und James. Außerhalb der Brutperiode streichen die Bahamae., insbesondere die großen, weit umher. Irrgäste dieser Form sind im Süden bis Santa Cruz (Argentinien) und Punta Arenas (Chile) gesehen worden. Die an den Küsten von Florida und Texas gelegentlich erscheinenden Bahamae. stammen höchstwahrscheinlich von den Karibischen Inseln. Die in anderen Gegenden Nordamerikas beobachteten sind höchst wahrscheinlich aus der Gefangenschaft entflogen. Da die Art gern gehalten wird, sind auch in Europa Gefangenschaftsflüchtlinge nicht selten.
Bestand: Obwohl die Art bei Vogelhaltern beliebt ist, weiß man über ihren Status im Freiland nur sehr wenig. Die weite Verbreitung läßt vermuten, daß sie zumindest regional häufig und nicht akut bedroht ist. Die Galapagosform ist wegen des eingeschränkten Verbreitungsgebietes am ehesten gefährdet. Aber auch ihr Bestand zählt noch einige Tausend. 1968 sackte der Boden des Fernadina Kratersees auf Narborough plötzlich um 300 m ab. Dabei kamen annähernd 2.000 „Galapagosenten" um. Dieser Vorfall zeigt, welche natürlichen Gefahren isolierten Inselpopulationen drohen können.
Literatur: Johnsgard 1978, Kear und Williams 1978.

98 Rotschnabelente Tafel 30
Anas erythrorhyncha
Englisch: Red-billed Teal

Eine „Spießente" des südlichen und östlichen Afrika, die mit der südamerikanischen Bahamaente (97) sicher nah verwandt ist.

Feldkennzeichen: Länge 43-48 cm. **Am Boden** - Die einzige afrikanische Ente mit rotem Schnabel, dunklem Ober- und hellem Unterkopf. Die hellen Wangen, die dunkle Kappe und der dunkel gefleckte Körper könnten auch an die viel kleinere Hottentottenente (100) erinnern. Diese hat aber einen dunklen Halsfleck und einen bläulichen Schnabel. Die Kapente (79) hat zwar auch einen rötlichen Schnabel, ihr Kopf ist aber nahezu einheitlich weißlich. Verwechslungen sind daher unwahrscheinlich. In der Gefangenschaft, wo die ähnlichen Bahama- und Rotschnabele. oft nebeneinander gehalten werden, hilft die Schnabelfärbung bei der Bestimmung. Bei der Bahamae. ist er nur teilweise, bei der Rotschnabele. dagegen ganz rot Außerdem ist auch die Gefiederfärbung verschieden. **Im Flug** - Charakteristisches, unter den afrikanischen Enten einmaliges Flügelmuster. Eine mittelgroße Ente, deren Kopf oben dunkel und unten hell ist, die dazu einen leicht taillierten Hals und kurzen, spitzen Schwanz hat. Die Oberseite ist sehr dunkel. Der bräunlichweiße Spiegel ist nach vorne zu durch ein breiteres schwarzes und ein schmales bräunlichbraunes Band begrenzt. Der Unterflügel ist schwärzlich dunkel.
Stimme: Bis auf die Balz wenig ruffreudig. Das ♂ läßt ein leises, weiches „whißt" und das ♀ eine abfallende Reihe von zumeist vier aufeinanderfolgenden, leisen Quaklauten hören.
Beschreibung: Alle Kleider weitgehend gleich. **Ad.**- Oberkopf und Hinterhals dunkelbraun. Kopfseiten und Kehle bräunlichweiß. Fast das gesamte Körpergefieder matt dunkelbraun, mit bräunlichweißen Säumen, was einen schuppigen Eindruck ergibt. Oberflügel dunkelbraun. Die Großen Oberflügeldecken mit breiten, hellbräunlichen Spitzen. Armschwingen mit schwarzem Basalband, sonst weißlichbraun. Unterflügel dunkel schwärzlichbraun mit heller Hinterkante. Die Gefiederfärbung der Geschlechter ist gleich. **Juv.**- Fast wie der Ad., die hellen Federränder sind aber breiter und brauner. Die Brust wirkt dadurch mehr gestreift als gefleckt.
Federlose Partien: Ad.- Schnabel leuchtend rosarot. Firststreif und Nagel dunkelbraun. Schnabel des ♀ ein wenig matter als der des ♂. Füße dunkelgrau. Iris braun. **Juv.**- Schnabel bräunlichrosa. Füße und Iris wie die der Ad.
Maße: ♂ im Mittel größer als ♀. ♂- Flügel 219-228 (M. 224); Lauf 36-40; Schnabel 42-46; mittleres Gewicht 591. ♀- Flügel 207-216 (M. 211); Lauf 30-37; Schnabel 42-47; mittleres Gewicht 544.
Geographische Variabilität: Keine.
Lebensweise: Eine gesellige Ente, die außerhalb der Brutzeit in großen Schwärmen auftreten kann, für gewöhnlich aber paarweise oder in kleinen Gruppen anzutreffen ist. Eine lange dauernde Paarbindung mit Beteiligung des ♂ an der Führung der Jungen kommt

vor, ist aber nicht die Regel. Brutperiode örtlich verschieden, im äußersten Süden von Juni bis Oktober und weiter im Norden, in Kenya, von Januar bis August. Brutbeginn zumeist nach der Hauptregenzeit, also weitgehend von den jeweiligen Wasserständen abhängig. Bei günstigen Bedingungen sind Bruten zu allen Jahreszeiten möglich. Nest am Boden in der Ufervegetation. Sucht die Nahrung schnatternd und gründelnd im flachen Wasser. Watet gern an schlammigen Ufern und besucht nachts auch Felder. Läßt, im Vergleich zu anderen Enten, den Beobachter recht nahe heran. Fliegt schnell. Ist, je nach den Gewässerverhältnissen, nomadisch oder ganzjährig ortstreu. Temporäre Gewässer werden kurzfristig besiedelt und beim Versiegen wieder verlassen. Durch Ringfunde sind Zugentfernungen von über 1000 km belegt. Größte Konzentrationen gegen Ende der Regenzeit.
Biotop: Flache, pflanzenreiche Seen und Sümpfe mit dichtem Röhrichtgürtel.
Verbreitung: Im südlichen und östlichen Afrika sowie in Madagaskar ein häufiger und weit verbreiteter Stand- und Strichvogel. In Ostafrika reicht Verbreitungsgebiet vom Kap nordwärts bis in den südlichen Sudan und nach Äthiopien. Im Westen erstreckt es sich bis ins südliche Zaire. Die trockenen Regionen im Südwesten und der tropische Regenwald werden gemieden. Streicht in den Küstenregionen Angolas auch weiter nordwärts. Der einzige nördlich der Sahara festgestellte Irrgast wurde an der Mittelmeerküste Israels gesehen.
Bestand: Weit verbreitet und häufig. Ist im südlichen Afrika sicherlich die häufigste Ente. Gesamtbestand unbekannt. Einige der großen Ansammlungen lassen Rückschlüsse auf die allgemeine Häufigkeit zu: Kafue Flats in Sambia etwa 29.000 (1971), Ngami See in Botswana um 500.000.
Literatur: Brown et al. 1982.

99 Silberente Tafel 32
Anas versicolor
Englisch: Silver Teal

Eine im südlichen Südamerika weit verbreitete Gründelente. Die große Form der Anden, die Punaente, kann auch als eigene Art angesehen werden. Sie wird daher gesondert behandelt.

Feldkennzeichen: Länge 38-42 cm. **Am Boden -** Eine leicht erkennbare Gründelente mit großem, bläulichen Schnabel, schwärzlichem Oberkopf, rahmweißen Kopfseiten und auffällig gebänderten Flanken. Kann in Gefangenschaft noch am ehesten mit der kleinen Hottentottenente (100) verwechselt werden. Diese hat aber auf der Halsseite einen markanten dunklen Fleck. Die gleich aussehende Andenform (Punaente) wird anschließend gesondert behandelt.
Im Flug - Eine kleine, kurze, plump wirkende Ente mit relativ breiten Flügeln. Kennzeichnende Merkmale sind der große Schnabel sowie der oben dunkle, unten aber helle Kopf und Hals. Die Unterflügel sind weißlich hell, mit dunkleren Rändern. Die Oberflügel sind grau und haben grüne, vorne und hinten weiß gerandete Spiegel. Die Punae. sieht im Flug ganz ähnlich aus.
Stimme: Schweigsam. Von dem ♂ ist ein leises Pfeifen und tiefes Knarren zu hören. Die abfallende Reihe von Quaklauten der ♀ besteht gewöhnlich aus zehn oder mehr Silben.

Beschreibung: Alle Kleider weitgehend gleich. Beschreibung der Nominatform: **Ad.-** Oberkopf und Hinterhals schwarzbraun. Kopfseiten gelbbräunlichweiß. Brust und vordere Flanken bräunlichgelb mit schwarzbraunen Flecken, die entlang der Flanken zunehmend in eine Querbänderung übergehen. Afterregion, Bürzel, Ober-, Unterschwanzdecken und der kurze Schwanz fein dunkelgrau und weiß gebändert. Federn auf Rücken und Schultern schwärzlich, mit bräunlichgelben Säumen. Die dunkelbraunen, bräunlichgelb gesäumten Ellenbogenfedern sind zugespitzt und leicht verlängert. Oberflügeldecken grau, die Großen mit breiten weißen Spitzen. Armschwingen metallicgrün, mit schmalem, schwarzen Subterminalband und breiten weißen Enden. Kleine Unterflügeldecken dunkelgrau, die übrigen weißlich. Schwingen von unten grau. Die Geschlechter sehen fast gleich aus. ♀ sind etwas matter gefärbt als ♂, mit weniger deutlich gebänderten Flanken und kürzeren Ellenbogenfedern. **Juv.-** Weitgehend wie die Ad., aber insgesamt matter gefärbt. Die Gefiederzeichnung ist weniger deutlich, der Oberkopf braun, die Ellenbogenfedern kurz und der Spiegel matt.
Federlose Partien: Der große Schnabel ist immer gräulichblau, mit blaßgelbem Fleck an der Basis, schwarzem Firststreif und schwarzem Nagel. Schnabel von ♀ und Juv. sind matter gefärbt, manchmal nahezu ohne jegliche Gelbfärbung. Füße dunkelgrau. Iris braun.
Maße: ♂ im allgemeinen etwas größer als ♀. *A.v.versicolor* : Flügel ♂ 180-197, ♀ 175-188; Lauf 30-32; Schnabel 36-45; mittleres Gewicht ♂ 442, ♀ 373. *A.v.fretensis* : Flügel ♂ 211-219, ♀ 204-208; Schnabel 48-52.
Geographische Variabilität: Gewöhnlich werden drei Unterarten unterschieden. Die größte, *A.v.puna*, wird anschließend gesondert beschrieben. Das Brutgebiet von *A.v.versicolor* (Beschreibung s. o.) erstreckt sich östlich der Anden von Südbrasilien bis Nordargentinien. Die südliche Unterart *A.v.fretensis* ist größer als die Nominatform. Ihre Gefiederzeichnung ist braun und schwärzlich. Die dunklen Flankenbänder sind breit und die weißlichen schmal. Ihr Verbreitungsgebiet schließt sich südlich an das der Nominatform an. Es nimmt die gesamte Südspitze Südamerikas ein und reicht bis auf die Falklandinseln.
Lebensweise: Silbere. sind zumeist paarweise oder in kleineren Trupps anzutreffen. Sie gesellen sich auch zu anderen Gründelenten. Da die Partner eines Paares das ganze Jahr über beieinander bleiben und die ♂ sich an der Führung der Jungen beteiligen, kann von einer lange dauernden Paarbindung ausgegangen werden. Brutperiode auf dem Kontinent von September bis Januar, auf den Falklandinseln kürzer, von September bis November. Nester am Boden in der Ufervegetation. Sucht die Nahrung mit tief eingetauchtem Kopf oder gründelnd, aber nur selten tauchend. Watet auch an schlammigen, flachen Ufern. Verhältnismäßig vertraut. Wenn sie aufgescheucht wird, fliegt sie selten weit fort, sondern zieht niedrig einige Kreise und landet bald wieder. Die südlichsten Populationen ziehen im Winter nordwärts. Silbere. sind aber im allgemeinen recht ortstreu.
Biotop: Teiche und kleine Seen in offener Landschaft. Flache Gewässer mit ausgedehnten Röhrichtgürteln werden bevorzugt.
Verbreitung: Das Verbreitungsgebiet reicht vom südlichen Bolivien und Brasilien bis Feuerland und auf die Falklandinseln. Da die südlichsten Populationen im Winter weit nach Norden ziehen, läßt sich die

genaue Ausdehnung der nördlichen Brutgebiete nur schwer bestimmen.
Bestand: Obwohl die Silbere. sehr weit verbreitet ist, ist sie doch nicht sonderlich häufig. Das ist wahrscheinlich auf ihre vergleichsweise ungesellige Lebensweise zurückzuführen. Die verstreuten kleinen Trupps fallen eben nicht in dem Maße auf, wie die großen Ansammlungen anderer Enten. In Chile hat der Süden die höchste Bestandsdichte. In Argentinien ist sie im nordwestlichen Patagonien besonders häufig. Auf den Falklandinseln kommt sie nicht gerade zahlreich vor, ist aber gut vertreten. Sie scheint bisher nirgendwo sonderlich bedroht zu sein.

Punaente (Puna Teal)
A.(v.)puna

Diese große Form der Silberente lebt isoliert auf Seen der Punazone in den Hochanden. Sie kann auch als eigene Art aufgefaßt werden.

Feldkennzeichen: Länge 48-51 cm. Sieht weitgehend wie die südlichen Formen der Silbere. aus, ist aber erheblich größer und hat einen ausgesprochen großen, ganz blauen Schnabel. Die Flanken der ♂ sind fein - nicht grob - gebändert. Oberkopf und Hinterhals sind fast schwarz. Kopf und Halsseiten sind rahmweiß - nicht bräunlich - getönt. Oberseite und Brust sind schwächer gezeichnet. Der Rücken ist grauer. ♀ lassen sich auf an der bräuneren Unterseite und der breiteren Flankenbänderung von ♂ unterscheiden. Das Flugbild ist, abgesehen von der Größe, dem der anderen Silbere. sehr ähnlich. Der Flügelspiegel ist bei den ♀ und Juv. kleiner und matter als bei den ♂. Die Punae. kommt nicht im Bereich der anderen Formen vor.
Stimme: Rufe wie die der Silberenten. Die Rufreihen der ♀ sind zumeist kürzer und bestehen nur aus vier Quaklauten .
Maße: ♂ größer als ♀. Flügel ♂ 214-231, ♀ 205-215; Lauf 33-36; Schnabel 46-54; Gewicht ♂ 546-560.
Lebensweise: Verhält sich weitgehend wie die Silberente. Brutperiode ausgedehnt. Bruten sind zu den verschiedensten Jahreszeiten beobachtet worden. Brütet im nördlichen Chile gewöhnlich von November bis Januar und in Peru im Juli und August. Im allgemeinen ortstreu.
Biotop: Hoch gelegene Süßwasserseen mit dichterer Ufervegetation.
Verbreitung und Bestand: Das Brutgebiet erstreckt sich über die Punazone der Hochanden von Mittelperu über Westbolivien bis ins nördliche Chile (Antofagasta) und den äußersten Nordwesten Argentiniens (Jujuy). Hier an den Seen ein häufiger und weit verbreiteter Standvogel, der gelegentlich auch im küstennahen Tiefland Perus gesehen wird.
Literatur: Delacour 1954, Johnsgard 1978.

100 Hottentottenente (Pünktchenente)
Anas hottentota **Tafel 32**
Englisch: Hottentot Teal

Eine sehr kleine, in Ostafrika weit verbreitete Gründelente.

Feldkennzeichen: Länge 30-35 cm. **Am Boden** - Ein dunkler Oberkopf, helle Kopfseiten, dunkle, große Halsflecke, ein blaugrauer Schnabel und die minimale Größe machen diese zierliche Ente unverwechselbar. Die Rotbrust-Zwerggans (68) und die Weißrückenente (10) sind ebenfalls sehr klein, aber in Färbung und Zeichnung so verschieden, daß die Gefahr einer Verwechslung äußerst gering ist. Bei dem dunklen Oberkopf und den hellen Kopfseiten könnte man an die Rotschnabelente (98) denken. Diese ist aber weit größer, hat einen roten Schnabel und keinen Halsfleck. **Im Flug** - Eine sehr kleine, insgesamt dunkel wirkende Gründelente, mit einem kennzeichnenden Flügelmuster. Der Oberflügel ist dunkel, mit breiter, weißer Hinterkante am dunkelgrünen Spiegel. Am Unterflügel sind die Vorderkante und die Schwingen dunkel. Die Unterflügelmitte und die Enden der Armschwingen sind weißlich.
Stimme: ♂ und ♀ äußern beim Auffliegen gereihte, weich klickende Laute oder ein rauhes, zwei- bis dreisilbiges „ki-ki..". Ähnliche Rufe sind auch beim Schwimmen und im Flug zu hören.
Beschreibung: Alle Kleider weitgehend gleich. Wegen der individuellen Variabilität ist eine Geschlechts- und Altersbestimmung schwierig. ♂ ad.- Oberkopf und Hinterhals schwärzlichbraun. Kopfseiten und Kehle hell gelblichbraun. An den Halsseiten je ein großer, schwärzlicher Fleck, der bis auf die Ohrdecken reicht. Unterhals, Brust und Unterseite gelbbraun. Hals, Brust und vordere Flanken dunkelbraun gepunktet. Die Punkte auf Hals und Brust zunächst klein, auf Brustseiten und Flanken zunehmend größer. Die hinteren Flanken einfarbig gelbbraun. Afterregion, Ober- und Unterschwanzdecken fein schwärzlich und gelbbraun gebändert. Gefieder der Oberseite dunkelbraun, mit hellen Säumen. Rücken und Bürzel schwärzlich. Oberflügel schwärzlichbraun, mit leichtem grünen und blauen Glanz. Armschwingen metallicdunkelgrün, mit schwarzer Subterminalbinde und breiten, weißen Enden. Die Kleinen Unterflügeldecken schwärzlich, die übrigen und die Achselfedern weiß. Schwingen von unten dunkelgrau. Enden der Armschwingen weißlich. ♀ ad.- Färbung insgesamt matter als beim ♂. Oberkopf dunkelbraun, Halsfleck weniger ausgeprägt, Schulterfedern kürzer und mehr abgerundet, Afterregion nicht gebändert und Spiegel weniger glänzend und brauner. **Juv.-** Wie das ♀, aber im allgemeinen noch weniger kräftig gefärbt.
Federlose Partien: Schnabel immer graublau. Firststreif, Schneiden und Nasenlöcher schwarz. Schnabelfärbung beim ♂ am klarsten. Füße dunkel bläulichgrau. Iris braun.
Maße: Geschlechter gleich. Flügel 149-157 (M. 152); Lauf 26-29; Schnabel 32-40; mittleres Gewicht 243.
Geographische Variabilität: Keine. Früher wurde die Population Madagaskars als „*A.h.delacouri*" abgetrennt. Inzwischen wird diese Unterart nicht mehr anerkannt.
Lebensweise: Während der Brutperiode paarweise oder in kleinen Gruppen auf dicht bewachsenen, flachen Teichen und Seen. Danach auf bestimmten, besonders günstigen Gewässern auch große Ansammlungen. Paarbildung vor Beginn der Brutperiode. Da die jungeführenden ♀ manchmal von ♂ begleitet werden, kann auch eine länger dauernde Paarbindung bestehen. Brutperiode regional verschieden, in Südafrika hauptsächlich - Januar bis April, in Malawi - Juni bis August und in Kenya - Juni bis Oktober. Wenn geeignete Feuchtgebiete zur Verfügung stehen, kann es das ganze Jahr über zu Bruten kommen. Nest in dichter Ufervegetation versteckt. Durchschnattert schwimmend oder watend mit eingetauchtem

Kopf das flache Wasser und gründelt häufig. Nahrungssuche vorwiegend am frühen Morgen und am Abend. Ruht den Tag über mit anderen Gründelenten am Ufer oder im Röhricht. Läßt sich nicht leicht aufscheuchen. Drückt sich bei Störung in den Uferbewuchs und wird daher leicht übersehen. Die Wanderungen lassen sich bisher noch nicht recht durchschauen. Da nur wenige Wiederfunde beringter Hottentottene. weiter als 500 km vom Beringungsort entfernt liegen, wird es sich um mehr lokale Wanderungen handeln.
Biotop: Flache, dicht bewachsene Sümpfe, Seen und Teiche in offener Landschaft. Manchmal auch auf offeneren Seen und Staubecken.
Verbreitung: Über Ostafrika und Madagaskar (Malagasy) weit, aber lückenhaft verbreitet. Das Brutgebiet erstreckt sich von Äthiopien über ganz Ostafrika bis zum Kap. Die Westküste wird nur über das nördliche Botswana und Namibia erreicht. Die in Nordnigeria und im Tschad lebende Population ist offensichtlich isoliert. Lokale Bestandsschwankungen, die zu verschiedenen Jahreszeiten auftreten können, weisen auf zumindest örtliche Wanderungen hin. In Angola ein häufigerer Gast.
Bestand: Gesamtbestand unbekannt. Scheint nirgendwo sonderlich häufig zu sein. Teilweise beruht dieser Eindruck wohl auf der geringen Größe, der versteckten Lebensweise und der Tendenz, nur kleine Trupps zu bilden. Obwohl die Hottentottene. lokal in vielen Gegenden Süd- und Ostafrikas häufig vorkommt, sind Ansammlungen von einigen Tausend nur vom Kitangri See in Tansania bekannt geworden (Juli und August-Oktober 1955).
Literatur: Brown et al. 1982.

101 Knäkente   Tafel 29
Anas querquedula
Englisch: Garganey

Eine kleine Ente, die weite Wanderungen unternimmt. Sie brütet in der gemäßigten Paläarktis und überwintert im tropischen Afrika und Asien.

Feldkennzeichen: Länge 37-41 cm. **Am Boden -** Eine kleine Gründelente, die nur ein wenig größer als die Krickente (77) ist und einen relativ langen Hals und klobigen Schnabel besitzt. Das ♂ ist im Brutkleid am weißen, vom Auge bis zum Nacken ziehenden Streifen leicht zu erkennen. Kopf, Hals und Brust sind sonst dunkel rötlichbraun, die Flanken sind hellgrau und die Schulterfedern schwarzweiß längsgestreift und lang ausgezogen. Das Schlichtkleid gleicht dem vieler anderer kleiner Gründelenten. Das ♀ ist etwas größer und massiger als die Kricke., hat einen längeren, geraden Schnabel und einen dickeren Kopf mit flachem Scheitel. Die Kopfzeichnung ist kräftiger und auffälliger als bei Kricke. Oberkopf und Augenstreifen sind sehr dunkel. Letzterer wird durch hellbräunliche Überaugen- und Zügelstreifen eingefaßt und betont. Unterhalb des hellen Zügels ein dunkler Fleck, der sich diffus auslaufend über die Kopfseiten fortsetzt (s. Abb. S. 226). Die Kehle ist heller und weißer als bei der Kricke. An Land ist der ausgedehnt weiße Bauch zu sehen, der sich deutlich von der dunklen Brust- und Flankenfärbung abhebt. Der nur schwach aufgehellte Bauch der Krickente ist weit diffuser und nicht so auffällig. Die juv. Knäke. sehen mit ihrem leicht gefleckten Bauch im Spätsommer und Herbst weitgehend wie Kricke. aus. Knäke.-♀ haben, anders als die der Krick- und Gluckente (76), keine hellen Schwanzkanten. Ihr Schnabel ist durchgehend dunkel, ohne den für die Kricke. bezeichnenden, rötlichen Anflug am Schnabelwinkel. Vom Glucke.-♀ unterscheidet sich das Knäke.-♀ durch die insgesamt grauere, weniger rötliche Färbung und den am Schnabel, nicht erst hinter dem Auge beginnenden Überaugenstreif. Dafür ist der Zügelfleck bei der Glucke. heller und auffälliger. Die Kopfzeichnung der Zimtenten-♀ (103) und Blauflügelenten-♀ (102) ist weniger kontrastreich. Sie haben zwar auch einen dunklen Oberkopf, einen, wenn auch schwach ausgebildeten Augenstreifen und einen recht ausgeprägten Zügelfleck, ihre Kopfseiten sind aber nicht dunkel getönt und vor allem fehlt ihnen der helle, unter dem Augenstreifen verlaufende Zügelstreifen. Der Bauch ist bei beiden Arten stets gefleckt, niemals rein weiß. Die anderen Unterschiede lassen sich besser im Flug erkennen. **Im Flug -** Die Knäke. wirkt kompakter und langhalsiger als die Kricke. Der Unterflügel ist wie bei den Gluck- und Kricke. gefärbt. Der Kontrast zwischen der dunklen Vorderkante und hellen Mitte ist vielleicht etwas ausgeprägter. Die dunkle Färbung von Kopf, Hals und Brust hebt sich beim ♂ deutlich von der hellgrauen Unterseite ab. Sein Oberflügel ist bis auf den grünen, weiß eingefaßten Spiegel ausgesprochen hellgrau. Auf große Entfernung können die Flügel geradezu weiß wirken. Die ♀ sind den Kricke. weit ähnlicher. Der ausgedehnt weiße Bauch kann aber auch an Pfeifenten (71, 72) erinnern. Die Juv. haben wiederum, wie juv. Kricke., einen gefleckten Bauch. Der Unterflügel der ♀ gleicht dem der ♂. Ihr Oberflügel ist dunkelgrau, also weit dunkler als bei den ♂. Der matt bräunliche Spiegel hebt sich kaum ab. Statt des kurzen, breiten, weißen Bandes am Ende der Großen Decken, das für die Kricke. bezeichnend ist, haben die Knäke. nur ein unauffällig schmales, weißliches Band. Das auffälligste Merkmal ist aber die breite, weiße Hinterkante des Spiegels, die an Spießenten-♀ (95) erinnert. Die ♀ von Zimt- und Blauflügele. haben blaue Vorderflügel, schwarze Handdecken und Handschwingen und am Spiegel keine weiße Hinterkante. Ihre Bäuche sind dunkel.
Stimme: Der Balz- und Flugruf der ♂ ist ein trockenes, ratterndes „trrr" oder „rrrp". Die ♀ rufen beim Auffliegen kurz „ga" oder „knäk".
Beschreibung: Geschlechter verschieden. Saisonal unterschiedliche Kleider. ♂ **ad. Brutkleid -** Oberkopf und Nacken schwärzlich. Oberhalb des Auges vom Schnabel bis zum Nacken ein sichelförmiges, leuchtendweißes Band. Kopf und Hals sonst kastanienbraun, mit dichter, feiner, weißer Strichelzeichnung. Brust und Vorderrücken gelblichbraun, mit schwärzlicher, schuppenartiger Zeichnung. Flanken fein weiß und schwarz gebändert. Afterregion und Oberschwanzdecken gelblichbraun, mit dunklen Flecken und Streifen. Rücken dunkel graubraun. Die schwärzlichen, in Längsrichtung weiß gestreiften Schulterfedern sind verlängert und zugespitzt. Oberflügeldecken hellgrau, die Großen mit breiten, weißen Spitzen. Armschwingen schwach glänzend hellgrün, mit breiter, weißer Endbinde. Handschwingen dunkelgrau. Unterflügel am Bug dunkelgrau, sonst weiß. Schwingen von unten grau. ♂ **ad. Ruhekleid -** Gleicht weitgehend dem ♀, die Flügelfärbung des Brutkleids bleibt jedoch erhalten. Die Kehle ist noch weißer als beim ♀ und die dunkle Streifung auf Kopf und Hals gröber. Das Brutkleid ist erst gegen Ende des Winters voll ausgebildet. Das Ruhekleid wird im Herbst durch ein zweites, ähnliches Schlichtkleid ersetzt. ♀ **ad.-**

Oberkopf, Hinterhals und Augenstreifen sind schwärzlich braun. Augenstreifen oben von einem bräunlichgelben Überaugenstreif und unten von einem gleichfalls hellen Zügelstreifen eingefaßt. Das helle Zügelfeld ist nach unten von einem kurzen, dunklen, vom Schnabelwinkel ausgehenden Streifen begrenzt. Dieser dunkle Streifen geht an den Kopfseiten in einen diffusen Wangenfleck über. Kopfseiten und Hals sonst gelblichbraun mit feiner, dunkler Zeichnung. Kinn und Kehle weißlich. Brust, Flanken und Oberseite sepiabraun, die einzelne Feder breit weißlich oder gelblich gerandet. Unterseitenmitte fast rein weiß. Oberflügeldecken bräunlichgrau, die Großen mit weißen Spitzen. Armschwingen gräulichbraun, oft mit schwachem, grünlichen Glanz auf weißen Enden. Unterflügel weiß beim ♂. **Juv.-** Weitgehend wie das ♀, Unterseite aber nicht weißlich, sondern bräunlich, mit dunklen Flecken. Weiße Spiegelkanten schmaler als bei den Ad. Geschlechter an der Flügelfärbung unterscheidbar. Vorderflügel der juv. ♂ nicht ganz so hell wie bei den ad. Flügelspiegel der juv. ♀ matt hellbraun. Juv. sind gegen Ende des ersten Winters von Ad. kaum mehr zu unterscheiden.
Federlose Partien: Ad.- Schnabel dunkelgrau, beim ♂ fast schwarz. Füße grau. Iris rötlichbraun. **Juv.-** Schnabel heller als bei Ad. Füße bräunlich- oder gelblichgrau. Iris gräulichbraun. Ab Herbst Schnabel, Füße und Augen wie bei den Ad.
Maße: ♂ zumeist größer als ♀. Flügel 184-211 (M. ♂ 198, ♀ 189); Lauf 28-33; Schnabel 36-43; mittleres Gewicht ♂ 396, ♀ 372.
Geographische Variabilität: Keine.
Lebensweise: Auf dem Zug und in den Winterquartieren größere Ansammlungen. In der übrigen Zeit paarweise oder in kleinen Gruppen. Paarbildung gewöhnlich in den Winterschwärmen. Ankunft in den Brutgebieten ab Ende März, Bruten ab Ende Mai bis in den Juni hinein. Nester in hoher, dichter Ufervegetation versteckt. Durchseiht schnatternd die Wasseroberfläche. Gründelt relativ selten. Hält sich gern nahe am oder im Röhricht auf. Mischt sich zwanglos unter andere Enten. Ruht am Tage lange im Uferbewuchs oder auf Uferbänken, ist aber dennoch mehr tag- als nachtaktiv. Über dem Mittel- und dem Schwarzen Meer können in den Zugzeiten große geschlossene, niedrig fliegende Schwärme beobachtet werden. Fällt zum Ruhen auch auf der offenen See ein. Scheu und wachsam. Steigt beim Auffliegen nicht ganz so steil auf wie die Kricke. und fliegt langsamer und gleichmäßiger in zumeist wohl geordneten Schwärmen.
Biotop: Flache Seen und Sümpfe mit dichter Ufervegetation in offener Landschaft. Ruhende Schwärme sind auch auf Küstengewässern anzutreffen. Auf dem Zug und im Winterquartier auf großen Seen, im Sumpfland und auf überschwemmtem Grünland.
Verbreitung: Im gemäßigten Europa und in Mittelasien bis zur Pazifikküste ein weit verbreiteter Zugvogel. Das Hauptbrutgebiet erstreckt sich von Mittel- über Osteuropa und Zentralasien bis in die Mongolei und an den Baikalsee. In den Randgebieten der Verbreitung allgemein selten. Unter günstigen Bedingungen invasionsartige Vorstöße in bisher kaum besiedelte Bereiche. In West-, Zentral- und Ostafrika (bis Sambia) ein häufiger Wintergast. Einzelne dringen bis Simbabwe und sogar bis Südafrika vor. Wichtige Überwinterungsgebiete liegen ebenfalls im tropischen Asien von Pakistan bis Südchina und auf den Philippinen. In Indonesien und auf Neuguinea nur ein seltener Gast. Nordaustralien wird wahrscheinlich jährlich von einigen erreicht. Nur wenige überwintern im Mittelmeergebiet und in Westeuropa. Überfliegt auf dem Zug Westeuropa, Nordafrika, den Mittleren Osten und das südliche Asien. Fliegt auf dem Frühjahrszug gelegentlich über das Ziel hinaus und taucht dann in Island und auf den Aleuten auf. Irrgäste wurden auf den Azoren, auf einigen Westpazifischen Inseln und auf den Hawaii-Inseln gesehen. Vereinzelte Beobachtungen in Nordamerika an der Westküste von Alaska bis Kalifornien, in Kanada und im Mittleren Westen bis hin nach Kansas.
Bestand: Eine der häufigeren Gründelenten. In West- und Zentralafrika gewaltige Winterschwärme. 1984 wurde der Winterbestand am Tschadsee auf 548.000 geschätzt, dazu kamen weitere 252.000 im Nigerbecken und 88.000 am Senegal. Die Winteransammlungen in anderen Gebieten Afrikas und Südasiens sind ebenfalls bedeutend.
Literatur: Bauer und Glutz 1968, Cramp und Simmons 1977, Roux und Jarry 1984.

102 Blauflügelente Tafel 29
Anas discors
Englisch: Blue-winged Teal

Sie vertritt die mehr west- und südamerikanische Zimtente (103) im nördlichen und östlichen Amerika. Die ♂ beider Arten sind deutlich verschieden, die ♀ dagegen im Freiland kaum zu unterscheiden.

Feldkennzeichen: Länge 37-41 cm. **Am Boden -** Das ♂ ist leicht an dem schiefergrauen Kopf, dem großen, weißen Halbmondfleck vor dem Auge, der sepiabraunen, dunkel gepunkteten Unterseite und dem weißschwarzen Hinterende zu erkennen. Die Unterschiede der ausgesprochen ähnlichen Schlichtkleider von Blauflügel- und Zimte., siehe 103. Das ♀ ist auch den ♀ anderer kleiner Gründelenten, vor allem dem der Knäkente (101), sehr ähnlich. Die Färbung ist etwas matter als bei der Knäke., mehr gräulichbraun, und die Kopfzeichnung weniger ausgeprägt. Der Überaugenstreif ist dunkler, kaum heller als die Kopfseiten. Der Augenstreifen ist undeutlich und unten nicht von einem hellen Band begleitet. Die Wangenpartie ist nicht dunkel abgehoben. Die Kehle ist aufgehellt, aber nicht weiß. Der Oberkopf ist schwärzlich und der dunkelbraune Augenstreifen nur schwach ausgeprägt. Um die Augen ziehen schmale helle Ringe, und am Zügel ist ein weißlicher, ovaler Fleck. Der lange, massige Schnabel wird, wie bei den Löffelenten (104-107), abwärts geneigt getragen. Er ist zumeist nicht so dunkel wie bei der Knäke. und am Schnabelwinkel oft fleischfarben getönt. Der Bauch ist bräunlich und wie bei juv. Knäke. schwach gefleckt, viel dunkler als bei ad. Knäke. Die Füße sind nur im ersten Lebensjahr gräulich. Bei den Ad. sind sie gelblich. Kricke.-♀ sind kleiner, haben einen kürzeren Schnabel, runderen Kopf und eine unauffällige Kopfzeichnung. Ein Zügelfleck ist, im Unterschied zur Blauflügele., kaum erkennbar. Die Schwanzkanten sind hell, der Bauch ist ungefleckt weißlich und die Flankenzeichnung schmaler und stärker gewinkelt. **Im Flug -** Eine kleine, recht dunkle Gründelente. Das ♂ erscheint ausgesprochen dunkel, mit ausgeprägtem weißen Gesichtsfleck und hellen Unterflügeln. Die Vorderkante der Unterflügels ist schwärzlich, die dunkle Zone aber nicht so breit wie bei der Krick- und Knäke. Die dunkle

Oberseite wird durch den himmelblauen Vorderflügel belebt, der gegen den schwarzgrünen Spiegel durch ein weißes Band abgegrenzt ist. Der Handflügel ist schwarz gegen den helleren Armflügel abgesetzt. Die ♀ sind insgesamt heller und brauner als ♂. Die Flügelunterseite wie beim ♂, die Flügeloberseite aber ohne das weiße Band. An den schwarzen Handdecken, dem blauen Vorderflügel und dem Fehlen einer weißen Hinterkante sind fliegende Blauflügele.-♀ von Knäke.-♀ gut zu unterscheiden. Das Flügelmuster ist ähnlich dem von Zimt- und Löffelente, der Schnabel ist aber weit kleiner als bei diesen Arten.

Stimme: Nicht sonderlich ruffreudig. Das ♂ ruft fein lispelnd „ziief" .oder hoch pfeifend „piiip". Beide Rufe sind im Fluge und auf dem Wasser zu hören. Der Ruf des ♀ ist ein krickentenartiges, hohes Quaken.

Beschreibung: Geschlechter verschieden. Saisonal unterschiedliche Kleider. ♂ **ad. Brutkleid** - Scheitel schwärzlich. Zwischen Schnabel und Auge ein großer, weißer Halbmondfleck. Kopf und Hals sonst dunkel bläulichgrau. Brust und fast die gesamte Unterseite warm rötlichbraun, dicht mit rundlichen, schwarzbraunen Flecken besetzt, die an den hinteren Flanken zu Binden zusammenfließen. An der Seite der Afterregion ein weißer Fleck. Bürzel, Ober- und Unterschwanzdecken sowie Schwanz schwärzlich. Oberseite dunkelbraun. Verlängerte und zugespitzte Schulterfedern schwarzbraun, mit gelbbraunen Schaftstreifen. Armdecken hellblau, die Großen mit weißen Enden. Handdecken und Handschwingen schwarzbraun. Armschwingen metallicschwarzgrün, manchmal mit sehr feinen, hellen Spitzen. Unterflügeldecken am Bug graubraun, sonst weiß. Schwingen von unten gräulich braun. ♂ **ad. Ruhekleid** - Gleicht weitgehend dem ♀, Oberkopf jedoch dunkler, Kopf- und Halsseiten mit dichter, dunkler Strichelzeichnung, Gefieder insgesamt wärmer gelbbraun und Oberflügelfärbung wie im Brutkleid. Ruhekleid wird weit bis in den Winter hinein getragen. Manche ♂ mausern erst im Spätwinter ins Brutkleid. ♀ **ad.-** Oberkopf und Hinterhals dunkelbraun, die Federn gelbbraun gerandet. Der dunkelbraune Augenstreifen am deutlichsten hinter dem Auge erkennbar. Um das Auge ein schmaler, heller Ring. Am Zügel ein ovaler, weißlicher Fleck. Kopf und Hals sonst blaß gelblichbraun mit feiner, dunkler Strichelzeichnung. Körpergefieder fast ganz dunkelbraun, mit blassen, gräulichgelbbraunen Rändern. Die Flanken wirken dunkel geschuppt. Bauchmitte heller als Brust und Flanken und verschwommen gefleckt. Oberflügel wie beim ♂, die Großen Armdecken jedoch am Ende bräunlich, mit nur sehr feinen, weißlichen Spitzen. Spiegel schwärzlichgrün, kaum glänzend. Unterflügel wie beim ♂. **Juv.-** Wie das ♀, Oberseite aber dunkler, Säume der Flanken- und Brustfedern mehr bräunlichgelb, Brustzeichnung eher streifig als fleckig und Bauch nur schwach gefleckt. Flügelmuster der juv. ♂ fast wie bei den ad. Spiegel matter und dunkler und das weiße Band auf den Großen Decken schmaler, jedoch weit besser erkennbar als bei den ad. ♀. Juv. gleichen im Mittwinter weitgehend den Ad., sind aber am juv. Flügel bis in den ersten Sommer hinein erkennbar.

Federlose Partien: Ad.- Schnabel beim ♂ im Brutkleid ganz schwarz, beim ♀ und ♂ im Ruhekleid schwarzgrau mit fleischfarbener Tönung am Schnabelwinkel. Füße der ♂ gelblich bis orange mit gräulichen Schwimmhäuten. Füße der ♀ mattgelb oder bräunlichgelb. Iris braun. **Juv.-** Schnabel wie beim ♀. Füße bis zur Entwicklung des Brutkleids gräulich. Iris mattbraun.

Maße: ♂ ein wenig größer als ♀. Flügel ♂ 186-195 (M. 191), ♀ 176-188 (M. 183); Lauf 30-34; Schnabel 37-44; mittleres Gewicht ♂ 400, ♀ 371.

Geographische Variabilität: Es werden keine Unterarten unterschieden. An der Atlantikküste sind die Blauflügele. im Mittel etwas größer als weiter im Westen und daher als „A.d.orphana" abgesondert worden. Der geringfügige Unterschied reicht aber zur Ausgrenzung einer Unterart nicht aus. Blauflügele. sind mit Zimte. sicher sehr nah verwandt.

Lebensweise: Eine gesellige Ente, die gewöhnlich in kleineren Trupps auf flachen Süßgewässern anzutreffen ist. Paarbildung im Spätwinter. Trifft ab Ende März im Brutgebiet ein. Brutperiode von Ende April bis Juni. Nester am Boden versteckt in der Ufervegetation. Seiht schnatternd die Wasseroberfläche durch und gründelt gelegentlich. Kommt selten an Land, hält sich aber gern am Ufer auf und sitzt sogar auf aus dem Wasser ragenden Ästen. Scheu und wachsam. Der Flug ist schnell und wendig, aber ohne die für die Kricke. typischen jähen Schwenks und Wendungen. Ausgesprochener Zugvogel, der mehr durch das Binnenland als über die küstennahen Zugrouten zieht.

Biotop: Offene Landschaft, vor allem Grasland und Prärien mit flachen Seen und Teichen sowie von Wasserflächen durchsetzte Marschen an der Küste.

Gestalt und Zeichnungsmuster der Köpfe kleiner Gründelenten

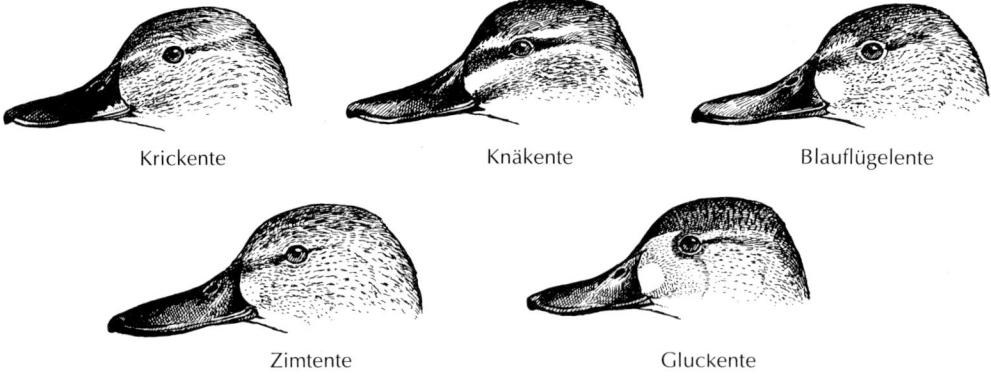

Krickente   Knäkente   Blauflügelente

Zimtente   Gluckente

Überwintert auch auf größeren, offenen Seen, auf Brackwasserlagunen und in Mangrovesümpfen.
Verbreitung: In Nordamerika ein weit verbreiteter Zugvogel. Das Brutgebiet erstreckt sich über das Innere der USA und das südliche Kanada bis Alaska (hier selten) und Neufundland sowie entlang der Atlantikküste von Neufundland bis North Carolina. Überwintert in den Küstenniederungen von Kalifornien und North Carolina an südwärts über Mexiko und Mittelamerika bis Peru und Nordbrasilien. Einige erreichen auch das nördliche Chile und Argentinien. Entlang der westeuropäischen Küste bis nach Nordwestafrika ein nicht seltener Gast. Wird alljährlich auf den Britischen Inseln beobachtet und ist im Osten bis Polen gelangt. Da Blauflügele. gern und viel in Gefangenschaft gehalten werden, wird es sich dabei teilweise auch um Entflogene handeln. Irrgäste wurden auch auf Grönland, den Azoren, den Aleuten, den Galapagosinseln und auf mehren anderen pazifischen Inseln gesichtet. Hat auf Hawaii sogar gebrütet.
Bestand: Häufig. Zu Beginn der 70er Jahre wurde der Bestand Nordamerikas auf 5 Millionen geschätzt.
Literatur: Johnsgard 1975.

103 Zimtente Tafel 29
Anas cyanoptera
Englisch: Cinnamon Teal

Eine Verwandte der Blauflügelente mit südlicherer Verbreitung. Im Westen Nordamerikas überschneiden sich die Brutgebiete beider Arten.

Feldkennzeichen: Länge 38-48 cm. **Am Boden -** Das ♂ ist im Brutkleid unverkennbar. Eine satt rostbraune Gründelente. Die verlängerten, zugespitzten, schwarz und gelbbraun längsgestreiften Schulterfedern lassen den Rücken dunkler erscheinen. Das Schlichtkleid ist dem der Blauflügele. sehr ähnlich. Das Gefieder ist aber nicht matt gräulich-, sondern warm rötlichbraun. Der Kopf ist insgesamt dunkel und fast ungezeichnet. Der Zügelfleck ist durch eine dunkle Sprenkelung überdeckt und der Augenstreifen nur angedeutet (s. Abb. S. 226). ♂ im Ruhekleid sind noch rötlicher gefärbt als ♀. Die Iris der ♂ ist immer rötlich oder gelblich und niemals braun wie bei der Blauflügele.-♂. Juv. sind wesentlich matter und grauer gefärbt als die Ad. und haben manchmal einen hellen Zügelfleck. Sie gleichen dadurch den Blauflügele. weit mehr als die Ad. Die rotbraune Färbung nimmt bei ihnen zum Herbst hin stetig zu. Dann wird auch die Iris der juv. ♂ zunehmend gelb oder orange. Juv. können auch an den mehr gräulichen Füßen erkannt werden. Eine sichere Bestimmung ganz junger Blauflügel- bzw. Zimte. ist im Freiland nicht möglich. Die Brust- und Flankenzeichnung der Zimte. scheint weniger kontrastreich zu sein. Der Hals wirkt fast genauso dunkel wie die Brust und ist nicht, wie bei der Blauflügele., hell von der gefleckten Brust abgesetzt. Der Schnabel ist deutlich länger und breiter. Die Oberschnabelkanten sind leicht wulstartig verdickt, was am besten zu sehen ist, wenn der Schnabel vom Betrachter abgewendet wird. Vergegenwärtigt man sich die mögliche individuelle Variabilität, den Effekt der Federabnutzung und die Tatsache, daß auch das Ruhekleid der Blauflügele.-♂ wärmer getönt ist als das der ♀ und Juv., so ist verständlich, daß die Bestimmung dieser kleinen, bräunlichen Enten im Schlichtkleid große Schwierigkeiten machen kann. Die meisten Zimte. sind immerhin deutlich „roter" gefärbt als Blauflügele. und haben einen flacheren Oberkopf. Zur Trennung von anderen kleinen Gründelenten, siehe Besprechung der Blauflügele. (102). Bastarde zwischen Blauflügel- und Zimtente. sind in wenigen Fällen aus der Region der Great Plains (USA) bekannt geworden. Der lange, schwere Schnabel und die rostrote Färbung könnten in Südamerika auch zu Verwechslungen mit der größeren Fuchslöffelente (104) führen. Die Unterschiede sind aber doch deutlich. **Im Flug -** Färbung von Ober- und Unterflügel wie bei der Blauflügele. Kopf und Körper der fliegenden ♂ wirken ausgesprochen dunkel. Der weißliche Unterflügel wird dadurch klar abgehoben. Kein weißer Gesichts- und Flankenfleck wie bei der Blauflügele. Vergleiche auch die größere Fuchslöffelente.
Stimme: Wie die der Blauflügelente.
Beschreibung: Geschlechter verschieden. Saisonal unterschiedliche Kleider. Beschreibung von *A.d.septentrionalium* : ♂ **ad. Brutkleid -** Kopf, Hals und die gesamte Unterseite rostbraun. Unterschwanzdecken schwärzlich. Scheitel dunkelbraun meliert. Gefieder der Oberseite schwärzlich, mit hellbraunen Säumen. Die verlängerten und zugespitzten Schulterfedern schwarz, mit gelbbraunem Schaftstreif. Ober- und Unterflügel wie bei der Blauflügele. ♂ **ad. Ruhekleid -** Weitgehend wie das ♀, jedoch mit breitem, weißen Band über die Großen Flügeldecken, warm rötlichbraunem Gefieder und gelber bis orangefarbener Iris. ♀ **ad.-** Gleicht dem Blauflügele.-♀, die hellen Federränder und Zeichnungen aber rötlichbraun getönt und die dunklen Federmitten auf Brust und Unterseite blasser. Die grobe Strichelzeichnung läßt die Kopf- und Halsseiten dunkel erscheinen. Zügelfleck undeutlich bis kaum erkennbar. Augenstreifen schwach ausgeprägt und verschwommen. Färbung insgesamt variabel. Einige Individuen deutlich dunkler als die anderen. **Juv.-** Wie das ♀, aber matter gefärbt und damit dem Blauflügele.-♀ ausgesprochen ähnlich. Zügelfleck oft ausgeprägter als beim ♀. Brust mehr gestreift als gefleckt. Die rotbraune Tönung nimmt vom ersten Herbst an zu. Iris der juv. ♂ ab Winterbeginn wie bei der ad. ♂. Juv. ♂ lassen sich, wie bei den Blauflügele., an der Weißfärbung auf den Großen Flügeldecken von ♀ unterscheiden.
Federlose Partien: ♂- Schnabel im Brutkleid schwarz, im Ruhekleid wie beim ♀. Füße gelblich bis orange. Iris gelb oder rötlichorange. ♀- Schnabel dunkelgrau, an dem Schnabelwinkel und an den Kanten fleischfarben getönt. Füße matt gelblich. Iris braun. **Juv.-** Schnabel und Iris wie beim ♀. Füße gelblichgrau.
Maße: ♂ gewöhnlich größer als ♀. *A.c.cyanoptera* : Flügel ♂ 195-208, ♀ 188-199; Lauf 40-49; Schnabel 38-49. *A.c.orinomus* : Flügel ♂ 217-220, ♀ 195-208; Lauf 47-50; Schnabel 33-49. *A.c.borreroi* : Flügel ♂ 189-209, ♀ 175-195; Lauf 32-35. *A.c.tropica* : Flügel (♂ u. ♀) 168-181; Lauf 30-34; Schnabel 36-43. *A.c.septentrionalium* : Flügel ♂ 176-194, ♀ 167-185; Lauf 38-46; Schnabel 39-47; mittleres Gewicht ♂ 408, ♀ 362.
Geographische Variabilität: Es werden fünf Unterarten unterschieden, die sich vor allem in der Größe und in der Unterseitenfleckung der ♂ unterscheiden. Die nördliche, oben beschriebene Unterart *A.c.septentrionalium* lebt im Westen Nordamerikas und in Mittelamerika. *A.c.orinomus* besiedelt das Hochplateau der Anden in Peru, Bolivien und Nordchile. In der Färbung gleicht sie der nördlichen Form,

ist aber deutlich größer. *A.c.cyanoptera* ist über fast das gesamte südliche Südamerika verbreitet. Sie ist kleiner als die Andenform, kräftiger rotbraun, hat oft dunkle Flecke auf den Brustseiten und einen brauneren Bauch. In Kolumbien kommen zwei isolierte Formen vor. Die kleinste von allen ist *A.c.tropica* aus dem Gebiet des Magdalena- und Caucatals, wo sie von den Niederungen bis in 1000 m Höhe zu finden ist. Ihre Unterseite ist dicht gefleckt und ihr Bauch schwärzlich. Sie wird im Hochland Westkolumbiens, in Höhen zwischen 2100 bis 3100 m, durch die größere *A.c.borreroi* ersetzt, bei der nur etwa die Hälfte der ♂ auf der Unterseite gefleckt sind.

Lebensweise: Gleicht in Lebensweise und Verhalten weitgehend der Blauflügele. Trotz der Färbungsunterschiede der ♂ sind diese beiden Arten sicher sehr nah miteinander verwandt. Die nördliche Form brütet etwa zur gleichen Zeit wie die Blauflügele. Über die südlichen Formen ist nur wenig bekannt.

Biotop: Süßwasserseen und -sümpfe in offener Landschaft. In Südamerika auch in den Hochanden an Seen der Punazone.

Verbreitung: Die nördliche Form brütet in Nordamerika von British Columbia südwärts bis in den Nordwesten Mexikos. Die Ostgrenze der Verbreitung verläuft von Montana durch Wyoming und den Westen Nebraskas bis Westtexas. Das Überwinterungsgebiet reicht von Kalifornien über ganz Mittelamerika bis ins nördliche Kolumbien. Im Frühjahr, auf dem Flug nach Norden, schießen einige über das Ziel hinaus und können dabei bis in den nördlichen Alaska vordringen. Ist entlang der Atlantikküste von New York im Norden bis zu einigen Karibischen Inseln im Süden ein seltener Gast. Irrgäste sind sogar bis Hawaii gelangt. Die kolumbianischen und die Andenformen (s. Geographische Variabilität) sind weitgehend Standvögel. Die Verbreitung der Nominatform erstreckt sich von dem Tiefland Südperus und Südbrasiliens bis Feuerland und auf die Falklandinseln. Die südlichen Festlandspopulationen ziehen im Winter nordwärts bis an die Pazifikküste Perus und nach Mittelbrasilien. Da die Zimte. gern in Gefangenschaft gehalten wird, handelt es sich bei den wenigen in Europa frei beobachteten Enten mit größter Sicherheit um „Flüchtlinge". Gelegentliche Überquerungen des Atlantiks sind aber auch nicht ganz ausgeschlossen.

Bestand: Um die Mitte der 70er Jahre wurde die nordamerikanische Population auf etwa 300.000 geschätzt. Von den südamerikanischen Populationen gibt es keinerlei Bestandsangaben. Da die isolierte *A.c.borreroi* aus Kolumbien in den letzten Jahren nicht mehr beobachtet wurde, scheint sie zumindest bedroht.

Literatur: Delacour 1954, Johnsgard 1978, Wallace und Ogilvie 1977, White und Andrews 1985.

104 Fuchslöffelente (Südam. Löffele.)
Anas platalea Tafel 33
Englisch: Red Shoveler

Die einzige Löffelente Südamerikas, die zwischen den Löffelenten und den kleinen, blauflügligen Enten eine Verbindung herstellt.

Feldkennzeichen: Länge 51-56 cm. **Am Boden -** Die einzige Löffelente Südamerikas und daher in Freiheit kaum mit einer anderen Art zu verwechseln. An dem großen Schnabel leicht von anderen neotropischen Gründelenten zu unterscheiden. Nur die Zimtente (103) hat ebenfalls einen relativ langen Schnabel, den sie auch nach Art der Löffelenten abwärts geneigt trägt. Die ♂ haben einen einheitlich grauen Kopf, der sich vom schwarzen Schnabel und der rotbraunen, stark dunkel gepunkteten Unterseite deutlich abhebt. Ein weißlicher Fleck am Ende der Flanken kontrastiert mit den schwarzen Unterschwanzdecken. Sie kann, wenn der große Schnabel eingetaucht, also nicht erkennbar ist, erstaunlich leicht für eine Zimte. gehalten werden. Läßt sich in Gefangenschaft von der Kaplöffelente (105) am längeren Schwanz und der gepunkteten Unterseite unterscheiden. Das Gefieder der ♀ ist hell gräulichbraun, mit schwärzlicher Zeichnung. Im Vergleich mit den ♀ anderer Löffele. wirken sie recht eintönig. Ihr Kopf ist auffällig einheitlich gefärbt, ihr Schnabel ganz schwarz und ihr Schwanz ausgesprochen lang. Sie sind erheblich größer als Zimte.-♀, haben einen riesigen Schnabel und sind matter gefärbt. Vergleiche auch mit der Blauflügelente (102), die im gleichen Gebiet vorkommen kann und ähnlich gefärbt ist. **Im Flug -** Eine typische Löffelente, mit sehr großem Schnabel. Das Flügelmuster ist bei allen Löffelenten weitgehend gleich. Der himmelblaue Vorderflügel ist durch ein breites, weißes Band vom dunkelgrünen Spiegel getrennt. Bei den ♀ ist der Vorderflügel mehr graublau und das weiße Band weniger ausgeprägt. Die Unterflügelmitte ist weißlich. Die Flügelfärbung gleicht der von Blauflügel- und Zimte., beide haben aber weit kleinere, wenig auffällige Schnäbel.

Stimme: Nur während der Balz ruffreudig, sonst schweigsam. Der Balzruf des ♂ ist ein dumpfes „tuka-tak-tak", das manchmal auch beim Auffliegen zu hören ist. Es ist leiser und klingt mehr quiekend als bei der Löffelente (107). Von den ♀ ist während der Balz ein weiches, rollendes „rrr-" und manchmal auch ein rauhes Quaken zu hören.

Beschreibung: Geschlechter verschieden. ♂ **ad.-** Kopf und Hals einheitlich bräunlichgrau, mit feiner, dunkler Sprenklung, die auf dem Scheitel am kräftigsten ist. Vorderrücken, Brust und ein Großteil der Unterseite zimtfarben rötlichbraun, mit dichter, dunkler, punktartiger Zeichnung. Seiten der Afterregion weiß. Bürzel, Ober- und Unterschwanzdecken schwärzlich. Schwanz zugespitzt, relativ lang und schwarz, mit weißlichen Kanten. Die verlängerten, zugespitzten Schulterfedern schwarz, mit weißem Schaftstreif. Oberflügeldecken hellblau, die Großen mit breitem weißen Endband. Handschwingen schwärzlich. Armschwingen metallicgrün und schwarz. Unterflügeldecken weißlich. Schwingen von unten graubraun. Unterseitenfärbung leicht variabel. Einige ♂ satter rotbraun als andere. ♀ **ad.-** Kopf und Hals hell gelblichbraun, mit feiner dunkler Strichelung, aber ohne jegliche weitere Zeichnung. Körpergefieder hell bräunlichgelb, mit feiner bräunlichbrauner Zeichnung. Mittlere Schwanzfedern schwarzbraun, verlängert und zugespitzt. Äußere Schwanzfedern hell gelblichbraun. Flügel wie beim ♂, Oberflügeldecken jedoch matt bläulichgrau, das weiße Band auf den Großen Decken schmaler und der Spiegel dunkler, mehr grünlichschwarz. **Juv.-** Von ♀ kaum zu unterscheiden. Vorderflügel der juv. ♂ blauer als bei den ♀.

Federlose Partien: ♂**-** Schnabel schwarz, lang und breit. Füße gelb bis orange. Iris hellgelb oder weißlich. ♀ **und Juv.-** Schnabel bräunlichschwarz. Füße gräulich- bis gelblichgrau. Iris dunkelbraun.

Maße: ♂ gewöhnlich größer als ♀. Flügel ♂ 213-

222, ♀ 202-210; Lauf 34-38; Schnabel ♂ 63-67, ♀ 56-60; mittleres Gewicht ♂ 608, ♀ 523.
Geographische Variabilität: Keine.
Lebensweise: Im Freiland kaum untersucht. Paarweise oder in kleinen Gruppen auf Süß- oder Brackwasserseen und -sümpfen. Paarbildung anscheinend in den Winterquartieren. Brutperiode September und November. Nest auf trockenem Untergrund in Gewässernähe. Verhalten ähnlich dem anderer Löffelenten. Nahrungssuche manchmal auch watend, zumeist aber schwimmend, in seichtem Wasser. Durchschnattert die Oberfläche und gründelt. Liegt beim Schwimmen hoch im Wasser, wobei der lange Schnabel abwärts geneigt fast die Wasseroberfläche berührt. Fliegt mühelos auf. Flug schnell und wendig.
Biotop: Flache süße und brackige Gewässer in offener Landschaft. Bevorzugt auf flachen Lagunen und Flußmündungen an der Küste. Weniger häufig auf großen Binnenseen.
Verbreitung: Das Brutgebiet erstreckt sich, die Andenregion ausgenommen, über ganz Argentinien von Santa Fé im Norden bis Feuerland im Süden. Kommt im mittleren Chile vom Aconcagua bis Chiloe vor, dringt hier aber nur gelegentlich weiter nach Süden vor. Die südlichen Populationen ziehen im Winter bis ins südliche Peru, das westliche Bolivien, Paraguay, Uruguay und südliche Brasilien (bis Rio de Janeiro). Es ist durchaus möglich, daß es in diesen Gebieten auch Brutvorkommen gibt, was bisher aber noch nicht belegt werden konnte. Irrgäste wurden auf den Falklandinseln beobachtet.
Bestand: Scheint weit verbreitet und örtlich auch häufig zu sein. Höchste Siedlungsdichte in den Küstenzonen Argentiniens. Der Gesamtbestand ist noch nicht erfaßt worden. In der Provinz Santa Cruz (Argentinien) wurden 1984 auf Binnenseen Ansammlungen bis zu 20.000 festgestellt. Das deutet darauf hin, daß die Art noch häufig und nicht gefährdet ist.
Literatur: Fjeldså und Krabbe 1986, Johnsgard 1978.

105 Kaplöffelente Tafel 33
Anas smithii
Englisch: Cape Shoveler

Eine düster wirkende Löffelente, die auf den äußersten Süden Afrikas beschränkt ist. Die Löffelente (107) ist hier nur ein seltener Gast.

Feldkennzeichen: Länge 51-53 cm. **Am Boden-** Die einzige rein afrikanische Löffelente. ♂ sind sehr dunkel, fast schwärzlichbraun, mit abgehoben hellem Kopf und großem, schwarzen Schnabel. Die feinen, hellen Federränder sind nur aus der Nähe zu sehen. Das ♀ entspricht weitgehend den ♀ anderer Löffelenten. Vom Löffele.-♀ (107) läßt es sich an dem gedrungeneren Körper, dem dunkleren, breiter gezeichneten Gefieder, dem dunkleren Schwanz, dem einheitlich dunkelgrauen Schnabel und den gelblichgrauen Füßen unterscheiden. In Gefangenschaft wirken Kaplöffele.-♀ neben Fuchslöffele.-♀ (104) ausgesprochen dunkel und kurzschwänzig. **Im Flug** - Eine typische Löffelente mit mächtigem Schnabel. Die Flügelfärbung ist bei allen Löffelenten weitgehend gleich. Die ♂ haben blaue Vorderflügel, ein breites, weißes Band über den Großen Decken und dunkelgrüne Spiegel. Der Vorderflügel ist bei den ♀ matter, mehr gräulichblau. Das weiße Band ist schmal und wenig auffällig. Die Unterflügel sind bei ♂ und ♀ weißlich.

Stimme: Wenig ruffreudig. Der typische Ruf des ♂ ist ein einfaches, lautes „rrar". Während der Balz ruft es auch wiederholt und rauh „käwick" oder rattert maschinengewehrartig. Vom ♀ sind, wie von anderen Gründelenten, abfallende Quakreihen und einzelne Quaklaute zu hören.
Beschreibung: Alle Kleider ähnlich. ♂ **ad.**- Kopf und Hals hell gelblichbraun, mit feiner, dunkler Strichelung, die auf dem Scheitel und am Hinterhals am dichtesten ist. Körpergefieder fast durchgehend schwärzlichbraun, mit schmalen braungelben Säumen. Bürzel und Oberschwanzdecken grünlichschwarz. Schwanz dunkelbraun. Ellenbogen- und Schulterfedern glänzend schwarzbraun. Oberflügeldecken hell gräulichblau, die Großen mit breiten weißen Enden. Handschwingen dunkelbraun. Armschwingen metallicblaugrün. Unterflügeldecken am Bug graubraun gesprenkelt, sonst weißlich. Schwingen von unten graubraun. ♀ **ad.**- Heller und stärker gefleckt als das ♂. Die hellen Federränder breiter. Kopf und Hals kräftiger dunkel gesprenkelt. Ellenbogen- und Schulterfedern, Bürzel, Ober- und Unterschwanzdecken matt dunkelbraun, nicht glänzend schwarz. Oberflügeldecken bläulichgrau. Das weiße Band auf den Großen Decken schmal und undeutlich. **Juv.-** Gleichen ♀, haben aber an Brust- und Flankenfedern breitere helle Ränder. Juv. ♂ lassen sich schon sehr früh an den blaueren Vorderflügeln erkennen.
Federlose Partien: ♂- Schnabel schwarz. Füße gelb, während der Brutsaison orangegelb. Iris gelb. ♀ **und Juv.**- Schnabel dunkelbraun bis schwarzgrau. Füße gräulichgelb. Iris dunkelbraun.
Maße: ♂ im Mittel größer als ♀. Flügel ♂ 222-253 (M. 238), ♀ 208-238 (M. 226); Lauf 34-43; Schnabel ♂ 56-65, ♀ 52-60; mittleres Gewicht ♂ 688, ♀ 598.
Geographische Variabilität: Keine.
Lebensweise: Eine gesellige Ente, die sich zur Mauser nach der Brut zu Schwärmen von einigen Hundert zusammenschließen kann. Während der Brutperiode zumeist paarweise oder in kleinen Trupps. Paarbildung kurz nach Abschluß der Mauser. Bruten zur Hauptsache von August bis Dezember, bei günstigen Wasserständen aber auch in anderen Jahreszeiten. Nester oft dicht beieinander am Boden in nicht sonderlich hoher Vegetation und immer nah am Wasser. Nahrungssuche in der für Löffelenten typischen Weise. Schwingt den Schnabel schwimmend oder watend an der Wasseroberfläche hin und her. Taucht dabei oft den Kopf und manchmal auch den Vorderkörper ein, gründelt aber selten. Bildet gewöhnlich gesonderte Gruppen, die sich den Trupps anderer Gründelenten nicht eng anschließen. Flug reißend, mit schnellen Flügelschlägen. Fliegt vom Wasser mühelos und sprunghaft auf. Die saisonalen Wanderungen, die möglicherweise mit der Trockenzeit zusammenhängen, bei denen es sich aber auch um Mauserzüge handeln kann, sind noch nicht genügend erforscht. Einige Wiederfunde über 1500 km vom Beringungsort entfernt.
Biotop: Flache Süß- und Brackwasserseen und -sümpfe sowie temporär überschwemmtes Gelände. Auch auf Küstenlagunen und in der Gezeitenzone von Flußmündungen. Meidet tiefe Seen und schnell fließende Flüsse.
Verbreitung: Ein im südlichen Afrika örtlich häufiger Standvogel. Hauptbrutgebiete in der südwestlichen Kapprovinz, Oranje und Transvaal. Das Verbreitungsgebiet reicht bis nach Namibia (selten) und Botswana (häufig). Brütet in Natal, Simbabwe und Angola nur gelegentlich. Streicht innerhalb dieses

Gebietes mehr oder weniger nomadisierend umher. Wanderungen anscheinend von den lokalen Wasserständen beeinflußt, aber bisher noch nicht recht durchschaut. Irrgäste wurden in Zululand, Sambia, Zaire und Tansania beobachtet. Eine Feststellung an der Küste Westmarokkos ist so ungewöhnlich, daß es sich dabei wohl eher um Gefangenschaftsflüchtlinge als um echte Irrgäste gehandelt hat.
Bestand: In dem nicht sehr ausgedehnten Verbreitungsgebiet örtlich durchaus häufig. Bisher sind keine Bestandserhebungen durchgeführt worden.
Literatur: Brown et al. 1982.

106 Halbmondlöffelente (Austral. L.)
Anas rhynchotis   Tafel 33
Englisch: Australian Shoveler

Die nächste Verwandte der holarktisch verbreiteten Löffelente (107). In einigen Kleidern sind die beiden Arten nur schwer auseinanderzuhalten.

Feldkennzeichen: Länge 46-53 cm. **Am Boden** - Die einzige Löffelente Australiens und Neuseelands. An dem klobigen Schnabel leicht von den anderen Gründelenten dieser Region zu unterscheiden. Die Spatelschnabelente (45) hat zwar auch einen sehr großen Schnabel, ist aber völlig anders gefärbt. Im Brutkleid hat das ♂ einen dunklen Kopf, einen halbmondförmigen, weißlich gesprenkelten Gesichtsfleck, eine weißlich gefleckte Brust, rostbraune Flanken mit dunkler, bandartiger, geschuppter Zeichnung und ein weißschwarzes Hinterende. Die neuseeländische Form ist farbiger. Ihr Gesichtsfleck ist fast völlig weiß und die Flanken sind schwächer gezeichnet. Löffelenten-♂ (107) sehen im Übergangskleid ähnlich aus. Bei ihnen ist die Brust aber ausgedehnt weißlich und sowohl an den Flanken als auch zwischen den dunklen Unterschwanzdecken sind noch bräunliche Federn des Ruhekleides zu sehen. Da sich die Verbreitungsgebiete nicht überschneiden, spielen diese Unterschiede höchstens in der Gefangenschaft eine Rolle. Die Schlichtkleider sind ebenfalls den entsprechenden Kleidern der Löffele. sehr ähnlich. Im allgemeinen sind sie dunkler. Der Schnabel ist mehr einfarbig, an den Kanten und im Winkel kaum fleischfarben getönt. Die Füße sind grauer. Bastarde zwischen Löffel- und Blauflügel- (102) bzw. Zimtente (103) können Halbmondlöffele. erstaunlich gleichen. Sie sind aber kleiner und in Freiheit natürlich nur dort anzutreffen, wo die Arten in Nordamerika nebeneinander vorkommen. **Im Flug** - Eine typische Löffelente. Der gewaltige Schnabel läßt die Flügel nach hinten verschoben erscheinen. Der Oberflügel der ♂ ist am Vorderflügel hellblau, hat ein breites, weißes Mittelband und einen grünen Spiegel. Der Oberflügel der ♀ ist weniger kontrastreich. Er ist grauer, mit nur schmalem weißen Band. Die Unterflügel von ♂ und ♀ sind weißlich. Das insgesamt dunkle Gefieder, die Größe, das Flügelmuster und der schnelle Flug lassen Verwechslungen mit der Spatelschnabele. kaum zu.
Stimme: Schweigsam. Der Balzruf des ♂, der gelegentlich auch beim Auffliegen zu hören ist, ist ein weiches „tuck-tuck-tuck-". Das Quaken der ♀ kling heiser.
Beschreibung: Geschlechter verschieden. Saisonal unterschiedliche Kleider. Beschreibung von *A.r.rhynchotis* : ♂ **ad. Brutkleid** - Kopf und Hals dunkelgrau, mit grünem Glanz. Oberkopf schwärzlich. Zwischen Auge und Schnabel ein mehr oder weniger ausgeprägter weißlicher Halbmondfleck. Brust bräunlich, jede Feder mit weißem und schwarzem Subterminalband. Bauch- und Flankengefieder rotbraun, mit breiter, schuppenartiger, schwarzer Zeichnung. Seiten der Afterregion weiß, mit sehr feiner, dunkler Bänderung. Rücken, Bürzel, Ober- und Unterschwanzdecken sowie Schwanzmitte schwärzlich. Schwanzkanten weißlich. Die verlängerten Schulterfedern schwarz, mit weißem Schaftstreif. Oberflügeldecken himmelblau, die Großen mit weißen Enden. Handschwingen dunkelbraun. Armschwingen metallicgrün. Unterflügeldecken weißlich. Schwingen von unten gräulichbraun. ♂ **ad. Ruhekleid** - Weitgehend wie das ♀, Flanken aber kräftiger rotbraun, Seiten der Afterregion oft weißlich und Flügel wie im Brutkleid. ♀ **ad.**- Kopf und Hals gelblichbraun, mit feiner, dunkler Streifung, die am Oberkopf besonders dicht ist. Der dunkle Augenstreifen ist hinter dem Auge am deutlichsten. Körpergefieder dunkelbraun mit hellbraunen Säumen. Mittlere Schwanzfedern braun, äußere bräunlichgelb. Oberflügelmuster wie beim ♂, Vorderflügel jedoch matter und grauer, das weiße Band und der Spiegel kaum glänzend schwarzgrün. Unterflügel wie beim ♂. **Juv.**- Wie das ad. ♀, die Federränder der Unterseite aber breiter und heller. Juv. ♂ lassen sich an der kräftigeren Flügel- und Fußfärbung erkennen.
Federlose Partien: ♂- Schnabel schwarz. Füße sattgelb bis orange. Iris gelb. ♀ **und Juv.**- Schnabel gräulichbraun. Füße grünlichgrau, bei den juv. ♂ werden sie zum Herbst hin zunehmend gelb. Iris dunkelbraun.
Maße: Flügel ♂ 210-261 (M. 239), ♀ 210-297 (M. 238); Lauf 34-42; Schnabel ♂ 56-67, ♀ 57-62, mittleres Gewicht ♂ 667, ♀ 665.
Geographische Variabilität: Zwei Unterarten. *A.r.rhynchotis* (Beschreibung s. o.) ist auf Australien beschränkt. Die neuseeländische Form, *A.r.variegata*, ist der Nominatform sehr ähnlich. Die ♂ sind im Brutkleid im allgemeinen kontrastreicher gefärbt. Sie haben einen größeren, rein weißen Gesichts- und Hinterseitenfleck und satt rotbraune, wenig gezeichnete Flanken. Die individuelle Variation ist jedoch erheblich.
Lebensweise: Gewöhnlich in kleinen Trupps auf flachen Seen und Sümpfen. In der Trockenzeit können sich Ansammlungen von einigen Tausend bilden. Paarbildung vor Beginn der Brutperiode. Brütet an der Küste vorwiegend von August bis Dezember. Im Binnenland hängt der Brutbeginn weitgehend von der Ergiebigkeit der Regenfälle und der Verfügbarkeit geeigneter Brutplätze ab. Es kann daher hier fast das ganze Jahr über zu Bruten kommen. Nester am Boden in Ufernähe im Bewuchs versteckt. Durchschnattert mit hin und her pendelndem Kopf die Wasseroberfläche und gründelt gelegentlich. Beim Schwimmen scheint der große, herabgeneigte Schnabel den Vorderkörper niederzudrücken und den Hinterkörper anzuheben. Scheu und wachsam. Die australische Form streicht in Dürreperioden weit umher und kann dann auch weit außerhalb des eigentliche Brutgebietes erscheinen.
Biotop: Flache Sümpfe, Seen und Überschwemmungsgebiete des Tieflands. Hält sich bevorzugt auf dicht bewachsenen Gewässern auf und meidet offene Wasserflächen. Gelegentlich auch an der Küste auf Brackwasserlagunen und flachen, geschützten Buchten.

Verbreitung: In Australien zwei weit getrennte Populationen, die eine im Südwesten Südaustraliens und die andere im Südosten in der Murray-Darling Region von New South Wales und Victoria sowie auf Tasmanien. In Trockenperioden werden von diesen Zentralgebieten aus, insbesondere dem im Südosten, entferntere, temporäre Gewässer besiedelt. Halbmondlöffele. können daher zeitweilig überall in Australien auftreten, sind aber im trockenen Inneren und im Norden äußerst selten. Auf beiden Inseln Neuseelands weit verbreitet. Da einzelne sogar auf den abgelegenen Aucklandinseln gesehen wurden, scheinen auch diese Populationen nicht ganz ortstreu zu sein.
Bestand: In Australien ausgesprochen lückenhaft verbreitet. Nur im zentralen Brutgebiet des Südostens lokal häufig. Hier kann es in der Trockenzeit auf den bevorzugten Gewässern zu Ansammlungen von mehreren Tausend kommen. In Neuseeland weit verbreitet und verhältnismäßig häufig. Anscheinend bisher nirgendwo bedroht.
Literatur: Frith 1967, RAOU 1984.

107 Löffelente   Tafel 33
Anas clypeata
Englisch: Shoveler

Die einzige Löffelente der nördlichen Hemisphäre. Hier weit verbreitet.

Feldkennzeichen: Länge 44-52 cm. **Am Boden** - Eine mittelgroße, massige Gründelente, mit gewaltig großem, langen und breiten Schnabel. Diesen Schnabel hat die Löffele. nur mit den anderen Löffelenten gemeinsam. Sie ist daran von allen anderen Enten gut zu unterscheiden. Als seltene Irrgäste können Löffele. in das Gebiet der Kap- (105) und ausnahmsweise auch das der Halbmondlöffele. (106) vordringen. Normalerweise kommen sie in Freiheit aber mit keiner der ähnlichen Arten in Kontakt. Das ♂ ist im Brutkleid am dunklen Kopf, den weißen Brust, den rostbraunen Flanken und dem weißschwarzen Hinterende leicht zu erkennen. Nur die Spießenten-♂ (95) haben ebenfalls einen dunklen Kopf und eine weiße Brust, sie haben aber eine charakteristisch verschiedene Gestalt. Vom Schnabel abgesehen, gleichen die Schlichtkleider durchaus Stockenten-♀ (84). Das Gefieder ist jedoch insgesamt weniger kräftig gezeichnet. Der Augenstreifen ist nur angedeutet. Die hellen Federsäume an den Flanken sind breiter, so daß sich die dunkle Ober- von der hellen Unterseite deutlich abhebt. Das ♀ unterscheidet sich von den ♀ der anderen Löffelentenarten durch den Färbungsunterschied von Ober- und Unterseite, den vergleichsweise kurzen, hell eingefaßten Schwanz, den durchgehenden dunklen Augenstreifen, den seitlich fleischfarben bis orange getönten Schnabel und die satt orangefarbenen Füße (s. auch unter Feldkennzeichen bei 104, 105, 106). Die ♀ der Blauflügel- (102) und Zimtente (103) haben ebenfalls massige Schnäbel, die dazu noch nach Art der Löffelenten abwärts geneigt getragen werden. Auch Stockente.-♀ können neben anderen Gründelenten großschnäblig wirken. Der gewaltige Schnabel ist aber für die Löffele. doch immer ein sicheres Kennzeichen. Insgesamt gesehen ist die Verwechslungsgefahr nicht groß. Im Übergangskleid kann Löffele.-♂ fast wie die ♂ der Halbmondlöffele. (106) aussehen (s. dort). **Im Flug** - Wirkt durch den riesigen Schnabel, den langen Hals und den kurzen Schwanz kopflastig. Die Flügel scheinen am Hinterende des Körpers anzusetzen. Etwas kleiner als die Stocke. Flügel spitzer und der Flügelschlag schneller. Das ♂ ist mit dem dunklen Kopf, der weißen Brust, der rostbraunen Unterseite, dem hellblauen Vorderflügel, dem breiten, weißen Flügelband, dem grünen Spiegel und den weißlichen Unterflügeln unverkennbar gefärbt. Das ♀ ist insgesamt bräunlich, mit weißlichen Unterflügeln. Der Vorderflügel ist weniger auffällig als beim ♂, mehr gräulichblau, das weiße Flügelband ist schmal und der Spiegel matt schwärzlich. Die Oberflügel der juv. ♀ sind fast einheitlich graubraun. Alle Löffelenten haben das gleiche Flügelmuster und auch bei der Blauflügel- und Zimte. ist es sehr ähnlich. Diese kleinen, blauflügeligen Enten sind aber in Größe und Gestalt deutlich von Löffelenten verschieden. Knäkenten-♂ (101) haben einen hellgrauen Vorderflügel, an dem, im Unterschied zu den Löffele., auch die Handdecken hell sind, und einen vorne und hinten durch ein weißes Band begrenzten Spiegel. Die ♀ und Juv. der Knäke. lassen sich an dem weißen Endband der Armschwingen erkennen.
Stimme: Wenig rufreudig. Der Balzruf des ♂, der auch im Fliegen zu hören ist, klingt kurz und dumpf „tuck-tuck-" oder „klack-klack-". Die Quakreihen der ♀ sind relativ kurz, meistens nur ein- bis viersilbig und gedehnt „wa-ak wa-ak".
Beschreibung: Geschlechter verschieden. Saisonal unterschiedliche Kleider. **♂ ad. Brutkleid** - Kopf und Oberhals glänzen flaschengrün. Unterhals und Brust weiß. Flanken und Bauch rostbraun. Seiten der Afterregion weiß. Rücken, Bürzel, Schwanzmitte, Ober- und Unterschwanzdecken schwarz oder schwärzlich. Schwanzkanten weiß. Die verlängerten Schulterfedern schwarz, mit weißem Schaftstreif. Oberflügeldecken himmelblau, die Großen mit breiten, weißen Enden. Handschwingen schwärzlich. Armschwingen metallicgrün. Unterflügeldecken weißlich. Schwingen von unten graubraun. **♂ ad. Ruhekleid** - Dem ♀ sehr ähnlich, Bauch und Flanken aber mehr rötlichbraun, mit kräftiger schwärzlicher Zeichnung. Flügel mit hellblauen Handdecken und weißem Band am oberen Spiegelrand. **♂ Übergangskleid** - Mauserzustand bei Herbstbeginn, der ein Kleid ergibt, das mit einem weißlichen Gesichtsfleck stark an die ♂ der australischen Halbmondlöffele. erinnert. Das Brutkleid ist oft erst im Spätwinter voll ausgebildet. **♀ ad.** - Kopf und Hals hell gelblichbraun, mit feiner, dunkler Strichelung. Oberkopf, Hinterhals und der schwach ausgeprägte Augenstreif dunkel abgehoben. Das Körpergefieder ist gelblichbraun, mit dunkelbrauner Zeichnung, die auf der Oberseite fast schwärzlich ist. Schwanz braun, mit hellbräunlichen Kanten. Der Oberflügel wie beim ♂, der Vorderflügel aber mehr gräulich, das weiße Mittelband nur schmal und der Spiegel weniger glänzend. ♀ sind im Spätsommer und Herbst dunkler als im Brutkleid, aber doch nicht so dunkel wie ♂ im Ruhekleid. **Juv.** - Weitgehend wie die ad. ♀, Oberkopf und Hinterhals sind jedoch dunkler und die Unterseite heller, mit kräftigeren Flecken. Anhand der Flügelfärbung ist schon früh eine Geschlechtsbestimmung möglich. Der Flügelspiegel der juv. ♂ ist deutlich matter und das weiße Flügelband schmaler als bei ad. ♂. Die Armschwingen der juv. ♀ sind oft weitgehend bräunlich und haben feine, weißliche Spitzen. Im Herbst tragen juv. ♂ und ♀ ein Übergangskleid, in dem sie den Ad. recht nahe kommen. Das Brutkleid

231

ist erst gegen Ende des Winters gänzlich ausgebildet.
Federlose Partien: ♂- Schnabel im Brutkleid schwarz, im Ruhekleid mehr bräunlich. Füße orange. Iris hellgelb bis orange. ♀ **und Juv.-** Schnabel dunkelgrau oder -braun mit orangefarbenem Feld am Schnabelwinkel und ebenso gefärbten Kanten. Schnabel bei ♀ leicht gefleckt und bei juv. ♂ im Verlauf des Herbstes zunehmend schwärzlich. Füße bei ad. ♀ orange und bei Juv. gelblichorange bis orange. Iris braun, im Herbst bei juv. ♂ schon gelblich und bei manchen ad. ♀ ebenfalls hellgelb.
Maße: ♂ größer als ♀. Flügel ♂ 239-249 (M. 244), ♀ 222-237 (M. 230); Lauf 35-40; Schnabel ♂ 62-72, ♀ 56-64; mittleres Gewicht ♂ 652, ♀ 596.
Geographische Variabilität: Keine.
Lebensweise: Eine gesellige Gründelente, die gewöhnlich paarweise oder in kleineren Trupps auf flachen, pflanzenreichen Gewässern anzutreffen ist. Während des Zuges können sich in bevorzugten Rastgebieten auch größere Ansammlungen bilden. Schließt sich selten anderen Gründelenten an. Bildet zumeist von diesen getrennte Gruppen. Sobald die ♂ gegen Ende des Winters das volle Brutkleid entwickelt haben, setzen Balz und Paarbildung ein. Brütet im allgemeinen zwischen April und Juli. Brutbeginn im Norden einige Wochen später als im Süden. Nest am Boden in dichter Ufervegetation. Oft liegen mehrere Nester nah beieinander. Durchschnattert seihend mit hin und her pendelndem Schnabel die Wasseroberfläche. Kopf und Hals werden dabei oft ganz eingetaucht, manchmal wird auch regelrecht gegründelt. Sitzt zum Ruhen gern auf seichten Bänken oder an flachen Ufern. Liegt schwimmend hoch im Wasser mit tiefliegendem Vorder- und angehobenem Hinterkörper. Der klobige Schnabel berührt abwärts geneigt fast das Wasser. Der Gang ist unbeholfen watschelnd, der Flug dagegen schnell und wendig. Kann mit wirbelnden Flügelschlägen vom Wasser senkrecht auffliegen. Die meisten Populationen sind ausgesprochene Zugvögel, die ab März in den Brutgebieten eintreffen und sie im August wieder verlassen.
Biotop: Bevorzugt flache Seen und Sümpfe mit offenen Wasserflächen, reichlich Unterwasservegetation, dichtem Röhrichtgürtel und schlammigen Ufern. Kann im Flachland auf beinahe allen größeren Süßgewässern auftreten und ist im Winter auch auf Flußmündungen und Küstenlagunen anzutreffen. Hält sich, den Zug ausgenommen, nur selten auf dem Meer auf.
Verbreitung: Weit über die gesamte Nordhemisphäre verbreitet. Überwintert von gemäßigten Gebieten bis in die nördliche Tropenregion. Das Hauptbrutgebiet Nordamerikas liegt im westlichen Binnenland zwischen Alaska im Norden, Kalifornien im Süden und den Großen Seen im Osten. Gelegentliche Bruten auch im Bereich der mittleren Atlantikküste. Die nordamerikanische Population verbringt den Winter in den Niederungen der Ost- und Westküste von British Columbia und North Carolina bis nach Mittelamerika. Einige dringen südwärts bis Panama und wenige auch bis ins nördliche Kolumbien vor. Auf Hawaii ein nicht seltener Gast. Aus Trinidad und Venezuela wurden Irrgäste gemeldet. In Eurasien erstreckt sich das Brutgebiet von den Britischen Inseln und Südskandinavien ostwärts über Zentralasien bis Kamtschatka und die südliche Mongolei. Die Arktischen Regionen werden gemieden. Die Löffele. brütet in Südwest- und Südeuropa sowie im Iran nur vereinzelte bis gelegentliche Bruten. Die Überwinterungsgebiete liegen vor allem in den nördlichen Tropen Asiens und Afrikas und im gemäßigten West- und in Südeuropa. In Ostasien gibt es ebenfalls gute Winterbestände. Zieht in größerer Zahl den Nil aufwärts bis ins nördliche Tansania. Irrgäste sind im Norden auf Spitzbergen und der Bäreninsel und im Süden auf den Azoren, den Kanaren und Madeira sowie in Sambia, Malawi, Botswana, Namibia, Simbabwe, Borneo, Neuguinea, Australien und auf mehreren Pazifischen Inseln gesehen worden.
Bestand: Allgemein häufig. Lokal durch die Trockenlegung größerer Feuchtgebiete verursachte Rückgänge. Nimmt in einigen Gegenden West- und Mitteleuropas auch zu. Der nordamerikanische Bestand wurde in den 60er Jahren auf 2 Millionen geschätzt. Der Winterbestand der westlichen Paläarktis zählte 1975 etwa 1,5 Millionen. Jüngste Winterzählungen in Afrika südlich der Sahara ergaben 10.500 am Tschadsee, 13.000 im Senegaldelta, 22.000 in Kenya und 6.000 in Äthiopien. Große Wintervorkommen auch im südlichen Asien, es gibt aus dieser Region aber kaum Zahlenangaben.
Literatur: Bauer und Glutz 1968, Brown et al. 1982, Cramp und Simmons 1977, Johnsgard 1975.

108 Rotschulterente Tafel 34
Callonetta leucophrys
Englisch: Ringed Teal

Eine ungewöhnliche, kleine südamerikanische Ente, die von Livezey (1986) zu den Gründelenten gestellt wird. Sie wurde früher auch anderen Gruppierungen, z.B. dem Tribus „Cairinini", zugeordnet.

Feldkennzeichen: Länge 35-38 cm. **Am Boden -** Eine hübsche kleine Waldente Südamerikas. Die ♂ sind weitgehend gräulichbraun, mit schwarzem Scheitel und Hinterhals, rostbraunen Schultern, weißschwarzem Hinterende und schwarz gepunkteter, rosafarbener Brust. Der Kontrast zwischen den hellen Kopfseiten und dem schwarzen Scheitel und das schwarzweiße Hinterende sind die im Schatten des Waldes am besten sichtbaren Merkmale. Die Oberseite der ♀ ist fast einfarbig dunkelbraun. Ihre Kopfzeichnung ist auffällig. Vom dunklen Oberkopf, Augenstreifen und Ohrfleck heben sich der breite, weiße Überaugenstreif, die weiße Kehle und die weißen Halsseiten deutlich ab. Die hellbraun wirkende Unterseite ist dunkel schattiert. Der Bauch ist weißlich. ♂ und ♀ sind kaum mit einer anderen Ente der Region zu verwechseln. Das Amazonasenten-♀ hat zwar auch ein helles Gesichtsfeld, diese helle Zeichnung befindet sich aber zur Hauptsache vor und nicht hinter dem Auge. Die Amazonase. ist auch weit größer. Sie hat eine einfarbig braune Unterseite, kein Weiß am Hinterende und tiefrote Beine. Juv. ♂ der Rotschultere. sehen wie ♀ aus, haben aber keine dunkle Gesichtszeichnung. **Im Flug -** Eine kleine, schnell fliegende Ente mit kennzeichnendem Flügelmuster. Die Oberflügel sind sehr dunkel, mit großem, leuchtendweißen, ovalen Fleck auf den Großen Decken und weniger auffallendem, dunkelgrünen Spiegel. Die dunklen Unterflügel kontrastieren, insbesondere bei den ♂, mit dem hellen Unterkörper.
Stimme: Wenig rufffreudig. Der Balzruf des ♂ ist ein heiseres, katzenähnliches Miauen, „whiiu". Die ♀ lassen ein scharfes, ansteigendes „hau-it" und ein leises Quaken hören.
Beschreibung: Geschlechter verschieden. ♂ **ad.-**

Über den Scheitel und die Mitte des Hinterhalses zieht ein schwarzes Band, das sich unter dem Kopf in einem vorne nicht ganz geschlossenen Halsring fortsetzt. Kopf und Hals sonst hell bräunlichgrau. Brust hellrosa mit schwarzen Punkten. Flanken sehr fein grau und weiß gebändert. Bauch weiß. Afterregion schwarz, mit großem, weißen, seitlichen Fleck. Vorderrücken gräulichgelbbraun. Schulterfedern rostbraun. Rücken, Bürzel, Schwanz, Ober und Unterschwanzdecken schwarz. Oberflügel schwärzlich. Auf den Mittleren und Großen Oberflügeldecken ein ovaler, weißer Fleck. Armschwingen metallicdunkelgrün. Unterflügel dunkelgrau. ♀ **ad.-** Oberkopf, Hinterhals, Zügelregion, Augenstreifen und Ohrdecken dunkelbraun. Überaugenstreif, Kehle, Kopf- und Halsseiten weißlich. Brust und Unterseite matt olivbraun, mit hell gräulichbrauner, bandartiger Schattierung. Afterregion weißlich, mit dunklem Seitenband. Oberseite insgesamt dunkel olivbraun. Flügel wie beim ♂. **Juv.-** Juv. ♀ vom ad. nicht zu unterscheiden. Juv. ♂ dem ♀ ähnlich, jedoch ohne Kopfseitenzeichnung und hell gebänderte Unterseite.
Federlose Partien: Füße immer rosa und Iris immer braun. ♂- Schnabel bläulichgrau mit schwarzem Nagel und Nasenloch. ♀ **und Juv.-** Schnabel dunkler als beim ♂ mit dunkelgrauen Flecken am First.
Maße: Geschlechter weitgehend gleich. Flügel 160-175; Lauf 33; Schnabel 35-37; Gewicht 190-360.
Geographische Variabilität: Keine.
Lebensweise: Im Freiland nur wenig untersucht. Scheint allgemein paarweise oder im Familienverband aufzutreten. Paarbindung, zumindest in der Gefangenschaft, von langer Dauer. Die ♂ beteiligen sich an der Führung der Jungen. Brutperiode wahrscheinlich von September bis Dezember. In Paraguay wurden im Januar und Februar Jungenschofe festgestellt. Brütet in Gefangenschaft in Höhlungen, was auf Nester in Baumhöhlen hinweist. Soll auch in den gewaltigen Reisignestern der Mönchssittiche brüten. Durchschnattert bei der Nahrungssuche die Wasseroberfläche und taucht dabei den Kopf und Hals oft tief ein. Baumt mühelos auf. Fliegt schnell und wendig. Gewöhnlich vertraut.
Biotop: Teiche und Sümpfe in locker bewaldeter Landschaft, vor allem zeitweilig überschwemmte Niederungen mit einzelnen Waldkomplexen. Auch an Teichen und Flüssen im dichteren Wald.
Verbreitung: Mittleres Südamerika östlich der Anden. Das Verbreitungsgebiet erstreckt sich vom südlichen Bolivien über Südargentinien, Paraguay, Uruguay und Nordargentinien bis in die Höhe von Buenos Aires und Tucuman. Da bisher nur in Argentinien und Paraguay Bruten nachgewiesen wurden, ist die Ausdehnung des Brutgebietes weitgehend unbekannt. Nach Abschluß der Mauser wandern die südlichen Populationen mit einiger Sicherheit nordwärts ins südliche Brasilien.
Bestand: Keine Bestandsangaben. Die weite Verbreitung läßt vermuten, daß bisher keine akute Bedrohung besteht. Diese interessante kleine Ente hat es verdient, im Freiland genauer untersucht zu werden.
Literatur: Delacour 1954, Johnsgard 1978.

109 Mähnengans Tafel 19
Chenonetta jubata
Englisch: Maned Duck

Eine seltsame australische Ente, die bisher dem Tribus „Cairinini" zugeordnet wurde.

Feldkennzeichen: Länge: 44-51 cm. **Am Boden -** Erinnert in Gestalt und Verhalten an eine Gans. Körper gestreckt, Beine relativ lang, Hals deutlich tailliert, Kopf groß und Schnabel klein. Der Körper der ♂ ist grau. Kopf und Hals sind dunkelbraun. Die Brust ist dunkel gefleckt. Bauch und Hinterende sind schwarz. Das ♀ ist insgesamt düsterer gefärbt, mit streifig gefleckten Flanken und hellen Streifen am mattbraunen Kopf. Eine Verwechslung mit irgendeiner anderen Art ist unwahrscheinlich. Vergleiche in Gefangenschaft auch mit der juv. Glanzente (37). **Im Flug -** Eine massige Ente mit leicht aufgetriebenem Kopf, tailliertem Hals und relativ breiten Flügeln. Kopf und Hinterende der ♂ sind dunkel vom hellgrauen Körper und den hellen Unterflügeln abgehoben. Das Oberflügelmuster ist sehr auffällig. Der Vorderflügel ist hellgrau, die Handschwingen sind schwarz, die Armschwingen sind weiß, und über die Großen Decken verläuft ein schwarzes Band. Das ♀ ist weniger kontrastreich, mehr einheitlich dunkelgrau. Das Flügelmuster gleicht dem des ♂. Eine Verwechslung mit anderen Arten ist unwahrscheinlich. Die Halsband-Zwerggans (66) hat zwar einen ähnlich gefärbten Oberflügel, ist aber wesentlich kleiner. Die Halsbandkasarka (40) ist größer, weit dunkler und hat einen weißen Vorderflügel.
Stimme: Der Balzruf des ♂ ist ein katzenähnliches „wieau". Der am häufigsten vom ♀ zu hörende Ruf ist ein gedehntes, rauhes „hruu".
Beschreibung: Geschlechter verschieden . ♂ **ad.-** Kopf und Oberhals schokoladenbraun, mit einer kurzen, schwarzbraunen Mähne am Hinterkopf. Unterhals und Brust bräunlichweiß, mit bandartig angeordneten Reihen schwärzlicher Flecke. Flanken sehr fein weiß und grau gebändert. Bauch, Afterregion, Oberschwanzdecken, Bürzel und Schwanz schwärzlich. Vorderrücken, Schulter- und Ellenbogenfedern grau, die äußeren Schulterfedern schwarz. Oberflügeldecken grau, die Großen mit breiter weißer Spitze und schwarzem Subterminalband. Handschwingen schwärzlich. Armschwingen an der Basis metallisch grün, die vordere Hälfte aber rein weiß. Armflügel von unten weißlich und Handflügel dunkelgrau. ♀ **ad.-** Kopf und Hals dunkel mattbraun. Über und unter dem Auge eine hellbräunliche Linie, dazwischen ein dunkelbrauner Augenstreifen. Das Körpergefieder düsterer gefärbt als beim ♂ und mehr bräunlich getönt. Bauch und Afterregion weißlich. Die Fleckung der Brust setzt sich verstärkt über die Flanken fort. Flügel wie beim ♂. **Juv.-** Weitgehend wie das ♀, aber insgesamt blasser gefärbt. Von der 12. Woche an beginnt sich bei den juv. ♂ die graue Flankenzeichnung auszubilden. Sie sind dann bald nicht mehr von den ad. ♂ zu unterscheiden.
Federlose Partien: Schnabel ausgesprochen kurz und stets dunkelgrau. Füße immer dunkelgrau. Iris braun.
Maße: Geschlechter weitgehend gleich. Flügel 252-290 (M. ♂ 272, ♀ 266); Lauf 50-53; Schnabel 22-31; mittleres Gewicht ♂ 815, ♀ 800.
Geographische Variabilität: Keine.
Lebensweise: Lebt gesellig in offener, locker bewaldeter Landschaft mit Teichen und Flüssen. Typisch sind größere Trupps, die in Gewässernähe grasen. Paarbindung von langer Dauer. Familienverbände schließen sich zu Schwärmen zusammen, bilden aber auch innerhalb dieser Schwärme eine geschlossene Gemeinschaft. Bei Beginn der Brutperiode, die von den örtlichen Niederschlagsverhältnissen abhängig ist, sondern sich die Paare ab. Brütet in Gegenden mit regelmäßig auftretenden Regenfällen

im Frühling, im Süden vorwiegend im September und Oktober und in New South Wales von Januar bis März. In trockeneren Zonen Bruten zu fast allen Jahreszeiten, immer dann, wenn die Feuchtigkeit für einen frischen Graswuchs ausreicht. Ein höherer Wasserstand in den Flüssen und Teichen ist nicht ganz so wichtig. Nester in Baumhöhlen, oft erheblich weit vom Wasser entfernt. Nahrungssuche vorwiegend an Land. Weidet in der Nähe von Gewässern auf Grasland und Feldern. Ist gut zu Fuß. Hält sich nur wenig auf dem Wasser und schwimmt etwas unbeholfen. Baumt oft auf und sitzt gern auf über das Ufer ragenden Ästen. Die Trupps ruhen am Tage in Ufernähe und fliegen bei beginnender Dämmerung auf die Weidegründe. Sehr wachsam, fliegt bei Störungen aber nicht gleich davon, sondern versucht der Gefahr zunächst laufend auszuweichen. Fliegt dann niedrig, möglichst in der Deckung der Bäume davon. Die Flügelbewegungen sind recht langsam. Im allgemeinen ortstreu, wandert aber beim Ausbleiben der Regenfälle auf der Suche nach geeignetem Weideland weiter umher.

Biotop: Offene Landschaften mit verstreutem Baumwuchs und irgendeinem Süßgewässer. Bevorzugt landwirtschaftlich genutzte Flächen in der Nähe von Seen und Flüssen. Nur selten an Meeresbuchten und Brackwasserlagunen.

Verbreitung: In Ost- und Westaustralien weit verbreitet. Hauptvorkommen im Südosten an den Flüssen Murray und Darling. In Westaustralien weniger zahlreich, dringt hier aber langsam in bisher nicht besiedelte Gebiete vor. Die östliche Population ist ebenfalls angewachsen und hat ihr Areal in den letzten Jahren bis nach Tasmanien und ins östliche Queensland ausgedehnt. Die trockeneren Regionen sind nur dünn besiedelt. Mähnengans. sind aber überall dort anzutreffen, wo durch Regenfälle günstige Bedingungen entstehen. Verhält sich zu einem gewissen Grad nomadisch und kann zeitweilig in fast allen Gegenden Australiens auftreten. Im äußersten Norden nur ein seltener Gast. Ist auch schon bis nach Neuseeland gelangt.

Bestand: Eine häufige Art. Das Verbreitungsgebiet hat sich mit der Zunahme von Acker- und Weideland und der Anlage von Teichen und Tränken erheblich erweitert. Gilt in einigen Gegenden als landwirtschaftlicher „Schädling". Wird intensiv gejagt, scheint aber keineswegs bedroht zu sein. Der Gesamtbestand ist nicht bekannt.

Literatur: Frith 1967, RAOU 1984.

110 Amazonasente   Tafel 22
Amazonetta brasiliensis
Englisch: Brazilian Duck

Eine außergewöhnliche Gründelente der tropischen Wälder Südamerikas, die früher zu dem hier nicht anerkannten Tribus „Cairini" gestellt wurde.

Feldkennzeichen: Länge 35-40 cm. **Am Boden -** Eine untersetzte, kleine braune Gründelente mit rötlichbrauner Brust, locker schuppig gefleckten Flanken und sattroten Beinen. Beim ♂ ist auch der Schnabel rot. Seine hinteren Kopf- und Halsseiten sind aufgehellt. Die ♀ haben eine auffällige weiße Gesichtszeichnung mit weißen Flecken am Zügel und vor dem Auge und weißliche bis graue Kopf- und Halsseiten. Ihr Schnabel ist grau. Vergleiche mit dem ♀ der Rotschulterente (108). Sonst mit kaum einer anderen Ente des Gebiets zu verwechseln. **Im Flug -** Eine braune, gedrungene Ente, mit relativ breiten Flügeln und einem breit gefächerten Schwanz. Der Flügel ist dunkel, mit einem langgezogen dreieckigen, weißen Band am Ende der Armschwingen.

Stimme: Der Ruf des ♂ ist ein durchdringend pfeifendes „tjuwie-tjuwie-" das sowohl bei der Balz als auch im Flug zu hören ist. Das ♀ quakt tief und laut.

Beschreibung: Geschlechter verschieden. Beschreibung der Nominatform: ♂ **ad.-** Oberkopf und Hinterhals sind dunkel- bis schwarzbraun. Kopf- und Halsseiten sind hell gräulichbraun. Die vordere Kopfpartie zwischen Schnabel, Auge und Kehle ist braun. Die Brust ist rötlichbraun. Auf den Flanken und der Unterseite wird die Färbung zunehmend heller und mehr gelblichbraun. Brustseiten und vordere Flanken mit lockerer, schuppenartiger, dunkler Fleckung. Die Oberseite ist dunkelbraun, an Rücken und Bürzel schwärzlich und auf den Oberschwanzdecken aufgehellt braun. Der Schwanz ist schwarz. Die Oberflügel sind schwärzlich, mit grünem und purpurnem Metallglanz. Die weißen Spitzen der grün glänzenden Armschwingen werden nach innen zu zunehmend breiter. Die Unterflügel sind matter, sonst aber ähnlich wie die Oberflügel gefärbt. Individuell variabel, mit dunklen und hellen Phasen. Die dunklen ♂ sind insgesamt dunkler gefärbt. Sie sind an den Kopf- und Halsseiten hell graubraun und im Gesicht wie an der Kehle dunkelbraun. Das Gefieder der hellen Phase ist heller. Kopf- und Halsseiten sowie Kehle sind nahezu weißlich. ♀ **ad.-** Bis auf die Kopfzeichnung den ♂ ähnlich. Die dunkelbraune Färbung auf Oberkopf und Hinterhals ist ausgedehnter. Zwei auffällige, weißliche Gesichtsflecke, einer auf der Zügelregion und ein zweiter über und vor dem Auge. Die Färbung ebenfalls individuell variabel. Bei den dunkleren ♀ sind die Gesichtsflecke weniger ausgeprägt. **Juv.-** Gleichen den ♀, sind aber insgesamt matter gefärbt. Die individuelle Variabilität erschwert die Altersbestimmung. Die Flügel der Juv. sind weniger glänzend mattschwarz.

Federlose Partien: ♂- Schnabel leuchtendrot. Füße rot bis rotorange. Iris braun. ♀ **und Juv.-** Schnabel olivgrau. Füße orangerot. Iris braun.

Maße: Geschlechter weitgehend gleich. *A.b.brasiliensis*: Flügel 168-192; Lauf 36-38; Schnabel 32-39; Gewicht ♂ 380-570, ♀ 350-390. *A.b.ipecutiri*: Flügel 192-215; Schnabel 38-43; mittleres Gewicht ♂ 600, ♀ 580.

Geographische Variabilität: Es werden zwei Unterarten unterschieden. *A.b.brasiliensis* (Beschreibung s.o.) besiedelt die nördlichen und mittleren Bereiche des Verbreitungsgebietes. Die Farbphasen sind anscheinend geographisch gleichmäßig verteilt. Bei der größeren Form *A.b.ipecutiri* scheint dagegen die dunkle Phase vorzuherrschen. Ihr Brutgebiet, aus dem zumindest die südlicheren Populationen nach der Brutsaison weiter nach Norden ziehen, umfaßt das südliche Brasilien, Paraguay, Ostbolivien, Uruguay und Nordargentinien.

Lebensweise: Im Freiland wenig untersucht. Wird gewöhnlich paarweise oder in kleinen Gruppen angetroffen. Große Ansammlungen sind nicht bekannt. Paarbindung wahrscheinlich von langer Dauer. ♂ beteiligen sich an der Brutpflege. Zumindest in Gefangenschaft mehrere Bruten pro Saison. Brutperiode in den einzelnen Regionen sicher unterschiedlich, bisher aber nur wenige Angaben. In Nordargentinien Bruten vorwiegend im Juni und Juli, in Paraguay im November und Dezember und in Guayana im September und Oktober. Neststand nach wenigen Angaben recht verschieden. Die meisten Nester wurden versteckt in der Ufervegetation am Boden gefunden. Es wird aber auch von schwimmenden Nestern und von Bruten in alten Baumnestern anderer Vögel berichtet. Die Amazonase. soll auch in Felsen brüten. Sucht die Nahrung nach Art der Gründelenten im flachen Wasser dicht am Ufer. Setzt sich auf über das Wasser hängende Äste und gesellt sich zu anderen am Ufer ruhenden Enten. Fliegt schnell, aber niedrig. Im allgemeinen ein Standvogel. Nur die südlichen Populationen wandern.

Biotop: Seen, Teiche und Sümpfe im Waldland bis in Höhen von 500 m. Hält sich außerhalb der Brutperiode auch auf überfluteten Feldern und in ausgedehnten Sumpfgebieten auf. Buchten, Lagunen und Mangrovesümpfe der Küste werden seltener aufgesucht.

Verbreitung: In der tropischen Waldregion Südamerikas östlich der Anden weit verbreitet. Das Verbreitungsgebiet erstreckt sich vom östlichen Kolumbien, Mittelvenezuela und Guayana über ganz Brasilien bis in das nördliche Argentinien und östliche Bolivien. Die kleinere Unterart ist weitgehend ortstreu. Die größere (s. Geographische Variabilität) scheint nach Abschluß der Brutsaison zumindest teilweise nach Norden zu ziehen. Amazonase., die dieser Form zuzurechnen sind, wurden sogar in Venezuela und Kolumbien erlegt.

Bestand: Über den derzeitigen Status der Art ist wenig bekannt. Die weite Verbreitung und Berichte über ein regional häufiges Vorkommen lassen vermuten, daß der Bestand, wenn überhaupt, nur lokal bedroht ist.

Literatur: Delacour 1954, Johnsgard 1978.

Tribus Aythini (Tauchenten)

In dem Tribus Aythini werden hier nach Livezey (1986) vier Gattungen vereinigt. Die monotypische Gattung *Rhodonessa* ist inzwischen wahrscheinlich ausgestorben. Die ebenfalls monotypische Gattung *Marmaronetta* wird auch zu den Gründelenten (Anatini) gestellt. Die drei Arten der Gattung *Netta* vermitteln zwischen den echten Tauchenten der Gattung *Aythya* und den Gründelenten.

111 Marmelente   Tafel 34
Marmaronetta angustirostris
Englisch: Marbled Duck

Die Marmele. wird oft zu den Gründelenten gestellt und manchmal sogar in die Gattung *Anas* einbezogen. Das Balzverhalten, das Fehlen eines Flügelspiegels und weitere Merkmale deuten auf eine engere Beziehung zu den Tauchenten hin.

Feldkennzeichen: Länge 39-42 cm. **Am Boden -** Eine kleine, schlanke, hell sandbraune Ente mit dunklem Augenfleck, dünnem Schnabel und relativ großem Kopf. Flanken und Oberseite sind mit weißlichen Tupfen übersät, die aber aus einiger Entfernung nur auf der dunkleren Oberseite auffallen. Brust und Unterschwanzdecken sind dunkel geschuppt. Flügel und Schwanz sind einfarbig blaßbräunlich. Marmele. verhalten sich wie kleine Gründelenten, mit denen sie oft vergesellschaftet sind. Innerhalb ihres Verbreitungsgebietes ist sie kaum mit einer anderen Ente zu verwechseln. Man sollte aber auch auf leuzistische Individuen anderer kleiner Enten, vor allem auf entflogene Bahamaenten (97) oder auf die untersetzteren, rotschnäbligen Kapenten (79) achten. Spießenten-♀ (95) haben zwar eine ähnliche Gestalt und einen recht einfarbigen Kopf und Hals, sind aber größer und brauner, haben deutlich gezeichnete Flanken und keinen Augenfleck. Vergleiche bei Gefangenen auch mit der Schopfente (65). **Im Flug -** Eine kleine, schlanke, sandfarbene Ente, die weder auf der Ober- noch auf der Unterseite irgendeine auffällige Zeichnung zeigt. Die einfarbig hellbräunlichen Flügel, denen jegliche Andeutung eines Spiegels fehlt, unterscheiden sie von allen anderen kleinen Enten des Gebiets. Nur juv. Knäkenten-♀ (101) haben einen ähnlich unscheinbaren Flügel, der aber immerhin eine weiße Hinterkante besitzt.

Stimme: Recht schweigsam. Bei der Balz sind von ♂ und ♀ nasal quiekende Laute zu hören.

Beschreibung: Geschlechter gleich. **Ad.-** Am Hinterkopf eine kurze, zottige Holle. Gefieder nahezu gänzlich hell sandbraun. Oberkopf und Holle fein braun gebändert. Um das Auge ein schwärzlicher Fleck der zum Nacken hin heller und verschwommener wird. Kopf und Hals, von einer blaßbraunen Strichelung abgesehen, fast ungezeichnet. Brust, Mitte der Unterseite und Unterschwanzdecken braun gebändert. Flanken mit großen, weißlichen Punkten bedeckt. Schultern blaßbraun, mit hell gelblichbraunen Punkten. Die Grundfärbung auf Rücken, Bürzel und Oberschwanzdecken etwas heller als auf den Schultern, die Zeichnung aber gleich. Schwanz blaß gelblichbraun mit hellen Kanten. Oberflügel hell gräulichbraun, die Färbung wird im Endabschnitt der Armschwingen heller. Unterflügel weißlich. Geschlechter weitgehend gleich. Das ♂ hat eine etwas ausgeprägtere Holle. **Juv.-** Gleichen den ad. ♀, sind aber insgesamt etwas düsterer gefärbt, haben keine Holle und sind verwaschen gefleckt.

Federlose Partien: Füße immer olivgrau bis gräulichgelb und Iris braun. Geschlechter im allgemeinen an der Schnabelfärbung zu unterscheiden. ♂- Schnabel schwärzlich, mit schmalem hellgrauen Subterminalband und ebenfalls heller Basis. ♀- Schnabel mattschwarz, mit grünlichem Fleck am Schnabelwinkel. **Maße:** ♂ gewöhnlich größer als ♀. Flügel 186-215 (M. ♂ 207, ♀ 198); Lauf 35-40; Schnabel 39-47; mittleres Gewicht ♂ und ♀ 477.

Geographische Variabilität: Keine.

Lebensweise: Eine seltene, ausgesprochen fleckenhaft verbreitete Ente, die sowohl auf Süß- als auch auf Brackwasserseen lebt. Auch während der Brutzeit gesellig. Nach der Brutsaison können sich auf bevorzugten Gewässern große Schwärme sammeln. Paarbildung im Winterquartier kurz vor Aufbruch in die Brutgebiete. Brutperiode im allgemeinen Mai und Juni, in der UdSSR etwas später. Bildet bei hoher Siedlungsdichte regelrechte Brutkolonien. Nester zumeist am Boden in der Ufervegetation, in Spanien aber auch auf Grasdächern von Hütten. Durchschnattert schwimmend die Wasseroberfläche, gründelt und taucht gelegentlich. Watet auch an seichten Ufern und sucht manchmal sogar auf Stoppeläckern

nach Nahrung. Höchste Aktivität am frühen Morgen und am Abend. Verbringt den Tag ruhend im Röhricht. Fliegt ziemlich langsam und niedrig. Flug weniger wendig als bei den kleinen Gründelenten. Kann vom Wasser nicht sprungartig auffliegen. Die östlichen Populationen sind Zugvögel, die westlichen wohl zumeist Standvögel.
Biotop: Relativ kleine, flache Süß- und Brackwasserseen mit dichtem Bewuchs. Brütet auch an Fischteichen, kleinen Stauseen, langsam fließenden Flüssen und in einigen Gegenden sogar an flachen Küstenlagunen.
Verbreitung: Ausgesprochen lückenhaft verbreitet. Verstreute Vorkommen rings um das Mittelmeer und von der Türkei ostwärts bis Zentralasien. Die westlichen Hauptvorkommen befinden sich in Spanien und Marokko. Brütet möglicherweise auch noch in Nordafrika, in Algerien und Tunesien. Diese Populationen verbringen den Winter bevorzugt in Marokko. Vereinzelte Marmele. sind auch weiter im Süden, im Tschad, in Mali, Nigeria und in Senegal anzutreffen. Brütete früher auch in Südfrankreich, auf den Kanaren und vielleicht auch auf den Kapverden. Die östlichen Brutvorkommen in der südlichen Türkei, in Israel, im Irak und Iran, in Afghanistan, in den westlichen Niederungen am Kaspischen Meer, in Usbekistan, der Turkmenischen SSR und nach jüngsten Meldungen auch in Sinkiang im äußersten Westen Chinas. Die Vorkommen in Jugoslawien, Italien, Griechenland, auf Cypern und in Ägypten sind erloschen. Die östlichen Populationen überwintern vorwiegend im westlichen Iran. Kleinere Winterwinkommen gibt es von der Türkei und Ägypten ostwärts bis Pakistan und Nordwestindien. In mehreren ost- und mitteleuropäischen Staaten wurden Irrgäste festgestellt. Diese Beobachtungen stammen aber zum größten Teil aus früheren Zeiten, als der Bestand größer und das Brutgebiet weiter ausgedehnt war. Die in jüngerer Zeit in Westeuropa gesehenen Marmele. werden wohl überwiegend aus der Gefangenschaft entflogen sein.
Bestand: In den meisten Brutgebieten ein erheblicher Rückgang. In Spanien und Marokko nach langandauerndem Schwund örtlich wieder anwachsende Bestände. Zahl der Überwinterer in Marokko wieder recht hoch. An einem der wichtigsten Rastgewässer wurden 1.680 gezählt. Bestände der UdSSR in den letzten Jahrzehnten stark geschrumpft. Im Hauptüberwinterungsgebiet der russischen Populationen, im Iran (Chusistan), wurden 1971 12.600 gezählt. Neuere Informationen sind aus diesem Gebiet nicht zu erhalten. Die Zahl der Überwinterer ist in Pakistan stark zurückgegangen, was die Entwicklung der zentralasiatischen Populationen widerspiegelt. Bestand z.Z. wohl noch nicht akut gefährdet. Wenn der derzeitige Trend anhält, muß um die Zukunft dieser einzigartigen Ente gefürchtet werden.
Literatur: Bauer und Glutz 1968, Cramp und Simmons 1977, Hawkes 1970.

112 Rosenkopfente (Nelkenente)
Rhodonessa caryophyllacea
Englisch: Pink-headed Duck

Höchstwahrscheinlich ausgestorben. Seit 1935 keine belegte Beobachtung mehr. Nach verschiedenen vagen Berichten besteht noch eine geringe Chance, daß diese höchst seltsame Ente in der abgelegenen Grenzregion Nordburmas überleben konnte.

Rosenkopfente

Feldkennzeichen: Länge 60 cm. **Am Boden** - Unverwechselbar. Eine große Ente mit langgestrecktem Körper und relativ langem Hals. Körpergefieder und Vorderhals sind dunkel schokoladenbraun. Kopf und Hinterhals leuchtendrosa. ♀ und Juv. sind etwas matter gefärbt als das ♂. Da der Oberkopf der ♀ dunkel, die Kopfseiten aber weißlichrosa getönt sind, besteht eine gewisse Ähnlichkeit mit Kolbenenten-♀ (113). Die Gefahr einer Verwechslung ist aber äußerst gering. **Im Flug** - Der gestreckte Körper, die relativ breiten Flügel, der lange Hals und die einmalige Farbkombination machen die Rosenkopfe. unverwechselbar. Die blaß rehbraunen Armschwingen und die weiße Vorderkante heben sich von dem sonst dunklen Flügel sicher gut ab. Der blaßrosa Unterflügel und der schwarzbraune Körper bilden einen markanten Kontrast. Bei der Kolbenente sind die Schwingen weitgehend weiß, die Flügel beider Enten sind also deutlich verschieden.
Stimme: Der Ruf des ♂ ist ein leiser, gepreßt klingender Pfiff, der ähnlich wie der Balzpfiff der Stockenten-♂ (84) klingt. Vom ♀ ist ein leises Quaken zu hören.
Beschreibung: Alle Kleider ähnlich. **♂ ad.**- Auf dem Hinterkopf ein beulenartiger Höcker. Kopf und Hals rosarot. Auf dem Vorderhals setzt sich die Dunkelfärbung der Brust zunehmend verjüngt bis zur Kehle hin fort. Körpergefieder schwärzlichbraun, mit schwacher, feiner blaßrosa Bänderung. Flügel überwiegend schwarzbraun. Entlang der Vorderkante des Flügels, vom Bug bis zum Körper eine schmale, weißliche Linie. Handschwingen blaß rehbraun mit weißlichen Spitzen. Unterflügel blaßrosa. **♀ ad.**- Dem ♂ sehr ähnlich. Das Körpergefieder heller und brauner, die Färbung von Kopf und Hals weniger leuchtend, mehr weißlichrosa. Oberkopf, Vorder- und Hinterhals bräunlich getönt. Die schwarzbraune Färbung am Vorderhals nicht wie bei den ♂ scharf begrenzt. **Juv.**- Noch matter gefärbt als das ♀. Körperfedern mit feinen, weißlichen Säumen.
Federlose Partien: ♂- Schnabel leuchtendrosa. Füße rötlichschwarz. Iris rot. ♀- Färbung ähnlich, jedoch matter.
Maße: Geschlechter gleich. Flügel ♂ 250-282, ♀ 246-260; Lauf 40; Schnabel 50-56; Gewicht ca. 793-1360.
Geographische Variabilität: Keine.
Lebensweise: Mit höchster Wahrscheinlichkeit ausgestorben. Lebte früher in Nordindien auf von hohem Gras umgebenen Teichen. War paarweise oder in

kleineren Trupps anzutreffen. Es wird von Flügen von 30 bis 40 Rosenkopfe. berichtet. Brutperiode Juni und Juli. Nest am Boden in Büscheln hohen Grases nahe am Wasser. Nahrungssuche schwimmend, soll aber auch manchmal tauchen. Baumte angeblich gelegentlich auf. Soll immer eine äußerst scheue, wachsame und verborgen lebende Ente gewesen sein.
Biotop: Sümpfe und Teiche im Elefantengrasdschungel.
Verbreitung: Frühere Vorkommen in mehreren nordindischen Staaten. Soll in Assam, Manipur, Bengalen, Bihar, Orissa und der anschließenden Region Nordburmas gelebt haben. Einzelne Nachweise aus anderen Gegenden Nordindiens bis nach Katmandu (Nepal), Haryana und Delhi sowie aus dem südlichen Indien bis Madras und Maharaschtra weisen darauf hin, daß die Rosenkopfe. außerhalb der Brutsaison weit umherstrich. Letzte sichere Feststellung im Juni 1935 in Bihar.
Bestand: War immer selten und daher auch besonders bemerkenswert. Der Verlust weiter Bereiche des speziellen Lebensraumes scheint die Hauptursache für das Aussterben gewesen zu sein. Letzte belegte Beobachtung im Freiland 1935. Lebend in Gefangenschaft bis 1939. Die späteren Meldungen aus Nordindien beruhen zur Hauptsache auf Verwechslungen mit Kolbenenten. Im Winter 1965/66 wurde aber am Mali Kha Fluß nahe Machanbaw in der nordburmesischen Provinz Katschin ein Trupp von fünf Enten gesichtet, bei denen es sich um Rosenkopfe. gehandelt haben kann. Einige Kenner nehmen an, daß die Art auch jenseits der Grenze Burmas in Tibet brütet. Aus dieser Gegend wird immer wieder von ganz geringen Wintervorkommen berichtet. Diesen Berichten fehlt aber die beweiskräftige Dokumentation. Sie sind überdies sehr ungewöhnlich, da sie das Vorkommen der Enten in einem Lebensraum vermuten lassen, der dem in Nordindien in keiner Weise entspricht. Immerhin bleibt die Hoffnung, daß diese außergewöhnlichen Enten in dieser noch wenig erforschten und schwer zugänglichen Region überleben konnten.
Literatur: Ali 1960, Ali und Ripley 1968, Kear und Williams 1978.

113 Kolbenente Tafel 35
Netta rufina
Englisch: Red-crested Pochard

Die größte der „Tauchenten" und in mancher Hinsicht eine Übergangsform zwischen diesen und den Gründelenten. Das Hauptvorkommen liegt in Osteuropa und in der südlichen UdSSR.

Feldkennzeichen: Länge 53-57 cm. **Am Boden -** Eine recht große, untersetzte Ente, die sich weit mehr wie eine Gründel- als wie eine Tauchente verhält. Das ♂ hat im Brutkleid einen rostorangen Kopf, einen roten Schnabel, eine schwarze Brust, ein schwarzes Hinterende, weiße Flanken und eine einfarbig braune Oberseite. Das mattere, weniger farbige Schlichtkleid ist fast genauso auffällig. Oberkopf und Nacken sind dunkelbraun und von den ausgesprochen hellen, blaßbraunen Kopf- und Halsseiten deutlich abgesetzt. Das Körpergefieder ist einheitlich mattbraun. Die Gefiederfärbung ähnelt der des Trauerenten-♀ (134). Dieses ist aber dunkler rußbraun, hat einen kürzeren Schnabel und längeren Schwanz, der oft aufrecht getragen wird, sowie einheilich dunkle Flügel. Im Winter ist es zumeist auf dem Meer anzutreffen.
Im Flug - Ebenfalls sehr auffällig. Eine kompakt gebaute Ente mit viel Weiß am Flügel. Die schwarze Unterseite des ♂ bildet mit den weißen Flanken und den weißlichen Unterflügeln einen scharfen, gut sichtbaren Kontrast. Am Oberflügel heben sich die nahezu gänzlich weißen Schwingen und die weiße Vorderkante vom braunen Vorderflügel deutlich ab. Der Flügel des ♀ ist am Bug nicht weiß, sonst aber wie beim ♂ gefärbt. Sein unterseits heller Kopf und die weißlichen Unterflügel kontrastieren mit dem braunen Körper. Nur bei der kleineren Moorente (122) ist das Weiß auf den Flügeln ähnlich ausgedehnt. Sie hat aber einen auffallend weißen Bauch, einen dunklen Kopf und einen deutlich schnelleren Flügelschlag.
Stimme: Schweigsam. Der Balzruf des ♂ klingt kurz und laut wie „bät" oder „brät". Der Ruf des ♀ ist ein kurzes und hartes „rä-rr".
Beschreibung: Geschlechter verschieden. Saisonal unterschiedliche Kleider. ♂ **ad. Brutkleid -** Kopf und Nacken mit kurzer, stehender Mähne. Kopf orangebraun, zum Scheitel hin zunehmend gelblich und an den Seiten leicht rötlich getönt. Flanken weiß, mit braun gezackter Oberkante. Hals, Brust, Mitte der Unterseite, Hinterende und Rücken schwarz. Vorderrücken und Schultern braun. Vorderflügel oben braun, mit vom Bug zum Körper verlaufender weißer Kante. Äußerste Handschwingen braun. Schwingen sonst weiß mit braunen Spitzen. Unterflügel weiß. ♂ **ad. Ruhekleid -** Wie das ♀, aber mit rotem Schnabel. ♀ **ad.-** Oberkopf und Hinterhals dunkelbraun. Kopf und Hals sonst blaß gräulich. Körpergefieder mattbraun, am Bauch etwas heller als auf der Oberseite und an den Flanken. Flügel wie beim ♂, jedoch ohne weiße Vorderkante. **Juv.-** Schnabel ganz dunkel, sonst wie das ♀. Schnabel- und Gefiederfärbung der Ad. werden zwar während des ersten Winters erkennbar, das Ad.-Gefieder ist aber erst nach der Sommermauser voll ausgebildet.
Federlose Partien: ♂- Schnabel rosarot. Füße orange oder rosarot, mit gräulichen Schwimmhäuten. Iris rot. ♀- Schnabel graubraun, mit fleischfarbenrosa Binde hinter dem Nagel. Füße gräulichrosa. Iris rötlichbraun. **Juv.-** Schnabel dunkelgrau, die rosa Spitze höchstens angedeutet. Füße fleischfarben mit schmutziggrauen Schwimmhäuten. Färbung bei den ♂ intensiver als bei den ♀. Iris blaßbraun. Schnabel und Füße nehmen im Verlauf des Winters zunehmend die Ad.-Färbung an.
Maße: ♂ gewöhnlich größer als ♀. Flügel 251-275 (M. ♂ 264, ♀ 260); Lauf 40-47; Schnabel 42-52; mittleres Gewicht ♂ 1188, ♀ 1108.
Geographische Variabilität: Keine.
Lebensweise: Zumeist in kleineren Trupps auf größeren Süßwasserseen in offener Landschaft. An den Mauserplätzen und im Winterquartier auch große Ansammlungen. Die Paarbildung beginnt im Herbst und setzt sich den Winter hindurch fort. Trifft im April an den Brutplätzen ein. Bruten von Mitte April bis Ende Juni. Nester am Boden in der Ufervegetation versteckt. Gegen Ende der Brutzeit sammeln sich die ♂ auf bestimmten Mausergewässern. Die ♀ führen die Jungen allein. Sucht schwimmend mit eingetauchtem Kopf oder gründelnd nach Nahrung. Taucht seltener als andere Tauchenten. Sucht manchmal auch Stoppel- und Saatfelder auf. Nahrungssuche vorwiegend am frühen Morgen und am Abend. Tagsüber liegen ruhende Trupps auf dem offenen

Wasser. Liegt beim Schwimmen recht hoch im Wasser. Braucht zum Auffliegen einen Anlauf, fliegt aber schnell und kraftvoll. Flügelbewegungen nicht so wirbelnd schnell wie bei den anderen Tauchenten. Die ♂ und die anderen Nichtbrüter unternehmen im Mittsommer weitere Mauserwanderungen. Beginn des Herbstzuges nach Abschluß der Mauser. Eintreffen in den Winterquartieren ab Oktober, wenige auch schon früher.
Biotop: Bevorzugt große, relativ tiefe Seen mit breitem Röhrichtgürtel in der offenen Landschaft des Tieflandes. Hält sich auch auf langsam fließenden Flüssen und auf Flußmündungen auf. Brackige Strandseen und flachere Küstengewässer werden nur während des Zuges häufiger aufgesucht.
Verbreitung: Das Hauptbrutgebiet erstreckt sich vom Schwarzen Meer und der Türkei ostwärts durch die UdSSR bis China und in die westliche Mongolei. Im Süden reicht es bis Afghanistan (hier selten). Im Westen gibt es größere Brutpopulationen in Süd- und Ostspanien und Südfrankreich und verstreute kleinere Vorkommen in den Niederlanden, Norddeutschland und Mitteleuropa. Brütete früher auch in Nordafrika. Überwintert am nördlichen und östlichen Mittelmeer, am Schwarzen-, Asowschen- und Kaspischen Meer und quer durch das nördliche Indien bis Nordburma. Kleinere Wintervorkommen in Ägypten, auf der Arabischen Halbinsel und in Südchina. Im nördlichen Europa ein häufigerer Gast. Wird regelmäßig auf den Britischen Inseln beobachtet und hat dort gebrütet. Irrgäste sind aus Japan und Australien gemeldet worden. Wird gern und viel in Gefangenschaft gehalten. Einige der isolierten Brutvorkommen Westeuropas gehen möglicherweise auf Gefangenschaftsflüchtlinge zurück.
Bestand: Im asiatischen Teil des Verbreitungsgebietes häufig. Im Westen weniger zahlreich. In der Region Europa - Schwarzes Meer - Mittelmeer Winterbestände von ca. 50.000 und im Westen der UdSSR von ca. 400.000. Die Zahl der Überwinterer ist in Indien ebenfalls bedeutend. Das mitteleuropäische Brutgebiet dehnt sich langsam aus.
Literatur: Bauer und Glutz 1969, Cramp und Simmons 1977.

114 Rotaugenente   Tafel 35
Netta erythrophthalma
Englisch: Southern Pochard

Wie bei der Witwenpfeifgans (7) zwei weit getrennte Vorkommen in Afrika und in Südamerika.

Feldkennzeichen: Länge 48-51 cm. **Am Boden -** Eine größere, dunkle Tauchente, mit leicht aufgetriebenem Hinterkopf. Das ♂ ist insgesamt dunkel, mit langem, grauen Schnabel. Die rotbraunen Flanken und das rote Auge lassen sich nur aus der Nähe erkennen. Es ist kaum mit einer anderen Art zu verwechseln. Das Verbreitungsgebiet überschneidet sich jedoch mit denen der Schwarzkopfruderente (150) und der Maccoaente (152). Beide sind ähnlich dunkel gefärbt, aber kleiner und untersetzter, haben kurze Schnäbel und Hälse und auffallend lange Schwänze. Das Rotaugene.-♀ ist weniger schwarz-, mehr rußbraun und hat im Gesicht und an der Kehle eine auffallende weiße Zeichnung. Beim Amazonasenten-♀ (110) befindet sich die weiße Gesichtszeichnung vorwiegend vor dem Auge. Das ist auch beim kleinen Veilchenenten-♀ (127) der Fall.

Das ♀ der Peposakaente sieht ebenfalls ähnlich aus, ist jedoch nicht so dunkel. Es hat rein weiße Unterschwanzdecken und eine verwaschen hellbräunliche, nicht sehr auffallende weiße Gesichtszeichnung. Vergleiche auch mit der Tafelente (117), Moorente (122) und Reiherente (125), die alle in Afrika überwintern und daher für Verwechslungen in Frage kommen. Sie sind alle kleiner und haben kürzere Hälse. Die beiden letztgenannten haben weißliche Bäuche. **Im Flug -** Der verhältnismäßig lange Hals läßt die Flügel nach hinten verschoben erscheinen. Ein weißes, breites Band, das über sämtliche Schwingen zieht, ist für die Flügel beider Geschlechter charakteristisch. Auf der dunklen Flügelunterseite ist dieses helle Band nur angedeutet. Das ganz dunkle ♂ ist unverwechselbar. Das ♀ erinnert an das ♀ der Peposakaente. Dieses ist aber massiger, heller und hat weiße Unterflügel. Von den Arten der Gattung *Aythya* mit weißen Flügelbinden läßt sich das Rotaugene.-♀ durch die Größe, den dunklen Unterflügel und den bräunlichen, nicht rein weißen Bauch unterscheiden.
Stimme: Wenig ruffreudig. Vom fliegenden ♂ ist manchmal ein nasales, schwirrendes „pirrr-pirrr-" zu hören. Der Ruf des ♀ ist ein tiefes, heiseres, vibrierendes „quärr".
Beschreibung: Geschlechter verschieden. Beschreibung von *N.e.brunnea* : ♂ *ad.*- Kopf, Hals und nahezu die gesamte Unterseite schwärzlich. Flanken dunkel rotbraun. Oberseite und Oberflügel dunkelbraun. Die äußersten Handschwingen braun. Sonst alle Schwingen weiß, mit braunen Spitzen. Unterflügeldecken gräulichbraun. Handschwingen von unten hell gräulichbraun. ♀ *ad.*- Gesamtfärbung ähnlich der des ♂, aber weniger schwärzlich, mehr dunkelbraun. Unterseite dunkel gelblichbraun mit feiner weißlicher Fleckung und Bänderung. Eine auffallende, weißliche Kopfzeichnung. Von der weißen Kehle zieht ein sich verjüngendes Band um die Ohrdecken zum Auge. Um die Schnabelbasis ein weißer Ring. Flügel wie beim ♂. **Juv.-** Dem ♀ ähnlich, das Gefieder jedoch mehr mattbraun. Gesichtszeichnung bräunlichweiß und weniger ausgeprägt. Juv. ♂ sind an Hals, Brust und Unterseite deutlich dunkler als juv. ♀.
Federlose Partien: Schnabel immer bläulichgrau, mit schwarzem Nagel, bei den ♀ etwas grauer als bei den ♂. Füße dunkelgrau. Iris beim ♂ leuchtend rot, beim ♀ rötlichbraun.
Maße: Geschlechter gleich. Flügel 201-228 (M. ♂ 217, ♀ 209); Lauf 37-41; Schnabel 41-45; mittleres Gewicht ♂ 799, ♀ 763.
Geographische Variabilität: Es werden zwei farblich differierende Unterarten unterschieden. Die afrikanische Form, *A.e.brunnea*, ist etwas heller und brauner als *A.e.erythrophthalma* aus Südamerika.
Lebensweise: Die südamerikanische Form ist selten und wenig bekannt, die afrikanische dagegen gut untersucht. Eine Tauchente, die auf Süß- und Brackwasserseen lebt. Außerhalb der Brutsaison größere Ansammlungen auf bevorzugten Gewässern, sonst vorwiegend in kleineren Trupps. Paarbildung zur „Saisonehe" vor Beginn der Brutperiode. Brutbeginn gewöhnlich gegen Ende der lokalen Regenzeit, wenn die höchsten Wasserstände erreicht werden. In Afrika sind daher in allen Monaten Bruten festgestellt worden. Nester am Boden in der Ufervegetation zumeist nah am Wasser, manchmal aber auch weiter davon entfernt. Brütet gelegentlich auch in Höhlen oder in alten Nestern anderer Vögel. Sucht die Nahrung vorwiegend gründelnd und tauchend. Am frü-

hen Morgen und am Abend besonders aktiv. Am Tage sitzen ruhende Gruppen am Ufer. Läuft recht gut. Braucht zum Auffliegen einen Anlauf. Der Flug ist schnell. Im Vergleich zu anderen Enten recht vertraut. Liegt beim Ruhen hoch im Wasser, schwimmt bei der Nahrungssuche aber tiefer eingetaucht, mit niedergedrücktem Schwanz. Während der Trockenzeit ziehen die südlicheren Populationen weiter in den Norden und sammeln sich hier in großer Zahl auf einigen Seen.

Biotop: Relativ große und tiefe Süß- und Brackwasserseen bis in eine Höhe von 2400 m (Afrika).

Verbreitung: Die südamerikanische Form ist inzwischen ausgesprochen selten geworden. Aus früherer Zeit wird von Vorkommen aus weit auseinanderliegenden Gebieten berichtet, z.B. aus dem Gebiet zwischen Venezuela und Kolumbien im Norden und Nordchile im Süden oder aus Nordargentinien und Ostbrasilien. In den letzten 20 Jahren nur noch Einzelbeobachtungen in Brasilien, Venezuela, Kolumbien und Peru. Brutvorkommen z.Z. wahrscheinlich nur noch in Venezuela und Ostbrasilien. Irrgäste sind auf Trinidad gesehen worden. Die afrikanische Form ist im südlichen und östlichen Afrika, vom Kap bis Äthiopien, lokal häufig. Im allgemeinen ist sie ortstreu, die südlichen Populationen ziehen aber während der Trockenzeit weiter nach Norden. In Südafrika beringte Enten wurden in Kenya wiedergefunden. Hier steigen die Zahlen im Winter erheblich an.

Bestand: Die südamerikanische Form war wahrscheinlich schon immer sehr lückenhaft verbreitet. Aus jüngster Zeit gibt es kaum Beobachtungen mehr. Sie soll noch in Venezuela brüten und kommt möglicherweise auch noch in Ostbrasilien vor, wo 1985 ein kleiner Trupp gesehen wurde. Gründe für den Bestandsrückgang sind nicht bekannt. Das Vorkommen der afrikanischen Form ist ebenfalls nicht zusammenhängend. Insgesamt ist sie aber noch recht häufig. Zählungen während der Trockenzeit ergaben in Sambia ca. 7.500, in der westliche Kapprovinz ca. 5.000 und an einigen bevorzugten Seen Kenyas ca. 1.300.

Literatur: Brown et al. 1982, King 1981, Middlemiss 1958.

115 Peposakaente Tafel 35
Netta peposaca
Englisch: Rosybill

Wie die Kolbenente (113) im Verhalten mehr eine Gründel- als eine Tauchente. Eine der häufigeren Enten des gemäßigten Südamerika.

Feldkennzeichen: Länge 53-57 cm. **Am Boden -** Eine massige Ente, die sich gleichermaßen an Land wie auf dem Wasser aufhält. Das ♂ ist mit dem schwarzen Kopf, der schwarzen Brust und Oberseite, den hellgrauen Flanken und dem leuchtendroten Schnabel unverkennbar. Das braune ♀ hat einen blaugrauen Schnabel und eine helle Gesichtszeichnung, kann also mit der Rotaugenenten-♀ (114) verwechselt werden. Es ist aber heller gefärbt, hat leuchtendweiße Unterschwanzdecken und eine verwaschen hellbräunliche, nicht weiße Gesichtszeichnung. Die Rotaugene. ist in Südamerika äußerst selten geworden. Beide Arten kommen wahrscheinlich nicht mehr nebeneinander vor. **Im Flug -** Eine klobig wirkende, breitflüglige Ente. Bei ♂ und ♀ zieht sich über die Oberseite der Schwingen ein breites, weißes Band. Der Unterflügel ist bei beiden weiß. Beim ♂ kontrastieren der schwarze Vorderkörper und Rücken mit der hellgrauen Unterseite. Das ♀ ist bis auf das Weiß am Flügel dunkelbraun. An den hellen Unterflügeln ist es leicht von dem ♀ der Rotaugene. zu unterscheiden.

Stimme: Allgemein schweigsam. Nur während der Balz ruffreudiger. Vom ♂ ist dann ein schwaches „wieuh" und vom ♀ ein rauhes „kraa" zu hören.

Beschreibung: Geschlechter verschieden. ♂ **ad.-** Kopf, Hals und Brust purpurn glänzend schwarz. Oberseite ebenfalls schwarz, aber auf dem Vorderrücken und den Schultern sehr fein hellgrau bis weißlich gebändert. Flanken und Bauch sind fein weiß und grau gebändert. Aftergegion schwarz. Unterschwanzdecken weiß. Oberflügeldecken schwarzbraun, mit weißem Fleck am Flügelbug. Äußerste Handschwingen schwärzlich. Schwingen sonst weiß, mit schwärzlichen Spitzen. Unterflügel weißlich. ♀ **ad.-** Gefieder fast vollständig und einheitlich mittelbraun. Oberkopf, Hinterhals und Oberseite dunkler als Hals, Brust und Unterseite. Kinn und Kehle weißlich. An den Kopfseiten hellbräunliche Flecke. Bauch aufgehellt gelblichbraun. Unterschwanzdecken weißlich. Flügel, von des etwas helleren Oberflügeldecken abgesehen, wie beim ♂. *Juv.-* Dem ♀ sehr ähnlich, aber noch einheitlicher gefärbt, mit dunklem Bauch. Juv. ♂ sind bald am zunehmend schwärzlichen Gefieder und rötlichen Schnabel zu erkennen.

Federlose Partien: ♂- Schnabel leuchtendrot, mit einem Höcker auf der Oberschnabelbasis. Füße gelb bis orange, mit gräulich getönten Schwimmhäuten. Iris gelb bis orange, während der Brutsaison besonders kräftig gefärbt. ♀ **und Juv.-** Schnabel blaugrau, an der Basis nur wenig verdickt. Füße gräulichgelb. Iris braun.

Maße: Geschlechter weitgehend gleich. Flügel ♂ 228-245, ♀ 220-240; Lauf 41-45; Schnabel ♂ 61-66, ♀ 54-60; mittleres Gewicht ♂ 1181, ♀ 1004.

Geographische Variabilität: Keine.

Lebensweise: Eine gesellige Ente, die in Sumpfgebieten vorwiegend in kleineren Trupps auftritt. Auf bevorzugten Gewässern auch größere Ansammlungen. „Saisonehe". Bruten in Mittelargentinien von Oktober bis Dezember. Nester in der Ufervegetation versteckt, oft auch im Röhricht. Die ♀ legen nicht selten in die Nester anderer Wasservögel. In Argentinien wurden in einem Nest 24 Peposakaeneier und dazu noch 6 Eier der brutparasitischen Kuckucksente (148) gefunden. Das typische Gelege der Peposake. enthält nur 10 Eier. Die Peposake. ernährt sich schnatternd und gründelnd. Sie taucht auch gelegentlich. Sie bevorzugt flaches Wasser und geht oft an Land. Zum Auffliegen braucht sie einen längeren Anlauf. Der Flug ist trotz der relativ kurzen und breiten Flügel geradlinig und schnell. Hoch fliegende Schwärme bilden oft wenig geordnete V-formationen. Im Vergleich zu vielen anderen südamerikanischen Enten recht vertraut. Die südlichen Populationen ziehen im Winter weiter nordwärts.

Biotop: Süßwassersümpfe und -seen in offener Landschaft. Hält sich lieber auf dicht bewachsenen als auf offenen Gewässern auf.

Verbreitung: Im Tiefland des mittleren Südamerika weit verbreitet. Das chilenische Brutgebiet erstreckt sich entlang der Küste von der Atacama bis nach Valdivia. Das Brutgebiet östlich der Anden reicht vom Rio Negro in Argentinien nordwärts bis Uru-

239

Einige Beispiele von *Aythya*-Bastarden

Veilchenententyp

Moorentyp

Baerententyp

guay, Paraguay und Südostbrasilien. Die südlichen Populationen wandern im Winter bis ins südliche Bolivien und mittlere Südbrasilien. In Feuerland ein seltenerer Gast. Wurde als Irrgast auf den Falklandinseln festgestellt. Da sie viel in Gefangenschaft gehalten werden, sind entflogene Peposakae. in Europa und Nordamerika keine Seltenheit.
Bestand: Bisher keine Bestandserhebungen. Zumindest in einigen Gebieten Argentiniens sehr häufig. Eine Bedrohung besteht nicht.
Literatur: Johnsgard 1978, Weller 1967.

Gattung *Aythya* und *Aythya*-Bastarde

Wie die Gründelenten (*Anas*) sind auch die Arten dieser Gattung sehr nah miteinander verwandt. Die ♀ sehen alle ähnlich aus. Im Balzverhalten gibt es nur graduelle Unterschiede. Die Paare finden sich in den Winterquartieren dort, wo sich die Schwärme verschiedener Arten mehr oder weniger durchmischen. All das trägt dazu bei, daß es gelegentlich zu Mischpaaren kommt.
Mayr (1963) schätzte, daß bei wild lebenden Vögeln nur etwa jeder 60.000ste ein Artbastard ist. Die größte Wahrscheinlichkeit, daß es zur Bildung eines Mischpaares kommt, besteht zweifellos dann, wenn sich im Winter ein einzelnes ♀ in den Schwarm einer anderen Art verirrt. Smallshire (1986) stellte fest, daß bei den „Bergenten", die sich im Winter im Inneren der Britischen Insel aufhalten, 20 % der ♂ Bastardmerkmale zeigten.
Bei der Bestimmung von einzelnen Enten, die abseits ihres normalen Winteraufenthalts in Trupps einer ähnlichen Art beobachtet werden, sollte größte Sorgfalt walten. Vor allem solche Individuen, bei denen offensichtlich etwas nicht stimmt, sollten genaue-

stens angesprochen werden. Wie bei den Gründelenten, muß auch der *Aythya*-Bastard nicht unbedingt den Eltern gleichen. Er kann wie eine dritte Art aussehen und, je nachdem ob Vater und Mutter der einen oder der anderen Art angehörten, verschieden sein. Bei der individuellen Variabilität sind Bastarde im Schlichtkleid kaum bis überhaupt nicht zu erkennen. Bastard-♂ im Brutkleid sind dagegen oft ausgesprochen auffällig. Aus dem Freiland sind Mischpaare verschiedenster Arten der Gattung *Aythya* bekannt geworden. In der Gefangenschaft scheinen alle Kombinationen möglich zu sein. Diese Vögel können dann als „Flüchtlinge" auch in der freien Natur auftauchen. Im Normalfall ist es im Freiland unmöglich, die Abkunft eines Bastards festzustellen. Die anschließend aufgeführten Bastarde sind durch Individuen bekannter Herkunft aus der Gefangenschaft belegt. Hypothetisch sind diejenigen Paarungen, die im Freiland zwar vermutet, aber nicht bewiesen wurden.

Tafelente x Reiherente und Moorente.
Rotkopfente x Halsringente, Bergente und Veilchenente.
Halsringente x Rotkopfente, Veilchenente, Reiherente (hyopthetisch) und Bergente (hypothetisch).
Baerente x Moorente (hypothetisch).
Moorente x Tafelente, Reiherente und Baerente (hypothetisch).
Reiherente x Tafelente, Bergente, Moorente und Halsringente (hypothetisch).
Bergente x Rotkopfente, Reiherente und Halsringente (hypothetisch).
Veilchenente x Rotkopfente und Halsringente.

Erstaunlicherweise sind von den beiden ähnlichsten Arten, der Berg- und der Veilchenente, aus freier Wildbahn keine Bastarde bekannt geworden. Die Wahrscheinlichkeit ist hier aber recht groß, daß sie nicht erkannt werden. In Gefangenschaft sind die beide Arten mehrfach gekreuzt worden, wobei sich die Bastarde als fruchtbar erwiesen.

Die folgenden Bastarde haben einige Verwirrung gestiftet, da sie den ♂ einer dritten Art gleichen. Andre Typen sind durch ihre mehr intermediäre Erscheinung besser als Bastarde anzusprechen.

Veilchenentyp
♂ dieses Typs unterscheiden sich von Veilchene.-♂ durch eine schwarze Schnabelspitze (Veilchene. nur Nagel), eine dunkle Schnabelbasis, einen längeren Schopf und eine sehr dichte, feine Bänderung auf der Oberseite, die schon aus geringer Entfernung einheitlich grau erscheint. Die Flanken können fein hellgrau gebändert sein. Das Schwarz des Kopfes kann rötlich oder bläulich getönt sein. Die Iris kann statt gelb orangerot sein.

Bergentyp
Unterscheidet sich vom Berge.-♂ durch schwarze Schnabelspitze (Berge. nur Nagel), kleinen Schopf (Bastarde zwischen Berge. und Reihere. können auch schopflos sein), kürzeren Schnabel mit mehr konkav gebogenem First und dichterer, dunklerer Oberseitenbänderung (wie Veilchene.-Typ).

Moorentyp
Die Weißfärbung der Unterschwanzdecken weniger ausgedehnt als beim Moore.-♂. Schnabel kurz, mit schwarzer Spitze und weißlicher Subterminalbinde. Oberkopf flacher. Flanken und Oberseite fein gräulich gebändert. Wenn die Bänderung fehlt, können die Flanken statt grau rotbraun sein. Iris gelb, nicht weiß.

Baerentyp
Das Grün des Kopfes wie bei mausernden Baere. rotbraun durchsetzt. Unterschwanzdecken weniger weiß. Vordere Flanken nicht weiß. Kleiner Schopf.

Halsringentyp
Vinicombe (1982) beschreibt ein „Halsringe.-♂", dessen innere Handschwingen teilweise weiß waren, das einen kleinen Schopf hatte, bei dem die Subterminal- und die Basalbinde am relativ kurzen Schnabel nur schwach ausgeprägt waren und dessen Brustband zwar heller als die Flanken, jedoch nicht weiß war.

Das Bastardproblem konnte oben nur vereinfachend dargestellt werden. Es ist weit komplexer. Zur vertiefenden Unterrichtung wird folgende Literatur empfohlen, insbesondere die Arbeit von Gillham et al.

Literatur: De Knijff 1983, Eigenhuis 1985, Gantlet 1985, Gillham et al. 1966, Mayr 1963, Osborne 1972, 1985, Perrins 1961, Sage 1961, 1962, 1963, Scherer und Hilsberg 1982, Smallshire 1986, Vinicombe 1982, Voous 1955.

116 Vallisneriaente Tafel 36
Aythya valisineria
Englisch: Canvasback

Die größte, in Nordamerika weit verbreitete Art der Gattung *Aythya*. Sie ist mit der Tafelente (117) der Alten Welt nah verwandt.

Feldkennzeichen: Länge 48-61 cm. **Am Boden** - Eine große in Feuchtgebieten des Binnenlandes und der Küste lebende Tauchente. Die Kopfform ist ein wesentliches, gleichbleibendes Merkmal. Der lange, schwärzliche Schnabel geht ohne Absatz in die flach geneigte Stirn über, die erst am Hinterkopf ihren Scheitelpunkt erreicht. Der aufgereckte Hals ist deutlich länger als bei ähnlichen Arten. Der Körper der ♂ ist im Brutkleid sehr hell, fast weißlichgrau. Das schwarze Hinterende, die schwarze Brust und der rotbraune Kopf bilden dazu einen markanten Kontrast. Das Farbmuster entspricht weitgehend dem des Rotkopfenten-♂ (118). Dieses ist aber kleiner und untersetzter, hat einen runden Kopf, einen kürzeren Schnabel, mit heller Subterminalbinde und schwarzer Spitze sowie ein dunkleres Körpergefieder, bei dem die Oberseite sichtbar dunkler als die Unterseite ist. Das Tafelenten-♂, das als Irrgast Hawaii und die Inseln vor Alaska erreichen kann, nimmt in Größe, Gestalt und Färbung eine Zwischenstellung ein. Von der Vallisneriae. unterscheidet es sich durch den kürzeren, leicht aufgebogenen, zweifarbigen Schnabel und die höhere Stirn, die aber nicht so steil wie bei der Rotkopfe. ansteigt. Der Kopf des Tafele.-♂ ist wie der des Rotkopfe.-♂ gänzlich rotbraun und nicht wie der des Vallisneriae.-♂ um den Schnabel herum schwärzlich. Die Farbverteilung des Gefieders der Berg- und Veilchene.-♂ (126, 127) ist ebenfalls ähnlich. Bei ihnen sind Kopf und Brust aber schwarz und die Flanken weiß von der grauen Oberseite abgesetzt. Das Schlichtkleid der Vallisneriae. ist insgesamt gräulichbraun. Das Braun von Kopf, Hals und Brust ist von dem hell gräulichbraunen Körpergefieder dunkel abgehoben. Gewöhnlich verläuft hinter dem Auge ein undeutlicher heller Streifen. Bei den ♀ der drei ähnlichen Arten, Vallisneria-, Rotkopf- und Tafele., ist die individuelle Variabilität in der Farbtönung beachtlich. Das Körpergefieder ist bei der Vallisneriae. aber im allgemeinen heller und grauer als bei den beiden anderen. Dadurch ist auch der Kontrast zwischen Vorder- und Hinterkörper auffälliger. Der charakteristische „stirnlose" Übergang zwischen Kopf und Schnabel ist für die Vallisneriae. immer das sichere Merkmal. Juv. Tafele.-♀ können bis in den Sommer hinein wie die Vallisneriae. einen völlig schwarzen Schnabel haben, was bei Einzelvögeln, ohne die Möglichkeit eines Vergleichs, verwirrend wirken kann. Auch der sichernd hochgereckte Hals der Tafele. ist ausgesprochen lang. **Im Flug** - Das Flugbild zeichnet sich durch einen relativ massigen Körper und einen langgestreckten Kopf-Hals-Abschnitt aus. Der Körper der ♂ wirkt nahezu weißlich und ist scharf von dem schwarzen Hinterende, der schwarzen Brust und dem rotbraunen Kopf abgesetzt. Der Oberflügel ist etwas dunkler als der sehr helle Rücken. Unterflügel und Unterseite sind weißlich. Der Oberflügel ist einheitlicher gefärbt als bei der Rotkopf- und Tafele. Bei ihnen ist der Vorderflügel deutlich dunkler als die Schwingen. Fliegende ♀ zeigen einen ähnlichen, wenn auch weniger auffälligen Farbkontrast wie die ♂. Die Flügelfärbung gleicht der des ♂. Vergleiche auch mit der Halsringente (119).

Stimme: Schweigsam. Am ruffreudigsten während der Balz. Das ♂ hat einen weich gurrenden Ruf. Vom ♀ ist ein rauhes „krrr" zu hören.

Beschreibung: Geschlechter verschieden. Saisonal unterschiedliche Kleider. **♂ ad. Brutkleid** - Kopf und Hals rotbraun, zum Schnabel hin und an der Kehle zunehmend schwärzlich. Brust und Vorderrücken schwarz. Das Körpergefieder fast vollständig fein hellgrau und weiß quergewellt. Bürzel, Ober- und Unterschwanzdecken sowie Schwanz schwärz-

lich. Oberflügeldecken grau, mit feinem, weißlichen Kritzelmuster. Handdecken dunkler als Armdecken. Handschwingen hellgrau, mit dunkelgrauen Enden. Armschwingen hellgrau, die äußeren mit grauen, die inneren mit weißen Spitzen. Unterflügel weißlich. ♂
ad. Ruhekleid - Federn mit bräunlichen Säumen, dadurch erscheint das gesamte Gefieder matter und einfarbiger. Vom ♀ aber weiterhin an der schwärzlichen Brust, dem ebenfalls schwärzlichen Hinterende, dem rotbraunen Kopf und der roten Iris zu unterscheiden. ♀ **ad.**- Kopf, Hals und Brust braun. Zügel, Kehle und Streifen hinter dem Auge gelblich bis weißlich. Unterseite fein bräunlichgrau und weißlich quergewellt. Oberseite etwas dunkler als die Flanken. Bürzel und Schwanz dunkelbraun. Flügel wie beim ♂, Oberflügeldecken aber etwas dunkler und brauner. Gefieder im Sommer bräunlicher als im Winter. **Juv.**- Gleicht weitgehend dem ♀, Oberseite jedoch dunkler und Unterseite brauner und gröber gebändert. Juv. ♂ haben einen dunkleren Kopf als ♀ und schon sehr früh eine gelbliche Iris. Das Ad.-Gefieder ist gegen Ende des ersten Winters voll ausgebildet.
Federlose Partien: Schnabel immer schwärzlich und Füße immer bläulichgrau. ♂- Iris rot, im Ruhekleid heller und im ersten Jahr gelblich. ♀- Iris dunkelbraun.
Maße: ♂ gewöhnlich größer als ♀. Flügel 220-242 (♂ 225-242, ♀ 220-230); Lauf 43-45; Schnabel 54-63; mittleres Gewicht ♂ 1252, ♀ 1154.
Geographische Variabilität: Keine.
Lebensweise: Eine gesellige Ente offener Wasserflächen. Im Winterquartier schwimmen die typischen, dicht geschlossenen Trupps weitab vom Ufer auf dem offenen Wasser großer Seen oder weiter Flußmündungen. Die Paare suchen zum Brüten Teiche und Sumpfland in offener Landschaft auf. Paarbildung im Spätwinter. Die Vallisneriaenten treffen zumeist schon verpaart im Brutgebiet ein und besetzen hier relativ große Territorien. Bruten hauptsächlich im Mai und Juni. Nistet in der Ufervegetation. Das vergleichsweise große Nest wird oft im flachen Wasser aufgeschichtet. Während die ♀ brüten, versammeln sich die ♂ auf bestimmten Mausergewässern. Die Nahrung wird vorwiegend tauchend heraufgeholt. Taucht im allgemeinen in tieferem Wasser als die Rotkopfe. Am frühen Morgen und am Abend besonders aktiv. Treibt am Tage in geschlossen Trupps schlafend auf dem offenen Wasser oder sitzt in Gruppen ruhend am Ufer. Scheu und wachsam. Braucht zum Auffliegen einen Anlauf. Der Flug ist kraftvoll und schnell. Fliegt oft hoch. Ziehende Trupps fliegen in V-Formation. Zugvögel, die den Winter an der Küste verbringen.
Biotop: Brütet in der Prärie an Seen und Teichen mit offenen Wasserflächen und breitem Röhrengürtel. Überwintert auf größeren, offenen Seen, Küstenlagunen, Flußmündungen und geschützten Meeresbuchten.
Verbreitung: Das Brutgebiet erstreckt sich von Mittelalaska südwärts über die westlichen Prärien und die Great Plains bis ins nordöstliche Kalifornien und Nebraska sowie ostwärts bis Minnesota. Überwintert in den Niederungen der Pazifik- und Atlantikküste von British Columbia bzw. den Großen Seen im Norden bis nach Zentralmexiko im Süden. Erreicht im Winter gelegentlich die Bermudas, Cuba und Guatemala. Irrgäste wurden auf den Marshallinseln, auf Hawaii und in Japan gesehen.
Bestand: Die Bestandszahlen haben in der Vergangenheit stark geschwankt und scheinen z.Z. wieder abzunehmen. Nach einigen trockenen Jahren mit weitgehendem Brutausfall ging der Bestand in den 30er Jahren alarmierend zurück. Nach einer Erholungsphase kam es in den 60er und 70er Jahren erneut zu einem erheblichen Bestandsschwund, der wohl zur Hauptsache durch die Trockenlegung von Feuchtgebieten in den Prärien bedingt war. In der Mitte der 70er Jahre wurde der Bestand auf nur noch 500.000 geschätzt, was im Vergleich zu den Zahlen vor 20 Jahren einen Verlust von nahezu 50% bedeutete. In einigen der wichtigsten Überwinterungsgebieten traten durch „Ölpest" weitere Verluste ein. Diese Ente hat eine relativ niedrige Nachwuchsrate. Ihre Bestandsentwicklung ist besorgniserregend.
Literatur: Hochbaum 1944, Johnsgard 1978.

117 Tafelente Tafel 36
Aythya ferina
Englisch: Pochard

Eine in Europa und im paläarktischen Asien weit verbreitete Ente. Das altweltliche Gegenstück zur Vallisneriaente (116) Nordamerikas.

Feldkennzeichen: Länge 42-49 cm. **Am Boden** - Eine mittelgroße Tauchente mit gedrungenem Körper. Die Rückenlinie fällt zum kurzen Schwanz hin ab. Der Schnabel ist recht lang und leicht aufgebogen. Diese Biegung setzt sich in der geneigten Stirn fort, so daß ein konkaves Kopfprofil entsteht. Das ♂ hat im Brutkleid einen hellgrauen Körper und rotbraunen Kopf. Da auf den Inseln vor Alaska Tafele. gelegentlich vorkommen können, wird die Unterscheidung von den sehr ähnlichen Vallisneria- (116) und Rotkopfenten (118) bei diesen Arten erörtert. Das Pfeifenten-♂ (71) hat keine schwarze Brust und ein weißschwarzes Hinterende. Das Kolbenenten-♂ (113) ist größer, hat eine braune Oberseite und weiße Flanken. Die Flanken des Bergenten-♂ (126) sind von der grauen Oberseite weiß abgesetzt. Sein Kopf ist schwarz. Das ♀ unterscheidet sich von denen anderer altweltlicher *Aythya*-Arten durch das Schnabel-Kopf-Profil, den gräulichbraunen, vom braunen Vorderkörper abgesetzten Rumpf und die helle, manchmal weißliche Kopfzeichnung. Den dunkleren, brauneren Juv. kann jegliche helle Gesichtszeichnung fehlen. Vergleiche auch mit den ähnlichen ♀ der Halsring- (119), Vallisneria- und Rotkopfente. **Im Flug** - Das Flugbild ist durch den kurzen Schwanz, den relativ langen, taillierten Hals und den großen Kopf bestimmt. Das ♂ kann an dem grauen Rumpf, dem schwarzen Hinterende, der schwarzen Brust und dem rotbraunen Kopf leicht erkannt werden. Die weißlichen Unterflügel heben sich vom Körpergefieder kaum ab. Am Oberflügel bildet der dunkle Vorderflügel mit den helleren Schwingen einen gewissen Kontrast. Beim ♀ ist die Farbverteilung ähnlich, aber weniger kontrastreich. Vergleiche auch mit dem Halsring-, Vallisneria- und Rotkopfenten-♀, die im Flug als ähnlich aussehen.
Stimme: Beim erschreckten Auffliegen ist vom ♀ manchmal ein rauhes „rarr" zu hören. Die ♂ rufen während der Balz leise „wi-warr", sonst sind sie ausgesprochen schweigsam.
Beschreibung: Geschlechter verschieden. Saisonal unterschiedliche Kleider. ♂ **ad. Brutkleid** - Kopf rotbraun. Brust und Vorderrücken schwarz. Fast die gesamte Ober- und Unterseite auf weißlichem Grund

Schnabelform und Kopfprofil einiger ähnlicher Aythya-♀

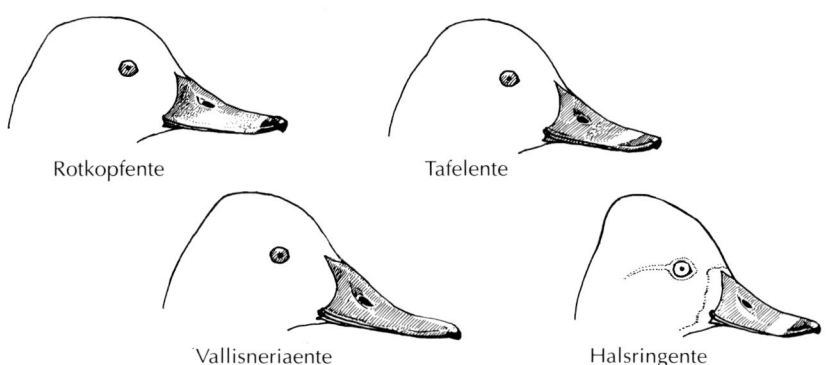

Rotkopfente Tafelente

Vallisneriaente Halsringente

fein dunkelgrau quergewellt. Bürzel, Ober- und Unterschwanzdecken sowie Schwanz schwärzlich. Oberflügeldecken mausgrau, mit weißlichem Kritzelmuster. Schwingen hellgrau. Handschwingen und äußere Armschwingen mit grauen und innere Armschwingen mit weißen Enden. Unterflügel weißlich. ♂ **ad. Ruhekleid** - Dem ♀ ähnlich, jedoch mit hellerem, mehr grauen Rumpfgefieder, schwärzlichbrauner Brust, ungezeichnetem Kopf und rötlicher Iris. ♀ **ad.**- Kopf, Hals und Brust braun. Kehle, Zügelregion und ein Streifen hinter dem Auge hell gräulichweiß. Die helle Kopfzeichnung oft verwaschen und in der Ausdehnung individuell variabel. Ober- und Unterseite gräulichbraun. Oberseite ein wenig dunkler, mit abwechselnd mehr grauer und mehr bräunlicher Schattierung. Gefieder im Sommer deutlich brauner als im Winter. Oberschwanzdecken und Schwanz dunkel graubraun. Flügel wie beim ♂, die Oberflügeldecken aber mehr graubraun. **Juv.**- Wegen der erheblichen individuellen Variabilität ist die Altersbestimmung im Freiland schwierig. Das Gefieder insgesamt einheitlicher braun als beim Winterkleid des ♀. Der helle Streifen hinter dem Auge fehlt. Die braunen Enden der grauen Federn lassen die Flanken fleckig erscheinen. Der Schnabel, wie bei einigen ♀ im Sommer, ganz dunkel. Juv. sehen gegen Ende des ersten Winters weitgehend wie Ad. aus.
Federlose Partien: Füße immer grau. ♂- Schnabel dunkelgrau, mit breiter hellgrauer Subterminalbinde und schwarzer Spitze. Iris rot bis orangegelb, Färbung in der Brutsaison am intensivsten. ♀- Schnabel dunkelgrau bis schwärzlich, mit schmaler hellgrauer, im Sommer wenig ausgeprägter Subterminalbinde und schwarzer Spitze. Iris braun, manchmal auch gelblichbraun. **Juv.**- Schnabel zunächst gänzlich grauschwarz und Iris gelblicholiv. Färbung von Schnabel und Iris im Verlauf des ersten Winters zunehmend wie bei den Ad.
Maße: ♂ im Mittel größer als ♀. Flügel 200-223 (M. ♂ 217, ♀ 206); Lauf 36-42; Schnabel 42-52; mittleres Gewicht ♂ 942, ♀ 848.
Geographische Variabilität: Keine.
Lebensweise: Eine sehr gesellige Tauchente, die sich vorwiegend auf Süßgewässern aufhält. Außerhalb der Brutperiode bilden sich oft sehr große Schwärme, die sich mit anderen Tauchenten zu gemischten Verbänden zusammenschließen können. Zum Schlafen oder Ruhen sondern sich die Tafele. aber gewöhnlich ab. Paarbildung im Spätwinter und im Frühling. Viele Paare finden erst im Brutgebiet zusammen. Brutperiode im allgemeinen von Mitte April bis Juni. Brutbeginn im Norden um einige Wochen später als im Süden. Nest in der Ufervegetation, oft auf feuchtem Untergrund oder teilweise im Wasser. Brütende ♀ werden gewöhnlich von den ♂ verlassen. Einige bleiben aber auch bei der Familie. Sucht zur Mauser bestimmte Mausergewässer auf. Einige Populationen unternehmen dazu ausgedehnte Wanderungen. Taucht bei der Nahrungssuche im relativ flachen Wasser, gründelt auch manchmal. Besonders aktiv am frühen Morgen und am Abend. Tagsüber treiben schlafende Trupps auf dem offenen Wasser. Sitzt manchmal auch in kleineren Gruppen am Ufer. Scheu und wachsam. Braucht zum Auffliegen einen kurzen Anlauf. Der Flug ist geradlinig und schnell. Hoch fliegende Trupps können sich zur V-formation oder zu Reihen ordnen. Zugvogel.
Biotop: Tiefere bis flache Seen und Teiche mit offenen Wasserflächen und Röhrichtgürteln. Außerhalb der Brutsaison auch auf deckungsarmen, offenen Gewässern wie Staubecken, langsam fließenden Flüssen, Flußmündungen und, seltener, geschützten Meeresbuchten.
Verbreitung: In ganz Europa und Mittelasien weit verbreitet. Das Brutgebiet erstreckt sich von den Britischen Inseln und Spanien ostwärts über Europa und Asien bis in die westliche Mongolei und an den Baikalsee. Seine Nordgrenze verläuft am Rand der Tundra und die Südgrenze von den Alpen zum Schwarzen Meer, weiter zum Aralsee und nach Südchina (westliches Sinkiang). Isolierte Brutvorkommen gibt es auf Island (eine sehr kleine Population), in der Zentral- und Osttürkei, in Turkistan, in Afghanistan, im südlichen Tibet in der Mandschurei (Heilungkiang) und in Japan (Hokkaido). Einige dieser Vorkommen sind wahrscheinlich nur sporadisch. In Ostsibirien ist das Brutgebiet möglicherweise weiter ausgedehnt als hier angegeben wird. In gemäßigten Westeuropa weitgehend ein Standvogel. Im Winter Zuzug aus nördlicheren und östlicheren Regionen. Überwinterungsgebiete sind Westeuropa, das Mittelmeerbecken, das Schwarze und Kaspische Meer, Nordindien, Nordburma, Südchina und Japan. Kleinere Populationen ziehen in die westafrikanischen Winterquartiere nach Senegal, Mali und Tschad. Einige dringen sogar bis Kamerun und Zaire vor.

Andere ziehen den Nil aufwärts bis Äthiopien und in Ostafrika bis Kenya und Uganda. Irrgäste sind auf den Färöern, Azoren, Kanaren, Kapverden, in Gambia, Tansania, Thailand, Hong Kong, Taiwan, auf den Philippinen, auf Guam, den Hawaii-Inseln, in Kamtschatka, auf den Kommandeur- (Ostsibirien) und Pribilof-Inseln sowie vor Alaska auf den Aleuten gesehen worden.

Population: Weit verbreitet und häufig. Nimmt in West- und Mitteleuropa lokal zu. In anderen Gegenden sind wegen der Trockenlegung von Feuchtgebieten die Bestandszahlen rückläufig. Winterbestand in Westeuropa um 225.000 und in der Mittel- und Schwarzmeerregion etwa 750.000. Weitere ähnlich große Wintervorkommen in Asien. Die Art ist also sicher nicht bedroht.

Literatur: Bauer und Glutz 1969, Cramp und Simmons 1977.

118 Rotkopfente   Tafel 36
Aythya americana
Englisch: Redhead

Die Rotkopfe. ist kleiner und dunkler als die Vallisneriaente (116), mit der sie in einem Großteil ihres Verbreitungsgebiets gemeinsam vorkommt.

Feldkennzeichen: Länge 45-56 cm. **Am Boden -** Eine mittelgroße Tauchente Nordamerikas, die in allen Kleidern dunkler als die Vallisneriae. ist, einen kürzeren Hals, eine hohe, runde Stirn und einen „normal" geformten Schnabel hat (s. Abb. S. 243). Im Brutkleid ist der Kopf des ♂ rotbraun und das Körpergefieder grau. Brust und Hinterende sind schwarz. Von dem Vallisneriae.-♂ unterscheidet es sich durch den Schnabel- und Kopfform, die dunkel aschgrauen Flanken und den davon weiß abgesetzten Bauch, die ausgedehnter schwarze Brust, die gelben Augen und das auffällige Schnabelmuster. Das Tafelenten-♂ (117) ist ein wenig kleiner als das Rotkopfe.-♂, hat ein helleres Körpergefieder (im Grauton etwa in der Mitte zwischen Vallisneria- und Rotkopfe.), eine flachere Stirn, einen höheren Hinterkopf, rote Augen und einen mehr schwärzlichen Schnabel, mit einer weit breiteren Subterminalbinde. Wegen der saisonalen und altersbedingten Variationen fällt im Schlichtkleid die Unterscheidung weit schwerer. Rotkopfe. sind in diesem Kleid immer dunkler und einheitlicher braun als Vallisneriae. In der Kopfform wie im Schnabelmuster gleichen sie den ♂. Die Ähnlichkeit mit Tafele.-♀ ist noch größer, es fehlt aber der Kontrast zwischen dem dunkleren Vorderkörper und dem helleren Rumpf. Die Oberseite ist immer deutlich dunkler als bei der Tafele. Die Unterschwanzdecken sind manchmal weißlich. Eine markante, helle Kopfzeichnung fehlt. Der hellgraue Schnabel mit der abgehoben schwarzen Spitze und dem ausgeprägten Nagel kann eine wertvolle Bestimmungshilfe sein. Das nahezu dunkelbraune Halsringenten-♀ hat einen etwas kürzeren Körper, einen beulenartigen Schopf am Hinterkopf, weißliche Augenringe und einen längeren, breiteren Schnabel, mit einer noch auffälligeren weißlichen Subterminalbinde. Verwechslungen mit anderen Arten sind weniger wahrscheinlich. **Im Flug -** ♂ und ♀ sind schwer von den ähnlichen Arten Vallisneria- und Tafele. zu unterscheiden. Der recht dunkle, graue Köper und die hellen Unterflügel bilden beim Rotkopfe.-♂ einen etwas kräftigeren Kontrast. Dafür heben sich die Oberflügeldecken vom Rücken weniger ab. Das Schwarz der Brust reicht bis zum Flügelansatz. Die Armschwingen sind heller als die Oberflügeldecken, wodurch die Oberflügelfärbung weniger einheitlich erscheint. Vergleiche auch mit dem Halsringe.-♀.

Stimme: Während der Balz ist vom ♂ ein bezeichnendes, katzenartiges „whie-au" und ein rollendes „rrrr-" zu hören. Der Ruf des ♀ ist ein rauhes „squäk". Außerhalb der Balz sind beide wenig ruffreudig.

Beschreibung: Geschlechter verschieden. Saisonal unterschiedliche Kleider. ♂ **ad. Brutkleid -** Kopf und Hals rotbraun. Brust und Vorderrücken schwarz. Flanken und Oberseite fein weißlich und schwärzlich quergewellt. Oberseite ein wenig dunkler als die Flanken. Mitte der Unterseite weißlich. Bürzel, Unter- und Oberschwanzdecken sowie Schwanz schwarz. Oberflügeldecken grau, mit dunkelgrauer Kritzelzeichnung. Äußere Handschwingen dunkelgrau, die übrigen Schwingen hellgrau. Enden der inneren Handschwingen und der äußeren Armschwingen dunkelgrau. Spitzen der inneren Armschwingen weiß. Unterflügel weißlich. ♂ **ad. Ruhekleid -** Weit weniger kontrastreich. Von dem ♀ durch den rotbraunen Kopf, die dunklere Brust, dunkle Unterschwanzdecken und gelbliche Augen unterschieden. ♀ **ad.-** Kopf, Hals und Brust rötlichbraun. Oberkopf dunkler als die Kopfseiten. Kinn und Kehle weißlichbraun. Ein schwach ausgeprägter, heller Augenring mit angedeutetem Streifen hinter dem Auge. Flankenfedern mit gelblichbraunen Säumen, sonst aber von der Brust farblich kaum abgesetzt. Mitte der Unterseite und oft auch die Unterschwanzdecken weißlich. Das Braun der Oberseite dunkler und weniger rötlich getönt als das der Unterseite. Flügel im allgemeinen wie beim ♂, Oberflügeldecken aber bräunlichgrau. Gefieder im Sommer matter und grauer als im Winter. **Juv.-** Dem ♀ sehr ähnlich. Gefieder mehr gräulichbraun und fleckig. Die ♂ lassen sich ungefähr ab dem dritten Monat an den gelblichen Augen erkennen. Das Ad.-Gefieder wird im Verlauf des ersten Winters ausgebildet.

Federlose Partien: Füße immer grau. ♂- Schnabel hell bläulichgrau, mit relativ ausgedehnter schwarzer Spitze, linienartig schmaler Subterminalbinde und feiner schwarzer Linie um die Basis. Iris gelb, manchmal auch orange. ♀ **und Juv.-** Schnabel wie beim ♂, nur etwas dunkler. Iris braun, bei juv. ♂ bald gelblich.

Maße: ♂ zumeist größer als ♀. Flügel 210-242 (♂ 230-242, ♀ 210-230); Lauf 40-43; Schnabel 44-49; mittleres Gewicht ♂ 1080, ♀ 1030.

Geographische Variabilität: Keine.

Lebensweise: Eine gesellige Tauchente, die sowohl auf süßen wie auf brackigen Gewässern anzutreffen ist. Bildet außerhalb der Brutperiode sehr große Schwärme und schließt sich auch anderen Tauchenten an. Paarbildung in den Winterquartieren und auch noch während des Frühjahrszuges. Die Paare treffen ab Ende April in den Brutgebieten ein und besetzen bald größere Territorien. Bruten im Mai und Juni. Nester in der Ufervegetation versteckt, oft auch im Röhricht. Bei den ♀ besteht die Neigung, auch in fremde Nester zu legen. Die Nahrung wird vorwiegend tauchend heraufgeholt. Am frühen Morgen und am Abend besonders aktiv. Am Tage treiben dicht geschlossene Trupps schlafend auf weit offenen Wasserflächen. Braucht zum Auffliegen einen Anlauf. Der Flug ist schnell und verhältnismäßig wen-

dig. Nicht so scheu wie die Vallisneriae. Zugvogel.
Biotop: Brütet an Seen und in Sumpfgebieten der offenen Landschaft. Überwintert auf Süßwasserseen, Brackwasserlagunen und -sümpfen sowie flachen, geschützten Meeresbuchten.
Verbreitung: In Nordamerika weit verbreitet. Brütet vorwiegend in der Prärie Westkanadas und der USA. Das Brutgebiet erstreckt sich von Mittelkanada südwärts bis Kalifornien, New Mexico und Nebraska. Im Süden dieser Region lokal und lückenhaft verbreitet. Isolierte Brutvorkommen im mittleren und südöstlichen Alaska und im Bereich der Großen Seen. Überwintert überwiegend in den Küstenniederungen von British Columbia im Westen und den Großen Seen im Osten südwärts bis Zentralmexiko und Cuba. Zieht in geringerer Zahl auch auf andere Karibische Inseln und in Mittelamerika bis nach Guatemala. Irrgäste erreichen die Bermudas und Hawaii.
Bestand: Wie bei der Vallisneriae. in diesem Jh. ein erheblicher durch die Trockenlegung von Feuchtgebieten in den Prärien bedingter Rückgang. In den 70er Jahren wurde der Bestand auf 600.000 geschätzt. Er scheint sich jetzt stabilisiert zu haben. Wie das Vorkommen an den Großen Seen zeigt, dehnt sich das Brutgebiet merklich weiter nach Osten aus.
Literatur: Johnsgard 1975.

119 Halsringente (Ringschnabelente)
Aythya collaris **Tafel 38**
Englisch: Ring-necked Duck

Der Reiherente (125) aus der Alten Welt recht ähnlich, im Flügelmuster und Schlichtkleid aber mehr wie die Rotkopfente (118). Der farblich kaum abgehobene Halsring ist im Freiland so gut wie nicht zu sehen.

Feldkennzeichen: Länge 37-46 cm. **Am Boden** - Eine Tauchente mit kurzem, gedrungenen Körper, charakteristischer Holle auf dem Hinterkopf und relativ langem, an der Basis hohen Schnabel (s. Abb. S. 243). Der Schwanz wird beim ruhigen Schwimmen oft schräg aufgestellt. Im Unterschied zu den verwandten Arten, bei denen die obere Flankenbegrenzung einen flachen Bogen bildet, verläuft sie bei der Halsringente. in einer langgezogenen S-Linie. Das an Kopf, Brust, Oberseite und Hinterende schwarze und an den Flanken hellgraue ♂ erinnert an das Reiherenten-♂, in dessen Gebiet es als regelmäßiger Gast erscheint. Von der Reihere. ist es an dem hohen Hinterkopf, dem längeren Schnabel, den hellgrauen, nach vorne zu weißen Flanken und der am Flügelbug keilförmig hochgezogenen Flankenlinie zu unterscheiden. Reihere.-♂, die im Herbst ein Übergangskleid tragen, können mit ihren bräunlich getönten, vorne weißlichen Flanken wie Halsringe. aussehen. Die flache Flankenkurve und ihr runder Kopf mit dem zopfartigen Schopf sind aber einigermaßen sichere Trennungsmerkmale. Zudem ist das Schnabelmuster beim Halsringe.-♂ auffällig. Der Schnabel ist bleigrau mit schwarzer Spitze, breiter weißer Subterminalbinde und weißer Linie um die Schnabelwurzel. Im Ruhekleid lassen sich die Halsringe.-♂ am besten an der Holle erkennen. Die weiße Schnabelbinde und eine Andeutung der Flankenkurve sind aber auch immer zu sehen. Im Schlichtkleid gleicht die Kopfzeichnung mehr der des Tafel- (117) oder Rotkopfe.-♀ als der des Reihere.-♀. Der Augenring und der Streifen hinter dem Auge sind so ausgeprägt wie bei ersteren, das Weiß um den Schnabelgrund ist jedoch ausgedehnter, mehr wie bei letzterer. Die weiße Schnabelbinde ist gewöhnlich deutlicher als bei Tafel- und Rotkopfe., im Sommer aber nur schwach sichtbar. Die Oberseite ist von den leicht rötlich getönten Flanken und der gräulichbraunen Färbung von Kopf, Hals und Brust dunkel abgehoben. Das beste Merkmal ist aber auch hier der durch die Holle hinten „ausgebeulte" Kopf. **Im Flug** - Von der Reiher-, Berg- (126) und Veilchenente (127) durch das Fehlen von Weiß im Flügel leicht zu unterscheiden. Kopf, Hals, Brust und Oberseite sind beim ♂ schwarz, die Körperunterseite und die Unterflügel dagegen hell weißlichgrau. Am Oberflügel ist der Vorderflügel dunkel, die Handschwingen sind graubraun und die Armschwingen perlgrau. Die insgesamt deutlich braun wirkenden ♀ haben die gleiche Flügelfärbung wie die ♂. Beide Geschlechter sind also von der Tafel- und Rotkopfe. an dem ausgesprochen dunklen Vorderflügel und den davon hell abgehobenen Armschwingen zu unterscheiden.
Stimme: Von der Balz abgesehen, schweigsam. Balzruf des ♂ ist ein leiser, tiefer, zischender Pfiff. Vom ♀ ist ein tiefes, rollendes „trrr" zu hören.
Beschreibung: Geschlechter verschieden. Saisonal unterschiedliche Kleider. **♂ ad. Brutkleid** - Kopf, Hals, Brust, Oberseite und Unterschwanzdecken sind schwarz. Um den Unterhals zieht ein dunkel kastanienbrauner, hinten nicht geschlossener Ring. Die Flanken auf weißem Untergrund fein dunkelgrau quergewellt. Der obere und vordere, hochgezogene Flankenrand weiß. Mitte der Unterseite weiß. Oberflügeldecken dunkel graubraun. Armschwingen grau, die inneren mit weißen und die äußeren mit schwärzlichen Enden. Handschwingen braungrau mit schwarzbraunen Spitzen. Unterflügel weißlich. **♂ ad. Ruhekleid** - Die schwarzen Gefiederpartien braun getönt. Zügelregion und Unterschwanzdecken weißlich. Flanken dunkel kastanienbraun, mit etwas hellerem Vorderrand. Von dem ♀ an der schwarzbraunen Färbung von Kopf, Brust und Oberseite und dem Fehlen eines weißlichen Augenringes recht gut zu unterscheiden. **♀ ad.** - Oberkopf dunkel graubraun, Wangen heller graubraun, Kinn, Kehle und die Umgebung der Schnabelwurzel weißlich gesprenkelt bis verwaschen weiß. Um das Auge ein schmaler, weißer Ring, von dem nach hinten eine helle, über die Ohrdecken verlaufende Linie ausgeht. Brust dunkelbraun und Flanken dunkel rötlichbraun. Beide durch helle Federränder leicht gesprenkelt. Mitte der Unterseite weiß, mit mehr oder weniger starker, graubrauner Fleckung. Oberseite dunkel graubraun. Flügel wie beim ♂, Vorderflügel aber brauner. Im Sommer am Körper satter braun und weniger grau getönt, Schnabelbinde kaum sichtbar und Gesichtszeichnung schwächer. Der weißliche Schnabelgrund und der Augenring bleiben normalerweise erhalten. **Juv.-** Gleicht weitgehend dem ♀, Kopf und Hals aber heller braun und Bauch stärker gefleckt. Juv. ♂ sind bald an der schwarzbraunen Brust erkennbar. Während des Winters werden sie dann den ad. ♂ immer ähnlicher. Die hellen Flanken erscheinen aber erst, nachdem die schwarzen Gefiederpartien weitgehend ausgebildet sind.
Federlose Partien: Füße immer grau. ♂- Schnabel bleigrau, mit schwarzer Spitze, breiter, weißer Subterminalbinde und weißer Linie um die Schnabelwurzel, die im Ruhekleid und bei den juv. ♂ fehlt. Iris gelb. ♀- Schnabel ähnlich dem des ♂, die weiße Binde aber schmaler und keine weiße Linie an der

245

Schnabelwurzel. Iris braun. **Juv.-** Schnabel anfangs dunkelgrau mit schwarzer Spitze. Die weißliche Binde entwickelt sich im ersten Herbst. Iris braun, bei den juv. ♂ bald gelblich.
Maße: ♂ zumeist größer als ♀. Flügel 185-206 (M. ♂ 201, ♀ 195); Lauf 45-47; Schnabel 43-50; mittleres Gewicht ♂ 752, ♀ 667.
Geographische Variabilität: Keine.
Lebensweise: Eine gesellige Tauchente, die auf Seen und in Sumpfgebieten des Binnenlandes in kleinen Gruppen anzutreffen ist. Bildet im Winter auch größere Schwärme. Nach Europa eingeflogene Irrgäste schließen sich eher Tafel- als Reiherente an. Die Paarbildung beginnt manchmal schon im Herbst. Die höchste Balzaktivität aber im Spätwinter und Frühjahr. Rückkehr in das Brutgebiet Ende März und im Verlauf des April. Die Brutterritorien sind relativ klein. Brutperiode Mai und Juni. Nester zumeist im Wasser auf Bülten oder kleinen, oft schwimmenden Inseln aus Pflanzenteilen. Nahrungssuche in vergleichsweise flachem Wasser. Taucht und gründelt auch gelegentlich. Am frühen Morgen und am Abend besonders aktiv. Ruht am Tag in kleinen Gruppen am Rande des Röhrichts oder am Ufer und nur selten auf dem offenen Wasser. Liegt hoch im Wasser und schwimmt oft mit angehobenem, gefächertem Schwanz. Hat beim Auffliegen weniger Mühe als die verwandten Arten und fliegt auch schneller und wendiger. Ein ausgesprochener Zugvogel, der im Winter weiter nach Süden zieht als die meisten anderen nearktischen Arten dieser Gattung.
Biotop: Brütet an Seen und in Sumpfgebieten der offenen, flachen Landschaft. Brutgewässer oft recht klein und dicht bewachsen. Überwintert vorwiegend auf größeren Seen, aber auch auf Lagunen und Flußmündungen.
Verbreitung: In Nordamerika weit verbreitet. Das Brutgebiet erstreckt sich über das südliche Kanada und die nördlichen USA von British Columbia im Westen bis zum Atlantik im Osten. Vereinzelte Brutvorkommen in Alaska und in den mittleren wie westlichen USA bis hinab nach Kalifornien, Colorado und Nebraska. Überwintert in den Küstenniederungen von British Columbia und Massachusetts südwärts bis Guatemala und auf den Karibischen Inseln. Einige dringen bis Panama vor. Irrgäste sind aus Trinidad, Venezuela, Hawaii und Japan gemeldet worden. Der Atlantik wird im Winter regelmäßig von kleineren Trupps überflogen. Auf den Britischen Inseln ein alljährlicher Gast. In Europa auf Island, in Schweden, Deutschland, der Schweiz, Frankreich und Spanien beobachtet. Auch in Marokko und auf den Azoren festgestellt.
Bestand: Um die Mitte der 70er Jahre wurde der Bestand auf etwa 500.000 geschätzt. In den letzten Jahrzehnten ist eine Zunahme und eine Ausweitung des Brutgebietes nach Osten zu beobachten, was sich in den vermehrten Beobachtungen in Europa widerspiegelt.
Literatur: Johnsgard 1978, Vinicombe 1982.

120 Tasmanmoorente (Austral Moore.)
Aythya australis   **Tafel 38**
Englisch: Hardhead

Die einzige Art der Gattung *Aythya* in Australien. Normalerweise ein Standvogel. Durch Trockenperioden ausgelöste Züge haben zu Wanderungen bis Java und Neuseeland geführt.

Feldkennzeichen: Länge 42-59 cm. **Am Boden** - Eine relativ große und langgestreckte, dunkel rotbraune Tauchente mit weißen Unterschwanzdecken und heller Binde an der Schnabelspitze. Im australischen Verbreitungsgebiet die einzige *Aythya*-Art und daher hier unverwechselbar. Kann bei invasionsartigen Wanderungen aber auch im Norden auf den Ostindischen Inseln, im Westen auf Inseln im Pazifik und im Süden auf Neuseeland auftreten. In Neuseeland von juv. Maorienten (124) an den weißen Unterschwanzdecken, der hellen Schnabelbinde und der Größe zu unterscheiden. Baerenten (121) sind ähnlich, haben aber weiße Vorderflanken und keine Schnabelbinde. Unter anderen Moorenten in der Gefangenschaft an der breiten, hellen Schnabelbinde, am dunkel- bis schwarzbraunen Gefieder, an der bräunlichen Größe und am relativ langen Hals zu erkennen. **Im Flug** - Flügelmuster und Färbung sind bei allen Moorenten ähnlich. Der weißliche Bauch und die hellen Unterflügel heben sich von dem dunklen Körper deutlich ab. Ein ähnlich breites weißes, über die Schwingen ziehendes Band ist unter den australischen Enten nur noch bei den winzig kleinen ♂ der Weißbauch-Zwerggans (67) anzutreffen.
Stimme: Wenig rufreudig. Der Balzruf der ♂ ist ein weicher, heiserer Pfiff. Von der ♀ ist gelegentlich ein kurzes, rauhes Quaken zu hören.
Beschreibung: Die Kleider allgemein ähnlich. Die Altersbestimmung ist durch die individuelle Färbungsvariabilität erschwert. Beschreibung der Nominatform: ♂ **ad.-** Kopf, Hals, Brust und Körper dunkel kastanienbraun. Unterschwanzdecken weiß. Bauch gewöhnlich weiß oder doch weißlich, manchmal aber auch dunkel gefleckt oder bräunlich. Oberflügeldecken dunkelbraun, mit rötlichem Anflug. Über die volle Länge der graubraunen Schwingen zieht ein breites, weißes Band. Unterflügel weißlich. ♀ **ad.-** Weitgehend wie das ♂, die Gefiederfärbung jedoch etwas heller und weniger rötlich. Kehle oft verwaschen weißlich. Schnabelfärbung weniger ausgeprägt.
Juv.- Gleicht dem ♀, das Braun des Gefieders aber noch heller und mehr ins gelblich. Der Bauch bräunlich gefleckt und nicht hell abgesetzt.
Federlose Partien: Füße immer grau. ♂- Schnabel relativ lang, breit und hoch. Schnabelfärbung schwärzlich, mit breiter, hell blaugrauer Binde hinter der Spitze. Iris weiß. ♀ **und Juv.-** Schnabel schwarzgrau mit im Vergleich zum ♂ schmaler, mehr weißlicher Subterminalbinde. Iris dunkelbraun.
Maße: ♂ zumeist größer als ♀. *A.a.australis* : Flügel 183-243 (M. ♂ 215, ♀ 217); Lauf 38-40; Schnabel 34-50; mittleres Gewicht ♂ 902, ♀ 838. *A.a.extima* : Flügel ♂ 193-211, ♀ 189-196; Schnabel 41-45.
Geographische Variabilität: Es werden zwei Unterarten unterschieden, die Nominatform *A.a.australis* aus Australien und eine kleinere Form, *A.a.extima*, von den Banks Inseln der Neuen Hebriden. Da die Maße der Inselform im Variationsbereich der Nominatform liegen, kann die Validität dieser Unterart angezweifelt werden. Die Inselform ist wenig bekannt. Über ihren derzeitigen Status gibt es keinerlei Informationen. Vielleicht erweist sie sich als eine der temporären Ansiedlungen dieser zeitweilig nomadisierenden Ente.
Lebensweise: Eine gesellige Tauchente binnenländischer Süßgewässer, die in Abhängigkeit von den jeweiligen Gewässerverhältnissen in kleinen Gruppen oder größeren Schwärmen auftreten kann. Auf den in der Trockenzeit verbliebenen Gewässern kann es zu Ansammlungen von einigen Tausend kommen.

Balz und Paarbildung werden unvermittelt durch steigende Wasserstände ausgelöst. Bruten sind daher von den lokalen Regenfällen abhängig. Dort, wo der Regen nicht sporadisch, sondern zu bestimmten Jahreszeiten fällt, ist die Brutperiode weitgehend festgelegt. Im Südwesten Australiens dauert sie von Oktober bis Dezember und in New South Wales von September bis Dezember. Nistet auf im Wasser stehenden Röhrichthorsten oder Büschen, manchmal auch auf kleinen Inseln oder am Ufer. Sucht die Nahrung tauchend, aber auch schnatternd, und manchmal sogar gründelnd. Scheu und wachsam. Steigt vergleichsweise mühelos vom Wasser auf und fliegt schnell davon. Schwimmt zumeist mit gesenktem Schwanz und liegt dabei recht tief im Wasser. Kann aber auch mehr auf dem Wasser treiben, so daß die weißen Unterschwanzdecken sichtbar werden. In Gegenden mit permanenten Gewässern weitgehend ortstreu. Streicht, wenn die Gewässer in langandauernden Dürreperioden austrocknen, weit umher.

Biotop: Bevorzugte Brutplätze sind Sumpfgebiete und vegetationsreiche Seen mit permanent tiefem Wasser. Außerhalb der Brutsaison auch auf größeren, offenen Seen, langsam fließenden Flüssen, Klärteichen und Brackwasserlagunen.

Verbreitung: Hauptvorkommen in Südostaustralien, vor allem in der Murray-Darling-Region von New South Wales. Nördlich davon, bis ins nordöstliche Queensland und im südwestlichen Australien, nur kleinere Vorkommen. Streicht im Sommer, wenn die Wasserstände fallen, auf der Suche nach tiefem Wasser weit umher. Tasmanmoore. können in Dürreperioden überall in Australien auftreten, im trockenen Inneren und im äußersten Norden sind sie aber immer selten. In Tasmanien ist die Tasmanmoore. ein regelmäßiger Gast, Bruten sind von dort bisher aber nicht bekannt geworden. Einzelne außerhalb Australiens beobachtete Tasmanmoore. wurden früher für Vertreter isolierter Populationen gehalten, es handelt sich dabei aber weit eher um sporadische, durch Trockenheit ausgelöste Invasionen. Es kann sein, daß die Enten in diesen entfernten Gebieten auch gelegentlich brüten, zu einer dauerhafte Ansiedlung ist es aber außerhalb des australischen Kontinents bisher wahrscheinlich nicht gekommen. Solche zeitweiligen Gäste, in Neuseeland, auf den Auckland Inseln, in Neuguinea, auf den Neuen Hebriden, in Neu Kaledonien, Sulawesi und Java festgestellt worden.

Bestand: In den letzten Jahrzehnten, vor allem in der Küstenregion von New South Wales, ein erheblicher Rückgang, der durch die Trockenlegung großer Feuchtgebiete bedingt war. Heute ausgesprochen lokal verbreitet. Auf einigen Gewässern im Südosten kommt es immerhin noch zu beachtlichen Ansammlungen. Die Art wird, wenn die Vernichtung des Lebensraums so wie bisher fortgesetzt wird, bald gefährdet sein. Der derzeitige Status der Population von den Banks Inseln ist unbekannt.

Literatur: Frith 1967, RAOU 1984.

121 Baerente (Schwarzkopf-Moore.)
Aythya baeri Tafel 37
Englisch: Baer's Pochard

Eine ostasiatische Moorente, die in mancher Hinsicht der australischen Tasmanmoorente (120) näherstehen als der eigentlichen Moorente (122).

Feldkennzeichen: Länge 41-46 cm. ***Am Boden*** - Eine dunkel rotbraune Tauchente mit glattem runden Kopf und weißen Unterschwanzdecken. Der Moorente ziemlich ähnlich, mit der sie in Ostasien im Winter oder auf dem Zuge zusammentreffen kann. Am besten an der vom Bauch her auf die Vorderflanken übergreifenden Weißfärbung zu erkennen. Diese weiße Flankenregion ist bei hoch auf dem Wasser liegenden Baere. sehr auffällig. Aber auch dann, wenn sie tief eingetaucht schwimmen, ist immer noch über der Wasserlinie ein weißes Feld zu sehen. Im Unterschied zur Moorente, bei der das Weiß am Flügel zumeist durch die Flankenfedern verdeckt wird, ist es bei der schwimmenden Baere. gewöhnlich sichtbar. Nebeneinander gesehen wirkt die Baere. etwas größer als die Moore., mit plumperem Körper und massigerem Schnabel. Ihr Kopfprofil ist gleichmäßig rund und nicht wie bei der Moore auf dem Scheitel leicht geknickt (s. Abb. S. 250). Das ♂ hat im Brutkleid einen schwarzen, grün glänzenden Kopf, an dem das weiße Auge besonders auffällt. Von der dunkel kastanienbraunen Brust ist der Kopf nur schwach abgehoben. Im Schlichtkleid ist der Kopf, wie bei der Moorente, braun. Die Zügelregion ist aber zumeist aufgehellt, was bei einigermaßen guter Sicht ein recht brauchbares Merkmal abgibt. Die Unterschiede des ♀ zu den anderen einheitlich braunen *Aythya*-♀ sind weitgehend dieselben wie beim Moore.-♀. ***Im Flug*** - Das Flügelmuster dem der Moore. ähnlich. Das weiße Schwingenband ist auf den Handschwingen nur schwach ausgeprägt. Die Arm- und die inneren Handschwingen heben sich weiß vom schwärzlichen Vorderflügel und den grauen, äußeren Handschwingen ab.

Stimme: Die Balz ausgenommen, schweigsam. Von ♂ und ♀ sind dann rauhe, wie „grääääk" klingende Rufe zu hören.

Beschreibung: Geschlechter recht ähnlich. Saisonal unterschiedliche Kleider. ***♂ ad. Brutkleid*** - Kopf und Oberhals schwarz, mit grünem Glanz. Am Kinn ein kleiner, weißer Fleck. Unterhals und Brust dunkel rotbraun. Flanken und Afterregion dunkel gräulichbraun. Unterschwanzdecken weiß. Bauch weiß. Das Weiß greift auf die vorderen Flanken über und reicht an der Grenze zur dunklen Brust fast bis zum Flügel. Braun und Weiß sind an den Flanken nicht scharf begrenzt, sondern streifig verzahnt. Oberseite und Oberflügeldecken schwarzbraun, auf Vorderrücken und Schultern rötlich getönt. Arm- und innere Handschwingen weiß, mit schwarzbraunen Enden. Äußere Handschwingen dunkel graubraun, mit schwarzbraunen Enden. Unterflügel weißlich. ***♂ ad. Ruhekleid*** - Wie das ♀, Kopf jedoch schwarzbraun und Auge weißlich. ***♀ ad.***- Dem ♂ ähnlich, Gefieder aber weniger rötlich getönt. Kopf braun, mit ovalem, blaßbraunen Fleck am Zügel und mehr oder weniger weiß melierter Kehle. Auge dunkel. Das Weiß auf den Vorderflanken nicht so ausgedehnt wie beim ♂. Flügelmuster wie beim ♂, Oberflügeldecken aber brauner und das weiße Schwingenband weniger ausgeprägt. ***Juv.***- Wie das ♀, insgesamt aber matter gefärbt. Kopfseiten und Hals dunkel gelblichbraun vom dunklen Oberkopf und Hinterhals sowie der dunkel rotbraunen Brust leicht abgehoben. Weiß an den Flanken recht ausgedehnt auf dem Bauch jedoch bräunlich überflogen. Das Ad.-Kleid entwickelt sich im ersten Winter.

Federlose Partien: Füße immer grau. ♂- Schnabel blaugrau mit hellgrauer, schmaler Spitzenbinde. Nagel und Kanten schwarz. Iris weiß, manchmal auch blaß

gelblich. ♀ **und Juv.-** Schnabel schwärzlichgrau. Die Spitzenbinde fehlt oder ist undeutlich. Iris dunkelbraun, bei den juv. ♂ vom Herbst an zunehmend weißlich.
Maße: ♂ zumeist größer als ♀. Flügel 186-233 (♂ 210-233, ♀ 186-203); Lauf 36-38; Schnabel 47-50; Gewicht ♂ ca. 880, ♀ ca. 680.
Geographische Variabilität: Keine.
Lebensweise: Im Freiland noch wenig untersucht. Zumeist paarweise oder in kleinen Trupps. Schließt sich im Winter oder auf dem Zug auch anderen Tauchenten an. Beginn der Balz und Paarbildung im Spätwinter. Wenn die Trupps gegen Anfang April im Brutgebiet eintreffen, sind noch nicht alle Enten verpaart. Bruten ab Mitte Mai bis in den Juli hinein. Nester am Boden in der Ufervegetation. Während die ♀ brüten, versammeln sich die ♂ auf nahegelegenen, größeren Gewässern zur Mauser. Nahrungssuche fast ausschließlich tauchend. Scheu und wachsam. Kann im Unterschied zur Moorente und anderen Tauchenten fast ohne Anlauf vom Wasser auffliegen. Der Flug ist reißend schnell. Zugvogel. Die Brutgebiete werden nach Abschluß der Schwingenmauser verlassen. Trifft ab Oktober in den Winterquartieren ein.
Biotop: Teiche und Seen in offener Landschaft mit reicher Wasser- und Randvegetation. Überwintert auch auf größeren, offeneren Seen, langsam fließenden Flüssen und in Küstensümpfen.
Verbreitung: Das Brutgebiet umfaßt den äußersten Südosten Sibiriens und Nordostchina (Heilungkiang, Kirin, Liaoning). Die Baere. überwintert in den Niederungen Ostchinas vom Yangtse südwärts bis Kwangtung und in geringerer Zahl auch im nördlichen Vietnam, Thailand, Burma und nordöstlichen Indien. In Japan und Korea ein regelmäßiger, aber nicht häufiger Gast. Irrgäste sind in Westsibirien (Tomsk), Nepal, Indien (Bihar), Hong Kong und Kamtschatka beobachtet worden.
Bestand: Nur spärliche Informationen. Scheint in den zentralen Brut- und Überwinterungsgebieten durchaus häufig zu sein. Eine Bedrohung besteht wohl nicht.
Literatur: Dementiew und Glatkow 1952.

122 Moorente   Tafel 37
Aythya nyroca
Englisch: Ferruginous Duck

Die Verbreitung entspricht weitgehend der der Kolbenente (113). Die höchste Bestandsdichte wird in Osteuropa und in der südlichen UdSSR erreicht.

Feldkennzeichen: Länge 38-42 cm. **Am Boden -** Eine mittelgroße Tauchente, die an ein dunkles Reiherenten-♀ (125) erinnert, der Körper ist jedoch kürzer, der Schnabel länger und der Übergang von der Stirn zum Schnabel nicht geknickt, sondern flach gebogen. Außerdem hat sie keinerlei Schopf oder Holle am Hinterkopf (s. Abb. S. 250). Der Flügel wird in Ruhehaltung relativ weit von den Flankenfedern überdeckt. Das ♂ ist im Brutkleid an Kopf, Brust und Flanken rötlichkastanienbraun, auf der Oberseite dunkel und hat auffallend weiße Unterschwanzdecken, die sichtbar werden, wenn der Schwanz beim ruhigen Schwimmen angehoben wird. Der weiße Bauch und Flügelfleck sind dagegen auf dem Wasser kaum jemals zu sehen. Im Schlichtkleid weniger rotbraun und daher dem Reihere.-♀ noch ähnlicher.

Das Kopfprofil und die leuchtendweißen Unterschwanzdecken sind gute Erkennungsmerkmale, obwohl auch einige Reihere.-♀ weißliche Unterschwanzdecken haben können. Das Auge des Moore.-♀ ist dunkel, beim Reihere.-♀ dagegen im allgemeinen gelb. ♀ mit stark abgenutztem Gefieder können an den Kopfseiten und an der Kehle wie Baerenten-♀ gelblichbraune Gefiederpartien aufweisen. Unterschiede zur Baere., siehe bei dieser. Außerhalb des Verbreitungsgebietes sollte auch die Möglichkeit in Betracht gezogen werden, daß es sich um einen moorenteähnlichen Bastard handelt (s. S.240). **Im Flug -** Erinnert im Flug an die braunen Tauchenten. Der weiße Bauch, die weißen Unterschwanzdecken und Unterflügel kontrastieren mit dem sonst sehr dunklen Gefieder. Von dem schwärzlichen Vorderflügel heben sich die scheinbar völlig weißen Schwingen scharf ab. Die weiße Flügelbinde ist eigentlich nicht viel ausgeprägter als bei der Reihere., sie wirkt aber im Flug fast so ausgedehnt wie bei der Kolbenente (113).
Stimme: Außerhalb der Fortpflanzungszeit schweigsam. Die Balzlaute der ♂ klingen leise stöhnend „wräijö", auch heiser „kjä-kjä-" oder lauter „witt". Das ♀ ruft scharrend „gjär-gjär-" und kurz „gäk".
Beschreibung: Geschlechter ähnlich. Saisonal unterschiedliche Kleider. ♂ **ad. Brutkleid** - Kopf, Hals, Brust und Flanken aufgehellt rötlichkastanienbraun. Am Kinn ein weißer Fleck. Um den Halsansatz ein undeutlicher, schmaler, schwärzlicher Ring. Die seitliche Afterregion schwarzbraun. Unterschwanzdecken rein weiß. Oberseite und Oberflügeldecken schwarzbraun. Schwingen bis auf die dunkelbraunen äußersten Handschwingen weiß mit schwarzbraunen Enden. Unterflügel weißlich. ♂ **ad. Ruhekleid** - Fast wie das ♀, an Kopf und Brust aber immer rötlicher, mit hellem Auge. ♀ **ad.-** Wie das ♂, aber weniger rötlich-, mehr düsterbraun. Kehle unauffällig weißlich gesprenkelt. Kopf und Hals im Sommer etwas heller als im Winter und Flanken durch rostbraune Federränder schwach schuppig gefleckt. **Juv.-** Weitgehend wie das ♀, Kopfseiten und Vorderhals jedoch heller gräulichbraun, Flanken- und Oberseitengefieder mit ausgeprägten rötlichbraunen Säumen. Bauch und Unterflügeldecken dunkel gefleckt. Juv. nehmen im Verlauf des ersten Winters zunehmend das Aussehen von Ad. an.
Federlose Partien: Füße immer grau. ♂- Schnabel schiefergrau, mit schwarzem Nagel, aufgehellt schieferblauer Spitze und ebenso gefärbten Kanten. Iris weiß. ♀ **und Juv.-** Schnabel schwarzgrau, mit aufgehelltem Spitzenabschnitt, bei Juv. auch einheitlich dunkel. Iris der ♀ braun, bei juv. zunächst graubraun. Juv. ♂ sind bald an der hellgräulichen Iris zu erkennen.
Maße: Flügel 178-196 (M. ♂ 188, ♀ 182); Lauf 30-35; Schnabel 36-43; mittleres Gewicht ♂ 569, ♀ 537.
Geographische Variabilität: Keine.
Lebensweise: Wenig gesellig und zumeist paarweise oder in kleinen Trupps anzutreffen. Größere Ansammlungen, die kaum jemals über wenige Hundert hinausgehen, bilden sich nur nach Abschluß der Mauser vor Beginn des Herbstzuges. Paarbildung vorwiegend im Winterquartier. Die Paare treffen ab Anfang April bis Ende Mai im Brutgebiet ein. Bruten von Ende April bis Ende Juni. Nester in der Ufervegetation versteckt, immer ganz dicht am, oft auch im Wasser. Nahrungssuche zumeist tauchend, aber auch schnatternd und gründelnd. Am aktivsten am frühen

Morgen und am Abend. Sitzt am Tage lange ruhend am Ufer oder treibt schlafend auf dem Wasser. Hält sich gern nahe am oder im Röhricht auf und wird daher leicht übersehen. Scheu und wachsam. Braucht im Unterschied zu den meisten verwandten Arten zum Auffliegen kaum einen Anlauf. Aufgeschreckte fallen häufig nach kurzer Flugstrecke wieder ein. Zugvogel. Ankunft in den Winterquartieren ab September. Bis Ende Oktober sind auch die südlichsten Gebiete besetzt.

Biotop: Süß- und Brackwasserteiche und -seen mit breitem, aufgelockerten Röhrichtgürtel. Im Winter auch auf offeneren Seen, langsam fließenden Flüssen, Küstenlagunen und flachen, geschützten Meeresbuchten.

Verbreitung: Im südwestlichen und mittleren Europa gibt es nur verstreute Brutvorkommen. Das Hauptbrutgebiet erstreckt sich von Osteuropa über den Süden der UdSSR bis Westchina (Sinkiang und nördliches Szetschwan) und in die westliche Mongolei. Die höchste Siedlungsdichte wurde an den Steppenseen Osteuropas und der südlichen UdSSR festgestellt. Kleinere, isolierte Vorkommen in Libyen, der Türkei, Iran, Afghanistan und Kaschmir. Hat früher auch in Marokko, Algerien und Israel gebrütet. Überwintert in den Niederungen am Schwarzen- und Kaspischen Meer, in geringer Zahl auch an der Mittelmeerküste und mit größeren Winterbeständen in Ost- (Sudan, Äthiopien) und Westafrika (Senegal). Weitere Überwinterungsgebiete befinden sich im Irak und Iran, in Pakistan und Nordindien sowie in Nordburma und Südchina (wenige). Irrgäste wurden in den meisten west- und nordeuropäischen Ländern festgestellt, dabei wird es sich aber zu einem erheblichen Anteil um Gefangenschaftsflüchtlinge handeln. Außerhalb Europas sind Irrgäste von den Kapverden und Kanaren, aus Gambia, Sierra Leone, Zaire, Tansania, Thailand, Ostchina und Japan bekannt geworden.

Bestand: Örtlich häufig, bei der verborgenen Lebensweise aber schwer zu erfassen. 1970 wurde der Bestand der UdSSR auf ca. 140.000 geschätzt, den wesentlichen Anteil des Weltbestandes ausmachen dürfte. Winterzählungen im europäischen Mittelmeerraum und am Schwarzen Meer ergaben etwa 75.000. In den Niederungen am Kaspischen Meer überwintern um 15.000. Bei westlichen Randpopulationen Europas ein starker Rückgang. Im allgemeinen erhebliche Bestandsfluktuationen.

Literatur: Bauer und Glutz 1969, Cramp und Simmons 1977.

123 Madagaskarmoorente Tafel 37
Aythya innotata
Englisch: Madagascar Pochard

Auf das zentrale Madagaskar beschränkt. Da es aus den letzten Jahren keine Beobachtungen gibt, ist der derzeitige Status unbekannt.

Feldkennzeichen: Länge 46 cm. *Am Boden* - Eine mittelgroße, dunkle Tauchente. In dem begrenzten Verbreitungsgebiet kaum mit einer anderen Art zu verwechseln. Nur die völlig anders aussehende Weißrückenente (10) taucht ebenfalls. Gleicht der Moorente (122), ist aber größer und hat einen mehr abgerundeten Oberkopf. Kopf und Brust sind bei den ♂ dunkler als bei der Moore. und auch von den aufgehellten Flanken stärker abgesetzt. Die ♀ sehen wie die der Moore. aus. *Im Flug* - Weitgehend wie die Moore.

Stimme: Die Rufe sollen denen der Rotkopfente (118) gleichen.

Beschreibung: Geschlechter ähnlich. Saisonal unterschiedliche Kleider. ♂ *ad. Brutkleid* - Kopf und Hals dunkel purpurkastanienbraun ohne weißen Kinnfleck. Brust dunkel kastanienbraun. Flanken und Afterregion rötlichbraun. Bauch und Unterschwanzdecken weiß. Färbung von Bauch und Flanken nicht wie bei der Moore. scharf getrennt, sondern diffus verzahnt. Oberseite schwarzbraun. Flügel wie bei der Moore., die weiße Flügelbinde aber etwas weniger ausgedehnt. ♂ *ad. Ruhekleid* - Deutlich dunkler und brauner, fast wie das ♀, aber mit weißen Augen. ♀ *ad.* - Kopf, Hals und Brust dunkel kastanienbraun. Bauch bräunlichweiß. Von dem ♂ im Ruhekleid an den dunklen Augen zu unterscheiden. *Juv.* - Dem ♀ sehr ähnlich, die Färbung jedoch matter, brauner und kaum rötlich getönt. Das Auge der juv. ♂ wird während des ersten Winters weißlich.

Federlose Partien: Die Geschlechts- und Altersunterschiede sind weitgehend unbekannt. Schnabel bleigrau, mit schwarzem Nagel. Füße grau. Iris bei ad. ♂ weiß, bei juv. ♂ im ersten Winter blaßgrau und bei ♀ dunkelbraun.

Maße: ♂ größer als ♀. Flügel ♂ 190-201, ♀ 188-195; Lauf 28-33; Schnabel 44-49; Gewicht unbekannt.

Geographische Variabilität: Keine. Gleicht äußerlich der Moore., Stimme, Balzverhalten, Gestalt und Größe erinnern aber in erstaunlicher Weise an die nordamerikanische Rotkopfente.

Lebensweise: Wenig bekannt. Brutperiode wahrscheinlich Oktober bis Januar. Sucht die Nahrung vorwiegend tauchend. Ist nur selten fliegend zu beobachten, der Flug ist aber schnell und kraftvoll. Das Verhalten gleicht wohl dem der anderen *Aythya*-Arten.

Biotop: Süßwasserseen und -sümpfe.

Verbreitung: Nur aus dem zentralmadagassischen Hochland zwischen dem Alaotra See und Antsirabe bekannt. Hauptvorkommen am Alaotra See.

Bestand: War nach älteren Berichten 1929 am Alaotra See noch häufig, konnte hier aber in den 70er Jahren nicht mehr bestätigt werden. Wurde 1930 auf einem Teich nahe Antsirabe und 1970 auf dem Ambohibao See gesehen. Danach aber auch in diesen Gebieten keine Beobachtungen mehr. Große Fische, die in den Alaotra See eingesetzt wurden, sollen durch den Raub von Jungen an dem Rückgang mitschuldig sein. Zweifellos ist aber die intensiv betriebene Jagd der wesentliche Faktor. Wie andere Enten Madagaskars ist auch diese Art nicht geschützt. Die Wasservogeljagd wird dort kommerziell betrieben. Sollte die Madagaskarmoore. noch existieren, wird sie nur durch Zucht in Gefangenschaft und wirksame Schutzmaßnahmen zu erhalten sein. Frühere Zuchten sind inzwischen leider erloschen.

Literatur: Delacour 1954, King 1981.

124 Maoriente Tafel 38
Aythya novaeseelandiae
Englisch: New Zealand Scaup

Eine ausgesprochen dunkle, endemische Tauchente Neuseelands und hier die einzige *Aythya*-Art.

Feldkennzeichen: Länge 40-46 cm. *Am Boden* - Eine mittelgroße, gedrungene, sehr dunkle Tauchente, die mit ihrer hohen Stirn und dem runden Kopf an eine Reiherente (125) ohne Schopf erinnert. Das ♂ wirkt auf dem Wasser einheitlich glänzend schwarz. Das ♀ ist dunkelbraun, mit weißem Gesichtsfleck. Das ♀ könnte in Gefangenschaft mit den ♀ von Berg- und Veilchenente (126, 127) verwechselt werden, sein Gefieder ist aber einheitlicher und dunkler braun, die Stirn ist höher und der Körper kürzer. **Im Flug -** Insgesamt dunkel, mit weißem Spiegelfleck auf den Armschwingen und weißlichgrauen Unterflügeln. Die schwach weißliche Färbung des Bauches ist bei den Juv. noch am auffälligsten. Im Flug mit keiner anderen Ente Neuseelands zu verwechseln.

Stimme: Die Balz ausgenommen, schweigsam. Der Ruf des ♂ ist ein drei- bis viersilbiges Pfeifen oder Zwitschern. Das ♀ läßt ein hoch tönendes Knurren hören.

Beschreibung: Geschlechter verschieden. **♂ ad.-** Kopf, Hals, Brust und Oberseite purpurn und grün glänzend schwarz. Unterseite ebenfalls weitgehend schwarz, am Bauch aber dunkelbraun bis schwach weißlich getönt und an den hinteren Flanken dunkelbraun. Oberflügel, von der weißen Binde über die Armschwingen abgesehen, schwarzbraun. Unterflügel gräulichweiß. **♀ ad.-** Insgesamt dunkelbraun. Um die Schnabelwurzel ein in seiner Ausdehnung variables, weißes Feld, das einigen ♀ auch gänzlich fehlen kann. Der Bauch ist mehr oder weniger deutlich aufgehellt. **Juv.-** Wie das ♀, aber immer ohne Weiß an der Schnabelbasis und mit deutlich weißlichem Bauch.

Federlose Partien: Füße immer grau. **♂-** Schnabel bläulichgrau, mit schwarzem Nagel. Iris gelb. **♀ und Juv.-** Schnabel ein wenig dunkler, sonst wie beim ♂. Iris braun.

Maße: ♂ etwas größer als ♀. Flügel ♂ 175-187, ♀ 170-181; Lauf 33-38; Schnabel 35-41; mittleres Gewicht ♂ 695, ♀ 610.

Geographische Variabilität: Keine.

Lebensweise: Gewöhnlich in kleineren Trupps, im Winter aber auch größere Ansammlungen, die sich mit Beginn der Brutsaison auflösen. Bruten von Oktober bis März. Nester in dichter Ufervegetation versteckt. Sucht die Nahrung vorwiegend tauchend. Am Abend besonders aktiv. Ruht am Tage lange auf dem Wasser, sitzt auch am Ufer oder auf treibenden Stämmen und dgl. Recht vertraut. Braucht zum Auffliegen einen längeren Anlauf. Fliegt zumeist niedrig und nur kurze Strecken.

Biotop: Pflanzenreiche Seen und langsam fließende Flüsse in küstennahen Niederungen, aber auch offene Seen und Staubecken in Höhen bis zu 1000 m.

Verbreitung: Standvogel auf der Nord- und Südinsel Neuseelands. Die höchste Siedlungsdichte auf der Nordinsel in den nordöstlichen Küstenregionen und auf der Südinsel im westlichen Bergland.

Bestand: Früher im ganzen Land weit verbreitet. Starke Bejagung führte zu einem so erheblichen Rückgang, daß die Maorie. ab 1934 vollständig geschützt werden mußte. Seitdem wachsen die Bestände wieder langsam an. Trockenlegungen von Feuchtgebieten in den Niederungen haben sie immer mehr zu einem Vogel der Hochlandseen gemacht. Künstlich angelegte Staubecken werden von ihr schnell besiedelt. In einigen der früheren Brutgebiete auf der Nordinsel wurden erfolgreich Nachzuchten aus der Gefangenschaft ausgesetzt. Keine Angaben zum Gesamtbestand. Wahrscheinlich stellen die rund 2.000 auf dem wichtigsten Überwinterungsgewässer der Nordinsel versammelten Maorie. einen wesentlichen Anteil der Gesamtpopulation.

Literatur: Johnsgard 1978, Kear und Williams 1978.

125 Reiherente   Tafel 39
Aythya fuligula
Englisch: Tufted Duck, Tufted Pochard

Wahrscheinlich die häufigste *Aythya*-Art, mit einem über die gesamte Paläarktis reichenden Verbreitungsgebiet.

Feldkennzeichen: Länge 40-47 cm. **Am Boden -** Eine mittelgroße Süßwassertauchente der Alten Welt. Das Kopfprofil ist in allen Kleidern eine wesentliche Bestimmungshilfe: Schnabel relativ kurz und breit, mit vergleichsweise ausgedehnt schwarzer Spitze, Stirn steil und hoch, Oberkopf flach, am Hinterkopf ein Schopf oder eine struppige Holle (s. Abb.). Das ♂ ist im Brutkleid schwarz, mit leuchtendweißen Flan-

Schnabelform und Kopfprofil einiger ähnlicher *Aythya*-♀

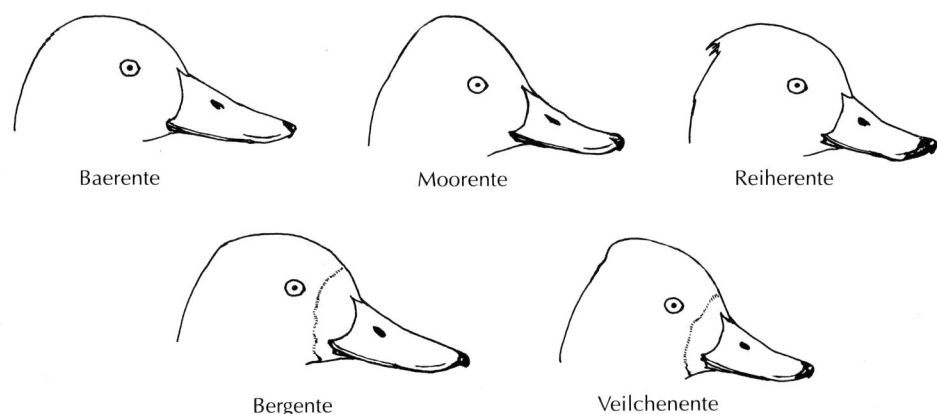

Baerente   Moorente   Reiherente

Bergente   Veilchenente

ken und langem, herabhängenden Schopf. Im Ruhekleid ist der Schopf wie bei den ♀ nur angedeutet. Das ♂ hat im Ruhe- und im Übergangskleid eine gewisse Ähnlichkeit mit der Halsringente (119). Unterschiede siehe dort. Das Schlichtkleid ist matt dunkelbraun, mit aufgehellten Flanken. Oft zieht sich wie bei den Berg- und Veilchenenten-♀ (126, 127) um die Schnabelwurzel ein weißes Feld. Die Unterschwanzdecken sind manchmal wie bei der Moor- (122) oder Baerente (121) weiß. Die Unterscheidungsmerkmale siehe bei der Moorente. Neben der Berge. wirkt die Reihere. ein wenig kleiner und zierlicher. Die Berge. hat einen größeren, nur am Nagel schwarzen Schnabel und einen flach gerundeten Oberkopf ohne jegliche Andeutung eines Schopfes. Berge.-♀ haben an den Kopfseiten oft einen ovalen hellen Fleck, der der Reihere.-♀ immer fehlt. Da die juv. Berge. und auch die Berge.-♂ im Ruhekleid keine weißen Gesichtsflecke haben, ist es hier besonders wichtig, auf die Kopfform und die Größe zu achten. Die Oberseite der Reihere. ist immer einheitlich dunkel, bei der Berge. ist sie dagegen, auch in allen Schlichtkleidern, durch ein feines schwarzweißes Kritzelmuster aufgehellt. Im Verbreitungsgebiet der Veilchene. kann die Reihere. nur als Irrgast auftreten. Die allgemeinen Unterschiede sind die gleichen wie bei der Berge., die kleinere Veilchene. hat aber am Hinterkopf eine Holle, was die Ähnlichkeit erheblich steigert. Bei dem Veilchene.-♀ ist der Kopf allgemein dunkler als der weitgehend einheitlich gefärbte Körper. Die helle Strichelzeichnung an Rücken und Flanken ist bei ihm weniger ausgeprägt als bei der Berge. und nur aus nächster Nähe zu erkennen. Bei der Reihere.-♀ sind die Flanken immer deutlich aufgehellt, Kopf, Brust und Oberseite sind dagegen gleich dunkel gefärbt. Juv. Reihere. sind heller als ♀ und mehr gelblich getönt. Sie können völlig schopflos sein und sind einzeln nur schwer anzusprechen. Siehe auch Bastarde, S. 240. **Im Flug** - Das ♂ ist durch den scharfen Kontrast zwischen dem Schwarz an Kopf, Hals, Oberseite und Hinterende und dem Weiß an Bauch, Flanken, Unterflügeln und Schwingen leicht erkennbar. Berge.-♂ sehen ähnlich aus, sind aber an den Vorderflügeln und auf dem Rücken grau. Da das Färbungsmuster gleich ist, sind die ♀ von Reiher- und Berge. im Flug kaum zu unterscheiden. Moore.-♀ haben einen deutlich weiß abgesetzten Bauch, eine ausgeprägtere weiße Flügelbinde und immer weiße Unterschwanzdecken.

Stimme: Allgemein schweigsam. Erregte ♂ rufen gedämpft kollernd „gügü-gürr". Die ♀ antworten mit kurzem, hartem „krök".

Beschreibung: Geschlechter verschieden. Saisonal unterschiedliche Kleider. Die Altersbestimmung, außer bei den ad. ♂, durch die individuelle Variabilität erschwert. ♂ **ad. Brutkleid** - Am Hinterkopf ein lang herabhängender Schopf. Kopf, Hals, Brust, Afterregion und Oberseite schwarz. Flanken und Bauch weiß. Oberflügeldecken schwarz. Äußere Handschwingen schwärzlichbraun. Innere Handschwingen und Armschwingen weiß, mit breiter, dunkelbrauner Endbinde. Unterflügel weißlich. ♂ **ad. Ruhekleid** - Schopf kurz. Die dunklen Gefiederpartien schwärzlichbraun. Flanken und Bauch blaß graubraun. ♀ **ad.**- Schopf kurz. Gefiederfärbung individuell variabel. Gefieder insgesamt dunkelbraun, an Kopf und Oberseite dunkel, an den Flanken aufgehellt. Brust und Flanken durch hellere Federränder leicht gebändert. Bauch weißlich, mit mehr oder weniger starker, brauner Fleckung. Einige ♀ mit weißer Zügelregion, andere, vor allem im Herbst, mit weißlichen Unterschwanzdecken. Flügelmuster wie beim ♂, Vorderflügel aber nicht schwarz, sondern dunkelbraun. **Juv.**- Gleichen den ♀, Gefieder von Kopf und Oberseite aber mit gelblichbraunen Säumen und dadurch heller. Oberkopf dunkel. Zügelregion mehr oder weniger gelblichbraun. Die breiten, hellen Säume der Flankenfedern ergeben ein schuppiges Muster. Das Ad.-Gefieder entwickelt sich im Verlauf des ersten Winters, ist aber oft erst im Sommer voll ausgebildet.

Federlose Partien: Füße immer grau. ♂- Schnabel hell schieferblau mit schwarzer Spitze und schmaler weißer Subterminalbinde. Iris leuchtendgelb. ♀- Schnabel dunkel schieferblau, mit schmaler, hellgrauer Binde und schwarzer Spitze. Iris gelb, manchmal auch bräunlich. **Juv.**- Schnabel schiefergrau, mit schwarzer Spitze. Iris braun, wird während des Winters zunehmend gelblich.

Maße: ♂ ein wenig größer als ♀. Flügel 193-215 (M. ♂ 206, ♀ 199); Lauf 32-37; Schnabel 36-44; mittleres Gewicht ♂ 764, ♀ 711.

Geographische Variabilität: Keine.

Lebensweise: Eine gesellige Tauchente der Binnengewässer. Größere Trupps sind das ganze Jahr über anzutreffen. In den Winterquartieren oft gewaltige Ansammlungen. Die Paarbildung beginnt im Spätwinter und dauert bis in den Frühling hinein. Ankunft auf den Brutgewässern je nach geographischer Lage ab Ende März bis Mitte Mai. Brutperiode von Ende April bis in den Juli. Nester dicht am Wasser in der Ufervegetation versteckt, oft nahe bei oder in Brutkolonien von Möwen. Nach Brutbeginn versammeln sich die ♂ zur Mauser. Nahrungssuche vorwiegend tauchend, selten auch gründelnd. Tag- und nachtaktiv. Ruhende Reihere. treiben gewöhnlich in geschlossenen Gruppen auf dem offenen Wasser, am Ufer sitzen sie nicht selten. Im allgemeinen scheu, wird aber auf Parkgewässern bald sehr vertraut. Braucht zum Auffliegen einen Anlauf. Im Flug wendig. Zugvogel, im gemäßigten Westeuropa aber weitgehend ortstreu. Die Brutgewässer werden im September nach der Mauser verlassen. In den Winterquartieren treffen die Reihere. ab Anfang Oktober ein.

Biotop: Stehende oder träge fließende Binnengewässer mit Uferbewuchs und freien Wasserflächen. Neben größeren Seen und stillen Flußbuchten auch kleine Teiche und Parkgewässer. Überwintert vorwiegend auf größeren, offenen Süßgewässern, aber auch auf Flußmündungen, Küstenlagunen und geschützten Meeresbuchten.

Verbreitung: Das Brutgebiet umfaßt fast die gesamte nördliche Paläarktis von Island im Westen bis Kamtschatka im Osten. Die Nordgrenze verläuft am Rande der Waldtundra. Die Südgrenze zieht von Südfrankreich aus durch das mittlere Europa und Zentralasien bis nach Nordjapan (Hokkaido). Hat früher in mehreren südeuropäischen Ländern gebrütet und tritt hier sporadisch immer wieder auf. Im Winter erheblicher Zuzug in das gemäßigte, westliche Europa. Andere Populationen überwintern am Mittelmeer, am Schwarzen und Kaspischen Meer und in den Niederungen von Nordindien bis Ostchina und Japan. In Afrika befinden sich die größten Wintervorkommen im Sudan und in Äthiopien. Nur wenige überqueren die Sahara und verbringen den Winter am Tschadsee und im nördlichen Nigeria. Kleinere Gruppen überwinternder Reihere. sind auch am Persischen Golf, in Nordthailand und auf den Philippinen anzutreffen. Im Norden sind Irrgäste auf Spitzbergen und Grönland und im Süden auf den Azoren, auf Madeira und den Kapverden, in Sierra Leone, Malawi, Tansania, Sri Lanka, Borneo sowie auf mehren Inseln im Pazifik bis nach Hawaii festgestellt worden. Auf den Inseln vor Alaska ein regelmäßiger Gast Wird auch im westlichen Nordamerika, von Alaska bis nach Kalifornien, alljährlich beobachtet. Im Binnenland und an der Atlantikküste Nordamerikas äußerst selten.

Bestand: Eine weit verbreitete und häufige Tauchente. Zählungen in Nordwesteuropa lassen auf einen Winterbestand von etwa 500.000 schließen. Dazu kommen weitere 300.000 in der Mittelmeer- und Schwarzmeerregion. Die Zahl der in Asien überwinternden Reihere. wird in der gleichen Größenordnung liegen. Winterzählungen in Japan ergaben um 130.000.

Literatur: Bauer und Glutz 1969, Cramp und Simmons 1977.

126 Bergente   Tafel 39
Aythya marila
Englisch: Greater Scaup

Eine hochnordische, weitgehend marine Tauchente, die auf der Nordhemisphäre zirkumpolar verbreitet ist. Sie ist mit der kleineren Veilchenente (127) nah verwandt.

Feldkennzeichen: Länge 40-51 cm. **Am Boden** - Eine größere Tauchente, die sowohl auf Süß- wie auf Salzwasser anzutreffen ist. Sie ist der Veilchene., mit der sie in Nordamerika regional gemeinsam vorkommt, ausgesprochen ähnlich. Die beachtliche Größe, die gedrungene Gestalt, der breite Schnabel und der ebenmäßig flach gerundete Oberkopf (s. Abb. S. 250) sind zwar subtile, aber durchaus nützliche Bestimmungshilfen. Kopf, Brust und Hinterende des ♂ sind schwarz. Die Oberseite ist grau. Die Flanken sind weiß. Die Tafel-(117), Vallisneria-(116) und Rotkopfente (118) zeigen ein ähnliches Färbungsmuster, ihr Kopf ist jedoch rotbraun und zwischen der Oberseite und den Flanken besteht kein Farbkontrast. Das ♂ der Veilchene. hat auf dem Hinterkopf eine deutlich hochstehende Holle. Seine Oberseite ist grob dunkelgrau quergewellt und wirkt dadurch recht dunkel. Die ♀ sind insgesamt dunkelbraun und haben um die Schnabelwurzel einen weißen Ring. Auch Reiherenten-♀ (125) können um den Schnabel weiß sein, diese Weißfärbung ist aber kaum jemals so ausgedehnt und so gut sichtbar wie bei der Berge. Die Kopfseiten des Berge.-♀ tragen einen mehr oder weniger deutlichen hellen Fleck, der der Reihere. immer fehlt und der bei der Veilchene. höchstens ganz schwach ausgebildet ist. Weitere Unterschiede siehe bei der Reiher- und Veilchene. Die Juv. und die ♂ im Ruhekleid haben einen gänzlich braunen Kopf und sind dadurch der Reihere. besonders ähnlich. Im Extremfall sind sie von dieser nur an der Kopf- und Schnabelform zu unterscheiden. Bei den ♂ beginnt jedoch schon im Frühwinter die Ausbildung grauer Federpartien. Einzelne zwischen Reihere. und auf dem Wasser schlafende Berge. können an dem etwas größeren, längeren Körper, dem Fehlen des Schopfes und der stärker abfallenden Rückenlinie ausgemacht werden. Vergleiche auch mit den ähnlich aussehenden Bastarden (s. S. 240). **Im Flug** - Gleicht der Reihere., wirkt aber massiger. Rücken und Vorderflügel der ♂ sind grau und nicht schwarz. Das ♀ ist im Flug von dem Reihere.-♀ nur schwer zu unterscheiden. Die weiße Flügelbinde greift bei ♂ und ♀ auf die Handschwingen über. Bei den Veilchene. sind die Handschwingen in der Mitte grau und nicht weiß (s. Abb. auf S. 253).

Stimme: Ruft fast nur bei der Balz. Das ♂ läßt dann ein leises, nasales „weiar" oder „wik-wik-wiu" hören. Das ♀ ruft rauh „karr".

Beschreibung: Geschlechter verschieden. Saisonal unterschiedliche Kleider. Beschreibung der Nominatform: ♂ **ad. Brutkleid** - Kopf, Hals, Brust und Vorderrücken glänzend schwarz. Der Kopf mit grünem Glanz. Flanken weiß, manchmal mit zarter graubrauner Querwellung. Bauch weiß. Bürzel, Ober- und Unterschwanzdecken sowie Schwanz schwärzlich. Rücken und Schultern weiß, mit feiner, braunschwarzer Querwellung. Oberflügeldecken schwarz, mit feiner weißlicher Querzeichnung. Äußere Handschwingen schwärzlich. Innere Handschwingen und Armschwingen mit breiten, weißen Binden und schwarzgrauen Enden. Unterflügel weißlich. ♂ **ad. Ruhekleid** - Kopf, Hals und Brust dunkel schwarzbraun. Schnabelgrund manchmal weißlich. Oberseite wie im Brutkleid, aber bräunlich getönt. Flanken weiß, mit graubrauner Querwellung. Das Ruhekleid dem Brutkleid ähnlicher als bei anderen Arten der Gattung. ♀ **ad.**- Insgesamt dunkelbraun, mit leuchtendweißem Ring um die Schnabelwurzel. Im frischen Gefieder kann das Weiß im Gesicht durch bräunliche Federspitzen teilweise verdeckt sein. Der helle Kopfseitenfleck wird mit zunehmender Abnutzung des Gefieders immer deutlicher. Rücken-, Schulter- und Flankengefieder gewöhnlich mit feiner weißer Querwellung oder Sprenklung. Bauch weißlich. Oberflügeldecken braun, mit feiner, weißer Zeichnung. Flügel sonst wie beim ♂. **Juv.**- Gleichen weitgehend den ♀, sind aber ein wenig heller und an der Schnabelwurzel nicht oder kaum weiß gefärbt. Im Unterschied zu den juv. ♂ haben die juv. ♀ auf der Oberseite und an den Flanken keinerlei weiße Zeichnung. Juv. ♂ gleichen im Herbst ad. ♂ im Ruhekleid. Gegen Ende des Winters ist das Brutkleid weitgehend ausgebildet, es wird aber erst im zweiten Winter vollendet.

Federlose Partien: Füße immer grau. ♂- Schnabel hell blaugrau, mit schwarzem Nagel. Iris gelb. ♀- Schnabel allgemein dunkler als beim ♂, mit dunkel schattiertem First und dunkelgrauem bis schwarzem Nagel. Bei einigen ♀ ist der Schnabel im Sommer schwarzgrau. Iris gelb. **Juv.**- Schnabel schwarzgrau. First und Spitze, zumindest bei den ♀, schwärzlich getönt. Iris bis der ♀ bis in den ersten Winter hinein bräunlichgelb, bei den ♂ schon im Frühling gelb.

Maße: ♂ gewöhnlich größer als ♀. *A.m.marila* : Flügel 211-237 (M. ♂ 227, ♀ 217); Lauf 37-42; Schnabel 40-47; mittleres Gewicht ♂ 1063, ♀ 1050. *A.m.mariloides* : Flügel 215-233; Schnabel 43-47; mittleres Gewicht ♂ 1000, ♀ 950.

Geographische Variabilität: Zwei Unterarten. Das Brutgebiet von *A.m.marila* (Beschreibung s. o.) reicht von Skandinavien ostwärts bis zur Lena und das von *A.m.mariloides* von der Lena über das arktische Nordamerika bis Labrador. *A.m.mariloides* ist etwas kleiner als die Nominatform. Die Oberseite der ♂ ist gröber und dunkler quergewellt, jedoch nicht so grob und dunkel wie bei der Veilchene.

Lebensweise: Lebt gesellig und ist außerhalb der Brutsaison in kleineren bis zu recht großen Trupps anzutreffen. Hält sich im Winter mehrheitlich auf dem Meer auf. Kleinere Gruppen schließen sich aber auch anderen Tauchenten an und sind dann mit diesen auf Binnengewässern zu finden. Paarbildung im Spätwinter. In den südlicheren Gebieten treffen die Paare im Mai an den Brutplätzen ein, in den nördlichsten aber zumeist erst Anfang Juni. Brutperiode von Ende Mai bis Juli. Nester auf dem Boden nahe am Wasser. Während die ♀ brüten, versammeln sich die ♂ zur Mauser. Sie unternehmen dazu auch kürzere Mauserwanderungen. Die ♀ mausern auf den Brutgewässern. Die Nahrung wird vorwiegend tauchend heraufgeholt. Im allgemeinen tagaktiv, auf dem Meer ist die Aktivität aber weitgehend gezeitenabhängig. Ruht in geschlossenem Schwarm auf dem offenen Wasser. Kann erst nach längerem Anlauf vom Wasser auffliegen. Der Flug ist geradlinig und schnell. Zugvogel. Die ♂ überwintern in der Mehrheit weiter nördlich als die ♀, was zu einer gewissen Geschlechtertrennung in den Winterschwärmen führt. Nichtbrüter, vor allem vorjährige Jungenten, bleiben oft den ganzen Sommer über in den Überwinterungsgebieten. Ankunft in den Winterquartieren ab September, in den südlichsten Bereichen aber oft erst im Spätwinter.

Biotop: Seen und Teiche in der Tundra und der Waldtundra. Überwintert an Flachküsten, in geschützten Buchten, auf weiten Flußmündungen und örtlich auch auf Binnenseen und Staubecken.

Verbreitung: Brütet in den arktischen und subarktischen Regionen Europas, Asiens und Nordamerikas. Gelegentliche Bruten auch weiter südlich, z.B. in Dänemark und auf den Britischen Inseln. Überwintert an der Küste des gemäßigten Westeuropa, am Schwarzen- und Kaspischen Meer, an der Küste Ostasiens und an beiden Küsten Nordamerikas. Auf Binnenseen Mitteleuropas, am westlichen Mittelmeer und in der Türkei im Winter regelmäßig einzelne oder kleine Trupps. Früher an der Küste Rumäniens und Bulgariens ein häufiger Wintergast. Im Norden wurden Irrgäste in Grönland, auf der Bäreninsel sowie auf Jan Mayen und im Süden auf den Azoren, in Marokko, Tunesien, auf Malta und Cypern, im Irak, in Afghanistan, Pakistan, Indien (viele Nachweise), Nepal, Burma, Taiwan, Hong Kong, auf den Philippinen und auf den Hawaii-Inseln festgestellt. Auf den Bermudas ein regelmäßiger Gast. Erscheint gelegentlich auch weiter südlich auf den Karibischen Inseln in Texas und Nordmexiko.

Bestand: Der nordamerikanische Bestand wurde in der Mitte der 70er Jahre auf 750.000 geschätzt. Winterzählungen in Europa und Westasien lassen auf etwa 200.000 schließen. Die ostasiatischen Winterbestände sind sicher beachtlich, aber weitgehend unbekannt. Vor Japan überwintern etwa 50.000.

Literatur: Bauer und Glutz 1969, Cramp und Simmons 1977, Johnsgard 1975.

127 Veilchenente   Tafel 39
Aythya affinis
Englisch: Lesser Scaup

Eine in Nordamerika weit verbreitete und häufige Tauchente, die zum Überwintern weiter nach Süden zieht als ihre Verwandten.

Feldkennzeichen: Länge 38-46 cm. **Am Boden** - Der etwas größeren Bergente (126) ausgesprochen ähnlich. Die Verbreitungsgebiete beider Arten überschneiden sich teilweise. Die besten Unterschei-

Oberflügelzeichnung von Berg- und Veilchenente

Bergente

Veilchenente

dungsmerkmale sind die Schnabelform, das Kopfprofil und die Gestalt. Eine Holle bzw. ein kurzer runder Schopf am Hinterkopf läßt das Profil des Oberkopfes nach hinten ansteigen. Bei der Berge. ist der Oberkopf gleichmäßig flach gerundet. Der Schnabel der Veilchene. ist relativ kurz und über den First leicht konkav gebogen. Diese Biegung läßt den Schnabel absatzlos in die hoch ansteigende Stirn übergehen. Von der höchsten Erhebung, der Holle am Hinterkopf, fällt dann das Profil steil ab (s. Abb. S. 250). Der Schnabel der Berge. ist vergleichsweise lang, mit geradem First. Am Übergang vom Schnabel zur rund aufsteigenden Stirn ist ein leichter Knick. Der höchste Punkt des Kopfprofils befindet sich vorne, am Beginn des leicht abgeflachten Scheitels. Veilchene. liegen beim ruhigen Schwimmen im allgemeinen höher im Wasser als Berge. Neben der Berge. wirkt die Veilchene. kleiner, kürzer, weniger massig und kurzhalsiger. Das Brutkleid der ♂ ist kennzeichnend verschieden. Beim Veilchene.-♂ ist die Oberseite deutlich dunkler, die Querwellung ist nahezu schwarz und recht grob. Der hintere Flankenabschnitt erscheint durch eine feine, graue Querwellung gräulich. Die Flanken des Berge.-♂ sind gewöhnlich rein weiß, nur im frisch vermauserten Zustand sind sie leicht hellgrau gezeichnet. Der schwarze Kopf des Veilchene.-♂ glänzt zumeist pupurn, der des Berge.-♂ dagegen grün. Im Freiland ist dieser feine, auch nicht immer eindeutige Unterschied aber nur unter außergewöhnlich günstigen Bedingungen erkennbar. Das Schlichtkleid ist dem der Berge. außerordentlich ähnlich. Der weiße Ring um die Schnabelwurzel ist im typischen Fall schmaler und der helle Kopfseitenfleck weniger auffällig. Im Unterschied zur Berge., die im Winter ein ausgesprochener Küstenvogel ist, hält sich die Veilchene. im Winter vorwiegend auf Binnengewässern auf, ist aber auch an der Küste auf Strandseen und Flußmündungen anzutreffen. Eine Erörterung der charakteristischen Merkmale findet sich auch bei den Feldkennzeichen von Reiher- (125) und Bergente. Bastarde zwischen Tafel- (117) und Reihere., die in Europa gelegentlich auch in Freiheit auftreten können, gleichen Veilchene.-♂ in bemerkenswerter Weise (s. Bastarde, S. 240). **Im Flug** - Von der Berge. eigentlich nur am kennzeichnenden Flügelmuster zu unterscheiden. Bei der Berge. reicht die weiße Flügelbinde bis auf die inneren Handschwingen, bei der Veilchene. ist sie dagegen nur auf die Armschwingen beschränkt. Die inneren Handschwingen sind bei ihr hellgrau. Da dieser feine Unterschied am schnell

schlagenden Flügel nicht leicht auszumachen ist, muß schon sehr genau hingeschaut werden. Der Kontrast zwischen den leuchtendweißen Armschwingen und dem insgesamt dunkler wirkenden Handflügel ist bei den Veilchene. aber durchaus sichtbar.
Stimme: Außer bei der Balz, sehr schweigsam. Die ♂ lassen bei der Balz leise Pfeiflaute hören. Das Quarren der ♀ klingt nicht so hart wie beim Berge.-♀.
Beschreibung: Geschlechter verschieden. Saisonal unterschiedliche Kleider. Gleicht weitgehend der Berge. Die Unterschiede werden bei den Feldkennzeichen besprochen. Das Ruhekleid der ♂ im allgemeinen brauner als das der Berge., die Gefiederfärbung und -folge sonst aber wie bei dieser.
Federlose Partien: Färbung sowie geschlechts- und altersspezifische Besonderheiten wie bei der Berge.
Maße: ♂ ein wenig größer als ♀. Flügel ♂ 190-201, ♀ 185-198; Lauf 36-38; Schnabel 36-42; mittleres Gewicht ♂ 850, ♀ 790.
Geographische Variabilität: Keine.
Lebensweise: Eine sehr gesellige Tauchente, die außerhalb der Brutsaison sehr große Schwärme bilden kann. Die Paarbildung beginnt gegen Ende des Winters und setzt sich während des Frühjahrszuges fort. Die Paare treffen im Verlauf des Mai an den Brutplätzen ein. Brutperiode von Ende Mai bis in den Juli. Nester am Boden in dichter Ufervegetation, oft auf Inseln in der Nähe von Möwen- oder Seeschwalbenkolonien. Die ♂ verlassen die brütenden ♀ und bilden Mausergemeinschaften. Nahrungssuche vorwiegend tauchend. Bevorzugt das ganze Jahr über Süßgewässer und versammelt sich im Winter auf einigen Flachlandseen in riesigen Schwärmen. Einzelne Trupps können sogar in Städten auf Parkseen überwintern und werden, wenn sie nicht behelligt werden, ausgesprochen vertraut. Die Brutgebiete werden von den ziehenden Populationen im September und Oktober verlassen. Obwohl sich Berg- und Veilchene. so ähnlich sehen und sich ihre Brutgebiete teilweise überschneiden, sind aus dem Freiland doch keine Bastarde bekannt geworden.
Biotop: Brütet in offener Landschaft, vor allem in den Feuchtgebieten der Prärie, an Teichen und Seen. Überwintert vorwiegend auf Binnenseen, aber auch an der Küste auf Lagunen, Flußmündungen und geschützten Buchten. Küstengebiete werden erst dann in größerem Umfang aufgesucht, wenn die Binnengewässer zufrieren.
Verbreitung: Das Brutgebiet erstreckt sich im nordwestlichen Nordamerika von Zentralalaska bis zur Hudson Bay und südwärts bis Washington und South Dakota. Weitere isolierte Brutvorkommen im Mittelwesten und in der Region der Großen Seen. Überwintert in den Niederungen beider Küsten und des Binnenlands vom gemäßigten British Columbia im Westen und New Jersey im Osten bis in den tropischen Norden Kolumbiens (wenige). Das Hauptüberwinterungsgebiet ist der Süden der USA, Mexiko und die Karibischen Inseln. Auf den Bermudas ein regelmäßiger Gast. Erscheint gelegentlich auf den Hawaii-Inseln. Irrgäste sind in Venezuela, Trinidad, Surinam, Ekuador und Grönland beobachtet worden. Einzelne Feststellungen in Europa haben sich gewöhnlich als Bastarde zwischen Tafel- und Reihere. herausgestellt. Überquerungen des Atlantiks erscheinen aber keineswegs ausgeschlossen.
Bestand: Eine ausgesprochen häufige Tauchente. Die große Ähnlichkeit mit der Berge. macht Zählungen schwierig. Der Bestand beider Arten wird in Nordamerika auf nahezu 7 Millionen geschätzt, wobei es sich überwiegend um Veilchene. handelt.
Literatur: Bellrose 1976.

Tribus Mergini (Meerenten und Säger)

Bei der Mehrzahl der im Tribus Mergini vereinten Enten handelt es sich um Küstenvögel. Zum Brüten halten sich jedoch die meisten Arten an Seen und Flüssen im Binnenland auf. Einige sind auch das ganze Jahr über vorwiegend auf Süßgewässern anzutreffen. Die Eiderenten werden von einigen Autoren auch zu einem gesonderten Tribus (Somateriini) zusammengefaßt. Hier werden sie nach Livezey (1986) in die Mergini einbezogen.

Gattungen *Polysticta* und *Somateria* (Eiderenten)

Tauchenten der nordischen bis arktischen Küsten. Die Brutkleider der ♂ sind deutlich verschieden, alle anderen Kleider aber ausgesprochen ähnlich. Da die Färbung als Unterscheidungsmerkmal weitgehend ausfällt, ist es nötig, sich auf Größe, Gestalt, Kopfprofil und Struktureigenheiten am Kopf zu konzentrieren. Das Brutkleid ist oft erst im vierten Jahr voll ausgebildet. Bei den ♂ treten daher die verschiedensten Übergangskleider auf. Einzelne Individuen können sich auf dem Zug den Trupps der jeweils drei anderen Arten anschließen. Es ist also anzuraten, die Schwärme der Eiderenten sorgfältig durchzumustern.

128 Scheckente — Tafel 41
Polysticta stelleri
Englisch: Steller's Eider

Die kleinste und nach der Form von Kopf und Schnabel gründelentenähnlichste Eiderentenart.

Feldkennzeichen: Länge 43-47 cm. *Am Boden* - Klein und nicht so massig wie die anderen Eiderenten. Die geringe Größe, der flache Oberkopf, der von dem Kopfgefieder geradlinig abgesetzte Schnabel, die ganze Gestalt und das Kopfprofil erinnern eher an eine Gründel- als an eine Eiderente. Beim ruhigen Schwimmen wird der relativ lange Schwanz hochgestellt, wodurch eine gewisse Ähnlichkeit mit der Trauer-, Brillen- und Samtente (134,135,136) entsteht. Das ♂ hat im Brutkleid einen weißen Kopf, mit einem schwarzen Fleck um das Auge, einem moosgrünen Abzeichen am Zügel und einer ebenfalls grünen, kleinen Holle am Hinterkopf. Um den Hals zieht ein schwarzer Ring. Die Unterseite ist kastanien- bis rostbraun, das Hinterende schwarz und die Oberseite schwarzweiß gestreift. Im unscheinbar braunen Schlichtkleid unterscheiden sich Schecke. von den anderen Eiderenten durch die geringe Größe, das „entenypische" Schnabel-Kopf-Profil, das weniger auffällig gebänderte Gefieder und die zumeist deutlich sichtbaren, weißen Spiegelkanten. Das Ad.-Kleid wird erst im zweiten Winter voll ausgebildet. Nach dem ersten Winter ist die Brust der

immaturen ♂ zwar hell, aber stets kräftig 'gefleckt und niemals so rein weiß, wie bei immaturen Eiderenten-♂ (129). Vergleiche auch mit dem immaturen Samtenten-♂ (136). **Im Flug** - Nicht so massig wie andere Eiderenten. Die Unterseite der ♂ ist im Brutkleid zwar mehr oder weniger dunkel, aber nicht tiefschwarz, wie die der anderen Eiderenten-♂. Der purpurn glänzende Flügelspiegel der ad. ♀ ist vorne und hinten von einer weißen Binde eingefaßt. Am Flügel der Juv. sind der Spiegel und die Binden weit weniger auffällig. Andererseits können Eidere.-♀ (129) durchaus auch einen gut sichtbaren, weiß begrenzten Spiegel haben. Dieses Merkmal ist also nicht eindeutig. Der Unterflügel der Schecke.-♀ ist auffallend weißlich. Bei einigen Eidere.- und Prachteidere.-♀ (130) ist er aber ebenfalls recht hell. In Flügen anderer Eiderenten fallen einzelne Schecke. schon durch ihre Kleinheit auf. Im Flug erzeugen ihre Flügel ein pfeifendes Geräusch, das noch lauter als bei den Schellenten (139,140) klingt.
Stimme: Das ♂ ist mit den anderen Eiderenten verglichen sehr schweigsam. Während der Balz äußert es immerhin ein leise knurrendes Brummen und gelegentlich wohl auch kurze, bellende Laute. Die ♀ sind ruffreudiger. Sie verfügen über mehrere rauhe, guttural bellende Rufe. Aus schwimmenden und fliegenden Trupps ist ständig ihr stotterndes, ansteigendes „ä-ä-ä-är" zu hören.
Beschreibung: Geschlechter verschieden. Saisonal unterschiedliche Kleider. **♂ ad. Brutkleid** - Kopf weiß. Kinn, Kehle und Augenfleck schwarz. Über dem Zügel ein moosgrüner Fleck und am Hinterkopf eine gleichfarbige, kleine Holle. Um den Hals ein schwarzer Ring. Unterseite rostbraun bis kastanienbraun. Am Hals und oberen Flankenrand wird die Färbung zunehmend heller. An der Brustseite ein runder, schwarzer Fleck. Rückenmitte, Afterregion und Schwanz glänzend schwarz. Rückenseiten weiß. Die verlängerten, bogenförmig über den Flügel hängenden Schulterfedern haben weiße Innen- und schwarz glänzende Außenfahnen. Die oberen Armdecken weiß. Handdecken wie die Handschwingen schwärzlich. Armschwingen mit dunkel purpurblauem Glanz und breiten, weißen Endbinden. Unterflügeldecken weiß. Schwingen von unten grau. **♂ ad. Ruhekleid** - Gleicht dem ad. ♀, hat aber weiße Oberflügeldecken und ist an Kopf und Brust mehr oder weniger weißlich gefleckt. **♀ ad.**- Das gesamte Gefieder fast einheitlich dunkel rötlichbraun. Durch die rostbräunlichen Säume der dunkelbraunen Federn wirkt die Oberseite leicht gefleckt. Kopf ein wenig heller rotbraun als der Körper, mit hell bräunlichgelbem Augenring. Oberflügeldecken dunkel rotbraun, die Großen mit breiten weißen Enden. Das Flügelmuster sonst wie beim ♂, der Spiegel aber matter, nur die inneren Armschwingen pupurblau glänzend, die äußeren braun. Unterflügel wie beim ♂, die Vorderkante jedoch dunkel gesprenkelt. **Juv.**- Dem ♀ sehr ähnlich, aber weniger rötlich- mehr gräulichbraun und deutlicher gebändert. Alle Armschwingen der juv. ♀ matt braun, bei den ♂ mit ganz schwachem, blauen Glanz. Die weißen Spiegelränder ganz schmal. Ellenbogenfedern der juv. ♂ leicht gekrümmt, bei den ♀ dagegen ganz gerade. Im ersten Winter sind Kopf und Brust der ♂ hell bräunlichgelb und weißlich gesprenkelt. Die helle Fleckung nimmt stetig zu, bis das Ad.-Kleid im zweiten Winter weitgehend ausgebildet ist.
Federlose Partien: Schnabel und Füße der ♂ blaugrau, bei den ♀ und Juv. mehr bleigrau. Iris dunkelbraun, bei den ♂ mehr rötlich getönt als bei den ♀.
Maße: ♂ etwas größer als ♀. Flügel ♂ 208-225 (M. 216), ♀ 205-210 (M. 207); Lauf 36-40; Schnabel 36-42; mittleres Gewicht (♂ und ♀) 860.
Geographische Variabilität: Keine.
Lebensweise: Ausgesprochen gesellig. Im Sommer größere Trupps von Nichtbrütern abseits der Brutplätze. Große Ansammlungen können weit über 50.000 Individuen umfassen. Derartige Schwärme bilden sich auf den Mausergewässern ein im Frühling. Paarbildung im Spätwinter und Frühling. Ankunft an den Brutplätzen Ende Mai und Anfang Juni. Brutperiode von Ende Juni bis August. Nester am Boden, oft in dichtem Gestrüpp und zumeist nahe am Ufer von Teichen und Seen. Nistet gewöhnlich nicht kolonieartig. Die ♀ werden nach Brutbeginn von den ♂ verlassen, die sich zu Trupps zusammenscharen und gemeinsam weite Mauserwanderungen unternehmen. Die Mausergründe können von den Brutplätzen bis zu 3000 km weit entfernt sein. Ernährt sich vorwiegend tauchend. Oft tauchen alle Mitglieder eines Schwarms gleichzeitig unter. Die Schecke. bewegt sich an Land geschickter als die schwerfälligen Eiderenten. Sie liegt beim Schwimmen recht hoch im Wasser und hebt dabei oft den Schwanz an. Zum Auffliegen vom Wasser braucht sie kaum einen Anlauf und fliegt viel leichter und gewandter als andere Meerenten.
Biotop: Brütet an Teichen und Seen der Küstentundra, gewöhnlich weiter landeinwärts als andere Eiderenten. Bevorzugt außerhalb der Brutzeit ruhigere Küstenabschnitte im Schutz von Felseninseln und Klippen und hält sich gern an den Mündungen von Bächen und Flüssen auf.
Verbreitung: Das Brutgebiet erstreckt sich entlang der ostsibirischen Küste von der östlich der Taimyrhalbinsel gelegenen Chatanga Bucht bis zu den Küsten Alaskas. Einzelne, vielleicht sogar regelmäßige Bruten sind auch weiter westlich festgestellt worden. Brutnachweise im Süden von Nowaja Semlja, auf der Kolahalbinsel und hin und wieder auch im äußerst Norden Norwegens. Die Mausergründe und Überwinterungsgebiete befinden sich in der südlichen Beringsee. Kleinere Winteransammlungen auch an der arktischen Küste Skandinaviens und in der nördlichen Ostsee. War wahrscheinlich noch gegen Ende des vorigen Jh. an der polnischen und deutschen Ostseeküste ein regelmäßiger Gast. Mehrere Nachweise auch aus den letzten Jahrzehnten. Die Nichtbrüter übersommern in den Winterquartieren. Westlich des Verbreitungsgebietes wurden Irrgäste auf Island und Spitzbergen, in Dänemark, den Niederlanden, Belgien, Frankreich und auf den Britischen Inseln gesehen. Schecke. werden in der pazifischen Region auf Hokkaido regelmäßig angetroffen, im südlicheren Japan und Nordchina treten sie nur als Irrgäste auf. An der nordamerikanischen Pazifikküste sind sie bis British Columbia festgestellt worden. Von der Atlantikküste sind Einzelbeobachtungen aus Quebec, Maine, Maryland und Westgrönland bekannt geworden.
Bestand: Örtlich häufig. Mauseransammlungen vor Alaska wurden auf über 200.000 geschätzt, was einen wesentlichen Teil des Weltbestandes ausmachen dürfte. Weitere ähnlich große Konzentrationen an der nordostsibirischen Atlantikküste. Die Zahl der in Nordeuropa überwinternden ist weit geringer. Die Anzahl der sich vor Nordnorwegen aufhaltenden Nichtbrüter ist in den letzten Jahren auf 4.000 bis 11.000 angewachsen, was auf eine Ausdehnung des

Brutgebietes nach Westen hindeutet. Der Gesamtbestand dürfte bei etwa 500.000 liegen. Er scheint weitgehend stabil zu sein. Die Brutpopulation Alaskas ist relativ klein und nimmt ab.
Literatur: Bauer und Glutz 1969, Cramp und Simmons 1977, Petersen 1980.

129 Eiderente   Tafel 40
Somateria mollissima
Englisch: Common Eider

Die häufigste der vier Eiderenten, deren Verbreitungsgebiet sich auch am weitesten nach Süden erstreckt. Die größte Ente der Nordhemisphäre.

Feldkennzeichen: Länge 50-71 cm. **Am Boden** - Eine große, langgestreckte, massige Meerente mit typischem Kopfprofil. Schnabel und Stirn gehen gleitend ineinander über, was dem vorderen Kopfabschnitt eine keilförmige Gestalt verleiht. An den Schnabelseiten läuft die Befiederung weit vorgreifend spitz aus (s. Abb. S. 257). Eidere. schwimmen zumeist mit eingezogenem Kopf. Wird der Hals sichernd hochgereckt, ist der gestreckt „dreieckige" Kopf besonders gut zu sehen. Das Brutkleid des ♂ zeichnet sich durch eine markante Schwarzweißfärbung aus. Oberkopf, Flanken und Hinterende sind schwarz. Kopfseiten, Hals, Brust und Oberseite sind weiß. Alle anderen Kleider sind mehr oder weniger einförmig dunkelbraun und gleichen denen der Prachteiderente (130) und Plüschkopfente (131). Das beste Unterscheidungsmerkmal ist das Schnabel-Kopf-Profil. Weitere Einzelheiten werden bei den beiden zuvor genannten Arten besprochen. Das Ad.-Gefieder ist erst nach dem dritten Winter voll ausgebildet. Junge ♂ in den verschiedenen Übergangskleidern und ad. ♂ im mehr oder weniger vollständigen Ruhekleid sehen ausgesprochen scheckig aus. Oft haben sie eine weiße Brust und weiße Schultern und können dann, außer mit „fehlfarbenen" Stockenten (84), höchstens mit den beiden anderen großen Eiderenten verwechselt werden. Vergleiche auch mit immaturen Brillen- (135) und Samtenten (136), die eine eiderentenähnliche Kopfform, haben, und mit dem Scheckenten-♀ (128). **Im Flug** - Eine große, massige Ente mit auffallend kurzem, dicken Hals und schwerem, leicht abwärts geneigtem Kopf. Durch die Kombination von schwarzer Unterseite, schwarzem Hinterende und schwarzen Schwingen mit weißem Vorderkörper, weißer Oberseite und weißen Ober- und Unterflügeldecken sind ♂ im Brutkleid unverwechselbar. Sowohl Prachteidere.-♂ als auch Plüschkopfe.-♂ sind weit weniger weiß. ♀ und immature ♂ sind weit schlechter von den entsprechenden anderen großen Eiderenten zu unterscheiden. Die Unterflügel im allgemeinen nicht so hell weißlich wie bei den Prachteidere. und Schecke. aber auch nicht so dunkel wie bei der Plüschkopfe. Die eingehendere Erörterung der Unterschiede, siehe bei diesen Arten.
Stimme: Im Spätwinter und Frühling während der Balz sehr ruffreudig. Die ♂ lassen dann ständig ein weit schallendes, dumpfes, gurrendes „ahuh-uuh" hören, bei dem die zweite Silbe ansteigt. Die ♀ knarren „krrr" oder gockeln „goggoggogog".
Beschreibung: Geschlechter verschieden. Saisonal unterschiedliche Kleider. ♂ **ad. Brutkleid** - Stirn und Oberkopf schwarz, mit weißem, oberhalb der Stirn beginnenden Scheitelstreif. Hinterkopf, Nacken und die oberen, hinteren Halsseiten blaßgrün. Kopfseiten, Hals, Brust und Oberseite sind weiß. Brust lachsrot überflogen. Flanken, Bauch, Bürzelmitte, Schwanz, Ober- und Unterschwanzdecken sind schwarz. Die seitliche Afterregion mit einem großen, von den Bürzelseiten herabziehenden, weißen Fleck. Die verlängerten, gebogenen Schulterfedern und die Kleinen sowie Mittleren Oberflügeldecken sind weiß. Die Großen Decken und Armschwingen sind schwarz. Handschwingen schwärzlichbraun. Unterflügeldecken weiß. Schwingen von unten graubraun. ♂ **ad. Ruhekleid** - Gefieder weitgehend einheitlich rußbraun ohne deutlich erkennbare Bänderung. Oberflügeldecken weiß. An Kopf und Hals durch verstreute weiße Federn gesprenkelt. ♀ **ad.** - Grundfärbung dunkel- bis gelblichzimtbraun. Brust und Unterseite schwarz gebändert. Bänderung an den Flanken besonders kräftig. Oberseite durch braunschwarze, hell gesäumte Federn schuppig gezeichnet. Kopf und Hals mehr einfarbig braun, mit nur feiner schwarzbrauner Streifung. Um das Auge ein blaß zimtbrauner Ring. Oberflügeldecken braun. Große Decken und Armschwingen mit individuell unterschiedlich ausgeprägten, weißen Spitzen. Armschwingen manchmal purpurn glänzend, zumeist aber dunkelbraun. Unterflügeldecken blaßbraun mit weißlichen Spitzen. Achselfedern und innere Große Decken weiß. Schwingen von unten graubraun. Die Unterflügelmitte wird mit zunehmender Abnutzung der Federn weißer. Gefieder im Sommer insgesamt dunkler und weniger auffällig gestreift als im Winter. **Juv.-** Gleicht weitgehend dem ♀, Unterseite aber mehr gelblichbraun und feiner gebändert. Über dem Auge ein verschwommener, gelblichbrauner Streifen. Große Decken und Armschwingen am Oberflügel ohne weiße Spitzen. Grundfärbung der Oberseite und Flügeln bei juv. ♂ dunkler als bei ♀. Brust und Oberseite der juv. ♂ werden vom Beginn des ersten Winters an zunehmend weißlich gefleckt. Gegen Ende des Winters sind Brust und Oberseite großflächig weiß gefärbt. Die Oberflügeldecken werden erst im zweiten Winter weiß. Immature ♂ sehen im dritten Winter schon fast wie ad. aus, das Schwarz auf der Oberseite ist aber noch recht ausgedehnt. Erst im vierten Winter wird ein vollständiges Brutkleid ausgebildet.
Federlose Partien: Schnabelfärbung- und Form bei den Unterarten verschieden. Beschreibung der Nominatform: ♂- Schnabel im Brutkleid olivgrau, mit gelblicher Spitze und Basis, im Ruhekleid mehr düster gräulich. Füße gelblich- bis grünlichgrau. Iris braun. ♀ **und Juv.**- Schnabel olivgrau bis gelblicholiv. Füße grünlich- bis bleigrau. Iris braun.
Maße: ♂ immer etwas größer als ♀. *S.m.mollissima*: Flügel 286-315 (M. 304, ♀ 301); Lauf 50-57; Schnabel 51- 61; mittleres Gewicht ♂ 2266, ♀ 2028. *S.m.faeroeensis*: Flügel 257-284 (M. ♂ 270, ♀ 264); mittleres Gewicht (nur ♀) 1847. *S.m.borealis*: Flügel 278-302 (M. 291, ♀ 301). *S.m.v-nigrum*: Flügel ♂ 300-328. *S.m.dresseri* und *S.m.sedentaria*: Flügel ♂ 270-290.
Geographische Variabilität: Übergangs- und Mischpopulationen machen insbesondere bei den nordatlantischen Eiderenten eine genaue Abgrenzung geographisch definierter Formen schwierig bis unmöglich. Hier werden sechs Unterarten unterschieden. *S.m.mollissima*: Beschreibung siehe oben. Das Brutgebiet ist Nordwesteuropa außer den Shetland- und Orkneyinseln. Die Eidere. dieser Inseln stehen *S.m.faeroeensis* näher als *S.m.mollissima*. Die Ei-

dere. der Britischen Inseln und Südwestnorwegens vermitteln zwischen *S.m.mollissima* und *S.m.faeroeensis*.

S.m.faeroeensis : Die kleinste, auf die Färöer beschränkte Unterart. Schnabel des ♂ olivgrau. Das ♀ dunkler und kräftiger gebändert als das der Nominatform. Die Eidere. der Shetland- und Orkneyinseln können dieser Form zugerechnet werden.

S.m.borealis: Arktischer Nordatlantik von Franz Josef Land über Island und Grönland bis Baffinland. Schnabel des ♂ orangegelb. Gefieder des ♀ mehr rötlichbraun. Die Eidere. von Island und Südostgrönland tendieren zur Nominatform.

S.m.dresseri : Atlantikküste Nordamerikas von Labrador bis Maine. Der Frontalfortsatz des Schnabels nicht schmal und spitz, sondern breit und abgerundet. Der grüne Nackenfleck der ♂ reicht seitlich bis fast unter das Auge. Er ist matter und heller als bei den anderen Unterarten. Die seitlichen Endfedern des Vorderrückens leicht höckerartig aufgerichtet.

S.m.sedentaria : Hudson Bay. Steht *S.m.dresseri* sehr nahe. Der Frontalfortsatz des Schnabels nicht ganz so ausgedehnt. Das ♀ ist grauer.

S.m.v-nigrum : Nordpazifische Region von den Neusibirischen Inseln bis in das arktische Kanada. Eine große Unterart. Die seitlich von den Wangen auf den Schnabel ziehende, befiederte Schneppe ist abgerundet (sonst spitz). Sie reicht nicht bis zum Nasenloch. An Kinn und Kehle der ad. ♂ ein breites, schwarzes V-Abzeichen. Ein solches V tritt in schwächerer Form gelegentlich auch bei anderen Unterarten auf. Schnabel orange und Füße gelblich.

Lebensweise: Sehr gesellig. Das ganze Jahr über in größeren Trupps oder Schwärmen. Nichtbrüter übersommern oft südlich der Brutgebiete. Paarbildung im Spätwinter und Frühling. Brutbeginn auf den südlichsten Brutplätzen Anfang April, in den nördlichsten nicht vor Mitte Juni. Nester bevorzugt auf küstennahen Inseln, aber auch an flachen Ufern des Festlandes. Nistet in lockeren Kolonien. Die ♀ kleiden die Nester mit Daunen aus. Diese Eiderdaunen werden in manchen Gegenden, vor allem auf Island, nach der Brut „geerntet". Synthetische Füllmaterialien haben die echten Daunen inzwischen weitgehend ersetzt. Während die ♀ brüten, versammeln sich die ♂ zur Mauser. Sie schließen sich dazu den schon bestehenden Schwärmen der Nichtbrüter an. Hält sich gern bei Riffen und Inseln und in Buchten auf. Nahrungssuche vorwiegend bei Niedrigwasser.

Taucht vorzüglich. Ruhende Eidere. treiben in Trupps auf dem offenen Wasser oder sitzen auf flachen Felseninseln und dgl. Oft recht vertraut. Braucht zum Auffliegen einen längeren Anlauf. Schwärme fliegen oft niedrig in langgezogenen Reihen über das Wasser. Teilzieher. Die nördlichsten Populationen ziehen im Herbst weiter nach Süden, die südlicheren bleiben auch im Winter in der Nähe ihrer Brutplätze. Die ♂ überwintern zumeist weiter nördlich als die ♀ und Immaturen. Einige Populationen unternehmen ausgedehnte Mauserwanderungen.

Biotop: Flache Küstengewässer mit kleineren Inseln, Schären und Riffen, weite, ruhige Buchten und Mündungsbereiche von Flüssen. Im Winter und auf dem Zug gelegentlich auf großen Binnenseen.

Verbreitung: In den arktischen und subarktischen Küstenregionen weit verbreitet. Die mittlere sibirische Eismeerküste und die nordkanadischen Inseln sind nicht besiedelt. An der nordamerikanischen Atlantikküste reicht das Brutgebiet bis nach Maine. In Europa liegen die südlichsten Brutplätze in den Niederlanden, auf den Britischen Inseln und in Polen. In Nordwestfrankreich ein isoliertes, kleines Brutvorkommen. Das Brutgebiet der pazifischen Population erstreckt sich bis an die Küsten des Ochotskischen Meeres und Südalaskas. Die nördlichen Populationen überwintern in den südlicheren Regionen des Verbreitungsgebietes. Die südlichen Populationen sind weitgehend Standvögel. Auf den großen europäischen Binnenseen erscheinen alljährlich einzelne oder kleinere Trupps. Irrgäste sind in British Columbia, im Binnenland von Kanada und den USA, in Florida, auf den Azoren, an der Nordküste des Mittelmeeres und auf dem westlichen Schwarzen Meer gesehen worden. Die pazifischen Eidere. scheinen kaum jemals weiter nach Süden vorzustoßen. In Westgrönland wurde jedoch eine Eidere. des *V-nigrum*-Typs festgestellt. Im Norden der Britischen Inseln werden gelegentlich Enten der Form *S.m.borealis* beobachtet.

Bestand: Der Gesamtbestand muß sehr groß sein. Die europäische Population ist in den letzten Jahren erheblich angewachsen. In Ostsibirien scheinen die Zahlen dagegen abzunehmen. Ist in einigen Ländern, auch wegen der Daunen, völlig geschützt, wird aber in anderen, z.B. in der UdSSR und in Teilen Nordamerikas, stark verfolgt. In der Mitte der 70er Jahre wurde der nordamerikanische Bestand auf 1,5 bis 2 Millionen geschätzt. Nach Winterzählung dürfte der Bestand Westeuropas und Westsibiriens um 2 Millionen Eidere. umfassen. Die ostasiatischen Bestände sind sicher auch beachtlich, aber bisher nicht erfaßt. Die größte Bedrohung besteht heute in Ölkatastrophen, vor allem aber in der ständigen, schleichenden Ölpest.

Literatur: Bauer und Glutz 1969, Driver 1974, Uspenski 1972.

Kopfform und Schnabelbefiederung von Eiderenten-♀

Eiderente (Nominatform)

Prachteiderente

130 Prachteiderente   Tafel 40
Somateria spectabilis
Englisch: King Eider

Eine Ente arktischer Regionen. Sie brütet vor allem in den von der Eiderente (129) nicht mehr besetzten, nördlichsten Gebieten Sibiriens und Kanadas. Das ♂ ist im Brutkleid auffällig bunt.

Feldkennzeichen: Länge 47-63 cm. *Am Boden* - Das ♂ ist im Brutkleid unverkennbar, kann aber dennoch

in großen Eiderentenschwärmen, denen sich einzelne gerne anschließen, leicht übersehen werden. Im Unterschied zum Eidere.-♂ auch auf der Oberseite schwarz. Der Kopf ist groß und eckig. Oberkopf und Nacken sind hell graublau. Vor der Stirn ein hoch aufgetriebener, schwarz eingefaßter, orange gefärbter Schild, der von dem orangeroten Schnabel aufsteigt. Die anderen Kleider sind denen der Eidere. recht ähnlich. Im Unterschied zum Eidere.-♂ hat das Prachteidere.-♂ im Ruhekleid niemals weiße Schultern. Vorderrücken und Flügeldecken sind aber weiß, was beim Schwimmen oft gut zu sehen ist. Die besten Unterscheidungsmerkmale sind der leuchtend orangerosa Schnabel mit dem großen, breiten, runden Stirnfortsatz und das typische Kopfprofil mit der aufgetriebenen Stirn und dem flachen Oberkopf. Die Unterarten der Eidere., *S.m.borealis* und *S.m.v-nigrum* (s. Eidere. (129)), haben zwar ebenfalls orange- bis fleischfarbene Schnäbel, ihre Kopfform ist aber in kennzeichnender Weise keilförmig. Die ♀ und Juv. sind denen der Eidere. ausgesprochen ähnlich. Irrgäste können daher in Eiderentenschwärmen sehr leicht übersehen werden. Die Trennung gelingt am besten beim genauen Vergleich der Kopfformen. Der Kopf der Prachteidere. ist nicht ausgeprägt gestreckt keilförmig. Ihr Oberkopf ist flacher und die Stirn leicht aufgewölbt. Der ganze vordere Schnabel-Kopf-Abschnitt erscheint im Vergleich mit der Eidere. gestaucht. Der Schnabel wird waagerecht und nicht leicht abwärts geneigt getragen. Der Stirnfortsatz des Schnabels ist kürzer und der seitlich auf den Schnabel übergreifende befiederte Winkel endet stumpf abgerundet. Ein charakteristisches Merkmal ist die aufwärts verlaufende Rachenspalte. Sie zieht gewöhnlich durch ein weißlich aufgehelltes Feld am unteren Zügelrand. Bei der Eidere. ist sie kaum sichtbar. Die Oberseiten- und Flankenzeichnung der ♀ und Juv. bildet ein schuppiges Muster und nicht wie bei der Eidere. eine Bänderung. Die mehr rostbraune Tönung ist bei der erheblichen Färbungsvariabilität der Eidere. kein sicheres Merkmal. Sie verblaßt mit der Abnutzung des Gefieders zunehmend. Juv. ♂ haben im ersten Winter um das Auge einen gut sichtbaren, hellen Ring, von dem ein schräg nach hinten unten verlaufender Streifen ausgeht. Bei juv. Eidere.-♂ ist die Überaugenpartie aufgehellt und der vom Auge ausgehende, undeutliche Kopfseitenstreifen dunkel. Das Ad.-Kleid ist nach dem dritten Winter voll ausgebildet. Es treten also wie bei den Eidere. Übergangskleider auf. Auf den Schultern ad. ♀ können kleine, aufragende Federspitzen sichtbar sein. Bei den ad. ♂ sind sie größer und auffälliger. Vergleiche auch mit der Plüschkopfente (131). **Im Flug** - Gleicht der Eidere., ist aber etwas kleiner und untersetzter, hat einen relativ kurzen Hals und einen schnelleren Flügelschlag. Die Oberseite der ♂ ist im Brutkleid weitgehend schwarz mit einem vergleichsweise kleinen, weißen Feld auf den Vorderflügeln. Es sei aber daran erinnert, daß immature und mausernde Eidere.-♂ ebenfalls auf der Oberseite ausgedehnt schwarz sein können. Prachteidere.-♀ und Eidere.-♀ sind im Flug nur schwer auseinanderzuhalten. Die Unterflügel der Prachteidere. sind heller und haben eine abgesetzte dunkle Vorderkante. Vergleiche auch mit der Plüschkopfe.
Stimme: Die Rufe und Laute ähnlich denen der Eidere. Das tiefe Gurren der ♂ klingt kollernd „gru-gru-guruuu". Aus fliegenden Schwärmen ist ein vielstimmiges, kurzes Quaken zu hören.
Beschreibung: Geschlechter verschieden. Saisonal unterschiedliche Kleider. **♂ ad. Brutkleid** - Oberkopf und Nacken hell gräulichblau. Über dem Auge eine weißliche Linie, die leicht geschwungen nach hinten unten zum Nacken zieht und die graublaue Haube scharf begrenzt. Kopfseiten hellgrün. Stirnfedern zwischen den Schnabelschildern und der Rand der Schilder schwarz. Hals, Brust, Vorderrücken und ein großer Seitenfleck auf der Afterregion weiß. Brustgefieder lachsrosa getönt. Das übrige Gefieder schwarz. Innere Schulterfedern zu einem spitzen Zipfel aufgestellt. Ellenbogenfedern verlängert und gekrümmt. Mittlere und Große Oberflügeldecken weiß. Oberflügel sonst schwarz. Unterflügeldecken weiß. Schwingen von unten grau. **♂ ad. Ruhekleid** - Insgesamt schwärzlichbraun. Färbung dunkler und einheitlicher als bei den ♀. Brust und Vorderrücken gewöhnlich weiß gesprenkelt. Oberflügeldecken auch im Ruhekleid weiß. **♀ ad.-** Gefieder im Brutkleid warm rötlichbraun getönt. Kopf und Hals nur schwach gezeichnet. Die schwärzlichen Schaftstriche auf Oberkopf und Hinterhals am ausgeprägtesten. Die Federn am Ende der seitlich auf den Schnabel ziehenden Schneppe punktartig aufgehellt. Oberseite und Flanken mit dunklen, U-förmigen Bogenzeichnungen. Kleine und Mittlere Oberflügeldecken dunkelbraun, mit rostbräunlichen Säumen. Oberflügel sonst schwarzbraun. Große Decken und Armschwingen mit schmalen, weißen Enden. Vorderkante und Schwingen am Unterflügel graubraun. Unterflügeldecken weiß. **Juv.-** Unterscheidet sich von dem ♀ durch mattere, grauere Tönung, vor allem an Kopf und Hals. Keine Federzipfel auf den Schultern und Flankenzeichnung breiter. Ellenbogenfedern nicht oder nur schwach gebogen. Die ♂ haben im ersten Winter große, graue Flecke am Kopf und eine weißlich gesprenkelte Brust. Das Brutkleid ist bei den ♂ erst im dritten Winter vollständig.
Federlose Partien: Iris immer dunkelbraun. Einzelne Angaben über gelbliche Irisfärbung bedürfen der Bestätigung. **♂-** Schnabel im Brutkleid rot, mit blaß fleischfarbenem Nagel. Der höckerartige Frontalschild gelborange. Schnabel im Ruhekleid matt gräulichorange und der Frontalschild kleiner und gelblichfleischfarben. Füße gräulichgelb bis orange. **♀-** Schnabel und Stirnfortsatz olivgrau. Füße grünlichgrau. **Juv.-** Schnabel etwas dunkler als beim ♀. Ab der Mitte des ersten Winters hellt sich bei juv. ♂ die Schnabelfärbung zunehmend auf.
Maße: ♂ ein wenig größer als ♀. Flügel 256-293 (M. 277, ♀ 270); Lauf 44-50; Schnabel ♂ 27-34, ♀ 31-35; mittleres Gewicht ♂ 1724, ♀ 1623.
Geographische Variabilität: Keine.
Lebensweise: Brütet nicht in Kolonien, ist aber das ganze Jahr über sehr gesellig. Wird außerhalb des Verbreitungsgebietes fast ausschließlich in Eiderententrupps angetroffen. Hier kann es auch zur Bildung von Mischpaaren kommen. Die meisten Bastardierungen sind von Island bekannt geworden, wo die Prachteidere. gewöhnlich nicht brütet. Paarbildung im Frühjahr, zumeist während des Zuges. Ankunft an den Brutplätzen im Verlauf des Juni. Bruten ab Ende Juni. Nistet einzeln über die Tundra verstreut an Teichen und Bächen. Nester auf trockenem Untergrund. Neststand manchmal auch weiter vom Wasser entfernt. In einigen Gegenden bilden sich auf bevorzugten Brutplätzen lockere, kolonieartige Ansammlungen. Nach Brutbeginn ziehen die ♂ an die Küste zurück und sammeln sich dort in großen Scharen zur Mauser. Nahrungssuche tauchend. Hält sich oft in tieferem Wasser als die Eidere. auf. Ruht am

Strand und auf Eisschollen. Liegt beim Schwimmen höher im Wasser als die Eidere. Fliegt relativ mühelos auf. Im Flug schneller und wendiger als die Eidere. Fliegt gewöhnlich in langen, gewellten Schrägreihen dicht über dem Wasser. Zugvogel. Die Brutplätze werden im Herbst verlassen. Mauseransammlungen oft gewaltig, z.B. 100.000 in der Davis-Straße vor Westgrönland. In einigen Gegenden bemerkenswerte Züge zu bevorzugten Mausergründen.

Biotop: Brütet in der hocharktischen Tundra sowohl an der Küste als auch im Binnenland. Überwintert auf der offenen See und in eisfreien Buchten. Hält sich auch im Winter weitgehend nördlich des Polarkreises auf.

Verbreitung: An den Küsten und auf den Inseln der hocharktischen Region weit verbreitet. In Südgrönland, Island und Nordskandinavien nur gelegentliche Bruten. Die Population Ostsibiriens, Alaskas und Nordwestkanadas überwintert in der Beringsee. Die ostkanadischen und westgrönländischen Prachteidere. verbringen den Winter auf dem Meer zwischen Südgrönland, Labrador und Neufundland. Einige dringen auch bis zu den Großen Seen vor. Die westsibirische Population zieht im Winter ins Weiße Meer und vor die nordnorwegische Küste. Häufigere Nachweise auch in der nördlichen Ostsee. Vor Island überwinternde Prachteidere. stammen wahrscheinlich aus Grönland. Auch wenn alljährlich einzelne vor Nordschottland, im Nordosten der USA und im Süden von Kamtschatka beobachtet werden, bleibt die Masse doch stets im hohen Norden. Nichtbrüter übersommern südlich der Brutgebiete, oft in den Winterquartieren. Irrgäste sind südwärts bis Japan, Kalifornien, Georgia (USA), Frankreich und Ungarn gelangt.

Bestand: Sehr häufig. Durch die Abgelegenheit des Verbreitungsgebietes kann ein falscher Eindruck entstehen. Wird von einigen Kennern für die zahlenmäßig häufigste Ente gehalten. Der nordamerikanische Bestand wird auf 1 bis 2 Millionen geschätzt. Der Bestand der UdSSR dürfte 1 bis 1,5 Millionen umfassen. Auf dem Frühjahrszug werden in einigen Gegenden sehr viele geschossen. Diese Jagd bleibt aber wohl ohne Einfluß auf die Bestandsentwicklung.

Literatur: Bauer und Glutz 1969, Cramp und Simmons 1977, Uspenski 1972.

131 Plüschkopfente　　Tafel 40
Somateria fischeri
Englisch: Spectacled Eider

Diese am wenigsten bekannte Eiderente brütet in Nordostsibirien und Alaska. Wo sie sich aber im Winter aufhält, ist immer noch unbekannt.

Feldkennzeichen: Länge 52-57 cm. **Am Boden** - Gestalt wie die der Eiderente (129), aber etwas kleiner. Ein einzigartiges Gesichtsmuster. Das Stirngefieder greift auf den Schnabel über und zieht bis zum Nasenloch. Um das Auge ein großes, brillenartig rundes, helles Feld. Brust und Unterseite der ♂ im Brutkleid schieferschwarz. Die Oberseite, wie beim Eidere.-♂, weiß. Färbung und Zeichnung des Kopfes seltsam und sehr auffällig. Um das Auge eine große, weiße, schwarz eingefaßte „Brille", der Kopf sonst, abgesehen von Kinn und Kehle, gänzlich blaßolivgrün. In Gestalt, Färbung und Zeichnung erinnert das ♀ stark an die der beiden anderen großen Eiderenten. Am Kopf aber ebenfalls eine deutlich vom dunkelbraunen Kopfgefieder abgesetzte, hellbraune, runde „Brille", in deren Zentrum das dunkle Auge gut zu sehen ist. Das Stirngefieder reicht wie beim ♂ weit auf den Schnabel. Immature ♂ und ♀ im Ruhekleid gleichen denen der anderen Eiderenten, sind aber an der Brust niemals weiß gefärbt. An dem charakteristischen Kopfmuster sind sie immer zu erkennen. Das Ad.-Kleid der ♂ ist nach dem dritten Winter voll ausgebildet. Vergleiche auch mit der Prachteiderente (130). **Im Flug** - Kleiner und kurzhalsiger als die Eidere., sonst im Flugbild sehr ähnlich. Auf den ersten Blick unterscheidet sich das ♂ im Brutkleid vom Eidere.-♂ nur wenig. Das Schwarz der Unterseite reicht weiter nach vorne, so daß ein schmaler, weißer Halsring entsteht. Der Unterflügel ist nicht weiß, sondern gräulich. Das ♀ ist noch schwerer vom Eidere.-♀ zu unterscheiden. Bei der großen individuellen Variabilität der Eidere. ist die dunklere Tönung der Unterflügel kein sicheres Merkmal. Der vorne dunkle, um die Augen und am Hals aber helle Kopf der Plüschkopfe. dürfte bei einigermaßen guter Sicht erkennbar sein.

Stimme: Nicht sonderlich ruffreudig. Der gurrende Balzruf der ♂ ist nicht weit zu hören. Der Ruf des ♀ ist ein kurzes, rauhes Krächzen, das an den Kolkraben erinnert.

Beschreibung: Geschlechter verschieden. Saisonal unterschiedliche Kleider. **♂ ad. Brutkleid** - Stirn, Scheitel und Nacken mattolivgrün. Um das Auge ein großer, runder weißer Fleck mit schmalem schwarzen Rand, der aus konzentrisch angeordneten, kurzen, steifen Federn besteht. Kehle, Hals und ein Großteil der Oberseite mit den gebogenen Ellenbogenfedern weiß. Brust, Flanken, Bauch, Hinterrücken, Bürzel, Schwanz, Ober- und Unterschwanzdecken dunkel schiefergrau. An der Seite der Afterregion ein weißer Fleck. Die Kleinen und Mittleren Oberflügeldecken weiß. Die Großen Decken schwarzbraun, mit feinen weißlichen Spitzen. Schwingen oben schwarzbraun. Unterflügel hellgrau, mit weißen Achselfedern. **♂ ad. Ruhekleid** - Gefieder insgesamt dunkel gräulichbraun. „Brille" hellgrau. Oberflügeldecken weiß. **♀ ad.** - Gefieder warm rötlichbraun, mit schwarzbraunen Subterminalbinden, die eine kräftige Bänderung ergeben. „Brille", Kinn, Kehle und Vorderhals hellbraun. Die ausgreifende Stirnbefiederung dunkelbraun. Oberflügeldecken rötlich-, Schwingen schwarzbraun. Unterflügel gräulichbraun, mit weißlichgrauen Achselfedern. **Juv.** - Gleicht dem ♀, ist aber schwächer gebändert und hat eine weniger ausgeprägte „Brille". Die ♂ sind gegen Ende des ersten Winters am Vorderhals und auf der Oberseite weiß gesprenkelt. Das ♂ ist nach dem dritten Winter ausgefärbt.

Federlose Partien: ♂- Schnabel orange, mit hornfarbenem Nagel, im Ruhekleid etwas matter als im Brutkleid. Füße gräulichgelb. Iris weiß. ♀- Schnabel blaugrau. Füße gelblichbraun. Iris dunkelbraun. **Juv.** - Wie das ♀. Der Schnabel der ♂ wird im Verlauf des ersten Winters zunehmend fleischfarben.

Maße: ♂ etwas größer als ♀. Flügel 233-280 (M. ♂ 272, ♀ 263); Lauf 45-50; Schnabel 21-27; mittleres Gewicht ♂ 1647, ♀ 1472.

Geographische Variabilität: Keine.

Lebensweise: Die am wenigsten bekannte Eiderente, deren Überwinterungsgebiet noch nicht gefunden wurde. Gesellig, aber gewöhnlich in kleineren Schwärmen als die anderen Eiderenten. Da die Plüschkopfe. im Mai und Juni paarweise an den Brutplätzen eintreffen, erfolgt die Paarbildung wahrscheinlich schon im Spätwinter. Brütet vorwiegend in der küstennahen Tundra. Nester in der Nähe von Tümpeln und Teichen. Nistet zumeist einzeln, bildet aber auch lockere Brutkolonien und brütet gern in der Nähe anderer Wasservögel, bevorzugt bei Gänsen und Schwänen. Nach Brutbeginn werden die ♀ von den ♂ verlassen, die zum Mausern auf die Beringsee ziehen. Die ♀ wandern wahrscheinlich erst mit den flüggen Jungen ab und mausern weit draußen auf der See. Ernährt sich auf dem offenen Meer tauchend, verhält sich auf den Brutgewässern aber mehr wie eine Gründelente. Bewegt sich an Land nur schwerfällig, fliegt aber schneller und wendiger als die anderen Eiderenten. Auf See nur wenige Beobachtungen ziehender Schwärme oder kleiner schwimmender Trupps, was darauf hindeutet, daß die Mausergründe und Winterquartiere in recht eng begrenzten Arealen des Beringmeers, wahrscheinlich direkt am Packeisrand zu suchen sind.

Biotop: Brütet in der Küstentundra und örtlich, z.B. im Indigirkadelta (Ostsibirien), auch im Binnenland bis zu 120 km vom Meer entfernt. Hält sich im Sommer nahe der Küste sowie auf Teichen und Flüssen der Tundra auf. Verbringt den Winter wahrscheinlich weit draußen auf der offenen See am Rande des Packeises.

Verbreitung: Das Brutgebiet erstreckt sich entlang der Küste Nordsibiriens vom Lenadelta ostwärts bis nach Nordwestalaska. Die Nordostgrenze der Verbreitung verläuft hier am Colville. Im Sommer halten sich angeblich Schwärme von Nichtbrütern auf der Tschuktschensee auf. Überwintert wahrscheinlich in flacheren Seegebieten des Beringmeeres, möglicherweise südlich der Inseln Nunviak, St. Lawrence und St. Matthew sowie vor der Südküste der Tschuktschen-Halbinsel. Das Überwinterungsgebiet verschiebt sich wahrscheinlich mit der jeweiligen Lage der Packeisgrenze. Wird im Winter bei den Pribilof-Inseln und den westlichen Aleuten nur selten beobachtet. Einzelne Irrgäste sind in British Columbia und Kalifornien, aber vor der Kola-Halbinsel (Westsibirien) und vor Nordnorwegen gesehen worden.

Bestand: Sowohl in Sibirien als auch in Alaska durchgeführte Untersuchungen lassen auf einen Brutbestand von etwa 200.000 schließen, zu dem noch einmal ungefähr die gleiche Zahl an Nichtbrütern hinzugezählt werden kann. Hauptbrutgebiete sind das Indigirkadelta in Sibirien mit mindestens 17.000 Brutpaaren (1971) und das Yukon-Kuskowim-Delta in Alaska mit 50.000 bis 70.000 Paaren.

Literatur: Dau und Kistchinski 1977, Todd 1979.

132 Kragenente Tafel 41
Histrionicus histrionicus
Englisch: Harlequin Duck

Eine hübsche, kleine, bunte Ente, die den Winter an Felsküsten verbringt, im Sommer aber an reißenden Flüssen brütet.

Feldkennzeichen: Länge 38-45 cm. *Am Boden* - Eine kleine, gedrungene Ente, mit kleinem Schnabel, hoher Stirn, spitzem Schwanz und auffälliger, weißer Kopfzeichnung. Das ♂ ist im Brutkleid ausgesprochen bunt, aber auf dunklem, bewegten Wasser doch leicht zu übersehen. Es hat an Kopf und Brust kennzeichnende, weiße Abzeichen. Das blaugraue Gefieder und die rotbraunen Flanken erscheinen auf größere Entfernung mehr oder weniger einheitlich schwarz. Das Schlichtkleid ist fast gänzlich rußbraun. Am Kopf befinden sich zwei weiße Flecke, einer auf der Zügelregion und ein zweiter, annähernd kreisrunder, auf den Ohrdecken. In diesem Kleid sind Kragene. am ehesten mit ♀ oder Juv. der Eisente (137) zu verwechseln, die eine ähnliche Gesichtszeichnung haben können. Eise. haben aber hinter dem Auge einen länglichen, hellen Streifen und keinen runden Fleck. Vorderhals, Flanken und Bauch sind bei ihnen aufgehellt weißlich. Der Schnabel ist etwas größer und vor allem klobiger als bei der Kragene. Die ♀ der Büffelkopfe. (138) haben hinter dem Auge einen großen, langgezogen-eckigen weißen Fleck und eine dunkle Zügelregion. Auch die wesentlich größeren und großschnäbligeren ♀ der Brillen- (135) und Samtente (136) haben einen durch helle Flecke gezeichneten Kopf. *Im Flug* - Eine nahezu einfarbig schwärzliche, kleine, gedrungene Ente mit relativ langem, spitzen Schwanz. Die Flügel sind oben wie unten einheitlich dunkel. Der Bauch ist niemals weiß oder aufgehellt. Die schwache, weißliche Sprenklung auf dem Bauch der ♀ ist im Flug nicht zu sehen. Die weißen Kopf- und Brustabzeichen der ♂ sind nur aus der Nähe erkennbar. Die Kragene. ist deutlich kleiner und kürzer als die Trauer- und Samtente. Sie erinnern in Gestalt und Flugweise mehr an die Spatel- (139) und Schellente (140). Eise. sind unterseits immer auffällig weiß.

Stimme: Nur während der Balz ruffreudig, sonst schweigsam. Der Balzlaut der ♂ ist ein feiner, mäuseähnlicher Pfiff. Der häufigste Ruf der ♀ ist ein rauh krächzendes „ek-ek-ek-ek".

Beschreibung: Geschlechter verschieden. Saisonal unterschiedliche Kleider. *♂ ad Brutkleid* - Bis auf die rotbraunen Flanken insgesamt blaugrau. Die Unterseite dunkler getönt als die Oberseite. Auf der Zügelregion ein großer, weißer, dreieckiger Fleck, der sich über dem Auge am schwarzen Scheitelband entlang als schmaler Strich fortsetzt und hinter dem Auge in ein rostbraunes Band übergeht. Auf den Ohrdecken und seitlich vor dem Schwanz ein runder, weißer Fleck. An den Hals- und an den Brustseiten je ein senkrecht verlaufendes, scharf begrenztes, weißes Band. Um den Halsansatz ein vorne nicht ganz geschlossener, weißer Ring. Schulter- und Ellenbogenfedern weitgehend weiß. Auf den Flügeldecken vereinzelte weiße Flecke. Alle weißen Abzeichen schwarz eingefaßt. Ober- und Unterflügel schwarz, die Armschwingen mit blauem Metallglanz. *♂ ad. Ruhekleid* - Wesentlich dunkler, mehr schwärzlichbraun, zumeist an den mehr oder weniger deutlichen, an Brutkleid erinnerten, weißen Abzeichen gut von dem ♀ zu unterscheiden. *♀ ad.* - Fast einheitlich rußbraun. Der Kopf ist am dunkelsten. Die Bauchmittte hellbräunlich bis weißlich gesprenkelt. Zwischen Auge und Stirn ein kleiner und unter dem Auge ein großer, unscharf begrenzter weißer Fleck. In der Ohrgegend ein scharf begrenzter weißer Kreisfleck. Flügel oben und unten schwarzbraun. *Juv.* - Wie das ♀, die Federspitzen auf der Oberseite aber nicht grau, sondern braun und ohne blauen Glanz auf den Armschwingen. Juv. ♂ sehen nach dem ersten Winter weitgehend wie ad. aus.

Federlose Partien: ♂ - Schnabel blaugrau, mit hornfarbenem Nagel. Füße bläulichgrau. Iris rötlichbraun. ♀ *und Juv.* - Schnabel gräulichschwarz, mit hellem Nagel. Füße olivgrau. Iris braun.

Maße: ♂ und ♀ wenig verschieden. Flügel 194-214 (M. ♂ 205, ♀ 198); Lauf 34-40; Schnabel 24-48; mittleres Gewicht ♂ 674, ♀ 529.

Geographische Variabilität: Es werden keine Unterarten unterschieden. Die pazifischen Populationen (Sibirien und Westen Nordamerikas) wurden als „H.h.pacificus" abgetrennt. Die ♂ sollen insgesamt düsterer gefärbt sein und einen weniger ausgeprägten, rotbraunen Überaugenstreif besitzen. Bei der großen individuellen Variabilität dieser Merkmale erscheint eine Trennung aber nicht gerechtfertigt.

Lebensweise: Größere Trupps, die aber bei der atlantischen Population selten mehr als 50 Enten versammeln, nur außerhalb der Brutperiode. Die Winterschwärme der pazifischen Population können mehrere Hundert Kragene. umfassen. Im Binnenland gewöhnlich paarweise oder im Familienverband. Paarbildung im Spätwinter. Die Paare sondern sich dann von den Winterschwärmen ab und ziehen von der Küste die Flüsse aufwärts zu ihren Brutplätzen. Brutbeginn zumeist gegen Ende Mai. Nester am Boden nahe am Wasser im dichten, hohen Gestrüpp oder in Felsspalten. Die brütenden ♀ werden für gewöhnlich von den ♂ verlassen, die zum Mausern an die Küste zurückkehren. Sucht die Nahrung zumeist tauchend. Kann direkt aus dem Flug oder mit einem Sprung vom Felsenrand untertauchen. Verhält sich bei der Nahrungssuche im flachen Wasser auch wie eine Gründelente. Erinnert in den Bewegungen und Verhaltensweisen an die südamerikanische Sturzbachente (55), mit der sie die Anpassung an reißend strömende Gebirgsflüsse gemeinsam hat. Liegt recht hoch im Wasser, hat den Schwanz oft leicht angehoben und macht beim kraftvollen Schwimmen gegen den Strom typische nickende Kopfbewegungen. Ruht gern auf flach überspülten Steinen. Braucht zum Auffliegen keinen Anlauf. Fliegt rasch mit schnellen Flügelschlägen und immer in geringer Höhe. Ist dort, wo sie nicht verfolgt oder belästigt wird, recht vertraut. Schließt sich anderen Entenarten nicht eng an, kann sich im Winter aber in der Nähe anderer Tauchenten aufhalten. Irrgäste werden gewöhnlich mit anderen Enten vergesellschaftet angetroffen. Zug in den meisten Gebieten nur zwischen dem Brutplatz und der nächstgelegenen Küste. Einige weit im sibirischen Binnenland brütende Populationen müssen recht weite Wanderungen unternehmen. Nichtbrüter bleiben auch im Sommer auf dem Meer.

Biotop: Brütet im Bergland an schnell strömenden Flüssen und Bächen. Überwintert im Brandungsbereich von Felsküsten.

Verbreitung: Zwei geographisch getrennte Populationen. Das Verbreitungsgebiet der pazifischen Population liegt zu beiden Seiten des Nordpazifiks. Sie brütet in den gebirgigen Regionen Ostsibiriens zwischen dem Baikalsee und Sachalin, auf den Aleuten und in Nordamerika von Alaska bis Colorado. Diese Kragene. überwintern auf den angrenzenden Küstengewässern südwärts bis China, Korea, Japan und Kalifornien. Das Brutgebiet der atlantischen Population umfaßt Ostkanada, Südgrönland und Island. Die kanadische Population hält sich im Winter entlang der Küste zwischen Neufundland und Maine auf. Einzelne dringen auch bis New York vor. Die grönländische und die isländische Population bleiben an den Küsten der jeweiligen Brutgebiete. Die wanderfreudigeren pazifischen Kragenenten sind bis Tomsk (Westsibirien), in der Mongolei, auf den Ryukyu-Inseln und auf den Hawaii-Inseln festgestellt worden. Aus dem Binnenland Kanadas und von der Küste Kaliforniens gibt es nur sehr wenige Meldungen. Die atlantische Population ist weitgehend ortstreu. Kragene. sind daher in Europa ganz seltene Irrgäste. Einzelne, zeitlich weit auseinanderliegende Beobachtungen auf den Färöern und auf Spitzbergen, in Norwegen, Schweden, Deutschland, Polen, der UdSSR (Weißes Meer, Ostsee), den Niederlanden, den Britischen Inseln, der Tschechoslowakei, der Schweiz, Österreich und Italien. Bei den in Ost- und Mitteleuropa gesehenen Kragene. wird es sich eher um Angehörige der pazifischen als der atlantischen Population gehandelt haben.

Bestand: Die pazifische Population ist weit größer als die atlantische. Erhebungen der Gesamtbestände gibt es nicht, immerhin halten sich aber allein entlang der Aleutenkette im Herbst bis zu 1 Million Kragene. auf. Die isländische Population wird auf etwa 3.000 Paare geschätzt.

Literatur: Bauer und Glutz 1969, Bellrose 1976, Cramp und Simmons 1977, van der Have und Moerbeek 1984, Wynne-Edwards 1957.

133 Labradorente
Camptorhynchus labradorius
Englisch: Labrador Duck

Eine ausgestorbene Meerente, die früher an der Ostküste Nordamerikas zwischen der Cheaspeake Bay und Long Island vorkam und möglicherweise weiter im Norden, vielleicht in Labrador, gebrütet hat. Die Art muß schon vor der Ankunft des „Weißen Mannes" in Nordamerika selten gewesen sein. Sie wurde dann wahrscheinlich durch die Siedler, die sie jagten und die Eier sammelten, in kurzer Zeit ausgerottet. Über die Lebensweise dieser Ente ist kaum etwas bekannt. Sie war sicher hochspezialisiert und wird ökologisch mit der Scheckente (128) vergleichbar gewesen sein. Nachweislich wurde die letzte Labradore. 1875 erlegt. Spätere Belege gibt es nicht, auch wenn 1878 nahe New York noch eine erbeutet worden sein soll. Die Abbildung zeigt ein ad. ♂.

Literatur: Humphrey und Butsch 1958, Phillips 1922-26.

134 Trauerente   Tafel 42
Melanitta nigra
Englisch: Common oder Black Scoter

Zwei Unterarten, die auch für selbständige Arten gehalten und hier daher gesondert behandelt werden.

„Atlantische Trauerente"
M.n.nigra

Im Norden Europas und Asiens weit verbreitet. Möglicherweise überschneiden sich die Verbreitungsgebiete der beiden Unterarten im Osten Sibiriens.

Feldkennzeichen: Länge 44-54 cm. **Am Boden** - Eine mittelgroße Meerente mit relativ langem Schwanz, der beim ruhigen Schwimmen oft angehoben wird. Das ♂ ist bis auf einen auch auf größere Entfernung erstaunlich gut erkennbaren gelben Fleck auf dem Schnabelfirst ganz schwarz. Die ♀ und Juv. sind ebenfalls gut zu erkennen. Ihr Körpergefieder ist einheitlich rußbraun. Die Wangen und der Vorderhals sind davon grauweiß abgehoben. Auf dem Kopf haben sie eine dunkelbraune, bis auf den Rücken reichende Kappe. Ein ähnliches Färbungsmuster kommt nur noch beim ♀ der Kolbenente (113) vor, die aber kaum jemals auf dem Meer anzutreffen ist. Im ersten Winter kann bei mausernden juv. ♂ der helle Kopfabschnitt durch düstere Flecke teilweise verdeckt sein, wodurch eine Kopfzeichnung entsteht, die an die ♀ von Brillen- (135) und Samtente (136) erinnert. Da Meerenten allgemein ausgesprochen gesellig sind, ist auch in diesen schwierigen Fällen durch den direkten Vergleich von Größe und Gestalt eine sichere Zuordnung möglich. Die Trauere. taucht, zumindest bei ruhigem Wasser, mit fest angelegten Flügeln, während Samt- und Brillenenten die Flügel beim Abtauchen leicht anheben. Trauere. lassen, wenn sie sich zum Flügeln aufrichten, den Kopf gewöhnlich hängen. Im Unterschied dazu strecken ihn die beiden anderen Arten gerade aus. Weitere Unterschiede werden bei der Brillen- und Samtente besprochen. Vergleiche auch mit der Dunkelente (88). **Im Flug** - ♂ und ♀ wirken sehr dunkel bis schwarz. Am Unterflügel hebt sich die hellere Schwingen von den dunklen Decken ab. Bei der Brillene. ist der Unterflügel einheitlich dunkel. Dieser feine Unterschied ist aber nur unter ausgesprochen günstigen Sichtverhältnissen erkennbar. Auf nicht allzu große Entfernung sind die ♀ an der hellen Wangen- und Halspartie von dem ganz schwarzen ♂ zu unterscheiden. Vergleiche auch mit der sehr ähnlichen Brillene. Die Samtente hat einen weißen Flügelspiegel. Verwechslungen sind daher unwahrscheinlich.

Stimme: Das ♂ läßt bei der Balz Serien klangvoller, teils gurrender Rufe hören, die wie „dü" oder „düit" klingen. Die ♀ knarren sonor „knarr".

Beschreibung: Geschlechter verschieden. Gefiederfärbung bei beiden Unterarten gleich. ♂ **ad.**- Das gesamte Gefieder schwarz, an Kopf, Oberseite und Flanken mit blauviolettem Glanz. Schwingen von unten schwärzlichgrau. Unterflügeldecken rußschwarz. Im Sommer kein ausgeprägtes Ruhekleid, das von alten bzw. neuen Federn durchsetzte Gefieder wirkt aber stumpf und fleckig. ♀ **ad.**- Oberkopf und Hinterhals schwärzlichbraun. Kopfseiten und Vorderhals hell gräulichbraun. Körpergefieder rußbraun, mit feinen, zimtbraunen Rändern. **Juv.**- Dem ♀ sehr ähnlich, aber oberseits ein wenig heller und unterseits grauweiß, mit dunkelbraunen Bändern oder Flecken. Wenn sie sich auf dem Wasser flügelnd aufrichten, ist die helle Unterseite gut zu sehen. Juv. ♂ werden im Verlauf des ersten Winters zunehmend schwarz, die volle Ad.-Färbung erlangen sie aber erst im zweiten Herbst.

Federlose Partien: Füße immer schwärzlichgrau und Iris immer braun. Schnabel bei den Unterarten verschieden. Beschreibung von *M.n.nigra*: ♂- Schnabel schwarz, mit großem, runden Basishöcker und gelbem Fleck auf der Mitte des Schnabelfirstes. Bei älteren ♂ zieht das Gelb als schmaler Streifen über die Höckermitte. ♀ **und Juv.**- Schnabel insgesamt schwärzlich und ohne Höcker. Füße etwas grüner und grauer als beim ♂. Der Schnabelfirst juv. ♂ beginnt sich gegen Ende des ersten Winters gelb zu färben.

Maße: Beide Unterarten gleich. Maße von *M.n.nigra*: ♂ etwas größer als ♀. Flügel 216-247 (M. ♂ 234, ♀ 226); Lauf 41-48; mittleres Gewicht ♂ 1037, ♀ 945.

Geographische Variabilität: Zwei Unterarten, die auch als selbständige Arten angesehen werden. Die ostasiatisch-amerikanische Unterart *M.n.americana* wird anschließend gesondert besprochen.

Lebensweise: Sehr gesellig. Das ganze Jahr über in kleineren Trupps bis zu sehr großen Schwärmen. Da die ♂ nicht so weit südwärts wandern wie die ♀, kommt es in den Winterschwärmen zu einer gewissen Trennung der Geschlechter. Die Paarbildung beginnt im Spätwinter und setzt sich, während die ♀ nordwärts ziehen und dabei auf die ♂ treffen, in das Frühjahr hinein fort. Ankunft an den Brutplätzen im April und Mai. Bruten ab Ende Mai. Nester am Boden, einzeln und dicht am Wasser. Während die ♀ brüten, ziehen die ♂ zum Mausern an die Küste. Manche mausern in der Nähe der Brutplätze, andere unternehmen weite Wanderungen zu küstenfernen Mausergründen. Sie fliegen auf den Wanderungen oft weite Strecken über Land und können sich dabei zum Rasten auf Binnengewässer niederlassen. Nahrungssuche tauchend. Im typischen Fall bilden sich auf der See dicht geschlossenen Gruppen, die synchron untertauchen. Die jeweils am Ende des Trupps schwimmenden Trauere. fliegen nach einer gewissen Zeit auf und fallen an dessen Spitze wieder ein. Liegt beim ruhigen Schwimmen hoch im Wasser und trägt dabei den Schwanz oft angehoben. Bleibt auf See gewöhnlich auch zum Ruhen und Schlafen auf dem offenen Wasser, hält sich aber an den Brutgewässern auch am Ufer oder auf kleinen Inseln auf. Braucht zum Auffliegen einen Anlauf, startet aber doch leichter als andere größere Meerenten. Zieht in langen, wellenförmig auf- und absteigenden Reihen oder seltener in ungeordneten, dichten Scharen. Fliegt über Wasser zumeist recht niedrig, über Land aber gewöhnlich sehr hoch. Ein ausgesprochener Zugvogel. Die ♀ verlassen die Brutplätze mit den Jungen im September. Nichtbrüter übersommern vielfach in den Winterquartieren.

Biotop: Brütet an Teichen, Seen und langsam fließenden Flüssen der Tundra und der subarktischen Region. Hält sich außerhalb der Brutperiode auf dem Meer in der Nähe der Küste, in Buchten und Flußmündungen auf. Kann auf dem Zug auch auf Binnenseen einfallen.

Verbreitung: Das Brutgebiet der Nominatform erstreckt sich über die Tundra von Island bis zum Olenek in Sibirien mit einem südlichen Ausläufer im Norden der Britischen Inseln. Die Überwinterungsgebiete dieser Population liegen vor der westeuropäischen Küste von Norwegen und der westlichen Ostsee im Norden bis zur Atlantikküste Nordafrikas (Mauretanien) im Süden. Trauere. erscheinen auf dem Zug auch auf großen, mitteleuropäischen Seen, im westlichen Mittelmeer und auf dem Schwarzen und Kaspischen Meer. Hier aber nur in geringer Zahl und relativ selten. Irrgäste sind im Süden bei den Azoren, bei Madeira und den Kanaren, vor Libyen, im östlichen Mittelmeer, im Persischen Golf und im Norden bei Grönland gesehen worden.

Bestand: Zu Beginn der 70er Jahre wurde der Winterbestand vor den westeuropäischen Küsten auf etwa 500.000 geschätzt. Da noch in den 50er Jahren die

Anzahl der über Finnland ziehenden Trauere. um 2,3 Millionen betragen haben dürfte, scheint es in den nördlichen Brutgebieten zu einem erheblichen Bestandsrückgang gekommen zu sein. Die Ölpest spielt bei diesem Bestandsschwund sicher eine wesentliche Rolle, es ist aber durchaus auch möglich, daß größere Schwärme auf See nicht erfaßt wurden.

„Pazifische Trauerente"
M.n.americana

Die ostasiatische und nordamerikanische Unterart der Trauerente, die auch als selbständige Art angesehen wird.

Feldkennzeichen: Der Nominatform außerordentlich ähnlich. Der wesentlichste Unterschied ist die Schnabelstruktur und -färbung der ad. ♂. Der Schnabel ist vor der Stirn hoch aufgewölbt, hat aber keinen ausgeprägten Höcker. Der Oberschnabel ist, vom schwarzen Spitzenabschnitt abgesehen, leuchtendgelb. Die Ausdehnung der Gelbfärbung auf dem Schnabel der Trauere. (*M.n.nigra*) ist zwar variabel, die Höckerseiten sind aber immer schwarz. Die ♀ der Amerikanischen Trauere. sind im Freiland von denen der Nominatform nicht zu unterscheiden. Die Schnabelbasis ist bei ihnen etwas stärker aufgetrieben. Der Nagel ist kräftiger und stärker gebogen. Die Nasenlöcher liegen bei der Amerikanischen Trauere. allgemein weiter vorne.
Verbreitung: Das Brutgebiet erstreckt sich in der Tundra Ostsibiriens von der Jana bis Kamtschatka. An der unteren Lena scheinen sich die Brutgebiete der beiden Unterarten zu treffen. Wie weit sie sich überschneiden, ist unbekannt. Mischformen sind bisher nicht festgestellt worden. Das nordamerikanische Brutgebiet beschränkt sich weitgehend auf Westalaska. In Kanada ostwärts bis Neufundland sind nur verstreute oder sporadische Bruten festgestellt worden. Die Überwinterungsgebiete liegen vor beiden Küsten des Nordpazifiks südwärts bis Japan, Korea, Ostchina (Fukien) und Kalifornien. Einige überwintern auch auf den Großen Seen und an der Atlantikküste zwischen dem St. Lorenz-Golf und South Carolina. Irrgäste sind bis Hawaii, vor Florida und Louisiana sowie im Inneren der USA festgestellt worden. In Europa nur wenige Beobachtungen von den Britischen Inseln und den Niederlanden.
Bestand: Angaben über den Gesamtbestand sind nicht verfügbar. Die nordamerikanische Population wird auf 500.000 geschätzt, die ostasiatische dürfte noch größer sein.
Literatur: Bauer und Glutz 1969, Cramp und Simmons 1977, Johnsgard 1975.

135 Brillenente   Tafel 42
Melanitta perspicillata
Englisch: Surf Scoter

Der bunte, klobige Schnabel und und die weißen Flecke am Kopf machen das ♂ unverwechselbar. Eine rein nordamerikanische Meerente, die relativ häufig an den westeuropäischen Küsten erscheint.

Feldkennzeichen: Länge 45-66 cm. **Am Boden -** Ebenso groß wie die Trauerente (134), durch den großen, klobigen Schnabel wirkt der Kopf aber viel massiger. Das Kopfprofil erinnert an das der Eiderente (129). Das ♂ am weißen Stirn- und Nackenfleck leicht zu erkennen. Der aufgetriebene, orange, weiß und schwarz gefärbte Schnabel fällt auf größere Entfernung nicht sonderlich auf. Im Sommer verschwindet der weiße Nackenfleck weitgehend bis völlig. Bei einigen ♂ ist er erst um die Mitte des Winters wieder vollständig ausgebildet. Die ♀ und Juv. sind dunkelbraun und haben an den Kopfseiten weißliche Flecke. Der Kopf der Samtente -♀ und auch der Trauere.-♂ im ersten Winter ist ähnlich gezeichnet. Der Körper des Brillene.-♀ ist aber kürzer und gedrungener und der Schnabel klobiger. Die Kopfseiten sind heller als der schwarzbraune Oberkopf. Die Flügel sind vollständig dunkel. Bei der schwimmenden Samte. ist der weiße Spiegel jedoch zumeist auch nicht zu sehen. Er wird erst beim Fliegen richtig sichtbar. Im Unterschied zu den Trauer- und Samte.-♀ haben Brillene.-♀ im Nacken oft einen hellen Fleck. Brillene. tauchen zumeist mit einem „Kopfsprung" ab und stellen dabei die Flügel leicht an. Wenn sie sich zum Flügeln aufrichten, strecken sie den Kopf gerade vor. Die Samte. taucht zumeist ohne Sprung. Beim Anheben der Flügel leuchten die weißen Armschwingen kurz auf. Trauere. tauchen mit angelegten Flügeln und lassen, wenn sie sich flügelschlagend aufrichten, den Kopf abwärts hängen. Bei schlechter Sicht sind Verwechslungen mit Eiderenten-♀ möglich, Brillene. sind aber kleiner, haben einen längeren Schwanz, ungebändertes Gefieder und eine auffällige Kopfzeichnung. Vergleiche auch mit der Kragenente (132), die im Gesicht ebenfalls weißliche Flecke hat. **Im Flug -** Der Trauere. sehr ähnlich, die weißen Flecke am Kopf der ♂ sind aber auch auf größere Entfernung gut zu sehen. Insgesamt gedrungener, mit großem, schwer wirkendem Kopf. Am Unterflügel sind die Decken und Schwingen fast gleich dunkel. Da ein weißer Flügelspiegel fehlt, von der Samte. leicht zu unterscheiden.
Stimme: Wenig ruffreudig. Der Balzlaut der ♂ ist ein gluckerndes Gurgeln. Die ♀ lassen ein krähendes Krächzen hören.
Beschreibung: Geschlechter verschieden. ♂ **ad.-** Schwarz mit leicht blauem Schimmer. Auf der Stirn und im Nacken ein großer, weißer Fleck. Manchmal am vorderen Halsansatz einzelne weißliche, zu einem unterbrochenen Querstreifen angeordnete Federn. Der weiße Nackenfleck wird mit zunehmender Gefiederabnutzung von den dunklen Federbasen und Dunen verdeckt. Sein weißes Gefieder ist oft erst gegen Winterende wieder völlig erneuert. Die Stirn ist das ganze Jahr über weiß. Im Sommer wirkt das von neuen Federn durchsetzte Gefieder leicht fleckig. ♀ **ad.-** Oberkopf und Hinterhals sind schwarzbraun, Kopfseiten ein wenig heller. Am Nacken ein mehr oder weniger deutlicher, hellerer Fleck. Auf der Zügelregion ein runder und auf den Ohrdecken ein annähernd dreieckiger, weißlicher Fleck. Das Körpergefieder ist dunkelbraun. Die Ausdehnung der Gesichtsflecke und die Gefiederfärbung sind recht variabel. **Juv.-** Gleicht weitgehend dem ♀, Gesicht, Kehle, Brust und Flanken sind jedoch zumeist heller. Am besten sind sie an dem weißlichen Bauch zu erkennen. Die weißlichen Gesichtsflecke gehen manchmal ineinander über. Der Nacken ist nie aufgehellt. Im Verlauf des ersten Winters zunehmend wie die Ad. gefärbt. Bei den ♂ beginnen sich bei Winteranfang Schnabel und Nacken hell zu färben. Im Spätwinter sind sie fast schwarz, das Weiß auf Stirn und Nacken ist aber noch schütter und wenig auffällig.

Das volle Ad.-Gefieder wird erst im zweiten Winter ausgebildet. Dann erscheint auch der helle Nackenfleck der ♀.
Federlose Partien: ♂- Schnabelbasis aufgetrieben. Schnabelseiten bläulichweiß, mit einem großen, nahezu runden, schwarzen Fleck an der Basis. Schnabelfirst rot. Schnabelspitze und Nagel blaßgelb. Füße rötlichorange, mit schwärzlichen Schwimmhäuten. Iris weiß. ♀- Schnabel nur leicht aufgetrieben, dunkel grünlichgrau, mit schwärzlichem Fleck beiderseits der Basis. Füße düster orangegelb. Iris braun oder weißlich. **Juv.-** Schnabel dunkelgrau. Füße bräunlichgelb. Iris braun. Schnabel und Füße bei Beginn des ersten Frühlings weitgehend wie bei den Ad. gefärbt. Iris der ♀ oft erst im zweiten Winter heller.
Maße: ♂ größer als ♀. Flügel 223-256 (♂ 238-256, ♀ 223-235); Lauf 40-43; Schnabel 34-41; mittleres Gewicht ♂ 992, ♀ 907.
Geographische Variabilität: Keine.
Lebensweise: Trupps im allgemeinen kleiner als bei der Trauere., sie können im Winter jedoch beachtliche Ausmaße annehmen. Paarbildung im Spätwinter und Frühling. Auf See bilden sich typische Balzgruppen, die aus mehreren ♂ und ein bis zwei ♀ bestehen. Ankunft an den Brutplätzen ab Mitte Mai. Das Brutverhalten ist, mit anderen nordamerikanischen Enten verglichen, nur ungenügend untersucht. Nester am Boden, gut unter Gesträuch verborgen und oft recht weit vom Wasser entfernt. Nistet einzeln. Die ♂ verlassen die brütenden ♀ und ziehen zum Mausern an die Küste. Verhält sich bei der Nahrungssuche wie die Trauere. Fliegt weniger schwerfällig als die Samte. und erinnert darin mehr an die Trauere. Haltung beim Tauchen und Flügeln, siehe unter Feldkennzeichen. Zugvogel. Die ♀ und Juv. verlassen die Brutgebiete im September.
Biotop: Brütet an Seen, Teichen und Flüssen der Waldtundra. Überwintert in Küstennähe auf dem Meer, bevorzugt dabei flache Buchten und Flußmündungen. Auf Binnenseen nur gelegentlich während des Zuges anzutreffen.
Verbreitung: Brütet im nördlichen Nordamerika zwischen Westalaska und Labrador. Überwintert entlang der Pazifik- und Atlantikküste vom Brutgebiet bis Kalifornien bzw. North Carolina und in geringer Zahl auch auf den Großen Seen. Einzelne Beobachtungen von den Inseln im Beringmeer und der Küste Nordostsibiriens, ebenso auch aus Florida und Texas. Irrgäste sind im Binnenland der USA, in Mexiko, in Japan und auf den Hawaii-Inseln, auf den Bermudas, in Grönland und in den meisten Ländern Westeuropas, von Finnland im Norden bis Spanien im Süden, festgestellt worden. Bei den Britischen Inseln werden alljährlich einzelne Brillene. gesichtet.
Bestand: In der Mitte der 70er Jahre ergaben Winterzählungen einen Gesamtbestand von ca. 765.000. Wie die nahen Verwandten, ist auch die Brillene. durch die Ölverschmutzung der Überwinterungsgebiete stark betroffen.
Literatur: Bauer und Glutz 1969, Bellrose 1976, Mullarney 1983.

136 Samtente   Tafel 42
Melanitta fusca
Englisch: Velvet Scoter oder White-winged Scoter

Das Verbreitungsgebiet erstreckt sich über weite Bereiche der Nordhemisphäre. Die ostasiatischen und nordamerikanischen Populationen werden auch gemeinsam als gesonderte Art angesehen. Da sich die Unterarten im Freiland jedoch nicht wesentlich unterscheiden, werden sie hier gemeinsam betrachtet.
Feldkennzeichen: Länge 51-58 cm. *Am Boden* - Größer als die beiden anderen „schwarzen Meerenten", mit relativ langem Körper. Der Kopf mit dem flachen Übergang vom großen Schnabel zur Stirn erinnert etwas an den der Eiderente (129). Die in allen Kleidern weißen Armschwingen machen die Unterscheidung von anderen dunklen Meerenten ausgesprochen leicht. Auch wenn der weiße Spiegelfleck beim Schwimmen weitgehend verdeckt ist, leuchtet er doch beim Abtauchen oder beim Flügeln in charakteristischer Weise auf. Das ♂ ist schwarz, mit einem kleinen, nicht gut sichtbaren weißen Fleck hinter dem Auge. Die Basis des hellen Schnabels ist schwarz und höckerartig aufgetrieben. Dieser Höcker ist bei der ostasiatischen Form besonders groß und auffällig. Die ♀ und Juv. sind düster braun mit zwei runden, weißen Flecken an der Kopfseite. Die Kopfzeichnung des kleineren, untersetzteren und dickschnäbligeren Brillenenten-♀ ist sehr ähnlich. Erst das Weiß im Flügel erlaubt ein völlig sicheres Ansprechen. ♀ im frischen Gefieder und immature ♂ haben keine helle Kopfzeichnung. Sie wirken gänzlich dunkelbraun. Von dunklen Eidere. unterscheiden sie sich durch das Fehlen jeglicher Bänderung und weißer Färbung an Brust und Rücken sowie durch den längeren Schwanz. Die Samte. taucht ohne „Kopfsprung" mit leicht angehobenen Flügeln. Beim Abtauchen leuchtet das Weiß im Flügel kurz auf. Sie streckt beim Flügeln wie die Brillene. den Kopf gerade nach vorne. *Im Flug* - An dem weißen Spiegelfeld, das sich von den dunklen Gefieder stark abhebt, leicht zu erkennen. Kaum mit irgendeiner anderen Art zu verwechseln.
Stimme: Sehr still. Das ♂ von *M.f.fusca* ruft während der Balz ein pfeifendes „huör-ör" oder „åhjå" und das ♀ ein rauhes „kärrr". Beide Rufe sind auch im Flug zu hören. Die Rufe der Unterarten sind verschieden, was für die Unterscheidung gesonderter Arten spricht.
Beschreibung: Geschlechter verschieden. Beschreibung der Nominatform. ♂ **ad.-** Gefieder schwarz, mit schwachem Glanz. Das abgetragene Federkleid und das Sommergefieder bräunlich getönt. Ein kleiner Streifen unter dem Auge und die Armschwingen weiß. ♀ **ad.-** Gefieder dunkelbraun. Auf der Zügelregion ein bräunlichweißer und auf den Ohrdecken ein nahezu weißer Fleck. Im frischen Federkleid sind beide Flecke durch dunkle Federränder verdeckt. Der Bauch schwach bis kräftiger weißlich gefleckt. Armschwingen weiß. **Juv.-** Gleicht dem ♀, Gefiederfärbung aber matter und grauer, nicht schwärzlich getönt. Federn der Oberseite mit hellbraunen Rändern und der Bauch, vor allem bei den ♂, stark weißlich gefleckt. Die Gesichtsflecke oft ausgeprägter als bei der ad. ♀. Färbung im Verlauf des ersten Winters zunehmend wie die der Ad., die ♂ sind aber frühestens im zweiten Winter voll ausgefärbt.
Federlose Partien: Beschreibung der Nominatform: ♂- Schnabel mit leicht aufgetriebenem Basishöcker. Höckermitte und Oberschnabelkanten schwarz. Schnabel sonst orangegelb und zur Spitze hin zunehmend rot. Nagel manchmal schwarz. Füße rötlichorange, mit schwärzlichen Schwimmhäuten. Iris weiß. ♀ **und Juv.-** Schnabelbasis nicht aufgetrieben. Schnabel schwärzlichgrau, bei den juv. ♀ heller als bei den

ad. Füße der ♀ schmutzigrot und die der Juv. gräulichgelb bis orangerosa. Iris braun. Färbung von Schnabel und Füßen der Juv. gegen Winterende wie bei den Ad.
Maße: ♂ gewöhnlich größer als ♀. Flügel ♂ 269-286, ♀ 255-271; Lauf 43-53; Schnabel 37-51; mittleres Gewicht ♂ 1718, ♀ 1631.
Geographische Variabilität: Drei Unterarten, die sich vorwiegend in der Schnabelstruktur und -färbung unterscheiden. Das Brutgebiet von *M.f.fusca* (Beschreibung s. o.) reicht von Skandinavien bis zum Jenissei. *M.f.stejnegeri* brütet vom Jenissei bis zur ostasiatischen Pazifikküste. Das ♂ von *M.f.stejnegeri* unterscheidet sich vom ♂ der Nominatform durch seinen großen, hohen Schnabelhöcker und seinen mehr orangeroten als gelben Schnabel. Die ♂ von *M.f.deglandi* aus Nordamerika sind an den Flanken brauner als die der beiden anderen Unterarten und haben einen in Struktur und Färbung ungefähr intermediären Schnabel. Die ♀ und Juv. sind im Freiland nicht zu unterscheiden. Da sich die Brutgebiete der drei Formen nicht überschneiden und sie verschiedene Lautäußerungen zu haben scheinen, könnte man sie auch als drei, oder besser zwei selbständige Arten ansehen, wobei dann *M.f.stejnegeri* und *M.f.deglandi* zur Art *M.deglandi* zusammengefaßt würden.
Lebensweise: Sehr gesellig. Abseits der Brutplätze das ganze Jahr über in größeren Trupps. Die amerikanische Unterart scheint besonders große Ansammlungen zu bilden. Paarbildung im Spätwinter und zeitigen Frühjahr vor der Rückkehr an die Brutplätze. Bruten ab Mai, Brutbeginn in den nördlicheren Gebieten auch später. Nester gut gedeckt am Boden, manchmal auch in Höhlungen und Nistkästen, gewöhnlich nahe am Wasser, oft aber auch weiter davon entfernt. Nistet gewöhnlich einzeln, schließt sich in einigen Gebieten auch zu lockeren Brutkolonien zusammen. Während die ♀ brüten, versammeln sich die ♂ auf bestimmten Gewässern zur Mauser, wobei sie sich oft Trupps von Nichtbrütern anschließen. Später stoßen auch die ♀ und Juv. zu diesen Schwärmen. Das Verhalten der „schwarzen Meerenten" ist grundlegend gleich. Die Samte. ist aber mehr eine Binnenlandsform, die, vor allem in Asien, weit in das Landesinnere vordringt. Der Flug ist schwerfällig. Das Auffliegen vom Wasser gelingt nur nach langem Anlauf. Zugvogel.
Biotop: Brütet an Teichen und Seen der Waldtundra und Taiga. Fällt auf dem Zug auf Seen und Flußmündungen ein. Überwintert in Küstennähe auf dem Meer und in geringerer Zahl auch auf großen Binnenseen.
Verbreitung: Das Brutgebiet von *M.f.fusca* erstreckt sich im Norden von Norwegen bis zum Mündungsgebiet des Jenissei. Im Süden reicht es bis zur Kirgisensteppe mit noch weiter südlich gelegenen, isolierten Brutvorkommen in der östlichen Türkei und der benachbarten Georgischen SSR. Überwinterungsgebiete sind zur Hauptsache die Küstengewässer Nordwesteuropas von Norwegen bis zum Kanal. Kleinere Trupps sind auch vor Nordspanien, auf größeren, mitteleuropäischen Seen sowie auf dem Schwarzen- und Kaspischen Meer anzutreffen. Im Süden sind Irrgäste von den Azoren, Marokko, Algerien, Israel und Afghanistan gemeldet worden. Im Norden wurde die Samte. bei Island, Spitzbergen, der Bäreninsel und Nowaja Semlja festgestellt. *M.f.stejnegeri* brütet im nordöstlichen Asien zwischen dem Jenissei und Kamtschatka. Das Brutgebiet reicht südwärts bis in die Mongolei. Sie überwintert entlang der Pazifikküste vom Beringmeer bis Korea, Japan und Ostchina. Irrgäste dieser Unterart sind bei Tomsk (Westsibirien) gesehen worden. Das Brutgebiet von *M.f.deglandi* erstreckt sich von Alaska im Osten bis zur Hudson-Bay im Westen und Manitoba im Süden. Im Winter ist sie an beiden Küsten zu finden. Das Überwinterungsareal reicht am Pazifik bis zum Kalifornischen Golf und am Atlantik bis South Carolina. Kleinere Winterbestände auf den Großen Seen und in geringer Zahl auch weiter südwärts im Inneren der USA. Irrgäste wurden in Nordostsibirien gesehen.
Bestand: Der Gesamtbestand ist nicht bekannt. Für die Nominatform ergaben Zählungen der Mauser- und Winterschwärme um die Mitte der 70er Jahre einen Bestand von ca. 150.000 bis 200.000. In den dänischen Gewässern Mauseransammlungen von ca. 60.000. Zur gleichen Zeit wurde der nordamerikanische Bestand auf nahezu 1 Million geschätzt. Die ostasiatische Unterart ist bisher noch nicht erfaßt worden. Wie bei den anderen Meerenten ist die Ölpest die derzeit größte Gefahr. Ölkatastrophen in den wichtigsten Mauser- und Winterquartieren können kurzfristig wesentliche Anteile des Weltbestandes vernichten.
Literatur: Bauer und Glutz 1969, Cramp und Simmons 1977, Dementiew und Glatkow 1952.

137 Eisente   Tafel 41
Clangula hyemalis
Englisch: Long-tailed Duck, Oldsquaw

Eine kleine, hübsche holarktisch verbreitete Meerestauchente.

Feldkennzeichen: Länge 36-47 cm, bei dem ad. ♂ kommt noch ein bis 13 cm langer Schwanz hinzu. **Am Boden -** Eine kleine, untersetzte Tauchente mit rundem Kopf, kurzem, hohen Schnabel und spitzem Schwanz. Bei den ad. ♂ sind die mittleren Schwanzfedern stark verlängert. Ihr Schnabel ist schwarz mit rosa Spitze. Der Schwanz wird beim ruhigen Schwimmen oft angehoben. Die ♂ wirken im Winter insgesamt weißlich, mit schwarzer Brust, schwarzem Gesichtsfleck und schwarzen Flügeln. Die langen, weißen über die dunklen Flügel hängenden Schulterfedern lassen die Oberseite scheckig erscheinen. Im Sommer sind Kopf, Brust und Oberseite der ♂ schwärzlichbraun. Die weißen Flecke um die Augen und die weißen Flanken heben sich davon deutlich ab. Die ♀ und Juv. sind klein, gedrungen und kurzschwänzig, mit dunkler Ober- und heller Unterseite. Die Kopfzeichnung ist variabel. Typisch sind weißliche Kopfseiten mit einem dunklen Wangenfleck, ein dunkler Oberkopf und eine dunkle Brust. Die dunkelsten Eise., es handelt sich dabei vorwiegend um Juv., können einen sehr dunklen Kopf haben, an dem sich lediglich um das Auge weißliche Flecke befinden. Sie erinnern an Kragenenten (132). Im Gegensatz zur Eise. hat die Kragene. aber immer dunkle Flanken und auf den Ohrdecken einen runden - nicht streifenartigen - hellen Fleck. Vergleiche auch mit dem ♀ der Büffelkopfente. Die hellsten Eise. haben nur schwach ausgebildete Wangenflecke und erscheinen auf einige Entfernung fast einheitlich weißlich. Vergleiche mit dem Zwergsäger-♂ (141). Eise. liegen bei der Nahrungssuche tief im Wasser. Sie tauchen mit einem kleinen Sprung und ziehen die Flügel dabei leicht an. In den Wintertrupps auf dem Meer machen sie durch das schwarzweiße Gefieder

und die Bewegungsweise beim Tauchen einen alkenähnlichen Eindruck. **Im Flug** - Eine gedrungene, dickköpfige, kurzhalsige, kleine Ente, deren Flügel dunkel sind und mit dem weißen Unterkörper kontrastieren. Sie zeigt eine charakteristische Flugweise. Die Flügel werden flach angehoben und tief nach unten durchgeschlagen, dabei kippt der Körper von der einen Seite zur anderen, so daß wechselweise Bauch und Rücken sichtbar werden.
Stimme: Das ♂ ist während der Balz sehr ruffreudig. Sein Balzruf ist ein jodelndes „gak-gak-gauloiik". Wenn die ♂ eines Schwarms gemeinsam rufen, ergibt das ein seltsames, weit hörbares „Gekläff". Vom ♀ sind verschiedene schwache, tief klingende Quaklaute zu hören.
Beschreibung: Geschlechter verschieden. Saisonal unterschiedliche Kleider. Die Mauserfolge ist recht verwickelt. Die Ad. mausern jährlich dreimal, tragen also vier verschiedene Kleider. Die Alters- und Geschlechtsbestimmung wird dadurch erheblich erschwert. Die einzelnen Kleider werden hier nur in ihren wichtigsten Merkmalen besprochen. **♂ ad.-** Die Zeit der Schwanzmauser ausgenommen, sind die verlängerten Schwanzfedern ständig vorhanden. Das Gefieder im Winter (November bis April) weitgehend weißlich. Kopfseiten hellgrau, ein schwärzlicher Fleck auf den unteren Ohrdecken, Brust, Vorderrücken, Rückenmitte und die langen, mittleren Schwanzfedern schwarzbraun und die verlängerten zugespitzten Schulterfedern weiß. Das Herbstgefieder (September bis November) ist ähnlich, der Fleck auf den Ohrdecken ist aber gräulichbraun und wenig auffällig. Kopf und Hals im Frühjahrskleid (Mai bis Juni) schwarzbraun, mit weißlichem Feld um das Auge, die Schulterfedern schwarz, mit breiten, rostbraunen Säumen und das übrige Gefieder wie im Winter. Das Sommerkleid (Juli bis September) unterscheidet sich von dem Frühjahrskleid durch kürzere Schulterfedern, weißliche Färbung an Oberkopf und Nacken und grau getönte Flanken. **♀ ad.-** Der Schwanz ist kurz. Das Gefieder ist nicht nur saisonal, auch individuell variabel. Der Oberkopf ist im Winter schwärzlichbraun, Gesicht und Hals sind weißlich, auf den Ohrdecken befindet sich ein braunschwarzer Fleck, die Brustfedern sind braungrau mit zimtbraunen Rändern, Flanken und Bauch sind weiß und die Oberseite schwarzbraun mit rötlichbraunen Säumen. Im Sommerkleid (Mai bis August) insgesamt recht düster. Kopf und Hals schwärzlichbraun, mit weißlichem Feld um das Auge und weißem Streifen hinter dem Auge, an der Halsseite ein weißlich verschwommener Dreiecksfleck, die Brust dunkel braungrau, die Oberseite schwarzbraun und die Unterseite weiß. Wie beim ♂ weitere Übergangskleider. **Juv.-** Ähnlich dem ♀, Kopf und Hals aber insgesamt bräunlich, die weißliche Kopfzeichnung nicht angedeutet, oft lediglich ein heller Fleck am Zügel und über dem Auge sowie ein Streifen hinter dem Auge (vergleiche Kragene.-♀). Schulterfedern kürzer und matter gefärbt als beim ♀. Unterseite weißlich, mit graubraunem Brustband und graubraun getönten Flanken. Die Kopfzeichnung wird im Verlauf des Winters weißer und gleicht immer mehr der der ♀. Die juv. ♂ entwickeln vom Spätherbst an zunehmend das Herbst- bzw. Wintergefieder der ad. ♂, vervollständigen das Ad.-Kleid aber erst im zweiten Herbst.
Federlose Partien: Füße immer grau. **♂-** Schnabel schwarz mit rosa Binde vor dem schwarzen Nagel. Schnabel im Sommer oft ganz schwarz. Iris hellbraun bis orange. **♀-** Schnabel dunkelgrau bis bläulichgrün. Iris braun. **Juv.-** Schnabel bläulichgrau. Der vordere Schnabelabschnitt beginnt sich bei den ♂ ab Oktober rosa zu färben. Iris braun.
Maße: ♂ größer als ♀. ♂- Flügel 218-241 (M. 228); Lauf 34-38; Schnabel 24-30; mittleres Gewicht 797. ♀- Flügel 204-220 (M. 212); Lauf 32-37; Schnabel 24-27; mittleres Gewicht 685.
Geographische Variabilität: Keine.
Lebensweise: Bis auf die Brutperiode außerordentlich gesellig. Während des Zuges und in den Winterquartieren bilden sich große Schwärme. Da die ♀ und Juv. allgemein weiter entfernt von den Brutgebieten überwintern als die ♂, kommt es in den Winterschwärmen zu einer gewissen Geschlechtertrennung. Die Paarbildung setzt schon im Herbst ein, die höchste Balzaktivität aber erst ab Spätwinter, wenn die nordwärts ziehenden Schwärme aufeinandertreffen. Trifft zumeist schon verpaart im Brutgebiet ein, Balz und Paarbildung aber auch noch an den Brutplätzen. Brutbeginn ab Ende Mai. Nester am Boden in dichtem Bewuchs, zumeist dicht am Wasser und gern auf kleinen Inseln. Kurz nach Brutbeginn werden die ♀ von den ♂ verlassen, die sich auf bestimmten Mausergewässern versammeln. Die ♂ einiger Populationen unternehmen bis zu 1000 km weite Mauserzüge, andere bleiben in der Nähe der Brutplätze. Nahrungssuche tauchend. Sitzt an den Brutplätzen oft ruhend am Ufer, hält sich sonst aber kaum jemals an Land auf. Der auffällige Flug ist bei den Feldkennzeichen beschrieben worden. Fällt ähnlich wie die Alken platschend, mit der Brust voran auf dem Wasser ein. Fliegt auf dem Zug über das Meer niedrig in langen Reihen oder lockeren Gruppen. Nichtbrüter übersommern in den Überwinterungsgebieten.
Biotop: Brütet in der Tundra an Teichen, kleinen Seen und träge fließenden Flüssen, auch auf kleinen Inseln vor der arktischen Küste. Überwintert vorwiegend in Küstennähe auf dem Meer und nur selten auf Binnengewässern.
Verbreitung: Weit über die gesamte arktische Region der Nordhemisphäre verbreitet. Das Brutgebiet reicht im Süden bis Finnland, Südalaska und Labrador. Überwintert an den Küsten des Atlantiks und Pazifiks südwärts bis zu den Britischen Inseln, South Carolina, Washington und Korea. Nur selten weiter im Süden. Erscheint regelmäßig auf Seen Mitteleuropas, an den nördlichen Küsten des Schwarzen- und Kaspischen Meeres und auf zentralasiatischen Seen, was auf einen beachtlichen Binnenlandszug der asiatischen Population hinweist. Irrgäste von mehreren Ländern an der Nordküste des Mittelmeeres, bei Madeira und den Azoren, in Pakistan, Kaschmir, Nepal, Assam, Südchina, bei den Hawaii-Inseln, in Kalifornien, Nordmexiko und Florida gesichtet worden.
Bestand: Häufig. Die Bildung konzentrierter Winteransammlungen erhöht die Gefahr von massiven Verlusten durch Ölpest. Mehre so verursachte Massensterben sind schon zu beklagen. Die Verluste durch Fischnetze sind ebenfalls sehr hoch. Die Jagd spielt nur in einigen Regionen eine bedeutsame Rolle. Der Gesamtbestand muß sehr groß sein, möglicherweise über 10 Millionen. Der Brutbestand Alaskas wurde auf rund 600.000 und der der westlichen UdSSR auf etwa 5 Millionen geschätzt. Da sich die großen Schwärme im Winter oft weitab der Küste auf der offenen See aufhalten, ist eine einigermaßen genaue Erfassung nicht leicht.

Literatur: Alison 1975, Bauer und Glutz 1969, Cramp und Simmons 1977, Uspenski 1970.

138 Büffelkopfente Tafel 43
Bucephala albeola
Englisch: Bufflehead

Eine kleine, in Nordamerika recht weit verbreitete Tauchente mit bemerkenswert großem, runden Kopf, der an den eines Bisons erinnert.

Feldkennzeichen: Länge 32-39 cm. **Am Boden** - Eine kleine, an die Schellente (140) erinnernde Tauchente. Das ♂ hat im Brutkleid einen großen, runden Kopf, ein weißes Hinter- und ein schwarzes Vorderteil. Ein ähnliches Kopfmuster hat nur noch das Kappensäger-♂ (142). Die Unterseite ist ausgedehnt weiß. Das schwarze Gefieder ist auf die Mitte der Oberseite beschränkt. Es ergibt sich so die gleiche Schwarzweißverteilung wie beim größeren Schelle.-♂. Im Schlichtkleid unscheinbar graubraun, mit dunklem Kopf und weißem Feld hinter dem Auge. Verwechslungen mit juv. Eisenten (137), die ebenfalls helle Flanken und eine weißliche Kopfzeichnung haben, und mit Zwergsäger-♀, deren Kopf mit den weißen Wangen und dem dunkel rotbraunen Oberkopf eine ähnlich Farbverteilung zeigt, sind möglich. Vergleiche auch mit dem Kragenenten-♀ (132). **Im Flug** - Der Flügelschlag ist sehr schnell. Hat etwa die Größe einer Krickente (77). Das ♂ wirkt wie die Miniaturausgabe des Schelle.-♂, der große weiße Fleck hinter dem Auge ist aber ein sicheres Unterscheidungsmerkmal. Die ♀ sind insgesamt düster graubraun, mit einem auffälligen, weißen Feld auf den Armschwingen, das sowohl am Ober- als auch am Unterflügel sichtbar ist, und einem weißlichen Bauch. Bis auf die minimale Größe gleichen sie Schelle.-♀. Der kennzeichnende weiße Streifen hinter dem Auge ist nur aus der Nähe zu sehen.
Stimme: Sogar bei der Balz schweigsam. Das ♂ verfügt über gutturral rollenden Rufe und ein schwaches Knarren. Das ♀ ist ein wenig ruffreudiger. Von ihm sind wie „gäk-gäk-" klingende Rufreihen zu hören.
Beschreibung: Geschlechter verschieden. Saisonal unterschiedliche Kleider. ♂ **ad. Brutkleid** - Kopfgefieder ringsum verlängert. Hinter dem Auge ein großer, keilförmiger, weißer Fleck, der die ganze hintere Kopfhälfte einnimmt. Die vordere und untere Kopfpartie schwarz, intensiv grün-bronzefarben-purpurn schillernd. Vorderrücken, Rücken, Bürzel, Schulter- und Ellenbogenfedern schwarz. Oberschwanzdecken grau. Schwanz graubraun, mit starkem, silbrigen Anflug. Handschwingen, Handdecken und Kleine Decken schwarzbraun. Armschwingen, Mittlere und Große Decken weiß. Unterflügel hell graubraun, mit weißen Armschwingen. ♂ **ad. Ruhekleid** - Wie das ♀, der weiße Fleck am Kopf aber größer und die Flügeloberseite wie im Brutkleid. ♀ **ad.** - Kopf nicht so dick wie beim ♂. Kopf und Hals schwarzbraun. An den Kopfseiten ein hinter und unter dem Auge beginnender, quer-ovaler, großer weißer Fleck. Brust, Vorderrücken, Flanken und Afterregion hell graubraun. Bauch weißlich. Oberseite schwarzbraun, an Bürzel und Oberschwanzdecken mehr dunkel graubraun. Oberflügel schwarzbraun, mit weißen Armschwingen. Die mittleren Großen Decken weiß, mit schwarzen Spitzen. Unterflügel wie beim ♂. **Juv.** - Dem ♀ ähnlich, der weiße Fleck am Kopf aber kleiner und der Bauch nicht rein weiß, sondern grau gefleckt. Juv. ♂ sind größer als ♀ und haben ausgedehnt weiße Große Oberflügeldecken. Gegen Ende des Winters zeigen sich bei den ♂ die ersten Anzeichen des Ad.-Gefieders, sie tragen aber erst nach dem zweiten Winter ein vollständiges Brutkleid.
Federlose Partien: ♂ - Schnabel hell blaugrau mit graubraunem Nagel. Füße fleischfarben. Iris braun. ♀ **und Juv.** - Schnabel dunkelgrau. Füße grau mit rosa oder bläulichem Stich. Iris dunkelbraun.
Maße: ♂ größer als ♀. ♂ - Flügel 169-179; Lauf 31-35; Schnabel 27-31; mittleres Gewicht 448. ♀ - Flügel 151-161; Lauf 28-31; Schnabel 23-27; mittleres Gewicht 325.
Geographische Variabilität: Keine.
Lebensweise: Nicht so gesellig wie die verwandten Arten. Auch außerhalb der Brutzeit nur kleinere Trupps. Die Paarbildung beginnt im Spätwinter und setzt sich bis in den Frühling hinein fort. Ankunft an den Brutplätzen ab April. Nistet in kleineren Baumhöhlen, bevorzugt in alten Spechthöhlen, nahe am Wasser. Während die ♀ brüten, versammeln sich die ♂ nach kurzem Zug auf bestimmten Mausergewässern. Eine sehr mobile kleine Ente, die andauernd in Bewegung zu sein scheint. Kommt selten an Land. Ruht gewöhnlich auf dem Wasser oder steht auf aus dem Wasser ragenden Steinen und Ästen. Sucht die Nahrung fast ausschließlich tauchend. Liegt beim Schwimmen tief im Wasser. Fliegt mit sehr schnellem, schwirrenden, jedoch lautlosen Flügelschlag. Kann sprungartig ohne Anlauf auffliegen.
Biotop: Brütet im bewaldeten Tiefland an Teichen, Seen und langsam fließenden Flüssen. Außerhalb der Brutzeit auf größeren Binnenseen, Flüssen, Flußmündungen und geschützten Meeresbuchten.
Verbreitung: Das Brutgebiet erstreckt sich vom mittleren Alaska ostwärts über Kanada nach Ontario und in westlicher Richtung bis Kalifornien. An der Pazifikküste beginnt das Überwinterungsgebiet im südlichen Alaska und an der Atlantikküste in der Höhe der Neu England Staaten. Es umfaßt den gesamten Süden der USA bis in den Norden Mexikos. Umherstreifende Büffelkopfe. erreichen die Bermudas und die Karibischen Inseln. Irrgäste sind in Nordostsibirien, Hawaii, Japan und Grönland beobachtet worden. In Westeuropa ein sehr seltener Gast. Einzelne Nachweise aus Island, von den Britischen Inseln, aus den Niederlanden, aus Frankreich und der Tschechoslowakei.
Bestand: Der Brutbestand wird auf etwa 500.000 geschätzt. Im Westen der Verbreitung nehmen die Bestände lokal ab, im Osten dagegen zu. Dort weitet sich das Brutgebiet langsam aus. Die Gründe für diese Verschiebung lassen sich noch nicht ganz durchschauen.
Literatur: Erskine 1972.

139 Spatelente Tafel 43
Bucephala islandica
Englisch: Barrow's Goldeneye

Eine Tauchente mit seltsam disjunkter Verbreitung. Das Hauptverbreitungsgebiet liegt im Westen Nordamerikas. Eine kleinere Population brütet im östlichen Kanada und auf Island.

Feldkennzeichen: Länge 42-53 cm. **Am Boden** - In allen Kleidern der Schellente (140) ausgesprochen ähnlich, das Kopfprofil aber charakteristisch verschieden. Stirn und Oberkopf der Spatele. sind aus-

Schnabel und Kopf von Spatel- und Schellente

Spatelente (östliche Form)

Schellente

gesprochen rund. Der Hinterkopf ist durch die verlängerten Nackenfedern erweitert und fällt schräg ab. Der Kopf der Schelle. erhält dagegen durch eine hohe Haube einen nahezu dreieckigen Umriß. Das Schwarz auf der Oberseite ist bei den ♂ im Brutkleid ausgedehnter als bei Schelle.-♂. Die Schultern, die oberen Flanken und die Brustseiten vor dem Flügelbug sind schwarz. Über die schwarzen Schultern zieht eine Reihe länglicher, weißer Flecke. Die Schultern der Schelle.-♂ sind dagegen schwarzweiß gestreift. Das auffälligstes Merkmal des Spatele.-♂ ist der große, halbmondförmige, weiße Fleck vor dem Auge. Der Zügelfleck des Schelle.-♂ ist kleiner und rund. Auch bei mausernden Schelle.-♂ kann der Gesichtsfleck halbmondförmig wirken, er ist dann aber immer viel kleiner als bei den Spatele. Wenn die Kopfzeichnung und die Oberseitenfärbung noch nicht voll entwikkelt sind, fällt die Unterscheidung nicht leicht. Dann müssen, wie bei den ♀, die Größe und die Kopfform verglichen werden. Die ♀ und Juv. gleichen weitgehend Schelle. Sie sind aber etwas größer, haben ein anderes Kopfprofil (s. o.), einen dunkler schokoladenbraunen Kopf und, zumindest in der westlichen Population, oft einen fast vollständig gelben Schnabel. Schelle. haben sehr selten einen gelben Schnabel. Auf dem Wasser ist die Kopfform das beste Unterscheidungsmerkmal. Sie ist, wenn beide Arten nebeneinander verglichen werden können, erstaunlich charakteristisch. Verwechslungen mit weiteren Arten sind unwahrscheinlich. *Im Flug* - Der Schelle. sehr ähnlich. Die Oberseite der ♂ ist schwärzer und das weiße Feld im Oberflügel durch eine schwarze Querbinde zweigeteilt. Die beachtliche Größe und der Halbmondfleck im Gesicht sind weitere, weniger auffällige Merkmale. Die ♀ und Juv. beider Arten sind im Fluge nur schwer auseinanderzuhalten. Das Oberflügelmuster der ad. ♀ ist aber immerhin verschieden. Bei der Schelle.-♀ ist das weiße Flügelfeld größer, da auch die Mittleren Decken weiß gefärbt sind. Die Flügel juv. Schelle.-♀ gleicht aber dem der Spatele.-♀, so daß dieses Merkmal nicht eindeutig ist. Die Oberflügeldecken juv. Spatele. sind dunkler als die juv. Schelle.
Stimme: Außerhalb der Fortpflanzungszeit still. Die ♂ rufen bei der Balz weich grunzend „ka-kaà". Der Ruf des ♀ ist ein lautes, gackerndes „gä-gä-gä-gärr". Die Flügel des ♂ erzeugen im Flug ein pfeifendes Geräusch.
Beschreibung: Geschlechter verschieden. Saisonal unterschiedliche Kleider. ♂ **ad. Brutkleid** - Kopf schwarz, mit purpurnem Glanz und großem, weißen Halbmondfleck zwischen Schnabel und Auge. Hals, Brust und Unterseite weiß. Vom schwarzen Vorderrücken zieht ein Winkel auf die obere Brustseite. Oberseite, oberer Flankenrand und Seiten der Afterregion schwarz. Die breit abgerundeten Schulterfedern in der Mitte weiß, wodurch eine in Längsrichtung über die Schulter verlaufende Reihe weißer, länglicher Flecke entsteht. Oberflügel weiß, mit schwarzen Handschwingen, Handdecken, Kleinen und Großen Decken. Unterflügel dunkel braungrau, mit weißen Armschwingen. ♂ **ad. Ruhekleid** - Gleicht dem ♀, behält aber die Flügelfärbung des Brutkleides bei und hat einen schwarzen Schnabel. ♀ **ad.-** Kopf dunkel schokoladenbraun. Um den Hals ein weißlicher Kragen. Brust, Flanken und Afterregion gräulichbraun. Bauch weißlich. Oberseite dunkelbraun. Handschwingen, Handdecken und Kleine Decken am Oberflügel schwarzbraun. Mittlere Decken dunkel graubraun mit weißlichen Spitzen (nicht weiß wie bei der Schelle.). Große Decken, die äußersten ausgenommen, weiß, mit breiter, schwarzer Endbinde. Mittlere und innere Armschwingen weiß. Unterflügel wie beim ♂. Im Sommer düsterer gefärbt, ohne weißlichen Kragen. **Juv.-** Gleicht dem ♀ im Sommerkleid. Juv.♂ ab Herbstbeginn größer als ♀. Die Merkmale des Ad.-Gefieders werden erst vom Spätwinter an erkennbar. Im zweiten Winter gleichen die juv.♂ weitgehend dem ad.
Federlose Partien: Füße immer gelblich, bei den ad. ♂ nahezu orange und bei den Juv. bräunlichgelb. ♂-Schnabel schwarz. Iris leuchtendgelb. ♀- Schnabel bei der östlichen Population an der Basis und an der Spitze schwarz, sonst gelb, und bei der westlichen Population ganz gelb. Iris hellgelb. **Juv.-** Schnabel dunkelgrau, zur Spitze hin fleischfarben getönt. Iris braun.
Maße: ♂ größer als ♀. ♂- Flügel 229-248 (M. 237); Lauf 38-46; Schnabel 32-34; mittleres Gewicht 1100. ♀- Flügel 211-221 (M. 218); Lauf 37-39; Schnabel 29-32; mittleres Gewicht ca. 800.
Geographische Variabilität: Es werden keine Unterarten unterschieden. Die ♀ der im Westen Nordamerikas beheimateten Population haben ganz gelbe Schnäbel. Bei den ♀ der östlichen Population sind die Schnäbel zweifarbig schwarz-gelb.
Lebensweise: Gesellig, bildet aber kleinere Schwärme als die Schelle. Immerhin kommen auch Trupps von bis zu 200 Spatele. vor. Beide Arten können außerhalb der Brutzeit gelegentlich gemeinsam auftreten. Balz und Paarbildung setzen im Spätwinter ein, sind beim Eintreffen auf den Brutplätzen aber oft noch nicht abgeschlossen. Bruten ab Mitte Mai. Nester in Baumhöhlen, vor allem in alten Spechthöhlen. Auf Island, wo es derartige höhlen nicht gibt, brüten die Spatele. am Boden unter sehr dichter Vegetation, in Felsspalten, Gebäuden und Nistkästen. Während die ♀ brüten, bilden die ♂ Mausergemeinschaften. Nahrungssuche tauchend. Kommt nur selten an Land. Verhalten i. a. wie bei der Schelle, während der Brutsaison jedoch aggressiver und weniger gesellig. Verbringt den Winter gewöhnlich auf nahegelegenen eisfreien Gewässern. Die nordamerikanischen Populationen legen auch größere Entfernungen zurück. Es sind nur sehr wenige Mischbruten von Spatel- und Schelle. bekannt geworden.
Biotop: Brütet an Seen, Teichen und Flüssen im bewaldeten Flachland, in den Rocky Mountains aber auch bis in eine Höhe von 3000 m. Weicht im Winter

auf eisfreie Flüsse und Seen sowie an die Küste aus.
Verbreitung: War möglicherweise früher sehr viel weiter verbreitet. Die getrennten Populationen dürften Reliktvorkommen darstellen. Das Brutgebiet der zahlenmäßig größeren Population erstreckt sich vom südlichen Alaska bis in das nördliche Kalifornien und ostwärts bis Wyoming. Sie überwintert an der Küste und auf küstennahen Binnengewässern, wobei kleinere Trupps bis in die Region von San Francisco und im Binnenland bis Utah vordringen. Die Brutgebiete werden von den ostkanadischen Spatele. im Winter vollständig verlassen. Sie halten sich dann an der Atlantikküste zwischen dem St. Lorenz-Golf und Maine auf. Einige wandern südwärts bis New York. Auf den Großen Seen überwintern nur wenige. Die vor dem südwestlichen Grönland beobachteten Spatele. stammen wahrscheinlich aus Kanada. Bruten sind auf Grönland zwar nachgewiesen, ob die Spatele dort aber ständig brütet, ist ungewiß. Bei der isländischen Population handelt es sich weitgehend um Standvögel. Im Inneren der USA, südwärts bis Colorado und Oklahoma, wurden Spatele. vielfach nachgewiesen. In Europa sind Irrgäste bei Spitzbergen und den Färöern, auf den Britischen Inseln, in Deutschland, Polen und in der westlichen UdSSR gesehen worden. Bei vielen dieser Beobachtungen wird es sich um Gefangenschaftsflüchtlinge handeln. Sollten darunter aber auch echte Wildvögel sein, so gehören sie wahrscheinlich eher der kanadischen als der isländischen Population an.
Bestand: Die Population im Westen Nordamerikas wird auf ca. 150.000 geschätzt. Die ostkanadische Population ist wesentlich kleiner und kaum erfaßt. Der Brutbestand Grönlands, soweit es dort überhaupt eine ständige Brutpopulation gibt, ist unbekannt. Der Bestand Islands ist gesichert und beläuft sich auf ca. 800 Paare. Der Gesamtbestand dürfte 200.000 nicht überschreiten.
Literatur: Bauer und Glutz 1969, Cramp und Simmons 1977, Johnsgard 1978.

140 Schellente   Tafel 43
Bucephala clangula
Englisch: Common Goldeneye

Eine mittelgroße, über den gesamten Waldgürtel der Nordhemisphäre verbreitete Tauchente.

Feldkennzeichen: Länge 42-50 cm. **Am Boden -** Eine mittelgroße, gedrungene Tauchente, mit großem, nahezu dreieckig wirkenden Kopf, kurzem Hals und relativ langem Schwanz. Beim Brutkleid der ♂ kontrastieren der schwarze Kopf und die schwarze Oberseite mit dem leuchtendweißen Körper. Aus geringerer Entfernung ist der runde, weiße Zügelfleck ein sicheres Merkmal. Die Möglichkeit einer Verwechslung besteht nur mit der sehr ähnlichen Spatelente (139). Diese ist jedoch größer, hat eine vorgewölbte Stirn, einen großen, halbmondförmigen Fleck am Zügel und eine ausgedehnter schwarze Oberseite. Die ♀ und Juv. haben einen dunkelbraunen Kopf, einen graubraunen Körper und ein weißes, auch am gefalteten Flügel oft gut sichtbares Flügelfeld. Ad. ♀ zeichnen sich durch ein graues Brustband, einen weißlichen Halsring und eine gelbe Schnabelspitze aus. Von anderen Tauchenten, die Spatele. ausgenommen, am charakteristischen Kopfprofil leicht zu unterscheiden. Zur Trennung von Schell- und Spatele. müssen Größe und Kopfform genau verglichen werden (s. Spatele.,139). **Im Flug -** Eine gedrungene kurzhalsige, breitflügelige Ente, deren Flügel beim Fliegen ein pfeifendes Geräusch erzeugen. Vom gräulichbraunen Unterflügel heben sich in allen Kleidern die weißen Armschwingen auffällig ab. Für die ♂ sind der schwarze Kopf und der leuchtendweiße Unterkörper kennzeichnend. Die innere Hälfte der Oberflügel ist fast völlig weiß, der Handflügel dagegen schwarz. Die ♀ und Juv. sind unterseits gräulichbraun, mit weißem Bauch. Die Oberflügel gleichen denen der ♂, nur ist das Weiß auf den Armschwingen nicht ganz so ausgedehnt. Unterschiede zur Spatele., siehe bei dieser. Auch die Flügelzeichnung der viel kleineren Büffelkopfente (138) ist ähnlich.
Stimme: Insgesamt wenig ruffreudig. Das ♂ ruft bei der Balz ein gedehntes Knirren, „nirrirrik" oder auch nasal „quikiikirr". Der Ruf des ♀ ist ein rauhes „graar grar". Die Flügel erzeugen im Flug ein pfeifendes Geräusch.
Beschreibung: Geschlechter verschieden. Saisonal unterschiedliche Kleider. **♂ ad. Brutkleid -** Kopf schwarz, mit grünem Glanz und rundem, weißen Fleck auf der Zügelregion. Hals, Brust und Unterseite weiß. Vorderrücken, Rücken, Bürzel und Oberschwanzdecken schwarz. Schwanz schwarzgrau. Ellenbogenfedern schwarz. Die verlängerten und zugespitzten Schulterfedern weiß, mit einseitig schwarzem Rand. Am Oberflügel sind Handschwingen, Handdecken und Kleine Decken schwarz, Mittlere und Große Decken sowie Armschwingen weiß (vgl. Spatele.). Unterflügel dunkelgrau, mit weißen Armschwingen. **♂ ad. Ruhekleid -** Bis auf den vom Brutkleid beibehaltenen Flügel wie das ♀. Schnabel schwarz. **♀ ad.-** Kopf schokoladenbraun. Halsring und Unterseitenmitte weiß. Brust, Vorderrücken und Flanken dunkelgrau. Oberseite dunkel bräunlichgrau. Handschwingen, Handdecken, Kleine Decken und Ellenbogenfedern schwärzlich. Die obere Reihe der Mittleren Decken weiß, die untere schwarz. Große Decken weiß mit schwarzer Endbinde. Gefieder im Sommer düsterer, auf der Unterseite mehr bräunlichgrau und ohne weißen Kragen. **Juv.-** Wie ♀ im Sommerkleid, jedoch noch bräunlicher, mit dunkel graubraunem Kopf. Die schwarze Endbinde der

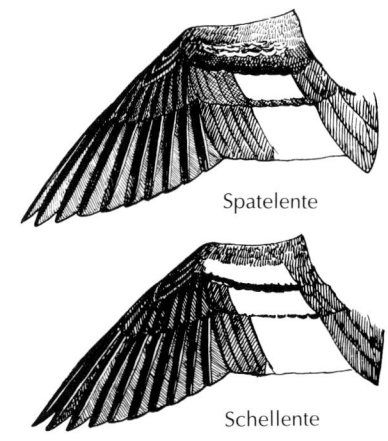

Oberflügel von Spatel- und Schellenten-♀. Bei den Juv., deren Mittlere Decken bräunlich sind, ist der Unterschied nicht so auffällig

Spatelente

Schellente

Großen Oberflügeldecken ist bei den ♀ sehr breit, so daß das weiße Flügelfeld weitgehend auf die Armschwingen beschränkt ist. Bei den ♂ sind die Großen Decken dagegen fast völlig weiß. Juv. ♂ sind zudem größer als die ♀. Das Gefieder nimmt von der Mitte des ersten Winters an zunehmend die Merkmale der Ad. an. Die ♂ haben aber erst nach dem zweiten Winter ein nahezu vollständiges Brutkleid.
Federlose Partien: Füße immer gelb, am mattesten bei der Juv. und am kräftigsten bei den ad. ♂. ♂-Schnabel schwarz. Iris leuchtendgelb. ♀- Schnabel grauschwarz, mit gelber Binde hinter dem Nagel, sehr selten auch ganz gelb. Schnabel im Ruhekleid (Sommer) gänzlich grauschwarz. Iris blaßgelb. **Juv.-**Schnabel dunkelbraun. Die Ad.-Färbung entwickelt sich im Verlauf des Winters. Iris bräunlichweiß (♀) oder hellgelb (♂).
Maße: ♂ größer als ♀. ♂- Flügel 209-231 (M. 220); Lauf 37-41; Schnabel 30-36; mittleres Gewicht 990. ♀- Flügel 197-207 (M. 203); Lauf 33-37; Schnabel 28-31; mittleres Gewicht 710.
Geographische Variabilität: Die amerikanischen Schelle. sind ein wenig größer und haben etwas längere Schnäbel als die europäischen. Die noch vielfach unterschiedenen Unterarten B.c.clangula und B.c.americana sind, da in Asien die Größe nach Osten zu gleitend zunimmt, nur als die Extreme einer klinialen Variation anzusehen.
Lebensweise: Außerhalb der Brutperiode ausgesprochen gesellig. Bildet auf dem Wasser oft dicht geschlossene, große Scharen, schließt sich aber selten anderen Arten an. Die ♂ ziehen im Winter gewöhnlich nicht so weit südwärts wie die ♀ und Juv. Die Paarbildung beginnt im Winterquartier und setzt sich auf dem Heimzug fort. Vor Erreichen der Nistgewässer sind die meisten Schelle. bereits verpaart. Die Paare sondern sich in der Nähe der Brutplätze von den Trupps ab und machen sich auf die Suche nach geeigneten Nisthöhlen. Brutbeginn im Süden der Verbreitung ab Mitte April, im Norden erst ab Mitte Mai. Nistet in Baumhöhlen, Nistkästen und gelegentlich auch in Erdhöhlen. Die ♂ verlassen die brütenden ♀ und versammeln sich zur Mauser auf bestimmten Gewässern. Die ♂ einiger Populationen unternehmen dazu ausgedehntere Wanderungen. Die Nahrung wird tauchend gesucht. In den großen Schwärmen tauchen oft einzelne Gruppen synchron. Liegt beim ruhigen Schwimmen hoch im Wasser und hat den Schwanz angehoben. Ruht zumeist auf dem Wasser, kommt aber auch an Land und sitzt dann gern auf erhöhten Warten. Fliegt mit kurzem Anlauf relativ leicht und schnell vom Wasser auf. Der Flug ist schnell, mit sehr raschen Flügelschlägen, die bei den ♂ ein lautes, bei den ♀ und Juv. ein leiseres, pfeifendes Geräusch erzeugen. Nichtbrüter übersommern vielfach in den Winterquartieren. Bastarde zwischen Schell- und Spatele. kommen nur sehr selten vor, Mischbruten von Schelle. und Zwergsäger (141) sind häufiger festgestellt worden.
Biotop: Brütet an Seen, Teichen und langsam strömenden Flüssen in der nördlichen Nadelwaldzone. Bevorzugt Gewässer mit dicht bewaldeten Ufern. Außerhalb der Brutzeit sowohl auf größeren Seen, Stauseen und Flüssen als auch auf Meeresbuchten und an geschützten Küstenabschnitten.
Verbreitung: Das Brutgebiet erstreckt sich in einem Gürtel über die gesamte nördliche Hemisphäre. Im Norden Eurasiens reicht es bis an die Tundra und im Süden bis Mitteleuropa, in die südlichen Ausläufer des Ural, die nördliche Mongolei und nach Heilungkiang (Mandschurei). In Schottland wurde gegen Ende der 60er Jahre die erste Brut nachgewiesen. Weitere isolierte Brutvorkommen gibt es in der Tschechoslowakei und südlich von Moskau. In Nordamerika verläuft die Südgrenze des Brutgebietes von Washington bis zu den Großen Seen. Überwintert auf Seen und Küstengewässern vom Südwesten Islands über Westeuropa bis an die Nordküste des Mittelmeeres, auch am Schwarzen- und Kaspischen Meer, in Feuchtgebieten Zentralasiens und an der asiatischen Pazifikküste von Kamtschatka bis Südchina. Hält sich in Nordamerika im Winter im gesamten Süden der USA von Florida im Osten bis Kalifornien im Westen auf. Nur wenige dringen bis in das Innere Mexikos und auf die Karibischen Inseln vor. Irrgäste sind auf den Azoren, in Marokko und Algerien, auf Malta und Cypern, in Israel, Jordanien, im Irak, in Nordindien, Burma, Hong Kong und Taiwan gesichtet worden. In Grönland und auf den Färöern ein gelegentlicher Gast.
Bestand: Eine häufige Tauchente, die sich überall dort, wo sie durch das Anbringen von Nistkästen gefördert wird, weiter ausbreitet, aber dort, wo durch Rodung der Lebensraum stark verändert wird, im Bestand zurückgeht. Die Population Nordamerikas wird auf über 1 Million geschätzt. Winterzählungen in Europa ergaben etwa 200.000, die sich vorwiegend an der dänischen Küste und in der westlichen Ostsee aufhalten. 1967 wurden entlang der Nordostküste des Schwarzen Meeres 8.000 und 1978 im südlichen Kaspischen Meer 37.000 gezählt. Aus den ostasiatischen Winterquartieren gibt es keine Bestandsangaben.
Literatur: Bauer und Glutz 1969, Cramp und Simmons 1977.

141 Zwergsäger   Tafel 44
Mergellus albellus
Englisch: Smew

Eine kleine Tauchente, die in mancher Hinsicht zwischen den Schellenten (*Bucephala*) und den großen Sägern (*Mergus*) vermittelt. Auch im Freiland kommt es gelegentlich zur Bastardierung zwischen Zwergsäger und Schellente (140), was auf eine nahe Verwandtschaft hindeutet.

Feldkennzeichen: Länge 38-44 cm. *Am Boden* - Eine kleine Tauchente. Das ♀ ist kaum größer als eine Krickente (77). Das im Brutkleid auffällig weiße ♂, mit seinem schwarzen Rücken und Gesichtsfleck, kann höchstens mit den sehr hell wirkenden immaturen Eisenten-♂ (137) verwechselt werden. Trottellummen im Winterkleid sehen auch entfernt ähnlich aus. Auf bewegtem Wasser mit Gischt und Schaumkronen können die Zwergs.-♂ erstaunlich leicht übersehen werden. In allen anderen Kleidern grau, mit rotbraunem Oberkopf und weißer Kehle. Das beim Schwimmen oft sichtbare, weiße Flügelfeld läßt an Schelle.-♀ denken, mit denen sich Zwergs. im Winter oft vergesellschaften. Der kleinere Kopf und die leuchtendweiße Kehlpartie sind jedoch sichere Kennzeichen. Vergleiche auch mit dem Büffelkopfenten-♀ und achte dazu noch auf kleine Taucher im Winterkleid. *Im Flug* - Eine sehr kleine Ente, die mit wirbelnd schnellen Flügelschlägen fliegt. Bis auf die Flügel und den Rücken wirken die ♂ gänzlich weiß. Der Oberflügel ist dunkel und hat auf den Decken einen weißen Fleck. Die Unterflügel sind weißlich, mit grauen Schwingen. Im Schlichtkleid insgesamt düster grau, mit weißem Fleck auf dem Oberflügel und weißlichen Decken am Unterflügel. Von der Krickente am weißen Feld auf dem Oberflügel (bei Juv. nicht immer deutlich) und der weißen Kehle zu unterscheiden. Schelle.-♀ zeichnen sich durch weiße Armschwingen und einen sonst einheitlich dunklen Unterflügel aus.

Stimme: Allgemein still. Die ♂ lassen während der Balz ein sich beschleunigendes Knirren „gig gig gigerörr" hören. Die ♀ rufen zumeist einsilbig „räg" oder „gräg".

Beschreibung: Geschlechter verschieden. Saisonal unterschiedliche Kleider. ♂ **ad. Brutkleid** - Auf Oberkopf und Nacken eine lockere Holle. Kopf weiß, mit schwarzem, rundlichen, das Auge umschließenden Zügelfleck und ebenfalls schwarzem Band im Nacken, das je nach Stellung der Holle seine Form und Größe ändert. Unterseite weitgehend weiß, die Flanken mit feiner, grauer Querwellung. Vom schwarzen Vorderrücken aus verlaufen gewinkelt zwei schwarze Streifen über die Brustseite. Rücken und Bürzel schwarz. Oberschwanzdecken und Schwanz dunkel bräunlichgrau. Schultern weiß. Ellenbogenfedern dunkelgrau. Oberflügel mit schwarzbraunen Handschwingen, Handdecken, Kleinen Decken, Großen Decken und Armschwingen. Große Decken und Armschwingen mit weißen Spitzen. Mittlere Decken ganz weiß. Schwingen und Handdecken am Unterflügel grau, die übrigen Decken weiß. ♂ **ad. Ruhekleid** - Gleicht dem ♀ im Sommerkleid (braune Zügelregion), hat aber am ♀ auf dem Flügel ein größeren, weißen Fleck und eine dunklere Oberseite. ♀ **ad.**- Eine kleine, auf Hinterkopf und Nacken beschränkte Holle. Der Kopf bis unter die Augen und der Nacken rotbraun. Die Färbung nimmt auf der Zügelregion eine schwarzbraune Tönung an. Wangen, Kehle und Vorderhals rein weiß. Brust, Flanken und Seiten der Afterregion bräunlichgrau. Unterseitenmitte weißlich. Oberseite schwärzlichgrau. Oberflügel schwarzbraun, mit weißen Mittleren Decken (weißer Fleck nicht so groß wie beim ♂) und feinen weißen Spitzen an den Großen Decken und Armschwingen. Unterflügel wie beim ♂, Decken jedoch nicht rein weiß. Sommerkleid bräunlicher, ohne schwarzbraunen Zügel. **Juv.**- Wie das ♀ im Sommerkleid, der Bauch aber nicht weiß, sondern grau gefleckt und die weißen Spitzen an den Großen Decken und Armschwingen breiter. ♂ größer als ♀, mit längeren, helleren Ellenbogenfedern. Gegen Ende des ersten Winters werden die Merkmale des Ad.-Gefieders sichtbar. Die Zügelregion kann aber schon im Herbst schwärzlich sein. Juv. ♂ sehen nach dem zweiten Winter weitgehend wie ad. aus.

Federlose Partien: Schnabel und Füße immer bleigrau. Iris bei Juv. dunkelbraun, bei ♀ rötlich- oder dunkelbraun und bei ♂ mit zunehmendem Alter von rußbraun bis perlgrau.

Maße: ♂ größer als ♀. ♂- Flügel 197-208 (M. 202); Lauf 31-36; Schnabel 27-32; mittleres Gewicht 739. ♀- Flügel 181-189 (M. 184); Lauf 29-32; Schnabel 25-29; mittleres Gewicht 567.

Geographische Variabilität: Keine.

Lebensweise: Eine gesellige, kleine Tauchente, die sich im Winter oft zu dicht geschlossenen, meist kleinen Trupps zusammenschließt. Nur während des Zuges kommt es auf den bevorzugten Rastgewässern zu Ansammlungen, die weit mehr als 100 Zwergs. vereinen können. Da die ♀ und Juv. gewöhnlich weiter südlich als die Mehrzahl der ♂ überwintern, tritt in Wintertrupps eine Geschlechtertrennung ein. Zwergs. schließen sich nur selten anderen Enten an, sind aber oft in der Nähe von Schelle. zu finden. Paarbildung hauptsächlich im Spätwinter. Auf dem Zug sind die meisten Zwergs. schon verpaart. Ankunft an den Brutplätzen ab Anfang Mai. Brutbeginn um Mitte Mai. Nester in Baumhöhlen, bevorzugt in alten Schwarzspechthöhlen und in Nistkästen. Bei entsprechendem Höhlenangebot können sich lockere Brutkolonien bilden. Die ♂ beginnen nach Brutbeginn mit der Mauser. In einigen Gegenden versammeln sie sich dazu in der Nähe der Brutplätze auf bestimmten Gewässern. Nahrungssuche tauchend. Kommt selten an Land, sitzt aber gern auf im Wasser liegenden Steinen und Stämmen und ruht auch am Ufer. Tagaktiv, fliegt in der Abenddämmerung zu den Schlafgewässern, die kurz nach Tagesanbruch wieder verlassen werden. Fliegt ohne Anlauf mit einem Sprung vom Wasser auf und fällt in steilem Sturzflug ein. Der Flug ist rasch, mit sehr schnellen Flügelschlägen. Zugvogel. Die Brutgebiete werden im Verlauf von September und Oktober verlassen, die entferntesten Winterquartiere aber erst im Mittwinter erreicht. Gelegentlich werden Bastarde zwischen Zwergs. und Schelle. beobachtet.

Biotop: Brütet im Waldland an Teichen, Seen und träge fließenden Flüssen. Bevorzugt die von Altwässern und Flußarmen durchsetzten Auenlandschaften. Hält sich im Winter gern auf seichten Seen, Flußmündungen und geschützten Meeresbuchten auf.

Verbreitung: Das Brutgebiet umfaßt die gesamte Taiga von Nordschweden quer durch Sibirien bis an die Küste des Pazifik. Kommt im äußeren Westen und Osten der Verbreitung nur verstreut und in geringer Zahl vor. Sporadische oder frühere Brutvorkommen auch weiter südlich, insbesondere in Rumänien, im Süden der UdSSR entlang der Wolga und in der Region von Semipalatinsk (Westsibirien). Überwintert im östlichen Europa auf geschützten Küstengewässern der südwestlichen Ostsee und des Schwarzen- und Kaspischen Meeres. Ist aber gleichfalls auf Seen, Flüssen und Staubecken des Binnenlandes von Südosteuropa bis Südengland anzutreffen. Erscheint in kalten Wintern in größerer Zahl weiter im Westen in Frankreich und auf den Britischen Inseln, dringt aber nur selten bis in das westliche Mittelmeer vor. In Griechenland, der Türkei, im Irak und Iran überwintern nur wenige. Tritt gelegentlich auch in Afghanistan, Pakistan und Nordindien auf. Die zentral- und ostasiatischen Populationen überwintern auf Seen, Flüssen und Küstengewässern Chinas, Koreas und Japans. Irrgäste sind aus Algerien, Libyen, Ägypten, Jordanien und Burma gemeldet worden. Auf den Aleuten ein regelmäßiger Gast und in Alaska mehrfach festgestellt. In Nordamerika nur wenige Beobachtungen in British Columbia, Ostkanada und den angrenzenden Gebieten der USA.

Bestand: In den westlichen und östlichen Randgebieten nur lückenhaft verbreitet, was auf eine zunehmenden Rückgang hindeuten könnte. Zumindest in Europa sind aber die Winterbestände in jüngster Zeit angewachsen. Der Gesamtbestand ist bisher nicht erfaßt worden. In der Mitte der 70er Jahre wurde der Winterbestand in den westlichen Gebieten auf etwa 75.000 geschätzt. Im Asowschen Meer wurden bis zu 25.000 und im Wolgadelta um 20.000 gezählt. Aus Ostasien fehlen jegliche Angaben.

Literatur: Bauer und Glutz 1969, Cramp und Simmons 1977, Dementiew und Gladkow 1952, Nilson 1974.

142 Kappensäger Tafel 44
Lophodytes cucullatus
Englisch: Hooded Merganser

Ein kleiner, nordamerikanischer Säger mit großer, fächerartig spreizbarer Federhaube.

Feldkennzeichen: Länge 42-50 cm. **Am Boden -** Eine kleine Tauchente mit großer, aufrichtbarer Federhaube, schlankem Schnabel und langem, oft aufgerichtet getragenen Schwanz (vgl. Ruderenten). Das ♂ ist im Brutkleid an dem schwarzen Kopf mit der großen, weißen Haube leicht zu erkennen. Die zusammengelegte Haube bildet hinter dem Auge einen mehr oder weniger breiten, weißen Streifen. Wird die Haube aufgerichtet, erscheint ein großer, weißer Kreisausschnitt. Die Büffelkopfente (138) ist die einzige Ente mit einer ähnlichen Kopfzeichnung. Die schwarze Oberseite kontrastiert mit der weißen Brust, dem schwarzweißen Brustband und den zimtbraunen Flanken. In allen anderen Kleidern ist der Kappens. einheitlich braungrau, mit runder, rotblonder Haube. Das ♀ erinnert zwar an das Mittelsäger-♀, ist aber kleiner, gedrungener und dunkler. Eine Verwechslung ist daher unwahrscheinlich. **Im Flug -** Eine kleine Ente mit langgestreckt-„rechteckigem" Kopf und dünnem Hals. Sie kann mit großer Geschicklichkeit und Wendigkeit zwischen Bäumen umherfliegen. Das ♂ erscheint insgesamt schwärzlich, mit weißem Kopfstreifen, weißer Brust und weißem Bauch. Der Oberflügel ist sonst dunkel, mit einer schmalen, weißen Binde über die Großen Decken, aufgehellt grauem Vorderflügel und schwarzweiß längsgestreiften Ellenbogenfedern. Der Unterflügel hat wie der der Krickente (77) eine düstere Vorderkante, ein weißliches Mittelfeld und dunkle Schwingen. Das Flügelmuster der ♀ und Juv. gleicht dem der ♂. Ihr Körper ist kontrastlos graubraun, nur die Mitte der Unterseite ist weiß. Verwechslungen sind unwahrscheinlich.

Stimme: Recht schweigsam. Der Balzruf der ♂ ist ein froschartiges, rollendes „krroooo". Das ♀ ruft rauh „gäk".

Beschreibung: Geschlechter verschieden. Saisonal unterschiedliche Kleider. **♂ ad. Brutkleid -** Hinterkopf mit großer, fächerartig spreizbarer Haube. Kopf und Hals schwarz. Haubenfedern weiß, mit schwarzen Enden. Brust und Mitte der Unterseite weiß. An der Brustseite zwei parallele schwarze Vertikalstreifen. Flanken rötlichzimtbraun mit grauer Kritzelzeichnung. Schwanzfedern, Ober- und Unterschwanzdecken sepiabraun, mit gräulichem Anflug und gelblich- bis weißlichbraunen Rändern. Ellenbogenfedern schwarz, mit breiten, weißen Schaftstreifen. Oberflügel schwärzlichbraun, die Mittleren Decken aufgehellt und die Großen mit breiter, weißer Endbinde. Innenfahnen der inneren Armschwingen weiß. Die kleinen Unterflügeldecken gräulichbraun, die übrigen Decken und Achselfedern weiß. Schwingen von unten graubraun. **♂ ad. Ruhekleid -** Wie das ♀, die Augen jedoch gelb und der Schnabel zu sehen. **♀ ad.-** Gefieder insgesamt düster graubraun. Schopf kleiner als beim ♂. Kopf und Hals dunkel graubraun. Schopffedern zu den Spitzen hin zunehmend heller gelblichbraun. Kehle, Vorderhals und Unterseitenmitte weißlich. Oberflügel brauner als beim ♂. Mittlere Decken nicht aufgehellt. Ellenbogenfedern kürzer, mit schmaleren, weißen Schaftstreifen. **Juv.-** Dem ♀ sehr ähnlich, Schopf aber kürzer, Flügelbinde nur angedeutet (♂) oder Oberflügel gänzlich dunkel (♀). Juv. ♂ sind erst im Spätwinter oder beginnenden Frühling eindeutig erkennbar. Das volle Brutkleid wird während des zweiten Winters ausgebildet.

Federlose Partien: ♂- Schnabel schwarz. Füße bräunlichgelb. Iris gelb. ♀- Oberschnabel schwärzlich, mit orangegelben Kanten, Unterschnabel gelblich. Füße düster gelbbraun. Iris braun. **Juv.-** Schnabel bleigrau, an Kanten und am Unterschnabel fleischfarben. Füße und Iris wie beim ♀.

Maße: ♂ etwas größer als ♀. Flügel 184-202 (M.♂ 198, ♀ 190); Lauf 29-33; Schnabel 34-41; mittleres Gewicht ♂ 680, ♀ 554.

Geographische Variabilität: Keine.

Lebensweise: Weit weniger gesellig als andere Tauchenten. Paarweise oder in kleinen, selten mehr als 15 Kappens. vereinenden Gruppen. Die Paarbildung setzt im Mittwinter ein. Ankunft der Paare auf den Brutgewässern ab Anfang Mai. Nistet in Baumhöhlen bis zu 25 m über dem Boden, seltener in umgestürzten, hohlen Bäumen oder anderen bodennahen Höhlungen. Nimmt auch Nistkästen an. Die ♂ verlassen die brütenden ♀, um zu mausern. Die Nahrung wird tauchend gesucht. Kappens. bevorzugen von Bäumen dicht umstandene Teiche und Seen, wo sie sich gern nahe dem Ufer unter den überhängenden Zweigen aufhalten. Im Spiel von Licht und Schatten sind auch die sonst so auffälligen ♂ kaum zu erkennen. Ruht oft am Ufer und sitzt dabei gern auf niedrigen Ästen oder im Wasser liegenden Stämmen. Bewegt sich an Land leichter und geschickter als die anderen Säger. Braucht zum Auffliegen einen Anlauf, fliegt dann aber schnell und ausgesprochen wendig. Kurvt elegant zwischen den Bäumen umher. Zugvogel, der sein Brutgebiet aber oft erst dann verläßt, wenn die Gewässer zufrieren. Sehr selten kommt es auch im Freiland zu Mischbruten zwischen Kappens. und Schellente (140).

Biotop: Brütet an Waldseen und -teichen und in Auwäldern an träge fließenden Flüssen. Außerhalb der Brutzeit im gleichen Biotop, aber auch auf größeren, offeneren Gewässern. An der Küste auf Flußmündungen und Lagunen, aber im Unterschied zu den anderen Sägern kaum jemals auf der küstennahen See.

Verbreitung: Zwei getrennte Populationen. Das Brutgebiet der westlichen Population erstreckt sich von Südalaska über das westliche Kanada bis Montana und Oregon. Sie überwintert in den Küstenniederungen von Alaska südwärts bis Kalifornien. Das Brutgebiet der östlichen Population ist weit größer. Es umfaßt das Waldland Südkanadas und der nördlichen USA und reicht entlang des Mississippitals bis fast zur Golfküste. Der Kappens. ist im Winter in Florida und Nordmexiko ein häufiger, auf den Bermudas und den Karibischen Inseln nur ein seltener Gast. Irrgäste sind im Süden auf den Hawaii-Inseln und und im Norden auf den Pribilof- Inseln gesichtet worden. In Europa nur wenige, zumeist weit zurückliegende Beobachtungen, einige auf den Britischen Inseln und einmal in Deutschland.

Bestand: Die Bestandserfassung ist wegen der versteckten Lebensweise und der geringen Größe der Trupps recht schwierig. Zu Beginn der 70er Jahre wurde der Brutbestand auf ca. 76.000 geschätzt. Seitdem sind von dieser relativ wenig untersuchten und verborgen lebenden Art keinerlei Bestandsveränderungen bekannt geworden.

Literatur: Johnsgard 1978.

143 Dunkelsäger   Tafel 44
Mergus octosetaceus
Englisch: Brazilian Merganser

Dieser verborgen auf schnell strömenden Flüssen im Inneren Südamerikas lebende Säger gehört zu den wenigen bisher weitgehend unbekannten Entenvögeln.

Feldkennzeichen: Länge 49-51 cm. **Am Boden** - Im eng begrenzten Verbreitungsgebiet unverwechselbar. In allen Kleidern gleich. Ein schlanker, insgesamt düster graubrauner Säger mit schwarzgrünem Kopf, langem, spitz auslaufenden Schopf und langem, dünnen Schnabel. Er ist am ehesten mit der Biguascharbe zu verwechseln, mit der er den Lebensraum teilt. Wird nicht in Gefangenschaft gehalten. **Im Flug** - Eine große, dunkle Ente mit gestrecktem Körper und langem Hals. Auf dem Flügel ein großes, durch eine schwarze Längsbinde zweigeteiltes, weißes Spiegelfeld. Fliegt ähnlich wie ein Kormoran niedrig den Fluß entlang. Da die Biguascharbe aber einen einheitlich schwarzen Flügel hat, ist der Dunkels. von dieser sicher zu unterscheiden. Vergleiche auch mit der Amazonasente (110).
Stimme: Wenig ruffreudig. Im Flug ist manchmal ein lautes „quiek" zu hören.
Beschreibung: In allen Kleidern weitgehend gleich. Kopf mit langem, spitz keilförmigen Schopf. Kopf und Hals dunkel flaschengrün. Halsansatz, Brust und Flanken fein dunkelgrau und weiß gebändert. Die Bänderung der übrigen Unterseite braun und weiß. Oberseite dunkel grünlichbraun. Hand- und Vorderflügel schwärzlich, Armschwingen weiß und die Großen Oberflügeldecken weiß mit schwarzer Endbinde. Schnabel und Schopf der ♀ zumeist kürzer als bei den ♂. Schopffedern der ♀ werden geknickt, wenn sich die ♂ bei der Kopulation an ihnen festhalten. Juv. weitgehend wie das ♀.
Federlose Partien: Schnabel schwärzlich. Füße rosarot. Iris braun.
Maße: ♂ größer als ♀. Keine Gewichtsangaben. ♂-Flügel 183-188; Lauf 40-42; Schnabel 49-51. ♀-Flügel 180-184; Schnabel 38-40.
Geographische Variabilität: Keine.
Lebensweise: Nur wenig bekannt. Lebt scheu und verborgen auf kleineren, schnell strömenden Waldflüssen. Ist stets paarweise anzutreffen. Streng territorial. Brutperiode Juli und August. Nest in Höhlen dicht am Flußufer stehender Bäume. Nachdem die Jungen die Nisthöhle verlassen haben, beteiligen sich die ♂ an der Führung des Schofs. Taucht zur Nahrungssuche in der starken Strömung. Flache Flußabschnitte werden auch schwimmend abgesucht. Verhält sich bei der Nahrungssuche sehr ähnlich wie die Sturzbachente (55) und sitzt wie sie gerne mitten im Strom auf Felsblöcken. Liegt beim ruhigen Schwimmen hoch im Wasser und hat dabei den Schwanz angehoben. Ruht gern auf über das Wasser ragenden Ästen oder in den Fluß gestürzten Bäumen. Sehr scheu und wachsam. Fliegt kraftvoll und schnell. Folgt im niedrigen Flug dem Flußlauf und steigt dabei kaum jemals über die Baumkronen auf. Wahrscheinlich ein Standvogel, der dauernd einen enger begrenzten Flußabschnitt als Territorium besetzt hält.
Biotop: Kleine, schnell strömende Flüsse und größere Bäche im tropischen Wald.
Verbreitung: Einzugsbereiche der Quellflüsse des Parana und Tocantins in den südbrasilianischen Staaten Minas Gerais, Sao Paulo, Santa Catarina, Goias und Parana sowie in den angrenzenden Regionen Ostparaguays und Nordostargentiniens (Misiones).
Bestand: Ein seltener, verstreut im schwer zugänglichen, gebirgigen Waldland lebender Säger. Man hielt ihn, bis er 1948 wiederentdeckt wurde, für ausgestorben. Wahrscheinlich nicht ganz so selten wie früher angenommen. Das streng territoriale Verhalten und die Geländeschwierigkeiten machen umfassendere Bestandserhebungen unmöglich. In Brasilien geschützt, der Lebensraum ist aber durch mehrere geplante Dammbauten gefährdet. Von solchen Projekten geht für Wasservögel, die auf reißend strömende Flüsse angewiesen sind, die größte Gefahr aus.
Literatur: King 1981, Partridge 1956.

144 Mittelsäger   Tafel 45
Mergus serrator
Englisch: Red-breasted Merganser

Ein über die Nordhemisphäre weit verbreiteter Säger, der sich im Unterschied zum Gänsesäger (146) außerhalb der Brutzeit vorwiegend auf Küstengewässern aufhält.

Feldkennzeichen: Länge 52-58 cm. **Am Boden** - Eine elegante Tauchente mit langgestrecktem Körper, langem Hals und schlankem Schnabel. Erinnert im Aussehen an den Gänses., ist jedoch kleiner und schlanker und hat eine abstehende, zottige Haube. Das ♂ hat im Brutkleid einen dunklen Kopf, eine dunkle Oberseite, einen weißen Halsring, weiße Flügelflecke, graue Flanken, weiße Flecke am schwarzen Flügelbug und eine rostbraune Brust. Die Schlichtkleider sind bräunlichgrau, mit rötlichbraunem Kopf. Die Mitte von Vorderhals, Brust und Unterseite ist diffus weißlich. Der nicht sonderlich lange Schopf liegt nach dem Tauchen dem Kopf eng an und ist dann so gut wie nicht zu sehen. Wenn er trocken absteht, erscheint er mehrzipflig zerschlissen. Das Schlichtkleid des Gänses. ist dem des Mittels. sehr ähnlich. Die Mittels. sind jedoch kleiner und haben einen schlankeren Kopf und Hals, ein bräunlicheres Gefieder, einen helleren, rotblonden Kopf und eine zottigere Haube. Kopf- und Halsfärbung sind nicht scharf getrennt, sondern gehen verschwommen ineinander über. Vergleiche auch mit dem Schuppensäger (145), mit dem der Mittels. in der gemeinsam besiedelten Region Ostasiens leicht zu verwechseln ist. **Im Flug** - Eine schlanke, mittelgroße Ente mit langgestrecktem Körper, an dem die Flügel weit hinten anzusetzen scheinen, was durch den langen, gerade vorgestreckten Hals noch betont wird. Auf dem Oberflügel der ♂ befindet sich ein großes, weißes, durch zwei schwarze Bänder dreigeteiltes Flügelfeld. Das ♂ ist an weißen Kragen und der rostbraunen Brust sicher von den ♂ des Gänse- und Schuppens. zu unterscheiden. Im Schlichtkleid ist es am besten an der Gestalt zu erkennen. Gänses.-♀ sehen zwar sehr ähnlich aus, sind aber doch deutlich größer und massiger. Bei ihnen ist die Kopf- und Halsfärbung scharf voneinander getrennt. Braun und Grau gehen nicht wie beim Mittels.-♀ fließend ineinander über. Das weiße Flügelfeld ist bei den Mittels.-♀ durch ein schwarzes Längsband zweigeteilt, bei den Gänses.-♀ ist es gänzlich weiß.
Stimme: Allgemein schweigsam. Zur Fortpflanzungszeit ruft das ♂ ein tiefes, heiseres „gwäng" oder

„krikiräh". Das ♀ ruft im Flug gereiht „rag-rag-" und bei Störung auch kurz „rak" oder „wark".
Beschreibung: Geschlechter verschieden. Saisonal unterschiedliche Kleider. ♂ *ad. Brutkleid* - Kopf und oberer Halsabschnitt sind grünglänzend schwarz, mit langem, zerschlissen wirkenden Schopf. Der Hals ist weiß, mit schmalem, schwarzbraunen Längsband auf der Oberseite. Halsansatz und Brust sind rötlichzimtbraun mit braunschwarzer Fleckenzeichnung. Die Brustseiten sind schwarz mit weißen Flecken. Der Vorderrücken und die inneren Schulterfedern sind schwarz. Flanken, Seiten der Afterregion, Bürzel und Oberschwanzdecken sind fein schwärzlich und weiß quergebändert. Die Mitte der Unterseite ist weiß. Äußere Schulterfedern sind weiß. Die Handflügel und die Kleinen Decken am Oberflügel sind schwarz. Die Mittlere Decken sind weiß. Die Großen Decken und die Armschwingen sind an der Basis schwarz und von der Mitte an weiß. Die Unterflügeldecken sind weiß lich. Die Schwingen sind von unten grau. ♂ *ad. Ruhekleid* - Gleicht dem ♀, behält aber die Flügelzeichnung des Brutkleides bei. ♀ *ad.*- Der Schopf ist kürzer als beim ♂. Kopf und Hals sind hellrötlichbraun. Die braune Kopffärbung geht an der Kehle und am Vorderhals allmählich in eine weißliche und an den Halsseiten in eine graubraune Tönung über. Die Zügelregion ist düster, mit schmaler, weißlicher Linie zwischen Schnabel und Auge. Halsansatz, Brust und Flanken sind matt bräunlichgrau, zur Mitte von Brust und Unterseite hin werden sie zunehmend weißlich. Die Oberseite ist etwas dunkler graubraun. Die Oberflügel sind schwärzlichbraun, die Große Decken weiß, die Armschwingen an der Basis schwarzbraun und von der Mitte an weiß. Der Unterflügel wie beim ♂. Kopf und Hals sind im Sommer heller, mehr bräunlichorange, die Zügelregion ist nicht dunkel abgesetzt und die Zügellinie kaum erkennbar. *Juv.*- Wie das ♀ im Sommerkleid, Mitte von Brust und Unterseite jedoch graubraun überflogen und nicht so hell weißlich. Das weiße Feld auf dem Oberflügel bei juv. ♀ etwas weniger ausgedehnt. Bei den juv. ♂ werden die ersten Anzeichen des Ad.-Gefieders gegen Ende des ersten Winters erkennbar. Das vollständige Brutkleid wird erst im zweiten Winter ausgebildet.
Federlose Partien: Schnabel lang und dünn, Nasenlöcher vor der Schnabelbasis und nicht wie beim Schuppens. fast in der Schnabelmitte. ♂- Schnabel leuchtendrot, mit schmalem, schwarzen Firststreif, der auf dem Nagel spitz ausläuft. Füße und Iris rot. ♀- Schnabel düster karminrot mit schwarzbraunem Firststreif und Nagel. Füße blaßrot. Iris braun bis rötlichbraun. *Juv.*- Schnabel bräunlichrot, zum Ende des Winters hin zunehmend rot. Füße gelblichbraun, im Verlauf des Winters zunehmend rot. Iris hellbraun, bei den ♂ während des Winters zunehmend gelblich oder orange.
Maße: ♂ größer als ♀. ♂- Flügel 235-255 (M. 247); Lauf 44-50; Schnabel 56-64; mittleres Gewicht 1181. ♀- Flügel 216-239 (M. 228); Lauf 40-45; Schnabel 48-55; mittleres Gewicht 944.
Geographische Variabilität: Die ein wenig größere grönländische Population wird manchmal als gesonderte Unterart, *M.s.schioleri*, geführt. Die Unterschiede sind jedoch so gering, daß eine Trennung nicht gerechtfertigt erscheint.
Lebensweise: Gesellig, die größten Ansammlungen im Winter, aber auch das ganze Jahr über in Trupps. Balz und Paarbildung beginnen in den Winterquartieren. Die höchste Balzaktivität während des Heimzuges. Brutbeginn im Süden ab Ende April, im Norden einige Wochen später. Nester am Boden in dichter Vegetation, unter Felsbrocken, in Felsspalten und Erdhöhlen, zumeist nahe am Wasser. Manchmal auch in Baumhöhlen oder Nistkästen. In Gegenden mit sehr hoher Siedlungsdichte können sich lockere Brutkolonien bilden. Gewöhnlich werden die brütenden ♀ von den ♂ verlassen. In seltenen Ausnahmen kann das ♂ aber auch beim führenden ♀ bleiben. Nahrungssuche tauchend. Liegt beim aktiven Schwimmen tief im Wasser und taucht dabei „wasserlugend" den halben Kopf ein. Verfolgt oft die erspähte Beute zuerst mit heftigem Flügelschlagen und raschen Wendungen über dem Wasser und taucht dann ab. Braucht zum Auffliegen vom Wasser einen längeren Anlauf. Der Flug ist schnell und gewandt, mit zischend-pfeifendem Flügelgeräusch. Teilzieher. Bleibt in den gemäßigten Regionen auch im Winter in der Nähe der Brutplätze, zieht aus den kälteren Gebieten weiter südwärts. Die ♀ und Juv. wandern gewöhnlich weiter als die ad. ♂. Bastarde zwischen Mittel- und Gänses. kommen im Freiland höchst selten vor.
Biotop: Bevorzugt zur Brutzeit Flachwasserzonen an der Küste mit kleinen Inseln, brütet aber auch an ruhigen Buchten mit Fels- oder Sandstrand, Flußmündungen, waldumstandenen Binnenseen und Flüssen mit bewaldeten Ufern. Hält sich außerhalb der Brutzeit fast ausschließlich an der Küste auf und ist hier vorwiegend in weiten Flußmündungen und flachen Buchten anzutreffen. Kann während des Zuges auch auf Binnengewässern einfallen.
Verbreitung: Über weite Bereiche der Nordhemisphäre verbreitet. Das Brutgebiet grenzt im Norden an die Tundra. Die Südgrenze verläuft von den Britischen Inseln durch das nördliche Mitteleuropa zu den Randgebieten der westsibirischen Steppe, möglicherweise auch durch die Mongolei (nur wenige Brutzeitbeobachtungen) und weiter bis nach Nordostchina und Nordjapan (Hokkaido). In Nordamerika reicht das Brutgebiet bis in die Region der Großen Seen. Die westlichen Populationen verbringen den Winter von den eisfreien und temperierten Küsten Grönlands, Islands und Norwegens im Norden an bis zur Nordküste des Mittelmeers im Süden. Kleinere Winteransammlungen bilden sich auch an den Küsten des Schwarzen- und Kaspischen Meeres und auf einigen zentralasiatischen Seen. Die östlichen Populationen überwintern entlang der ostchinesischen Küste und an den Küsten Japans. Das Überwinterungsgebiet der nordamerikanischen Population reicht an der Pazifikküste von Alaska bis Kalifornien und an der Atlantikküste von Nova Scotia bis an den Golf. Einzelne oder kleine Trupps erreichen auch Nordmexiko, die Karibischen Inseln und Bermuda. Irrgäste sind von den Azoren und Madeira, aus Marokko, von Malta und Cypern, aus Israel, dem Irak, dem südlichen Iran, aus Afghanistan, Nepal, Nordindien, Taiwan sowie von den Bonin- und Hawaii-Inseln gemeldet worden.
Bestand: Häufig. Der Brutbestand Nordamerikas wurde auf etwa 237.000 geschätzt. Winterzählungen in Europa und am Schwarzen Meer lassen auf einen Bestand von ca. 50.000 schließen. Aus Ostasien sind keine Bestandszahlen bekannt. In einigen Gegenden Westeuropas scheint der Bestand zuzunehmen. Das Brutgebiet dehnt sich hier langsam weiter nach Süden aus.
Literatur: Bauer und Glutz 1969, Cramp und Simmons 1977, Curth 1954.

145 Schuppensäger Tafel 45
Mergus squamatus
Englisch: Chinese Merganser

Ein seltener, nur wenig bekannter Säger Ostasiens, der mit dem Mittel- (144) und Gänsesäger (146) nah verwandt ist. Die Brutgebiete aller drei Arten überschneiden sich.

Feldkennzeichen: Länge 52-62 cm. **Am Boden** - Gleicht in Größe und Gestalt dem Mittelsäger, hat aber einen weit längeren Schopf. Die Färbung des ♂ im Brutkleid ist der des Gänsesäger-♂ sehr ähnlich, es ist aber an dem schlankeren Körper und dem relativ kleinen Kopf mit dem langen Schopf von diesem recht gut zu unterscheiden. Flanken und Hinterkörper tragen eine schuppenartige, dunkle Zeichnung. Die hintere Körperhälfte wirkt daher aus einiger Entfernung gesehen düstergrau. Dem Schuppens.-♂ fehlt das Brustband des Mittels. und die rahmweiße Flankenfärbung des Gänses. Im Schlichtkleid sind Schuppens. von Mittels. nur schwer zu unterscheiden. Die Halsseiten und die Oberseite sind nicht bräunlich-, sondern rein schiefergrau. Die Flanken sind kräftig geschuppt. Der Schopf ist länger und struppiger als der des Mittels., aber doch nicht so lang wie beim ♂ im Brutkleid. Den Juv. und möglicherweise auch den ♀ im Sommerkleid fehlt die Schuppenzeichnung. Sie können daher sehr leicht für Mittels. gehalten werden. Unter günstigen Beobachtungsbedingungen kann aber die Lage des Nasenlochs auf dem Schnabel Klarheit schaffen. Beim Mittels. liegt es nahe der Schnabelbasis, beim Schuppens. und auch Gänses. mehr in der Schnabelmitte. Schnabelspitze und Nagel des Schuppens. sind zumeist gelblich oder weißlich, bei den beiden anderen Arten dagegen dunkel. Beachte, daß die Gänses.-♂ im Übergangskleid auch grau getönte Flanken haben können. Alle drei Arten können dort, wo sich die Verbreitungsgebiete überschneiden, auf dem gleichen Gewässer anzutreffen sein. Wie weit sich die ökologischen Ansprüche unterscheiden, ist nicht bekannt. **Im Flug** - Gleicht, bis auf die Brustzeichnung der ♂, dem Mittels. Die ♀ sind daher im Flug schwer anzusprechen. Unterscheidet sich vom Gänses. durch die geringere Größe und schlanke Gestalt.
Stimme: Kaum bekannt. Soll der des Gänsesägers ähneln.
Beschreibung: Geschlechter verschieden. Saisonal unterschiedliche Kleider. ♂ **ad. Brutkleid** - Kopf mit langem, struppigen Schopf, der bis auf den Oberrücken hängt. Kopf und Hals schwarz, mit grünem Glanz. Brust und Mitte der Unterseite rahmweiß, mit lachsrosa Anflug. Flanken, Afterregion, Oberschwanzdecken, Bürzel und Rücken weißlich, mit dunkelgrauer, schuppenartiger Zeichnung. Diese Schuppenzeichnung ist an den Flanken besonders groß und auffällig. Ober- und Unterflügel wie beim Mittels. ♂ **ad. Ruhekleid** - Weitgehend wie das ♀, aber mit ausgedehnt weißen Flügeldecken und geschuppten Flanken (s. ♀). ♀ **ad.**- Am Hinterkopf ein struppiger Schopf. Kopf und Hals gelblichrostbraun mit düsterer Zügelregion. Kehle und Vorderhals hell bräunlichgelb. Die braune Kopf- und Oberhalsfärbung gegen den weißlichen Halsansatz scharf abgegrenzt. Brust und Mitte der Unterseite weißlich. Brustseiten, Flanken, Seiten der Afterregion und Bürzel weißlich, mit kräftiger, schuppenartiger Zeichnung. Oberseite aschgrau. Flügel wie beim Mittels.-♀. Die ♀ scheinen im Sommer- bzw. Ruhekleid ungeschuppte, graue Flanken zu haben. **Juv.-** Gleicht dem ♀ im Sommerkleid. Wesentliche Merkmale des Ad.-Gefieders werden wahrscheinlich während des ersten Winters ausgebildet.
Federlose Partien: Anscheinend in allen Kleidern gleich. Schnabel rot, mit schwärzlichem First und gelbem, vielleicht manchmal auch dunklem Nagel. Füße rot, Färbung bei den ♂ am kräftigsten. Iris hellgrau, weißlich oder dunkelbraun, aber niemals rot.
Maße: ♂ größer als ♀. Keine Gewichtsangaben. ♂- Flügel 250-265; Lauf 46-48; Schnabel 52-57. ♀- Flügel 240-250; Lauf 45; Schnabel 43-48.
Geographische Variabilität: Keine.
Lebensweise: Wenig bekannt. Ein seltener Bewohner schnell fließender Flüsse im Bergwald. Während des Sommers paarweise oder im Familienverband. Nach der Brutzeit auch kleinere Gruppen. Rückkehr auf die Flüsse gegen Ende März. Balz und Paarbildung wurden in der ersten Aprilhälfte im Brutgebiet beobachtet. Bruten im April und Mai. Das Brutterritorium eines Paares erstreckt sich über mindestens 4 km des Flußlaufes. Nester in alten, hohlen Bäumen am Flußufer. Die ♂ verlassen die brütenden ♀ und versammeln sich zur Mauser. Möglicherweise unternehmen sie dazu kürzere Wanderungen. Die Nahrung wird zumeist tauchend gefangen, ruhige flachere Flußabschnitte werden auch schwimmend abgesucht. Scheu und wachsam. Fliegt gewöhnlich schnell und niedrig den Fluß entlang. Das Verhalten auf dem Zuge und die Zugentfernungen sind noch weitgehend unbekannt. Die Bergflüsse werden im Herbst verlassen. Vielleicht ziehen die Schuppens. dann flußabwärts in klimatisch günstigere, tiefer gelegene Gebiete. Mehrere, wenn auch zumeist ältere Angaben über weiter südlich, sogar im südwestlichen China erlegte Schuppens., sprechen für einen ausgedehnteren Zug. Das Ausmaß der Wanderungen ist vielleicht witterungsabhängig.
Biotop: Brütet an schnell fließenden Flüssen im Bergwald. Im allgemeinen werden die kleineren Seitenzuflüsse dem Hauptstrom vorgezogen. Schuppens. kommen außerhalb der Brutperiode auch auf größeren, offenen Seen vor, halten sich aber zumeist an die Flüsse. An der Küste sind sie bisher noch nicht beobachtet worden.
Verbreitung: Brütet an einigen Flüssen in der südöstlichsten bergigen Grenzregion der UdSSR und im nordöstlichen Heilungkiang (Mandschurei), möglicherweise auch im Kirin und im angrenzenden Gebiet Nordkoreas. Zieht, soweit bisher bekannt, zum Überwintern lediglich flußabwärts aus dem Gebirge in gemäßigtere Regionen. Bekannte Überwinterungsgebiete sind die Unterläufe der Flüsse, die aus dem Sichote-Alin zum Ussuri fließen. Streicht gelegentlich, vielleicht durch ausgesprochen kaltes Wetter gezwungen, auch weiter umher. Wurde in Korea sowie im östlichen und mittleren China, hier vor allem im mittleren Strombereich des Yangtse, beobachtet und erbeutet. Irrgäste sind in Japan, Nordvietnam, Nordburma und auf den Kommandeur-Inseln gesichtet worden.
Bestand: Die Abgelegenheit der Brutplätze und das territoriale Verhalten erschweren die Erfassung erheblich. Der Gesamtbestand wird nicht mehr als einige hundert Paare umfassen. Um diesen geringen Bestand zu sichern, sind mehrere Schutzgebiete ausgewiesen worden. 1980/81 wurde die Population am Fluß Bikin (UdSSR) auf 120 bis 150 Paare ge-

schätzt. Lokale Erhebungen in Ussurien deuten darauf hin, daß die Zahlen seit der Mitte der 60er Jahre rückläufig sind. Als mögliche Ursachen für diesen Rückgang werden Wasserverschmutzung, Störungen durch Holzeinschlag, Holztransport auf den Flüssen, die Entfernung der alten, hohlen Bäume und der Raub der Jungen durch verwilderte amerikanische Farmnerze angeführt.
Literatur: Dementiew und Glatkow 1952, FESC 1985, Flint 1984, King 1981, Zhengjie et al. 1979.

146 Gänsesäger Tafel 45
Mergus merganser
Englisch: Goosander, Common Merganser

Der größte Säger. Gänses. halten sich vorwiegend auf Süßgewässern auf. Das Brutgebiet überschneidet sich weitgehend mit dem des Mittelsägers (144).

Feldkennzeichen: Länge 58-72 cm. Am Boden - Deutlich größer und massiger als der ähnliche Mittelsäger, mit relativ dickem Hals und einer nahezu glatt herabhängenden Nackenmähne, die den ganzen Kopf groß und eckig erscheinen läßt. Kennzeichnend für das Brutkleid sind der ♂ sind der schwarze Kopf und Rücken und der weitgehend weiße Rumpf. Im Schlichtkleid vom Mittelsäger vorwiegend durch Größe und Gestalt (s. o.) unterschieden. Das Körpergefieder ist rein bläulichgrau, also nicht bräunlich. Kopf und Oberhals sind satt rötlichbraun. Der Vorderhals ist nicht verwaschen aufgehellt. Das Braun des Oberhalses ist gegen das Grau des Unterhalses scharf abgesetzt. Bei den matter gefärbten Juv. ist dieser Kontrast nicht ganz so stark wie bei den Ad. Die Schnabelwurzel ist, vor allem bei der amerikanischen Unterart, höher als beim Mittels. Sollte in Ostasien auch mit dem Kappensäger (145) verglichen werden. **Im Flug -** Ein typischer Säger. Wesentlich größer und kompakter als der Mittels. Das ♂ ist vorwiegend weiß bis hellgrau. Nur Kopf, Rücken und Handflügel sind schwarz. Die Brust ohne Brustband, also gänzlich weiß. Der Armflügel oben, die graue Vorderkante ausgenommen, ungeteilt weiß oder mit einer dunklen Längsbinde (amerikanische Unterart). Die massige Gestalt, der scharfe Kontrast zwischen dem dunklen Kopf und dem weißen Unterkörper und der ungeteilt weiße Flügelspiegel unterscheiden das Schlichtkleid von dem des Mittels. Vergleiche auch mit dem Kappens.
Stimme: Zumeist stumm. Das ♂ ruft bei der Balz leise „auig-a" und gedämpft, glockenartig „rüh-roh". Das ♀ antwortet mit kurzem „aik-aik".
Beschreibung: Geschlechter verschieden. Saisonal unterschiedliche Kleider. Beschreibung der Nominatform: ♂ **ad. Brutkleid -** Kopf mit großer, glatter Nackenmähne. Kopf und Oberhals schwarz, mit grünem Glanz. Unterhals, Brust, und Unterseite rahmweiß, oft lachsrosa überflogen. Die Intensität dieser Färbung ist wahrscheinlich nahrungsabhängig. Die Seiten der Afterregion, Bürzel und Hinterrücken grau. Vorderrücken und innere Schulterfedern schwarz. Handschwingen, Handdecken und Vorderkante des Armflügels grauschwarz, Oberflügel sonst weiß. Unterflügeldecken weißlich. Schwingen von unten dunkelgrau. ♂ **ad. Ruhekleid -** Gleicht dem ♀, ist aber am weitgehend weißen Armflügel bei, hat hellere Flanken und einen schwärzlichen Vorderrücken. ♀ **ad.-** Mähne kürzer und struppiger als beim ♂. Kopf und Oberhals dunkel rötlichbraun. Kinn und Kehle weiß. Unterhals, Brustseiten und Flanken aschgrau. Brust und Unterseitenmitte rahmweiß. Oberseite dunkel aschgrau. Handflügel, Flügelbug und die vorderen Kleinen Armdecken schwarzgrau. Hintere Kleine und Mittlere Decken aschgrau. Große Decken weiß, teilweise mit grauen Spitzen, die eine unvollständige Binde bilden. Armschwingen weiß. Unterflügel wie beim ♂. Im Sommer ist der Kopf heller und die Mähne kürzer. **Juv.-** Wie das ♀, insgesamt aber matter, mit bräunlicher Tönung auf Vorderrücken und Schultern, hellem Zügelstreif und verschwommen weißlicher Kehle. Die Mittleren Flügeldecken bei juv. ♂ schon sehr bald hell bis weißlich. Weitere Merkmale des Ad.-Gefieders werden erst im Spätwinter sichtbar. Das Brutkleid ist erst nach dem zweiten Winter vollständig, einige juv. ♂ können aber auch schon im ersten Frühling fast wie ad. aussehen.
Federlose Partien: Schnabel immer rot, mit schwärzlichem First und Nagel. Färbung bei den ad. ♂ am kräftigsten, bei den Juv. am mattesten. Füße bei den Ad. leuchtendrot und bei den Juv. mattorange. Iris braun.
Maße: ♂ größer als ♀. *M.m.merganser* und *M.m.americanus*: ♂- Flügel 275-295 (M.285); Lauf 49-55; Schnabel 52-60; mittleres Gewicht 1671. ♀- Flügel 255-270 (M. 262); Lauf 44-51; Schnabel 44-52; mittleres Gewicht 1406. *M.m.comatus* : ♂- Flügel 286-305 (M. 295); Schnabel 48-56.
Geographische Variabilität: Es werden drei Unterarten unterschieden. *M.m.merganser* ist paläarktisch verbreitet und wird nur in Zentralasien durch die größere, schlankschnäblige Unterart *M.m.comatus* ersetzt. Die Schnabelwurzel der nordamerikanischen Form, *M.m.americanus*, ist vergleichsweise hoch. Bei den ♂ bilden die schwärzlichen Basen der Großen Decken auf dem Flügel eine das weiße Feld teilende Binde.
Lebensweise: Ein geselliger Säger, der sich vorwiegend auf Seen und Flüssen aufhält. Gewöhnlich in kleineren Trupps anzutreffen. Nach der Brutzeit können sich auch größere Ruhegemeinschaften bilden. Im Herbst und beginnenden Winter bilden sich auf bevorzugten Rast- und Überwinterungsgewässern Ansammlungen von bis zu einigen Tausend. Balz und Paarbildung setzen schon im Winterquartier ein und erreichen auf dem Heimzug ihren Höhepunkt. Brutbeginn in Mitteleuropa ab Ende März, im Norden einige Wochen später. Nest zumeist nahe am Wasser in einem hohlen Baum oder Nistkasten und nur selten unter dichter Vegetation am Boden. Wenn sich die Gelegenheit bietet, können mehrere ♀ in einem großen, hohlen Baum beieinander brüten. Die ♀ werden kurz nach Brutbeginn von den ♂ verlassen, die entweder in der Nähe der Brutplätze mausern oder Wanderungen zu bestimmten Mausergründen unternehmen. Die Nahrung wird tauchend gefangen. Die Beute wird wasserlugend (s. Mittels., 144) geortet und manchmal auch schwimmend verfolgt. Überwiegend tagaktiv. Gegen Abend wird ein sicherer Schlafplatz aufgesucht. Ruht gern auf in dem Wasser liegenden großen Steinen oder ähnlichen Warten und im Winter auf dem Eis am Rande des offenen Wassers. Fliegt mit kurzem, stark plätscherndem Anlauf auf. Die ♀ sind im Flug wendiger als die schwerfälligeren ♂. Sie müssen die oft schwer zugänglichen Nisthöhlen sicher anfliegen können. Teilzieher und Zugvogel, der im Winter das engere Brutgebiet erst dann verläßt, wenn alle geeigneten Gewässer zufrieren.

Biotop: Brütet an klaren Seen und Flüssen mit baumbestandenen Ufern, in Mitteleuropa örtlich auch in Parkanlagen. Verbringt den Winter auf großen Seen und Strömen, auf Flußmündungen und Küstengewässern.

Verbreitung: Das Verbreitungsgebiet der Nominatform erstreckt sich über die Taigazone der Nordhemisphäre von Island über Schottland, Skandinavien und das nördliche Zentralasien bis Sachalin. Im Norden grenzt es an die Tundra und reicht im Süden bis in den Bereich des Laubwaldes. In Mitteleuropa brüten Gänses. in der norddeutsch-polnischen Tiefebene. Isolierte Brutvorkommen in der Alpenregion und in Griechenland. Hauptüberwinterungsgebiete sind die südliche Ostsee mit den angrenzenden Gebieten, die Küsten des Schwarzen und Kaspischen Meeres, einige zentralasiatische Seen und Flüsse und die Niederungen an der ostchinesischen Küste. Im Norden sind Irrgäste bis nach Spitzbergen und auf die Bäreninsel und im Süden bis Marokko, Tunesien, Israel, Irak, und Taiwan gelangt. Die Zentralasiatische Unterart *M.m.comatus* brütet im tibetanischen Hochland von Afghanistan im Westen bis Szetschwan im Osten. Im Winter wandert sie aus dem Gebirge in die südlich angrenzenden Niederungen und Flußtäler Nordindiens und Burmas. Das Brutgebiet der nordamerikanischen Unterart *M.m.americana* umfaßt die Waldgebiete Kanadas und der nördlichen USA von Südalaska bis Neufundland. Entlang der Rocky Mountains erstreckt es sich südwärts bis Kalifornien. Im Winter hält sich der Gänses. auf Seen und Flüssen sowie an den Küsten der mittleren und südlichen USA auf. Er kann bis nach Florida und Südkalifornien vordringen und erscheint gelegentlich auch im nördlichen Mexiko. Als Irrgast ist er auf Bermuda und in Grönland festgestellt worden.

Bestand: Eine häufigere Art. Die Winterzählungen in den USA ergaben einen Bestand von ca. 165.000. Der Winterbestand Nordwesteuropas dürfte um 75.000 umfassen. Am Schwarzen- und Kaspischen Meer wurden die Wintervorkommen auf ca. 26.000 geschätzt. Die ostasiatischen Bestände sind nicht erfaßt. Der Gänses. scheint, zumindest in einigen Gegenden Westeuropas, sein Brutgebiet langsam auszuweiten. Durch Flußverbauung und Erholungsbetrieb sind diese kleinen Populationen aber ständig gefährdet.

Literatur: Bauer und Glutz 1969, Cramp und Simmons 1977, Johnsgard 1978.

147 Aucklandsäger
Mergus australis
Englisch: Auckland Island Merganser

Erst 1840 entdeckt und 1902 zum letzten mal gesehen. Beide Geschlechter glichen einem kleinen Mittelsäger-♀ (144). Nur von den Auckland Inseln bekannt, nach subfossilen Funden muß es aber vor noch nicht allzu langer Zeit auch auf Stewart Island und auf der Südinsel Neuseelands ähnliche Säger gegeben haben. Trotz der relativ kleinen Flügel war der Aucklands. nicht flugunfähig, sondern konnte recht gut fliegen. Das Aussterben wurde direkt und indirekt durch den Menschen verschuldet. Die Säger wurden geschossen und durch eingeschleppte Säugetiere dezimiert. Kear und Scarlett (1970) haben den Aucklands. sorgfältig beschrieben und über seine Geschichte und Lebensweise berichtet.

Tribus Oxyurini (Ruderenten)

Ein kleiner, nur vier Gattungen umfassender Tribus. Drei der Gattungen sind zudem noch monotypisch. Alle Ruderenten ernähren sich tauchend. Ihre Läufe sind kurz, ihre Füße groß und ihre Beine relativ weit hinten eingelenkt. An Land bewegen sie sich sehr schwerfällig. Vom Wasser können sie erst nach einem längeren, plätschernden Anlauf auffliegen. Ihre Flügel sind kurz und breit und der Flügelschlag ausgesprochen schnell. *Heteronetta* weicht von dem allgemeinen Erscheinungsbild am weitesten ab. Gestaltlich gleicht sie mehr einer „typischen" Ente. Ihr Schwanz ist kurz und ihr Schnabel „normal" geformt. Alle anderen Arten haben einen langen, aus steifen Federn bestehenden Schwanz, der beim ruhigen Schwimmen in typischer Weise aufgerichtet wird, und einen großen, klobigen Schnabel. Beim schnelleren Schwimmen oder Tauchen liegt der Schwanz der Wasseroberfläche auf. Die Rückenlinie fällt dann nach hinten flach ab.

Alle Arten der Gattung *Oxyura* sind sich ähnlich. Ihre Verbreitungsgebiete überschneiden sich im allgemeinen nicht. Die Mauserverhältnisse sind verwickelt und vielfach noch unzureichend bekannt. Während die Schlichtkleider erheblich unterschiedlich sind, sehen die Brutkleider der ♂ mehrerer südlicher *Oxyura*-Arten weitgehend gleich aus. Wo sie in Gefangenschaft nebeneinander gehalten werden, sind diese schwarzköpfigen ♂ nur zu identifizieren, wenn die Schnabelform, die Schwanzlänge und die Ausdehnung der schwarzen Färbung am Hals genau verglichen werden. Wegen der großen individuellen Variabilität lassen sich Altersunterschiede kaum feststellen. Juv. können aber am Schwanz relativ gut erkannt werden. Die Schwanzfedern sind schmal und an den Enden so weit abgenutzt, daß nur noch der kahle Schaft emporragt. Unter günstigen Bedingungen können diese hervorstechenden Schwanzenden sogar im Freiland zu sehen sein.

Das Balzverhalten der Ruderenten ist von dem anderer Enten sehr verschieden. Die ♂ haben einen speziellen Halsluftsack, mit dem sie klopfende und trommelnde Geräusch erzeugen, die von pumpenden Kopfbewegungen begleitet werden. Die ♂ balzen allein oder in kleinen Gruppen und locken durch ihr Gehabe die ♀ an. Bei *Biziura* kommt es zu keiner dauernden Paarbindung mehr. Die ♀ suchen die zur Gruppenbalz versammelten ♂ auf.

148 Kuckucksente Tafel 47
Heteronetta atricapilla
Englisch: Black-Headed Duck

Eine südamerikanische Tauchente, die im Aussehen mehr an eine Gründel- als an eine Ruderente erinnert. Der einzige echte Brutparasit unter den Entenvögeln.

Feldkennzeichen: Länge 35-38 cm. **Am Boden** - Eine kleine, langgestreckte Ente, mit kleinem, runden Kopf, schlankem, leicht aufgebogenen Schnabel und kurzem Schwanz. Kopf, Hals und Oberseite der ♂ sind schwarzbraun. Die Unterseite ist ein wenig heller, mit feiner Querwellung und Sprenklung. Der Schnabel ist hellblaugrau, oft mit auffällig roter Basis. Die ♀ sind noch unscheinbarer als die ♂. Sie sind insgesamt düster graubraun, haben aufgehellte Kopfseiten, einen dunklen Augenstreifen und Oberkopf. Ihre Unterseite ist heller als die Oberseite und fein quergewellt, was aber nur aus der Nähe erkennbar ist. Sie können mit ♀ der Zimtente verwechselt werden, die aber stark gezeichnete Flanken haben. Kuckuckse. liegen beim Schwimmen hoch im Wasser. Ihr Hinterende ist leicht angehoben und die Brust weit eingetaucht. **Im Flug** - Kuckuckse. steigen mühelos vom Wasser auf. Sie fliegen mit schnellem Flügelschlag und leicht herabhängendem Kopf. Im Flug wirken sie einheitlich dunkel. Die weißen Schwingenspitzen bilden an dem Hinterrand des Flügels eine schmale Binde.
Stimme: Vergleichsweise schweigsam. Die ♂ lassen während der Balz tiefe, grunzende Laute und melodische Pfiffe hören. Die ♀ glucksen leise.
Beschreibung: Geschlechter verschieden. Die Schnabelfärbung ist veränderlich. ♂ **ad.**- Kopf und Hals mattschwarz, manchmal mit weißlichem Kehlfleck. Unterseite ein warmes Sepiabraun mit feiner, dunkler Querwellung und Sprenklung. Bauchmitte aufgehellt bräunlichweiß. Oberseite dunkelbraun. Kleine und Mittlere Flügeldecken mit rotbraunen Rändern. Große Decken und Schwingen mit weißen Spitzen. Unterflügel dunkel. ♀ **ad.**- Oberkopf, Nacken und Augenstreifen schwärzlichbraun. Ein undeutlicher Überaugenstreif, die Kopfseiten und die Kehle hellbräunlich, mit dunkler, feiner Sprenklung. Unterseite düster gelblichbraun, mit dunkler Querwellung und Sprenklung. Flügel wie beim ♂, aber ohne rotbraune Zeichnung. **Juv.**- Nicht vom ♀ zu unterscheiden.
Federlose Partien: Füße immer gräulich und Iris immer braun. ♂- Schnabel blaugrau, am First, um die Nasenlöcher und an der Spitze schwarz. Schnabelwurzel bei geschlechtsaktiven ♂ rosarot. ♀- Schnabel düsterer und grauer als beim ♂. Schnabelwurzel während der Fortpflanzungsperiode gelblich oder fleischfarben.
Maße: ♀ im Mittel etwas größer als ♂. Flügel ♂ 157-187, ♀ 154-182; Lauf 28-31,; Schnabel ♂ 40-47, ♀ 41-48; mittleres Gewicht ♂ 513, ♀ 565.
Geographische Variabilität: Keine.
Lebensweise: Kuckuckse. halten sich gewöhnlich paarweise oder in kleinen Gruppen auf flachen, vegetationsreichen Seen und Teichen auf. Sie gesellen sich zwanglos zu anderen Wasservögeln und sind bevorzugt zwischen Gründelenten anzutreffen. Paarbildung kurz vor der Eiablage. Fortpflanzungsperiode von September bis Dezember. Im Unterschied zu allen anderen Entenvögeln ein obligatorischer Brutparasit. Die Eier werden in die Nester verschiedener Wasservögel gelegt. Hauptwirte sind Wasserhühner (Rallen) und Peposakaenten (115). Insgesamt sind bisher 18 Wirtsarten bekannt geworden, worunter sich auch Möwen, Ibisse und sogar Greifvögel befinden. Recht scheu und unauffällig. Versteckt sich bei Störungen im Bewuchs oder bringt sich tauchend in Sicherheit, kann aber durchaus gut fliegen. Seiht bei der Nahrungssuche schnatternd die Wasseroberfläche durch oder taucht nach Nahrung. Taucht mit einem „Kopfsprung" unter. Ruht an flachen Ufern. Beim Stehen wird der Körper waagerecht getragen. Die Brust ist eher abgesenkt und nicht wie bei den meisten Tauchenten angehoben. Die südlichsten Populationen ziehen zum Überwintern weiter in den Norden.
Biotop: Flache Seen, Teiche und Sümpfe mit reichlicher Wasservegetation und breitem Röhrichtgürtel in offener oder locker bewaldeter Landschaft.
Verbreitung: Besiedelt Nordargentinien südwärts bis in die Provinz Buenos Aires, Zentralparaguay und Chile zwischen Santiago und Valdivia. Weitgehend Standvogel, streicht im Winter aber nordwärts bis nach Uruguay, Ostbolivien und Südbrasilien (Rio Grande do Sul) und schreitet möglicherweise in einigen dieser Regionen auch zur Fortpflanzung.
Bestand: Örtlich häufig, wird aber wegen der versteckten Lebensweise und des unauffälligen Gefieders leicht übersehen. Bestandserfassungen sind bisher nicht durchgeführt worden. Ist offensichtlich z.Z. in keiner Weise bedroht, kann aber durch Entwässerungsmaßnahmen, vor allem die Trockenlegung kleiner Teiche und Sümpfe, leicht getroffen werden.
Literatur: Johnsgard 1978, Weller 1968.

149 Maskenente Tafel 47
Nomonyx dominica
Englisch: Masked Duck

Die einzige Ruderente mit weißem Flügelfeld. Sie kann im Unterschied zu den größeren Verwandten mühelos vom Wasser auffliegen.

Feldkennzeichen: Länge 30-35 cm. **Am Boden** - Eine kleine Ente, die versteckt und unauffällig auf überwucherten Teichen und in dicht bewachsenen Sümpfen lebt. Die Zugehörigkeit zu den Ruderenten ist an dem langen, oft hoch aufgerichteten Schwanz und dem schweren Kopf mit dem klobigen Schnabel leicht zu erkennen. Das Verbreitungsgebiet der Maskene. überschneidet sich nur mit dem der Schwarzkopfruderente (150). Die ♂ sind im Brutkleid satt rotbraun, mit schwarzen Flecken an den Flanken und auf der Oberseite. Der Kopf ist bis zum Nacken tiefschwarz. Der Schnabel ist groß und blau mit schwarzer Spitze. Am gefalteten Flügel sind die großen, weißen Flügelfelder zumeist ganz verdeckt. Das einzige Ruderenten-♂ mit stark geflecktem Körper und schwarzer Schnabelspitze. Die Schlichtkleider sind düster gelblichbraun. Die Oberseite ist dunkler als die Unterseite. Der Oberkopf ist schwärzlichbraun. Über die hellbräunlichen Kopfseiten ziehen zwei dunkle Streifen, einer durch das Auge und der zweite darunter. Die anderen Rudere. haben keinen hellen Überaugenstreif. Ihr Oberkopf ist bis zum Auge hin dunkel. Nur der untere Kopfseitenstreifen ist ausgebildet. **Im Flug** - Eine sehr kleine, dunkle, langschwänzige Ente mit großem, weißen Feld auf den kurzen Flügeln. Kaum mit einer anderen Ente zu verwechseln. Bei Schwarzkopfr. kann der abgenutzte, ausgeblichene Flügel jedoch auch recht hell wirken.

Stimme: Nur unzureichend dokumentiert. Die ♂ rufen manchmal laut „kjuri-kjuru". Dieser Ruf wird in Erregung mehrfach wiederholt. Das ♀ verfügt über Zischlaute und gluckende Rufe.

Beschreibung: Geschlechter verschieden. Saisonal unterschiedliche Kleider. **♂ ad. Brutkleid** - Kopf bis auf Hinterkopf und Nacken schwarz. Nacken, hintere Kopfseiten und Hals satt rotbraun. Federn von Brust, Flanken und Oberseite in der Mitte schwarz, mit breiten rotbraunen Säumen. Schwanz schwarz. Handflügel und Kleine Oberflügeldecken schwarz, Mittlere und Große Decken weiß. Armschwingen weiß mit schwarzen Spitzen. Unterflügel schwärzlichgrau, mit weißen Achselfedern. **♂ ad. Ruhekleid** - Fast wie das ad. ♀, das weiße Flügelfeld jedoch ausgeprägter und die Gesichtszeichnung weniger auffällig. **♀ ad.**- Oberkopf, Hinterhals und Oberseite düster dunkelbraun. Schulterfedern mit gelblichbraunen Rändern. Überaugenstreif, Kehle, Kopf- und Halsseiten weißlichbraun. Über die Kopfseiten zwei dunkelbraune Streifen, einer vom Oberschnabel durch das Auge zum Nacken und der zweite vom Schnabelwinkel über die Wange zum Nacken. Schwanz schwärzlichbraun. Flügel wie beim ♂, Mittlere Decken aber nicht völlig weiß. **Juv.-** Gleichen dem ♀, Schwanzfedern jedoch schmaler, mit bis auf den Schaft abgenutzten Spitzen. Juv. ♂ haben einen dunkleren Oberkopf als die ♀.

Federlose Partien: Füße immer grau- bis schwärzlichbraun und Iris immer braun. **♂**- Schnabel leuchtendblau, mit schwarzer Spitze, schwarzem Nagel und einigen schwärzlichen Flecken auf dem First. **♀ und Juv.**- Schnabel gräulichblau, zur Wurzel hin zunehmend düsterer.

Maße: ♂ etwas größer als ♀. Flügel ♂ 135-142, ♀ 133-140; Schwanz 85-90; Lauf 25-26; Schnabel 32-35; mittleres Gewicht ♂ 406, ♀ 339.
Geographische Variabilität: Keine.

Lebensweise: Noch wenig untersucht. Eine kleine Ente, die auf Seen und Teichen mit dichtem Bewuchs ein verborgenes Leben führt. Größere Ansammlungen sind nicht bekannt. Auf Trinidad soll sie im September und November brüten. Nest gut versteckt in der Ufervegetation. Brütet auch in Reisfeldern, bisher aber nur wenige Nester beschrieben. Von Wasserlilien überwucherte Gewässer werden bevorzugt. Verbirgt sich auch sonst möglichst im Blattgewirr. Taucht bei der Nahrungssuche zwischen den Wasserpflanzen. Ruht gern in Ufernähe unter einem großen Blatt oder in einer anderen guten Deckung. Kann ohne Anlauf sprungartig vom Wasser auffliegen und ist daher in der Lage, auch sehr kleine Teiche zu besiedeln. Ist trotz der versteckten Lebensweise nicht sonderlich scheu. Standvogel, der aber auch weit außerhalb des normalen Verbreitungsgebietes auftreten kann.

Biotop: Kleinere Seen, Teiche und Sümpfe mit dichtem Wasserpflanzenbewuchs und Reisfelder. Außerhalb der Brutperiode auch in Mangrovesümpfen.

Verbreitung: Weit, aber ausgesprochen lückenhaft verbreitet. Das Brutgebiet erstreckt sich über den tropischen Norden Südamerikas östlich der Anden von Südmexiko bis Nordargentinien. Gelegentliche Vorkommen auch auf den Karibischen Inseln. Ist im Süden der USA, vor allem in Florida und Texas, ein häufigerer Gast. Hat in Südtexas gebrütet. Einzelne nordwärts gewanderte Irrgäste sind bis Massachusetts, Wisconsin, North Carolina, Maryland und Vermont gelangt.

Bestand: Eine schwer zu erfassende Ente. Scheint nirgendwo wirklich häufig zu sein. Die höchste Siedlungsdichte wahrscheinlich an der Südgrenze der Verbreitung in Nordargentinien. Da sie sehr leicht zu übersehen ist, wahrscheinlich nicht so selten, wie es den Anschein hat. Bestandserhebungen sind nicht durchgeführt worden. Eine Bedrohung besteht aber wohl nicht. Die Maskene. wird anscheinend nicht in Gefangenschaft gehalten.

Literatur: Johnsgard 1978.

150 Schwarzkopfruderente Tafel 47
Oxyura jamaicensis
Englisch: Ruddy Duck

Die drei Unterarten werden auch als selbständige Arten angesehen. Die am stärksten abweichende, die Peruanische Schwarzkopfr. (*O.j.ferruginea*), wird hier daher gesondert beschrieben.

Feldkennzeichen: Länge 35-43. **Am Boden** - Da sie in weiten Bereichen des Verbreitungsgebietes die einzige Ruderente ist, ist sie an der typischen Gestalt mit dem dicken Kopf, großen Schnabel, gedrungenen Körper und langen, oft aufgerichteten Schwanz leicht zu erkennen. Das Brutkleid des ♂ ist auffällig. Oberkopf und Hinterhals sind tiefschwarz. Die Kopfseiten sind weiß. Der Körper ist leuchtend rotbraun. Dazu kommen ein großer, blauer Schnabel und weiße Unterschwanzdecken. Die Kopfseiten der Kolumbianischen Unterart *O.j.andina* sind mehr oder weniger schwarz gezeichnet. Vergleiche auch mit ♂ der Weißkopfruderente (151). Im Ruhekleid (Winter) ist das ♂ graubraun, hat aber ebenfalls einen schwarzweißen Kopf. Das ♀ ist düster graubraun, im Sommer mit rotbraunem Anflug, und hat weißlichbraune Kopfseiten, die unter dem Auge von einem dunklen Streifen durchzogen werden. Immature ♂ gleichen ♀, sind aber nicht rötlich getönt. Die Maskenente (149) hat zwei dunkle Kopfseitenstreifen und einen hellen Überaugenstreif. In Europa kann die Schwarzkopfr. neben der Weißkopfr. (151) vorkommen. Diese hat einen an der Basis hoch aufgetriebenen Schnabel und einen wesentlich breiteren Kopfseitenstreifen. Vergleiche in Gefangenschaft auch mit den ähnlichen ♀ der Maccoaente(152) und Bindenr. (153). **Im Flug** - Eine kleine, dickliche Ente, mit langem Schwanz und kurzen, breiten Flügeln. Sie wirkt, von den hellen Unterflügeln abgesehen, insgesamt dunkel. Das ♂ hat ein auffällig weißes Gesicht. Fliegt zumeist niedrig, mit schnellem, schwirrenden Flügelschlag. Braucht zum Auffliegen einen langen, platschenden Anlauf und gleitet beim Landen rauschend über das Wasser. Bis auf die Maskene. mit ihrem weißen Spiegelfeld sehen alle Ruderenten im Flug ähnlich aus. Beachte, daß durch abgenutzte und ausgebleichte Armschwingen auch auf dem Flügel der Schwarzkopfr. ein gewisser Hell-Dunkel-Kontrast entstehen kann.

Stimme: Sehr schweigsam. Die ♂ trommeln während der Balz mit dem Schnabel auf den aufgeblähten Hals und erzeugen so klickende und klopfende Geräusche. Gleichzeitig entstehen durch das Auspressen der Luft aus dem Brustgefieder sprudelnde Luftbläschen. Schließlich wird der Luftsack mit hochgerecktem Kopf rülpsend entleert. Echte Stimmlaute sind nur ganz selten zu hören.

Beschreibung: Geschlechter verschieden. Saisonal unterschiedliche Kleider. Eine Altersbestimmung nach Gefiedermerkmalen ist wegen der individuellen

Variabilität und des komplizierten Mauserverlaufs kaum möglich. Beschreibung der Nominatform: ♂ **ad. Brutkleid** - Auf dem Kopf eine kleine, aufrichtbare Holle. Oberkopf, Nacken und Hinterhals schwarz. Kopfseiten und Kehle weiß. Halsansatz, Brust und Flanken rotbraun. Bauch und Unterschwanzdecken weißlich. Schwanz schwarz. Oberseite weitgehend rotbraun. Oberflügel gänzlich schwarzbraun. Mittlere und Große Unterflügeldecken weißlich, Kleine Decken und Schwingen hellgrau. ♂ **ad. Ruhekleid** (Winter) - Das rotbraune Gefieder durch graubraunes ersetzt. Kopfmuster wie im Brutkleid, aber blasser. ♀ **ad.**- Federn auf Oberkopf, Hinterhals und Oberseite dunkelbraun mit blaßbraunen Rändern. Oberseite rötlichbraun getönt. Kopf- und Halsseiten weißlichbraun. Von dem Schnabelwinkel geht ein dunkelbrauner Streifen aus, der diffus auslaufend in die Nackenfärbung übergeht. Brust- und Unterseitengefieder gräulichbraun, mit schwacher hellbrauner Bänderung. Die Unterseitenfärbung wird auf der Mitte der Unterseite und auf den Unterschwanzdecken zunehmend weißlich. Schwanz und Oberflügel bräunlicher als beim ♂ und die Unterflügel heller. Oberseite im Ruhekleid (Winter) nicht rotbraun überflogen und Wangenstreifen weniger deutlich. **Juv.**- Gleicht weitgehend dem ♀ im Ruhekleid, das Körpergefieder aber auffälliger gebändert und die Unterseite kräftiger gefleckt. Schwanzfedern schmal, mit bis auf den Schaft abgenutzten Spitzen. Juv. ♂ sehen nach dem ersten Winter weitgehend wie ad. aus.
Federlose Partien: Füße immer grau und Iris immer braun. Schnabel an der Basis nicht aufgetrieben. Schnabelfärbung bei ♂ im Brutkleid leuchtendblau, sonst düster grau.
Maße: ♂ ein wenig größer als ♀. *O.j.jamaicensis* und *O.j.andina* : Flügel ♂ 142-154 (M. 149), ♀ 135-149 (M. 143); Schwanz 64-79; Lauf 30-38; Schnabel 37-41; mittleres Gewicht ♂ 610, ♀ 510.
Geographische Variabilität: Es werden drei Unterarten unterschieden. Die Nominatform, *O.j.jamaicensis*, lebt in Nord- und Mittelamerika und wurde auf den Britischen Inseln eingebürgert. Die Unterart *O.j.andina*, die an den Hochlandseen des mittleren und östlichen Kolumbien vorkommt, gleicht weitgehend der Nominatform, das Kopfmuster der ♂ ist aber recht variabel. Die weißen Kopfseiten können in verschiedenem Ausmaß schwärzlich gezeichnet sein. Die Kolumbianische Schwarzkopfr. vermittelt zwischen der nördlichen Form und der größeren, schwarzköpfigen Unterart *O.j.ferruginea* der südlichen Anden (s. u.). Die zwei südamerikanischen Unterarten werden auch, zu der Art „*O.ferruginea*" zusammengefaßt, der Nominatform gegenübergestellt. Manchmal werden auch alle drei Unterarten als selbständige Arten behandelt.
Lebensweise: Eine gesellige kleine Ente, die sich sowohl auf Binnenseen als auch auf Brackwasserlagunen aufhält. Außerhalb der Brutzeit gewöhnlich in größeren, dicht geschlossenen Gruppen. Paarbildung im Frühling auf den Brutgewässern. Brutbeginn in den nördlicheren Regionen ab Mitte April. Bei der kolumbianischen Unterart sollen das ganze Jahr über Bruten beobachtet worden sein. Nest in der Ufervegetation, oft auch auf einem Floß aus Pflanzenteilen. ♀ mit Jungen werden manchmal von einem ♂ begleitet. Nach Abschluß der Brutperiode bilden sich größere Mauserschwärme. Die Nahrung wird vorwiegend tauchend gesucht. Liegt beim ruhigen Schwimmen hoch im Wasser und hat dabei den

Beispiele der Kopffärbung von ♂ der Peruanischen Schwarzkopfruderente *O.j.andina*

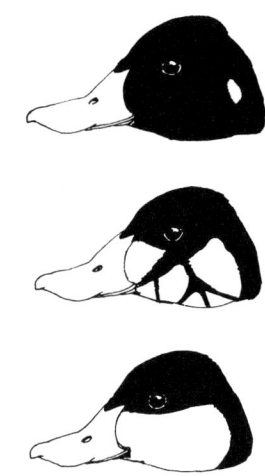

Schwanz hoch angehoben. Beim schnelleren Schwimmen liegt der Schwanz dem Wasser auf. Fliegt selten. Weicht Störungen im allgemeinen schwimmend oder tauchend aus. Teilzieher. Die nördlichen Populationen wandern zum Überwintern südwärts.
Biotop: Brütet an offenen Binnenseen mit dichtem Uferbewuchs, an Brackwasserlagunen, an Flußmündungen und örtlich auch an geschützten Meeresbuchten.
Verbreitung: Das Brutgebiet der Nominatform erstreckt sich über den Westen Nordamerikas von British Columbia im Norden bis Kalifornien und Texas im Süden. Sporadische Brutvorkommen in Mittelalaska, an den großen Seen und neuerdings auch in Florida. Isolierte Brutpopulationen auf den Karibischen Inseln und in Zentralmexiko. Die meisten dieser Populationen wandern im Winter in südlichere Küstenregionen. Überwintert entlang der Pazifikküste von British Columbia bis Guatemala und an der Atlantikküste von Massachusetts bis Florida. Ist im Winter ebenfalls im gesamten Süden der USA und in Mexiko anzutreffen. Irrgäste sind auf den Hawaii-Inseln festgestellt worden. Auf den Britischen Inseln, insbesondere in Westengland, eingebürgert. Diese stetig wachsende Population ist weitgehend ortstreu, es haben sich aber inzwischen traditionelle Mauserwanderungen herausgebildet. Diese Schwarzkopfr. streichen bei extrem kalter Witterung auch weiter umher und sind schon in vielen Ländern Westeuropas nachgewiesen worden. Auch wenn sich Schwarzkopfr. im Winter regelmäßig auf den Bermudas einfinden, sind Überquerungen des Atlantiks doch unwahrscheinlich. Die Kolumbianische Schwarzkopfr. ist ein Standvogel in Zentral- und Ostkolumbien. Vom südlichen Kolumbien an wird sie durch die Peruanische Schwarzkopfr. ersetzt.
Bestand: Die nordamerikanische Brutpopulation wurde um die Mitte der 70er Jahre auf rund 600.000 geschätzt. Der Bestand ist nach der Trockenlegung größerer Feuchtgebiete und nach Verlusten durch Ölpest sicher kleiner geworden. Die eingebürgerte britische Population breitet sich weiter aus, wobei auch neu entstandene Gewässer wie Kiesgrubenseen

und Staubecken besiedelt werden. Ausgehend von sechs Brutpaaren im Jahre 1965 ist der Bestand bis 1983 auf ca. 1.800 Individuen angewachsen. Es ist wahrscheinlich, daß auch das kontinentale Westeuropa bald besiedelt wird. Bestandsangaben zur kolumbianischen Population gibt es nicht. Die Ente soll dort aber keineswegs selten sein.

Peruanische Schwarzkopfruderente
O.(j.) ferruginea   **Tafel 47**

Eine große, schwarzköpfige Form der Schwarzkopfr., die hoch in den Anden auf Bergseen lebt. Sie wird auch als selbständige Art aufgefaßt. Die kolumbianische Unterart vermittelt jedoch zwischen den nördlichen und südlichen Formen.

Feldkennzeichen: Länge 42-48 cm. Größer als die nördlichen Formen der Schwarzkopfr., mit breitem Schnabel. Der Kopf ist bei ♂ im Brutkleid ganz schwarz, nur das Kinn kann weißlich sein. Das Rotbraun des Körpers ist kräftiger als bei der Nominatform. Die Unterseitenmitte ist dunkel gefleckt. Im Ruhekleid gleicht das ♂ dem ♀. Die ♀ sind wesentlich dunkler als die der Nominatform. Wegen des düsteren Untergrundes ist die Kopfzeichnung nur schwach erkennbar. Da beide Arten im argentinischen Tiefland nebeneinander vorkommen können, sind Verwechslungen mit Bindenr.(153) möglich. Diese argentinische Ruderente ist jedoch kleiner, hat einen vergleichsweise langen Schwanz und einen kleineren, schmaleren, am First weniger aufgebogenen Schnabel. Der Hals des ♂ ist in ganzer Länge schwarz. Die schwarze Kopffärbung reicht beim ♂ der Peruanischen Schwarzkopfr. nur bis zum oberen Halsansatz. Die ♀ beider Arten sind in Größe und Gestalt deutlich verschieden. Das ♀ der Bindenr. hat zudem eine noch ausgeprägtere Kopfzeichnung als das ♀ der nordamerikanischen Schwarzkopfr. Andere ähnliche Arten kommen in dem Verbreitungsgebiet nicht vor. In Gefangenschaft wird diese Form nur sehr selten gehalten. Die bei der Bindenr. genannten Unterschiede zwischen den ♂ treffen weitgehend auch für die Schwarzkinnr. (154) zu. Die ♀ sind sich recht ähnlich. Die Schwarzkinnr.-♀ sind aber wesentlich kleiner und haben einen einheitlich düsteren Kopf. Bei den Schwarzkopfr.-♀ ist der Oberkopf dagegen dunkel abgehoben. Die Maccoaente ist ungefähr so groß wie die Peruanische Schwarzkopfr., hat aber einen schmaleren Schnabel, mit einem einem auffällig großen Nagel.

Maße: Flügel 145-163; Schwanz 93-97; Lauf 36-38; Schnabel 40-45; Gewicht 817-848.

Biotop und Verbreitung: Hochlandseen der Anden vom äußersten Süden Kolumbiens bis nach Feuerland. Im Süden Argentiniens und Chiles auch in tieferen Lagen. Hier kommen Schwarzkopf- und Bindenr. gemeinsam vor.

Literatur: Cramp und Simmons 1977, Johnsgard 1978, Lack 1986.

151 Weißkopfruderente   Tafel 46
Oxyura leucocephala
Englisch: White-headed Duck

Eine seltene, lückenhaft verbreitete Ruderente, mit seltsam aufgetriebenem Schnabel. Hauptvorkommen an Steppenseen der südlichen UdSSR.

Feldkennzeichen: Länge 43-48 cm. **Am Boden -** Die einzige Ruderente mit rein paläarktischer Verbreitung. Sie ist in allen Kleidern an der blasenförmig aufgetriebene Schnabelwurzel zu erkennen. Das Brutkleid der ♂ ist insgesamt rötlichbraun, auf der Oberseite gewöhnlich mehr hell rostfarben und auf der Unterseite gräulich- bis satt rotbraun. Die Unterschwanzdecken sind niemals weiß. Der Kopf ist bis auf einen schwarzen Scheitelfleck ganz weiß. Um den Hals zieht ein dunkler, kragenartiger Ring. Der Schnabel ist leuchtendblau. Im Ruhekleid ist die dunkle Kopfzeichnung ausgedehnter. Manchmal reicht der schwarze Scheitelfleck bis zum Auge und Nacken. Die Kopfzeichnung erinnert dann an die der Schwarzkopfr. (150). Verwechslungen mit anderen Arten sind unwahrscheinlich. In Westeuropa können vermehrt Schwarzkopfr. der britischen Population auftreten. Im Zweifelsfall ist auf die Schnabelform zu achten. Die ♀ und Juv. sind denen der Schwarzkopfr. ähnlich, Weißkopfr. sind jedoch größer und massiger, haben einen dickeren Kopf und einen aufgetriebenen Schnabel. Ihre Kopfzeichnung ist ebenfalls charakteristisch. An der Stirn reicht die schwarzbraune Kappe bis fast zum Schnabelwinkel. Dadurch erhalten sowohl der weißliche als auch der dunkle Kopfseitenstreifen einen gebogenen Verlauf. Diese Wangenstreifen verlaufen dagegen bei allen anderen Rudere. fast gerade. Weißkopfr. wirken beim Schwimmen ausgesprochen bucklig. Vergleiche auch mit der Maccoaente (152). Bei den immaturen ♂ ist der Kopf im ersten Frühling dunkel gesprenkelt. Im Extremfall kann er gänzlich schwarz sein. Solche ♂ können dann für Maccoae. gehalten werden. **Im Flug -** Siehe Schwarzkopfr. Nur selten fliegend zu beobachten. Von typischer Ruderentengestalt. Der Kopf der ♂ wirkt im Brutkleid gänzlich weiß und der Oberflügel heller und gräulicher als beim Schwarzkopfr.-♂. Die ♀ beider Arten sind im Flug kaum zu unterscheiden.

Stimme: Sehr schweigsam. Die Einzelbalz verläuft, von lautem Wasserspritzen abgesehen, weitgehend geräuschlos. Am ruffreudigsten während der Gruppenbalz. Dann sind aus den schwimmenden „Flottillen" ratternde und piepende Laute der ♂ und das weiche „gek" der ♀ zu hören.

Beschreibung: Geschlechter verschieden. Saisonal unterschiedliche Kleider. ♂ **ad. Brutkleid -** Kopf weiß, mit schwarzbraunem Scheitelfleck und einigen dunklen Punkten rings um das Auge. Kehle,

Schnabel- und Kopfform der Schwarzkopf- und Weißkopfruderente

Schwarzkopfruderente

Weißkopfruderente

Vorderhals und Nacken schwarzbraun. Hinterhals dunkelrötlichbraun. Brust und Vorderrücken tief rotbraun. Flanken gelblichbraun, zur Unterseitenmitte hin zunehmend gelblichgrau. Schultern, Rücken und Bürzel gelblichbraun. Oberschwanzdecken rotbraun und Unterschwanzdecken braungrau. Schwanz stumpf aschgrau. Fast das gesamte Körpergefieder mit feiner Querwellung oder Kritzelzeichnung. Oberflügel braungrau. Unterflügel hellgrau, mit weißen Mittleren Decken und Achselfedern. ♂
ad. Ruhekleid (Winter) - Farbverteilung wie im Brutkleid, aber weniger rötlich- mehr gelblichbraun bzw. gelblichgrau. Der schwarze Scheitelfleck reicht oft bis zum Auge und zieht bis über den Nacken. Die Ohrdecken können dunkel gefleckt sein. ♀ **ad.**- Oberkopf, Hinterhals und Wangenstreifen schwärzlichbraun. Unter dem Auge, zwischen der dunklen Kappe und dem Wangenstreifen ein weißlicher Kopfseitenstreifen. Untere Kopfseiten und Vorderhals weißlich, durch graubraune Federzeichnung dunkel meliert. Körpergefieder ähnlich wie beim ♂, aber oberseits dunkler und intensiver schwarzbraun quergewellt. Unterseitenmitte und Unterschwanzdecken schmutzig gelblichweiß mit grauer Sprenklung. Schwanz und Flügel wie ♂. Im Ruhekleid (Winter) matter, weniger rötlichbraun und an den Kopfseiten heller, so daß die Zeichnung deutlicher hervortritt. **Juv.**- Gleicht weitgehend dem ♀, die Oberseite ist aber dunkler und die Unterseite gelblicher. Die hellen Partien an den Kopfseiten sind fast weiß. Die Kopfseitenzeichnung wirkt dadurch ausgesprochen kontrastreich. Der Kopf der juv. ♂ ist im ersten Winter dunkler als bei den ♀. Im Frühling haben sie zwar das Körpergefieder ad. ♂, sind aber am Kopf intensiv dunkel gefleckt. Im Extremfall kann der ganze Kopf verdüstert sein. Das weiße Kopfgefieder wird erst im Verlauf des zweiten Winters ausgebildet. Die Juv. lassen sich bis in den Frühling hinein an den abgenutzten Schwanzfederspitzen erkennen.
Federlose Partien: Schnabel an der Basis buckelförmig aufgetrieben. ♂- Schnabel leuchtendblau, im Ruhekleid graublau. Füße grau oder rötlichgrau mit schwärzlichen Schwimmhäuten. Iris gelb bis orangegelb. ♀- Schnabel etwas weniger aufgetrieben als beim ♂ und dunkel bleigrau. Füße bleigrau. Iris hellgelb. **Juv.**- Schnabel zunächst bräunlichgrau, zum Herbst zunehmend bleigrau. Schnabel der juv. ♂ im ersten Winter heller als der der ♀. Füße bräunlichgrau. Iris hellbraun.
Maße: ♂ gewöhnlich größer als ♀. Flügel 148-172 (M. ♂ 162, ♀ 159); Lauf 33-38; Schnabel 43-48; mittleres Gewicht ♂ 722, ♀ 701.
Geographische Variabilität: Keine.
Lebensweise: Ausgesprochen lückenhaft verbreitet. An den Brutgewässern zumeist paarweise oder in kleinen Gruppen anzutreffen. Schließt sich außerhalb der Brutzeit zu größeren Trupps zusammen, die auf den bevorzugten Überwinterungsgewässern zu beachtlichen Schwärmen anwachsen können. Paarbildung am Brutplatz, die Paarbindung ist aber im allgemeinen recht locker. Bruten ab Ende Mai. Nest am Boden in der Ufervegetation. Oft werden alte Nestplattformen anderer Wasservögel, z.B. die von Bläßhühnern oder Tauchenten, übernommen. Im Unterschied zu den meisten anderen Ruderenten kümmern sich die ♂ nicht um den Nachwuchs, sondern versammeln sich, während die ♀ brüten, um zu mausern. Nahrungserwerb vorwiegend tauchend. Ruht allein oder in geschlossenen Gruppen auf dem Wasser am Rande des Röhrichts. Braucht zum Auffliegen einen langen Anlauf und fliegt selten. Scheint vorwiegend bei Nacht zu ziehen. Balzt wie die anderen Ruderenten mit hoch aufgerichtetem Kopf und gestelztem Schwanz. Die Südeuropäischen Reliktpopulationen sind weitgehend ortstreu. Die asiatischen Populationen sind Zugvögel, die ihre Brutgewässer Ende September bzw. Anfang Oktober verlassen und dort gegen Ende April wieder eintreffen.
Biotop: Brütet in steppenartig offener Landschaft. Bevorzugt kleine, dicht bewachsene, flache Seen und Teiche in der Nähe großer, offener Seen. Hält sich vorwiegend auf Süßgewässern auf, toleriert aber auch einen recht hohen Salzgehalt. Überwintert auf großen Seen und hält sich dort gerne am Rande des Röhrichtgürtels auf. Sucht auch großflächige Küstenlagunen auf.
Verbreitung: Im südlichen Europa und in Nordafrika nur einzelne, isolierte Brutvorkommen. Brütet in Südspanien und Tunesien, möglicherweise auch in Algerien und Rumänien. In Ungarn ist mit einem Programm zur Wiedereinbürgerung begonnen worden. Kleinere Brutpopulationen in der zentralen Türkei. Die höchste Siedlungsdichte an den Steppenseen der südlichen UdSSR, insbesondere in Kasachstan. Das östlichste Vorkommen im äußersten Nordwesten Chinas. Die mediteranen Populationen wandern nur ab, wenn die Brutgewässer austrocknen. In Tunesien steigt im Winter der Bestand bemerkenswert an, was auf weitere, bisher unbekannte Brutplätze in Nordafrika hindeutet. Die zentralasiatischen Populationen überwintern auf Seen in der westlichen Türkei und in Pakistan. Einige ziehen auch bis Nordindien oder an das östliche Kaspische Meer. Wenige bleiben auf eisfreien Gewässern im Brutgebiet. Die Weißkopfr. war früher rings um das Mittelmeer viel weiter verbreitet und überwinterte auch in Ägypten und im Irak. In verschiedenen mittel- und westeuropäischen Ländern, z.B. in Polen, Deutschland, Holland und auf den Britischen Inseln, sind Irrgäste beobachtet worden. Bei einigen kann es sich um Gefangenschaftsflüchtlinge gehandelt haben. Da die Weißkopfr. aber wenig gehalten wird, werden die meisten doch echte Wildvögel gewesen sein.
Bestand: Wahrscheinlich durch die Trockenlegung der flachen Brutgewässer bis auf Restpopulationen eingeengt. Die sehr kleine spanische Population, die dem Erlöschen nahe war, nimmt durch Schutzmaßnahmen langsam wieder zu. Der Gesamtbestand wird nach den Winterzählungen auf 10.000 bis 15.000 geschätzt. Davon überwintern etwa 1.000 in Tunesien, 9.000 in der Türkei, vorwiegend auf dem Burdur Gölü, 100, in Rumänien, 800 am Kaspischen Meer und um 1.000 in Pakistan. Hier ist der Winterbestand drastisch abgesunken, was auf einen starken Rückgang der zentralasiatischen Brutpopulationen hindeutet.
Literatur: Bauer und Glutz 1969, Cramp und Simmons 1977, Eigenhuis und Menkveld 1985, Esquivias und Moreno 1986, Madge 1984, Torres 1984.

152 Maccoaente Tafel 46
Oxyura maccoa
Englisch: Maccoa Duck

Die einzige Ruderente des tropischen Afrika. Trotz der Ähnlichkeit mit den Arten Südamerikas und

Australiens wohl am nächsten mit der eurasischen Weißkopfruderente verwandt.

Feldkennzeichen: Länge 48-51 cm. ***Am Boden*** - In Größe und Gestalt eine typische Ruderente. Das ♂ ist im Brutkleid satt rotbraun, mit schwarzem Kopf und Oberhals und leuchtendblauem Schnabel. Die Schlichtkleider sind düster graubraun, mit schwarzbraunem Oberkopf, weißlicher Wange und einem über die Wange ziehenden, dunklen Streifen. Die Maccoae. ist kaum mit einer anderen Art des Gebietes zu verwechseln. Nur die Rotaugenente (114) ist ebenfalls insgesamt dunkel, gestaltlich sind die beiden Arten aber charakteristisch verschieden. Die markante Kopfseitenzeichnung und der klobige, graue Schnabel lassen auch bei den ♀ keine Zweifel aufkommen. Vergleiche auch mit der Weißrückenente (10). In Wasservogelhaltungen können die ♂ aller schwarzköpfigen Ruderenten leicht verwechselt werden. Allgemein ist auf die Ausdehnung der Schwarzfärbung am Hals zu achten. Sowohl beim ♂ der Bindenr. (153) als auch beim ♂ der Schwarzkinnr. (154) ist der gesamte Hals schwarz. Die Maccoae. ist deutlich massiger als die beiden genannten Arten. Sie hat einen großen Schnabel mit einem breiten, auffällig gekrümmten, weißlichen Nagel. Von der Peruanischen Schwarzkopfr. (150) ist sie am besten an der Schnabelform zu unterscheiden. Der Schnabel der Maccoae. ist zur Spitze hin nicht verbreitert, hat einen ausgesprochen großen Nagel und ist an den Nasenlöchern leicht aufgetrieben. Rücken und Bürzel sind grauer als bei der Schwarzkopfr., was normalerweise aber nicht zu sehen ist. Die ♀ sind denen der Weißkopfr. sehr ähnlich. Ihre Schnabelbasis ist aber nicht blasig erweitert, nur der Rand der Nasenlöcher ist leicht aufgewölbt. Ihr Nagel ist sehr groß und weißlich. Bei allen anderen Rudere.-♀ ist er dagegen dunkel. Die Wangenzeichnung verläuft nicht gekrümmt, sondern gerade. ***Im Flug*** - Nur selten fliegend zu beobachten. Von typischer Ruderentengestalt, die, vom schnellen Flügelschlag abgesehen, an eine Scharbe erinnert (s. Schwarzkopfr.).
Stimme: Zumeist schweigsam. Während der Balz sind von dem ♂ rauhe, froschartig quakende und grunzende Laute zu hören, daneben auch ein trompetendes, vibrierendes „prrr". Der Ruf des ♀ ist ein kurzes Grunzen.
Beschreibung: Geschlechter verschieden. Saisonal unterschiedliche Kleider. ♂ **ad. Brutkleid** - Kopf und Oberhals schwarz. Unterhals, Brust und Flanken rotbraun. Unterseitenmitte und Unterschwanzdecken weißlich. Schultern rotbraun. Rücken und Bürzel gräulichbraun. Schwanz schwarz. Oberflügel graubraun. Unterflügel weißlichgrau. ♂ **ad. Ruhekleid** - Wie das ad. ♀, jedoch mit schwarzem Oberkopf. ♀ **ad.**- Oberkopf und Wangenstreifen dunkel graubraun. Unteraugenstreifen, untere Wangen und Halsseiten weißlich. Am Hals wird die Färbung nach unten und hinten zu zunehmend hellbraun. Oberseite dunkel graubraun, mit weißlicher bis gelbbrauner Sprenklung und Wellung. Unterseite ähnlich gefärbt, an den Flanken aber mehr gelblichbraun gebändert. Mitte der Unterseite weißlich. Schwanz und Flügel wie beim ♂. **Juv.-** Gleicht dem ♀, die Schwanzfedern sind aber schmaler und an den Spitzen bis auf den Schaft abgenutzt. Im Alter von sieben Monaten beginnt sich bei der juv. ♂ dunkel zu färben. Im Körpergefieder wird dann auch einheitlicher braun. Das Brutkleid ist aber frühestens bei den Einjährigen vollständig.

Federlose Partien: Füße immer grau und Iris immer braun. ♂- Schnabel im Brutkleid leuchtendblau mit weißlichem Nagel, im Ruhekleid mehr graublau. ♀ ***und Juv.-*** Schnabel dunkelgrau und, zumindest bei den ♀, mit weißlicher Spitze und weißlichem Nagel.
Maße: Geschlechter weitgehend gleich. Flügel 155-173; Schwanz 87-88; Lauf 34-39; Schnabel 36-42; Gewicht 450-820 (M. 554).
Geographische Variabilität: Keine.
Lebensweise: Nicht so gesellig wie die anderen Ruderenten. Nur Nichtbrüter schließen sich zu kleineren Gruppen zusammen. Sonst stets paarweise oder im Familienverband. Während der Brutzeit ausgesprochen territorial. Die ♂ balzen auf dem Brutgewässer und können sich hier mit mehreren ♀ paaren. Die Brutperiode ist ausgedehnt und von den jeweiligen Wasserständen abhängig. Hauptbrutzeit gewöhnlich von September bis Dezember. Nest in der Ufervegetation. Oft werden alte Nestplattformen von anderen Wasservögeln benutzt. Mehrere ♀ können recht nah beieinander brüten. Die ♂ beteiligen sich nicht an der Führung der Jungen und werden manchmal vom ♀ aus der Nähe des Schofs vertrieben. Vorwiegend tagaktiv. Taucht nach Nahrung. Ruht zwischen Pflanzen verborgen auf dem Wasser. Braucht zum Auffliegen einen langen Anlauf. Fliegt niedrig über dem Wasser und zumeist nur kurze Strecken. Standvogel, der auf größere, tiefere Gewässer ausweicht, wenn die Brutgewässer auszutrocknen beginnen.
Biotop: Flache Seen und Sümpfe mit dichtem Wasserpflanzenbewuchs und breitem Röhrichtgürtel. In der Trockenzeit auf großen, offenen Gewässern. Auch auf Brackwasser- und Salzseen. Kommt nicht nur im Flachland, sondern auch bis in 3000 m Höhe vor und ist in Küstenregionen selten.
Verbreitung: Ein im östlichen und südlichen Afrika lokal verbreiteter Standvogel. Das Brutgebiet erstreckt sich vom Hochland Äthiopiens über Ostafrika bis in den Norden Tansanias, das östliche Zaire, Ruanda und Burundi. Ein zweites Verbreitungsgebiet im südlichen Afrika reicht von Simbabwe bis zum Kap. Maccoae. streichen, vor allem im südlichen Afrika, während der Trockenzeit weiter umher.
Bestand: In einigen Gegenden Südafrikas und an den Ostafrikanischen Seen recht häufig. Im übrigen Verbreitungsgebiet eher selten. Die Bestände scheinen in Südafrika anzuwachsen. Die Art ist anscheinend nirgendwo ernstlich bedroht. Bestandserhebungen sind nicht durchgeführt worden.
Literatur: Brown et al. 1982.

153 Bindenruderente　　　　　Tafel 47
Oxyura vittata
Englisch: Argentine Blue-bill

Die Bindenr. besiedelt das Tiefland des südlichen Südamerika. Nur im äußersten Süden kommt sie mit der sehr ähnlichen Art aus dem Hochland, der Peruanischen Schwarzkopfruderente (150), gemeinsam vor. Trotz dieser Ähnlichkeit ist sie wahrscheinlich doch näher mit den afrikanischen und australischen „Blauschnäbeln" verwandt.

Feldkennzeichen: Länge 40-46 cm. ***Am Boden*** - Kleiner als die Peruanische Schwarzkopfr., mit längerem Schwanz und schmalerem, relativ kürzeren, am First weniger gebogenen Schnabel. Die ♂ sehen im Brutkleid fast gleich aus. Die Bindenr. ist aber

dunkler, nahezu kastanienbraun. Ihr Hals ist bis auf den Vorderrücken hinunter schwarz. Dagegen ist bei der Peruanischen Schwarzkopfr. der Halsansatz noch braun. Die ♀ unterscheiden sich stärker als die ♂. Die Wangenzeichnung ist bei der Bindenr. sehr auffällig. Bei der Peruanischen Schwarzkopfr. ist sie dagegen nur angedeutet. Die ♀♀ der nordamerikanischen Schwarzkopfr. und der Bindenr. lassen sich in der Gefangenschaft an der Intensität der Kopfseitenzeichnung auseinanderhalten. Diese Zeichnung ist bei der Bindenr. weit kräftiger und ausgeprägter. Wie beim ♀ der Weißkopfruderente (151), verlaufen die Wangenstreifen zum Schnabel hin in einer abwärts weisenden Kurve. Da der Schnabel der Bindenr. an der Basis aber nicht hoch aufgetrieben ist, fällt die Unterscheidung dieser beiden Arten nicht sonderlich schwer. Vergleiche auch mit der Maccoaente (152) und der Schwarzkinnr. (154). **Im Flug** - Nach Flugbild und Flugweise eine typische Ruderente (s. Schwarzkopfr.). Kann bei einiger Übung von der Peruanischen Schwarzkopfr. an der geringeren Größe und an dem längeren Schwanz unterschieden werden. Beide Arten fliegen äußerst selten.
Stimme: Recht schweigsam. Die ♂ schlagen bei der Balz mit dem Schnabel auf den aufgeblähten Halsluftsack und erzeugen dadurch ein trommelndes Geräusch.
Beschreibung: Geschlechter verschieden. Saisonal unterschiedliche Kleider. ♂ **ad. Brutkleid** - Kopf und Hals schwarz. Am Hinterhals reicht die Schwarzfärbung bis an den Rücken, vorne aber nicht ganz bis auf die Brust. Körpergefieder bis auf die weißliche Mitte der Unterseite satt rotbraun. Schwanz schwarzgrau. Oberflügel schwarzgrau mit rotbrauner Sprenklung auf den Decken. ♂ **ad. Ruhekleid** - Gleicht dem ad. ♀. ♀ **ad.**- Oberkopf, Nacken und Wangenstreifen schwarzgrau. Unterhalb des Auges vom Schnabel zum Nacken eine weißliche Binde. Untere Kopfseiten und Vorderhals bräunlichweiß. Brust und Flanken dunkel graubraun mit weißlicher Querbänderung. Oberseite dunkelbraun. Schwanz und Flügel wie beim ♂. **Juv.**- Weitgehend wie das ♀, aber insgesamt blasser und brauner. Schwanzfedern schmal und an den Spitzen bis auf den Schaft abgenutzt.
Federlose Partien: Füße immer dunkelgrau und Iris immer braun. ♂ haben im Brutkleid einen leuchtendblauen Schnabel. In allen Schlichtkleidern ist der Schnabel dunkelgrau.
Maße: ♂ etwas größer als ♀. Flügel ♂ 137-155, ♀ 132-140; Lauf 34-36; Schnabel 36-45; Gewicht 550-675 (Einzelangaben: ♂ 610, ♀ 560).
Geographische Variabilität: Keine.
Lebensweise: Wenig untersucht. Vor Abschluß der Mauser gegen Ende Mai wurden Trupps von bis zu 400 beobachtet. Sonst aber zumeist vereinzelt oder in kleinen Gruppen. Brutperiode in Ostargentinien von Mitte Oktober bis Anfang Januar, in anderen Gegenden möglicherweise noch länger. Nest im Unterschied zum umfangreichen Nest der Peruanischen Schwarzkopfr. eine nur locker aufgeschichtete Plattform. Wahrscheinlich mausern die ♂♂, während die ♀♀ brüten. Verhalten im allgemeinen wie das der anderen Ruderenten. Lebt verborgen und ist recht scheu. Streicht, wenn die flachen Brutgewässer austrocknen, weiter umher. Die südlichen Populationen ziehen zum Überwintern weiter in den Norden.
Biotop: Flache Seen und Sümpfe im Tiefland, mit dichtem Röhrichtgürtel. Soll in Chile kleine, dicht bewachsene Teiche größeren Seen vorziehen. Außerhalb der Brutzeit auch auf größeren, offenen Seen.
Verbreitung: Brütet im Tiefland Chiles und Argentiniens. Die Brutverbreitung erstreckt sich in Chile von der Atacama bis zum Langquihue-See und in Argentinien von La Rioja und San Juan südwärts bis Feuerland. Brutvorkommen auch in den angrenzenden Regionen Uruguays und Südbrasiliens (Rio Grande do Sul). Die südlichen Populationen ziehen im Winter bis Paraguay und in das südliche Zentralbrasilien. Im Gefolge der extremen Dürreperiode in den Jahren 1916/1917 kam es zu weiten Ausweichwanderungen. Bindenr. wurden damals auf den Falklandinseln und sogar in der Subantarktis auf Deception Island beobachtet.
Bestand: Weit verbreitet,- aber nirgendwo häufig. Trockenlegungen der flachen Brutgewässer könnten die wesentlichste Beeinträchtigung darstellen. Keine Bestandserfassung, aber wohl nicht sonderlich bedroht.
Literatur: Johnsgard 1978.

154 Schwarzkinnruderente Tafel 46
Oxyura australis
Englisch: Blue-billed Duck

Die einzige typische Ruderente Australiens. Die Lappenente (155) gehört zwar auch in diese Verwandtschaft, sieht aber recht ungewöhnlich aus. Die ♂ sind den rotbraunen, schwarzköpfigen ♂ anderer Arten recht ähnlich, Die ♀ haben keine markante Wangenzeichnung.

Feldkennzeichen: Länge 35-44 cm. **Am Boden** - In dem Verbreitungsgebiet mit keiner anderen Art zu verwechseln. Das ♂ hat im Brutkleid einen großen, blauen Schnabel, einen schwarzen Kopf und einen dunkel kastanienbraunen Körper. Die Tasmanmoorente (120) ist schlanker, hat einen längeren, dünneren, dunkel gezeichneten Schnabel und weiße Unterschwanzdecken. Die Schlichtkleider der Schwarzkinnr. wirken schmutzigbraun und nahezu ungezeichnet. Die Färbung ist der der Lappene.-♀ durchaus ähnlich. Schwarzkinnr. sind aber kleiner, gedrungener und bräunlicher. Ihr Kopf ist rund und ihr Schnabelfirst leicht konkav gebogen. Bei der Lappene. wirkt der Kopf mit dem klobigen Schnabel fast dreieckig. Die ♂ sind in der Gefangenschaft nur schwer von anderen „Blauschnäbeln" zu unterscheiden. Der Hals ist wie bei der Bindenruderente (153) gänzlich schwarz, die Körperfärbung ist aber dunkler. Die Unterschwanzdecken sind düster gräulich. Bei der Bindenr. sind sie weißlich oder hell rostfarben. Der Schwanz ist relativ kurz. Den ♀ der Schwarzkinnr. fehlt die für alle anderen Arten charakteristische Wangenzeichnung. **Im Flug** - Von typischer Ruderentengestalt (s. Schwarzkopfr.). Die Schwarzkinnr. könnte höchstens mit der weit größeren Lappenente verwechselt werden. Beide Arten fliegen jedoch selten.
Stimme: Sehr schweigsam. Die ♂ erzeugt während der Balz rasselnde Laute. Von dem ♀ ist gelegentlich ein tiefes Quaken zu hören.
Beschreibung: Geschlechter verschieden. Saisonaler Kleiderwechsel. ♂ **ad.- Brutkleid** - Kopf und Hals schwarz, im frischen Gefieder mit rostbraunen Federsäumen. Körpergefieder fast vollständig dunkel kastanienbraun. Färbung an der Brust und an den vorderen Flanken am dunkelsten. Unterseitenmitte

und Unterschwanzdecken weißlich, mit düsterer brauner Fleckung. Oberflügel dunkelbraun, die Decken mit rotbraunen Rändern. Unterflügel grau. ♂ **ad. Ruhekleid** - Dem ♀ sehr ähnlich, Kopf und Hals aber dunkler und die Flanken rotbraun überflogen. ♀ **ad.** - Kopf düsterbraun, mit dichter, schwärzlicher Sprenklung. Kopfseiten unterhalb des Auges etwas heller als der Oberkopf. Kinn und Kehle bräunlichweiß. Ober und Unterseite dunkelbraun. Die gelblichbraunen Federenden ergeben eine feine Querbänderung. Die Mitte der Unterseite bräunlichweiß, mit dunklen Flecken. **Juv.**- Weitgehend wie das ♀, jedoch insgesamt heller und weniger deutlich gebändert. Die Schwanzfedern an den Spitzen bis auf den Schaft abgenutzt.
Federlose Partien: Füße immer grau und Iris immer braun. Schnabel des ♂ im Brutkleid leuchtendblau und im Ruhekleid gräulichblau. ♀ und Juv. haben bleigraue Schnäbel.
Maße: ♂ ein wenig größer als ♀. Flügel ♂ 150-173 (M. 160), ♀ 142-163 (M. 153); Schwanz 65-70; Lauf 33-36; Schnabel 32-48; mittleres Gewicht ♂ 812, ♀ 852.
Geographische Variabilität: Keine.
Lebensweise: Außerhalb der Brutzeit ausgesprochen gesellig. Auf bevorzugten Gewässern versammeln sich dann große Schwärme. Während der Brutzeit mehr vereinzelt und verborgen. Hält sich vorwiegend in der Vegetation auf und wird daher oft übersehen. Keine feste Paarbindung. Das ♂ besetzt ein Balzterritorium, auf dem es vom ♀ aufgesucht wird. Brutperiode von September bis Februar. Im Unterschied zu anderen australischen Enten brütet die Schwarzkinnr. fast ausschließlich an permanenten Gewässern. Sie ist also nicht von unregelmäßig auftretenden Regenfällen abhängig. Nest am Boden in dichter Ufervegetation. Manchmal werden auch alte Nestplattformen anderer Wasservögel benutzt. Klettert zum Ruhen manchmal auf im Wasser liegende Äste und dgl., ruht aber gewöhnlich schwimmend. Die Nahrung wird sowohl tauchend als auch von der Oberfläche aufgenommen. Schwarzkinnr. halten sich bei der Nahrungssuche oft in der Nähe von Bläßhühnern auf. Aus den Sümpfen des Binnenlandes ziehen die meisten Schwarzkinnr. nach der Brut zum Mausern auf weiter südlich gelegene, offene Gewässer, die vor Beginn der Brutperiode wieder verlassen werden.
Biotop: Brütet im Binnenland an permanenten, flachen, dicht von Pflanzen überwucherten Gewässern und gelegentlich auch an offeneren Teichen. Kommt nur lokal in Küstennähe vor. Außerhalb der Brutperiode auf großen, tiefen Seen und langsam fließenden Flüssen. Hält sich nur selten auf Salzwasser auf.
Verbreitung: Das Hauptbrutgebiet ist das Murray-Darling Becken in New South Wales und Victoria. Vereinzelte Brutvorkommen auch um den Eyre See in Südaustralien, in Tasmanien und im Südosten von Queensland. Im äußersten Südwesten Australiens lebt eine zweite, mehr isolierte Population. Weitgehend Standvogel. Nach der Brut werden zur Mauser größere Seen und Flüsse im südlichen New South Wales und in Victoria aufgesucht.
Bestand: Örtlich häufig. Im Südosten wurden in den letzten Jahren Ansammlungen von 500 bis 1.000 und im Südwesten immerhin bis 300 festgestellt. Der Gesamtbestand ist bisher nicht erfaßt worden. Trockenlegungen von Flachgewässern haben in einigen Küstenregionen zu einem sehr erheblichen Rückgang geführt. Die Art ist gänzlich geschützt, das Hauptproblem ist aber der Schutz der Lebensräume.
Literatur: Frith 1967, RAOU 1984.

155 Lappenente Tafel 16
Biziura lobata
Englisch: Musk Duck

Eine große australische Ente mit geradezu bizarrem Aussehen. Voll ausgewachsene ♂ können doppelt so groß wie ♀ werden. Der englische Name beruht auf dem strengen, moschusartigen Geruch des Bürzelsekrets der ♂. Dieser Geruch ist in der Fortpflanzungszeit am kräftigsten.

Feldkennzeichen: Länge ♂ 61-73 cm, ♀ 47-60 cm. **Am Boden** - Unverwechselbar. Eine große, schwärzliche Tauchente mit langgestrecktem Körper und langem Schwanz. Ad. ♂ sind wesentlich größer als ♀ oder immature ♂. Unter ihrem Kinn hängt ein voluminöser, fleischiger Lappen. Die Schwimmhaltung erinnert mehr an einen Kormoran als an eine Ente, die Kopfform ist aber ententypisch. Schnabelfirst und Stirn bilden eine Linie, wodurch der Kopf eine gestreckt-dreieckige Gestalt erhält. Beim ruhigen Schwimmen wird der Schwanz oft aufgerichtet und gefächert. ♀ der Schwarzkinnruderente (154) sind zwar ähnlich dunkel gefärbt, aber viel kleiner und gedrungener. Sie haben einen runden Kopf und einen leicht aufgebogenen Schnabelfirst. Außerhalb der Brutzeit kommen beide Arten oft vergesellschaftet vor. **Im Flug** - Kann gut fliegen, fliegt aber selten. Der klobige Kopf, der lange Hals, der massige Körper, die breiten Flügel und der lange Schwanz ergeben zusammen ein typisches Bild. Von unten gesehen ist ein heller Bauchfleck erkennbar.
Stimme: Die ♂ erzeugen bei der oft nächtlichen Balz einen erheblichen Lärm. Die Balz ist recht aufwendig. Der gefächerte Schwanz wird über den Rücken geknickt. Um den aufgeblähten Kinnlappen vorzuweisen, wird der Hals weit nach vorne gestreckt. Mit den kräftig paddelnden Füßen werden klickende und platschende Geräusche erzeugt, wobei ein lautes Grunzen oder ein schriller Pfiff zu hören ist. Außerhalb der Fortpflanzungszeit sehr schweigsam.
Beschreibung: Die Geschlechter sind zwar verschieden groß, aber gleich gefärbt. Das Gefieder wirkt ausgesprochen ölig. Insgesamt bräunlichschwarz, mit feiner bräunlicher bis weißlicher Querbänderung. Oberkopf und Nacken dunkler als die Kopf- und Halsseiten, die dicht gelblichbraun gesprenkelt sind. Bauchmitte weißlich. Schwanz und Schwingen schwärzer als das übrige Gefieder. Das Wachstum erstreckt sich über mehrere Jahre. Das Alter, mit dem die ♂ die volle Größe erreichen, ist unbekannt und wohl auch individuell verschieden.
Federlose Partien: Beim ♂ hängt unter dem Kinn ein großer, fleischiger Lappen, der in Ruhehaltung der Brust aufliegt. Beim ♀ ist nur die Andeutung eines Kinnlappens vorhanden. Juv. gleichen zunächst den ♀. Bei den ♂ vergrößert sich der Lappen mit dem Körperwachstum. Schnabel, Lappen und Füße immer schwärzlichgrau. Iris immer braun. Spitzenregion des Unterschnabels bei Juv. gelblich, woran sie von ad. ♀ unterschieden werden können.
Maße: ♂ wesentlich größer als ♀. ♂- Flügel 205-240 (M. 223); Schwanz 110-150; Lauf 48-52; Schnabel 36-47; Gewicht 1811-3120 (M. 2398). ♀- Flügel 165-202 (M. 185); Schnabel 31-41; Gewicht 993-1844 (M. 1551).

Geographische Variabilität: Es werden keine Unterarten unterschieden. Die ♂ der östlichen Population pfeifen bei der Balz offensichtlich nicht, während die der westlichen dies regelmäßig tun.

Lebensweise: Außerhalb der Brutzeit auf größeren, offenen Gewässern in verstreuten Gruppen, die sich oft den Trupps der Schwarzkinnr. anschließen. Nichtbrüter bleiben auch während der Brutperiode in Gruppen beieinander. Ad. ♂ sind ausgesprochen territorial. Keine feste Paarbindung. Die ♂ locken durch ihr aufwendiges Gehabe ♀ an. Die Paarung wirkt wie eine Vergewaltigung. Die ♂ balzen fast das ganze Jahr hindurch. Die höchste Balzaktivität von Juni bis September während der Brutperiode. Nest in der dichten Ufervegetation, manchmal auch in einem umgestürzten, hohlen Baum. Im Territorium eines ♂ können mehrere ♀ brüten. Nahrungserwerb vorwiegend tauchend. Taucht gleitend ab, ohne sichtbare Anstrengung. Hält sich zwischen den einzelnen Tauchphasen nur ganz kurz an der Oberfläche auf. Liegt beim ruhigen Schwimmen recht hoch im Wasser und hat den Schwanz dabei oft aufgerichtet und gefächert. Schwimmt sonst so tief eingetaucht, daß neben Kopf und Hals nur noch der Rücken aus dem Wasser ragt. Kommt sehr selten an Land, soll aber über kurze Strecken relativ gut laufen können. Braucht zum Auffliegen einen langen Anlauf und gleitet beim Landen rauschend über das Wasser. Fliegt im allgemeinen selten. Größere Flugstrecken werden wahrscheinlich nur bei Nacht zurückgelegt. Nach der Brutperiode werden, wahrscheinlich zur Hauptsache von Immaturen, bemerkenswert weite Wanderungen unternommen.

Biotop: Brütet an tieferen Süß- und Brackwasserseen mit dichtem Bewuchs. Außerhalb der Brutperiode auch an offeneren Seen, auf geschützten Meeresbuchten und Flußmündungen.

Verbreitung: Die Lappene. ist im feuchteren Südaustralien weit verbreitet. Das geschlossene Brutgebiet erstreckt sich vom Süden Queenslands über die Murray-Darling Region von New South Wales bis zur Eyre-Halbinsel und über Victoria bis nach Tasmanien. Unter günstigen Bedingungen wird auch die Region um den Eyre-See besiedelt. Von diesem Hauptvorkommen ist die Population im äußeren Südwesten Australiens weitgehend isoliert. Ein gewisser Austausch soll aber bestehen. Im Winter steigt die Zahl in den südlichen Regionen merklich an, was auf einen beachtlichen Zug hindeutet. In Westaustralien sind bis zum Nordwestkap einzelne Irrgäste beobachtet worden.

Bestand: Der Bestand wurde bisher nicht erfaßt. Im allgemeinen nicht selten. Eine Bedrohung kann nur durch die Trockenlegung von Feuchtgebieten entstehen.

Literatur: Frith 1967, Lowe 1966, RAOU 1984.

Glossar

arid: Trocken, wüstenhaft.

australasische Region: Australien, Neuseeland und umliegende Inseln.

Brutperiode: Zeitspanne vom Brutbeginn bis zum weitgehenden Abschluß der Brutpflege.

endemisch: Auf eine bestimmte geographische Region begrenztes Vorkommen von Tieren und Pflanzen.

Eurasien, eurasisch: Gemeinsame Landmasse von Europa und Asien.

Geschlechtsdimorphismus: Ausgeprägte Unterschiede in Größe und/oder Gestalt und/oder Färbung zwischen den Geschlechtern einer Art.

Holarktis, holarktisch: Tier- und pflanzengeographische Region, die die Nordhemisphäre der Erde südwärts bis etwa zum nördlichen Wendekreis umfaßt.

Holle: Federhaube bei Vögeln.

Indoaustralische Region: Region, die das östliche Indonesien, Neuguinea und Australien umfaßt.

Kline, klinial: Gleitende Veränderung von Merkmalen innerhalb des Verbreitungsgebietes einer Art.

Leuzismus, leuzistisch: Vererbliche Veränderung der Farbintensität. Die Färbung wirkt ausgebleicht und verwaschen.

Melanismus, melanistisch: Vererbliche Veränderung der Farbintensität. Die Färbung wirkt verdunkelt.

monotypische Gattung: Gattung, die nur aus einer Art besteht.

Mutante: Durch spontane Änderung der Erbinformation entstandene, von den übrigen Individuen einer Art verschiedene Form.

Nearktis, nearktisch: Tier- und pflanzengeographische Region, die die arktischen und gemäßigten Zonen Nordamerikas umfaßt.

Neotropis, neotropisch: Tier- und pflanzengeographische Region Mittel- und Südamerikas.

Nominatform: Die erste der beschriebenen Unterarten, deren wissenschaftlicher Art- und Unterartname gleich sind.

Paläarktis, paläarktisch: Tier- und pflanzengeographische Region, die die arktischen und gemäßigten Zonen Europas und Asiens umschließt.

permanente Gewässer: Dauernd wasserführende Gewässer (s. auch temporäre Gewässer).

Phase, Farbphase: Zwei oder mehrere innerhalb einer Art nebeneinander auftretende, deutlich unterschiedene Formen.

Schneppe: Schnabelförmige Spitze; hier auf den Schnabel ziehende, spitz zulaufende Gefiederzone.

Schof: Verband junger Enten, die einem Gelege entstammen (Jägersprache)

semiarid: Halbtrocken, wüstenähnlich.

Standvogel: Ganzjährig im Brutgebiet bleibender Vogel.

Strichvogel: Vogel, der lediglich Wanderungen im Nahbereich seines Brutgebietes unternimmt.

subterminal: Vor dem Ende; hier Lage der Zeichnung vor der Spitze oder dem Endsaum der Feder.

Taiga: Nordeuropäisch-sibirischer Nadelwaldgürtel.

Taxonom: Wissenschaftler, der sich mit der Ordnung von Organismen in natürliche Verwandtschaftsgruppen befaßt.

Teilzieher: Vögel, bei denen nur ein Teil der Population aus dem Brutgebiet abwandert.

temporäre Gewässer: Zeitweilig austrocknende Gewässer.

Tribus: Gruppe ähnlicher Gattungen in einer Familie.

Tundra: Vegetationszone polarer und subpolarer Gebiete, die vorwiegend durch das Fehlen von Baumwuchs charakterisiert ist.

Unterart: Population einer Art, die sich von den anderen Populationen merklich unterscheidet. Zumeist besiedeln Unterarten im Gesamtareal einer Art ein begrenztes Gebiet.

Validität: Gültigkeit einer wissenschaftlichen Ansicht.

Wachshaut: Weiche, die Schnabelbasis überziehende Haut.

Literatur

Unter dem Stichwort Literatur am Ende der Artbeschreibungen werden nur die allerwichtigsten der herangezogenen Quellen genannt. Eine Zusammenstellung auch der deutschsprachigen Literatur, soweit sie die Mehrzahl der paläarktischen Arten betrifft, findet sich bei Bauer und Glutz (1968/69) und Bezzel (1985).

Adams, J.; Slavid, E.R., 1984: Cheek plumage pattern in Colombian Ruddy Duck *Oxyura jamaicensis*. Ibis 126: 405-7.

Ali, S., 1960: The Pink-headed Duck. Wildfowl Trust 11th Annual Report: 55-60.

—, Ripley, S.D., 1968: Handbook of the Birds of India and Pakistan. Bd. 2. Oxford University Press, Bombay.

Alison, R., 1975: Breeding biology and behaviour of the old-squaw (*Clangula hyemalis* L.). American Ornithologists' Union Monographs, Nr. 18.

Bailey, E.P.; Trapp, J.L., 1984: A second wild breeding population of the Aleutian Canada Goose. American Birds 38: 284-6.

Baker, R.H., 1951: The avifauna of Micronesia, its origin, evolution, and distribution. University of Kansas Museum of Natural History Publications 3: 1-359.

Banko, W., 1960: The Trumpeter Swan: its history, habits and population in the United States. US Department of the Interior, Fish and Wildlife Service.

Bauer, K.M.; Glutz von Blotzheim, U.N., 1968/69: Handbuch der Vögel Mitteleuropas. Bd. 2 u. 3. Akademische Verlagsgesellschaft, Frankfurt am Main.

Beekman, J.H.; Dirksen, S.; Slagboom, T.H., 1985: Population size and breeding success of Bewick's Swans wintering in Europe in 1983-4. Wildfowl 36: 5-12.

Bellrose, F.C., 1976: Ducks, Geese and Swans of North America. Stackpole, Harrisburg.

Bezzel, E., 1969: Die Tafelente. Neue Brehm-Bücherei. A. Ziemsen Verlag, Wittenberg Lutherstadt.

—, 1985: Kompendium der Vögel Mitteleuropas: Nonpasseriformes - Nichtsingvögel. Aula-Verlag, Wiesbaden.

Birkhead, M.; Perrins, C., 1986: The Mute Swan in Britain. Croom Helm, Beckenham.

Blake, E.R., 1977: Manual of Neotropical Birds. Vol. 1. University of Chicago Press, Chicago.

Boback, A. W., 1962: Unsere Wiltenten. Neue Brehm-Büchrei. A. Ziemsen Verlag, Wittenberg Lutherstadt.

Bond, J., 1985: Birds of the West Indies. Collins, London.

Bötticher, H. v.; Grummt, W., 1965: Gänse- und Entenvögel aus aller Welt. Neue Brehm-Bücherei. A. Ziemsen Verlag, Wittenberg Lutherstadt.

Bousfield, M.A.; Syroechkovskiy, Y.V., 1985: A review of Soviet research on the Lesser Snow Goose on Wrangel Island, USSR. Wildfowl 36: 13-20.

Brazil, M.A., 1981: Geographical variation in the bill patterns of Whooper Swans. Wildfowl 32: 129-31.

Brickell, N. und Shirley, R.M., 1987: Ducks, Geese and Swans of Africa and its outlying Islands. Frandsen Publisher, Fourways.

Briggs, S.V., 1982: Food habits of the Freckled Duck and associated waterfowl in North-Western New South Wales. Wildfowl 33: 88-93.

British Birds (editors), 1985: Plumage, age and moult terminology. British Birds 78: 419-27.

Brown, L.H.; Urban, E.K.; Newman, K., 1982: The Birds of Africa. Bd. 1. Academic Press, London.

Cheng, T.-H., 1976: Distributional List of Chinese Birds. Peking.

Cramp, S.; Simmons, K.E.L. (eds.), 1977: The Birds of the Western Palearctic. Bd. 1. Oxford University Press, Oxford.

Curth, P., 1954: Der Mittelsäger. Neue Brehm-Bücherei. A. Ziemsen Verlag, Wittenberg-Lutherstadt.

Dau, C.P.; Distchinski, A.A., 1977: Seasonal movements and distribution of the Spectacled Eider. Wildfowl 28: 65-76.

Davies, A., 1985: The British Mandarins — outstripping the ancestors. BTO News 136: 12.

de Knijff, P., 1983: Mystery Photograph 100: Pochard x Tufted Duck. Dutch Birding 5: 11-12.

Delacour, J., 1954-64: The Waterfowl of the World. 4 Bde. Country Life, London.

Dementiev, G.P.; Gladkov, N.A., 1952: Birds of the Soviet Union. Bd. 4. 1967: Übersetzung Israel Program for Scientific Translation, Jerusalem.

de Schauensee, R.M., 1966: The Species of Birds of South America. Livingstone, Narberth.

—, 1984: The Birds of China. Oxford University Press, Oxford.

Dorward, D.F.; Norman, F.I.; Cowling, S.J., 1980: The Cape Barren Goose in Victoria, Australia: management related to agriculture. Wildfowl 31: 144-50.

Douthwaite, R.J., 1980: Seasonal changes in the food supply, numbers and male plumages of Pygmy Geese on the Thamalakane river in Northern Botswana. Wildfowl 31: 94-8.

Driver, P.M., 1974: In Search of the Eider. Saturn Press, London.

Dumbell, G., 1986: The New Zealand Brown Teal: 1845-1985. Wildfowl 37: 71-87.

Ebbinge, B.; van den Bergh, L.; van Haperen, A.; Lok, M.; Philippona, J.; Rooth, J.; Timmerman, A., 1986: Numbers and distribution of wild geese in the Netherlands. Wildfowl 37: 28-34.

Eigenhuis, K.J., 1985: Scaup *Aythya marila*, Lesser

Scaup *Aythya affinis*, 'Scaup Type' and 'Lesser Scaup' type. Wielewaal 51: 135-7.

—, : Menkveld, E., 1985: Voorkomen en rui-en leeftijdskenmerken van de Witkopeend *Oxyura leucocephala*. Wielewaal 51: 300-4.

Eldridge, J.L., 1979: Display inventory of the Torrent Duck. Wildfowl 30: 5-15.

—, 1985: Display inventory of the Blue Duck. Wildfowl 37: 123-35.

—, 1986a: Territoriality in a river specialist: the Blue Duck. Wildfowl 37: 123-35.

—, 1986b: Observations on a pair of Torrent Ducks. Wildfowl 37: 113-22.

Erskine, A.J., 1972: Buffleheads. Canadian Wildlife Service Monographs, Nr. 4.

Esquivias, J.A.; Moreno, J.M., 1986: Variation du dessin céphalique des mâles de l'Erismature à tête blanche (*Oxyura leucocephala*). Alauda 54: 197-206.

FESC, 1985: Various papers in: Rare and Endangered Birds of the Far East. Vladivostok: Far East Science Centre, Academy of Sciences of the USSR.

Fjeldsa, J.; Krabbe, N., 1986: Some range extensions and other unusual records of Andean birds. Bulletin of the British Ornithologists' Club 106: 115-24.

Flint, V.E., 1984: Krasnaya Kniga SSR. Lesnaya Promyshlennost, Moskau.

—; Boehme, R.L.; Kostin, Y.V.; Kuznetsov, Λ.Λ., 1984: A Field Guide to the Birds of the USSR. Princeton University Press.

Frith, H.J., 1967: Waterfowl in Australia. Angus & Robertson, Sydney.

Gantlett, S.J.M., 1985: Hybrid resembling Ring-necked Duck. British Birds 78: 42-3.

Geldenhuys, J.N., 1981a: Moults and moult localities of the South African Shelduck. Ostrich 52: 129-33.

—, 1981b: Breeding ecology of the South African Shelduck. South African Journal of Wildlife Research 10.

Gilham, E.; Harrison, J.M.; Harrison, J.G., 1966: A study of certain *Aythya* hybrids. The Wildfowl Trust 17th Annual Report: 49-65.

Gole, P., 1982: Status of *Anser indicus* in Asia with special reference to India. Aquila 89: 141-9.

Gunn, W.W.H., 1973: Environmental stress on the Whistling Swan. Wildfowl 24: 5-7.

Hall, R., 1986: The Freckled Duck — An Ancient Enigma. Wildfowl World 94: 20.

—, 1987: Blue Duck and White-waters. Wildfowl World 96: 23.

Hansen, H.A., 1973: Trumpeter Swan management. Wildfowl 24: 27-32.

Harrison, J.M.; Harrison, J.G., 1968: Wigeon x Chiloe Wigeon hybrid resembling American Wigeon. British Birds 61: 169-71.

Hawkes, B., 1970: The Marbled Teal. Wildfowl 21: 87-8.

Hayes, F.N.; Williams, M., 1982: The status, aviculture and re-establishment of Brown Teal in New Zealand. Wildfowl 33: 73-80.

Hilprecht, A., 1956: Höckerschwan, Singschwan, Zwergschwan. Neue Brehm-Bücherei. A. Ziemsen Verlag, Wittenberg Lutherstadt.

Hilty, S.L.; Brown, W.L., 1986: A Guide to the Birds of Colombia. Princeton University Press, New Jersey.

Hoerschelmann, H.; Schulz H. G., 1984: Beobachtungen an einer städtischen Stockenten-Population, *Anas platyrhynchos* L. (Aves). Zoologischer Anzeiger 213: 339-354.

Holmes, D.A., 1977: A report on the White-winged Wood Duck in Southern Sumatra. Wildfowl 28: 61-4.

Holt, C., 1984: Separating Mandarins and Wood Ducks in late summer. British Birds 77: 227-32.

Hudec, H.; Roth, J., 1970: Die Graugans. Neue Brehm-Bücherei. A. Ziemsen Verlag, Wittenberg Lutherstadt.

Humphrey, P.S., 1985: Nest, eggs, and downy young of the White-headed Flightless Steamer-duck. Neotropical Ornithology Ornithological Monographs 36: 945-53.

—; Butsch, R.S., 1958: The anatomy of the Labrador Duck *Camptorhynchus labradorius* (Gmelin). Smithsonian Miscellaneous Collections 135 (7): 1-23.

—; Livezey, B.C., 1982a: Molts and plumages of Flying Steamer-ducks. University of Kansas Museum of Natural History Occasional Papers 103: 1-30.

—; —, 1982b: Flightlessness in Flying Steamer-ducks. Auk 99: 368-72.

—; Parkes, K.C., 1959: An approach to the study of molts and plumages. Auk 76: 1-31.

—; Thompson, M.C., 1981: A new species of steamer-duck (*Tachyeres*) from Argentina. University of Kansas Museum of Natural History Occasional Papers 95: 1-12.

Inskipp, C.; Inskipp, T.P., 1985: A Guide to the Birds of Nepal. Croom Helm, Beckenham.

IWRB, 1981: Proceedings of IWRB Symposium. Sapporo, Japan.

Jepson, P.R.; Baker, T., 1984: Juvenile Fulvous Whistling Ducks in Morocco in September 1980. Dutch Birding 6: 94-5.

Johnsgard, P.A., 1965a: Observations on some aberrant Australian Anatidae. The Wildfowl Trust 16th Annual Report: 73-83

—, 1965b: Handbook of Waterfowl Behaviour. Cornell University Press, Ithaca.

—, 1966: The biology and relationships of the Torrent Duck. The Wildfowl Trust 17th Annual Report: 66-74.

—, 1975: Waterfowl of North America. Indiana University Press, Bloomington.

—, 1978: Ducks, Geese and Swans of the World. University of Nebraska Press, Lincoln and London.

Johnson, A.W., 1965: The Birds of Chile, and Adjacent Regions of Argentina, Bolivia and Peru. Bd. 1. Establecemientos Graficos, Buenos Aires.

Jonsson, L., 1978: Birds of Mountain Regions. Penguin, Harmondsworth.

Kear, J., 1972: The Blue Duck of New Zealand. Living Bird 11: 175-92.

—, 1975: Salvadori's Duck of New Guinea. Wildfowl 26: 104-10.

—, 1979: Wildfowl at risk, 1979. Wildfowl 30: 159-61.

—, 1985: Eric Hosking's Wildfowl. Croom Helm, Beckenham.

—; Berger, A.J., 1980: The Hawaiian Goose. Poyser, Berkhamsted.

—; Scarlett, R.J., 1970: The Auckland Islands Merganser. Wildfowl 21: 78-86.

—; Williams, G., 1978: Waterfolw at risk. Wildfowl 29: 5-21.

King, W.B., 1981: Endangered Birds of the World: The ICBP Bird Red Data Book. Smithsonian Institution Press, Washington.

Kistchinski, A.A., 1971: Biological notes on the Emperor Goose in North-East Siberia. Wildfowl 22: 29-34.

—, 1973: Waterfowl in North-East Asia. Wildfowl 24: 88-102.

Kitson, A., 1978: Notes on the waterfowl of Mongolia. Wildfowl 29: 23-30.

Kolbe, H., 1984: Die Entenvögel der Welt. Neumann-Neudamm, Melsungen.

Lack, D., 1974: Evolution Illustrated by Waterfowl. Blackwell, Oxford.

Livezey, B.C., 1986: A phylogenetic analysis of recent Anseriform genera using morphological characters. Auk 103: 737-54.

—; Humphrey, P.S., 1982: Escape behaviour in steamer ducks. Wildfowl 33: 12-16.

—; —, 1983: Mechanics of steaming in steamer-ducks. Auk 100: 485-8.

—; —, 1984: Sexual dimorphism in continental steamer-ducks. Condor 86: 368-77.

—; —, 1985: Territoriality and interspecific aggression in steamer-ducks. Condor 87: 154-7.

—; —, 1986: Flightlessness in steamer-ducks (Anatidae: *Tachyeres*): its morphological bases and probable evolution. Evolution 40: 540-58.

Lowe, P.R., 1934: On the evidence for the existence of two species of steamer duck (*Tachyeres*), and primary and secondary flightlessness in birds. Ibis 76: 467-95.

Lowe, V.T., 1966: Notes on the Musk Duck. Emu 65: 279-90.

Mackenzie, M.J.S.; KEAR, I., 1976: The White-winged Wood Duck. Wildfowl 27: 5-18.

Mackworth-Praed C.W.; Grant, C.H.B., 1970: African Handbook of Birds: Birds of West and Central Africa. Bd. 1. Longman, London.

McLachlan, G.R.: Liversidge, R., 1978: Birds of South Africa. Cape Town.

McLandress, M.R., 1983: Winning with warts. A threat posture suggests a function for caruncles in Ross's Geese. Wildfowl 34: 5-9.

—; McLandress, I., 1979: Blue-phase Ross' Geese and other blue-phase geese in Western North America. Auk 96: 544-50.

Madge, S.C., 1984: White-headed Duck with black head. British Birds 77: 154.

Madsen, J., 1984: Numbers, distribution, and habitat utilization of Pink-footed Geese in Denmark 1980-1983. Norsk Polarinstitutt Skrifter 81: 19-23.

Martin, S.I.; Tracanna, N.; Summers, R., 1986: Distribution and habitat use by sheld-geese populations wintering in Buenos Aires province, Argentina. Wildfowl 37: 55-62.

Mayr, E., 1963: Animal Species and Evolution. Harvard University Press, Cambridge, Mass.

Mehlum, F.; Ogilvie, M.A. (eds.), 1984: Current research on Arctic geese. Norsk Polarinstitutt Skrifter 81.

Melinchuk, R.; Ryder, J.P., 1980: The distribution, fall migration routes and survival of Ross's Geese. Wildfowl 31: 161-71.

Middlemiss, E., 1958: The Southern Pochard *Netta erythrophthalma brunnea*. Ostrich Supplement 2, 1-34.

Moulton, D.W.; Weller, M.W., 1984: Biology and conservation of the Laysan Duck (*Anas laysanensis*). Dondor 86: 105-17.

Mlikovsky, J.; Buric, J., 1983: Die Reiherente. Neue Brehm-Bücherei. A. Ziemsen Verlag, Wittenberg Lutherstadt.

Mullarney, K., 1983: Diving and wing-flapping of scoters. Dutch Birding 5: 24-5.

Murphy, R.C., 1936: Oceanic Birds of South America. Bd. 2. American Museum of Natural History, New York.

Nilsson, L., 1974: The behaviour of wintering Smew in Southern Sweden. Wildfowl 25: 84-88.

Niethammer, G., 1937/38 und 1942: Handbuch der deutschen Vogelkunde. 3 Bde. Akademische Verlagsgesellschaft, Leipzig.

Norman, F.I.; Norris, K.C., 1982: Some notes on Freckled Duck shot in Victoria, Australia, 1981. Wildfowl 33: 81-7.

Nowak, E., 1970: The waterfowl of Mongolia. Wildfowl 21: 61-8.

—, 1983: Die Schopfkasarka, *Tadorna cristata* (Kuroda, 1917) — eine vom Aussterben bedrohte Tierart (Wissensstand und Vorschläge zum Schutz). Bonner zoolog. Beiträge 34: 235-71.

—, 1984: Über das vermutliche Brut– und Überwinterungsgebiet der Schopfkasarka, *Tadorna cristata*. Journal für Ornithologie 125: 103-5.

Ogilvie, M.A., 1978: Wild Geese. Poyser, Berkhamsted.

—, 1983: The numbers of Greenland Barnacle Geese in Britain and Ireland. Wildfowl 34: 77-88.

—, 1985: Snow Geese in a Canadian fall. Wildfowl World 93: 15-16.

Osborne, K.C., 1972: The need for caution when identifying Scaup, Ferruginous Duck and other species in the genus *Aythya*. London Bird Report 36: 86-91.

—, 1985: Mystery photographs 97: hybrid Tufted Duck x Pochard. British Birds 78: 40-2.

Ouweneel, G.L., 1984: Status of Bar-headed Goose in India. Dutch Birding 6: 141.

Owen, M., 1980: Wild Geese of the World. London.

Palmer, R.S. (ed.), 1976: Handbook of North American birds. Bd. 2 u. 3. Yale University Press, New Haven.

Partridge, W.H., 1956: Notes on the Brazilian Merganser in Argentina. Auk 73: 473-88.

Patterson, I.J., 1982: The Shelduck: a study in behavioural ecology. Cambridge.

Perrins, C.M., 1961: The 'Lesser Scaup' problem. British Birds 54: 49-65.

Petersen, M.R., 1980: Observations of wing-feather moult and summer feeding ecology of Steller's Eiders at Nelson Lagoon, Alaska. Wildfowl 31: 99-106.

—; Gill, R.J., 1982: Population and status of Emperor Geese along the North side of the Alaska peninsula. Wildfowl 33: 31-8

Phillips, I.C., 1922-26: A Natural History of the Ducks. 4 Bde. Houghton Mifflin, Boston.

Philippona, J., 1972: Die Blessgans. Neue Brehm-Bücherei. A. Ziemsen Verlag, Wittenberg Lutherstadt.

Pizzey, G., 1980: A Field Guide to the Birds of Australia. Collins, Sydney.

Prokosch, P., 1985: Ringelgänse im Wattenmeer. Verlag Umweltstiftung WWF-Deutschland, Frankfurt.

RAOU (Blakers, M.; Davies, S.J.F.; Reilly, P.N.), 1984: The Atlas of Australian Birds. Melbourne University Press, Melbourne.

Riggert, T.L., 1977: The Biology of the Mountain Duck on Rottnest Island, Western Australia. US Department of the Interior, Wildlife Monograph.

Ringleben, H., 1957: Die Wildgänse Europas. Neue Brehm-Bücherei. A. Ziemsen Verlag, Wittenberg Lutherstadt.

Robertson, D., 1980: Rare Birds of the West Coast. Woodcock, Pacific Grove.

Rogers, M.J., 1982: Ruddy Shelducks in Britain in 1965-79. British Birds 75: 446-55.

Roux, F.; Jarry, G., 1984: Numberrs, composition and distribution of populations of Anatidae wintering in West Africa. Wildfowl 35: 48-60.

Rutschke, E., 1987: Die Wildgänse Europas. Aula-Verlag, Wiesbaden.

Ryder, J.P., 1967: The Breeding Biology of Ross' Goose in the Perry River Region, North West Territories. Canadian Wildlife Service.

Ryff, A.J., 1984: The long sea-flights: a precise tradition. Birding 16: 146-54.

Sage, B.L., 1961: An immature male Tufted Duck x Pochard hybrid. British Birds 54: 399-402.

—, 1962: Notes on some Ferruginous White-eye x Tufted Duck hybrids. Bulletin of the British Ornithologists' Club 82: 55-60.

—, 1963: Notes of Scaup x Tufted Duck hybrids. British Birds 56: 22-7.

Savage, C., 1952: The Mandarin Duck. Black, London.

Scherer, S.; Hilsberg, T., 1982: Hybridisierung und Verwandtschaftsgrade innerhalb der Anatidae - eine systematische und evolutionstheoretische Betrachtung. Journal für Ornithologie 123: 357-80.

Scott, D.K., 1981: Geographical variation in the bill patterns of Bewick's Swans. Wildfowl 32: 123-8.

Scott, D.; Lubbock, J., 1974: Preliminary observations on waterfowl of Western Madagascar. Wildfowl 25: 117-22.

Scott, P., 1957: A colourd key to the wildfowl of the world. Deutsch von Klös, H., 1961: Das Wassergeflügel der Welt. Paul Parey, Hamburg und Berlin.

—; the Wildfowl Trust, 1972: The Swans. Michael Joseph, London.

Sharrock, J.T.R. (ed.), 1984: The 'British Birds', List of Birds of the Western Palearctic. British Birds, Blunham.

Sladen, W.J.L., 1973: A continental study of Whistling Swans using neck collars. Wildfowl 24: 8-14.

Smallshire, D., 1986: The frequency of hybrid ducks in the Midlands. British Birds 79: 87-89.

Sok, O.M., 1984: Wiederentdeckung der Schopfkasarka, *Tadorna cristata*, in der Koreanischen Demokratischen Volksrepublik. Journal für Ornithologie 125: 102-3.

Summers, R.W., 1983: The life cycle of the Upland Goose *Chloephaga picta* in the Falkland Islands. Ibis 125: 524-44.

—, 1986: The absence of flightless moult in the Ruddy-headed Goose in Argentina and Chile. Wildfowl 33: 5-6.

Terres, J.K., 1980: The Audubon Society Encyclopedia of North American Birds. Alfred A. Knopf, New York.

Todd, F.S., 1979: Waterfowl: Ducks, Geese, and Swans of the World. Seaworld, San Diego.

Torres, J.A., 1984: Caractères distinctifs de deux femelles d'*Oxyura leucocephala* d'Espagne. Alauda 52: 232-4.

Tulloch, D.G.; McKean, J.L., 1983: Magpie Goose populations on the coastal plains of the Northern Territory (1958-1980). Corella 7: 32-36.

Uspenski, S. M., 1972: Die Eiderente. Neue Brehm-Bücherei. A. Ziemsen Verlag, Wittenberg Lutherstadt.

van den Berg, A.B.; Lambeck, R.H.D.; Mullarney, K., 1984: The occurrence of the 'Black Brant' in Europe. British Birds 77: 458-65.

van der Have, T.M.; Moerbeek, D.J., 1984: Occurrence of the Harlequin Duck in Europe. Dutch Birding 6: 40-4.

Vaurie, C., 1965: The Birds of the Palearctic Fauna: Non Passeriformes. Witherby, London.

Vinicombe, K., 1982: Identification of female eclipse male and first-winter male Ring-necked Ducks. British Birds 75: 327-8.

Voous, K.H., 1955: Hybrids of Scaup Duck and Tufted Duck. Ardea 43: 284-6.

—, 1977: List of Recent Holarctic Bird Species. British Ornithologists' Union, London.

Wallace, D.I.M.; Ogilvie, M.A., 1977: Distinguishing Blue-winged and Cinnamon Teals. British Birds 70: 290-4.

Wege, M.L., 1984: Distribution and abundance of Tule Geese in California and Southern Oregon. Wildfowl 35: 14-20.

Weller, M.W., 1967: Notes on some marsh birds of Cape San Antonio, Argentina. Ibis 109: 391-416.

—, 1968: The breeding biology of the parasitic Black-headed Duck. Living Bird 7: 169-207.

—, 1972: Ecological studies of Falkland Islands' waterfowl. Wildfowl 23: 25-44.
—, 1976: Ecology and behaviour of steamer ducks. Wildfwol 27: 45-53.
—, 1980: The Island Waterfowl. Iowa.
White, G.J.; Andrews, T.P., 1985: Identification pitfalls of juvenile Cinnamon Teal. British Birds 78: 398-9.
Williams, G.R., 1964: Extinction and the Anatidae of new Zealand. The Wildfowl Trust 15th Annual Report: 140-6.
Williams, M., 1986: The numbers of Auckland Island Teal. Wildfowl 37: 63-70.
Wingate, D.B., 1973: A Checklist and Guide to the Birds of Bermuda. Private Publication, Bermuda.
Winkle, C.C., 1981: Notes on the breeding behaviour of the White-backed Duck. Honeyguide 105: 13-20.
Witherby, H.F.; Jourdain, F.C.R.; Ticehurst, N.F.; Tucker, B.W., 1939: The Handbook of British Birds. Bd. 3. Witherby, London.
Wolters, H.E., 1975-82: Die Vogelarten der Erde. Paul Parey, Hamburg und Berlin.
Wright, B.S., 1954: High Tide and an East Wind: the story of the Black Duck. Wildlife Management Institute, Washington.
Wynne-Edwards, V.C., 1957: Harlequin Duck in Shetland. British Birds 50: 445-7.
Zhengjie, Z.; Xinlu, Z.; Zhengji, P.; Jiejie, H., 1979: Notes on the ecology of the Chinese Merganser in Changbai Shan area. Acta Zoologica Sinica 25: 189.

Register

Die normal gedruckten Zahlen verweisen auf die Seiten des beschreibenden Textes, die fett gedruckten auf die Tafeln.

Register der deutschen Namen

Affenente 158, **16**
Amazonasente 234, **22**
Amerikanische Krickente 201, **29**
Amerikanische Pfeifente 194, **23**
Andengans 171, **15**
Andenkrickente 202, **30**
Atlantische Trauerente 261, **42**
Aucklandente 206, **28**
Aucklandsäger 277
Augenbrauenente 214, **27**
Australische Löffelente 230, **33**
Australische Moorente 246, **38**

Baerente 247, **37**
Bahamaente 220, **30**
Baikalente 199, **24**
Bergente 252, **39**
Bernierente 203, **28**
Bindenruderente 283, **47**
Blauflügelente 225, **29**
Blauflügelgans 175, **15**
Bläßgans 137, **5**
Brandgans 166, **11**
Brautente 184, **19**
Brillenente 263, **42**
Büffelkopfente 267, **43**
Burmesische Fleckschnabelente 215, **27**

Chilenenpfeifente 195, **23**
Coscorobaschwan 151, **9**

Dunkelente 212, **25**
Dunkelsäger 273, **44**

Eiderente 256, **40**
Eisente 265, **41**
Eurasische Krickente 200, **29**

Falkland-Dampfschiffente 181, **17**
Fleckente 192, **21**
Fleckschnabelente 215, **27**
Floridaente 211, **25**
Fuchslöffelente 228, **33**

Gänsesäger 276, **45**
Gelbbrustpfeifgans 126, **2**
Gelbfußpfeifgans 125, **1**
Gelbschnabelente 214, **21**
Gelbschnabelkrickente 201, **30**
Glanzente 161, **18**
Gluckente 199, **24**
Graugans 139, **5**

Graukopfgans 173, **15**
Graukopfkasarka 163, **11**

Halbmondlöffelente 230, **33**
Halsband-Zwerggans 188, **20**
Halsbandkasarka 164, **12**
Halsringente 245, **38**
Hartlaubente 182, **21**
Hawaiiente 210, **26**
Hawaiigans 145, **7**
Herbstente 131, **2**
Höckerschwan 156, **9**
Hottentottenente 223, **32**
Hühnergans 133, **3**

Indische Fleckschnabelente 215, 27

Javapfeifgans 128, **2**

Kaisergans 144, **6**
Kanadagans 146, **7**
Kapente 202, 32
Kaplöffelente 229, **33**
Kappensäger 272, **44**
Kastanienente 205, **28**
Kelpgans 172, **14**
Knäkente 224, **29**
Kolbenente 237, **35**
Kragenente 260, **41**
Krickente 200, **29**
Kubapfeifgans 130, **1**
Kuckucksente 278, **47**
Kupferspiegelente 217, **22**
Kurzschnabelgans 136, **4**

Labradorente 261
Langflügel-Dampfschiffente 179, **17**
Lappenente 285, **16**
Laysanente 210, **26**
Löffelente 231, **33**

Maccoaente 282, **46**
Madagaskarente 213, **26**
Madagaskarmoorente 249, **37**
Magellan-Dampfschiffente 180, **17**
Magellangans 171, **14**
Mähnengans 233, **19**
Mandarinente 185, **19**
Maoriente 249, **38**
Marianenente 209, **27**
Marmelente 235, **34**
Maskenente 278, **47**
Mexikoente 209, 25

Mittelsäger 273, **45**
Moorente 248, **37**
Moschusente 182, **18**

Nelkenente 236
Nilgans 169, **13**
Nonnengans 147, **8**

Östliche Fleckschnabelente 216, **27**
Orinocogans 170, **13**

Paradieskasarka 165, **12**
Pazifische Trauerente 263, **42**
Peposakaente 239, 35
Peruanische Schwarzkopfruderente 281, **47**
Pfeifente 193, **23**
Pfeifschwan 154, **10**
Philippinenente 217, **26**
Plüschkopfente 259, **40**
Prachteiderente 257, **40**
Punaente 223, **32**
Pünktchenente 223, **32**

Radjahgans 167, **12**
Reiherente 250, **39**
Ringelgans 148, **8**
Ringschnabelente 245, **38**
Rosenkopfente 236
Rosenohrente 168, **34**
Rostgans 162, **11**
Rotaugenente 238, **35**
Rotbrust-Zwerggans 190, **20**
Rothalsgans 149, **8**
Rotkopfente 244, **36**
Rotkopfgans 174, **15**
Rotschnabelente 221, **30**
Rotschnabelpfeifente 131, **2**
Rotschulterente 232, **34**

Saatgans 135, **4**
Salvadoriente 190, **34**
Samtente 264, **42**
Saumschnabelente 176, **16**
Scheckente 254, **41**
Schellente 269, **43**
Schnatterente 198, **24**
Schneegans 142, **6**
Schopfente 187, **22**
Schopfkasarka 165, **13**
Schuppensäger 275, **45**
Schwanengans 134, **4**
Schwarzente 192, 21
Schwarzhalsschwan 158, **9**
Schwarzkinnruderente 284, **46**

293

Schwarzkopf-Moorente 247, **37**
Schwarzkopfruderente 279, **47**
Schwarzschwan 157, **9**
Sichelente 196, **24**
Silberente 222, **32**
Singschwan 152, **10**
Spaltfußgans 123, **3**
Spatelente 267, **43**
Spatelschnabelente 168, **34**
Spießente 218, 31
Spitzschwanzente 219, **31**
Sporengans 159, **3**
Stockente 207, **25**
Streifengans 141, **7**
Sturzbachente 177, **16**
Südamerikanische Krickente 201, **30**

Südamerikanische Löffelente 228, **33**
Südliche Spießente 219, **31**

Tafelente 242, **36**
Tasmanmoorente 246, **38**
Trauerente 261, **42**
Trompeterschwan 151, **10**
Tüpfelpfeifgans 124, **1**

Vallisneriaente 241, **36**
Veilchenente 253, **39**

Wanderpfeifgans 127, **1**
Weißbauch-Zwerggans 189, **20**
Weißflügelente 183, **18**

Weißkehlente 204, **28**
Weißkopf-Dampfschiffente 180, **17**
Weißkopfruderente 281, **46**
Weißrückenente 132, **46**
Witwenente 129, **2**
Witwenpfeifgans 129, **2**

Zimtente 227, **29**
Zwerggans 138, **5**
Zwergschneegans 143, **6**
Zwergschwan 155, **10**
Zwergstockente 210, **26**
Zwergsäger 270, **44**

Register der wissenschaftlichen Namen

Die Namen der Unterarten wurden nicht aufgenommen. Sie sind bei der jeweiligen Art unter „Geographische Variabilität" zu finden.

acuta, Anas 218, **31**
aegyptiacus, Alopochen 169, **13**
affinis, Aythya 253, **39**
Aix galericulata 185, **19**
Aix sponsa 184, **19**
albellus, Mergellus 270, **44**
albeola, Bucephala 265, **41**
albifrons, Anser 136, **4**
Alopochen aegyptiacus 169, **13**
Amazonetta brasiliensis 234, **22**
americana, Anas 194, **23**
americana, Aythya 244, **36**
Anas acuta 218, **31**
Anas americana 194, **23**
Anas aucklandica 206, **28**
Anas bahamensis 220, **30**
Anas bernieri 203, **28**
Anas capensis 202, **32**
Anas castanea 205, **28**
Anas clypeata 231, **33**
Anas crecca 200, **29**
Anas cyanoptera 227, **29**
Anas discors 225, **29**
Anas erythrorhyncha 221, **30**
Anas falcata 196, **24**
Anas flavirostris 201, **30**
Anas formosa 199, **24**
Anas fulvigula 211, **25**
Anas georgica 219, **31**
Anas gibberifrons 204, **28**
Anas hottentota 223, **32**
Anas laysanensis 210, **26**
Anas luzonica 217, **26**
Anas melleri 213, **26**
Anas penelope 193, **23**
Anas platalea 228, **33**
Anas platyrhynchos 207, **25**
Anas poecilorhyncha 215, **27**
Anas querquedula 223, **32**
Anas rhynchotis 230, **33**

Anas rubripes 212, **25**
Anas sibilatrix 195, **23**
Anas smithii 229, **33**
Anas sparsa 192, **21**
Anas specularis 217, **22**
Anas strepera 198, **24**
Anas superciliosa 214, **27**
Anas undulata 214, **21**
Anas versicolor 222, **32**
Anas wyvilliana 210, **26**
Anatidae 124
Anatinae 182
Anatini 182
angustirostris, Marmaronetta 235, **34**
Anser albifrons 136, **4**
Anser anser 139, **5**
Anser brachyrhynchus 136, **4**
Anser caerulescens 142, **6**
Anser canagicus 144, **6**
Anser cygnoides 134, **4**
Anser erythropus 138, **5**
Anser fabalis 135, **4**
Anser indicus 141, **7**
Anser rossii 143, **6**
Anseranas semipalmata 123, **3**
Anseranatidae 123
Anserinae 133
Anserini 133
arborea, Dendrocygna 130, **1**
arcuata, Dendrocygna 127, **1**
armata, Merganetta 177, **16**
atratus, Cygnus 157, **9**
atricapilla, Heteronetta 278, **47**
aucklandica, Anas 206, **28**
australis, Aythya 246, **38**
australis, Mergus 277
australis, Oxyura 284, **46**
autumnalis, Dendrocygna 131, **2**

Aythini 235
Aythya affinis 253, **39**
Aythya americana 244, **36**
Aythya australis 246, **38**
Aythya baeri 247, **37**
Aythya collaris 245, **38**
Aythya ferina 242, **36**
Aythya fuligula 250, **39**
Aythya innotata 249, **37**
Aythya marila 252, **39**
Aythya novaeseelandiae 249, **38**
Aythya nyroca 248, **37**
Aythya valisineria 241, **36**

baeri, Aythya 247, **37**
bahamensis, Anas 220, **30**
bernicla, Branta 148, **8**
bernieri, Anas 203, **28**
bewickii, columbianus, Olor 155, **10**
bicolor, Dendrocygna 126, **2**
Biziura lobata 285, **16**
brachypterus, Tachyeres 180, **17**
brachyrhynchus, Anser 136, **4**
Branta bernicla 148, **8**
Branta canadensis 146, **7**
Branta leucopsis 147, **8**
Branta ruficollis 149, **8**
Branta sandvicensis 145, **7**
brasiliensis, Amazonetta 234, **22**
buccinator, Olor 151, **10**
Bucephala albeola 265, **41**
Bucephala clangula 269, **43**
Bucephala islandica 267, **43**

caerulescens, Anser 142, **6**
Cairina moschata 182, **18**
Cairina scutulata 183, **18**

Callonetta leucophrys 232, **34**
Camptorhynchus labradorius 261
cana, Tadorna 162, **11**
canadensis, Branta 146, **7**
canagicus, Anser 144, **6**
capensis, Anas 202, **32**
castanea, Anas 205, **28**
caryophyllacea, Rhodonessa 236
Cereopsis novaehollandiae 133, **3**
Chenonetta jubata 233, **19**
Chloephaga hybrida 172, **14**
Chloephaga melanoptera 171, **15**
Chloephaga picta 171, **14**
Chloephaga poliocephala 173, **15**
Chloephaga rubidiceps 174, **15**
clangula, Bucephala 269, **43**
Clangula hyemalis 265, **41**
clypeata, Anas 231, **33**
collaris, Aythya 245, **3**
columbianus columbianus, Olor 154, **10**
coromandelianus, Nettapus 189, **20**
Coscoroba coscoroba 151, **9**
crecca, Anas 200, **29**
cristata, Tadorna 165, **13**
cucullatus, Lophodytes 272, **44**
Cyanochen cyanopterus 175, **15**
cyanoptera, Anas 227, **29**
cyanopterus, Cyanochen 175, **15**
Cygnini 151
cygnoides, Anser 134, **4**
Cygnus atratus 157, **9**
Cygnus melanocoryphus 158, **9**
cygnus, Olor 152, **10**
Cygnus olor 156, **9**

Dendrocygna arborea 130, **1**
Dendrocygna arcuata 127, **1**
Dendrocygna autumnalis 131, **2**
Dendrocygna bicolor 126, **2**
Dendrocygna eytoni 125, **1**
Dendrocygna guttata 124, **1**
Dendrocygna javanica 128, **2**
Dendrocygna viduata 129, **2**
Dendrocygninae 124
discors, Anas 225, **29**
dominica, Nomonyx 278, **47**

erythrophthalma, Netta 238, **35**
erythropus, Anser 138, **5**
erythrorhyncha, Anas 221, **30**
eytoni, Dendrocygna 125, **1**

fabalis, Anser 135, **4**
falcata, Anas 196, **24**
ferina, Aythya 242, **36**
ferruginea, Tadorna 162, **11**

fischeri, Somateria 259, **40**
flavirostris, Anas 201, **30**
formosa, Anas 199, **24**
fuligula, Aythya 250, **39**
fulvigula, Anas 211, **25**
fusca, Melanitta 264, **42**

galericulata, Aix 185, **19**
gambensis, Plectropterus 159, **3**
georgica, Anas 219, **31**
gibberifrons, Anas 204, **28**
guttata, Dendrocygna 124, **1**

hartlaubi, Pteronetta 182, **21**
Heteronetta atricapilla 278, **47**
Histrionicus histrionicus 260, **41**
hottentota, Anas 223, **32**
hybrida, Chloephaga 172, **14**
hyemalis, Clangula 265, **41**
Hymenolaimus malacorhynchos 176, **16**

indicus, Anser 141, **7**
innotata, Aythya 249, **37**
islandica, Bucephala 267, **43**

jamaicensis, Oxyura 279, **47**
javanica, Dendrocygna 128, **2**
jubata, Chenonetta 233, **19**
jubata, Neochen 170, **13**

labradorius, Camptorhynchus 261
laysanensis, Anas 210, **26**
leucocephala, Oxyura 281, **46**
leucocephalus, Tachyeres 180, **17**
leuconotus, Thalassornis 132, **46**
leucophrys, Callonetta 232, **34**
leucopsis, Branta 147, **8**
lobata, Biziura 285, **16**
Lophodytes cucullatus 272, **44**
Lophonetta specularioides 187, **22**
luzonica, Anas 217, **26**

maccoa, Oxyura 282, **46**
malacorhynchos, Hymenolaimus 176, **16**
Malacorhynchus membranaceus 168, **34**
marila, Aythya 252, **39**
Marmaronetta angustirostris 235, **34**
Melanitta fusca 264, **42**
Melanitta nigra 261, **42**
Melanitta perspicillata 263, **42**
melanocoryphus, Cygnus 158, **9**
melanoptera, Chloephaga 171, **15**
melanotus, Sarkidiornis 161, **18**
melleri, Anas 213, **26**
membranaceus, Malacorhynchus 168, **34**

Merganetta armata 177, **16**
merganser, Mergus 275, **45**
Mergellus albellus 270, **44**
Mergini 254
Mergus australis 277
Mergus merganser 275, **45**
Mergus octosetaceus 273, **44**
Mergus serrator 273, **45**
Mergus squamatus 275, **45**
mollissima, Somateria 256, **40**
moschata, Cairina 182, **18**

naevosa, Stictonetta 158, **16**
Neochen jubata 170, **13**
Netta erythrophthalma 238, **35**
Netta peposaca 239, **35**
Netta rufina 237, **35**
Nettapus auritus 190, **20**
Nettapus coromandelianus 189, **20**
Nettapus pulchellus 188, **20**
nigra, Melanitta 261, **42**
Nomonyx dominica 278, **47**
novaehollandiae, Cereopsis 133, **3**
novaeseelandiae, Aythya 249, **38**
nyroca, Aythya 248, **37**

octosetaceus, Mergus 273, **44**
Olor buccinator 151, **10**
Olor columbianus bewickii 155, **10**
Olor columbianus columbianus 154, **10**
Olor cygnus 152, **10**
olor, Cygnus 156, **9**
Oxyura australis 284, **46**
Oxyura jamaicensis 279, **47**
Oxyura leucocephala 281, **46**
Oxyura maccoa 282, **46**
Oxyura vittata 283, **47**
Oxyurini 277

patachonicus, Tachyeres 179, **17**
penelope, Anas 193, **23**
peposaca, Netta 239, **35**
perspicillata, Melanitta 263, **42**
picta, Chloephaga 171, **14**
platalea, Anas 228, **33**
platyrhynchos, Anas 207, **25**
Plectropterus gambensis 159, **3**
poecilorhyncha, Anas 215, 27
poliocephala, Chloephaga 173, **15**
Polysticta stelleri 254, **41**
pteneres, Tachyeres 180, **17**
Pteronetta hartlaubi 182, **21**
pulchellus, Nettapus 188, **20**

querquedula, Anas 223, **32**

radjah, Tadorna 167, **12**
Rhodonessa caryophyllacea 236

rhynchotis, Anas 230, **33**
rossii, Anser 143, **6**
rubidiceps, Chloephaga 174, **15**
rubripes, Anas 212, **25**
ruficollis, Branta 149, **8**
rufina, Netta 237, **35**

Salvadorina waigiuensis 190, **34**
sandvicensis, Branta 145, **7**
Sarkidiornini 161
Sarkidiornis melanotus 161, **18**
scutulata, Cairina 183, **18**
semipalmata, Anseranas 123, **3**
serrator, Mergus 273, **45**
sibilatrix, Anas 195, **23**
smithii, Anas 229, **33**
Somateria fischeri 259, **40**
Somateria mollissima 256, **40**
Somateria spectabilis 257, **40**
sparsa, Anas 192, 21
spectabilis, Somateria 257, **40**

specularioides, Lophonetta 187, **22**
specularis, Anas 217, **22**
sponsa, Aix 184, **19**
squamatus, Mergus 275, **45**
stelleri, Polysticta 254, **41**
Stictonetta naevosa 158, **16**
Stictonettinae 158
strepera, Anas 198, **24**
superciliosa, Anas 214, **27**

Tachyeres brachypterus 180, **17**
Tachyeres leucocephalus 180, **17**
Tachyeres patachonicus 179, **17**
Tachyeres pteneres 180, **17**
Tadorna cana 162, **11**
Tadorna cristata 165, **13**
Tadorna ferruginea 162, **11**
Tadorna radjah 167, **12**
Tadorna tadorna 166, **11**

Tadorna tadornoides 164, **12**
Tadorna variegata 165, **12**
Tadorninae 161
tadornoides, Tadorna 164, **12**
Thalassorninae 132
Thalassornis leuconotus 132, **46**

undulata, Anas 214, **21**

valisineria, Aythya 241, **36**
variegata, Tadorna 165, **12**
vcastanea, Anas 205, **28**
versicolor, Anas 222, **32**
viduata, Dendrocygna 129, **2**
vittata, Oxyura 283, **47**

waigiuensis, Salvadorina 190, **34**
wyvilliana, Anas 210, **26**

Register der englischen Namen

African Black Duck 192, **21**
African Pygmy Goose 190, **20**
American Black Duck 212, **25**
American Wigeon 194, **23**
Andean Goose 171, **15**
Andean Teal 202, **32**
Argentine Blue-bill 283, **47**
Ashy-headed Goose 173, **15**
Auckland Island Merganser 277
Australian Shoveler 230, **33**
Australien Shelduck 164, **12**

Baer's Pochard 247, **37**
Baikal Teal 199, 24
Bar-headed Goose 141, **7**
Barnacle Goose 147, 8
Barrow's Goldeneye 267, **43**
Bean Goose 135, **4**
Bewick's Swan 155, **10**
Black Scoter 261, **42**
Black Swan 157, **9**
Black-bellied Whistling Duck 131, **2**
Black-billed Whistling Duck 130, **1**
Black-Headed Duck 278, **47**
Black-necked Swan 158, **9**
Blue Duck 176, **16**
Blue Goose 142, **6**
Blue-billed Duck 284, **46**
Blue-winged Goose 175, **15**
Blue-winged Teal 225, **29**
Brant 148, **8**
Brazilian Duck 234, **22**
Brazilian Merganser 273, **44**
Brent Goose 148, **8**
Bronze-winged Duck 217, **22**
Brown Teal 206, **28**
Buffelhead 265, **41**
Burmese Spotbill 215, **27**

Canada Goose 146, **7**
Canvasback 241, **36**
Cape Barren Goose 133, **3**
Cape Shelduck 162, **11**
Cape Shoveler 229, **33**
Cape Teal 202, **32**
Cereopsis S.133, **3**
Chestnut Teal 205, **28**
Chiloe Wigeon 195, **23**
Chinese Goose 134, **4**
Chinese Spotbill 216, **27**
Cinnamon Teal 227, **29**
Comb Duck 161, **18**
Common Eider 256, **40**
Common Goldeneye 269, **43**
Common Merganser 275, **45**
Common Scoter 261, **42**
Coscoroba Swan 151, **9**
Cotton Pygmy Goose 189, **20**
Crested Duck 187, **22**
Crested Shelduck 165, **13**

Eaton's Pintail 219, **31**
Egyptian Goose 169, **13**
Emperor Goose 144, **6**

Falcated Duck 196, **24**
Falkland Flightless Steamer Duck 180, **17**
Ferruginous Duck 248, **37**
Florida Mallard 211, **25**
Flying Steamer Duck 179, **17**
Freckled Duck 158, **16**
Fulvous Whistling Duck 126, **2**

Gadwall 198, **24**
Garganey 223, **32**
Goosander 275, **45**
Greater Scaup 252, **39**
Green Pygmy Goose 188, **20**

Grey Teal 204, **28**
Greylag Goose 139, **5**

Hardhead 246, **38**
Harlequin Duck 260, **41**
Hartlaub's Duck 182, **21**
Hawaiian Duck 210, **26**
Hawaiian Goose 145, **7**
Hooded Merganser 272, **44**
Hottentot Teal 223, **32**

Indian Spotbill 215, **27**

Kelp Goose 172, **14**
King Eider 257, **40**

Labrador Duck 261
Laysan Duck 210, **26**
Lesser Scaup 253, **39**
Lesser Whistling Duck 128, **2**
Lesser White-fronted Goose 138, **5**
Long-tailed Duck 265, **41**

Maccoa Duck 282, **46**
Madagascar Pochard 249, **37**
Madagascar Teal 203, **28**
Magellan Goose 171, **14**
Magellanic Flightless Steamer Duck 180, **17**
Magpie Goose 123, **3**
Mallard 207, **25**
Mandarin 185, **19**
Maned Duck 233, **19**
Marbled Duck 235, **34**
Mariana Mallard 209, **27**
Masked Duck 278, **47**
Meller's Duck 213, **26**
Mexican Duck 209, **25**
Mottled Duck 211, **25**

Muscovy Duck 182, **18**
Musk Duck 285, **16**
Mute Swan 156, **9**

New Zealand Scaup 249, **38**
Northern Pintail 218, **31**
Néné 145, **7**

Oldsquaw 265, **41**
Orinoco Goose 170, **13**

Pacific Black Duck 214, **27**
Paradise Shelduck 165, **12**
Philippine Duck 217, **26**
Pink-eared Duck 168, **34**
Pink-footed Gosse 136, **4**
Pink-headed Duck 236
Plumed Whistling Duck 125, **1**
Pochard 242, **36**
Puna Teal 223, **32**

Radjah Shelduck 167, **12**
Red Shoveler 228, **33**
Red-billed Teal 221, **30**
Red-breasted Goose 149, **8**
Red-breasted Merganser 273, **45**
Red-crested Pochard 237, **35**

Redhead 244, **36**
Ring-necked Duck 245, **38**
Ringed Teal 232, **34**
Ross's Goose 143, **6**
Rosybill 239, **35**
Ruddy Duck 279, **47**
Ruddy Shelduck 162, **11**
Ruddy-headed Goose 174, **15**

Salvadori's Duck 190, **34**
Shelduck 166, **11**
Shoveler 231, **33**
Silver Teal 222, **32**
Smew 270, **44**
Snow Goose 142, **6**
Southern Pochard 238, **35**
Speckled Teal 201, **30**
Spectacled Eider 259, **40**
Spotbill 215, **27**
Spotted Whistling Duck 124, **1**
Spur-winged Goose 159, **3**
Steller's Eider 254, **41**
Surf Scoter 263, **42**
Swan Goose 134, **4**

Teal, Green-winged Teal 200, **29**
Torrent Duck 177, **16**

Trumpeter Swan 151, **10**
Tufted Duck 250, **39**

Velvet Scoter 264, **42**

Wandering Whistling Duck 127, **1**
Whistling Swan 154, **10**
White-Backed Duck 132, **46**
White-cheeked Pintail 220, **30**
White-Faced Whistling Duck 129, **2**
White-fronted Goose 136, **4**
White-headed Duck 281, **46**
White-headed Flightless Steamer Duck 180, **17**
White-winged Scoter 264, **42**
White-winged Wood Duck 183, **18**
Whooper Swan 152, **10**
Wigeon 193, **23**
Wood Duck 184, **19**

Yellow-billed Duck 214, **21**
Yellow-billed Pintail 219, **31**
Yellow-billed Teal 201, **30**

Bücher für Vogelfreunde

Christopher Perrins
Pareys Naturführer Plus: Vögel
Biologie + Bestimmen + Ökologie. 1987. 320 Seiten mit 2030 farbigen Einzeldarstellungen und 433 farbigen Verbreitungskarten. Kartoniert 34,– DM

»Pareys Naturführer Plus« sind Biologie- und Bestimmungsbuch in einem. Die allgemeinen Kapitel des Vogelbuches behandeln die Evolution und den Bau der Vögel, das Leben und die Ökologie. Der Bestimmungsteil bringt alle in Europa regelmäßig vorkommenden Brut- und Gastvögel in farbigen Abbildungen und Kurzbeschreibungen.

Peterson/Mountfort/Hollom
Die Vögel Europas
Ein Taschenbuch für Ornithologen und Naturfreunde über alle in Europa lebenden Vögel. 14., verbesserte Auflage (237.–279. Tausend). 1985. 535 Seiten mit 1500 Abbildungen, davon 1295 farbig auf 77 Vogel- und 8 Eiertafeln, 362 zweifarbigen Verbreitungskarten und mit sechsseitigem Vogelstimmen-Bestimmungsschlüssel. Gebunden 39,80 DM

Der »Peterson« erfüllt die hohen Ansprüche von Ornithologen und Naturfreunden an ein Bestimmungsbuch: Auf Farbtafeln werden alle in Europa regelmäßig anzutreffenden Vögel in getreuer Wiedergabe von Färbung und Zeichnung, von geschlechts- und altersspezifischen Kleidern vorgestellt.

Heinzel/Fitter/Parslow
Pareys Vogelbuch
Alle Vögel Europas, Nordafrikas und des Mittleren Ostens. 5. Auflage. (256.–298. Tausend). 1988. 336 Seiten mit 2255 farbigen Einzeldarstellungen und 585 Verbreitungskarten. Kartoniert 26,80 DM

Tuck/Heinzel
Die Meeresvögel der Welt
Ein Taschenbuch für Ornithologen und Naturfreunde. 1980. 334 Seiten, davon 48 Farbtafeln; 940 Abbildungen, davon 780 farbig, 287 farbige Verbreitungskarten. Kartoniert 19,80 DM

Jede der fast 300 Meeresvogelarten läßt sich mit diesem reich bebilderten Feldführer bestimmen, der im Zusammenwirken eines seefahrenden Vogelkundlers mit einem der führenden Vogelmaler Europas entstanden ist. Die Artbeschreibungen im Textteil berücksichtigen Körpergröße, Erscheinungs- und Flugbild, Verhalten und Verbreitung sowie ähnliche, leicht zu verwechselnde Formen. Neben der wissenschaftlichen Bezeichnung wird stets auch der deutsche und englische Name angegeben.

Colin Harrison
Jungvögel, Eier und Nester
aller Vögel Europas, Nordafrikas und des Mittleren Ostens. Ein Naturführer zur Fortpflanzungsbiologie. 1975. 371 Seiten, 48 farbige Eiertafeln und 16 farbige Jungvogeltafeln; 930 Abbildungen, davon 827 farbig. Gebunden 48,– DM

Der übersichtliche Feldführer bringt eine umfassende Darstellung der Fortpflanzungsbiologie aller in Europa, Nordafrika und Vorderasien brütenden Vögel.

Leslie H. Brown
Die Greifvögel
Ihre Biologie und Ökologie. Aus dem Englischen übersetzt von Renate van den Elzen. 1979. 256 Seiten mit 240 Abbildungen, davon 48 farbig. Gebunden 39,80 DM

Friedhelm Weick
Die Greifvögel der Welt
Ein farbiger Führer zur Bestimmung der Ordnung Falconiformes. 1980. 159 Seiten mit 1304 Abbildungen, davon 1144 farbig, auf 40 Tafeln und 160 Federzeichnungen. Texte deutsch und englisch. Gebunden 39,– DM

Knystautas/Šibnev
Die Vogelwelt Ussuriens
Avifaunistisches zwischen Amur und Japanischem Meer. 1987. 188 Seiten mit 207 Farbfotos auf 96 Tafeln. Gebunden 69,– DM

Die großartige Schönheit Ussuriens und ganz besonders seine bunte und vielfältige Vogelwelt wird in diesem Bildband erstmals fotografisch überzeugend dokumentiert und fachkundig beschrieben.

Gottfried Vauk
Die Vögel Helgolands
Eine Orientierungshilfe für Ornithologen und alle naturkundlich interessierten Besucher Helgolands mit Ergebnissen 150jähriger onithologischer Beobachtung auf der Insel. 1972. 101 Seiten mit 2 Karten und 4 Tafeln mit 7 Abbildungen. Kartoniert 12,– DM

John G. Williams
Die Vögel Ost- und Zentralafrikas
Ein Taschenbuch für Ornithologen und Naturfreunde. 1973. 327 Seiten, 461 Abbildungen, davon 179 farbig. Gebunden 36,– DM

Kai Curry-Lindahl
Das große Buch vom Vogelzug
1982. 208 Seiten und 40 Farbtafeln. Mit 19 Tabellen und 125 Abbildungen davon 68 farbig. Gebunden 39,– DM

M. Philip Kahl
Welt der Störche
1981. 96 Seiten mit 70 Abbildungen, davon 66 Fotos des Verfassers. Gebunden 16,80 DM

Claus König
Auf Darwins Spuren
Ökologische Betrachtungen im Lande des Kondors. 1983. 224 Seiten mit 212 farbigen Fotos, 5 Zeichnungen sowie 8 Karten auf den Vorsatzblättern. Gebunden 16,80 DM

Tso-hsin Cheng
A Synopsis of the Avifauna of China
1987. Approx. 1224 pp. with 828 maps. 258,– DM

Carl Albrecht von Treuenfels
Photographieren und Filmen von Wild und Vögeln
3. Auflage. 1979. 138 Seiten mit 82 Abbildungen, davon 25 farbig. Gebunden 19,80 DM

Hans Edmund Wolters
Die Vogelarten der Erde
Eine systematische Liste mit Verbreitungsangaben sowie deutschen und englischen Namen. 1975–1982. 745 Seiten. Gebunden 420,– DM

Erstmalig in der deutschen zoologischen Literatur werden sämtliche Arten einer Tierklasse in einem einzigen Band aufgeführt und zugleich in ihrer Verbreitung dargestellt. Für jede Vogelart können mit Hilfe eines Index die wissenschaftliche Bezeichnung, einschließlich der wichtigeren Synonyme, wie auch der deutsche und englische Vulgärname gefunden werden.

Preisstand: Dezember 1988
Änderungen vorbehalten.

**Verlag
Paul Parey
Spitalerstraße 12
2000 Hamburg 1**

Pareys Naturführer: Die Zuverlässigen.

Alastair Fitter
Pareys Naturführer Plus: Blumen
Wildblühende Pflanzen. Biologie + Bestimmen + Ökologie. Aus dem Englischen übersetzt und bearbeitet von L. Neugebohrn. 1987. 320 Seiten mit 1515 farbigen Einzeldarstellungen und 7 Tabellen. Kartoniert 34,– DM

Richard Fitter/Alastair Fitter/Marjorie Blamey
Pareys Blumenbuch
Wildblühende Pflanzen Deutschlands und Nordwesteuropas. Aus dem Englischen übersetzt und bearbeitet von K. von Weihe. 2., neubearbeitete und erweiterte Auflage. 1986. 336 Seiten mit 3120 Abbildungen, davon 2950 farbig. Kartoniert 29,80 DM

Christopher Grey-Wilson/Marjorie Blamey
Pareys Bergblumenbuch
Wildblühende Pflanzen der Alpen, Pyrenäen, Apenninen, der skandinavischen und britischen Gebirge. Aus dem Englischen übersetzt, bearbeitet und ergänzt von H. Reisigl. 1980. 411 Seiten mit 4040 Einzeldarstellungen, davon 2750 farbig, 2 farbige Karten. Kartoniert 34,– DM

Alan Mitchell
Die Wald- und Parkbäume Europas
Ein Bestimmungsbuch für Dendrologen und Naturfreunde. 2. Auflage. 1979. 419 Seiten und 40 Farbtafeln, 1098 Abbildungen, davon 380 farbig. Gebunden 48,– DM

Alan Mitchell/John Wilkinson
Pareys Buch der Bäume
Nadel- und Laubbäume in Europa nördlich des Mittelmeeres. Aus dem Englischen übersetzt und bearbeitet von P. Schütt. 1987. 272 Seiten mit 2440 Einzeldarstellungen, davon 2400 farbig. Kartoniert 32,– DM

Marcel Bon
Pareys Buch der Pilze
Über 1500 Pilze Europas, davon 1230 in Farbe. Mit Zeichnungen von John Wilkinson, Denys Ovenden und Marcel Bon. Übersetzt und bearbeitet von Till R. Lohmeyer. 1988. 352 Seiten mit 1230 farbigen Abbildungen. Kartoniert 36,– DM

Heinrich Hofmeister/Eckhard Garve
Lebensraum Acker
Pflanzen der Äcker und ihre Ökologie. 1986. 272 Seiten mit 422 Abbildungen, davon 24 farbig, und 19 Tabellen. Kartoniert 39,80 DM

Gordon Corbet/Denys Ovenden
Pareys Buch der Säugetiere
Alle wildlebenden Säugetiere Europas. Aus dem Englischen übersetzt und bearbeitet von R. Kraft. 1982. 240 Seiten mit 655 Einzeldarstellungen, davon 493 farbig, sowie 144 mehrfarbigen Verbreitungskarten. Kartoniert 29,80 DM

Tegwyn Harris
Pareys Mittelmeerführer
Pflanzen- und Tierwelt der Mittelmeer-Region. 1982. 224 Seiten mit 945 farbigen Abbildungen, davon 16 Fotos, und einer doppelseitigen, farbigen Karte. Gebunden 42,– DM

Rupert Riedl
Fauna und Flora des Mittelmeeres
Ein systematischer Meeresführer für Biologen und Naturfreunde. 3., neubearbeitete und erweiterte Auflage. 1983. 836 Seiten und 16 Farbtafeln; mit 3512 Abbildungen, davon 163 farbig, und mit 98 Verbreitungskarten; 2 dreifarbige Übersichtskarten. Gebunden 148,– DM

Michael Chinery
Pareys Buch der Insekten
Ein Feldführer der europäischen Insekten. Aus dem Englischen übersetzt und bearbeitet von I. Jung und D. Jung. 1987. 320 Seiten mit über 2000 farbigen Insektendarstellungen. Kartoniert 38,– DM

David J. Carter/Brian Hargreaves
Raupen und Schmetterlinge Europas und ihre Futterpflanzen
Übersetzt und bearbeitet von A. Pelzer. 1987. 292 Seiten mit 875 farbigen Abbildungen auf 72 Tafeln und 30 einfarbige Zeichnungen. Gebunden 48,– DM

Lionel G. Higgins/Norman D. Riley
Die Tagfalter Europas und Nordwestafrikas
Ein Taschenbuch für Biologen und Naturfreunde. Aus dem Englischen übersetzt und bearbeitet von W.

Forster. 2., neubearbeitete und ergänzte Auflage. 1978. 377 Seiten und 60 Farbtafeln; 1145 Abbildungen, davon 760 farbig. Gebunden 44,– DM

Jiří Zahradnik
Käfer Mittel- und Nordwesteuropas
Ein Bestimmungsbuch für Biologen und Naturfreunde. Übersetzt von M. Rosch. Redaktionelle Bearbeitung von I. Jung und D. Jung. 1985. 498 Seiten und 782 Abbildungen, davon 622 farbig, im Text und auf 64 Tafeln. Gebunden 58,– DM

Michael Kerney/Robert A. D. Cameron/Jürgen H. Jungbluth
Die Landschnecken Nord- und Mitteleuropas
Ein Bestimmungsbuch für Biologen und Naturfreunde. Illustriert von G. Riley. 1983. 384 Seiten und 24 Farbtafeln; 965 Abbildungen, davon 408 farbig, im Text, auf Tafeln und Vorsatzblättern sowie 368 zweifarbige Verbreitungskarten. Gebunden 58,– DM

Edwin N. Arnold/John A. Burton
Pareys Reptilien- und Amphibienführer Europas
Ein Bestimmungsbuch für Biologen und Naturfreunde. Aus dem Englischen übersetzt und bearbeitet von C. Groß. 2. Auflage. 1983. 270 Seiten und 40 Farbtafeln; 630 Abbildungen, davon 260 farbig, im Text und auf Tafeln. Gebunden 48,– DM

Wolf-Eberhard Barth
Praktischer Umwelt- und Naturschutz
Anregungen für Jäger und Forstleute, Landwirte, Städte- und Wasserbauer sowie alle anderen, die helfen wollen. 1987. 310 Seiten und 16 Tafeln. Mit 69 Fotos, davon 33 farbig, 82 Zeichnungen und 27 Tabellen. Kartoniert 48,– DM

Preisstand: Dezember 1988
Änderungen vorbehalten

Verlag
Paul Parey
Spitalerstraße 12
2000 Hamburg 1